Civilisation occidentale

CONTINUITÉ ET CHANGEMENTS

WILLIAM TRAVIS HANES III

Traduction : Suzanne Guertin
Adaptation : Louis-Édouard Augé

COLLECTION
L'ESSENTIEL

EV

Éditions Études Vivantes
Groupe Éducalivres inc.
955, rue Bergar, Laval (Québec) H7L 4Z6
Téléphone : (514) 334-8466
Télécopieur : (514) 334-8387
Internet : http://www.educalivres.com

REMERCIEMENTS

De nombreuses personnes, souvent dans l'ombre, ont participé à l'élaboration du présent ouvrage. Je me dois de remercier M. Yves de Grandmaison, du Cégep de Rosemont, qui m'a encouragé lorsque j'ai entrepris d'adapter ce manuel pour l'enseignement en français. Le personnel des Éditions Études Vivantes m'a épaulé tout au long du projet ; sans la disponibilité et le professionnalisme de toute l'équipe, ce manuel n'aurait peut-être pas vu le jour.

Je souhaite également mentionner l'excellent travail des consultants et consultantes du réseau collégial qui ont permis, grâce à leurs commentaires éclairés, de bonifier les versions préliminaires de chacun des chapitres. Je remercie donc : Nathalie Battershill (Cégep Joliette-De Lanaudière) ; Mario Beauchemin (Cégep de Sainte-Foy) ; Hervey Beaulieu (Cégep de Jonquière) ; Johanne Cloutier (Collège de Limoilou) ; Pierre Corbeil (Cégep de Drummondville) ; Martine Dumais (Collège de Limoilou) ; Pierre Frenette (Cégep de Baie-Comeau) ; Daniel Massicotte (Cégep Saint-Jean-sur-Richelieu) ; Normand Paquette (Cégep de Trois-Rivières) ; Alain Tapps (Collège Laflèche) ; Paul Vachon (Cégep de la région de l'Amiante).

En dernier lieu, je désire souligner l'infinie patience et la compréhension de ma compagne Johanne et de mon fils Jérémie. Sans leur appui de tous les instants, ce manuel n'existerait pas.

Louis-Édouard Augé

Civilisation occidentale
CONTINUITÉ ET CHANGEMENTS

William Travis Hanes III
Traduction : Suzanne Guertin
Adaptation : Louis-Édouard Augé
Collaboration : Christine Sheitoyan

Code produit : 2325

 Ce livre est imprimé sur un papier Opaque nouvelle vie, au fini satin et de couleur blanc bleuté. Fabriqué par Rolland inc., Groupe Cascades Canada, ce papier contient 30 % de fibres recyclées de postconsommation et n'est pas blanchi au chlore atomique.

ISBN 2-7607-0597-8
Dépôt légal : 2e trimestre 1997
Bibliothèque nationale du Québec, 1997
Bibliothèque nationale du Canada, 1997

Imprimé au Canada
2 3 4 5 6 7 8 9 0   IE   6 5 4 3 2 1 0

L'histoire de l'Occident couvre une multitude de réalités se recoupant à des points névralgiques; aborder cette immense fresque relève donc d'un véritable tour de force. Considérant l'ampleur de la tâche, les enseignants nous ont fait part de la nécessité d'offrir aux élèves un manuel qui est bien adapté à leurs besoins afin d'assurer un apprentissage optimal. De nos jours, les enseignants recherchent :

- un livre clair et concis, centré sur les contenus et les objectifs principaux du cours de civilisation occidentale;
- un livre offrant de multiples outils pédagogiques pour faciliter chez l'élève le développement d'habiletés intellectuelles et d'une attitude propice à l'étude de l'histoire;
- un livre qui permet aux élèves de bien comprendre les héritages de l'histoire et de voir qu'ils sont issus des différents événements et phénomènes historiques à l'étude;
- un livre qui suscite l'intérêt des élèves tant par le traitement des sujets que par une facture visuelle des plus riches.

Civilisation occidentale, continuité et changements répond pleinement aux attentes qui ont été exprimées. Cet ouvrage de grande qualité est publié dans la collection «L'Essentiel» : il est donc succinct et aborde les thèmes et les concepts importants qui doivent être étudiés dans le cours de civilisation occidentale. De plus, il renferme la quantité de matériel qu'un élève de niveau collégial peut assimiler au cours d'une session de quinze semaines. Enfin, sa présentation visuelle dynamique et en couleurs saura plaire à une génération sensible à l'aspect général du matériel qu'elle utilise.

Pour bien soutenir les apprentissages, nous avons intégré plusieurs outils pédagogiques à l'ouvrage. Ainsi, les nombreux exercices et les différentes formes d'exploitation pédagogique proposées au fil des chapitres visent le développement d'habiletés intellectuelles et méthodologiques ainsi que le développement de la pensée critique chez l'élève. Afin de le soutenir dans sa démarche d'apprentissage, nous avons préalablement défini, de façon simple et précise, les différentes habiletés auxquelles nous faisons appel dans les sections intitulées «La pensée critique et l'étude de l'histoire» et «Guide pour parcourir l'histoire». De plus, nous proposons à la fin du manuel une activité qui permet à l'élève d'intégrer les notions abordées dans les différents chapitres, et ce, en mettant l'accent sur les liens entre les époques et sur la compréhension des héritages de l'histoire.

Enfin, la pierre angulaire du présent ouvrage est sans nul doute sa façon de faire ressortir le principe de continuité et de changements dans l'histoire. En effet, les passages où ce principe intervient ont été mis en évidence dans le texte. En intégrant ainsi les héritages historiques à la trame événementielle, nous soutenons davantage la démarche d'apprentissage. De plus, des tableaux récapitulatifs portant sur ces héritages sont offerts à la fin des chapitres : ils viennent consolider les apprentissages déjà accomplis dans le chapitre.

LES PARTICULARITÉS DE L'OUVRAGE

Méthode historique et pensée critique

Au début du manuel, les sections «La pensée critique et l'étude de l'histoire» et «Guide pour parcourir l'histoire» fournissent à l'élève les outils qui lui sont nécessaires pour acquérir la méthode historique. Ces sections favorisent également le développement de ses habiletés intellectuelles et de son savoir-être.

Présentation des chapitres

Tous les chapitres de *Civilisation occidentale, continuité et changements* commencent par une **introduction** présentant la problématique du chapitre et les thèmes qui y sont abordés. Une **ligne de temps** permet à l'élève de situer quelques événements clés de la période à l'étude. Pour faciliter son travail, les **objectifs d'apprentissage** portant sur l'ensemble du chapitre sont également clairement énoncés.

Début de section

Chacune des sections de chapitre débute par la description des **objectifs** à atteindre. Cette liste d'objectifs permet à l'élève de mieux cerner la nature des apprentissages à faire et l'aide à planifier son étude.

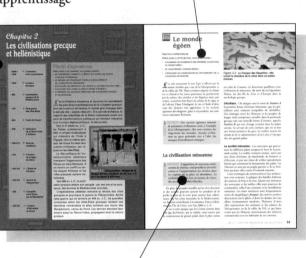

Encadrés «Continuité et changements»

Autre particularité fort importante, le texte est parsemé de nombreux petits encadrés nommés «Continuité et changements». Ces encadrés précisent la manière dont les événements présentés sont liés à ceux qui les précèdent ou à ceux qui les suivent. Cette façon d'aborder le thème de la permanence permet une lecture efficace et un repérage facile à l'élève.

Texte clair et concis

Un souci de clarté a constamment guidé la rédaction du texte; des paragraphes courts maintiennent l'intérêt de l'élève. Chacun des mots apparaissant en caractères *gras et italiques* dans le texte fait l'objet d'une définition dans le **glossaire** situé à la fin de l'ouvrage.

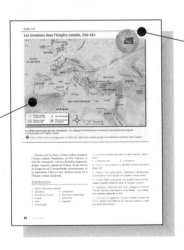

Carte de localisation

Les cartes de localisation montrent une région donnée vue de l'espace, ce qui permet à l'élève de mieux situer cet endroit dans le monde.

Visuel attrayant et dynamique

Une attention particulière a été apportée à l'**iconographie** ainsi qu'à la présentation des **tableaux** et des nombreuses **cartes géographiques**, qui sont exploitées pédagogiquement par des notes et des questions. Venant ponctuer le texte, ces éléments visuels attrayants et dynamiques favorisent la compréhension des concepts.

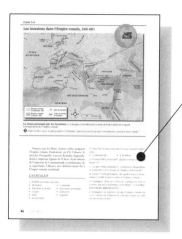

Exercices, révision et activité d'intégration

À la fin de chacune des sections, un ensemble d'exercices est proposé à l'élève. Ces exercices visent l'intégration des acquis en fonction des objectifs d'apprentissage énoncés au début de la section.

De plus, tous les chapitres se terminent par des questions de révision exploitant diverses habiletés : rédiger, synthétiser, expliquer, comparer, etc. Ces différentes questions permettent, tant à l'enseignant qu'à l'élève, de vérifier l'atteinte des objectifs énoncés en début de chapitre.

Enfin, une activité d'intégration dont la réalisation fait appel aux acquis procurés par l'ensemble du manuel clôt cet ouvrage.

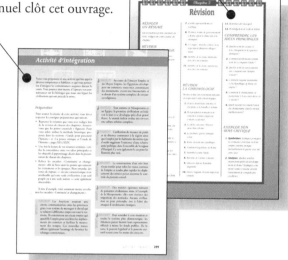

Héritages : que nous ont-ils légué?

Un tableau dressant la liste des principales contributions des sociétés à l'étude complète chaque chapitre. En un coup d'œil, il est possible d'établir un bilan des principaux legs des différentes civilisations, puisque leurs **héritages** y sont inscrits en caratères gras. Pour faciliter le travail de l'élève désirant relire les passages du chapitre portant sur une notion particulière, la mention d'un héritage est habituellement suivie du numéro de la page où il en est question dans le chapitre.

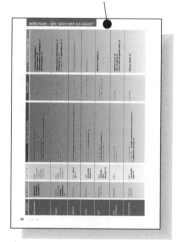

Rubriques

Plusieurs rubriques ponctuent le texte. Que ce soit «La géographie et l'histoire», «L'histoire en mouvement», «Les traditions sacrées», «Biographie», «Hier et aujourd'hui», «L'histoire vue par un témoin de l'époque» ou «Les arts et la littérature à travers les âges», toutes ces rubriques permettent de faire des liens avec les autres disciplines en sciences humaines et proposent bien souvent des pistes de recherches originales.

Bibliographie et index

Une **bibliographie thématique** offre un choix de lecture à l'élève qui désire en apprendre davantage sur l'un des thèmes abordés dans le cadre de son cours d'histoire de la civilisation occidentale. Un **index détaillé** se trouve également à la fin de l'ouvrage afin de permettre à l'élève de retrouver rapidement certains passages du manuel.

LISTE DES CARTES GÉOGRAPHIQUES

TABLE DES MATIÈRES

Chapitre 11

La guerre des mondes 262

La pensée critique et l'étude de l'histoire

Le présent manuel est conçu de façon à nous amener à exercer notre sens critique devant les grandes problématiques engendrées par les événements qui ont façonné l'histoire du monde occidental. La pensée critique est un jugement raisonné que nous portons sur l'information et les idées qui nous sont présentées. Cela veut dire que nous devons analyser toute information pour en déterminer la justesse et évaluer la logique des arguments et des conclusions avant de les accepter. La pensée critique sait reconnaître et définir les problèmes, et est en mesure d'en concevoir les solutions.

Le développement de la pensée critique est essentiel pour exercer efficacement nos droits et assumer pleinement nos responsabilités de citoyen et de citoyenne. Mieux nous savons nous servir de cet atout, plus nous sommes capables, par exemple, de porter un jugement sur les messages de candidats à une élection ou d'évaluer de nouveaux faits portés à notre attention.

Le présent manuel constitue donc un outil précieux pour nous aider à développer notre pensée critique. En travaillant à perfectionner les quatorze habiletés décrites dans les pages suivantes, nous comprendrons mieux les forces sous-jacentes de l'histoire ; de plus nous serons en mesure de les intégrer à notre compréhension du déroulement de l'histoire. Ces forces, comme nous le constaterons, sont de nature économique, politique ou encore sociologique. Nous trouverons également d'autres moyens de parfaire ce style de pensée dans la section « Guide pour parcourir l'histoire », débutant à la page XVI.

1 *Acquérir une perspective historique* signifie que, par un effort d'imagination, nous nous reportons dans le passé et nous essayons de comprendre un événement ou une situation comme les gens de cette époque ont pu le faire. En nous substituant à eux, nous verrons s'ils ont vécu **avant** ou **après** tel ou tel tournant historique. Nous nous demanderons, par exemple, si telle personne a vécu avant ou après la découverte de la pénicilline, un antibiotique qui représente un progrès important en médecine. Si tel événement a eu lieu avant ou après l'invention de l'automobile, un développement technologique de taille dans l'histoire. Ou s'il a eu lieu avant ou après la Deuxième Guerre mondiale. Et ainsi de suite. Il ne faut pas perdre de vue que les contemporains d'événements spécifiques n'ont aucun recul historique. Ainsi, si nous souhaitons bien comprendre ce qu'a pu ressentir un soldat blessé pendant la guerre de Crimée, il faut nous rappeler qu'en ce temps-là, les causes des maladies infectieuses sont très mal connues.

2 *Acquérir une perspective multiculturelle* veut dire que nous adoptons, sur les faits et les situations, des positions justes et équitables à l'égard des différents groupes culturels qui les ont vécus. Cette façon de voir élargit notre compréhension des cultures et nous permet de mieux apprécier la diversité des croyances et des traditions. L'étude des cultures amérindiennes, par exemple, nous aide à comprendre que les Européens n'ont pas « découvert » l'Amérique, mais qu'ils y ont plutôt trouvé des peuples bien installés et dont les cultures étaient florissantes.

3 *Discerner les points de vue* nous amène à reconnaître les facteurs qui teintent les perceptions des individus et des groupes. Un point de vue est fondé sur des croyances et des attitudes adoptées en fonction de l'âge, du sexe, de la religion, de l'origine ethnique et de la condition sociale. Cette capacité de discernement nous permet de saisir la diversité des perceptions et l'évolution des points de vue dans le temps ou en fonction des circonstances. Un point de vue tout à fait personnel ou adopté sans jugement ni raison est un **préjugé**.

4 *Comparer et opposer* signifie que nous analysons les événements, les situations ou les points de vue en comparant leurs similitudes ou en faisant ressortir leurs différences. La **comparaison** présente à la fois les similitudes et les différences, alors que l'**opposition** ne met en lumière que les différences. Si nous comparons, par exemple, les dynasties des Omeyyades et des Abbassides, nous remarquerons que toutes deux cherchent à instaurer des gouvernements islamiques. Si au contraire nous les opposons, nous noterons les influences perses dans le style de gouvernement des Abbassides, alors que les Omeyyades se conforment davantage aux traditions arabes.

5 *Dégager les causes et les effets* représente une façon d'interpréter les liens entre les faits historiques. Une **cause** est définie comme étant toute action qui produit un événement, et le résultat de cette action est son **effet**. Les historiens se servent souvent d'une succession de causes et d'effets pour expliquer certains épisodes de l'histoire. Une illustration d'un tel enchaînement serait la diminution de la population durant l'épidémie de

Carte 1

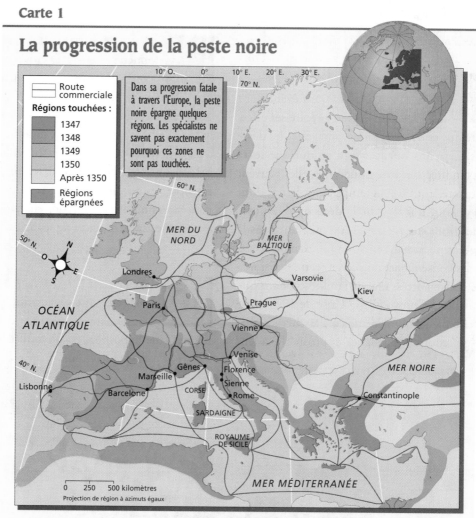

La progression de la peste noire

Route commerciale
Régions touchées :
1347
1348
1349
1350
Après 1350
Régions épargnées

Dans sa progression fatale à travers l'Europe, la peste noire épargne quelques régions. Les spécialistes ne savent pas exactement pourquoi ces zones ne sont pas touchées.

MER DU NORD
MER BALTIQUE
OCÉAN ATLANTIQUE
Londres
Varsovie
Kiev
Paris
Prague
Vienne
Venise
Gênes
Florence
Marseille
Sienne
Lisbonne
Barcelone
CORSE
Rome
SARDAIGNE
ROYAUME DE SICILE
MER NOIRE
Constantinople
MER MÉDITERRANÉE

0   250   500 kilomètres
Projection de région à azimuts égaux

La progression de la peste. Les routes commerciales du 14ᵉ siècle permettent la circulation d'une multitude de biens. Ce sont les mêmes routes que la peste noire emprunte pour pénétrer dans les villes européennes et s'étendre dans tout le continent.

? *Décrire les déplacements et les progressions.* Pourquoi la peste noire atteint-elle Marseille si rapidement?

peste noire en Europe, qui coïncide avec l'avènement de nouvelles techniques de culture capables de produire des surplus agricoles. Ces excédents entraînent une diminution des prix et un accroissement de la demande pour les biens de consommation. Cette conjoncture permet donc une élévation du niveau de vie des survivants. (Une présentation plus détaillée sur la façon de dégager les causes et les effets se trouve à la page XXIII.)

6 *Analyser* consiste à décomposer un tout en ses parties et à saisir les liens qui existent entre celles-ci. Grâce à l'analyse, nous en arrivons à mieux percevoir la totalité d'un sujet. Par exemple, pour analyser l'évolution du droit romain, nous pourrions étudier les conflits entre plébéiens et patriciens, à Rome, et les moyens utilisés alors pour les résoudre.

7 *Évaluer les conséquences* veut dire étudier une action, un événement ou une tendance pour prédire ses effets dans le temps et en jauger les avantages et les désavantages. Les conséquences sont en quelque sorte des effets indirects et involontaires, et elles peuvent apparaître très tôt ou longtemps après le fait dont elles découlent. L'analyse de la décision d'imposer des réparations de guerre à l'Allemagne, après la Première Guerre mondiale, est un bel exemple d'évaluation des conséquences. En effet, cette décision a entraîné, entre autres, une instabilité économique qui a contribué à provoquer la Crise de 1929, crise qui a incité bien des Allemands à chercher un chef capable de redonner puissance et prospérité à leur pays.

8 *Distinguer les faits des opinions* signifie séparer les faits concernant un sujet donné des points de vue exprimés sur lui. Nous pouvons observer et prouver un fait ; une opinion, par contre, est fondée sur des croyances personnelles ou formée à la suite de conclusions subjectives. Dans la conversation de tous les jours, nous entendons souvent un mélange de faits et d'opinions : dans la publicité, par exemple, ou lors de débats politiques, ou encore lorsque des références historiques sont citées. Il est possible d'étayer nos opinions par des faits ; dans une argumentation, cependant, les opinions ont toujours moins de poids que les faits. (Une présentation plus détaillée sur la façon de distinguer les faits des opinions se trouve à la page XXII.)

9 *Reconnaître les valeurs* nous amène à cerner les croyances fondamentales d'une personne ou d'un peuple. Les valeurs sont plus profondément ancrées que les opinions et risquent moins de changer. Elles sont habituellement rattachées aux notions du bien et du mal, et une importance tant intrinsèque que personnelle leur est accordée. Dans l'hindouisme, par exemple, les devoirs moraux sont grandement valorisés et les hindous croient que chaque individu doit assumer les conséquences de ses actes.

10 *Formuler une hypothèse,* c'est suggérer une explication possible à un événement, à une situation ou à un problème. Une hypothèse est bien différente d'un fait attesté ; il s'agit plutôt d'une « supposition éclairée »

Figure 1 Galère marchande romaine

fondée sur des preuves existantes, mais dont nous tirons des conclusions différentes à la lumière de nouvelles preuves. Ainsi, un historien pourrait formuler l'hypothèse que Galilée soutenait que la Terre tournait autour du Soleil dans le but d'affaiblir l'autorité de l'Église catholique romaine. Cet historien présenterait alors ses preuves de façon à démontrer la véracité de son hypothèse et contesterait les autres interprétations de la pensée de Galilée.

 Synthétiser signifie rassembler des renseignements et des idées, recueillis auprès de sources variées et à des moments différents dans le temps, pour en arriver à mieux comprendre un sujet ou un événement. Une bonne partie du texte du présent manuel, qui constitue un récit chronologique et thématique de l'histoire de la civilisation occidentale, est une synthèse dont les données historiques proviennent de nombreuses sources. Synthétiser l'histoire de la Crise économique de 1929, par exemple, se ferait en étudiant, entre autres, les photographies prises à cette époque et les statistiques portant sur l'économie des années trente, et en interviewant un peu partout dans le monde des gens ayant traversé cette période difficile.

12 **Résoudre un problème** veut dire analyser une situation, prendre des décisions et faire des recommandations pour l'améliorer ou la corriger. Cependant, avant de nous pencher sur un problème et d'en trouver la solution, il faut que ce problème soit bien défini et clairement énoncé. Si, par exemple, nous cherchons une solution aux problèmes soulevés par l'industrialisation de l'Angleterre au 19e siècle, il faut tenter d'en discerner les causes. Il faut également mesurer l'impact qu'elle aura sur les structures sociale, politique et économique de l'Angleterre.

13 **Évaluer,** c'est porter un jugement sur la signification ou l'importance globale d'un fait, d'une situation ou d'un événement. Il faut cependant fonder notre jugement sur des critères que les autres comprennent et qu'ils ont de bonnes chances d'approuver. Ainsi, une évaluation des relations internationales après la Deuxième

Guerre mondiale devrait nous amener à porter un jugement sur les tensions politiques et économiques entre les États-Unis et l'Union soviétique et sur les répercussions de ces tensions sur les autres pays du monde.

14 **Prendre position** signifie cerner une question, la comprendre et déterminer ce que nous en pensons, et exprimer ensuite notre point de vue de façon convaincante. Notre position doit être basée sur des renseignements précis, et même si elle porte sur un sujet aussi controversé que l'écologisme international, elle doit être définie clairement et les raisons la motivant doivent être énoncées.

Figure 2 Galilée fait voler en éclats la théorie aristotélicienne de l'Univers représentée par ce globe géocentrique.

Guide pour parcourir l'histoire

Apprendre l'histoire, c'est bien plus que mémoriser une série de faits. Pour comprendre les forces qui l'ont façonnée, vous devrez vous servir de plusieurs habiletés et compétences. Celles qui sont décrites dans la présente section vous permettront d'analyser les faits et l'évolution du passé. Vous pouvez recueillir des données historiques auprès de nombreuses sources, qui les présenteront sous une multitude de formes; cependant, votre compréhension de ces données sera d'autant plus grande que vos compétences en étude de l'histoire deviendront de plus en plus solides. Les leçons proposées ici vous aideront non seulement à déterminer la nature des données historiques et à les analyser, mais aussi à perfectionner vos habiletés en recherche et en écriture.

1 Maîtriser la chronologie

Pour bien comprendre les faits historiques, il est essentiel que vous en connaissiez l'ordre chronologique, c'est-à-dire l'ordre dans lequel ils se sont produits. La chronologie est en quelque sorte le «squelette de l'histoire». Une ligne du temps est une représentation visuelle de la chronologie d'une période historique donnée. Elle vous permet de voir en un coup d'œil à quels moments se sont produit certains événements. Lorsque vous étudiez une ligne du temps, vous devez établir les liens entre les faits et mémoriser les dates. Vous y puiserez aussi des renseignements sur les personnages historiques, les peuples, les lieux et les événements marquants associés à une période donnée.

Dans le présent manuel, la chronologie est constituée en fonction de l'ère chrétienne. Sur une ligne du temps, le point zéro (qui, par convention, représente l'année de la naissance de Jésus-Christ) indique le point de départ de la chronologie occidentale. Les millénaires, les dates historiques et les siècles antérieurs à la naissance du Christ sont suivis de l'abréviation «av. J.-C.». Les dates postérieures à la naissance du Christ ne sont suivies d'aucune abréviation. La lecture des nombres représentant des millénaires, des siècles ou des dates avant Jésus-Christ s'effectue en ordre décroissant jusqu'au point zéro. À partir du début de l'ère chrétienne, leur lecture se fait par ordre croissant, du point zéro jusqu'à aujourd'hui.

En histoire, il faut éviter les anachronismes, ou erreurs, dans la situation d'un événement dans le temps. Assurez-vous de respecter rigoureusement l'ordre chronologique des événements, sinon vos observations sur les relations de cause à effet et sur leurs répercussions seront incorrectes.

Comment lire une ligne du temps

1. **Déterminez la période illustrée.** Notez les années couvertes et les intervalles qui fractionnent la ligne du temps.

2. **Analysez la séquence des événements.** Analysez l'ordre dans lequel les événements apparaissent en portant une attention particulière au laps de temps qui les sépare.

3. **Ajoutez l'information manquante.** Pensez aux personnages, aux peuples, aux lieux et à d'autres faits associés à chacun des éléments de la ligne du temps. De cette façon, vous pourrez la développer et l'enrichir.

4. **Notez les liens.** Établissez les rapports entre un fait et ceux qui l'ont précédé ou suivi. Ne perdez pas de vue les liens de cause à effet et les développements à long terme.

Savoir utiliser votre habileté

1941	▶ Le Japon envahit l'Indochine.
	▶ Les États-Unis imposent un embargo sur l'essence et les autres produits destinés au Japon.
	▶ Le Japon attaque Pearl Harbor.
1942	▶ Bataille de Midway
1945	▶ Hiroshima et Nagasaki sont détruites par des bombes atomiques.
	▶ Le Japon capitule.

Analysez la ligne du temps de la page XVI, qui s'étend de 1941 à 1945 et sur laquelle apparaissent des moments marquants de la Deuxième Guerre mondiale survenus dans le Pacifique.

Quand il s'est produit plus d'un événement important au cours d'une même année, on en dresse la liste en commençant par le premier événement à survenir cette année-là. La ligne de l'année 1941 montre les éléments qui ont conduit à l'attaque-surprise de Pearl Harbor : les attaques des Japonais dans le Sud-Est asiatique et l'escalade de la guerre commerciale entre les États-Unis et le Japon.

Mettre en pratique son habileté

Selon les faits inscrits sur la ligne du temps de la page XVI, répondez aux questions suivantes.

1. Quels autres faits survenus au cours des années séparant l'attaque de Pearl Harbor des bombardements d'Hiroshima et de Nagasaki pourrait-on inscrire ?

2. Quel lien de cause à effet pouvez-vous tirer de la séquence des faits présentée vis-à-vis de l'année 1945 ?

2 Lire une carte géographique

L'histoire et la géographie ont beaucoup en commun. L'histoire décrit ce qui s'est passé depuis l'aube des temps jusqu'à nos jours. La géographie, et en particulier la géographie culturelle, décrit comment l'environnement physique affecte le cours des événements et comment, à son tour, l'humain transforme son environnement. Décrire une série de faits sans les replacer dans le décor physique où ils se sont déroulés équivaut à amputer une partie de la réalité. Pour organiser cette matière, les géographes ont développé cinq thèmes : localisation, lieu, région, déplacement et progression, interaction entre les humains et leur environnement.

La **localisation** décrit l'emplacement d'un lieu et est exprimée de deux manières : par la localisation absolue, c'est-à-dire l'emplacement précis d'un lieu sur la planète, défini par sa latitude et sa longitude ; par la localisation relative, c'est-à-dire l'emplacement d'un lieu par rapport à ceux qui l'entourent, qu'ils soient rapprochés ou éloignés.

Le **lieu** est défini par ses caractéristiques physiques (paysage, climat, végétation, etc.) et par les influences humaines qui lui donnent sa spécificité (utilisation du sol, architecture, grandeur de la population, etc.).

Pour mieux comprendre notre planète, les géographes la divisent en **régions** qui se distinguent les unes des autres par leurs caractéristiques physiques (configuration terrestre ou climat) et par leurs caractéristiques culturelles (langues ou religions dominantes).

Les **déplacements et les progressions** décrivent les interactions entre les peuples lors de leurs migrations, de même que le développement des échanges de biens et de la circulation des idées.

Le thème de l'**interaction entre les humains et leur environnement** (tels le déboisement des terres, l'irrigation des sols ou l'érection des villes) est particulièrement important dans l'étude de l'histoire car il permet de comprendre comment les humains modèlent leur environnement et sont, en retour, modelés par lui.

Les types de cartes géographiques

Une carte est l'illustration, dessinée à l'échelle, de la totalité ou d'une partie de la surface de la Terre. Il existe plusieurs types de cartes, notamment les cartes physiques, politiques ou spécialisées. Les **cartes physiques** illustrent la configuration et le relief naturel d'un secteur géographique donné. Elles utilisent les zones ombragées pour signaler les chaînes de montagnes, les collines ou les vallées, et les couleurs pour indiquer l'élévation au-dessus du niveau de la mer.

Les **cartes politiques** illustrent des entités définies, comme des États ou des nations, et, au moyen de dégradés et de lignes, tracent les frontières entre les pays. Elles utilisent des points pour marquer l'emplacement des grandes villes et des étoiles, ou des étoiles encerclées, pour indiquer l'emplacement des capitales. Ces cartes fournissent des renseignements tels que les changements de limites territoriales et les alliances militaires. « Les nouveaux États en Amérique du Sud en 1828 » (carte 2, page XVIII) est un exemple de carte politique.

Carte 2

Les nouveaux États en Amérique du Sud en 1828

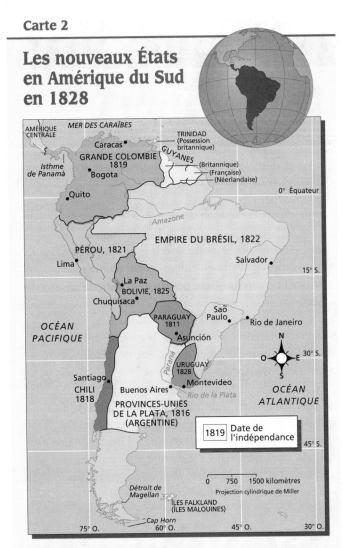

Liberté et union. Après leur accession à l'indépendance, les anciennes vice-royautés espagnoles ont beaucoup de mal à s'unifier, alors que l'ancienne colonie portugaise du Brésil conserve son intégrité territoriale.

❓ *Localiser. Quel pays sud-américain est le dernier à obtenir son indépendance ?*

Les **cartes spécialisées** mettent l'accent sur un aspect précis de la réalité. Par exemple, la carte 3, «Les gisements de pétrole au Moyen-Orient et en Afrique, 1990», illustre une activité économique régionale particulière.

Il ne faut pas oublier que, souvent, les cartes combinent plusieurs aspects, tant politiques que physiques et autres.

Les caractéristiques des cartes

La plupart des cartes présentent certaines caractéristiques communes qui, lorsqu'on sait les reconnaître, en rendent la lecture plus facile.

Titres, légendes et toponymes. Le titre donne le sujet traité par la carte, le secteur géographique illustré et, en général, la période de temps représentée. La légende explique les symboles, les couleurs et les dégradés spécifiques utilisés. Les toponymes sont les noms des lieux.

La grille de la carte. La localisation absolue de n'importe quel endroit sur terre est donnée en degrés de latitude (degrés au nord ou au sud de l'équateur) et de longitude (degrés à l'est ou à l'ouest du premier méridien).

Le symbole du degré est °. Chaque degré est divisé en 60 minutes, représentées par le symbole ′. La grille de la carte est formée par les intersections des parallèles et des méridiens. Ces lignes peuvent parfois être représentées par de petites marques dans le haut de la carte. Il existe aussi sur certaines cartes de plus petites illustrations, placées en haut et à droite, qu'on appelle cartes de localisation relative et qui replacent le secteur représenté dans un contexte plus large, le positionnant par rapport à un continent ou à l'ensemble de la Terre.

Directions et distances. La plupart des cartes présentées dans le manuel affichent une rose des vents (ou indicateur de directions) qui indique les quatre points cardinaux : N (nord), S (sud), E (est) et O (ouest).

Elles contiennent aussi une échelle indiquant les distances en kilomètres qui vous aide à faire la relation entre les distances représentées sur la carte et les distances réelles. En vous servant de l'échelle, vous trouverez le nombre réel de kilomètres qui séparent deux points.

Projections cartographiques. Comme la Terre est une sphère, il est plus facile de la représenter par un globe tridimensionnel. Mais, même si les cartes «à plat» sont des représentations imparfaites de la surface de la Terre, les cartographes utilisent divers moyens pour la représenter le plus parfaitement possible en deux dimensions. C'est ce qu'on appelle des projections.

Dans le manuel, les cartes de localisation sont des projections orthographiques qui montrent une région donnée vue de l'espace. Cette projection restitue de façon exacte la grandeur et la forme, mais ne représente pas toute la surface de la Terre.

Comment lire une carte

1. **Sachez reconnaître le sujet traité.** Lisez le titre et les appellations pour bien connaître le sujet traité par la carte et le secteur géographique qu'elle représente.

Les gisements de pétrole au Moyen-Orient et en Afrique, 1990

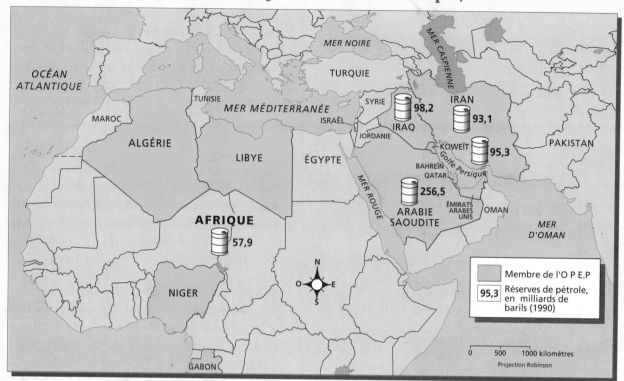

La région du pétrole. Les déserts du Moyen-Orient et de certaines parties de l'Afrique renferment de riches gisements de pétrole très facilement extractible. La plus grande partie des réserves de pétrole mondiales se trouvent dans ces régions.

 Distinguer les régions. *Dans quel pays du Moyen-Orient se trouvent les réserves de pétrole les plus abondantes?*

2. **Analysez la légende.** Lisez la légende et familiarisez-vous avec les symboles, les lignes, les couleurs et les dégradés particuliers.

3. **Analysez la carte.** Analysez les caractéristiques et les détails de la carte, tout en gardant à l'esprit le sujet traité. S'il s'agit d'une carte spécialisée, analysez les renseignements particuliers qu'elle indique.

Mettre en pratique son habileté

En vous reportant à la carte spécialisée « Les gisements de pétrole au Moyen-Orient et en Afrique, 1990 » ci-dessus répondez aux questions suivantes.

1. Quel est le sujet particulier de cette carte?

2. En quoi les renseignements de cette carte vous sont-ils utiles?

3. Cette carte possède-t-elle des symboles particuliers? Si oui, lesquels?

4. À quoi servent les différentes couleurs et les lignes de la carte?

 ## Lire les tableaux et les graphiques

Tableaux et graphiques servent à organiser et à présenter visuellement l'information. Ils regroupent les données par catégories et les présentent de différentes façons, selon le sujet à traiter. Vous trouverez dans ce manuel plusieurs types de tableaux et de graphiques.

Les tableaux

Vous connaissez déjà la **ligne du temps**, qui est un tableau présentant les faits historiques dans leur ordre chronologique. Il existe plusieurs autres types de tableaux, comme les **organigrammes**, qui sont des représentations schématiques des divers services d'une entreprise et de leurs rapports mutuels, ou encore qui sont des représentations graphiques des sous-ensembles d'un système et de leurs relations. Comme le tableau 1 de la page XX, les tableaux schématisent, en général, les données sur plusieurs colonnes et par catégories faciles à comprendre et à comparer. Les tableaux sont très utiles dans la présentation de statistiques.

Tableau 1

Les empereurs de la *Pax Romana* 27 av. J.-C. — 180

27 av. J.-C. – 14	
	Auguste

14 – 68	**Les Julio-Claudiens**
	Tibère (14 – 37)*
	Caligula (37 – 41)
	Claude (41 – 54)
	Néron (54 – 68)

68 – 69	**Les empereurs militaires**
	Galba, Othon, Vitellius
	(Choisis par différentes légions durant une crise de succession)

69 – 96	**Les Flaviens**
	Vespasien (69 – 79)
	Titus (79 – 81)
	Domitien (81 – 96)

96 – 180	**Les Antonins**
	Nerva (96 – 98)
	Trajan (98 – 117)
	Hadrien (117 – 138)
	Antonin le Pieux (138 – 161)
	Marc Aurèle (161 – 180)

* Indique les années de règne.

Comment lire un tableau

1. **Lisez le titre.** Le titre indique l'objet et le but du tableau.

2. **Suivez bien les subdivisions du tableau.** Lisez les titres et les sous-titres pour comprendre la nature des catégories utilisées et les données particulières regroupées dans chaque catégorie.

3. **Étudiez les détails.** S'il est question de quantités, notez les augmentations et les diminutions ; s'il est question de dates, notez les intervalles qui les séparent. Si vous lisez un organigramme, servez-vous des flèches et des lignes horizontales et verticales pour établir les liens entre les divers éléments.

4. **Sachez utiliser les données.** En utilisant l'information fournie par le tableau, faites des généralisations ou tirez des conclusions.

Les graphiques

Les graphiques se présentent, eux aussi, sous diverses formes, chacune étant utilisée pour ses particularités de présentation en fonction des aspects qu'on veut faire ressortir. Un graphique linéaire distribue les données par points, reliés entre eux par une ligne. La figure 3, intitulée « La production manufacturière : 1750-1913 », montre les variations et les tendances dans ce secteur économique sur presque deux siècles. Un graphique en colonnes affiche des quantités qu'il est facile de comparer. Faites-en l'expérience en vous reportant à la figure 4, intitulée « Le pourcentage d'exécutions dans les procès de sorcellerie ». Les graphiques circulaires, quant à eux, répartissent les éléments de façon proportionnelle en présentant les parties d'un tout comme s'il s'agissait de « morceaux de tarte ». Voyez la figure 5, « Les religions dans le monde », à ce sujet.

Comment lire un graphique

1. **Lisez le titre.** Le titre indique l'objet et le but du graphique. Soyez attentif au type de graphique que vous lisez, car chacun est conçu pour faire ressortir des caractéristiques précises.

2. **Identifiez les axes.** Pour saisir l'information que le graphique présente, lisez la désignation de chacun des axes. L'axe horizontal (abscisse) est tracé de gauche à droite, au bas du graphique, et l'axe vertical (ordonné), de haut en bas, à gauche du graphique.

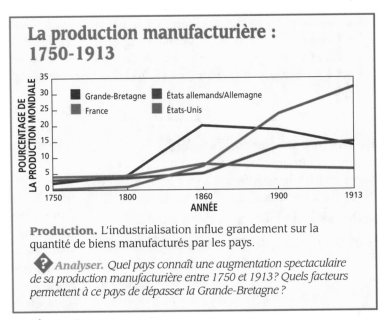

La production manufacturière : 1750-1913

POURCENTAGE DE LA PRODUCTION MONDIALE

Grande-Bretagne
France
États allemands/Allemagne
États-Unis

ANNÉE

Production. L'industrialisation influe grandement sur la quantité de biens manufacturés par les pays.

❓ *Analyser. Quel pays connaît une augmentation spectaculaire de sa production manufacturière entre 1750 et 1913? Quels facteurs permettent à ce pays de dépasser la Grande-Bretagne?*

Figure 3

Le pourcentage d'exécutions dans les procès de sorcellerie

Nombre (connu) de personnes jugées
Nombre d'exécutions

	Dép. du Nord France (1542–1679)	Neuchâtel, Suisse (1568–1677)	Luxembourg (1509–1640)	Écosse (1563–1727)	Comté d'Essex Angleterre (1560–1672)
Nombre de personnes jugées	187	341	547	402	291
Nombre d'exécutions	90	214	358	216	74
Pourcentage	48 %	63 %	69 %	54 %	24 %

La chasse aux sorcières. Au cours des 16e et 17e siècles, des milliers d'Européens sont jugés et des centaines parmi eux, soupçonnés de sorcellerie, sont exécutés.

? *Analyser. À quel endroit le nombre de procès et d'exécutions est-il le plus élevé? Quels facteurs politiques peuvent expliquer le nombre plus élevé de procès et d'exécutions sur le continent européen par rapport à celui relevé en Angleterre?*

Figure 4

Si vous lisez des dates ou des quantités sur l'un ou l'autre des axes, n'oubliez pas que les intervalles les séparant peuvent être inégaux.

3. **Étudiez les données.** Remarquez les augmentations et les diminutions. Soyez attentif aux tendances qui se dégagent des données, aux rapports qui existent entre elles et aux changements qu'elles subissent.

4. **Sachez utiliser les données.** Servez-vous des résultats de vos analyses pour faire des généralisations ou tirer des conclusions.

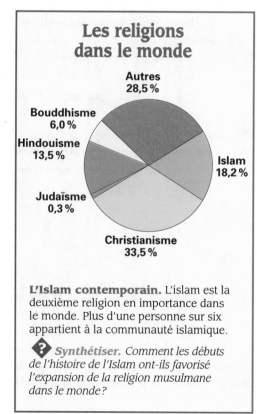

Les religions dans le monde

Autres 28,5 %
Bouddhisme 6,0 %
Hindouisme 13,5 %
Judaïsme 0,3 %
Christianisme 33,5 %
Islam 18,2 %

L'Islam contemporain. L'islam est la deuxième religion en importance dans le monde. Plus d'une personne sur six appartient à la communauté islamique.

? *Synthétiser. Comment les débuts de l'histoire de l'Islam ont-ils favorisé l'expansion de la religion musulmane dans le monde?*

Figure 5

Savoir utiliser son habileté
Reportez-vous au graphique en colonnes « Le pourcentage d'exécutions dans les procès de sorcellerie ». Ce graphique indique le nombre d'Européens qui ont été jugés au cours des 16e et 17e siècles pour sorcellerie, ainsi que le nombre de ces personnes ayant été exécutées pour cette même raison. À la lecture de ce graphique, il est possible de constater que c'est au Luxembourg que le plus grand nombre d'exécutions (69 %) ont eu lieu.

Mettre en pratique son habileté
En utilisant le graphique linéaire « La production manufacturière : 1750-1913 », répondez aux questions suivantes.

1. Décrivez la nature des données illustrées et la fréquence des intervalles utilisés : (a) sur l'axe horizontal ; (b) sur l'axe vertical.

2. Quelle tendance se dégage dans la production manufacturière en Grande-Bretagne au cours de la période 1850-1913 ? Quelle tendance observez-vous en Allemagne au cours de la même période ?

3. Quelles généralisations et quelles conclusions pouvez-vous tirer de ce graphique ?

Cerner une idée principale

Dans un texte d'histoire, les questions et les faits importants peuvent parfois être noyés dans un flot de détails. La capacité de cerner un élément central est primordiale et permet de comprendre n'importe quelle question complexe. Le présent manuel est conçu pour favoriser votre concentration sur les idées principales qui ressortent dans l'histoire du monde occidental. L'introduction au début de chaque chapitre et les objectifs d'apprentissage qui ouvrent les chapitres ou les sections ont pour fonction de guider votre lecture. Les phrases clés « Continuité et changements » placées en différents endroits dans le texte mettent en évidence les idées principales qui y sont présentées et ce qui en découle. Bien que tout ce que vous lirez ne soit pas structuré de cette façon, vous arriverez à cerner les idées principales dans vos lectures.

Comment cerner une idée principale

1. **Lisez l'introduction.** Lisez le titre et l'introduction, s'il y en a une. Les idées principales qui seront traitées dans le texte y sont peut-être présentées.

2. **Élaborez des questions mentalement.** Préparez quelques questions auxquelles le texte est susceptible de répondre. Elles vous permettront de vous concentrer sur votre lecture.

3. **Relevez les titres et les intertitres.** Soyez attentif aux titres et aux intertitres, qui pourraient souligner les idées importantes.

4. **Repérez les détails importants.** Tout en lisant, sachez faire la distinction entre les phrases contenant des détails utiles et les énoncés plus généraux. Une série de faits, par exemple, peut aboutir à une conclusion qui contient une idée principale.

Savoir utiliser son habileté

Lisez le paragraphe ci-dessous, portant sur les défis posés par la nature au 14ᵉ siècle, et cernez-en l'idée principale.

À la fin du 13ᵉ siècle, l'Europe atteint les limites de sa capacité d'expansion naturelle. Malgré les nouvelles technologies agricoles, les Européens connaissent mal les engrais et l'importance de permettre au sol de se régénérer. Ils nourrissent la population sans cesse grandissante en cultivant simplement davantage de terres, mais, vers 1300, les terres cultivables ont presque toutes été utilisées. Poussé au-delà de ses capacités, le sol perd de sa fertilité et les récoltes n'augmentent plus. Les fermiers ne sont bientôt plus en mesure de produire suffisamment de nourriture pour assurer la subsistance de tous les habitants de l'Europe.

Comme l'indique la première phrase, le paragraphe traite des transformations de l'économie européenne. Méconnaissance des engrais et des techniques de fertilisation, augmentation de la production par l'extension des terres cultivées, tous ces détails ne sont donnés que pour mieux camper le problème. Quant à l'idée principale, soit que la population de l'Europe était trop grande par rapport à la capacité de production du sol et qu'il n'y avait plus assez de nourriture pour tout le monde, elle est résumée dans la dernière phrase du paragraphe.

Mettre en pratique son habileté

Lisez maintenant ce second paragraphe et répondez aux questions suivantes.

En outre, la situation empire à cause des changements climatiques. L'Europe devient nettement plus froide et il pleut beaucoup plus qu'auparavant, phénomènes qui entraînent des effets désastreux sur l'agriculture. Les pluies plus abondantes érodent la couche arable du sol et font pourrir les semences dans les champs ; les tempêtes de neige hâtives détruisent les récoltes avant la moisson. Comme les récoltes diminuent de façon importante, la famine et les disettes dévastent l'Europe entre 1315 et 1317.

1. Quelle est l'idée principale du paragraphe ? Sur quels détails l'auteur s'appuie-t-il pour la développer ?

2. Quel est le lien qui unit les idées principales de ces deux paragraphes ? Réunissez-les en une phrase qui résumera les deux paragraphes.

Distinguer les faits des opinions

Les sources historiques contiennent à la fois des faits et des opinions. Les lettres, les journaux intimes et les discours expriment en général des points de vue personnels. La capacité de distinguer les faits des opinions est essentielle pour juger de la solidité d'une argumentation ou de l'exactitude d'un récit historique.

Comment distinguer les faits des opinions

1. **Déterminez les faits.** Demandez-vous si le fait est attesté. Voyez si vous pouvez en vérifier l'exactitude dans un dictionnaire ou une encyclopédie. Si tel est le cas, il s'agit probablement d'un fait ; sinon, vous êtes peut-être devant une opinion.

2. **Repérez les opinions.** Recherchez les indices qui annoncent l'énoncé d'une opinion, comme les affirmations « Je pense » ou « Je crois ». Les superlatifs ou les comparatifs (le plus grand, le plus important) et les termes très forts (extrêmement, ridicule) supposent souvent un jugement, donc une opinion.

Savoir utiliser son habileté

Les jugements portés sur la personnalité d'un individu mélangent souvent faits et opinions. Lisez la description que fait le philosophe grec Isocrate du roi de Perse Artaxerxès II, qui conquit les cités-États grecques en 387 av. J.-C. :

> C'est un despote [chef dur et cruel] vers la cour duquel nous voguons pour nous accuser les uns les autres. Nous l'appelons Grand Roi, comme si nous étions des sujets prisonniers de guerre ; et si nous nous déclarons la guerre, c'est encore en lui que nous mettrons nos espoirs, même s'il n'hésiterait pas à détruire les deux armées sans le moindre scrupule.

Le jugement d'Isocrate, à savoir qu'Artaxerxès est un tyran, est manifestement une opinion. Remarquez les attributs lourds de sens et la formulation : despote, sujets prisonniers, sans le moindre scrupule.

Mettre en pratique son habileté

Lisez l'extrait ci-dessous dans lequel Isocrate conseille Philippe de Macédoine sur la façon dont un roi devrait diriger la Grèce :

> Je soutiens que tu devrais être le bienfaiteur de la Grèce et que tu devrais conquérir le plus loin possible les empires qui ne font pas partie du monde grec. Si tu réussis, tu t'attireras une gratitude universelle : celle des Grecs, parce qu'ils y gagneront de grands avantages ; celle des Macédoniens, si ta main qui les gouverne est celle d'un roi et non celle d'un tyran, et celle du reste de l'univers, si c'est grâce à toi que tous ces peuples sont libérés de la tyrannie des Perses, en échange de la protection des Grecs.

1. Cet extrait énonce-t-il un fait ou une opinion ?
2. En quels termes Isocrate décrit-il le genre de roi qu'il croit nécessaire à la Grèce ?
3. Quels sont les mots qui vous donnent des indices sur l'opinion d'Isocrate à l'égard du gouvernement des Perses en Grèce ?

6 Dégager les causes et les effets

En histoire, il est extrêmement important de savoir établir et interpréter les liens de cause à effet. Lorsque les historiens étudient les causes et les conséquences des événements, ils se posent plusieurs questions : « Qu'est-ce qui a déclenché cet événement ? », « Sur quelle toile de fond s'est-il déroulé ? », « Qui y a pris part ? », « Quelles en sont les conséquences ? », etc. Votre tâche est plus simple que celle des historiens : il ne vous reste qu'à retracer ce qu'ils ont déjà déterminé être des causes et des effets dans l'enchaînement des faits historiques.

Figure 6 Alexandre le Grand, fils de Philippe de Macédoine

Tableau 2

MOTS ET LOCUTIONS CLÉS	
Cause	**Effet**
à la suite de	résultat
parce que	ce qui a comme conséquence
amené par	dépend de
inspiré par	ce qui conduit à
entraîne	donne naissance à
produit	répercussion
provoque	développement
incite à	découle de
la raison pour laquelle	a pour effet de

Comment dégager les causes et les effets

1. **Recherchez des indices.** Certains mots et certaines locutions introduisent un lien de cause à effet. Le tableau 2 vous donne quelques exemples.

2. **Établissez le lien.** Lisez attentivement pour bien saisir les liens entre les événements. Les auteurs ne les spécifient pas toujours clairement. En histoire, le lecteur ou la lectrice doit parfois découvrir la cause ou l'effet en fonction des indices que le texte lui fournit.

3. **Faites attention aux liens plus complexes.** Au-delà des liens immédiats ou plus superficiels, vérifiez s'il existe d'autres rapports plus subtils entre divers événements. Notez, par exemple, (1) si plusieurs causes sont à l'origine d'une situation donnée ; (2) si une même cause a pu avoir des effets multiples, et (3) si les effets, à leur tour, ont eu des répercussions sur des événements ultérieurs.

Savoir utiliser son habileté

Dans la figure 7, vous pouvez observer un lien important de cause à effet dans les conflits qui ont eu lieu pendant la révolution russe. La pauvreté et les défaites militaires ont poussé bon nombre de Russes à protester contre les gestes posés par leur gouvernement au début du 20e siècle. Voici le schéma d'un de ces conflits.

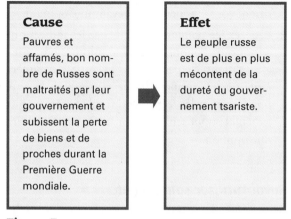

Figure 7

Pour sa part, la figure 8 décrit comment Lénine se heurta à l'opposition de ses concitoyens après la signature du traité de Brest-Litovsk. Notez comment un effet peut, à son tour, devenir une cause.

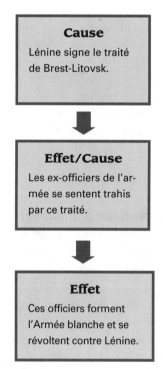

Figure 8

Chapitre 1
Les civilisations de l'Orient et de l'Afrique antiques

– 3,7 millions ▶	**Apparition des premiers hominidés**
– 200 000 ▶	**Apparition de l'*Homo sapiens***
– 40 000 ▶	**Peintures rupestres**
– 12 000 ▶	**Outils en pierre taillée**
– 8000 ▶	**Début de l'agriculture et de la métallurgie**
– 5000 ▶	**Essor de la civilisation mésopotamienne**
– 3200 ▶	**Unification du royaume d'Égypte par le roi Ménès**
– 3000 ▶	**Écritures cunéiforme et hiéroglyphique**
– 2500 ▶	**Naissance de la civilisation indienne**
– 1792 ▶	**Code de Hammourabi**
– 1300 ▶	**Alphabet phénicien**
– 550 ▶	**Création de l'Empire perse achéménide par Cyrus II**

Objectifs d'apprentissage

APRÈS AVOIR LU CE CHAPITRE, VOUS SEREZ CAPABLE :
• DE SITUER DANS LE TEMPS ET DE LOCALISER GÉOGRAPHIQUEMENT LES PRE-MIÈRES CIVILISATIONS ;
• DE CARACTÉRISER LEUR MODE DE FORMATION ET DE FONCTIONNEMENT ;
• D'EXPLIQUER POURQUOI CERTAINES ONT SURVÉCU PLUS LONGTEMPS QUE D'AUTRES.

Des millions d'années s'écoulent entre l'apparition de l'espèce humaine et le développement des premières civilisations. Durant la préhistoire, l'espèce humaine, préda-trice et nomade, explore son environnement et l'apprivoise graduellement. Les organisations sociales et politiques ainsi que les réalisations matérielles de la préhistoire traduisent la réalité de ces populations de chasseurs et de cueilleurs, et leur conception du monde.

Les premières civilisations évo-luent à proximité des grands fleuves, là où l'eau, qui est un élément indis-pensable à la sédentarisation des populations et à l'agriculture, est facilement accessible. Les villes ap-paraissent alors dans les vallées flu-viales et regroupent des milliers de personnes. La présence d'une popu-lation considérable sur un territoire délimité nécessite la mise en place de structures sociales, politiques et religieuses capables d'encadrer les grands ensembles humains. Les col-lectivités pratiquent l'agriculture et le commerce sur une grande échelle. La civilisation s'enrichit et se déve-loppe.

Figure 1.1 Le tombeau du roi Toutânkhamon

Au fur et à mesure que la civilisation croît au-delà des val-lées fluviales, les peuples limitrophes en voient les avantages et veulent s'approprier ces terres. Bientôt, les robustes no-mades de l'extérieur s'enhardissent et se servent de leur adresse plus grande au combat pour conquérir ces sociétés sédentarisées. Puisant à même les ressources obtenues grâce à leurs conquêtes, ils étendent leurs territoires et édifient les premiers empires, portant encore plus loin la civilisation.

OBJECTIFS D'APPRENTISSAGE

APRÈS AVOIR LU CETTE SECTION, VOUS SEREZ CAPABLE :

- DE DÉCRIRE LES PRINCIPALES TRANSFORMATIONS QUE CONNURENT LES HOMINIDÉS ;

- D'OBSERVER LES CONSTANCES ET LES DISSEMBLANCES DES MODES DE VIE DE NOS ANCÊTRES ;

- D'EXPLIQUER LES CONSÉQUENCES DU PASSAGE DU NOMADISME AU SÉDENTARISME.

Malgré la présence sur terre de créatures à forme humaine depuis des centaines de milliers d'années, les témoignages écrits de l'histoire de l'homme ne remontent qu'à environ 5000 ans. Toute la période qui précède l'écriture s'appelle la préhistoire. Utilisant quelques vestiges incomplets, les spécialistes tentent de reconstituer le déroulement de la vie en ces temps anciens et de nouvelles découvertes les incitent à changer du tout au tout leur compréhension de la préhistoire.

Les premiers hominidés

Les anthropologues situent l'apparition des premiers hominidés en Afrique, il y a de cela plusieurs millions d'années. En 1974, l'anthropologue américain Donald Johanson et son collègue français Maurice Taieb découvrent en Éthiopie les restes d'une jeune femelle de la famille des Hominoïdes dont l'âge remonterait à 3 millions d'années. La baptisant Lucy, Johanson la rattache à l'espèce des australopithèques, ou «singes anthropoïdes habitant l'Afrique australe (du Sud)». En 1978, l'anthropologue Mary Leaky découvre en Tanzanie les restes d'un australopithèque dont l'âge remonterait, cette fois, à 3,7 millions d'années.

Bien que la plupart des spécialistes croient qu'il existe un lien entre les différents australopithèques et l'homme moderne, ils n'en connaissent pas avec certitude la nature. Après avoir examiné des fragments de la jambe et du pied de Lucy, Johanson en conclut qu'elle a dû marcher en adoptant la position verticale. Plusieurs scientifiques croient que cette position, en libérant les mains pour qu'elles puissent servir d'outils, est une étape déterminante dans l'évolution des premiers humains.

Comme les espèces de la préhistoire n'ont laissé aucun témoignage écrit, les archéologues doivent interpréter les vestiges humains et les artefacts pour comprendre les modes de vie préhistoriques.

Les premières peuplades

Malgré les découvertes des spécialistes, la connaissance des premiers humains et des hominidés qui les ont précédés n'est fondée que sur des vestiges épars dont la signification ne fait pas l'unanimité chez les scientifiques. De nouvelles découvertes pourraient mener à des théories différentes de celles que l'on tient pour vraies aujourd'hui.

L'Homo sapiens. Pour l'instant, la plupart des spécialistes croient que l'homme moderne, appelé *Homo sapiens*, ou «homme pensant», fait son apparition en Afrique vers 200 000 av. J.-C. Au cours des quelque 60 000 années suivantes, il essaime hors de l'Afrique pour occuper les territoires peuplés par les premiers hominidés. Après 40 000 av. J.-C., il s'installe jusque dans le nord de l'Eurasie et en Australie. Les premières traces de la présence de l'*Homo sapiens* en Amérique du Nord remontent, elles aussi, à environ 40 000 ans av. J.-C.

D'autres scientifiques, pour leur part, croient que les premiers représentants de l'*Homo sapiens* apparaissent beaucoup plus tôt, il y a à peu près un million d'années, en plusieurs endroits et à différents moments.

Les spécialistes pensent que deux types principaux d'*Homo sapiens* ont existé : l'homme de Neandertal, apparu plus tôt, et l'homme de Cro-Magnon, venu un peu plus tard. C'est ce dernier, appelé *Homo sapiens sapiens*, ou «homme pensant pensant», qui constitue la première véritable population humaine, au sens moderne du terme. L'homme de Cro-Magnon est-il un rival de l'homme de Neandertal ? L'extermine-t-il ? La réponse est incertaine. Des fouilles pratiquées en Asie du Sud-Ouest et en Europe semblent suggérer que les deux peuplades vivent parfois à proximité l'une de l'autre, apparemment en voisins pacifiques. Pourtant, l'homme de Cro-Magnon est celui qui sait le mieux s'adapter à son environnement puisque, vers 30 000 av. J.-C., on ne trouve plus trace de l'homme de Neandertal.

Les chasseurs et les cueilleurs. Pendant presque tout le temps qu'ils existent, les premiers humains vivent en petites bandes de chasseurs et de cueilleurs, se nourrissant de plantes sauvages, de graines, de fruits, de noix et de chair d'animaux morts. Ce sont des nomades entièrement dépendants de leur environnement. Ils se déplacent constamment, en quête de nourriture et d'eau, et s'abritent souvent dans des cavernes. Ils finissent par apprendre à chasser les animaux, ce qui les oblige à adopter une forme de coopération. Plusieurs croient que cette activité les force également à développer le langage comme moyen de communication. Ils apprennent aussi à domestiquer le feu et à se servir d'outils.

Cette époque durant laquelle les êtres humains se servent essentiellement d'outils de pierre est en général divisée en trois grands âges :

- le Paléolithique, ou l'âge de la pierre taillée, qui couvre la période s'étendant de 2,5 millions à 12 000 av. J.-C. ;
- le Mésolithique, ou période moyenne de l'âge de pierre, de 12 000 à 10 000 av. J.-C. ;
- le Néolithique, ou l'âge de la pierre polie, qui dure approximativement de 10 000 à 8000 av. J.-C.

Ces catégorisations ne désignent toutefois pas des périodes de temps réel, mais plutôt les époques au cours desquelles les humains façonnent et utilisent tel ou tel type d'outils de pierre.

La culture paléolithique. Les spécialistes s'accordent sur un des facteurs permettant de différencier l'homme de l'hominidé. Ce facteur est le développement d'une *culture* avec ses coutumes, ses arts, ses croyances religieuses et une identité propre.

> **CHANGEMENTS** Les peintures dans les cavernes et les sculptures d'os démontrent que les premiers représentants de l'humanité sont capables de réfléchir sur le monde dans lequel ils vivent.
> CONTINUITÉ

Les plus anciennes peintures datent d'environ 40 000 ans av. J.-C. et celles qu'on a découvertes sur les murs des cavernes en Australie, en France et dans le nord de l'Espagne représentent souvent des scènes de chasse.

À cette époque, on taille aussi des statuettes dans la pierre, l'ivoire et l'os. Parmi les plus célèbres qui ont été retrouvées, il y a des sculptures de figures féminines qu'on appelle les figurines de « Vénus » et que les spécialistes supposent avoir été rattachées à des rituels religieux et au culte de la déesse-mère.

> **CHANGEMENTS** Le développement de la culture permet à l'homme moderne de se différencier des hominidés qui le précèdent.
> CONTINUITÉ

L'âge de pierre tardif

Au cours du Mésolithique, dans certaines parties de l'Asie et de l'Afrique, on commence à tailler des outils de pierre plus spécialisés ; on invente aussi les arcs et les flèches et on se met à fabriquer des hameçons en os et en bois de cervidés, des lances et des harpons pour attraper le poisson. D'autres peuplades apprennent à construire des pirogues pour se déplacer sur les cours d'eau ou pêcher en eaux profondes.

Plus tard, durant le Néolithique, les développements technologiques permettent de raffiner et de spécialiser davantage les outils. En plus de tailler la pierre, on pense à la polir, ce qui donne des outils plus tranchants ou à la pointe plus acérée. L'humain invente ainsi poinçons, cales, scies, perceuses, burins et aiguilles.

Les premières colonisations. À la même époque, certaines peuplades abandonnent le *nomadisme* et commencent à s'installer dans différents endroits. Vers 12 000 av. J.-C., des changements climatiques dans la région où se trouvent aujourd'hui Israël et la Jordanie semblent avoir favorisé une rapide propagation de variétés sauvages d'orge et de blé.

La révolution agricole. Le climat devenant plus sec et les troupeaux de gros gibiers ayant changé leurs routes migratoires, les peuplades commencent, entre 8000 et 5000 av. J.-C., à pratiquer la *domestication* des plantes et des animaux. La culture des plantes conduit à l'agriculture et la domestication de certains animaux, comme les chèvres, les moutons, les porcs et le gros bétail, favorise le développement d'une société pastorale, le *pastoralisme*. Les propriétaires de troupeaux en viennent à dépendre de leurs animaux pour le lait et la viande qui, ainsi, deviennent les sources principales de l'alimentation.

> **CHANGEMENTS** Le passage de la cueillette à la production de nourriture s'appelle la *révolution agricole*. La plupart des spécialistes s'entendent pour dire que la révolution agricole ne se produit pas uniformément, mais plutôt à différents moments et à plusieurs endroits, un peu partout dans le monde.
> CONTINUITÉ

Du Néolithique à l'âge du bronze. Vers la fin de la période néolithique, les peuples de l'Asie du Sud-Ouest créent déjà de multiples objets, tout nouveaux, qui leur simplifient la vie. L'art de la poterie, par exemple, leur permet de fabriquer des récipients pour conserver la nourriture ; ou encore, la mise au point du joug pour les bœufs et de la charrue facilite leurs travaux de labour. Ils apprennent aussi à se servir du métal : d'abord du cuivre, puis d'un alliage de cuivre et d'étain, le bronze. Au moment où débute la fabrication d'outils avec ces métaux, on passe de l'âge de pierre à l'âge du bronze.

Figure 1.2 Ce sanctuaire, construit vers 6800 av. J.-C., a été restauré à partir des ruines découvertes à Çatal Höyük.

> **☙ CONTINUITÉ CHANGEMENTS** Les progrès accomplis au cours du Néolithique font que les populations augmentent. Les anciennes colonies de chasseurs et de cueilleurs se transforment en colonies d'agriculteurs, grossissent et se complexifient.

En marche vers la civilisation. Autour de 9000 av. J.-C., des villages ruraux de plusieurs centaines d'habitants parsèment les montagnes et les vallées, en différents endroits sur la Terre, et certains villages passent au stade urbain. Sur le territoire de l'actuelle Turquie, par exemple, des archéologues ont mis au jour la ville de Çatal Höyük, qui comptait près de 3000 habitants il y a plus de 8500 ans. Au fur et à mesure que ces collectivités grandissent et se développent, leurs cultures s'approchent de plus en plus de ce que les historiens appellent des civilisations. Habituellement, en histoire, le terme « *civilisation* » fait référence à un ensemble d'individus vivant dans des sociétés complexes, caractérisées par plusieurs éléments, notamment la production excédentaire de nourriture, l'organisation en grandes villes et la division du travail en tâches spécialisées et non spécialisées, entre autres. D'après cette définition, sont civilisés les hommes qui ont renoncé au nomadisme en faveur de la *sédentarité*, c'est-à-dire qui ont préféré se fixer en un lieu donné et vivre en collectivité.

> **☙ CONTINUITÉ CHANGEMENTS** Au cours de la période néolithique, le développement de l'agriculture et la domestication des animaux permettent à de nombreuses populations de fonder des villages et d'y vivre en collectivité.

EXERCICES

1. Définir les termes suivants :
- Homo sapiens
- *culture*
- *pastoralisme*
- *civilisation*
- *nomadisme*
- *domestication*
- *révolution agricole*
- *sédentarité*

2. Cerner l'idée principale. Qu'est-ce qui différencie les premiers humains des hominidés qui les précèdent ?

3. Expliquer. Au cours de la période néolithique, quels changements transforment la vie des peuples ?

4. Expliquer. Dans un court texte, expliquez la conséquence la plus importante découlant de la révolution agricole.

5. Formuler une hypothèse. À votre avis, pourquoi le travail des métaux est-il une étape déterminante dans l'évolution des premiers humains ?

Les civilisations de la Mésopotamie

OBJECTIFS D'APPRENTISSAGE

APRÈS AVOIR LU CETTE SECTION, VOUS SEREZ CAPABLE :

- DE DÉCRIRE LES FONDEMENTS SUR LESQUELS S'ÉDIFIÈRENT LES EMPIRES MÉSOPOTAMIENS ;
- DE DÉFINIR LA NOTION D'EMPIRE ;
- D'EXPLIQUER LES RAISONS PRÉSIDANT À LA NAISSANCE ET À LA MORT DES EMPIRES ;
- DE DÉGAGER LES PRINCIPAUX HÉRITAGES TRANSMIS PAR CES LOINTAINES CIVILISATIONS.

L e besoin d'assurer l'approvisionnement en eau des grandes étendues de terres cultivées a vraisemblablement constitué le fondement des premières civilisations connues. La transition vers l'agriculture à grande échelle se fait tout d'abord sur les rives du Tigre et de l'Euphrate, deux fleuves coulant dans le sud-ouest de l'Asie. C'est là, entre 5000 et 4000 av. J.-C., que les fermiers de l'époque néolithique forment ce que l'on considère comme la première civilisation. La richesse de la civilisation mésopotamienne présente un attrait irrésistible pour les populations nomades vivant dans les montagnes et les déserts avoisinants. Vers 2300 av. J.-C., elles commencent donc à attaquer les Mésopotamiens afin de jouir, elles aussi, de cette richesse.

> **☙ CONTINUITÉ CHANGEMENTS** On peut, dès lors, dégager une constante prudente selon laquelle des envahisseurs conquièrent une société bien établie, bâtissent un empire, se civilisent et finissent par tomber, à leur tour, aux mains d'autres envahisseurs.

La géographie de la Mésopotamie

La première civilisation connue naît dans le Croissant fertile, une région de terres riches située entre le Tigre et l'Euphrate. Cette région est aussi désignée sous le nom de Mésopotamie qui signifie, en grec, «le pays entre les fleuves». Les fermes d'élevage et de culture tirent de ces deux cours d'eau l'élément essentiel à leur survie, mais les crues annuelles inondent périodiquement les champs, les transformant en lacs. Par contre, lorsque les eaux se retirent, elles laissent derrière elles un *limon*, mélange de boue et de sable, qui rend le sol fertile et fait de la Mésopotamie un endroit particulièrement propice au développement de l'agriculture. Malgré leur richesse, ces terres ne sont cependant exploitables qu'après de longs travaux : les fermiers doivent creuser des canaux et ériger des digues pour contenir les eaux des crues et irriguer adéquatement les champs. Des projets d'une telle envergure exigent une coordination rigoureuse du travail. C'est de cette mise en commun des efforts que l'on voit émerger la civilisation sumérienne.

Les cités-États sumériennes

Les premiers peuples à s'installer en Mésopotamie vivent dans de petits villages, le long des rives des fleuves. Comme les habitants se regroupent pour maîtriser les eaux des crues, certains villages finissent par se transformer en villes. Vers 3500 av. J.-C., les premières villes, au sens réel du terme, font leur apparition au pays de Sumer. Mais, à cause de leur expansion, elles rivalisent bientôt entre elles pour s'accaparer des réserves d'eau et d'autres ressources de la région. Par conséquent, pendant presque toute son histoire, Sumer ne réussit jamais à se constituer en pays unifié. La région demeure parsemée de *cités-États* indépendantes les unes des autres et possédant chacune leur gouvernement, leurs vergers et leurs champs. Les cités-États les plus importantes, comme Ur, Uruk et Kish, comptent des milliers d'habitants.

L'organisation sociale. Les prêtres sont les premiers chefs des villes. À l'instar de la plupart des peuples de l'époque néolithique, les Sumériens croient que les forces naturelles, comme la foudre, la pluie, le vent et le tonnerre, sont habitées par des esprits. Toute chose, même les fleuves, les canaux, les roseaux et l'eau, possède son esprit ou son dieu qui lui donne sa forme et établit sa fonction. Les

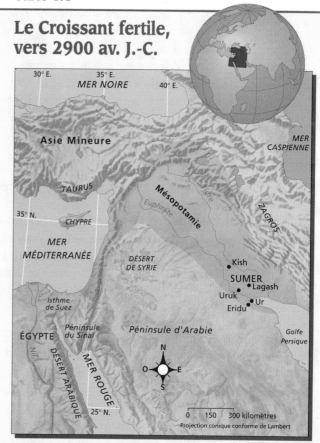

Carte 1.1

Le Croissant fertile, vers 2900 av. J.-C.

Foyers de civilisation. Les riches terres du Croissant fertile épousent une courbe s'étendant du sud-est de la côte méditerranéenne au golfe Persique.

? *Localiser. Le long de quel fleuve les cités sumériennes d'Ur et d'Uruk sont-elles situées?*

Sumériens voient en leurs prêtres des êtres possédant une connaissance supérieure des esprits, connaissance vitale pour savoir comment endiguer les fleuves ou pour savoir quand et comment ensemencer. Comme ils sont les premiers à veiller à l'organisation de la société sumérienne, les prêtres dirigent tout naturellement les cités-États au nom des dieux.

Pour rendre hommage aux dieux, on construit de vastes temples dont les plus importants sont connus sous le nom de ziggourats. Centres à la fois religieux et administratifs, les *ziggourats* sont souvent colossales et construites sur des plates-formes surélevées au milieu des plaines, de sorte qu'elles sont visibles à des kilomètres de distance.

Du haut de ces temples, les prêtres surveillent une société complexe au sein de laquelle chacun accomplit des tâches spécialisées. Cette spécialisation des tâches est possible grâce aux fermiers qui, sous l'autorité des prêtres, accumulent des surplus de nourriture servant à assurer la subsistance du personnel rattaché aux temples et aussi celle d'autres habitants de la cité, qui peuvent ainsi devenir commerçants ou artisans.

Les cités, de plus en plus prospères sous la direction des prêtres, deviennent la cible des pilleurs nomades. De plus, elles livrent bataille les unes contre les autres pour conserver ou s'approprier des droits sur l'eau. Peu à peu, des chefs de guerre s'imposent et s'installent à la tête des cités. Ainsi, les dirigeants assument-ils à la fois les rôles de guerriers et d'officiants des grands sacrifices en hommage aux dieux.

Plus les chefs des cités-États sont perçus comme des rois exerçant leur pouvoir avec l'aide des dieux, plus la société sumérienne adopte une *hiérarchie* rigide, s'organisant en classes sociales strictement délimitées. Tout en haut de cette pyramide sociale se trouvent le roi, les prêtres, les nobles et les représentants officiels du gouvernement; au centre, les marchands, les artisans et les fermiers et, tout en bas, les esclaves.

Le commerce. En plus de vivre de l'agriculture, les cités-États sumériennes dépendent également du commerce, qu'elles pratiquent dans des régions éloignées. Les Sumériens, croit-on, commercent avec les peuples du Sud-Ouest asiatique dès 3000 av. J.-C. Ils se procurent ainsi des matières premières comme le bois, la pierre et les métaux, qu'ils ne trouvent pas en Mésopotamie. Le commerce de ces matières, d'où les cités tirent leur prospérité, est financé par le roi ou les prêtres, coordonné par les marchands et régi par des lois. Les dirigeants sumériens acquièrent

donc, outre leur statut de chefs militaires et religieux, celui de financiers.

La culture sumérienne

La richesse de leur culture, les Sumériens la doivent aux magnifiques œuvres d'art qu'ils créent, à leurs connaissances développées en mathématiques et en musique, aux jouets qu'ils fabriquent pour leurs enfants et aux jeux de société raffinés qu'ils inventent.

La religion. La religion sumérienne est *polythéiste*. Les Sumériens vénèrent plusieurs dieux et déesses, parfois bons, mais le plus souvent cruels. Ces dieux et déesses ont un pouvoir absolu sur tous les éléments naturels dont dépendent les Sumériens. Enlil est le dieu de l'air et de la vie sur terre, Enki, le dieu de l'eau et de la sagesse, Ki, la déesse de la Terre, et son frère Utu, le dieu du Soleil. Ils sont également les gardiens de certaines villes, telle Nippur, placée sous la protection du dieu Enlil, ou Ur, dédiée à Nanna, fils de Enlil et dieu de la Lune.

L'élaboration de l'écriture. La plus importante contribution sumérienne à l'avancement de la civilisation est sans contredit l'écriture. Pendant des siècles, la mémoire et les instructions verbales ont bien rempli leurs fonctions, mais le développement du commerce incite les Sumériens à trouver un moyen de consigner les transactions.

Avec le temps, on se met à transmettre des messages en gravant sur des tablettes d'argile de petites images, appelées *pictogrammes*. Parce qu'ils sont compliqués à graver, les Sumériens entreprennent de simplifier les pictogrammes jusqu'à ce qu'ils ne ressemblent plus aux objets représentés. C'est ainsi que peu à peu certains pictogrammes en viennent à représenter des idées.

Une partie des pictogrammes simplifiés finit par représenter des sons plutôt que des objets. Cette nouvelle graphie est connue sous le nom d'*écriture cunéiforme*. Tout d'abord utilisée pour tenir les registres des comptes, l'écriture sert par la suite à noter les activités et les concepts de la vie quotidienne. À cause de son utilité, on peut croire que les commerçants étendent l'usage de l'écriture à d'autres domaines, favorisant au fil du temps l'élaboration des concepts et de la littérature. En 2450 av. J.-C., l'écriture est bien connue dans tout Sumer.

Le fait d'écrire est le travail des scribes, un groupe de spécialistes très bien entraînés qui attachent beaucoup de prix à la vitesse d'exécution ainsi qu'à la justesse et à la clarté du style.

Figure 1.3 Ce pictogramme sumérien, qui remonte à 3000 av. J.-C., est un des plus anciens qui aient été sculptés dans la pierre.

Les arts et la littérature À TRAVERS LES ÂGES

L'Épopée de Gilgamesh

L'Épopée de Gilgamesh, une des plus grandes œuvres littéraires des Mésopotamiens, traduit bien leur attitude à l'égard de la vie, qui consiste à la vivre au jour le jour. Mi-homme, mi-dieu, Gilgamesh est le roi mythique de la ville d'Uruk. Explorant le royaume des morts pour y percer les mystères de la vie et de la mort, il ne réussit pourtant pas à découvrir le secret de l'immortalité.

À plusieurs reprises, Gilgamesh est averti qu'il est inutile de chercher à éviter la mort, puisque chacun doit mourir un jour. On lui conseille de vivre sa vie pleinement, au lieu de chercher l'immortalité. Cette vision d'une vie sans au-delà est compréhensible dans le contexte de la Mésopotamie, où la dureté de l'environnement et les crues imprévisibles du Tigre et de l'Euphrate rendent l'issue de l'existence incertaine. On croit donc qu'il faut jouir le plus possible de la vie, car aucun lendemain n'est assuré.

Au royaume des morts, une jeune fille fabriquant du vin donne à Gilgamesh un premier conseil sur la vie et la mort. Gilgamesh lui dit : « Enkidu [l'ami de Gilgamesh], mon frère, est arrivé au bout de sa vie. Je l'ai pleuré pendant sept jours et sept nuits, jusqu'à ce que les vers s'en repaissent. À cause de lui, j'ai peur de la mort. À cause de lui, j'erre sans but et ne peux me reposer. Mais toi, jeune fille qui sait faire le vin, maintenant que j'ai vu ton visage, ne me laisse pas voir celui de la mort que je redoute tant. »

Elle lui répond : « Gilgamesh, vers où cours-tu ? Tu ne trouveras jamais la vie que tu recherches. Quand les dieux ont créé l'homme, ils lui ont donné la mort en partage, se réservant pour eux la vie. Quant à toi, Gilgamesh, remplis ton ventre de bonne chère ; jour et nuit, nuit et jour, danse, sois heureux, festoie et réjouis-toi. Lave ton corps, vêts-toi de propre... et, par tes caresses, rends ta femme heureuse ; car cela aussi est le lot de l'homme. »

Plus tard, Gilgamesh demande au souverain Utnapishtim (héros immortel rescapé du déluge) comment obtenir l'immortalité : « Je veux que vous répondiez à mes questions sur la vie et la mort ; comment trouverai-je la vie que je recherche ? »

Utnapishtim répond : « Rien ne dure. Construit-on une maison pour toujours ou passe-t-on un contrat pour qu'il soit à jamais scellé ? Les frères se partagent-ils un héritage qu'ils garderont jusqu'à la fin des temps ou les crues des fleuves reviennent-elles éternellement ? Il n'y a que les nymphes de libellule qui sachent jeter leur cocon et voir le Soleil dans toute sa gloire. Rien ne dure dans la vieillesse. Le dormeur et le mort se ressemblent ; sommeil, préfiguration de la mort. Comment peut-on différencier le maître de son serviteur lorsque tous deux ont accompli leur destin ? Lorsque les Annunaki, les juges, se réunissent avec Mammetun, la mère de tous les destins, ils décident ensemble du sort de tous les humains. Ils impartissent la vie et la mort, mais ne révèlent jamais le moment fatal. »

Comprendre la littérature

Pourquoi pensez-vous que les Mésopotamiens élaborent un mythe tel que celui de L'Épopée de Gilgamesh ?

Figure 1.4 Le combat entre Gilgamesh et le lion, vers 1200 av. J.-C.

À partir du moment où l'écriture passe d'un simple moyen de consignation à une façon de conserver en mémoire les événements, les mythes et les histoires des peuples, l'humain laisse derrière lui la préhistoire et entre dans l'histoire.

Migration et empire en Mésopotamie

Entre 3000 et 2000 av. J.-C., plus que jamais auparavant, de très nombreux peuples se déplacent à travers l'Asie occidentale. Ils appartiennent à deux grands groupes linguistiques : celui des langues dites indo-européennes et celui des langues dites sémitiques.

Carte 1.2

L'Empire akkadien, vers 2330 av. J.-C.

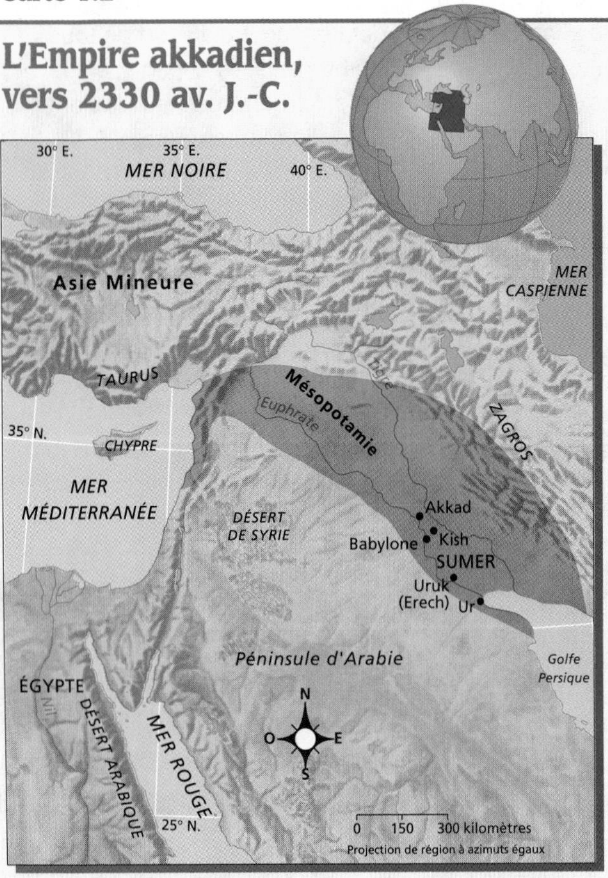

L'empire de Sargon. La capitale de l'Empire akkadien de Sargon est située dans la magnifique ville d'Akkad.

❓ *Localiser.* Quelle ville est située le plus au sud de l'Empire akkadien ?

Les déplacements des Sémites. Les premiers humains parlant des langues dites sémitiques à pénétrer dans la région mésopotamienne appartiennent à différents peuples. Bien que ne formant vraisemblablement pas un groupe ethnique homogène, ces peuples qui ont quitté les prairies d'Arabie et de Syrie partagent tout de même une culture commune. On la décèle dans la similarité des structures syntaxiques, du vocabulaire et des idées appartenant à leur langue respective. Même aujourd'hui, les langues sémitiques telles que l'arabe et l'hébreu sont linguistiquement très proches les unes des autres.

À l'origine, ces peuples sont formés de pasteurs nomades ou semi-nomades qui survivent grâce à leurs troupeaux de moutons. Dès 3000 av. J.-C., certains commencent à quitter les déserts de Syrie pour s'installer dans les villes du nord de Sumer et ils adoptent le mode de vie de cette civilisation. Plusieurs Sémites décident de vivre avec les Sumériens et même de servir leurs rois ; d'autres choisissent de fonder leurs propres villes, le long des parties médiane et supérieure du Tigre et de l'Euphrate. Ils apportent avec eux leur mode de survivance et leurs talents militaires, hérités de leur vie difficile dans le désert.

Les Akkadiens. Vers 2330 av. J.-C., dans le nord de Sumer, un de ces Sémites finit par se distinguer en fondant sa propre ville et en conduisant son peuple à la conquête des villes environnantes. On connaît cet homme sous le nom de Sargon Ier d'Akkad.

Bien que la dynastie qu'il fonde adopte l'akkadien comme langue de l'administration dans tout l'empire, le sumérien demeure la langue de la religion et de la littérature. Les successeurs de Sargon gardent intacts, eux aussi, plusieurs aspects de la civilisation sumérienne, au nombre desquels on compte la puissance du clergé. L'influence que les prêtres ne cessent d'exercer sur la société permet de préserver la culture sumérienne.

L'empire de Sargon dure un siècle, puis est renversé par une révolte interne et par une invasion de troupes venues des monts Zagros. Malgré la fin de leur règne, les Akkadiens ont établi, dans cette région, un modèle pour bâtir un empire.

En alliant les techniques de la civilisation sumérienne à leurs talents militaires développés au temps de leur nomadisme, les Akkadiens édifient le premier empire.

La renaissance et le déclin de Sumer

Autour de 2100 av. J.-C., les cités-États sumériennes du Sud connaissent, sous l'égide des rois de la troisième dynastie de Ur, une période de renaissance qui dure un peu plus de cent ans. Ces rois soumettent à leur autorité une bonne partie du vieil Empire akkadien.

Les souverains de Ur centralisent graduellement en leurs mains les pouvoirs gouvernementaux et gèrent l'économie. La vitalité de cette dernière s'exprime de différentes façons : les hommes creusent les canaux, moissonnent les champs et halent les bateaux le long des canaux ; quant aux femmes, elles fabriquent des tissus, drainent les champs et prêtent main-forte aux hommes au temps des récoltes. On paye les travailleurs avec du pain, de l'huile et de la bière. Plusieurs commerçants travaillent pour le compte des rois, important bois, herbes aromatiques et minerais qu'ils payent avec de la laine, de l'orge ou de l'argent non frappé en pièces.

Assaillies par les invasions de nomades, les villes s'isolent peu à peu et les fermiers abandonnent leurs terres pour trouver refuge derrière les murs des cités. Certaines d'entre elles se rebellent contre Ur qui, vers 2000 av. J.-C., tombe aux mains d'envahisseurs venus de l'Est. À la même époque, de nouveaux envahisseurs sémites, originaires du Nord-Ouest, apparaissent dans la région.

Les Babyloniens

Peu avant 1800 av. J.-C., un des peuples se déplaçant le long de l'Euphrate fonde la ville de Babylone. Les Amorrites font partie des nouveaux venus dans cette région et, en 1792 av. J.-C., leur roi Hammourabi monte sur le trône de Babylone, unifiant la Mésopotamie en ce que les spécialistes appellent l'Ancien Empire babylonien.

L'héritage le plus tangible que laisse ce roi est une collection de règlements, connue sous le nom de « *Code de Hammourabi* », qui devient le fondement de tous les codes juridiques mésopotamiens qui suivront. Ce code réglemente presque tous les aspects de la vie quotidienne, du divorce jusqu'aux transactions agricoles et commerciales, en passant par les contrats divers et les honoraires des médecins.

Dans l'ensemble, la base du Code de Hammourabi repose principalement sur la loi du talion, qui veut que les traitements infligés aux victimes d'actes criminels soient rendus œil pour œil, dent pour dent aux coupables. Mais, le traitement équitable entre membres de classes sociales différentes est inexistant. Ainsi, si un noble en frappe un autre, on lui réclame une amende consistant en une somme d'argent. Par contre, si un esclave frappe un noble, on lui coupe une oreille.

Tout comme les Akkadiens l'avaient fait avant lui, Hammourabi s'inspire de la civilisation sumérienne afin de développer la société babylonienne en fonction de sa propre vision du monde. Aussi, l'akkadien se répand comme langue d'usage dans tout l'empire, mais on continue d'enseigner le sumérien dans les écoles babyloniennes. On parvient de la sorte à maintenir une paix relative en Mésopotamie pendant quelque 400 ans. Puis, les Babyloniens sont, eux aussi, victimes d'envahisseurs. Ces derniers viennent du Nord et appartiennent à des peuples parlant des langues dites indo-européennes.

Bref, le règne des Babyloniens d'origine sémite redonne vie à la tradition impériale des Akkadiens et préserve l'héritage culturel des Sumériens.

Les Assyriens et les Chaldéens

Les Assyriens sont issus d'un peuple sémitique originaire de la Mésopotamie du Nord. Dès 2000 av. J.-C., ils construisent la cité de Assour, en amont du Tigre, et adoptent les manières d'être de la civilisation sumérienne. Mais leur patrie, ouverte et accessible, les rend vulnérables aux attaques d'éventuels envahisseurs.

Pendant des siècles, les Assyriens ont vécu sous la domination d'autres peuples. Ils réussissent pourtant à édifier leur propre empire vers 1300 av. J.-C., qui sera démantelé par le déferlement des nomades en 1200 av. J.-C. Cependant, les Assyriens rassemblent leurs forces et reconstruisent leur empire. Déterminés à ne plus jamais être reconquis, ils s'organisent pour devenir la première puissance militaire du Sud-Ouest asiatique.

Les techniques du pouvoir impérial. Les Assyriens mettent en place un système uniformisé de lois et de gouvernement couvrant l'ensemble de leur empire, qui englobe la Mésopotamie, la Syrie, la Palestine et l'Égypte.

Carte 1.3

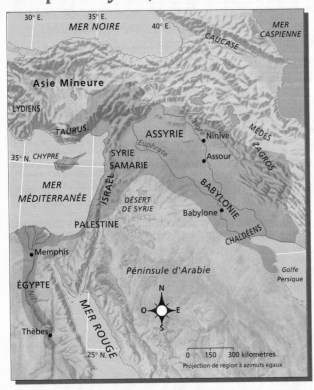

L'Empire assyrien, vers 650 av. J.-C.

MER NOIRE
MER CASPIENNE
CAUCASE
Asie Mineure
LYDIENS
TAURUS
CHYPRE
SYRIE
SAMARIE
ASSYRIE
Ninive
Assour
MÉDES
ZAGROS
BABYLONIE
Tigre
Euphrate
MER MÉDITERRANÉE
ISRAËL
DÉSERT DE SYRIE
PALESTINE
Babylone
CHALDÉENS
Memphis
Péninsule d'Arabie
Golfe Persique
ÉGYPTE
Nil
Thèbes
MER ROUGE
30° E. 35° E. 40° E.
35° N.
25° N.
0 150 300 kilomètres
Projection de région à azimuts égaux

Un empire guerrier. Forts de leur puissance militaire, les Assyriens conquièrent le centre de la Mésopotamie et une bonne partie du Levant.

❓ Localiser. Quelles grandes villes de la vallée du Nil sont sous domination assyrienne ?

❖ CHANGEMENTS Les Assyriens assurent une étroite communication entre les provinces grâce à un système de messagers à cheval qui se relaient à différentes étapes sur tout le territoire. Ils construisent un réseau routier qui quadrille l'empire pour accélérer les déplacements des coursiers et faciliter le mouvement des troupes. Ces nouvelles routes offrent également l'avantage de favoriser les échanges commerciaux.

Les Assyriens gouvernent par la terreur, infligeant des châtiments cruels à tous ceux qui défient leur pouvoir. Pour parer à toute opposition, ils colonisent les secteurs où la révolte peut couver avec d'imposants contingents de soldats. Ils ont aussi recours aux déportations massives.

En résumé, on peut donc dire qu'en se servant de la force militaire et de la terreur, les Assyriens édifient un vaste empire qui favorise le mélange des peuples et des cultures dans l'Asie du Sud-Ouest.

Cependant, ces techniques brutales finissent par alimenter des rébellions dans l'empire. De plus, en 612 av. J.-C., les Mèdes, peuple indo-européen venu du nord-ouest de l'Iran, s'allient aux Chaldéens de Babylone pour détruire Ninive, la capitale assyrienne.

Les Chaldéens. Cette population est, elle aussi, d'origine sémite et nomade. En plus d'avoir conservé en bonne partie les acquis de l'ancienne civilisation sumérienne, les Chaldéens sont très avancés en astronomie, en astrologie et en mathématiques. Cependant, comme les Assyriens, ils peuvent aussi se montrer durs et cruels.

L'apogée des Chaldéens dure peu de temps. En 539 av J.-C., ils sont conquis à leur tour par un autre peuple indo-européen. Il s'agit, cette fois, des Perses.

À l'instar des Assyriens, les Chaldéens permettent aux peuples de se rapprocher les uns des autres dans le Sud-Ouest asiatique, favorisant ainsi le mariage de différentes cultures.

EXERCICES

1. Définir les termes suivants :
- limon
- ziggourat
- polythéiste
- écriture cunéiforme
- Code de Hammourabi
- cité-État
- hiérarchie
- pictogramme
- Sargon Ier d'Akkad

2. Localiser les lieux suivants et en faire ressortir l'importance :
- la Mésopotamie
- l'Euphrate
- Akkad
- Ur
- le Tigre
- Sumer
- Babylone

3. Cerner l'idée principale. Pourquoi des populations s'installent-elles en Mésopotamie ?

4. Cerner l'idée principale. Quels progrès l'élaboration de l'écriture rend-elle possibles ?

5. Cerner l'idée principale. Comment les Assyriens peuvent-ils conserver leur empire et quelles conséquences les conquêtes assyriennes et chaldéennes ont-elles sur l'Asie du Sud-Ouest ?

6. Expliquer. Quelles sont les fonctions et les responsabilités des dirigeants des cités-États dans la société sumérienne ?

7. Expliquer. Dans un court texte, expliquez comment le commerce contribue au développement de l'écriture.

8. Expliquer. De quelles techniques les Akkadiens se servent-ils pour édifier le premier empire ?

9. Synthétiser. Comment et pourquoi les empires naissent-ils et sont-ils détruits en Mésopotamie entre 2330 et 1200 av. J.-C. ? En répondant à cette question, tenez compte du rôle joué par : a) la géographie du Sud-Ouest asiatique ; b) les habiletés et l'équipement militaires ; c) le pouvoir des chefs de guerre.

La civilisation égyptienne

OBJECTIFS D'APPRENTISSAGE

APRÈS AVOIR LU CETTE SECTION, VOUS SEREZ CAPABLE :

* D'ANALYSER LA STRUCTURE DE LA SOCIÉTÉ ÉGYPTIENNE ;

* DE DÉCRIRE LES ÉTONNANTES RÉALISATIONS TECHNIQUES DE CE PEUPLE ;

* D'EXPLIQUER LA RELATION ENTRE LA RELIGION ET L'ÉTAT.

Sur les rives luxuriantes du Nil, source de vie, naît et fleurit la civilisation égyptienne, qui léguera au monde une histoire riche de pyramides, de statues, d'inscriptions et de monuments. L'ancienne Égypte forme un royaume puissant et unifié, mené par une bureaucratie complexe, où s'épanouit une culture raffinée. Vers 1700 av. J.-C., la civilisation égyptienne rayonne de toute sa puissance et sa gloire. Les Égyptiens sont si fiers de leur culture qu'ils ignorent les idées et les coutumes étrangères. Cependant, vers 1730 av. J.-C., des envahisseurs conquièrent le pays et l'Égypte est forcée de s'ouvrir au monde. Plus tard, l'Égypte tirera leçon de cette invasion pour ériger son empire.

Les premiers pas vers la civilisation

Vue des airs, la vallée du Nil ressemble à un mince ruban vert serpentant au milieu d'une immense étendue désertique. Si elle ne présente aujourd'hui que quelques kilomètres de large par endroits, cette vallée était beaucoup plus humide et marécageuse à

Figure 1.5 Le Sphinx de Gizeh, en Égypte

l'époque préhistorique. Les premiers chasseurs et cueilleurs sont attirés par cette région et la parcourent probablement dès 12 000 av. J.-C. Au cours des siècles, ils finissent par s'y installer et cultivent les riches terres bordant le Nil. En fait, la vie en Égypte dépend du grand fleuve, dont les crues inondent les terres tous les ans à la même période, contrairement aux crues imprévisibles du Tigre et de l'Euphrate qui ravagent souvent la Mésopotamie. Les eaux du Nil recouvrent les champs et, en se retirant, laissent derrière elles un limon qui fertilise le sol.

Les royaumes égyptiens. Au cours des siècles, quelques chefs puissants unifient les premières colonies égyptiennes pour en faire deux royaumes :
* celui de la Basse-Égypte, dans le delta du Nil, près de la mer Méditerranée ;
* et celui de la Haute-Égypte, plus au sud, le long de la vallée du Nil.
Quelques cités-États se constituent, mais pour peu de temps, car l'Égypte met sur pied une forme de gouvernement capable d'englober de plus vastes royaumes.

Peu après 3200 av. J.-C., Ménès, le roi de la Haute-Égypte, unifie tout le pays en un seul royaume et fonde une *dynastie*, c'est-à-dire une famille de souverains au sein de laquelle le pouvoir se transmet, en général, du père au fils ou à la fille. Une trentaine de dynasties se succèdent dans l'ancienne Égypte et les historiens ont divisé cette époque en quatre périodes : l'Ancien Empire, le Moyen Empire, le Nouvel Empire et la Basse Époque.

L'Ancien Empire. L'époque de l'Ancien Empire s'étend de 2778 à 2160 av. J.-C. À la tête de cette société se trouve le *pharaon*, que les Égyptiens considèrent comme un dieu descendu sur terre. Suivent, dans la hiérarchie sociale, la famille royale, les prêtres et les représentants officiels du gouvernement. L'échelon social suivant est formé par la classe des paysans. Petit à petit, les représentants du gouvernement, faisant déjà partie de la classe supérieure, en viennent à former un groupe de nobles qui transmettent leur qualité héréditairement.

Vers la fin de l'Ancien Empire, le pouvoir des pharaons faiblit, tandis que celui des nobles grandit. Après 2160 av. J.-C., une série de guerres civiles mine le pouvoir central. Les nobles, en différents endroits, se battent entre eux pour tenter de s'approprier le pouvoir et l'Égypte entre alors dans une période de déclin.

Le Moyen Empire. Vers 2040 av. J.-C., une lignée de pharaons puissants, originaires de la ville de Thèbes, réunifie l'Égypte. Cette période s'appelle le

Moyen Empire et couvre un peu plus de trois siècles. Le pays, pacifié, est puissant et bien organisé. Les artistes et les architectes créent des œuvres grandioses et les Égyptiens ont le loisir de s'adonner aux raffinements littéraires. Mais, vers 1780 av. J.-C., le désordre recommence à s'installer : le pouvoir des pharaons faiblit de nouveau, alors que les nobles et les prêtres se battent entre eux pour en obtenir davantage. Divisée par ces querelles intestines, l'Égypte subit de plus en plus souvent les attaques d'envahisseurs étrangers, et ce, dès le début des années 1760 av. J.-C.

En somme, après l'unification de la Basse et de la Haute-Égypte, le pays connaît néanmoins une longue époque de stabilité, interrompue de temps à autre par quelques périodes de désordre.

La société et la culture égyptiennes au temps de l'Ancien et du Moyen Empire

Malgré la naissance et la chute des dynasties, la culture égyptienne continue de progresser au fil des siècles. La stabilité dont jouit le pays permet à l'agriculture, au commerce, aux arts, à l'éducation et à la religion de connaître un essor prodigieux.

L'agriculture et le commerce.   Le cœur de la civilisation égyptienne, c'est le Nil, que le peuple vénère, car il est considéré comme le dieu source de toute vie.

Les terres, divisées en grands domaines, sont surtout cultivées par les paysans, qui se servent d'instruments agricoles rudimentaires et de charrues en bois. Ils ne conservent qu'une partie de leur récolte, le reste étant remis au pharaon à titre de loyer et d'impôt.

Le blé et l'orge viennent au premier rang de la production céréalière, mais les fermiers cultivent aussi le lin que l'on tisse pour en faire de la toile. Dans l'ancienne Égypte, on produit plus de nourriture qu'on en a besoin et l'excédent est échangé contre d'autres produits. Les bateaux égyptiens sillonnent la Méditerranée, la mer Rouge et la mer Égée, et descendent le long de la côte africaine. Par voie terrestre, les marchands se joignent aux caravanes qui font route vers l'ouest, en Asie, et vers le sud, en Afrique.

L'écriture hiéroglyphique.   Dès l'an 3000 av. J.-C., les peuples de la vallée du Nil commencent à écrire en se servant d'un système de *hiéroglyphes* compor-

Figure 1.6   Les pyramides de Gizeh, en Égypte

tant plus de six cents signes, idéogrammes ou symboles représentant des mots ou des sons. Au début, les Égyptiens sculptent les hiéroglyphes à même la pierre réservée aux monuments et aux tombes. Par la suite, ils utilisent du *papyrus*. Ce matériau semblable au papier est tiré de la plante du même nom qui pousse à profusion sur les rives du Nil. Les papyrus sont faciles à fabriquer. Légers, ils se conservent et se transportent aisément.

L'architecture et les arts.

CONTINUITÉ CHANGEMENTS   Parmi les monuments les plus célèbres de l'ancienne Égypte figurent les pyramides et le grand Sphinx qu'on estime vieux de quelque 4500 ans. Ce sont les seuls monuments encore « intacts » d'un des héritages les plus anciens de l'humanité.

Cette colossale statue de pierre (voir la figure 1.5, page 11), représentant un corps de lion surmonté d'une tête d'homme, serait le dieu solaire des Égyptiens. Quant aux pyramides, on les a construites pour qu'elles servent de tombeaux aux pharaons. La presque totalité des quatre-vingts pyramides qui existent encore sont échelonnées par groupes le long de la rive occidentale du Nil. Les plus connues se trouvent à Gizeh, où s'élève, entre autres, la Grande Pyramide, construite vers 2600 av. J.-C. pour servir de monument funéraire à Khéops, pharaon de la IVᵉ dynastie.

L'architecte le plus célèbre de l'ancienne Égypte s'appelle Imhotep. C'est lui

**Figure 1.7
Imhotep**

Figure 1.8 Cette statuette en bois, vieille de 4000 ans, a été sculptée au cours du Moyen Empire et a accompagné un Égyptien dans l'au-delà.

qui conçoit la fameuse pyramide à degrés de Saqqarah pour abriter le corps du roi Djoser, un des souverains de l'Ancien Empire (IIIe dynastie).

De toute évidence, la construction des pyramides a exigé une adresse hors du commun en ingénierie et, de fait, les architectes et les ingénieurs égyptiens comptent parmi les meilleurs de leur profession dans l'Antiquité. Ils ont su construire des rampes le long desquelles on tire et on pousse d'énormes blocs de pierre pour les soulever de terre.

L'éducation. Progressivement, l'Égypte met en place une *bureaucratie*, c'est-à-dire une structure gouvernementale complexe dans laquelle les fonctionnaires doivent accomplir plusieurs tâches spécialisées. Cette bureaucratie s'appuie sur une foule de scribes dont les fonctions consistent à créer et à conserver des documents. Tous mâles, les scribes jouissent de positions enviables et interdisent l'accès à leur profession aux femmes. Malgré cet état de fait, il est probable que les femmes de la haute société savent lire et écrire. (Voir aussi le tableau 10.1, page 239.)

À l'époque de l'Ancien Empire, les pères apprennent cet art à leurs fils, mais, après la chute de l'empire, on perd une bonne partie des connaissances nécessaires pour diriger un État. L'ancien système d'éducation, où le savoir se transmet de père en fils, s'avère alors inadéquat. Il faut attendre le Moyen Empire pour que de véritables écoles commencent à voir le jour.

La religion. En Égypte, tout comme en Mésopotamie, on définit la vie en termes religieux, le monde physique étant considéré comme une extension du monde spirituel. Alors que les déesses et les dieux mésopotamiens ressemblent à la nature violente et imprévisible qui caractérise leur pays, les divinités égyptiennes, quant à elles, sont modelées sur la nature relativement calme et prévisible dont jouit la vallée du Nil.

Le fleuve lui-même est un dieu extrêmement important, aux côtés duquel on place le Soleil, que l'on considère comme un esprit protecteur. Chaque village et chaque district possèdent également leurs dieux et leurs déesses qu'on associe généralement à des animaux sacrés. Cependant, au moment de l'unification de l'Égypte par les pharaons, les divinités connaissent le même sort et s'amalgament les unes aux autres.

Aux yeux des Égyptiens, la vie est à l'image de l'éternel flux et reflux du Nil, soit un cycle incessant de naissances, de vies, de morts, de régénérations ou de renaissances, la mort étant tout simplement le début d'une nouvelle vie dans l'autre monde. Comme ils croient que l'humain a besoin de son corps dans l'au-delà, les Égyptiens inventent la technique de la *momification*. Il s'agit d'un processus par lequel, à l'aide de produits chimiques, on dessèche et embaume le cadavre pour qu'il se conserve durant des siècles. On place ensuite la momie dans un tombeau et on lui offre des vêtements, de la nourriture, des bijoux, des outils, des armes et des serviteurs. Ces derniers sont représentés sous forme de sculptures ou de peintures sur les murs du tombeau.

> **CHANGEMENTS / CONTINUITÉ** Au cours de l'Ancien Empire et du Moyen Empire, les Égyptiens développent un commerce outre-mer, construisent des monuments, créent une bureaucratie et se dotent d'un système complexe de croyances religieuses.

L'invasion et la conquête par les Hyksos. Vers 1650 av. J.-C., les Hyksos pénètrent dans la région du delta du Nil, par le nord-est, et détrônent la dynastie égyptienne régnant à cette époque.

Grâce à sa technologie militaire plus avancée, et surtout grâce au char de guerre tiré par des chevaux, ce peuple jouit d'un net avantage sur les Égyptiens. De plus, il sait couler le bronze pour fabriquer des armes et des outils. Malgré tout, la domination des Hyksos sur l'Égypte demeurera toujours fragile.

Ils ne réussissent jamais à contrôler entièrement la vallée du Nil. La partie médiane de la vallée est gouvernée par un prince thébain qui doit leur payer un tribut, alors que la Haute-Égypte reste sous l'emprise de princes nubiens.

Donc, les Hyksos, après avoir conquis l'Égypte, en adoptent les modes de vie, mais leur présence entraîne à la longue un mouvement de révolte chez les Égyptiens, qui les expulsent finalement de leur pays.

Vers 1600 av. J.-C., les chefs thébains déclenchent une guerre de libération qui dure quelques décennies. Finalement, vers 1580-1570 av. J.-C., le roi Ahmosis réussit à expulser définitivement les Hyksos d'Égypte.

Le Nouvel Empire égyptien

Vers le milieu des années 1570 av. J.-C., Ahmosis devient le premier souverain de la XVIIIe dynastie et fonde le Nouvel Empire, caractérisé par une expansion territoriale et une culture florissante. Les pharaons croient que l'établissement d'un empire serait le meilleur moyen de protéger l'Égypte contre toute nouvelle invasion. L'Égypte prend donc l'offensive et tente de repousser ses frontières pour parer à l'attaque d'éventuels envahisseurs.

Pour cette raison, les pharaons se dotent d'une armée permanente et établissent leur capitale à Thèbes, plaçant ainsi le sud du pays sous bonne garde. À l'ouest, les déserts présentent peu de dangers; aussi, les Égyptiens dirigent leurs armées et leurs chars vers l'est, jusqu'en Palestine et en Syrie, et poursuivent leurs conquêtes jusqu'en Asie Mineure.

Plus son empire s'étend, plus l'Égypte entre en contact avec de nouveaux peuples, ce qui stimule parfois les échanges commerciaux et culturels. Ces derniers lui transmettent leurs coutumes et lui apportent leurs richesses. C'est sous le règne de Hatshepsout que la paix et la prospérité égyptiennes atteignent leur point culminant.

Carte 1.4

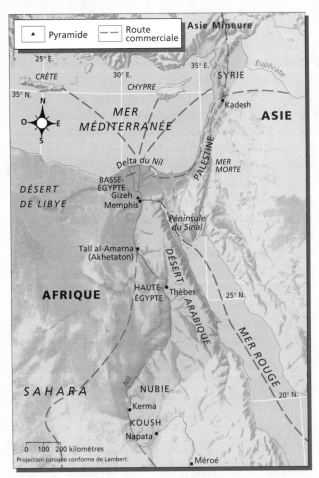

L'Égypte : le Nouvel Empire, vers 1450 av. J.C.

Le règne des pharaons. Les pharaons du Nouvel Empire redonnent vie à l'Empire égyptien.

❓ *Décrire les mouvements et les progressions. Pourquoi l'expansion territoriale du Nouvel Empire se fait-elle vers le nord-est plutôt que vers l'ouest?*

BIOGRAPHIE

Hatshepsout à la tête de l'Égypte

Fille de pharaon, Hatshepsout épouse son demi-frère Thoutmosis II qui monte sur le trône à la mort de leur père, vers 1512 av. J.-C. Quand il meurt à son tour, son fils, Thoutmosis III, est trop jeune pour régner et Hatshepsout gouverne l'Égypte jusqu'à ce qu'il devienne adulte.

Bien qu'elle puisse compter sur le soutien des dignitaires de la cour de son père et sur celui des prêtres de Amon-Rê, la plus grande force d'Hatshepsout réside dans sa volonté de gouverner.

Figure 1.9
Hatshepsout
BIOGRAPHIE

Pendant 20 ans, elle dirige donc l'Égypte qui, la plupart du temps, est suffisamment en paix et assez prospère pour qu'elle puisse organiser de grandes expéditions commerciales.

Figure 1.10 Cette sculpture représente Akhenaton sous la forme d'un sphinx se dorant sous les rayons de Aton.

La révolution religieuse de Akhenaton.

Les relations de plus en plus nombreuses de l'Égypte avec les cultures étrangères ont de grandes répercussions sur sa religion. En 1380 av. J.-C., le jeune pharaon Aménophis IV en vient à croire que le Soleil est le dieu suprême et l'appelle Aton. Défiant les prêtres de Amon-Rê, Aménophis change son nom et prend celui de Akhenaton, qui signifie « agréable à Aton ». Se heurtant sans cesse à la résistance des prêtres, il proclame que Aton est le seul dieu et interdit l'adoration de toutes les autres divinités. Il fait construire une magnifique capitale à Tall al-Amarna, la dédie à Aton et baptise la nouvelle ville Akhetaton. La querelle religieuse dégénère forcément en lutte de pouvoir et les prêtres de Amon-Rê, avec le temps, sortent victorieux de cette lutte.

Sous la pression du clergé, le successeur de Akhenaton, le jeune Toutânkhaton, rejette le dieu Aton et change son nom pour celui de Toutânkhamon. Peu après, le nom de Aton est remplacé par celui de Amon-Rê sur tous les monuments publics et Toutânkhamon abandonne la capitale Tall al-Amarna.

Bref, le contact avec de nouvelles cultures et de nouvelles idées contribue à provoquer une révolution religieuse au cours du règne de Akhenaton, mais la religion traditionnelle égyptienne finit par triompher.

BIOGRAPHIE
La vie d'un enfant-roi
Toutânkhamon monte sur le trône à l'âge de neuf ans et meurt vers la fin de son adolescence. Le peu qu'il accomplit durant son court règne est effacé des archives officielles par les souverains qui lui succèdent. On finit par oublier ce petit roi et son tombeau est lentement enseveli sous les constructions d'autres tombeaux. Ce sort peu glorieux con-tribue certainement à protéger des voleurs le lieu de son dernier repos.

Par contre, la découverte de ce lieu en 1922 permet d'avoir une image très précise de cet enfant-roi. On apprend, par exemple, qu'il devait apporter un soin tout particulier à son apparence. Parmi les objets enterrés avec lui, il y a des porte-miroirs, un néces-saire à barbe très complet et une multitude de boîtes contenant des huiles et des onguents. Un sac en toile renferme encore de la malachite et de la galène, substances dont on se sert pour le maquillage des yeux. Il ne faut pas oublier que, dans l'ancienne Égypte, autant les hommes que les femmes se maquillent. Même si les vêtements se sont dété-riorés avec le temps, il est évident que Toutânkhamon possédait une garde-robe très luxueuse. Certains vêtements sont magnifiquement colorés et incrustés d'or et de pierres précieuses, et de nombreux bijoux les accompagnent.

Figure 1.11
Toutânkhamon
BIOGRAPHIE

L'une des chambres du tombeau, l'Annexe, ren-ferme une foule de jeux. En plus d'aimer s'y adon-ner, le jeune roi devait aussi prendre plaisir à la chasse et aux courses, puisqu'on l'enterre avec des armes et des chars, et que, sur d'autres objets, on le représente en train de chasser.

Quant aux autres articles plus personnels, ils sem-blent indiquer que Toutânkhamon est resté attaché aux choses de son enfance : la taille de plusieurs vêtements est celle d'un enfant; parmi les bijoux, il y a des boucles et des boutons d'oreilles que seuls les jeunes enfants portent. Une des chaises est si petite que le roi l'utilisait probablement quand il était bébé et, détail intéressant, un petit coffret contient une mèche de cheveux. On croit que ce souvenir lui a été donné par un de ses proches parents, peut-être sa grand-mère.

Le déclin de l'Égypte (Basse-Époque).

Les réformes religieuses entreprises par Akhenaton con-tribuent au déclin de la puissance égyptienne au cours des années 1300 av. J.-C. Accaparé par sa lutte contre les prêtres, le pharaon néglige la défense de ses territoires, en particulier ceux situés en Palestine et en Syrie. Des puissances rivales ne tardent pas à prendre avantage de cette situation.

Par exemple, les Hittites — un des peuples indo-européens à s'illustrer au Moyen-Orient — encouragent les habitants des provinces du Nord à se rebeller. Eux-mêmes n'hésitent pas à attaquer l'Empire égyptien à de nombreuses reprises au cours du siècle suivant.

Vers 1288 av. J.-C., le pharaon Ramsès II livre une grande bataille aux Hittites, à Kadesh, qui, semble-t-il, ne fait aucun vainqueur. Cependant, les Hittites, tout comme les Égyptiens, connaîtront bientôt des combats plus meurtriers que leur livreront des adversaires venus de l'extérieur de leurs frontières (pour plus de détails sur les Hittites, voir la section consacrée à ce peuple en page 23).

Dès le milieu des années 1200 av. J.-C., l'Égypte et les autres États de la région subissent les attaques répétées d'envahisseurs que les Égyptiens appellent les « peuples de la mer ». Au cours des deux siècles suivants, l'empire, de plus en plus morcelé, redevient un simple royaume. Vers 1200 av. J.-C., les Libyens, venus de l'Ouest, envahissent le delta du Nil. Ils y fondent des royaumes indépendants gouvernés par leurs propres dynasties. Vers le milieu des années 900 av. J.-C., une de ces dynasties libyennes revendique le trône d'Égypte et règne sur le pays pendant 200 ans.

EXERCICES

1. Définir les termes suivants :
- *hiéroglyphe*
- *dynastie*
- *Imhotep*
- *momification*
- *Nouvel Empire*
- *Akhenaton*
- *papyrus*
- *pharaon*
- *bureaucratie*
- *Ahmosis*
- *Hatshepsout*
- *Ramsès II*

2. Localiser les lieux suivants et en faire ressortir l'importance :
- *le Nil*
- *la Basse-Égypte*
- *Tall al-Amarna*
- *la Syrie*
- *la Haute-Égypte*
- *Thèbes*
- *la Palestine*

3. Cerner l'idée principale. Comment l'unification de l'Égypte change-t-elle ce pays ?

4. Cerner l'idée principale. Énumérez quelques caractéristiques de la société égyptienne au cours de l'Ancien Empire et du Moyen Empire.

5. Expliquer. Qu'est-ce qui incite les premières peuplades à s'installer dans la vallée du Nil ?

6. Observer l'interaction entre l'homme et son environnement. Pourquoi la géographie est-elle un facteur déterminant dans la volonté des pharaons d'étendre leur territoire, à l'époque du Nouvel Empire ?

7. Comparer et opposer. En quoi la civilisation égyptienne est-elle à la fois semblable et différente de la civilisation sumérienne ?

8. Évaluer les conséquences. Quelles sont les conséquences de l'invasion et de la conquête de l'Égypte par les Hyksos ?

Les civilisations périphériques aux grands empires

OBJECTIFS D'APPRENTISSAGE

APRÈS AVOIR LU CETTE SECTION, VOUS SEREZ CAPABLE :
- DE LOCALISER LES MIGRATIONS DES NOUVELLES PEUPLADES ;
- DE DÉCRIRE LEURS CONTRIBUTIONS RESPECTIVES.

Alors que de grands empires naissent et meurent en Égypte et en Mésopotamie, de plus petits royaumes commencent à consolider leur pouvoir dans le Levant, une région s'étendant le long de la Méditerranée orientale.

CHANGEMENTS CONTINUITÉ Malgré leurs maigres ressources et la présence de voisins hostiles, ces royaumes ont laissé au monde moderne un héritage impérissable. L'alphabet tel qu'on le connaît et une des grandes religions de la Terre sont nés dans ces petits royaumes du Levant.

L'apport des Phéniciens

Les Phéniciens, peuple parlant une langue dite sémitique, vivent dans de petites cités-États sur le territoire de ce qui est aujourd'hui le Liban. À cause de la rareté de ressources naturelles dans leur région, ils se tournent vers la mer pour assurer leur survie. Ils construisent des galères rapides propulsées par deux rangées superposées de rameurs de chaque côté de l'embarcation. Vers 1500 av. J.-C., les échanges commerciaux avec l'Égypte sont nombreux et, vers 900 av. J.-C., les Phéniciens dominent le commerce sur la Méditerranée.

Ils fondent de nombreuses colonies commerçantes sur les îles et les côtes de la Méditerranée occidentale et de l'Afrique du Nord. La plus célèbre est Carthage. Les Phéniciens font du commerce avec les autres peuples méditerranéens et multiplient ainsi les contacts interculturels. Ils emportent avec eux leur alphabet comportant vingt-deux caractères et dont ils se sont d'abord servis pour tenir leurs comptes.

CHANGEMENTS Contrairement aux systèmes d'écriture mésopotamien et égyptien, celui des Phéniciens est un véritable alphabet où chaque symbole représente un son précis et non pas un mot ou une idée. Les Grecs l'adoptent puis, au fil du temps, il évolue jusqu'à devenir notre alphabet moderne.

La civilisation hébraïque

Comme les autres peuples sémites, les Hébreux sont, à l'origine, des pasteurs nomades vivant dans les prairies au milieu du désert entourant le Croissant fertile.

Le fondateur du peuple hébreu est un berger nommé Abraham qui a quitté Sumer avec sa famille pour s'installer en Palestine. Les Hébreux croient qu'ils descendent d'Abraham par son petit-fils Jacob, dont les douze fils ont fondé autant de tribus. Ils donnent d'ailleurs eux-mêmes le nom de « *douze tribus d'Israël* » à l'ensemble de leur peuple.

Les origines du judaïsme. Il semble qu'une famine incite un certain nombre d'Hébreux à quitter la Palestine pour s'établir en Égypte, où ils finissent par devenir les esclaves des pharaons. Vers le milieu des années 1200 av. J.-C., un chef nommé Moïse conduit les Hébreux hors d'Égypte et leur fait traverser le désert de la péninsule du Sinaï, en quête de la « terre promise ». Tous les ans, la pâque juive commémore cette fuite d'Égypte, qu'on appelle l'*Exode*. D'après la Bible, durant l'Exode, Moïse monte sur le mont Sinaï et en redescend avec des tables de pierre sur lesquelles sont inscrits les *dix commandements*, c'est-à-dire les lois morales que lui a révélées Yahweh, le dieu des Hébreux.

Les commandements prescrivent l'unité de la famille, l'adoration de Dieu, le respect de la vie, la modération et la justice. Ils préconisent un mode de comportement où chacun doit traiter son prochain avec justice et équité, sans mentir ni voler, par exemple.

Au moment où le peuple hébreu accepte d'obéir aux dix commandements, il scelle une alliance avec Dieu qu'il considérera dorénavant comme son pro-

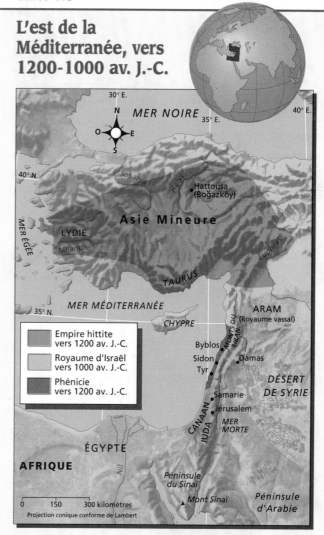

Carte 1.5

L'est de la Méditerranée, vers 1200-1000 av. J.-C.

Empire hittite vers 1200 av. J.-C.

Royaume d'Israël vers 1000 av. J.-C.

Phénicie vers 1200 av. J.-C.

Le Levant. À l'est de la mer Égée, les empires et les royaumes du Levant prospèrent grâce au commerce et aux conquêtes.

? *Localiser. Dans quelle région retrouve-t-on le plus grand nombre de villes côtières commerçantes ?*

tecteur et son autorité suprême. Le *monothéisme* fait son apparition.

Le royaume d'Israël. Comme les tribus israélites doivent combattre les premiers habitants de la Palestine, elles en viennent à se rapprocher les unes des autres afin de les vaincre. Vers 1020 av. J.-C., elles s'unissent autour du roi Saül, qui crée le royaume d'Israël. Le successeur de Saül, David, qui gouverne depuis la grande capitale fortifiée de Jérusalem, fonde une dynastie qui consolide le nouveau royaume et lui confère le statut d'État indépendant.

Avec Salomon, successeur de David, Israël atteint le faîte de sa richesse, grâce au commerce avec

L'HISTOIRE
EN
mouvement

L'étude de la préhistoire

Plusieurs historiens définissent l'histoire comme la période à partir de laquelle les humains commencent à produire des documents écrits, et relèguent la vie des peuples qui ont précédé cette période à la préhistoire. Mais les anthropologues et les archéologues se consacrent à l'étude de cette dernière, soutenus par des spécialistes appartenant à de nombreuses autres disciplines qui prêtent leur concours et utilisent leurs techniques pour comprendre le passé préhistorique de l'humain.

Les fouilles archéologiques

Le but d'une fouille archéologique est de déterminer la chronologie de la présence humaine dans un lieu donné. L'équipe d'archéologues commence d'abord par faire le relevé topographique de l'emplacement, elle creuse ensuite plusieurs trous pour sonder le terrain puis elle le quadrille de longues tranchées. Ce travail préliminaire permet d'évaluer quels types d'artefacts on peut découvrir, à quelle profondeur ils seront enfouis et l'ampleur approximative du site. On creuse presque tout à la main, lentement et avec précaution, en se servant surtout de truelles, de pelles et même de pinceaux pour ne pas déplacer les artefacts, car le relevé de leur position originelle, qu'on appelle stratification, est essentiel pour déterminer la séquence des événements qui se sont produits en ce lieu.

Au fur et à mesure que la fouille avance, chaque découverte (poteries, artefacts divers,

Figure 1.12 **Une équipe d'archéologues travaillant sur un site à Athènes, en Grèce.**

édifices, vestiges humains ou animaux) est photographiée et soigneusement cataloguée. On en note la position exacte sur le quadrillage que les archéologues ont dressé sur le site, avec une rigoureuse précision. On consigne également la profondeur à laquelle l'objet est enfoui et on reporte le tout sur un plan du site, dessiné à l'échelle.

Les techniques de datation

À la fin du 19e siècle, la découverte de la radioactivité fournit aux archéologues un moyen supplémentaire de préciser l'âge des pierres et des minéraux. La datation par radiométrie permet de mesurer le niveau de dégradation des éléments radioactifs d'un objet. Si cette technique révolutionne la recherche portant sur l'âge de la Terre, elle n'aide en rien les spécialistes qui cherchent à préciser les dates marquantes des manifestations sociales et culturelles des premiers humains. Mais, en 1947, le chimiste américain Willard F. Libby invente une technique qui permet de déterminer avec plus d'exactitude ces dates : il s'agit de la technique de datation par le carbone 14.

Le carbone 14 est un isotope radioactif du carbone qui se trouve dans tous les organismes vivants, humains, animaux ou végétaux. Le niveau de carbone 14 demeure constant tant que l'organisme vit, et il commence à décroître dès que celui-ci meurt. En déterminant ce qu'il reste de carbone 14 dans un organisme, les scientifiques arrivent à en dater les vestiges. Cette méthode n'est utile que pour déterminer l'âge de vestiges qui remontent à 50 000 ans tout au plus. Cependant, on a développé une nouvelle méthode récemment : la technique de datation par le potassium-argon. Elle est utilisée pour dater les vestiges vieux de 3 millions d'années.

Les controverses interdisciplinaires

Les archéologues utilisent beaucoup les recherches dans d'autres disciplines, telles l'anthropologie, la géologie, la climatologie, la chimie et l'astronomie, pour soutenir leurs travaux. Cependant, plus les disciplines scientifiques sont nombreuses à s'intéresser à l'étude de la préhistoire et de l'histoire, plus les conclusions des recherches risquent d'entraîner des controverses.

Ainsi, une controverse portant sur la chronologie de l'histoire égyptienne et, plus particulièrement, sur l'âge du Sphinx, ce monument colossal qui domine le plateau de Gizeh, a récemment éclaté. De nouvelles recherches sur la date de sa construction ont en effet provoqué des désaccords entre géologues et égyptologues (ou historiens de l'ancienne Égypte).

La plupart des égyptologues croient que le Sphinx a été érigé vers 2850 av. J.-C., en même temps que les pyramides. Pourtant, l'égyptologue John Anthony West, se fondant sur des découvertes géologiques, essaie de démontrer, dans les années quatre-vingt, que le Sphinx a été construit beaucoup plus tôt. Le professeur West utilise les recherches de Robert M. Schoch, professeur de géologie et de géophysique à l'université de Boston, pour appuyer ses arguments.

Après avoir étudié avec soin les traces laissées par les intempéries sur le Sphinx, Schoch conclut que l'érosion de la pierre a été causée par l'eau de pluie et non par le sable et le vent. Cette conclusion amène l'hypothèse que le Sphinx a été construit durant une période où le plateau de Gizeh était fréquemment balayé par les pluies. Or, ce phénomène s'est produit la dernière fois de 9000 à 7000 av. J.-C.

Bien que la Geological Society of America entérine la conclusion de Schoch, la plupart des égyptologues demeurent sceptiques. Si le Sphinx est aussi vieux qu'on le prétend, disent-ils, il doit exister des traces d'une civilisation suffisamment développée, à la même époque, pour être capable de construire un monument d'une telle taille. Cependant, ces traces sont inexistantes.

En réponse à cet argument, West prétend que les restes de cette civilisation doivent exister, mais qu'ils sont enfouis sous les sables du désert.

Cette controverse à propos de l'âge du Sphinx durera sans doute jusqu'à ce qu'on trouve matière à confirmer ou à infirmer la nouvelle théorie. Cette dispute illustre cependant fort bien la volonté de plus en plus affirmée des historiens de se servir de tous les outils disponibles pour parfaire leur connaissance du passé.

Figure 1.13 Ce scientifique se sert d'un spectrographe de masse pour dater un artefact au radiocarbone.

Les traditions SACRÉES

La Torah

Au sens littéral, le mot **Torah** signifie « enseignement » ou « instruction ». Étudiée dans ce sens, la Torah comprend tous les écrits religieux des Juifs, c'est-à-dire les trente-neuf livres de la Bible hébraïque, la Torah orale, ainsi que les commentaires et les exégèses des Écritures que les rabbins ont produites au cours des siècles. Techniquement, cependant, la Torah comprend les cinq premiers livres de la Bible, soit la *Genèse*, *L'Exode*, le *Lévitique*, les *Nombres* et le *Deutéronome*.

Figure 1.14
Ancienne Torah

Elle décrit la création de l'univers et raconte l'histoire des Hébreux jusqu'à la mort de Moïse.

Un des plus grands moments de cette histoire réside dans l'alliance avec Dieu. Dans le texte de l'alliance, on trouve les dix commandements et plus de six cents lois prescrivant la conduite que chaque Juif doit adopter dans sa vie quotidienne. En voici quelques-unes :

• Tu ne maltraiteras ni la veuve ni l'orphelin. Si tu les maltraites, Je retiendrai leur cri contre toi quand ils feront appel à Moi.

• Tu n'opprimeras pas l'étranger, car tu connais sa détresse, ayant toi-même été un étranger en Égypte.

• Tu n'escroqueras pas tes frères, ni ne voleras. Tu ne garderas pas jusqu'au lendemain les gages des travailleurs.

• Tu n'insulteras pas les sourds ni ne placeras de cailloux sous les pas de l'aveugle pour le faire trébucher.

• Tu craindras ton Dieu, car Je suis le Seigneur.

• Ne sois pas malhonnête avec tes frères et ne profite pas de leur sang versé. Je suis le Seigneur.

• Tu ne te vengeras pas de tes frères ni ne leur tiendras rancune. Aime ton frère comme toi-même. Je suis le Seigneur.

• Car le Seigneur ton Dieu ne fait de faveur à personne et ne peut être soudoyé, mais Il donne son soutien à celui qui n'a plus de père et à la veuve. Il traite l'étranger en ami, lui donnant nourriture et vêtements. Vous devrez, vous aussi, traiter l'étranger en ami, car vous étiez des étrangers en Égypte.

• Si [...] quelqu'un se trouve dans le besoin parmi vous [...] ne durcissez pas vos cœurs et ne fermez pas vos mains devant un de vos proches dans le besoin. Déliez plutôt vos bourses et prêtez-lui ce qu'il lui faut.

Comprendre les traditions sacrées

1. *Donnez la définition technique de Torah.*
2. *Pourquoi croyez-vous que la Torah est devenue le fondement de la première société et des premières lois juives ?*

---

l'Arabie, et de son influence. Ce roi noue des relations avec toutes les puissances avoisinantes. Il fait construire un magnifique temple à la gloire de Dieu, temple qui devient le centre de la vie religieuse et le symbole de l'État israélien.

À la mort de Salomon, les querelles de succession et les influences étrangères croissantes entraînent la division du royaume. Vers 926 av. J.-C., l'État hébreu se scinde en deux parties : Israël, au nord, composé de dix tribus, et Juda, au sud, composé des deux tribus restantes et ayant Jérusalem pour capitale.

Bien que les royaumes d'Israël et de Juda subsistent pendant plusieurs siècles, ils finissent par tomber aux mains des nouveaux pouvoirs impériaux de la Mésopotamie.

Lors de la conquête du royaume d'Israël, vers 722 av. J.-C., les Assyriens déportent la plupart des Israéliens en Assyrie et installent des Babyloniens et d'autres peuples en Samarie. Dans l'histoire d'Israël, cette époque est connue sous le nom de *diaspora*, ou dispersion des Juifs à travers le monde antique. En 597 av. J.-C., le roi chaldéen Nabuchodonosor II fait la conquête du royaume de Juda et, en 587 av. J.-C., détruit Jérusalem. Les Chaldéens déportent alors toute la population de Juda à Babylone. C'est ce qu'on appelle la *captivité de Babylone*. Contrairement aux Israéliens, qui sont tombés aux mains des Assyriens, le peuple de Juda — ou les Juifs, comme on les désignera par la suite — conserve sa religion et son identité propre.

EXERCICES

1. **Définir** les termes suivants :
- Abraham
- L'Exode
- l'alliance
- la Torah
- la captivité de Babylone
- les douze tribus d'Israël
- les dix commandements
- le monothéisme
- la diaspora

2. **Localiser** les lieux suivants et en faire ressortir l'importance :
- la Phénicie
- le royaume de Juda
- le royaume d'Israël
- la Samarie

3. **Cerner l'idée principale.** Pourquoi la religion joue-t-elle un rôle important dans l'établissement des États hébreux ?

4. **Expliquer.** Comment les Phéniciens assurent-ils leur survie et leur prospérité ?

5. **Expliquer.** Décrivez les transformations que le royaume d'Israël a connues entre l'unification de Saül et la destruction de Jérusalem en 587 av. J.-C.

La civilisation indienne

OBJECTIFS D'APPRENTISSAGE

APRÈS AVOIR LU CETTE SECTION, VOUS SEREZ CAPABLE :

- DE COMPARER LES CIVILISATIONS DE L'INDE ET CELLES DU CROISSANT FERTILE ;

- D'EXPLIQUER POURQUOI LES CONDITIONS CLIMATIQUES ET GÉOGRAPHIQUES SONT DÉTERMINANTES POUR L'ÉCLOSION D'UNE CIVILISATION.

CHANGEMENTS Tout comme en Mésopotamie et en Égypte, la première civilisation en Inde voit le jour et se développe près d'un grand fleuve. Le monde indien évolue très tôt vers une culture urbaine complexe.

La vallée de l'Indus

La géographie de la vallée. La première civilisation du sous-continent indien naît dans la vallée de l'Indus, où se trouve aujourd'hui le Pakistan. Les crues du fleuve fournissent, là aussi, l'eau nécessaire à l'agriculture et le précieux limon fertilisant. Le niveau de l'Indus s'élève à la fonte des neiges et à la période de la *mousson*, où des vents tropicaux chargés de pluie balaient la face occidentale de l'Himalaya.

Vers 3000 av. J.-C., des peuples sont déjà installés sur les bords du fleuve.

CHANGEMENTS Dès que les fermiers produisent des surplus de nourriture, des villes se constituent, de sorte que, vers 2500 av. J.-C., la civilisation de l'Indus naît. Des terres bien asséchées, mais périodiquement nourries par les crues du fleuve, un sol riche et meuble, tous ces éléments réunis favorisent une fois de plus le développement d'une civilisation.

Les cités de la vallée. Les deux cités les plus importantes au début de la civilisation de l'Indus sont **Mohenjo-Daro** et **Harappā**. De 2300 à 1750 av. J.-C. environ, cette civilisation jouit d'une remarquable homogénéité.

CHANGEMENTS L'utilisation de mesures de poids et de distance communes à la région ainsi que l'emploi par les habitants du même type d'outils suggèrent, l'existence d'une relative unité politique dans l'ensemble de la région d'Harappā. Ce sera également le cas pour les Romains plus tard.

Harappā et Mohenjo-Daro comptent chacune quelque 35 000 habitants. Elles possèdent toutes deux une imposante forteresse, ou citadelle, et leurs parties non fortifiées sont disposées en quadrilatères, de manière à ce que les rues se coupent à angle droit.

Les façades des maisons indusiennes ouvrent sur des cours intérieures afin de préserver l'intimité des gens. Les murs donnant sur la rue sont faits de briques et n'ont pas de fenêtres. Presque toutes les maisons possèdent une salle de bains construite sur un plancher de briques et équipée de canalisations sanitaires recouvertes permettant d'évacuer les eaux usées jusqu'au système d'égouts de la ville.

La culture indusienne

Au cœur de la civilisation de l'Indus se trouvent les grandes cités, toutes construites en briques, où s'activent les artisans qui fabriquent outils, bijoux et tissus fins qu'ils destinent au commerce.

En effet, les citadins travaillent surtout dans le commerce et les industries de coton fin, de la poterie peinte, des sculptures sur bronze, des armes et des outils, des bijoux d'or et d'argent, etc., biens dont ils font le négoce avec les marchands mésopotamiens probablement dès 2500 av. J.-C.

Malgré son urbanisation poussée, la civilisation de l'Indus dépend beaucoup des agriculteurs pour nourrir les résidants des villes.

La découverte de pictogrammes indusiens indique que cette civilisation utilise une forme d'écriture, mais aucun spécialiste, à ce jour, n'est en mesure de la déchiffrer.

Malgré la richesse de sa culture et sa prospérité, la civilisation de l'Indus s'effondre vers 1500 av. J.-C. Les causes de cet effondrement restent mystérieuses. Destruction par des envahisseurs? Tremblements de terre? Inondations? Ou encore une catastrophe survenue à Mohenjo-Daro, comme le suggèrent la découverte de plusieurs cadavres non ensevelis et les maisons et les effets personnels abandonnés en toute hâte? Trop d'éléments manquent actuellement pour ne retenir qu'une seule *hypothèse* avec certitude.

EXERCICES

1. Définir les termes suivants :
- *mousson*
- *civilisation de l'Indus*
- *citadelle*

2. Localiser les lieux suivants et en faire ressortir l'importance :
- *l'Indus*
- *Mohenjo-Daro*
- *Harappā*

3. Cerner l'idée principale. Quelles caractéristiques retenez-vous des villes indusiennes?

4. Expliquer. Imaginez que vous êtes un archéologue. Écrivez un court article pour une revue d'archéologie dans lequel vous expliquez comment vous arrivez à reconstituer la vie dans la vallée de l'Indus, alors que vous êtes incapable de déchiffrer l'écriture indusienne.

Les populations indo-européennes

OBJECTIFS D'APPRENTISSAGE

APRÈS AVOIR LU CETTE SECTION, VOUS SEREZ CAPABLE :
- D'EXPLIQUER L'ÉMERGENCE DE NOUVELLES FORCES EN PERSE ANTIQUE ;
- D'ANALYSER LES SOURCES DE LEUR DYNAMISME ;
- D'ÉNUMÉRER LEURS DIFFÉRENTS LEGS POUR LES SOCIÉTÉS À VENIR.

Trois peuples indo-européens s'illustrent au Moyen-Orient : les **Hittites**, les **Mèdes** et les **Perses**. De ces trois peuples, les Perses sauront se démarquer ; ils édifieront un des plus grands empires multinationaux de l'histoire. À son apogée, cet empire englobera peut-être quelque 50 millions d'individus et s'étendra du nord de l'Inde à l'Égypte, et de la mer Noire à l'océan Indien.

> CONTINUITÉ / CHANGEMENTS Sous la gouverne des Perses, les idées et les cultures se mêlent comme jamais auparavant, favorisant le progrès dans l'empire même comme le long de ses frontières.

Caractéristiques des Indo-Européens

Les populations parlant des langues dites indo-européennes sont vraisemblablement originaires de la région située au nord de la mer Noire, dans ce qui est l'actuel sud-ouest de la Russie. Tout comme dans le cas des Sémites, les Indo-Européens n'appartiennent probablement pas tous à un groupe ethnique homogène, mais possèdent certaines caractéristiques culturelles communes.

La société indo-européenne est organisée en tribus et en clans, eux-mêmes constitués en fonction des liens de parenté. Elle fonctionne sur un mode *patriarcal*, les pères exerçant une autorité absolue sur leurs familles.

Les Indo-Européens sont les premiers à dompter les chevaux, ce qui leur confère l'avantage de la mobilité et leur permet de faire des incursions très rapides dans les territoires de peuples plus sédentaires. Les troupeaux de bœufs comptent pour beaucoup dans leur économie et les sacrifices rituels d'animaux pour plaire aux dieux constituent un aspect très important de la religion indo-européenne.

À partir de leur territoire d'origine, les Indo-Européens se déplacent dans toutes les directions. Parmi leurs multiples mouvements migratoires, deux semblent particulièrement importants : le premier vers 2000 av. J.-C. et le second, vers 1200 av. J.-C.

Figure 1.15 Ce char de guerre qui donnait aux Indo-Européens un énorme avantage sur leurs ennemis illustre leur style d'ingénierie.

CHANGEMENTS Les langues indo-européennes, répandues par les mouvements des populations, finissent par être parlées de l'Irlande, à l'ouest, jusqu'en Inde, à l'est. De plus, toutes les langues de l'Europe occidentale sont tributaires de ce bassin multilinguistique.

Peu après 2000 av. J.-C., les Indo-Européens inventent un char de guerre à deux roues, plus léger que celui à quatre roues qu'on connaît déjà. Tiré par des chevaux rapides, il leur donne un immense avantage sur les champs de bataille, où ils se présentent, de surcroît, armés d'arcs en bois renforcés de morceaux d'os pour donner plus de puissance au tir.

Secondées par le cheval et utilisant une nouvelle technologie militaire, les populations indo-européennes conservent donc, dans leurs déplacements, un avantage certain sur les populations sédentaires.

Les Hittites

Dans le Sud-Ouest asiatique, les Hittites forment l'un des peuples indo-européens qui réussissent à acquérir une grande renommée. La suprématie de leur technologie leur a d'abord permis de pénétrer en Asie Mineure, un peu avant 2000 av. J.-C. D'autres vagues d'Indo-Européens, venues du Nord, ont déjà déstabilisé la région par des guerres incessantes. Profitant de la situation, les Hittites unissent leurs forces sous l'autorité d'un chef tout-puissant, Hattousil Iᵉʳ, et conquièrent le territoire, vers 1600 av. J.-C. De nombreuses victoires militaires leur permettent de consolider leur royaume dans le sud-ouest de l'Asie Mineure.

CHANGEMENTS Non seulement les Hittites savent se servir du char de guerre, mais ils sont les premiers à utiliser systématiquement les armes de fer, plus solides que celles de leurs ennemis, faites de bronze.

La société hittite. Très imprégnée de ses coutumes indo-européennes, la société hittite place son roi au premier rang. D'abord et avant tout chef de guerre, il est le commandant suprême des armées et a l'habitude de prendre part aux batailles. En tant que grand prêtre, le roi joue aussi un important rôle religieux en assurant son peuple de la protection des dieux. Il est secondé par la reine qui tient une place beaucoup plus importante que celle détenue par les autres souveraines de la société mésopotamienne.

Les nobles viennent à la suite des deux monarques dans la hiérarchie sociale. Le roi leur donne des terres en échange des chevaux et des soldats qui lui sont régulièrement fournis à titre de tribut.

L'expansion territoriale et le déclin. L'agrandissement constant de leur territoire fait que les Hittites se heurtent à d'autres puissances qu'ils doivent combattre. Mais, vers 1200 av. J.-C., ils ne peuvent résister à la seconde grande migration des populations sémites et indo-européennes. De plus en plus faibles, ils finissent par céder devant d'autres envahisseurs indo-européens venus du Nord. Des royaumes plus petits remplacent alors celui des Hittites et étendent peu à peu leur domination sur le Sud-Ouest asiatique.

Les Indo-Iraniens (les Mèdes et les Perses)

Un peu avant 1500 av. J.-C., une foule de tribus parlant des langues dites indo-européennes quittent les plaines eurasiennes du sud de la Russie pour s'installer sur le plateau iranien. Plusieurs d'entre elles poursuivent leur route vers le sud-est, jusqu'au nord de l'Inde, tandis que les autres choisissent de rester dans les vallées des montagnes de l'Elbourz et du Zagros. Parmi celles-ci, il y a les **Mèdes** et les **Perses**, deux peuples apparentés qui jetteront bientôt les fondations du plus grand empire jamais vu à cette époque. Ils appellent leur nouveau pays Iran, qui signifie «terre des Aryens», inspiré du nom qu'ils se donnent. Les historiens font souvent référence à ces peuples en les qualifiant plus précisément d'indo-iraniens.

La géographie. La partie nord-est du plateau iranien, là où les tribus pénètrent dans la région, est libre de montagnes et relativement fertile. On y cultive la terre et on y fait paître les troupeaux. Ces plaines constituent probablement la partie la plus prospère de l'Iran, procurant aux différents souverains puissance et richesses.

L'agriculture. La plus grande partie du plateau est aride et possède peu de points d'eau à ciel ouvert. Par contre, des *oasis* où l'eau parvient à se frayer un chemin à partir du sous-sol sont disséminées un peu partout sur sa surface. Si l'on excepte ces oasis et les vallées étroites encaissées entre les montagnes, à l'ouest, les terres du plateau se prêtent fort mal à l'agriculture. Ses habitants apprennent pourtant à tirer le meilleur parti possible des ressources offertes.

Pour retenir l'eau si précieuse, on creuse de longs canaux souterrains en pente, les *qanats*, qui descendent sur plusieurs kilomètres jusque dans les plaines. Canalisée dans des conduits sous le sol, l'eau provenant de la fonte des neiges des montagnes avoisinantes est protégée du soleil. Pour avoir accès à ces réserves d'eau, on creuse des puits profonds. C'est ainsi que les premiers Iraniens commencent à prati-

Figure 1.16 Le mausolée royal de Naksh-I-Rustam, datant de 400 av. J.-C., est un des plus anciens temples construits pour supprimer les explosions se produisant dans les gisements de gaz naturel, que les gens croient être les manifestations belliqueuses des dieux.

quer la culture par irrigation. Mais ce n'est que quelques populations iraniennes qui se servent de ces techniques agricoles, la plupart continuant de mener une existence semi-nomade, élevant leurs troupeaux de chevaux, de bovins et de moutons.

La culture et la société initiales. La société indo-iranienne est patriarcale. Après leur installation sur le plateau, les Mèdes, tout comme les Perses, sont gouvernés par des chefs de tribu qui, à la longue, deviennent des rois locaux. Les hommes les plus influents des clans et des tribus conseillent leur roi. Les historiens savent peu de choses du statut des femmes dans cette société, sinon que c'est une pratique courante chez les hommes d'avoir plusieurs épouses.

Évoluant près de la civilisation mésopotamienne, les Mèdes et les Perses connaissent de nouvelles façons de vivre. Fondamentalement pastorales, les tribus continuent cependant de s'affronter pour s'emparer du bétail, des chevaux et des femmes de leurs rivales. La guerre et le pillage font partie intégrante de la vie.

Les premières pratiques religieuses. Les premières populations iraniennes croient que l'ensemble de l'univers est habité par des esprits. Elles les adorent, tout particulièrement ceux du Soleil et de la Lune. Leurs dieux les plus importants sont Mithra, dieu du Soleil, et Anâhita, déesse de la fertilité et des plantes.

Le feu tient aussi une grande place dans les rites religieux. Sans le vénérer, les Iraniens croient qu'il représente les forces de la nature.

Zoroastre. Peu avant 600 av. J.-C., le prophète Zoroastre, ou Zarathustra en persan, lance un important mouvement de réforme religieuse en Iran. Il prêche contre le polythéisme de l'époque et invite le peuple à n'adorer qu'un seul dieu, Ahura Mazdā. Il enseigne que la terre est le champ de bataille où s'affrontent les forces du bien de Ahura Mazdā et les forces du mal de Ahriman, l'«Ennemi». Se fondant sur ce dualisme, Zoroastre laisse chacun choisir son camp, mais prévient les individus que tous seront jugés après leur mort.

Le *zoroastrisme* repose sur le principe d'une vie morale entièrement consacrée à la vérité. Mais, chez Zoroastre, le concept même de Ahura Mazdā est assez impersonnel et abstrait. La grande majorité des gens ont besoin de sentir une présence divine plus proche d'eux. C'est pourquoi cette religion ne réussit jamais à remplacer totalement la vénération des dieux iraniens traditionnels, comme Mithra et Anâhita.

Du royaume à l'empire

À la fin du 7e siècle av. J.-C., partant d'Ecbatane, leur capitale sise dans les montagnes du Zagros du Nord, les Mèdes assujettissent d'autres populations iraniennes et les regroupent en confédération. S'alliant aux Chaldéens, en 610 av. J.-C., les rois mèdes font aussi la conquête de l'Empire assyrien, déclinant. Vers le milieu du 6e siècle av. J.-C., ils étendent encore plus vers l'ouest leur influence, jusqu'au fleuve Halys.

Les Perses sont des sujets mèdes qui vivent dans les montagnes du Zagros du Sud; leur capitale est Suse.

Carte 1.6

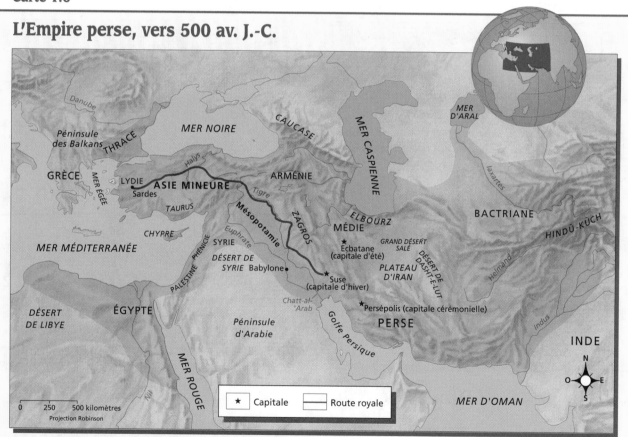

L'Empire perse, vers 500 av. J.-C.

Les territoires de la Perse. Les empereurs perses règnent sur un vaste territoire parsemé de montagnes très élevées, de déserts inhospitaliers et de grands fleuves.

❓ *Décrire les mouvements et les progressions. Quelles villes la route royale relie-t-elle ?*

La géographie ET L'HISTOIRE

La vie dans les vallées fluviales

Bien que les quatre premières civilisations soient nourries par des fleuves, les caractéristiques particulières de chacun d'eux ont des répercussions bien différentes sur les peuples installés sur leurs rives.

Le Nil, par exemple, coule doucement et ses crues sont régulières. En plus, le climat égyptien est ensoleillé et sec, et dans l'Antiquité, le pays est protégé des incursions des envahisseurs par les étendues désertiques entourant la vallée du fleuve. La luxuriance et la relative sûreté de la région favorisent donc le développement d'une culture fondamentalement optimiste. La religion des anciens Égyptiens démontre qu'ils croient fermement en un au-delà et les tombeaux grandioses qu'ils érigent pour leurs morts laissent supposer que leurs souverains ont la certitude de pouvoir entreprendre des projets qui demanderont des décennies avant d'être achevés. En fin de compte, la stabilité du climat et des crues du fleuve se traduit clairement dans l'optimisme de la culture égyptienne.

Carte 1.7

Les civilisations des vallées fluviales, vers 2500 av. J.-C.

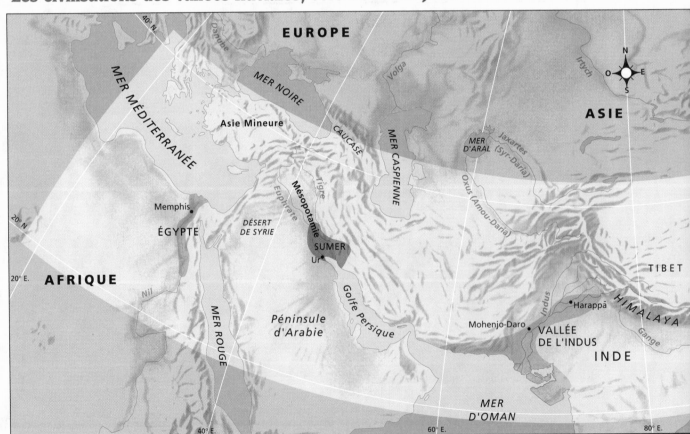

La naissance des civilisations. Les premières civilisations font leur apparition aux mêmes latitudes et le long de fleuves qui favorisent leur agriculture.

À l'opposé, la géographie de la Mésopotamie mène à une culture bien différente. Dans la bande de terre encaissée entre le Tigre et l'Euphrate, les Sumériens sont à la merci des inondations dévastatrices, des sécheresses, des famines et des brigands. Dans de telles conditions, ils se dotent d'une culture propre à traduire la précarité de la vie. Ils croient d'ailleurs qu'ils ont été créés pour servir des dieux auxquels ils ne peuvent se fier pour être protégés. Les ziggourats sumériennes ne sont pas des antichambres luxueuses pour se préparer au voyage dans l'au-delà, mais plutôt des édifices de plus en plus grands pour tenter d'apaiser la colère des dieux.

Les spécialistes disposent de beaucoup moins d'informations concernant les deux autres grandes civilisations nées dans des vallées fluviales. Ils savent cependant que l'Indus joue un rôle important dans la vie des cités de Mohenjo-Daro et de Harappā, car toutes deux possèdent des techniques de plomberie très avancées et des systèmes d'égouts et de canalisations sanitaires recouvertes. Les maisons disposent d'un puits, d'une salle de bains et de latrines. Le système d'écoulement des eaux desservant les villes le long de l'Indus est un chef-d'œuvre d'ingénierie que seuls les Romains sauront égaler, quelque 2000 ans plus tard.

Associer la géographie à l'histoire

1. *Quelles sont les caractéristiques communes aux premières civilisations installées dans les vallées fluviales?*
2. *Comment la géographie influence-t-elle les cultures de l'Égypte et de Sumer?*
3. *Quel rôle la géographie joue-t-elle dans l'architecture conçue par les habitants de la vallée de l'Indus?*

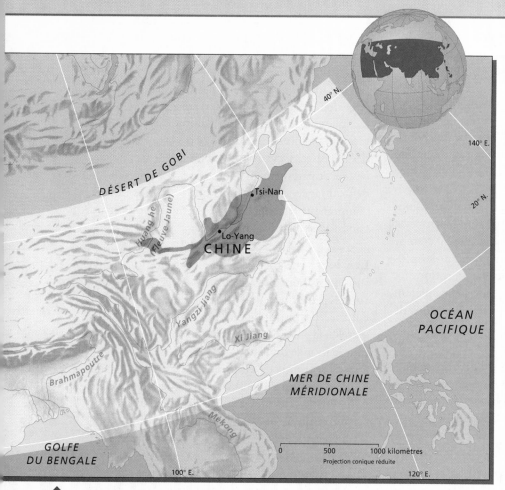

DÉSERT DE GOBI

Hoang he (Fleuve Jaune)

•Tsi-Nan

•Lo-Yang

CHINE

Yangzi Jiang

Xi Jiang

Brahmapoutre

Mékong

GOLFE DU BENGALE

MER DE CHINE MÉRIDIONALE

OCÉAN PACIFIQUE

40° N.

140° E.

20° N.

100° E.

120° E.

0   500   1000 kilomètres
Projection conique réduite

Localiser. *Entre quelles latitudes trouve-t-on l'ensemble des premières civilisations installées au bord des fleuves?*

En 550 av. J.-C., leur roi, Cyrus II, renverse le roi mède et se proclame «roi des Perses et des Mèdes». Par la suite, il fonde la dynastie des Achéménides. Il se rend aussi maître de la Lydie et des villes grecques d'Asie Mineure. Cyrus repousse les frontières orientales de son empire jusque dans le nord de l'Inde, et celles du nord-est jusqu'au fleuve Iaxartes. En 539 av. J.-C., il conquiert Babylone, et son fils Cambyse, qui lui succède, annexe l'Égypte à l'empire, en 525 av. J.-C.

En 522 av. J.-C., Darius Ier, le cousin de Cambyse, devient roi durant une période d'agitation interne. Il mate plusieurs rébellions et reprend à son compte la politique expansionniste de ses prédécesseurs, en particulier vers l'est, où il consolide les conquêtes de Cyrus. À l'ouest, Darius Ier pénètre en Europe, conquiert la Thrace et traverse même le Danube.

Après une série de victoires spectaculaires, les Perses établissent un vaste empire en Asie occidentale.

L'administration impériale

Darius Ier est, à plusieurs égards, le véritable fondateur du système impérial perse, qu'il constitue en *monarchie absolue*. Prenant le titre de «chah-in-chah», «roi des rois» ou «grand roi», lui et ses successeurs prétendent régner au nom de Ahura Mazdā.

Les provinces. Darius Ier divise l'empire en *satrapies*, ou provinces, et met à la tête de chacune un satrape, ou gouverneur, qu'il nomme lui-même. Ces gouverneurs provinciaux ont la responsabilité de l'administration civile, des finances, de la justice et du recrutement des troupes pour l'armée impériale. Mais le grand roi craint que les puissants gouverneurs ne fomentent un complot pour le renverser. Il se sert donc d'agents impériaux qui agissent comme inspecteurs. Régulièrement, ils parcourent les provinces, vérifient les comptes de la perception des impôts et l'administration de la justice, et enquêtent sur les agissements des gouverneurs à la suite de plaintes des citoyens.

> **CHANGEMENTS** La construction d'un très bon réseau routier pour relier les vastes contrées de l'empire et rendre plus rapides les déplacements des armées perses accentue le contrôle du pouvoir central.
> **CONTINUITÉ**

La «route royale», reliant Sardes à Suse, permet aux courriers royaux de couvrir 190 kilomètres en une semaine grâce aux étapes où ils se relaient et changent de chevaux. La plupart des gens, cependant, voyagent plus lentement, à pied.

Darius Ier adopte comme politique générale la tolérance à l'égard des coutumes, des religions, des langues et même des systèmes judiciaires de ses sujets. En fait, ceux-ci conservent une bonne partie de leur autonomie gouvernementale. Tant et aussi longtemps qu'ils paient tribut et fournissent des troupes à l'armée impériale quand il le leur demande, le roi intervient très peu dans leurs affaires internes. Cette politique s'avère particulièrement efficace pour gouverner un empire multiethnique et multiculturel.

> **CHANGEMENTS** De nouvelles caractéristiques tels le *syncrétisme* et la tolérance permettent ainsi à l'Empire perse d'être stable et de rayonner durant une longue période, ce que plusieurs lui envieront.
> **CONTINUITÉ**

L'armée perse. Bien que la politique de la tolérance soit importante, c'est surtout l'armée qui permet aux Perses de garder le contrôle sur leur vaste empire et même de l'étendre. Des soldats professionnels, les dix mille «Immortels», en constituent le noyau central. À cette élite s'ajoutent les recrues des provinces.

L'armée présente cependant certaines faiblesses. Les régiments provinciaux, par exemple, se battent selon leurs coutumes et se servent des armes et des tactiques auxquelles ils sont habitués. À cause de ce mélange hétéroclite, l'armée perse est quelque peu désorganisée. Devant un ennemi bien entraîné, discipliné et parfaitement coordonné, elle pourrait être désavantagée, d'autant plus que les Perses doivent compter sur les non-Perses de l'empire pour ce qui concerne les combats maritimes.

Les lois. Le roi est source de toute loi et juge suprême. Bien que les Perses respectent les coutumes juridiques des différents peuples de leur empire, ils promulguent une loi impériale universelle, la «Loi des Mèdes et des Perses», à laquelle tout le monde est soumis.

À travers tout l'empire, les juges royaux appliquent ce système judiciaire. On les surveille cependant de très près afin qu'ils agissent en toute équité et qu'ils ne se laissent pas corrompre. Cet idéal de justice et d'équité est d'ailleurs un des traits caractéristiques de la civilisation perse.

En résumé, on peut donc affirmer que les réformes administratives et militaires entreprises par Darius Ier, jointes à la construction d'un excellent réseau routier, favorisent la mise en place d'un empire stable et prospère.

L'économie impériale

L'agriculture est la principale activité économique de l'Empire perse. Les rois et l'aristocratie possèdent d'immenses domaines, mais il y a aussi des fermiers indépendants qui cultivent leurs propres champs. Les rois distribuent des terres en quantité à leurs amis et à leurs proches, qu'on appelle les « bénéficiaires des largesses royales ». Ils récompensent les fonctionnaires et les soldats en leur octroyant des domaines qu'ils peuvent transmettre à leurs héritiers.

Le gouvernement impérial favorise le commerce en maintenant un climat de paix et de sécurité. De plus, il met au point un système uniformisé de poids et mesures et crée une monnaie fiable comprenant le *shekel* d'argent et la *darique* d'or. Dans les transactions commerciales, la darique est reconnue par tous et devient la principale monnaie d'or. Sur terre, les routes sillonnent l'empire sans égards aux frontières internes. Sur mer, le commerce maritime international fleurit grâce aux sujets perses d'origine grecque et phénicienne, principalement.

Les impôts sont, en général, très lourds. Les Perses eux-mêmes paient peu d'impôt, la majeure partie des revenus de l'empire provenant des provinces. Chacune d'elles doit verser un montant fixe, payable en or ou en argent, et chaque État vassal doit payer en biens un tribut déterminé. Ces impôts servent à financer l'armée, l'administration et la cour du roi.

La société et la culture dans l'empire

La structure sociale de l'empire présente une forme pyramidale, le roi occupant le haut de la structure, les esclaves en formant la base, les nobles et les gens ordinaires en constituant le centre. L'esclavage revêt diverses formes, selon les différentes traditions des régions de l'empire. Cependant, une part considérable de l'économie impériale ne se fonde pas sur l'esclavagisme, la majorité des Perses préférant se servir de travailleurs libres plutôt que d'esclaves.

Le statut des femmes dépend également des traditions de chaque culture. En Perse, par exemple, les femmes ont peu d'autonomie, alors que les Babyloniennes appartenant à la classe supérieure jouissent d'une certaine liberté. Elles peuvent être propriétaires et disposer de leurs biens à leur gré, et elles sont habilitées à rédiger des contrats et à gérer leurs propres affaires. (Voir aussi le tableau 10.1, page 239.)

Les Perses réussissent donc à bâtir un empire multiculturel et respectent, dans l'ensemble, les gouvernements, les lois et les coutumes religieuses de leurs sujets.

Figure 1.17
Pièce de monnaie perse en or, vers 500 av. J.-C. Comme il existe une monnaie impériale reconnue partout, les marchands peuvent se servir d'une pièce comme celle-ci autant en Inde qu'en Égypte ou en Thrace.

EXERCICES

1. Définir les termes suivants :

- *patriarcal*
- *arc renforcé*
- *oasis*
- *Zoroastre*
- *Cyrus II*
- *Cambyse*
- *satrapie*
- *darique d'or*
- *char de guerre*
- *Hattousil Ier*
- *qanats*
- *dualisme*
- *dynastie des Achéménides*
- *Darius Ier*
- *shekel d'argent*
- *zoroastrisme*

2. Localiser les lieux suivants et en faire ressortir l'importance :

- *la mer Noire*
- *le plateau iranien*
- *les montagnes du Zagros*
- *Suse*
- *l'Égypte*
- *l'Asie Mineure*
- *les montagnes de l'Elbourz*
- *Sardes*
- *la Lydie*

3. Cerner l'idée principale. *Pourquoi les envahisseurs parlant des langues dites indo-européennes peuvent-ils conquérir d'autres peuples de l'Asie du Sud-Ouest ?*

4. Cerner l'idée principale. *En quoi consiste la suprématie militaire des Hittites ?*

5. Cerner l'idée principale. *Quelle attitude les Perses adoptent-ils à l'égard de leurs sujets ?*

6. Cerner l'idée principale. *Pourquoi appelle-t-on fréquemment Darius Ier le « véritable » fondateur de l'Empire perse ?*

7. Comparer et opposer. *Remplissez le tableau 1.1 en y indiquant l'apport des grands rois perses mentionnés. Quelle contribution royale est la plus importante ? Pourquoi ?*

Tableau 1.1

GRANDS ROIS	APPORTS
Cyrus II	
Cambyse	
Darius Ier	

Sociétés	Vie politique	Vie matérielle	Société/Arts/Culture	Économie	Science et techniques
Mésopotamie	• **Monarchie héréditaire autoritaire** 9	• Villes • Architecture religieuse importante (ziggourats)	• **Hiérarchisée (classes de citoyens)** 6 • Écriture cunéiforme pictographique • Importance de la culture militaire • **Littérature poétique** 8 • **Codification des lois (code de Hammourabi)** 7, 9 • Religion polythéiste	• Commerce local • Structure agricole prédominante	• **Techniques d'irrigation** 5 • **Réseau routier** 10 • **Observations astronomiques** 10 • **Mathématiques** 10
Égypte	• Système pharaonique **Pouvoir héréditaire** 14	• Villes • Maîtrise architecturale (pyramides)	• Société hiérarchisée • Religion polythéiste complexe • Écriture hiéroglyphique • Armée permanente	• Agriculture dominante • Commerce dynamique (zone africaine)	• **Observations astronomiques** 12 • **Géométrie** 12, 13 • Construction des **pyramides** 12, 13
Phénicie	• Monarchie	• Villes (**Sidon, Tyr**) 17	• **Écriture (ancêtre des écritures occidentales modernes)** 16 • Société hiérarchisée	• Commerce méditerranéen très dynamique	• Techniques de navigation poussées
Israël	• Monarchie	• Villes (**Jérusalem, Damas**) 17	• Hiérarchie sociale et division tribale • Polythéisme puis **monothéisme** 20	• Commerce local dynamique	(peu de traces)
Inde	• Monarchie locale sacrée	• Villes (**Mohenjo-Daro, Harappa**) 26	• Société hiérarchisée • **Code des poids et mesures** 22 • Polythéisme complexe	• Commerce local • Agriculture prédominante	• **Système d'égouts** 21
Indo-européens	• Monarchie	• Villes	• Société hiérarchisée • Polythéisme	• Agriculture	• **Maîtrise du fer** 23 • **Char de guerre** 22 • **Armes (arcs de grande taille)** 22
Indo-iraniens	• Monarchie autoritaire	• Villes (**Persépolis, Suse**) 25	• Société hiérarchisée • Polythéisme — **tentative monothéiste (Zoroastre)** 25 • **Codification des lois** 26	• Agriculture	• **Réseau routier** 26

Révision

RÉDIGER UN RÉSUMÉ

En retenant les points essentiels du texte, rédigez un court résumé du chapitre.

RÉVISER LA TERMINOLOGIE

Faites correspondre aux termes suivants la définition appropriée.

a) diaspora
b) monothéisme
c) alliance
d) nomadisme
e) Néolithique
f) ziggourat
g) loi du talion
h) papyrus
i) pharaon
j) Exode
k) carbone 14

1. Union solennelle entre les Hébreux et Yahweh, marquant l'acceptation des dix commandements par les Hébreux.

2. Dispersion du peuple juif hors d'Israël.

3. Croyance religieuse en un seul Dieu.

4. Âge de la pierre polie.

5. Période au cours de laquelle les Hébreux quittent l'Égypte.

6. Souverain possédant les attributs de «dieu vivant».

7. Procédé grâce auquel il est possible de dater un artefact de manière relativement précise.

8. Matériau utilisé comme support à l'écriture.

9. Principe selon lequel les gens rendent œil pour œil, dent pour dent pour le tort qu'ils subissent.

10. Temple servant de centre religieux et administratif.

11. Trait culturel antérieur à la révolution agricole.

RÉVISER LA CHRONOLOGIE

Dressez la liste des événements suivants en respectant l'ordre chronologique.

1. L'Empire chaldéen tombe aux mains des Perses.

2. Sargon se rend maître de Sumer et fonde l'Empire akkadien.

3. Le Code de Hammourabi énonce la loi du talion.

4. Les Assyriens conquièrent Israël et déportent ses dix tribus.

5. Moïse mène son peuple hors de l'Égypte.

6. Révolution religieuse d'Akhenaton.

7. Passage du nomadisme au sédentarisme.

8. Avènement de Zoroastre.

9. Darius devient «chah-in-chah».

COMPRENDRE LES IDÉES PRINCIPALES

1. Comment les Assyriens bâtissent-ils leur vaste empire dans le Sud-Ouest asiatique et réussissent-ils à le préserver?

2. Pourquoi les pharaons cherchent-ils à étendre leur territoire sous le Nouvel Empire?

3. Comment les Phéniciens influencent-ils les autres peuples de la Méditerranée?

4. En excluant l'Égypte, expliquez sommairement pourquoi les empires fondés au Moyen-Orient ne connaissent qu'une brève existence.

EXERCER SON SENS CRITIQUE

Comparer. Comment l'oppression par des puissances étrangères influence-t-elle le développement des civilisations égyptienne et hébraïque?

Chapitre 2
Les civilisations grecque et hellénistique

– 2000 à – 1200	▶ Civilisation créto-mycénienne
– 1200	▶ Invasion dorienne
– 800	▶ Colonisation grecque de la Méditerranée
– 700	▶ Émergence des cités-États
– 624	▶ Code de Dracon
– 508	▶ Naissance de la démocratie à Athènes
– 500-479	▶ Guerres médiques
– 478	▶ Création de la ligue de Délos
– 460-429	▶ « Siècle de Périclès »
– 432-404	▶ Guerre du Péloponnèse
– 338	▶ Conquête de la Grèce par la Macédoine
– 334-327	▶ L'empire d'Alexandre le Grand

Objectifs d'apprentissage

APRÈS AVOIR LU CE CHAPITRE, VOUS SEREZ CAPABLE :

- DE COMPRENDRE COMMENT LA GRÈCE SUT ÉDIFIER UNE SOCIÉTÉ COMPLEXE ET ORIGINALE ;
- DE REPÉRER LES PRINCIPALES ÉTAPES DU DÉVELOPPEMENT DE LA DÉMOCRATIE ATHÉNIENNE ;
- D'EXPLIQUER LES MÉRITES ET LES LIMITES DU SYSTÈME POLITIQUE GREC ;
- D'ANALYSER LES CAUSES DU DÉCLIN RAPIDE D'ATHÈNES ;
- D'APPRÉCIER LES MULTIPLES HÉRITAGES DES CIVILISATIONS GRECQUE ET HELLÉNISTIQUE.

Les civilisations minoenne et mycénienne représentent les premières manifestations de la civilisation grecque. Avec les invasions doriennes, le monde grec s'engage dans la période des « siècles obscurs ». À la période archaïque, la majorité des cités-États de la Grèce continentale vivent une série de transformations politiques qui donnent naissance à un nouveau régime politique : la démocratie.

Vers le 6e siècle av. J.-C., les Perses commencent à bâtir un empire multiculturel qui s'étendra de l'Inde à l'Égypte. Vers la même époque, les Grecs fondent leur grande civilisation, qui repose sur les cités-États.

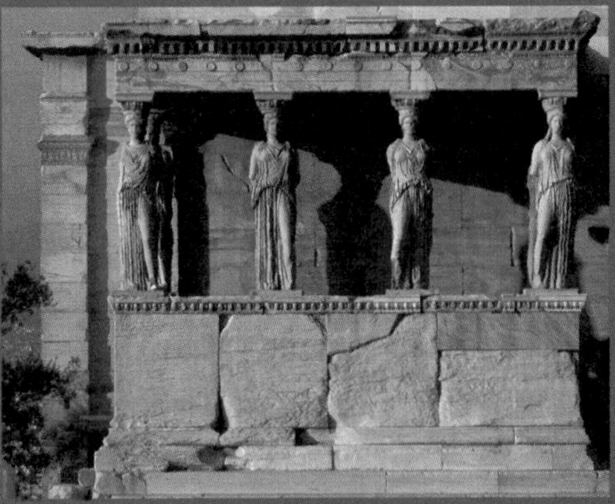

Figure 2.1 **L'Érechthéion, temple de la déesse Athéna, construit en 421 av. J.-C. sur l'Acropole, à Athènes.**

Le rôle politique et l'expansionnisme athéniens menacent l'hégémonie des Perses en Asie Mineure. Il en résulte un conflit au terme duquel Athènes et les villes grecques sortent victorieuses.

Vers 450 av. J.-C., la civilisation grecque atteint son apogée : par ses arts et sa puissance, elle domine la Méditerranée orientale.

L'impérialisme athénien entraîne la révolte des cités grecques et provoque la guerre du Péloponnèse. Après cette guerre, qui se termine en 404 av. J.-C., les querelles constantes entre les cités-États grecques rendent ces dernières vulnérables et elles tombent aux mains des Macédoniens, venus du Nord. Ces derniers étendent leur empire jusqu'au fleuve Indus, propageant ainsi la culture grecque.

Le monde égéen

OBJECTIFS D'APPRENTISSAGE

APRÈS AVOIR LU CETTE SECTION, VOUS SEREZ CAPABLE :

* D'EXAMINER LES FONDEMENTS DES PREMIÈRES CIVILISATIONS DU MONDE ÉGÉEN ;

* DE CARACTÉRISER LE MONDE MINOEN ;

* D'EXPLIQUER LES CONSÉQUENCES DE L'EFFONDREMENT DE LA CIVILISATION MYCÉNIENNE.

Les sols entourant la mer Égée n'offrent pas la même fertilité que ceux de la Mésopotamie et de la vallée du Nil. Dans certaines régions, le climat sec et chaud et les terres pierreuses ne permettent pas la culture des céréales et des légumes mais, par contre, se prêtent fort bien à la culture de la vigne et de l'olivier. Dans l'Antiquité, le vin et l'huile d'olive sont des denrées très appréciées et les sociétés égéennes développent, grâce à ces produits, un commerce maritime florissant.

> CONTINUITÉ **&** CHANGEMENTS Des sociétés égéennes naissent de puissantes civilisations, mais, à l'exemple de la Mésopotamie, elles sont victimes des migrations des nomades. Aucune civilisation ne peut prétendre être à l'abri des attaques d'envahisseurs étrangers.

La civilisation minoenne

> CONTINUITÉ **&** CHANGEMENTS L'apparition de nouveaux outils, comme la charrue, rend possible la diversification et l'augmentation des récoltes dans les régions où la pluie est abondante. La civilisation est dès lors en mesure de s'étendre au-delà des vallées fluviales.

De plus, les peuples installés sur les rives des mers et des océans peuvent ajouter les produits de la pêche à ceux de la terre pour assurer leur subsistance. Sur les côtes orientales de la Méditerranée, ces facteurs contribuent à la naissance d'une civilisation sur l'île de Crète, vers l'an 2000 av. J.-C.

C'est à cette époque que les Crétois entrent dans leur âge du bronze, qui se traduit, entre autres, par la construction de grands palais dont le plus connu

Figure 2.2 La *Fresque des Dauphins* : elle ornait la chambre de la reine dans un palais minoen.

est celui de Cnossos. Les historiens qualifient cette civilisation de minoenne, du nom du roi légendaire Minos, un des fils de Zeus et d'Europe dans la mythologie grecque.

L'écriture. On désigne sous le nom de *linéaire A* la première forme d'écriture minoenne, que les spécialistes sont toujours incapables de déchiffrer. Des échanges entre les Minoens et les peuples de langue indo-européenne installés dans la péninsule grecque naît une nouvelle forme d'écriture, appelée *linéaire B*, qui sera d'usage courant dans les palais crétois. Se servant de cette écriture, qui est en fait une forme primitive du grec, les scribes notent les détails de la vie administrative de la Crète à l'époque dite des grands palais.

La société minoenne. Les souverains qui gouvernent les différents palais occupent le haut de la pyramide sociale. Les nobles viennent ensuite, suivis par une classe d'artisans, de marchands, de fermiers et d'éleveurs, et par une classe de scribes spécialement formés qui constituent la bureaucratie des palais. Les Minoens ne sont pas un peuple guerrier et ils ne fortifient pas leurs villes contre d'éventuels ennemis.

Leurs techniques de construction et leur architecture sont avancées. La plupart des familles habitent des maisons de bois et de stuc. Quant aux demeures des souverains et des nobles, elles sont pourvues de commodités, telles l'eau courante et les installations sanitaires. Les murs intérieurs sont fréquemment ornés de magnifiques *fresques*, des œuvres peintes directement sur le plâtre et dont les dessins ont une allure étonnamment moderne. Plusieurs d'entre elles représentent des animaux et des plantes de Mésopotamie ou de la vallée du Nil, ce qui laisse croire que les Minoens entretiennent des relations commerciales avec les habitants de ces contrées.

Il semble que l'égalité prévale entre hommes et femmes dans la société minoenne. Certaines fresques représentent en effet des individus des deux sexes pratiquant des activités comme la boxe et le saut de taureaux dans des arènes spécialement conçues pour ces jeux. La religion minoenne témoigne également du statut de la femme dans la société, car sa figure centrale est une déesse-mère servie par des prêtresses. La fertilité et les cycles de la vie sont apparemment au cœur de cette religion. (Voir aussi le tableau 10.1, page 239.)

Les Minoens vivent essentiellement de la mer. Le contrôle des eaux constitue donc pour eux un enjeu vital. Disposant de peu de ressources naturelles, ils développent un commerce maritime florissant qui leur assure la prospérité pendant des siècles. Les Minoens parviennent à imposer une *thalassocratie*, ou gouvernement de la mer, à des peuples du littoral méditerranéen. Marins habiles, les Minoens naviguent très loin de leurs côtes, favorisant ainsi les échanges entre les Crétois et les autres civilisations. Ils assurent leur prospérité grâce au commerce de l'huile d'olive et du vin, et installent des comptoirs commerciaux en Grèce, en Sardaigne, en Syrie et dans les îles égéennes.

Le déclin. Le premier coup porté à la civilisation minoenne l'est probablement par une catastrophe naturelle. Vers 1500 av. J.-C., une terrible éruption volcanique se produit sur l'île voisine de Théra (Santorin), à quelque cent kilomètres au nord des côtes crétoises. La puissance de l'éruption est telle qu'elle provoque un raz-de-marée qui inonde une bonne partie de la Crète.

Malgré tous les efforts de reconstruction après cette catastrophe, la civilisation minoenne en sort affaiblie. Vers 1500 av. J.-C., tous les palais, sauf celui de Cnossos, sont détruits et ce dernier sera incendié vers 1400 av. J.-C., probablement par les Indo-Européens installés en Grèce, où leur propre civilisation croît.

Les débuts de la civilisation en Grèce continentale

Dès 6000 av. J.-C., donc à l'époque néolithique, de petites collectivités agricoles existent en Grèce. Après 3000 av. J.-C., leurs habitants savent fabriquer et utiliser le bronze.

Sur le continent comme sur les îles, de petites villes, dont certaines fortifiées, sont construites. D'après les spécialistes, une nouvelle vague d'immigrants indo-européens d'Asie Mineure ou des Balkans s'installe en Grèce vers 2000 av. J.-C.

Carte 2.1

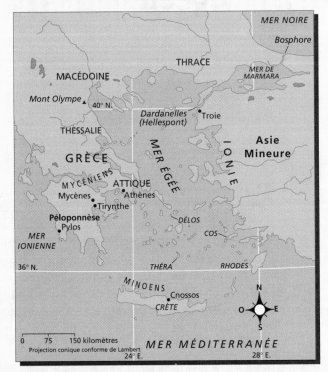

La civilisation égéenne, vers 1450 av. J.-C.

Un bassin de civilisations. Les Minoens et les Mycéniens puisent dans les richesses de la mer Égée pour développer leurs cultures.

? *Localiser.* Combien de kilomètres séparent les villes de Pylos et de Cnossos ?

Les Mycéniens. Vers 1700 av. J.-C., ces premiers Grecs — aussi nommés Achéens — ont déjà érigé d'imposantes forteresses à différents endroits, comme à Athènes, à Pylos et à Tirynthe, d'où ils contrôlent les campagnes environnantes. La cité la plus importante est Mycènes.

Les Mycéniens envahissent et détruisent les cités minoennes, et conquièrent aussi le palais de Cnossos. Par la suite, les rois mycéniens entreprennent de gérer leur économie à la manière des Minoens, soit en la centralisant et en la plaçant sous une administration spécialisée. Ils utilisent également l'écriture linéaire B pour relater les événements ponctuant la vie dans leurs palais. Les marchands mycéniens remplacent les marchands minoens sur les mers.

La société mycénienne. Cette société est dominée par des rois guerriers, soutenus par des nobles qui échangent leurs appuis militaires contre des terres et des privilèges. À la suite de cette aristocratie

Figure 2.3 Cette entrée conduisait au trésor d'Atrée, roi légendaire de Mycènes.

guerrière viennent les artisans et les artistes, qui fabriquent de la poterie et des produits de luxe, tels des bijoux et des objets de métal damasquiné. Les architectes mycéniens savent construire des palais imposants et des ponts et des routes formant un réseau de communication terrestre très efficace. Les marchands, quant à eux, s'occupent du commerce maritime, qu'ils font souvent au nom du roi. Tout au bas de l'échelle sociale se trouvent les paysans et les esclaves, qui gardent les troupeaux et labourent la terre.

La meilleure illustration de la vie au temps de Mycènes se trouve peut-être dans *L'Iliade* et *L'Odyssée*, deux poèmes épiques attribués au poète grec Homère, qui vivra bien après cette époque. Grâce à lui, on sait que les Mycéniens adorent des dieux indo-européens sur lesquels règne Zeus, dieu du ciel lumineux. Ce peuple a pour coutume de sacrifier des animaux en hommage aux dieux et les leur présente en brûlant ces offrandes sur des autels.

Le déclin de Mycènes. Le début de l'effondrement de la civilisation mycénienne survient vers 1200 av. J.-C. Des tremblements de terre détruisent probablement plusieurs villes et les guerres entre cités affaiblissent les autres. Vers la même époque, les Mycéniens réussissent pourtant à s'unir pour attaquer la ville de Troie, située de l'autre côté de la mer Égée, en Asie Mineure. C'est cette guerre que racontent *L'Iliade* et *L'Odyssée*.

ᴕ CHANGEMENTS / CONTINUITÉ La guerre de Troie est la dernière grande entreprise collective des Mycéniens. En reprenant ensuite leurs guerres intestines, ils affaiblissent leur pouvoir et tombent aux mains des Indo-Européens, dont la seconde vague migratoire déferle vers 1100 av. J.-C. On peut donc affirmer que les catastrophes naturelles et la guerre auront raison, comme dans bien d'autres cas, de la civilisation mycénienne.

Les Doriens

L'immigration de populations indo-européennes dans la péninsule grecque et la destruction de la civilisation mycénienne provoquent une réaction en chaîne. D'autres peuples sont délogés et contraints de s'installer ailleurs.

Les Doriens sont au nombre des peuples les plus importants qui envahissent les premiers habitants de la Grèce. Ils perpétuent dans ces contrées leur mode de vie traditionnel. Les Doriens n'affectionnent pas la vie urbaine, préférant vivre dans des campements et déménager lorsqu'il leur faut trouver de nouveaux pâturages pour leurs troupeaux. Méprisant tout autant l'agriculture, ils obligent les peuples qu'ils conquièrent à cultiver leurs terres.

D'autres populations indo-européennes suivent les Doriens et délogent, elles aussi, les premiers habitants de la Grèce. Une des conséquences les plus importantes de ces invasions est l'interruption du commerce. La civilisation mycénienne, pour sa part, disparaît dans un chaos presque identique à celui qu'elle avait engendré lors de son arrivée dans la région. La Grèce vit alors une période que les spécialistes appellent les **siècles obscurs**.

ᴕ CHANGEMENTS / CONTINUITÉ Bref, des guerres intérieures et des vagues successives d'immigrants indo-européens suivront la chute de la civilisation mycénienne.

EXERCICES

1. **Définir** *les termes suivants :*
- *le roi Minos*
- *linéaire A*
- *linéaire B*
- *thalassocratie*
- *fresque*

2. **Localiser** *les lieux suivants et en faire ressortir l'importance :*
- *la mer Égée*
- *la Grèce*
- *la Crète*
- *Cnossos*
- *Théra*
- *Mycènes*

3. **Cerner l'idée principale.** *Pourquoi les spécialistes appellent-ils siècles obscurs la période qui suit la chute de la civilisation mycénienne?*

4. **Cerner l'idée principale.** *Pourquoi la civilisation mycénienne s'effondre-t-elle?*

5. **Expliquer.** *Comment les Minoens réussissent-ils à survivre et à prospérer, malgré la rareté des richesses naturelles dans leur région?*

6. **Justifier.** *Dans un court texte, justifiez l'énoncé suivant : «Les facteurs géographiques permettent aux Minoens d'accorder moins d'importance à la guerre, alors qu'ils forcent les Mycéniens à se constituer en peuple guerrier.»*

7. **Synthétiser.** *Pourquoi les Doriens sont-ils capables de supplanter les Mycéniens? Tenez compte dans votre réponse de : a) la situation politique des Mycéniens ; b) leur situation géographique et des catastrophes naturelles ; c) la différence entre les modes de vie des Doriens et des Mycéniens.*

Les cités-États grecques

OBJECTIFS D'APPRENTISSAGE

APRÈS AVOIR LU CETTE SECTION, VOUS SEREZ CAPABLE :

- DE DÉFINIR LE TERME *POLIS* ;
- D'ANALYSER LES RAISONS QUI FAVORISÈRENT L'ÉMERGENCE DE LA DÉMOCRATIE ;
- DE COMPARER LES CITÉS DE SPARTE ET DE ATHÈNES.

Alors que les Perses bâtissent leur immense empire, une autre population parlant une des langues dites indo-européennes développe, à l'ouest, le long des côtes rocheuses et sur les îles de la Grèce, une civilisation tout à fait différente. Vers 700 av. J.-C., l'isolement du monde grec cesse et, dans l'histoire de ce monde, ce moment marque la fin des siècles obscurs et le début de l'époque archaïque.

CHANGEMENTS La civilisation grecque se développera autour de centaines de cités-États indépendantes qui deviendront le centre de l'identité de ce peuple.

La naissance de la *polis*

Au fur et à mesure que s'estompent les siècles dits obscurs et que les Grecs sortent de leur isolement, une nouvelle vision du monde se dessine. Au cœur de cette vision : la *polis*, structure fondamentale de l'organisation politique et sociale des Grecs. Au cours de la période incertaine et violente des siècles obscurs, les tribus, gouvernées par des rois, se regroupent par petites bandes autour de collines ou de places fortes afin d'assurer leur protection. Ces petits regroupements évoluent peu à peu et deviennent des cités, des *polis*. Ce terme se traduit par « cité-État », mais il représente bien davantage aux yeux des Grecs. En lui s'imbriquent les concepts de territoire géographique, de collectivité et d'indépendance politique et économique.

CHANGEMENTS Le mot *polis* est également à l'origine de nombreux termes du français moderne, comme « politique » ou « politicien ».

Les cités-États indépendantes. Dans ses dimensions physiques, la *polis* est une ville construite autour d'une place forte, facile à défendre, l'*acropole*, et englobe la campagne environnante, d'où les habitants tirent leur subsistance. Généralement petite, la superficie moyenne d'une *polis* varie selon les endroits. Quatre *poleis* (pluriel de *polis*), par exemple, se partagent les quelque 170 kilomètres de l'île de Chio. Athènes, sans doute la plus célèbre des *poleis*, constitue une exception, car elle s'étend sur plus de 2600 kilomètres carrés. Idéalement, tous les citoyens d'une *polis* se connaissent. La plupart des

Tableau 2.1

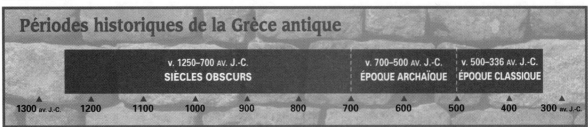

Périodes historiques de la Grèce antique

	v. 1250–700 AV. J.-C. SIÈCLES OBSCURS	v. 700–500 AV. J.-C. ÉPOQUE ARCHAÏQUE	v. 500–336 AV. J.-C. ÉPOQUE CLASSIQUE
1300 av. J.-C. 1200 1100 1000 900 800 700 600 500 400 300 av. J.-C.			

poleis n'ont qu'un millier de citoyens adultes mâles et environ dix fois plus de non-citoyens. Encore une fois, Athènes ne respecte pas cette norme, puisqu'en 431 av. J.-C., elle compte quelque 40 000 citoyens adultes mâles et sa population totale est d'environ 200 000 habitants.

Quelle que soit sa taille, la *polis* est le cœur même de l'identité grecque et tous ceux qui l'habitent lui témoignent une loyauté sans faille. Les Grecs la considèrent comme une entité absolument indépendante et autosuffisante.

L'identité politique. Les citoyens de la *polis* ne sont pas considérés comme des individus, mais plutôt comme des êtres appartenant à l'État. Peu de distinction existe entre le secteur public et le secteur privé. Comme ses citoyens sont responsables en toutes choses, la *polis* n'a ni bureaucratie, ni armée, ni politiciens professionnels.

L'individualisme, au sens où on l'entend aujourd'hui, n'existe pas. Tous les Grecs sont membres d'une collectivité élargie comprenant, dans l'ordre, la famille, le clan, la phratrie (une division de la tribu), la tribu et la *polis*. Ainsi, à l'époque classique, tout citoyen peut porter une cause devant les tribunaux si elle est d'intérêt public. D'ailleurs, quiconque s'abstient de participer à la vie politique peut perdre ce privilège.

La vie dans la *polis*. Dans les murs de la cité, la vie évolue autour de l'*agora*, ou place publique. Les cultivateurs y apportent et y vendent les produits agricoles en échange de biens fabriqués par les artisans locaux ou importés par les marchands. Les habitants de la *polis* sont divisés en trois catégories : les hommes adultes, citoyens jouissant de droits politiques ; les personnes libres, comme les femmes, les enfants et les résidants étrangers (les métèques à Athènes et les *périèques* à Sparte) ; et, enfin, les esclaves.

Dans le monde grec, la citoyenneté est aussi transmissible par les femmes. Toutefois, ces dernières ne sont pas des citoyennes à part entière, sur le plan politique. Dans cette société où dominent les hommes, les femmes sont censées rester au foyer et s'occuper de la vie domestique. Les hommes les considèrent souvent comme un fardeau. Un fragment de texte ancien explique que même les familles les plus pauvres réussissent à élever leurs garçons, alors que les filles sont souvent abandonnées dès leur naissance, même par les familles riches, et condamnées à mourir. Cette situation s'explique en partie par le fait que les filles sont considérées comme un fardeau économique puisqu'il faut leur constituer une dot (montant d'argent ou quantité donnée de biens) avant de pouvoir les marier. (Voir aussi le tableau 10.1, page 239.)

Tout comme dans le reste du monde antique, l'esclavage est très répandu en Grèce. Certaines sources suggèrent que, au tout début, la pratique de l'esclavage n'existe pas chez les Grecs, mais, avec le temps, elle devient une institution importante de leur société. Non seulement les Grecs réduisent en esclavage les prisonniers de guerre, mais ils réservent le même traitement à leurs concitoyens qui se sont endettés. Parfois, des populations entières subissent ce sort et travaillent pour ceux qui les ont vaincues. Les esclaves constituent la main-d'œuvre des foyers, et aussi celle des boutiques et des mines. Ils travaillent également dans les champs. Le pire travail pour un esclave est sans doute celui des mines, où les conditions sont particulièrement dures.

Les Grecs font preuve d'une grande loyauté à l'égard de leur polis, qu'ils considèrent comme le lieu où s'exprime leur indépendance politique et économique.

La colonisation

Après les siècles obscurs, la sécurité et la prospérité reviennent et, conséquemment, la population s'accroît. Les habitants de plusieurs villes ne parviennent plus à assurer leur subsistance. Il y a au moins un cas attesté où une partie de la population doit quitter la *polis* pour empêcher que l'ensemble des habitants ne succombe à la famine.

Nombreuses sont les villes grecques à régler ce problème en fondant des colonies. Dans les années 800 av. J.-C. débute un mouvement de colonisation qui mène les Grecs dans tout le bassin méditerranéen. Pendant trois siècles, ils quittent leur patrie pour fonder d'autres villes. Ils se rendent en Espagne et dans le sud de la France, le long des côtes occidentales de l'Italie méridionale et de la Sicile (Grande Grèce) et jusque dans la région de la mer Noire. Ce vaste mouvement permet à la culture grecque de s'étendre considérablement.

CONTINUITÉ ↻ CHANGEMENTS Les besoins en espace et en terres à cultiver sont les deux grands facteurs qui incitent les Grecs à entreprendre un mouvement de colonisation. Les colons qui s'installent dans la région de la mer Noire, par exemple, deviennent de prospères producteurs agricoles, en mesure d'exporter leurs céréales vers leurs villes d'origine.

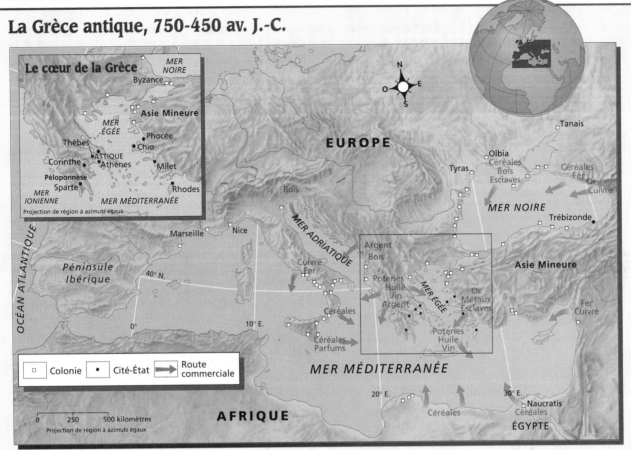

La Grèce antique, 750-450 av. J.-C.

Le commerce et la colonisation. Dans l'Antiquité, les cités-États grecques en bordure de la mer Égée colonisent les ports méditerranéens, égéens et adriatiques ainsi que ceux de la mer Noire et y font du commerce.

 Localiser. Quelles régions exportent des esclaves?

L'occasion d'effectuer de nouveaux échanges commerciaux et les difficultés éprouvées sur le plan politique pèsent aussi dans la décision de plusieurs Grecs d'émigrer outre-mer. Des factions perdantes de querelles politiques internes fondent même certaines colonies. Somme toute, la colonisation donne lieu à la multiplication des activités commerciales dont les retombées économiques profitent aussi bien aux colonies qu'à la mère patrie.

L'aristocratie

À l'origine, les cités-États grecques sont de petits royaumes gouvernés par des chefs guerriers, du haut de leurs forteresses. Ces chefs comptent sur les riches propriétaires terriens qui ont les moyens de leur procurer les chevaux, les chars de guerre et les armes de bronze nécessaires pour décourager les pilleurs et protéger les cités. En plusieurs endroits, cependant, le pouvoir royal s'affaiblit au profit des aristocraties. Vers 700 av. J.-C., ces propriétaires ter-

riens, les **aristocrates**, terme signifiant «les meilleurs» en grec, ont renversé presque tous les chefs de guerre et se sont rendus maîtres des cités-États. Les anciennes fonctions royales sont alors réparties entre divers magistrats (par exemple, les archontes).

Les aristocrates monopolisent tous les aspects de la société grecque. Ils contrôlent l'armée et, comme ils

Figure 2.4 Aristocrates grecs écoutant de la musique, vers 450 av. J.-C.

Figure 2.5 Ce bas-relief en marbre, sculpté vers 500 av. J.-C., montre des hoplites athéniens marchant au combat.

possèdent presque toutes les terres, l'économie. Ils agissent à titre de juges et édictent des lois non écrites. La religion est sous leur emprise car, selon leurs dires, les dieux n'écoutent pas le peuple. Bien avant 600 av. J.-C., les aristocrates restent seuls à participer à la vie politique.

Le déclin. La puissance de cette aristocratie finit pourtant par s'effriter avec l'émigration de la population et l'apparition de nouvelles technologies militaires. Plus la colonisation prend de l'ampleur, moins la richesse est concentrée dans les seules mains de quelques familles aristocratiques (oligarchie). Le commerce permet aux gens du peuple de s'enrichir à leur tour et d'acquérir des terres.

Vers 600 av. J.-C., les armes en fer, introduites beaucoup plus tôt par les Doriens, font perdre aux aristocrates leur monopole militaire. Le fer étant moins coûteux et plus résistant que le bronze, un soldat seul armé d'une longue lance à pointe de fer peut facilement livrer combat à un conducteur de char se défendant avec des armes de bronze. Bientôt, l'armée grecque est formée d'*hoplites*, ou fantassins bien armés (équipés de boucliers et de jambières) qui sont disposés en *phalanges* sur les champs de bataille. La phalange est une manœuvre militaire qui consiste pour les hoplites à se regrouper en une masse compacte et à se protéger de leurs boucliers tout en pointant leurs lances vers l'avant, donnant à leur formation l'allure d'un porc-épic. Même la cavalerie est pratiquement sans défense devant cette for-

mation. Pour constituer les phalanges, il faut cependant bien plus de soldats que ne peut en fournir la petite classe des aristocrates.

CHANGEMENTS Les gens du peuple commencent ainsi à jouer un rôle important dans la défense de la *polis* et plus ils sont nombreux à servir dans l'armée, plus ils revendiquent le droit de participer au gouvernement de la cité.

La réforme militaire devient donc la source de certaines transformations politiques dans les *poleis*.

La justice. Les exigences des gens du peuple croissent dans la seconde moitié du 7ᵉ siècle av. J.-C. et forcent les aristocrates à codifier, ou à écrire, les lois coutumières et les règles gouvernant la cité. Jusqu'à cette époque, les juges ont veillé au respect des lois et certains parmi eux ont été très durs.

CHANGEMENTS À l'instigation du politicien Dracon, les lois sont écrites pour que tous puissent en connaître les textes exacts (*code de Dracon*). Avant lui, les gens ignorent les détails des lois et ne sont donc pas en mesure de contester les verdicts des juges.

Mais à partir du moment où chacun peut se familiariser avec les textes législatifs, l'autorité absolue des aristocrates s'effondre.

Dracon poursuit son activité législative en introduisant une distinction, toujours en vigueur de nos jours, entre l'homicide volontaire et l'homicide involontaire.

La culture. Le déclin du pouvoir aristocratique sur la société grecque est encore plus évident s'il est observé à la lumière de l'évolution de la culture. Par exemple, lorsqu'une nouvelle forme de littérature, la *poésie lyrique*, voit le jour, elle met l'accent sur les émotions et les sentiments.

CHANGEMENTS Tous, et pas seulement les aristocrates, peuvent dorénavant se reconnaître dans les thèmes de l'amour, de l'amitié ou de la nature qu'abordent des poètes comme Archiloque, Terpandre ou Sapho, au cours de l'«époque lyrique» de la littérature grecque.

Sapho, l'une des plus grandes poétesses lyriques, a une influence considérable sur l'évolution de la poésie. Une des formes de vers qu'elle utilise en son temps est encore connue de nos jours sous le nom de vers saphique.

Ses poèmes racontant ses expériences personnelles touchent ses contemporains au plus profond d'eux-mêmes et de nombreux poètes s'en inspirent par la suite.

L'évolution de la politique athénienne

Athènes est l'exemple le plus connu de l'évolution des institutions politiques et de la culture grecques, en bonne partie parce que les sources documentaires sur cette période de l'histoire hellénique proviennent de cette cité.

Au début du 6e siècle av. J.-C., l'Attique, région sous domination athénienne d'où la cité tire ses ressources alimentaires, est au bord de la révolution. Le contrôle de la quasi-totalité des terres par les aristocrates est encore au centre du problème. Plusieurs petits fermiers doivent vendre ou hypothéquer leurs fermes auprès de riches propriétaires terriens et certains sont même obligés de se vendre comme esclaves pour payer leurs dettes. Les tensions sociales montent et la situation est à ce point critique que les aristocrates, par crainte de tout perdre, décident de confier tous les pouvoirs à un seul homme pour qu'il règle ces problèmes sociaux. En 594-593 av. J.-C., ils choisissent le riche marchand athénien Solon pour exercer ces pouvoirs.

Le législateur Solon. En introduisant la *seisakhtheia*, ou le rejet du fardeau, Solon efface les dettes et abolit l'esclavage pour motif d'endettement. Marchand fortuné, il se rend compte que pour assurer la croissance d'Athènes il faut l'ouvrir davantage au commerce et à l'industrie. Il tente, par-dessus tout, d'apaiser les tensions sociales en transformant la structure politique de la cité : il fonde

Figure 2.6 Le politicien Solon est l'un des Sept Sages de la Grèce. Il est aussi connu comme l'un des grands poètes athéniens.

l'accès à la citoyenneté non plus sur la naissance dans l'aristocratie, mais sur la seule richesse. Il divise l'ensemble des citoyens en quatre classes, l'appartenance à ces classes étant fonction des revenus personnels.

Les charges publiques sont accessibles aux membres des trois premières classes. Ceux de la dernière classe, sans pouvoir remplir ces charges, sont tout de même membres de l'assemblée qui élit les représentants officiels. L'aspect génial du plan de Solon réside dans l'ouverture faite à la classe montante des non-aristocrates. Avec le temps, celle-ci aura aussi accès aux charges publiques. Solon est également le créateur de l'Héliée, un tribunal populaire auprès duquel tous les citoyens peuvent en appeler des décisions rendues ou, encore, poursuivre quiconque enfreint les lois de la *polis*.

Solon n'est cependant pas un révolutionnaire. Il refuse d'accéder au désir du peuple qui souhaite une redistribution des terres. Il préfère plutôt stimuler l'expansion du commerce. Ainsi, il transforme le système des poids et mesures afin de faciliter les transactions commerciales. En soutenant la production artisanale, Solon revitalise également la production manufacturière, offrant aux Athéniens des occasions plus nombreuses de s'enrichir et rendant la survie de la cité moins dépendante de l'agriculture. Il encourage aussi les producteurs d'olives à transformer leurs récoltes en huile, plus facile à transporter par bateau et très en demande outremer. Par contre, alors que Solon trace, pour l'avenir, la voie économique et politique d'Athènes, le problème des fermiers pauvres demeure entier.

Le tyran Pisistrate. Déchus de leur position dominante, les aristocrates s'adaptent au nouveau contexte politique. Profitant de l'instabilité qui règne à Athènes vers 546 av. J.-C., l'aristocrate Pisistrate en appelle au peuple pour qu'il lui donne son soutien. En manipulant l'opinion publique, il devient un *tyran*, exerçant seul le pouvoir politique au mépris de toutes les lois, mais avec l'appui populaire.

CHANGEMENTS La signification originelle du mot « tyran » n'avait pas la même connotation qu'on lui connaît aujourd'hui. Ce n'est que plus tard que ce mot prendra le sens de « chef cruel exerçant le pouvoir de manière oppressive ».

Pisistrate et ses fils apportent paix, stabilité et prospérité à Athènes pendant un certain temps. Ils utilisent les fonds publics pour embellir la ville grâce à d'importantes constructions (temple d'Athéna sur l'Acropole) et, pour accroître le sentiment d'appartenance des Athéniens, ils instaurent de grandes fêtes dans la cité. Au fur et à mesure qu'Athènes prospère et que les tensions entre aristocrates et non-aristocrates s'apaisent, le peuple se lasse des tyrans. En 514 av. J.-C., Hipparque, un des fils de Pisistrate, est tué et son frère, Hippias, craint bientôt pour sa vie. En 510 av. J.-C., un soulèvement populaire force Hippias à s'exiler et Athènes retrouve sa liberté.

Clisthène et la démocratie.

Cherchant le meilleur moyen de rétablir l'ordre, les Athéniens se tournent vers Clisthène, en 508 av. J.-C. Clisthène s'emploie à briser le pouvoir des aristocraties locales. Tout en conservant les quatre classes sociales définies par Solon, Clisthène sépare la population athénienne en dix nouvelles tribus, établies en fonction des lieux de résidence. En intégrant dans la population de chaque tribu des résidants de la ville, de la campagne et des régions côtières, Clisthène modifie les *dèmes* (du grec *dêmos*, qui signifie «peuple»). À partir de ce moment, le dème joue un rôle important dans la vie politique d'Athènes et de l'Attique. Le dème, qui s'apparente à une circonscription électorale est, à l'intérieur de la *polis*, un lieu d'appartenance pour le citoyen. Tout citoyen âgé de dix-huit ans et plus doit être inscrit sur la liste du dème. Cette inscription le rend éligible à diverses fonctions au sein de la *polis*.

CHANGEMENTS / CONTINUITÉ La démocratie athénienne n'est autre chose que le gouvernement des dèmes, c'est-à-dire des citoyens. Désormais, le citoyen peut avoir accès à presque toutes les fonctions politiques.

Clisthène crée aussi le conseil des 500, la *boulê*, qui prépare les sujets à débattre devant l'assemblée du peuple, l'*ecclésia*. Tous les mois, une tribu différente, choisie par tirage au sort, préside la *boulê*. Personne n'a le droit de siéger plus de deux fois au conseil, ce qui permet au plus grand nombre possible d'individus d'y participer. Par contre, le pouvoir législatif et électoral demeure la prérogative de l'*ecclésia*, composée de tous les citoyens ayant droit de vote.

CHANGEMENTS / CONTINUITÉ Ce système, appelé *démocratie directe*, a cette particularité que les principales composantes du gouvernement sont à la fois séparées les unes des autres et redevables les unes envers les autres.

Plus le peuple joue un rôle important dans la défense d'Athènes, plus il revendique sa juste part de participation aux affaires du gouvernement.

Sparte

La cité-État de Sparte évolue de façon bien différente. La configuration géographique du Péloponnèse explique en partie l'histoire de cette ville, située dans une contrée isolée, presque une île, couverte de collines et de montagnes. Cet isolement géographique amplifie peut-être le désir des Spartiates d'être laissés à eux-mêmes.

L'histoire de Sparte est fortement influencée par ses conquêtes des peuples avoisinants, qui commencent vers 800 av. J.-C. Elles font de la cité une des plus grandes *poleis* grecques. À la suite de ces conquêtes, la population de Sparte est divisée en trois catégories : les citoyens spartiates, ou les «Égaux»; les «inférieurs libres», ou *périèques*; et les ilotes. Les *périèques* viennent des collectivités situées à proximité de la ville et dépendantes de celle-ci. Ils paient des impôts et peuvent faire partie de l'armée, mais n'ont aucun droit politique. Ils ont la responsabilité de toutes les activités commerciales de l'État, interdites aux Égaux. Les ilotes, quant à eux, sont des esclaves que l'État donne à ses citoyens pour qu'ils travaillent sur leurs terres.

La société spartiate.

Les citoyens de Sparte, n'ayant aucune activité économique à pratiquer, peuvent se concentrer sur une seule tâche : leur entraînement militaire. Ils considèrent leur mode de vie militariste comme une absolue nécessité car, à Sparte, il y a sept fois plus de non-citoyens que de citoyens et les ilotes sont toujours prêts à se révolter contre leurs maîtres. En fait, les Spartiates vivent un perpétuel état d'urgence. C'est pourquoi ils décident que les seuls moyens de s'assurer du contrôle de la majorité de la population consistent à être toujours prêts à combattre et à maintenir les ilotes en état de constante terreur par de fréquents massacres.

Bref, l'aspect militariste, qui caractérise le mode d'adaptation des Spartiates à leur environnement particulier, influence grandement l'organisation de leur société et leur culture.

Le système d'éducation spartiate, attribué au réformateur Lycurgue, met exclusivement l'accent sur la forme physique et l'entraînement militaire. À leur naissance, tous les bébés, garçons et filles, sont examinés par un conseil d'aînés. Si un bébé est jugé trop faible, il est abandonné dans les montagnes où il meurt. Les Spartiates sont convaincus qu'ils n'ont pas les moyens d'entretenir des citoyens inaptes aux exigences de leur société.

Entre sept et dix-huit ans, les garçons s'entraînent de façon intensive dans des sortes de camps prévus à cette fin. Lorsqu'ils atteignent vingt ans, ils

Figure 2.7 Ces ruines font partie des restes de ce qui fut autrefois la prospère cité-État de Sparte.

s'entraînent spécifiquement à la guerre. Entre vingt et trente ans, tous les hommes sont soldats à temps plein et vivent avec leurs camarades dans des baraques. Ce n'est qu'à trente ans qu'un Spartiate est autorisé à rentrer chez lui, le soir. Même à cet âge, les hommes restent associés de très près à la vie militaire et, jusqu'à soixante ans, ils doivent prendre au moins un repas par jour avec les autres soldats. Bien qu'ils aient la possibilité de se marier jeunes, les Spartiates ne peuvent vivre avec leur épouse avant l'âge de trente ans. Les femmes suivent aussi un entraînement physique intense. Leur premier rôle dans la société est de mettre les enfants au monde, mais les femmes spartiates sont aussi reconnues pour leur indépendance. (Voir aussi le tableau 10.1, page 239.)

CONTINUITÉ **CHANGEMENTS** L'entraînement militaire spartiate produit les meilleurs soldats du monde. Mais cette performance est atteinte aux dépens d'autres activités. Les Spartiates manifestent peu d'intérêt pour les arts, la philosophie ou toute autre forme de culture, scellant ainsi leur destin.

Figure 2.8 Ce bas-relief en pierre, sculpté à Sparte vers 400 av. J.-C., représente Artémis versant une offrande à Apollon.

EXERCICES

1. Définir les termes suivants :

- siècles obscurs
- polis
- *agora*
- *phalange*
- *Sapho*
- *seisakhtheia*
- *Pisistrate*
- *Clisthène*
- *démocratie directe*
- *acropole*
- *oligarchie*
- *hoplite*
- *poésie lyrique*
- *Solon*
- *Héliée*
- *tyran*
- *dème*
- *code de Dracon*

2. Localiser les lieux suivants et en faire ressortir l'importance :

- *Athènes*
- *la mer Noire*
- *le Péloponnèse*
- *la mer Méditerranée*
- *l'Attique*
- *Sparte*

3. Cerner l'idée principale. Comment les Grecs définissent-ils la polis *?*

4. Cerner l'idée principale. Quels facteurs contribuent à la naissance de la démocratie à Athènes ?

5. Comparer et opposer. Quels facteurs différencient la société athénienne de la société spartiate ?

6. Évaluer. Dans un court texte, commentez l'énoncé suivant : « Les Athéniens créent une forme de gouvernement qui est véritablement démocratique. »

La guerre et l'empire dans le monde égéen

OBJECTIFS D'APPRENTISSAGE

APRÈS AVOIR LU CETTE SECTION, VOUS SEREZ CAPABLE :

- DE DÉCRIRE COMMENT LES GRECS REPOUSSÈRENT LES ENVAHISSEURS PERSES ;

- D'ÉNUMÉRER LES RÉALISATIONS ATHÉNIENNES DURANT L'ÂGE D'OR ;

- D'EXPLIQUER LES ORIGINES DE LA GUERRE DU PÉLOPONNÈSE.

Malgré les progrès accomplis durant l'époque archaïque, les Grecs des cités-États forment longtemps un peuple à demi civilisé, vivant aux frontières du puissant Empire perse. Par contre, lorsqu'ils acquièrent le sens de leur identité et développent leur culture, ils réagissent aux tentatives de conquête des Perses. Plus ces derniers cherchent à étendre leur pouvoir et leur influence au-delà de la mer Égée, plus les frictions se multiplient et dégénèrent en guerres interminables entre le grand empire et les cités-États grecques, déterminées à préserver leur indépendance. Mais après avoir vaincu les Perses, ces cités recommencent à se battre entre elles.

Les guerres médiques

En 546 av. J.-C., la conquête du royaume de Lydie fait du grand roi Cyrus le maître des cités-États grecques de l'Ionie, située sur la côte occidentale de l'Asie Mineure. La soumission des Grecs d'Asie au pouvoir perse n'entraîne pas de conséquences importantes. En effet, ils sont depuis longtemps sujets de la Lydie et ne souhaitent pas secouer le joug impérial, puisque personne ne s'immisce vraiment dans leurs affaires. À l'instar des autorités lydiennes, les Perses respectent les gouvernements locaux des Grecs et leurs coutumes tant que ceux-ci paient leurs impôts et fournissent des troupes à l'armée royale.

À la mort du roi Cambyse II, en 522 av. J.-C., Darius Ier monte sur le trône et apporte de grands changements à la situation prévalant en Ionie. Darius, contesté et aux prises avec des rébellions intérieures, réussit à rétablir son autorité après des années de guerre. Une fois sa position sur le trône

bien assurée, il entreprend de réorganiser l'empire en s'attaquant au problème du renflouement des caisses impériales. Une hausse substantielle des impôts soulève la colère des Grecs d'Asie Mineure. Dès 500 av. J.-C., se rangeant derrière la cité de Milet, les Grecs ioniens se révoltent. Ils demandent du renfort aux villes de Grèce, mais seules Athènes et Érétrie répondent à l'appel, les Grecs sous-estimant la volonté et les ressources de l'Empire perse. En 494 av. J.-C., la révolte est écrasée, la ville de Milet, détruite, et ses habitants, déportés ou vendus comme esclaves.

Avant la révolte de l'Ionie, Darius a déjà effectué quelques incursions sur le continent européen. Mais cette révolte lui fournit un prétexte pour aller combattre dans la péninsule grecque : il veut punir Athènes et Érétrie de leur alliance avec les rebelles ioniens. En 490 av. J.-C., l'armée perse traverse donc la mer Égée et, après avoir détruit Érétrie, atteint les côtes de l'Attique et accoste à Marathon, près d'Athènes. C'est là que, contre toute attente, les Athéniens et leurs alliés jettent les Perses à la mer.

> **CHANGEMENTS** La bataille de Marathon devient légendaire. La victoire de la petite cité démocratique d'Athènes sur l'immense Empire perse autocratique constitue un tournant dans l'histoire occidentale. Comme Hérodote le note, les Athéniens ont préservé la liberté du monde grec.

En 480 av. J.-C., les Perses tentent de nouveau d'envahir la péninsule grecque, mais sans plus de succès ; leur flotte est décimée à Salamine et leurs troupes terrestres sont repoussées à Platées en 479 av. J.-C.

> **CHANGEMENTS** Les victoires de Marathon, de Salamine et de Platées préservent l'indépendance des cités-États grecques. Le siècle qui suit les guerres médiques deviendra la période la plus glorieuse de la civilisation grecque.

L'âge d'or d'Athènes

La défaite de Xerxès déclenche la révolte chez ses sujets grecs. Ils s'unissent sous l'égide d'Athènes dans une alliance connue sous le nom de *ligue de Délos*. La Ligue englobe la plupart des cités-États grecques et celles des îles d'Asie Mineure, de la mer Égée et de la mer Noire. Son but est de présenter une défense commune contre les Perses et de protéger

Les guerres médiques, 500-479 av. J.-C.

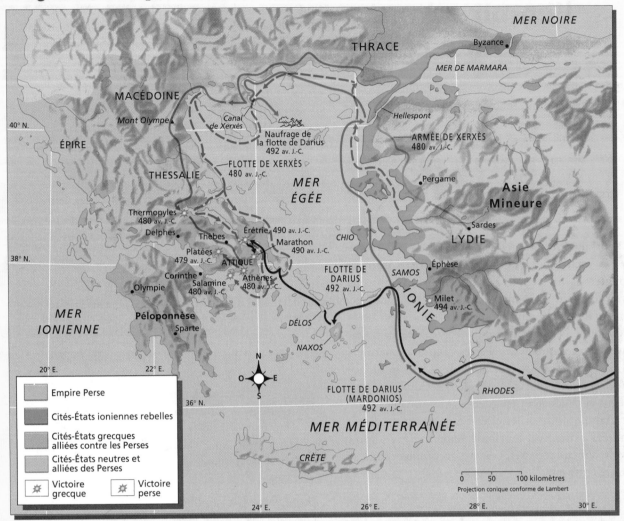

L'échec d'une conquête. Au cours des guerres médiques, les cités-États indépendantes de Grèce repoussent l'armée et la flotte perses malgré la puissance de celles-ci.

? Localiser. *Quelle bataille permet aux Grecs de remporter la victoire finale ?*

les cargaisons de céréales en provenance de la mer Noire. À son apogée, la Ligue réunit 140 cités.

De la ligue de Délos à l'empire athénien. Au début, les différents partenaires de l'alliance conservent leur indépendance et ont tous le même poids politique, Athènes ne faisant pas exception à cette règle. Mais, bientôt, la cité athénienne utilise l'alliance pour créer son propre empire, faisant de ses alliés des vassaux, interdisant aux cités de se retirer de la Ligue, forçant celles qui veulent rester neutres à en faire partie et utilisant à ses propres fins les tributs versés annuellement dans le trésor de la Ligue, à Délos. Athènes se sert de l'alliance pour maintenir les Perses hors de la mer Égée, pour nettoyer la

Méditerranée orientale des pirates et pour assurer à cette partie du monde stabilité et prospérité économique. Les membres de la Ligue paient ces bienfaits de leur indépendance.

La ligue de Délos apporte richesse et puissance à Athènes. Un des symboles de l'âge d'or de la culture athénienne, le Parthénon, sur l'Acropole, est financé par les contributions des membres de la Ligue.

La démocratie athénienne. C'est au cours du 5ᵉ siècle av. J.-C. que la démocratie athénienne connaît ses plus grandes heures et que la démocratie directe atteint son apogée sous Périclès, un des plus grands orateurs et politiciens d'Athènes.

Figure 2.9 Le Parthénon, temple sacré de la déesse Athéna, a subi plusieurs transformations au cours des siècles et a servi, entre autres, d'église chrétienne et de mosquée turque.

Périclès domine la cité et son empire pendant plus de trente ans, de 460 à 429 av. J.-C. Les moments les plus glorieux de cette période sont connus sous le nom de « siècle de Périclès ». L'assemblée des citoyens est l'organe étatique souverain ; les citoyens décident de toutes les questions législatives et électorales. Les affaires internes et étrangères sont dirigées par l'*ecclésia*, sans l'intervention de politiciens professionnels.

> **CHANGEMENTS / CONTINUITÉ** Le principe « un citoyen, un vote » est sacré ; il s'agira d'une des principales doléances du tiers État en 1789.

Tout citoyen a le droit de présenter un projet de loi à l'assemblée ou de donner son avis sur un projet déjà déposé. Cependant, rien n'est présenté à l'*ecclésia* sans l'accord préalable du conseil des 500. Ce conseil écarte les projets sans intérêt et veille à préparer adéquatement les autres pour les soumettre au vote des citoyens. Ces derniers ont alors le choix entre opposer leur veto à un projet, le modifier, le renvoyer pour un nouvel examen plus approfondi ou l'accepter.

À quelques exceptions près (et en particulier dans le domaine militaire), toutes les fonctions administratives sont assignées aux citoyens par scrutin. Aux yeux des Athéniens, le scrutin constitue la seule façon vraiment équitable de permettre au peuple de participer à la gestion des affaires publiques. Ils sont convaincus que les élections dépendent beaucoup trop de l'influence, de la réputation ou de l'habileté à manier l'art oratoire des candidats, ou même de leur facilité à se laisser corrompre. C'est pourquoi, tous les ans, quelque mille représentants publics sont choisis parmi le peuple et personne n'est autorisé à détenir le même poste deux fois. Au début, ces représentants ne sont pas rémunérés, pratique qui écarte des charges publiques les citoyens plus pauvres.

> **CHANGEMENTS / CONTINUITÉ** Pour remédier à cette situation et rendre le système plus démocratique, les Athéniens paient bientôt leurs représentants officiels à même les fonds publics. De la sorte, le pouvoir législatif et le pouvoir exécutif restent entre les mains des citoyens.

Même le système judiciaire est sous leur contrôle absolu. Tous les ans, six mille jurés sont choisis par scrutin, à partir d'une liste sur laquelle peut s'inscrire quiconque est intéressé par cette fonction. Pour éviter d'imposer un fardeau financier aux jurés, on les paie, eux aussi, en utilisant les fonds publics. Dans les causes portées devant la cour, le demandeur et le défendeur présentent leur plaidoyer à un panel de jurés qui décide de leur sort.

Sous Périclès, Athènes érige un empire prospère et tous les citoyens adultes mâles peuvent participer aux affaires du gouvernement de leur cité.

La guerre du Péloponnèse

En rejetant les critiques formulées contre Athènes, qui utilise à ses propres fins l'argent du trésor de la ligue de Délos, Périclès joue un jeu dangereux. Depuis l'avènement des cités-États, l'élément central de la vie politique et sociale grecque a toujours été la *polis*, dont les fondements absolus sont l'indépendance et l'autosuffisance. En transformant la ligue de Délos en véritable empire, les hommes d'État d'Athènes minent le concept de la *polis*. Même cette cité ne peut plus se considérer comme indépendante, puisqu'elle compte davantage sur les sujets de son empire pour subvenir à ses besoins. De plus, pour démocratique que soit leur gouvernement à Athènes même, les Athéniens ne dirigent pas leur empire selon les principes défendus dans leur cité.

Avec la montée des rivalités entre Athènes et les autres cités-États, en particulier Corinthe, plusieurs cités se tournent vers Sparte pour qu'elle les protège.

Des différends de longue date existent entre Sparte et Athènes. Ils tiennent en partie aux différences profondes séparant leur société et leur culture respectives. Les Athéniens considèrent le système spartiate comme un défi à leur gouvernement démocratique, alors que les Spartiates craignent que le pouvoir athénien ne cesse de croître si on ne l'en empêche. Comme Athènes continue à faire étalage de sa puissance, Sparte et ses alliés lui déclarent la guerre en 432 av. J.-C. Ce conflit dévastateur finit par s'étendre à presque toutes les cités-États grecques.

Les Spartiates attaquent les premiers en envahissant l'Attique et en mettant ses villages et ses fermes à feu et à sang. Toute la population athénienne de la région cherche refuge derrière les murs de la cité. Faisant preuve d'une grande prévoyance, les Athéniens ont construit les « longs murs », imposante mesure de défense qui protège leur accès au port du Pirée et leur en assure le contrôle. Comme les Athéniens demeurent maîtres de la mer, les Spartiates ne peuvent les affamer et ainsi les inciter à capituler. Le siège d'Athènes dure donc des années. Cependant, la maladie se répand dans la population, beaucoup trop nombreuse. Une terrible épidémie de peste tue les Athéniens par milliers et même Périclès en succombe. Les forces spartiates n'arrivant pas à franchir les murs d'Athènes, la guerre se poursuit pendant toute une génération, ponctuée de trêves et de périodes de paix armée. Mais, continuellement assiégée par Sparte et ses alliés, Athènes capitule finalement en 404 av. J.-C. Dépouillée de son empire et de son imposante flotte, Athènes est rabaissée, pendant un certain temps, au rang de puissance de second ordre.

> **CHANGEMENTS** La domination exercée par Athènes sur de nombreuses cités-États grecques et sa rivalité de longue date avec Sparte causent la guerre du Péloponnèse et entraînent le déclin de ces deux cités.

EXERCICES

1. **Définir** *les termes suivants :*
- *Xerxès*
- *ligue de Délos*
- *Darius 1er*
- *Périclès*

2. **Localiser** *les lieux suivants et en faire ressortir l'importance :*
- *l'Ionie*
- *Salamine*
- *Marathon*

3. **Cerner l'idée principale.** *Comment la société athénienne se transforme-t-elle pendant le « siècle de Périclès »?*

4. **Observer** *l'interaction entre les humains et leur environnement. Comment les Grecs sauvent-ils leurs cités de l'emprise des Perses? Comment la configuration géographique les aide-t-elle à gagner leurs batailles sur terre et sur mer?*

5. **Persuader.** *Imaginez que vous êtes un citoyen athénien. Dans un court texte, expliquez pourquoi Athènes devrait ou ne devrait pas être autorisée à se servir comme elle l'entend des fonds de la ligue de Délos.*

6. **Synthétiser.** *En quoi les changements qui se produisent dans la société athénienne au cours du « siècle de Périclès » sont-ils bénéfiques pour la cité? Quels torts lui causent-ils?*

L'âge d'or de la culture grecque

OBJECTIFS D'APPRENTISSAGE

APRÈS AVOIR LU CETTE SECTION, VOUS SEREZ CAPABLE :

- DE DÉCRIRE L'ÉVOLUTION DES CONCEPTIONS RELIGIEUSES DES GRECS ;
- D'IDENTIFIER LES PREMIERS CENTRES D'INTÉRÊT DES PHILOSOPHES ;
- D'ANALYSER COMMENT LES GRECS PERCEVAIENT ET DÉCRIVAIENT LES RELATIONS EXISTANT ENTRE LES HOMMES ET LES DIEUX.

Comme tant d'autres peuples, les Grecs transposent leurs valeurs et leur conception de la réalité dans leurs arts, leur littérature et leurs idéaux religieux et philosophiques, manifestations qui expriment avant tout leur sens de l'excellence. Dans les arts, les Grecs recherchent l'équilibre et l'harmonie et, dans la religion, la compréhension de l'ordre divin de l'univers. Avec le temps, ils se tournent vers la philosophie pour mieux comprendre la nature du monde qui les entoure et celle de l'homme.

La religion

À l'origine, la *polis* est une institution à la fois religieuse et civique. Non seulement est-elle un lieu de regroupement pour les tribus, mais elle est aussi, pour ses habitants, un moyen de garder la foi en leurs dieux, les mêmes qu'adorent les autres populations parlant des langues indo-européennes. Chaque cité-État est placée sous la protection d'un dieu ou

Figure 2.10 Esclaves portant des amphores (vase grec)

Les premiers Grecs implorent l'aide des dieux pour assurer la protection de la *polis* en leur offrant des sacrifices, en général des offrandes brûlées sur des autels. En retour, ils chantent leurs louanges. Pour régler les questions importantes, ils dépêchent des délégations dans des sanctuaires spéciaux où des oracles (prêtres et prêtresses) voués au service de certains dieux leur donnent des conseils et répondent à leurs questions. L'oracle de Delphes, voué à Apollon, est probablement le plus célèbre de tous.

Les compétitions athlétiques, comme les Jeux olympiques qui ont lieu tous les quatre ans à Olympie, sont aussi une façon coutumière de rendre hommage aux dieux. Les premiers jeux en l'honneur de Zeus ont lieu en 776 av. J.-C. Vers 600 av. J.-C., les athlètes masculins concourent dans des disciplines telles que la course à pied, les courses de chevaux et la lutte. Aux yeux des Grecs, la victoire est capitale. Les vainqueurs sont traités en héros lorsqu'ils rentrent chez eux, alors que les perdants tombent en disgrâce.

d'une déesse. Athènes, par exemple, est protégée par Athéna. Toutes les tribus grecques adorent cependant Zeus, le dieu des dieux, et son fils Apollon, dieu du Soleil et des oracles. Les Grecs croient que le mont Olympe, situé dans le nord-est du pays, abrite les dieux.

Tableau 2.2

Les dieux et les déesses de l'Olympe chez les Grecs

ZEUS :	souverain de tous les dieux ; dieu du ciel lumineux, des lois et de la morale.
HÉRA :	épouse de Zeus ; déesse du mariage et de l'enfantement.
POSÉIDON :	dieu de la mer et des tremblements de terre.
DÉMÉTER :	déesse de l'agriculture et de la terre.
HESTIA :	déesse du foyer et de la terre.
APOLLON :	dieu du Soleil, des archers, de la musique, des oracles et de la médecine.
ARTÉMIS :	déesse des animaux sauvages et de la nature.
ATHÉNA :	déesse de la sagesse et protectrice des héros.
HÉPHAÏSTOS :	dieu des arts et des artisans.
ARÈS :	dieu de la guerre.
APHRODITE :	déesse de l'amour.
HERMÈS :	messager des dieux ; dieu du commerce, de l'art oratoire et des voleurs ; guide des voyageurs.

Religion. Dans l'Antiquité, la plupart des Grecs croient en une multitude de dieux et de déesses, chacun symbolisant un phénomène naturel ou une activité de la vie.

❓ *Formuler une hypothèse. Pourquoi croyez-vous que, dans l'Antiquité, les Grecs expliquent les phénomènes naturels, tremblements de terre, foudre et autres, comme étant l'œuvre des dieux ?*

En multipliant leurs rapports avec les autres civilisations de la Méditerranée orientale, quelques penseurs grecs se détachent peu à peu de la vision religieuse des choses qui prévaut dans leur société. Ils s'intéressent plus particulièrement à la nature de leur monde lorsque le type de gouvernement qui les dirige s'éloigne du modèle monarchique. Ces penseurs en viennent à considérer les lois et le gouvernement comme des institutions humaines et non plus divines, ce qui constitue une forme d'*anthropomorphisme*. Ils remplacent graduellement leur vision mythologique de l'univers par une vision plus rationnelle. C'est en Ionie que cette forme de pensée prend naissance.

> **CONTINUITÉ & CHANGEMENTS** Par leurs contacts avec d'autres civilisations et les connaissances qu'ils en tirent, quelques penseurs grecs en viennent à percevoir le monde sous un jour différent, où l'emprise de l'homme sur l'univers se substitue à celle des dieux.

Les origines de la philosophie grecque

> **CONTINUITÉ & CHANGEMENTS** La tradition veut que le premier philosophe grec soit l'Ionien Thalès de Milet (fin du 7e siècle — début du 6e siècle av. J.-C.). Thalès et quelques autres, s'appuyant sur les études astronomiques et mathématiques mésopotamiennes, s'intéressent à la nature de l'univers, ou du cosmos, comme ils l'appellent.

Thalès est en quête d'une explication raisonnable de la formation du monde. Après y avoir longuement réfléchi, il conclut que l'eau est la substance originelle, l'élément générateur de tout ce qui existe. En adoptant ce point de vue, il réfute toute explication fondée sur des causes divines et insiste plutôt sur le fait que toute chose dans la nature doit être expliquée par des causes naturelles.

> **CONTINUITÉ & CHANGEMENTS** En empruntant le chemin des routes commerciales, les idées de Thalès et des autres philosophes ioniens se répandent à travers tout le monde grec. Les colonies du sud de l'Italie, entre autres, constituent un lieu particulièrement propice à la spéculation et à la réflexion.

Quant à Pythagore (6e siècle av. J.-C.), probablement le plus célèbre des philosophes de la Grande Grèce, il en arrive à la conclusion que tout dans l'univers est fondé sur des relations numériques et peut, par conséquent, être compris, décrit et mesuré par les mathématiques.

> **CONTINUITÉ & CHANGEMENTS** Pythagore peut être considéré comme le père de l'arithmétique moderne. La «table de Pythagore», par exemple, comprend la numération décimale.

Parménide (504-450 av. J.-C.), pour sa part, applique à la philosophie les règles mathématiques de Pythagore. Il avance qu'un raisonnement philosophique doit être logique pour être vrai, c'est-à-dire sans contradictions internes.

On doit à Parménide ce qu'on appelle la *logique formelle*, selon laquelle toute affirmation doit être fondée sur des preuves raisonnées.

Le philosophe thrace Démocrite (460-370 av. J.-C.) élabore sa pensée en développant davantage la logique de Parménide. Il propose une description de l'univers qui est à la fois logique et mathématique. Il reprend, en les combinant, les grands principes des premiers philosophes et prétend que l'univers est composé d'un nombre infini d'atomes, les éléments fondamentaux de la matière, qui flottent sans fin dans un espace vide. D'après la théorie atomique de Démocrite, toute chose est formée par la collision et la combinaison de ces atomes.

La littérature

Les premiers textes de la littérature grecque sont *L'Iliade* et *L'Odyssée*, les deux longs poèmes épiques composés par Homère, au cours du 8e siècle av. J.-C. Ils sont récités ou chantés à travers tout le monde grec par des poètes itinérants (les aèdes). Ces épopées deviennent la base de l'éducation chez les Grecs : les jeunes gens sont invités à imiter les actes d'héroïsme et de bravoure qui y sont décrits et, à l'école, on exige que les garçons les apprennent par cœur. Les descriptions homériques des héros et des sentiments humains ont une influence marquante sur les auteurs et les artistes grecs.

La poésie. La poésie est un genre littéraire important tout au long de la période classique. Il est bien possible que le plus grand poète du 5e siècle av. J.-C. ait été le poète professionnel itinérant Pindare, connu pour ses «odes triomphales», ou poèmes célébrant les victoires de divers athlètes. Pindare voit la réalisation de l'excellence dans la performance athlétique.

Le théâtre grec. Le théâtre est une des manifestations artistiques les plus appréciées par le peuple. Par cet art, les Grecs explorent la nature de leur monde. Ils sont les premiers à écrire des drames, généralement interprétés à l'occasion de fêtes religieuses en l'honneur de Dionysos, dieu du vin. Au cours du 5ᵉ siècle av. J.-C., le drame met en scène plusieurs acteurs et un chœur de chanteurs. Comme il explique le sens de l'existence et souligne les responsabilités de l'homme, le théâtre grec devient un lieu d'apprentissage pour le peuple.

À Athènes, les spectateurs se rendent au théâtre de Dionysos, qui peut accueillir jusqu'à 17 000 personnes. Tout le monde, y compris les femmes, les étrangers et les esclaves, ont le droit d'aller au théâtre. L'organisation et le financement des pièces sont assurés par les riches citoyens et les pauvres reçoivent des billets gratuits. Tous les printemps, trois des plus grands auteurs dramatiques du monde grec sont invités à concourir aux fêtes de Dionysos. Dix juges évaluent les pièces et attribuent les prix.

Les tragédies. Les trois plus grands dramaturges du 5ᵉ siècle av. J.-C. sont Eschyle, Sophocle et Euripide, et ils participent aux concours des fêtes de Dionysos.

Figure 2.12 Sur ce vase d'argile est peinte une scène de la tragédie de Sophocle, *Œdipe roi*, dans laquelle Œdipe résout l'énigme du Sphinx avant de poursuivre son trajet vers Thèbes.

Dans les tragédies d'Eschyle, les dieux contrôlent toutes les actions des hommes, alors que chez Sophocle, les questions politiques et sociales prédominent. Un même thème marque cependant l'œuvre de ces deux auteurs, celui de l'*ubris*, ou l'orgueil. Pour Eschyle, l'*ubris* réside dans le fait de défier la volonté des dieux. Sophocle, pour sa part, croit que l'orgueil consiste à choisir d'aller à l'encontre de l'ordre naturel de l'univers, dont les dieux font partie.

Quant à Euripide, il met en scène des personnages maîtres de leur destin. Dans son chef-d'œuvre *Médée*, par exemple, le personnage principal, dont le nom est le titre de la pièce, choisit d'égorger ses propres enfants pour se venger de son mari qui l'a abandonnée. Dans cette tragédie, les dieux sont neutres et le destin de Médée repose entre ses seules mains.

Les comédies. Les comédies grecques tournent en ridicule les idées et les gens. Aucune institution sociale ou politique n'échappe à l'esprit vif du grand auteur comique Aristophane. Dans ses pièces, il se moque de l'éducation, des femmes, des politiciens et des institutions juridiques. Mais ces comédies, à l'instar des tragédies, forcent les spectateurs à s'interroger sur des sujets sérieux. Aristophane, par exemple, prend souvent la guerre du Péloponnèse comme toile de fond pour ses pièces et, malgré le comique irrésistible de certaines scènes, il livre un message d'une grande profondeur qui dénonce l'absurdité de la guerre.

Figure 2.11 Les pièces grecques étaient jouées dans des théâtres comme celui-ci, sur l'acropole d'Athènes.

L'histoire

CONTINUITÉ & CHANGEMENTS La curiosité que les Grecs manifestent pour la nature et la conduite humaines les amène tout naturellement à s'intéresser à l'histoire, qui deviendra un domaine d'études à elle seule.

Hérodote (vers 484-425), souvent appelé le «père de l'histoire», fait un compte rendu détaillé des guerres médiques «afin de préserver la mémoire du passé en consignant les hauts faits des nôtres [les Grecs] aussi bien que ceux des autres peuples». Grec d'Asie Mineure, Hérodote voyage beaucoup dans tout l'est du bassin méditerranéen. Sa curiosité et son observation pertinente des mœurs et des choses en font un merveilleux conteur. Ses récits constituent les meilleures sources littéraires dont disposent les spécialistes pour connaître l'histoire de l'Empire perse et de la Grèce du 5e siècle av. J.-C.

Figure 2.13
Thucydide

À la même époque, un autre grand historien grec, Thucydide (vers 460-400), est, pour sa part, fasciné par l'aspect humain de l'histoire. Ancien général dans l'armée athénienne, il se sert de son expérience militaire pour écrire son *Histoire de la guerre du Péloponnèse*. Contrairement à ses prédécesseurs, Thucydide ne tente pas d'expliquer le cours des choses par les interventions des dieux. Il s'attache plutôt à démontrer comment les choix des hommes ont influé sur le déroulement de la guerre.

La peinture, la sculpture et l'architecture

Si la condition humaine constitue le grand sujet d'inspiration des auteurs grecs, la forme des corps, elle, fascine les artistes. Même s'ils empruntent aux autres peuples méditerranéens plusieurs styles et plusieurs techniques, les Grecs les perfectionnent et finissent par développer une culture artistique qui leur est propre.

Les peintures sur les vases et sur les coupes à vin sont une des formes les plus courantes de l'art grec. Après les «siècles obscurs», alors que le commerce maritime se développe, les marchands grecs sont impressionnés par les poteries peintes représentant des animaux qu'ils découvrent dans des endroits comme l'Égypte. À leur tour, les artistes grecs adoptent ce style mais, au bout de quelques siècles, ils remplacent les animaux par des figures humaines. Les premières sculptures grecques portent également les traces de l'influence égyptienne, car elles représentent des statues d'hommes et de femmes debout, figés dans leur pose, les bras le long du corps. Les sculpteurs travaillent à partir de proportions mathématiques afin de donner à leurs œuvres le plus de réalisme possible.

Au cours du 6e siècle av. J.-C., les artistes grecs s'attachent davantage à représenter la forme humaine idéale. Ils apprennent à faire ressortir les images sur les vases en traçant leurs contours à l'argile orange et en peignant le fond et les détails en noir. De cette façon, ils peuvent créer des peintures très détaillées et très réalistes. Inspirés par les exploits de leur civilisation, les sculpteurs cherchent à raffiner leurs statues d'athlètes, de guerriers ou de citoyens ordinaires. *Le Discobole* de Myron, par exemple, représente l'excellence dans la compétition.

À l'époque classique, l'art est conçu comme un plaisir dont tous peuvent jouir. À Athènes, les édifices publics sont ornés d'immenses statues de pierre, réalisées par les sculpteurs en vogue. L'architecture monumentale des édifices représente un hommage à la gloire et à la puissance de la *polis*. La réalisation architecturale la plus importante de la Grèce antique est certainement la reconstruction de l'Acropole, ravagée par les Perses lors des guerres médiques. Ces travaux se déroulent sous la direction de Périclès, après 480 av. J.-C. Pour tous ces édifices, y compris le Parthénon, d'immenses colonnades sont érigées et leurs faces extérieures

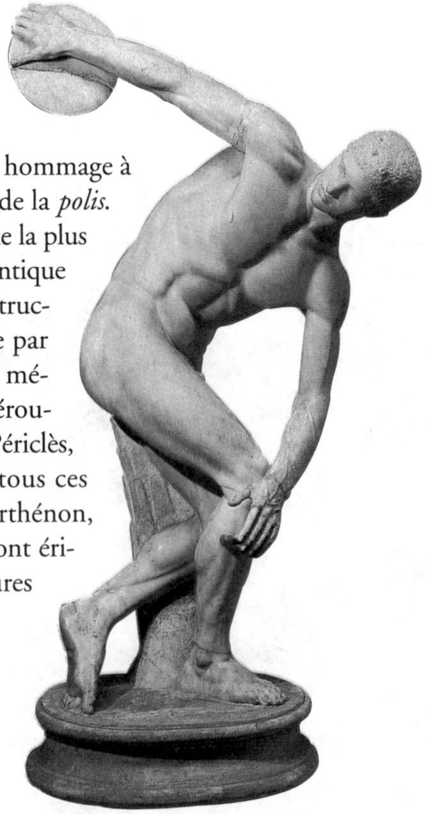

Figure 2.14 *Le Discobole* de Myron, vers 450 av. J.-C. La puissance qui se dégage de cette sculpture tient au génie de l'artiste qui a su immobiliser le mouvement dans la pierre.

sont sculptées de manière très détaillée pour remplir le visiteur étranger de crainte et d'émerveillement.

CONTINUITÉ CHANGEMENTS En somme, alors que les auteurs louent les exploits et exposent les faiblesses de l'homme, les artistes grecs, eux, tentent de représenter le corps humain idéal, qui devient désormais un « objet de culte ».

EXERCICES

1. **Définir** les termes suivants :

- Thalès
- Parménide
- Démocrite
- Eschyle
- Euripide
- Hérodote

- Pythagore
- logique formelle
- Pindare
- Sophocle
- ubris
- Thucydide

2. **Cerner l'idée principale.** Quels thèmes les premiers philosophes grecs explorent-ils ?

3. **Cerner l'idée principale.** Sur quels thèmes les auteurs, les historiens et les artistes grecs portent-ils leur attention ?

4. **Analyser.** En quoi certains changements dans les cités-États aident-ils à transformer la perception des Grecs quant au rôle des dieux ?

5. **Synthétiser.** De quelles façons la culture des Grecs reflète-t-elle leur vision de l'humanité ?

La crise de la civilisation grecque

OBJECTIFS D'APPRENTISSAGE

APRÈS AVOIR LU CETTE SECTION, VOUS SEREZ CAPABLE :

- D'ÉVALUER LES EFFETS DE LA GUERRE DU PÉLOPONNÈSE ;
- D'EXPLIQUER LA NATURE DU DÉBAT ENTOURANT LE DÉVE-LOPPEMENT DU SOPHISME ;
- DE DÉCRIRE LA TENEUR ESSENTIELLE DES PHILOSOPHIES DE PLATON ET D'ARISTOTE.

Au cours du 4e siècle av. J.-C., la civilisation grecque fait face à une série de défis qu'elle sera incapable de relever.

CONTINUITÉ CHANGEMENTS Après le désastre de la guerre du Péloponnèse, les cités-États ne réussissent pas à se rassembler autour d'un gouvernement solide. À cause d'un sentiment d'insécurité grandissant, la loyauté de plusieurs Grecs envers la *polis*, jadis le cœur de leur identité, n'est plus aussi grande. Dans leur effort pour comprendre les profondes transformations qui se produisent dans leur monde, les philosophes grecs proposent de nouvelles façons de concevoir la nature humaine et le rôle de l'individu dans la société.

La crise de la vie politique en Grèce

Durant la guerre du Péloponnèse, les Spartiates obtiennent le soutien des Perses contre Athènes en leur cédant le contrôle des cités grecques d'Ionie. La victoire de Sparte sur Athènes marque la fin de la guerre, mais elle rompt l'équilibre du pouvoir dans le monde grec. Sparte ne réussit pas à s'imposer comme puissance dominante après le démantèlement de l'Empire athénien et, par surcroît, doit maintenant composer avec l'influence perse en Ionie. Espérant reprendre les cités ioniennes aux Perses, les Spartiates décident de s'allier au prince Cyrus le Jeune, prétendant au trône perse, mais cette stratégie s'avérera inutile.

Les guerres incessantes. En 401 av. J.-C., 10 000 mercenaires grecs, presque entièrement sous commandement spartiate, vainquent l'armée perse, mais le prince Cyrus meurt durant le combat. Ainsi, même s'ils gagnent une bataille, les Grecs perdent la guerre puisque leur allié, Cyrus, disparaît. Au cours des années qui suivent, les Spartiates attaquent les Perses à plusieurs reprises pour reconquérir les cités ioniennes, mais en vain. En 394 av. J.-C., les espoirs de Sparte sont anéantis à la bataille de Cnide, lorsque la flotte perse détruit complètement la flotte spartiate.

Au cours de la décennie suivante, les cités-États grecques se battent entre elles pour obtenir le pouvoir. Ces querelles incessantes sont en partie entretenues par d'habiles manœuvres diplomatiques des Perses qui suscitent des dissensions chez les Grecs. En 387 av. J.-C., le roi perse impose un accord aux cités belligérantes. Aux termes de cette soi-disant

Figure 2.15 Un artiste grec a peint des femmes portant des cruches d'eau pour décorer celle-ci.

La crise de la société et de la culture grecques

Les perpétuelles crises politiques qui secouent le monde grec reflètent l'érosion de la *polis*, l'élément central de cette société, tout autant qu'elles y contribuent. Depuis les guerres médiques et la création de la ligue de Délos, le vieux concept de la *polis* comme entité absolument indépendante et auto-suffisante s'est graduellement effrité, provoquant l'ébranlement des certitudes fondamentales de la civilisation grecque.

Les sophistes. C'est dans la philosophie que la tendance au changement se manifeste le plus claire-ment. Au début du 5e siècle av. J.-C., un nouveau groupe de philosophes, les *sophistes*, fait son appari-tion dans les villes de Sicile et d'Asie Mineure. Ils témoignent de la conviction grandissante dans la société grecque qu'aucune vérité absolue n'existe. Ces philosophes affirment que toute vérité est relative, qu'elle dépend des époques et des circonstances.

CONTINUITÉ ⚜ CHANGEMENTS Les sophistes prétendent con-naître la façon de s'accommoder de l'incerti-tude croissante. Contrairement aux premiers philosophes, ils croient qu'il est inutile d'es-sayer de comprendre la nature de l'univers. Ils enseignent plutôt qu'il faut chercher à s'amé-liorer soi-même et à parfaire la cité en se ser-vant de la raison pour résoudre les problèmes quotidiens.

S'appuyant sur le vieux concept grec de l'excel-lence, les sophistes soutiennent qu'ils sont capables d'enseigner l'excellence en politique en expliquant comment formuler les lois et comment persuader les gens grâce à la *rhétorique*, ou l'art de discourir.

Plus les idées des sophistes s'ancrent dans les mentalités, plus la foi dans la *polis* se désagrège. Pour certains citoyens, la vie politique perd de son impor-tance au plan du devoir civique, mais elle en revêt une autre : elle devient une arène pour leurs ambi-tions personnelles et leur poursuite du pouvoir. Ceux qui se servent de leur habileté à manier l'art oratoire pour influencer les foules, les *démagogues*, s'alarment de la morale des sophistes. Si le peuple se met à croire que les traditions, les lois et les conven-tions sociales sont purement humaines et sans fondements divins, ils craignent que le peuple n'hésite plus à les enfreindre et que le chaos social

« paix du Roi », les Grecs du continent reconnaissent l'autorité du roi perse Artaxerxès II sur les cités ionien-nes. Ils acceptent, de plus, que cessent les hostilités en Grèce et que les cités-États demeurent séparées et indépendantes, sans jamais plus former d'alliances ou reconstituer d'empires.

Le panhellénisme. Le philosophe athénien Isocrate comprend la portée de la menace perse et avertit ses compatriotes des intentions d'Artaxerxès. Isocrate en appelle aux Grecs pour qu'ils règlent leurs différends eux-mêmes et qu'ils s'unissent con-tre les Perses. Cette prise de position est ce qu'on appelle le *panhellénisme*.

La cité-État de Thèbes, qui brise finalement le pou-voir de Sparte en libérant les ilotes, tente d'unir les Grecs, mais n'y parvient pas. Athènes s'y emploie à son tour. En 357 av. J.-C., cependant, alors qu'Athènes essaie pour la seconde fois de transformer une alliance en empire, sa tentative se retourne contre elle et ses alliés se révoltent de nouveau. L'indépendance grecque ne tardera pas à disparaître.

s'installe. Ils réagissent donc avec tout leur conservatisme contre les sophistes. Après le retour de la démocratie, dans la foulée de cette réaction, les Athéniens blâment les sophistes pour la défaite contre Sparte, persuadés que leur philosophie engendre le désordre moral et social. En 399 av. J.-C., le philosophe Socrate, condamné à boire la ciguë, est la victime du mécontentement des Athéniens. Même s'il n'est pas lui-même un sophiste, il a enseigné à de nombreux partisans de l'*oligarchie*.

Les questions de Socrate

Né en 470 av. J.-C., Socrate est le fils d'un sculpteur et d'une sage-femme. Enfant, il reçoit peu d'instruction. Il prétend être habité par une voix intérieure qui, croit-il, l'incite à découvrir tout ce qui est bien dans la vie et à l'enseigner aux autres. Bientôt, sa réputation de maître à penser grandit. Capable de discuter de tout avec tous, il dispense son enseignement en amenant ses disciples à participer à des discussions logiques. Socrate leur pose des questions qui les forcent à réfléchir en profondeur à un problème donné. Se servant de leurs réponses, il leur pose d'autres questions. Cette façon d'enseigner, Socrate l'appelle *maïeutique*, ou «art d'accoucher les esprits».

La méthode de Socrate, fondée sur la discussion logique, est le reflet de sa croyance profonde, soit

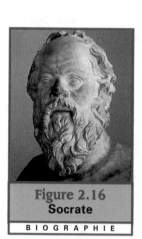

Figure 2.16
Socrate

«qu'une vie à laquelle on ne prend pas la peine de réfléchir ne mérite pas d'être vécue». Comme les sophistes, Socrate est un champion des joutes intellectuelles, mais il rejette leur notion de relativité de la vérité. Il affirme, au contraire, que la connaissance et la vérité sont les deux seules choses qui importent vraiment, insistant sur le fait que même s'il est difficile, voire parfois impossible, de trouver la vérité, un vrai philosophe ne doit jamais cesser de la chercher. Socrate n'épargne pas les valeurs et les croyances traditionnelles d'Athènes et les soumet à l'examen de la raison. Les Athéniens conservateurs se mettent à craindre que, comme les sophistes, il n'ébranle la stabilité de leur mode de vie.

En 399 av. J.-C., ils l'accusent devant les tribunaux de corrompre la jeunesse athénienne et de refuser de croire aux dieux traditionnels de la cité,

chacun de ces crimes étant puni par la peine de mort. Durant le procès, Socrate refuse de transiger avec ses croyances. Il rejette les accusations et refuse de demander la clémence de la cour.

Devant son rejet de la compromission, les juges condamnent Socrate à boire du poison. Malgré les supplications de ses amis et de ses admirateurs, il ne veut pas se soustraire à cette punition et accepter d'aller vivre en exil. Faisant preuve d'une obéissance parfaite aux lois de la cité, il boit de son propre gré le poison et meurt comme il a vécu, fidèle à son sens de la vérité et du devoir.

Vers une nouvelle identité grecque

Par sa mort, Socrate contribue, comme le font les sophistes, à l'effritement du concept de *polis*. Par son enseignement, ce philosophe représente un nouveau type d'individu dans le monde grec. Bien qu'il aime profondément sa cité, celle-ci n'est plus l'élément déterminant lui servant à définir son identité. Socrate la remplace par sa propre conscience et sa propre conception du bien et du vrai. D'autres après lui commencent bientôt à mettre l'accent sur l'individualisme, et de nombreuses valeurs parmi celles qui fondent la culture et la société grecques changent.

Platon. La mort de Socrate bouleverse plusieurs de ses disciples. Parmi eux se trouve Platon, à qui on doit la plus grande partie des connaissances sur Socrate, ce dernier n'ayant laissé aucun texte. Platon, lui, est un auteur prolifique et quantité de ses écrits ont traversé les siècles. En suivant sans doute l'exemple de Socrate, il rédige ses textes sous forme de dialogues, soit des conversations composées de questions et de réponses que se renvoient deux interlocuteurs.

Alors que Socrate appartenait à la classe moyenne de la société athénienne, Platon, lui, est un aristocrate, faisant peu de cas de la démocratie. Il est en partie un produit de son temps. Il grandit durant la terrible guerre du Péloponnèse et sa jeunesse est marquée par la mort de Socrate. Ayant perdu toute illusion, il se consacre à la philosophie et fonde une école appelée l'Académie.

Tout comme Socrate, Platon rejette en grande partie la philosophie sophistique. Il finit par croire en une vérité et en un bien absolus, et aussi au concept voulant que toute chose visible ne soit qu'une

Figure 2.17 Dans ce tableau intitulé *L'École de Platon*, on voit le maître entouré de ses disciples.

representation particulière d'une «forme», ou idée universelle. Parce qu'il est possible d'abuser les sens, soutient-il, un vrai philosophe doit rechercher la connaissance de la forme parfaite qui se cache derrière les sens. De la même façon que l'on peut représenter parfaitement une figure géométrique idéale, comme un carré, grâce à une formule mathématique, même s'il est pratiquement impossible de tracer un carré parfait, on peut, selon Platon, exprimer parfaitement toute chose et tout concept en tant que formes.

Appliquant à la vie politique sa *théorie des formes*, Platon propose une alternative idéale à la démocratie athénienne. Sa conception d'une vie politique parfaite rejette l'individualisme au profit d'une importance plus grande accordée à la *polis*, au sens plus traditionnel d'élément de définition d'une identité individuelle. Dans son livre *La République*, il décrit la société idéale où chacun occuperait une place en fonction de ses talents naturels. La plupart seraient des travailleurs, remplissant des fonctions vitales, tels la culture de la terre, les travaux rattachés aux arts et métiers et d'autres types d'activités. Au-dessus des travailleurs, il y aurait les gardiens, c'est-à-dire ceux qui possèdent une force, tant physique que mentale, hors du commun. On entraînerait comme soldats la plupart de ces gardiens pour qu'ils protègent l'État. Parmi eux, ceux

qui feraient preuve de la plus grande intelligence et de la discipline la plus poussée recevraient une formation de philosophe et dirigeraient l'État.

Après avoir séjourné en Sicile — où il est le tuteur de Denys le Jeune, fils du roi de Syracuse, Denys l'Ancien — Platon revient à Athènes où il enseigne jusqu'à sa mort. Son disciple le plus brillant, Aristote, élabore ses propres idées politiques et devient le tuteur du fils du roi Philippe II de Macédoine, Alexandre le Grand.

Aristote. Alors que Platon s'intéresse de plus en plus à la théorie des formes, Aristote, de son côté, tente de ramener la philosophie à des considérations plus pratiques. Il reçoit d'abord une formation en médecine, son père étant le médecin du roi de Macédoine, et, une fois rendu à Athènes, il continue de s'intéresser aux sciences naturelles. Au début, Aristote accepte l'idée platonicienne d'un idéal existant derrière toute chose, mais il en vient à rejeter la séparation entre royaume des formes et monde réel. Pour lui, tout être vivant est constitué de deux éléments : la matière, qui lui donne son existence tangible, et une structure idéale en vertu de laquelle cette matière est façonnée. En d'autres termes, la matière et la forme pure existent ensemble, et non séparément, tout comme une poterie existe à partir du moment où le potier en tire une forme idéale en utilisant un morceau d'argile.

Aristote divise le monde en êtres inorganiques, ou purement matériels, et en organismes possédant à la fois un corps et une âme. Seuls les humains sont doués d'intelligence et de la capacité de raisonner. Comme ces derniers sont les plus développés, Aristote croit qu'ils doivent régner sur toutes les autres créatures et

Figure 2.18 Dès l'âge de treize ans, Aristote fréquente l'Académie de Platon et il y étudie pendant vingt ans.

non leur être assujettis. De même, il est persuadé que le but ultime des hommes est de trouver le bonheur et il enseigne que seule la vertu, ou la sagesse, peut apporter ce bonheur. Pour atteindre la vertu, l'homme doit vivre une vie parfaitement équilibrée en s'efforçant de conserver un «juste milieu» en tout.

CONTINUITÉ / CHANGEMENTS Tout au long de sa vie, Aristote fouille de nombreux sujets et écrit sur chacun d'eux. Il aborde, entre autres, la philosophie, la vie politique, la médecine et les sciences naturelles. Par-dessus tout, Aristote sait très bien cataloguer et organiser le savoir, et il cherche à classer les résultats de ses recherches dans ce qu'il juge être les catégories appropriées. Cette méthode de travail est nouvelle pour l'époque.

En politique, comme en bien d'autres domaines, Aristote croit à «la modération en toutes choses». Il se méfie de toute forme de tyrannie, qu'il définit comme une volonté de gouverner dans le seul intérêt des souverains et non dans celui de toute la société. Il pense que la meilleure forme de gouvernement est probablement celle que la classe moyenne peut assurer, parce que celle-ci n'est ni assez riche ni assez pauvre pour vouloir tyranniser les autres classes. Ironie du sort, le disciple le plus célèbre d'Aristote, Alexandre de Macédoine, éliminera bientôt la démocratie en Grèce et la remplacera par la tutelle d'une monarchie absolue.

EXERCICES

*1. **Définir** les termes suivants :*
- *Isocrate*
- *sophistes*
- *démagogues*
- *Socrate*
- *Platon*
- *panhellénisme*
- *rhétorique*
- *maïeutique*
- *théorie des formes*
- *Aristote*

*2. **Cerner l'idée principale.** En quoi la guerre du Péloponnèse marque-t-elle un tournant dans la vie politique grecque ?*

*3. **Cerner l'idée principale.** Comment décririez-vous la philosophie de Platon et celle d'Aristote concernant l'existence ?*

*4. **Analyser.** En quoi les sophistes croient-ils et pourquoi ces croyances suscitent-elles des réactions négatives ?*

*5. **Expliquer.** Dans un paragraphe, expliquez les faits qui conduisent à la mort de Socrate.*

*6. **Analyser.** En quoi consiste l'organisation politique idéale chez Platon ? Croyez-vous qu'elle aurait pu être viable ? Pourquoi ?*

La montée de la Macédoine et d'Alexandre le Grand

OBJECTIFS D'APPRENTISSAGE

APRÈS AVOIR LU CETTE SECTION, VOUS SEREZ CAPABLE :

- D'EXPLIQUER COMMENT LA MACÉDOINE RÉUSSIT LA CONQUÊTE DES CITÉS-ÉTATS GRECQUES ;

- DE DÉCRIRE LES MOYENS ENVISAGÉS PAR ALEXANDRE LE GRAND POUR ÉRIGER UN EMPIRE MULTIETHNIQUE.

Durant le 4e siècle av. J.-C., les dissensions entre les cités-États grecques ouvrent la porte à de nouveaux envahisseurs.

CONTINUITÉ / CHANGEMENTS Comme dans bien d'autres cas, les Macédoniens, moins civilisés, adoptent la culture plus raffinée de leurs nouveaux sujets. Au fur et à mesure que les Macédoniens étendent leur empire, ils répandent la civilisation grecque dans toute l'Afrique du Nord et en Asie occidentale. La Macédoine devient le vecteur principal par lequel l'hellénisme se répand dans le monde méditerranéen.

La montée de la Macédoine

La Macédoine occupe une position stratégique entre les Balkans et l'Asie. Les Grecs considèrent le peuple macédonien comme à demi barbare, car il vit dans des villages et non dans des villes. L'influence grecque se fait largement sentir en Macédoine, après 395 av. J.-C., surtout lorsqu'un nouveau roi, Philippe II, monte sur le trône.

Philippe II. Dans sa jeunesse, Philippe II est retenu comme otage pendant plusieurs années dans la cité de Thèbes. Il en profite pour étudier les tactiques militaires des Grecs. Plus tard, il met sur pied une armée permanente de soldats professionnels et, en combinant cavalerie, phalanges et archers, il fait de l'armée macédonienne une des plus puissantes forces militaires du monde.

Son acharnement à entreprendre des réformes militaires reflète son ambition de conquérir d'autres contrées. Sa première cible est la Thrace d'où, en se déplaçant vers l'est, il menace les routes commerciales entre les colonies grecques de la mer Noire et celles de la mer Égée. Comme l'approvisionnement d'Athènes en céréales dépend de ces colonies, les visées expansionnistes de Philippe menacent directement les intérêts de la grande cité-État.

Dans les années 300 av. J.-C., certains Grecs considèrent la Macédoine comme une alliée naturelle contre les Perses. Isocrate, par exemple, voit en Philippe le chef éventuel du panhellénisme. Il lui écrit :

« Je soutiens que tu devrais être le bienfaiteur de la Grèce et que tu devrais conquérir le plus loin possible les empires qui ne font pas partie du monde grec. Si tu réussis, tu t'attireras une gratitude universelle : celle des Grecs (…), celle des Macédoniens (…) et celle du reste de l'univers (…) »

La Macédoine et les Grecs.

Poussé par un tel encouragement, Philippe tourne son regard vers l'ensemble de la péninsule grecque. Prenant conscience de l'ampleur de la menace, plusieurs Grecs, qui ont d'abord rejeté le panhellénisme d'Isocrate, demandent à leurs compatriotes de faire front commun contre les Macédoniens. Le grand orateur athénien Démosthène implore ses concitoyens de la manière suivante :

« Voyez les faits, messieurs ; voyez jusqu'à quels extrêmes se rend Philippe. Il ne nous offre pas le choix entre l'action et l'inaction. Il nous menace (…) en termes arrogants. Il ne se contente pas de se reposer sur ses lauriers, mais il ajoute encore au butin qu'il ramasse dans ses filets, filets dans lesquels il emprisonne notre pays hésitant et apathique. »

Bientôt, il n'y a plus qu'Athènes et Thèbes pour s'opposer à l'envahisseur macédonien. La bataille de Chéronée, en 338 av. J.-C., consacre la victoire de Philippe sur les Grecs et met fin à l'indépendance de leurs cités-États.

Ne rencontrant plus d'opposition, le roi force les cités-États, à l'exception de Sparte, à former une nouvelle ligue, la ligue Corinthe, et en prend lui-même la direction. L'année suivante, Philippe se prépare à entrer de nouveau en guerre contre la Perse, mais avant qu'il ne réussisse à mettre son plan à exécution, le trop ambitieux roi est assassiné par un noble Macédonien mécontent.

Alexandre le Grand

Alexandre, le fils de Philippe II, lui succède. Tout juste âgé de vingt ans, le jeune homme se montre encore plus ambitieux que son père. Grâce à ce dernier, Alexandre a reçu une solide formation portant sur l'art de la guerre et il connaît très bien la culture grecque. Dès que l'annonce de la mort de Philippe se répand, Alexandre fait face aux rébellions fomentées par les cités-États grecques.

Au cours de l'année qui suit, il doit faire campagne en Thrace, en Illyrie et jusque dans la péninsule grecque pour rétablir son autorité.

La conquête de la Perse par Alexandre.

En 334 av. J.-C., au printemps, Alexandre franchit l'Hellespont et défait l'armée perse du roi Darius III. Dans la même année, à la bataille du Granique, il met en déroute une seconde armée perse. L'hiver suivant, il visite Gordion, en Asie Mineure centrale, lieu où se trouve le nœud fait par le roi Gordias dans l'attelage de son char. Quiconque parviendrait à dénouer ce nœud, selon une très ancienne prophétie, deviendrait le roi de toute l'Asie. La tradition veut qu'Alexandre résolve le problème en tranchant le nœud gordien en deux à l'aide de son épée. Réconforté par cet heureux présage, il poursuit sa route vers le défilé stratégique de Issos. Là, en 333 av. J.-C., les Grecs défont une fois de plus les armées de Darius.

La victoire d'Issos ouvre le chemin vers l'Égypte. Alexandre s'empare de la Syrie et de la Phénicie, puis arrive sur les rives du Nil, en 332 av. J.-C. Il y fonde une ville qu'il nomme Alexandrie, puis il remonte vers le nord-est, en direction du cœur de l'Empire perse. En 331 av. J.-C., à Gaugamèles, en Assyrie, ses hommes anéantissent l'armée perse. Darius réussit cependant à fuir le champ de bataille, mais meurt en 330 av. J.-C., assassiné par un de ses nobles à cause de son incompétence et de sa lâcheté.

Après cette dernière victoire, Alexandre est enfin maître de l'Empire perse et prend le titre de « roi des rois », puisque Darius est mort.

Figure 2.19 De sa propre autorité, Alexandre le Grand place certaines villes qu'il a conquises ou fondées sous la protection d'un dieu de son choix.

L'empire d'Alexandre le Grand, 323 av. J.-C.

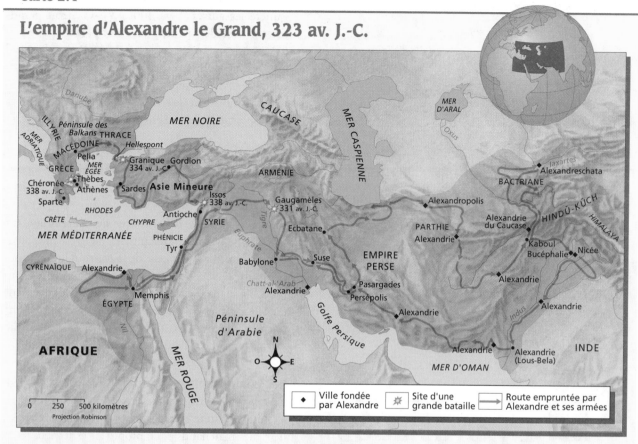

Les marches de l'empire. L'ambition d'Alexandre lui fait conduire ses armées de la Macédoine à l'Afrique du Nord, et jusqu'aux abords de l'Himalaya.

 Décrire les déplacements et les progressions. Combien de villes fondées par Alexandre portent son nom ?

Toujours insatisfait, le conquérant du monde entreprend d'autres campagnes. Entre 330 et 327 av. J.-C., il soumet toute l'Asie centrale, puis il mène ses hommes fatigués jusqu'à l'Indus. Arrivés à ce point, après 34 000 kilomètres de marches et de batailles, ses soldats en ont assez et se rebellent. Alexandre accepte à regret de s'arrêter.

L'héritage d'Alexandre. Alexandre le Grand meurt à Babylone, en juin 323 av. J.-C. Il est emporté par la fièvre, avant même d'avoir atteint sa trente-troisième année. Les politiques d'Alexandre en tant que souverain sont peu connues, mais il reste quelques indications sur la façon dont il gouverne son empire. Tout d'abord, il répand délibérément la culture grecque partout où il se rend. Ensuite, il fonde de nombreuses villes qu'il baptise, pour la plupart, Alexandrie. Enfin, il tente d'intégrer les peuples conquis, en particulier les Perses, à ses armées. Alexandre réalise qu'il ne peut espérer gouverner un si vaste empire sans l'aide de la vieille administration impériale des Perses. C'est pourquoi il encourage ses partisans grecs et macédoniens à se marier avec ses nouveaux sujets perses. En 324 av. J.-C., par exemple, il fait célébrer un immense mariage où 10 000 de ses soldats s'unissent à autant de femmes perses. Lui-même épouse la fille de Darius.

Les conquêtes d'Alexandre ouvrent une nouvelle ère d'échanges interculturels puisque les idées et les peuples circulent librement entre la Méditerranée et l'Asie centrale, et jusqu'aux frontières de l'Inde.

CONTINUITÉ / CHANGEMENTS Dans ce monde élargi, l'ajout à la civilisation grecque d'éléments empruntés aux civilisations de l'Empire perse donnera bientôt naissance à une nouvelle culture au sein de l'élite des dirigeants. Cette culture n'est plus purement hellène ou grecque, elle devient *hellénistique*, c'est-à-dire qu'elle s'adapte à l'Orient.

1. **Définir** *les termes suivants :*
- Philippe II
- Démosthène
- Alexandre
- Darius III
- hellénistique

2. **Localiser** *les lieux suivants et en faire ressortir l'importance :*
- la Macédoine
- Chéronée
- le Granique
- Gaugamèles

3. **Cerner l'idée principale.** *Pourquoi les Grecs sont-ils incapables de résister à l'invasion de Philippe de Macédoine ?*

4. **Cerner l'idée principale.** *Comment Alexandre arrive-t-il à garder le contrôle sur son vaste empire ?*

5. **Évaluer.** *Pourquoi Alexandre est-il considéré comme un grand chef ?*

6. **Persuader.** *Rédigez un paragraphe dans lequel vous défendrez ou réfuterez l'énoncé suivant : « La conquête de la Grèce par la Macédoine est ce qui arrive de mieux à la civilisation grecque. »*

La civilisation hellénistique

OBJECTIFS D'APPRENTISSAGE

APRÈS AVOIR LU CETTE SECTION, VOUS SEREZ CAPABLE :

- D'EXPLIQUER LES TRANSFORMATIONS SUBIES PAR LA SOCIÉTÉ GRECQUE DURANT LA PÉRIODE HELLÉNISTIQUE ;

- D'ÉVALUER L'IMPACT QUE L'HELLÉNISME SUT IMPRIMER À LA SCIENCE ET À LA TECHNIQUE.

Dès le 4e siècle av. J.-C., la civilisation grecque entre dans une ère de profonds changements. Grâce aux conquêtes d'Alexandre le Grand, la civilisation hellénistique s'étend de la Méditerranée occidentale aux frontières de l'Inde. Mariant la théorie politique perse à la civilisation grecque, une nouvelle société hellénistique voit le jour, gouvernée par une élite parlant le grec et vivant relativement à l'écart des masses qui subviennent à ses besoins.

Les royaumes hellénistiques

La mort d'Alexandre engendre une crise, car le conquérant n'a pas préparé sa succession. Presque aussitôt, ses généraux se battent entre eux pour obtenir l'empire, mais aucun n'est suffisamment fort pour vaincre les autres. Vers 300 av. J.-C., trois grands royaumes se dessinent, gouvernés par des généraux d'Alexandre ou par leurs descendants. Ptolémée prend possession de l'Égypte, Séleucos s'empare des territoires de l'Asie, s'étendant de la Méditerranée orientale à l'Indus, et la Macédoine, la Thrace et la péninsule grecque tombent aux mains d'Antigonos.

La société et la culture hellénistiques

Bien que la société hellénistique demeure tout à fait grecque de langue et de culture, elle n'est plus aussi hermétique que l'était celle de la *polis* qui limitait l'accessibilité à la citoyenneté seulement à ceux qui résidaient dans la cité. Les monarques qui gouvernent tant de peuples divers permettent à quiconque dont l'ascendance est grecque de grimper dans l'échelle sociale pourvu qu'il adopte la culture grecque.

Les changements sociaux. Au faîte de la société hellénistique se trouvent les monarques et leurs cours. Viennent ensuite les oligarchies urbaines composées de riches marchands et de propriétaires terriens, et la classe, nombreuse, des artisans, des petits administrateurs, des marchands locaux, des petits propriétaires, des maîtres d'école et des autres professionnels. Enfin, la dernière classe sociale est formée des paysans. L'esclavage est très répandu et les esclaves constituent un bien fort prisé dans le commerce.

CHANGEMENTS | CONTINUITÉ — La vie familiale évolue aussi. Dans les villes hellénistiques, maris et femmes travaillent en plus étroite collaboration qu'auparavant et, dans l'ensemble, le statut de la femme s'améliore durant cette période.

Certaines femmes sont en mesure de s'instruire, de s'adonner au commerce et de faire des affaires. Elles ont des droits comme propriétaires, mais, sur le plan juridique, elles sont souvent dans une position désavantageuse. Même si, en pratique, elles peuvent administrer leurs propres affaires, elles doivent accepter qu'un gardien mâle surveille leurs activités à l'extérieur du foyer. Par contre, au sein des familles royales, de puissantes reines, telles Arsinoé II et Cléopâtre VII, gouvernent seules, sans soutien masculin. À des époques différentes, leur réussite est pour beaucoup dans l'amélioration des perceptions que les gens ont des capacités des femmes. (Voir aussi le tableau 10.1, page 239.)

Les royaumes hellénistiques, 185 av. J.-C.

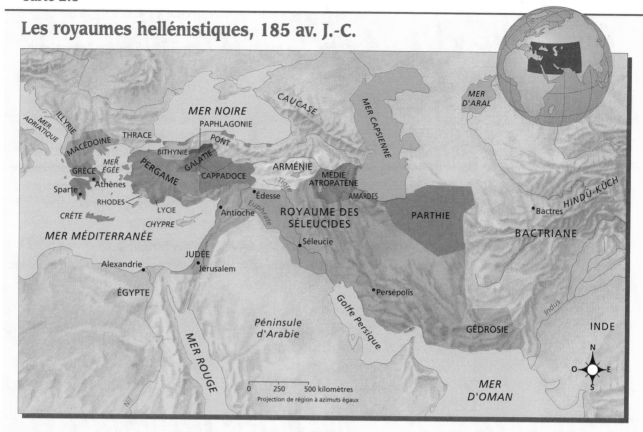

La propagation de la culture grecque. Après sa mort, l'empire d'Alexandre le Grand est démantelé en plusieurs petits royaumes, mais la culture grecque continue de les influencer.

❓ *Localiser. Quels grands fleuves les deux plus importants royaumes hellénistiques contrôlent-ils?*

Les arts et la littérature. Les arts et la littérature de cette civilisation témoignent de l'ouverture que la population démontre à l'égard des femmes et des nouvelles relations établies entre hommes et femmes.

CONTINUITÉ et CHANGEMENTS Au cours de la période hellénistique, la femme est représentée comme un être de beauté. Les sculpteurs s'attachent moins à reproduire une forme idéale qu'à exposer les gens tels qu'ils sont.

En littérature, l'amour est un des thèmes le plus largement traités par les auteurs. Apollonios de Rhodes, par exemple, dans son œuvre *Les Argonautiques*, centre sa vision d'une histoire mythologique autour de Médée, fille du roi de Colchide, et de Jason, venu en ce pays pour voler la Toison d'or.

Au théâtre, les dramaturges délaissent les thèmes de la cité et de la vie politique qui ont jadis inspiré les Grecs. Ménandre, par exemple, un des plus célèbres auteurs d'Athènes au 4e siècle av. J.-C., est reconnu pour ses comédies traitant divers aspects de la vie privée et domestique.

CONTINUITÉ et CHANGEMENTS Le témoignage le plus durable de l'art hellénistique est sans doute son architecture. Même si les styles et les genres d'édifices sont toujours inspirés par les modèles grecs, ils commencent aussi à refléter le désir d'une petite élite d'impressionner les masses. Ainsi, l'architecture hellénistique devient plus volumineuse et plus spectaculaire, d'où le nom de *style colossal* que lui donnent la plupart des spécialistes. Ce terme provient du fameux *Colosse de Rhodes*, gigantesque statue érigée à l'entrée du port de l'île de Rhodes.

Figure 2.20 *Hermès portant Dionysos enfant*, **sculpture de Praxitèle**

Les grands principes de la sculpture hellénistique

Aujourd'hui, il reste peu d'œuvres grecques originales. Ce qu'on sait de cet art provient de descriptions littéraires et de copies faites durant l'époque romaine. Ces copies montrent que les sculpteurs de la période classique, c'est-à-dire les 3e et 4e siècles av. J.-C., ont maîtrisé l'art de représenter les formes humaines. La plupart des sculpteurs classiques créent de gigantesques statues de dieux ou d'athlètes en faisant ressortir la force, la noblesse et la dignité de leurs sujets. Au cours du 4e siècle av. J.-C., cependant, les grands artistes comme Praxitèle et Lysippe inventent de nouveaux styles.

Praxitèle, qui crée la majeure partie de son œuvre entre 370

et 330 av. J.-C., cherche à donner de la grâce à ses sculptures. Sous son ciseau sortent de délicates figurines, presque vivantes et célébrant la beauté du corps humain, comme en témoigne son *Hermès portant Dionysos enfant*. Ces dieux n'ont rien de rigide ou de sévère ; leurs traits sont humanisés et Hermès semble sourire en amusant l'enfant avec une grappe de raisins (faisant partie de la statue originale).

On dit que Lysippe, qui vit au début du 4e siècle av. J.-C., est le sculpteur favori d'Alexandre le Grand. Son œuvre est immense et compte plus de 1500 statues de dieux, de héros et d'athlètes. Il choisit de représenter de façon réaliste

ses sujets et s'attarde à sculpter les muscles avec précision. Il révolutionne la représentation des formes humaines en changeant les proportions du corps, rapetissant la tête tout en allongeant et raffinant les membres et le buste. De plus, Lysippe donne à ses sculptures une impression de mouvement dans l'espace en étendant les bras des sujets représentés dans diverses directions.

Réfléchir sur l'art
Quels nouveaux styles Praxitèle et Lysippe introduisent-ils dans la sculpture grecque ?

Figure 2.21 **L'***Apoxyomène* **Cette sculpture de Lysippe représente un athlète au strigile (racloir).**

La philosophie hellénistique

Dans la nouvelle civilisation urbaine des royaumes hellénistiques, nombreuses sont les personnes qui se sentent perdues et seules au milieu des immenses cités. Les efforts requis pour s'adapter aux changements sociaux en portent plusieurs à se tourner vers les nouvelles religions et les nouvelles philosophies.

Quatre grandes écoles philosophiques voient le jour durant cette période : le cynisme, le scepticisme, l'épicurisme et le stoïcisme.

Le cynisme. L'école cynique, fondée par Antisthène au 4e siècle av. J.-C., dont Diogène est un illustre représentant, s'appuie sur le principe voulant que les hommes doivent vivre selon la

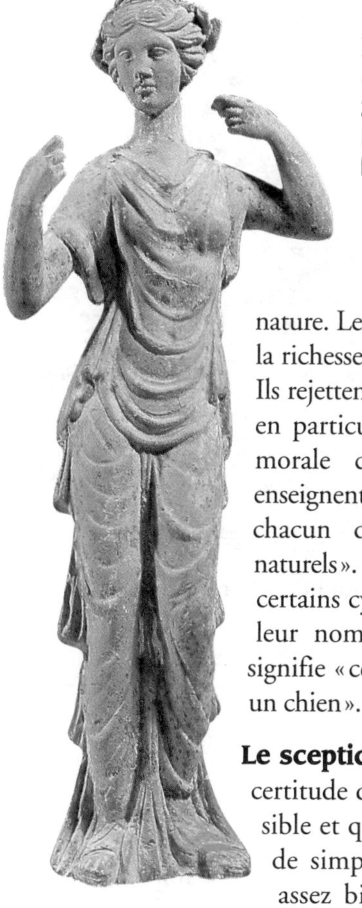

Figure 2.22 Cette figurine d'argile, datant des années 200 av. J.-C., représente l'idéal hellénistique de la beauté féminine.

nature. Les cyniques méprisent le plaisir, la richesse et les responsabilités sociales. Ils rejettent aussi toutes les conventions, en particulier celles qui ont trait à la morale communément admise. Ils enseignent que pour trouver le bonheur chacun doit combler ses «besoins naturels». Le comportement débridé de certains cyniques finit par leur donner leur nom puisque, en grec, *cynique* signifie «celui qui se comporte comme un chien».

Le scepticisme. La conviction que la certitude de la connaissance est impossible et que les croyances ne sont que de simples opinions a toujours été assez bien accueillie par les philosophes grecs. Au début de la période hellénistique, Pyrrhon érige cette attitude philosophique en système de pensée. Il enseigne que le bonheur réside dans la résignation à l'idée que personne ne peut jamais savoir comment sont réellement les choses et qu'il vaut mieux vivre «avec un perpétuel sourire, mais sans passion». En acceptant cette idée comme un fait, les sceptiques espèrent trouver «la paix de l'esprit».

L'épicurisme. Épicure, qui enseigne à Athènes, est, lui aussi, préoccupé par la recherche du bonheur. Par sa démarche, il cherche à éliminer les peurs qui rendent l'homme malheureux, comme la mort et les interventions des dieux dans les affaires humaines. Il soutient qu'il faut éviter la douleur et rechercher le plaisir, mais sans excès, car le plaisir deviendrait alors douleur. Les épicuriens invitent aussi les gens à se retirer de la vie publique pour trouver le bonheur.

Le stoïcisme. L'école la plus influente de la philosophie hellénistique est sans doute celle que fonde à Athènes, vers 310 av. J.-C., Zénon de Kition. Ses enseignements sont connus sous le nom de stoïcisme, car il développe sa pensée et parle avec ses disciples sous une *stoa*, ou porche abritant l'entrée d'un édifice (école du Portique). Zénon affirme que l'univers est guidé par un principe organisateur, appelé indifféremment raison divine, feu divin ou Dieu, que les Grecs nomment *logos*, «parole», «raison».

Selon les stoïques, tous les humains sans exception portent en leur âme une étincelle de la raison divine; il faut donc tous les considérer comme égaux. Contrairement aux sceptiques et aux cyniques, les stoïques n'incitent pas les gens à se retirer de la vie en société, mais plutôt à s'y engager pleinement.

À leurs yeux, le bonheur se trouve dans l'accomplissement par chacun du rôle qui lui est assigné par la parcelle de raison divine qui l'habite. Les stoïques enseignent l'autodiscipline, la maîtrise des émotions et le calme devant la mort.

Les religions hellénistiques

Pendant que les nouveaux concepts philosophiques séduisent les intelligences, les religions naissantes répondent, quant à elles, au besoin d'un contact plus sensible avec la vie. La vénération des dieux olympiens ne disparaît pas, mais d'autres formes de religion éclosent, toutes cherchant à satisfaire le besoin d'appartenance que chacun ressent.

La vénération des souverains. Le culte des souverains est une pratique suscitée par les rois d'Égypte et d'Asie au cours de la période hellénistique. La vénération du souverain est un bon moyen de raviver le sens du devoir civique des citoyens, ce qui est particulièrement nécessaire au moment où la *polis* est remplacée par la monarchie.

> **CHANGEMENTS** Aux prises avec la complexité grandissante de leur civilisation, les peuples cherchent des guides et s'accrochent aux figures représentant l'autorité.

Les religions à mystères. Plus les gens sont en quête de réconfort spirituel et de paix intérieure dans un monde sur lequel ils ont peu de prise, plus ils se tournent vers les *religions à mystères*. Il s'agit de cultes qui initient leurs adeptes à des mystères ou à des enseignements secrets, souvent reliés à la vie après la mort et à l'immortalité. Grâce à un rite de purification, les croyants sont censés entrer en communion avec une déesse ou un dieu donné et avec les autres adeptes de la religion. Cette expérience de partage provoque un sentiment d'union, de sécurité et de valorisation personnelle, tout en recelant une promesse d'immortalité.

La technologie et la science hellénistiques

Philosophie et religion en réconfortent certains, mais d'autres préfèrent scruter le réel de façon beaucoup plus concrète. À l'époque classique, la science est d'abord et avant tout abstraite : par exemple, les Grecs ne recourent pas à l'expérimentation pour démontrer le fonctionnement d'un processus naturel. Tant et aussi longtemps que la philosophie reste attachée aux principes abstraits, la science a peu d'occasions de se développer.

Par contre, durant la période hellénistique, science et philosophie sont séparées. Les scientistes de l'époque cherchent moins à connaître la nature idéale de l'univers qu'à en découvrir le fonctionnement et les lois naturelles auxquelles il obéit.

CHANGEMENTS Un tel changement de mentalité conduit à l'application pratique du savoir scientifique, ce qui permet à plusieurs scientistes de devenir des inventeurs et des « ingénieurs », tel Archimède. Archimède invente la fameuse vis à eau qui tire l'eau du sol et rend possible l'irrigation des terres. Ce procédé est encore utilisé de nos jours.

Les scientistes et les inventeurs de la période hellénistique conçoivent une foule d'appareils ingénieux. Ils inventent, entre autres, une sorte de machine à vapeur utilisée pour activer les jouets mécaniques. Ils s'intéressent cependant très peu à la façon dont ils pourraient se servir de ces appareils pour améliorer leur qualité de vie, en les faisant travailler à leur place, par exemple. Même Archimède préfère sa réputation de mathématicien, souhaitant peu être reconnu comme inventeur. Il écrit de nombreux ouvrages, mais aucun ne traite de ses inventions mécaniques.

Vers 300 av. J.-C., Euclide, un mathématicien, formule les principes fondamentaux de la géométrie et les notions décrites dans un de ses manuels, les *Éléments*, forment la base de la géométrie contemporaine. Travaillant avec ces principes géométriques et puisant dans le savoir des Égyptiens et des Babyloniens, les scientistes de l'époque hellénistique font de remarquables progrès en astronomie. Aristarque de Samos, par exemple, élabore la première description *héliocentrique* de l'univers, ce qui lui permet de développer une méthode pour mesurer la distance relative entre la Terre et le centre du Soleil. En géographie, Ératosthène (3ᵉ siècle av. J.-C.) se sert de ses connaissances mathématiques pour trouver avec une précision étonnante la circonférence de la Terre. La différence entre la norme réelle et celle d'Ératosthène varie entre 300 km et 1000 km.

La médecine est sans doute le domaine recevant les applications les plus pratiques de la science. Par la réunion des traditions grecques et égyptiennes

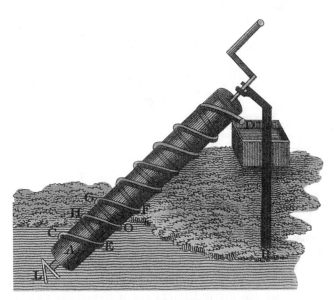

Figure 2.23 Cette vis à eau, inventée par Archimède, est encore utilisée de nos jours par les Égyptiens pour irriguer leurs champs.

dans la ville d'Alexandrie, par exemple, les médecins apprennent, en se servant de la technique égyptienne de l'embaumement, à examiner et à catégoriser les différentes parties du corps humain. Le désir de comprendre le fonctionnement du corps amène quelques scientistes à disséquer les cadavres de condamnés à mort que les rois leur fournissent. Cette pratique, que plusieurs trouvent offensante et qui sera bientôt abandonnée, permet de grandes découvertes. Ainsi, Hérophile déterminera que le cerveau est le centre du système nerveux de l'homme.

CHANGEMENTS Les scientistes de l'époque hellénistique appliquent donc de façon pratique leur savoir scientifique et les mathématiques à la géographie, à l'astronomie, à la médecine et à l'ingénierie, permettant ainsi l'apparition d'une foule de découvertes et d'inventions.

EXERCICES

1. Définir les termes suivants :

- *Apollonios de Rhodes*
- *style colossal*
- *Zénon de Kition*
- *Archimède*
- *Aristarque de Samos*
- *Ératosthène*
- *Praxitèle*
- *Diogène*
- *Épicure*
- *religions à mystères*
- *Euclide*
- *héliocentrique*

2. Cerner l'idée principale. Durant la période hellénistique, pourquoi les gens se tournent-ils vers les nouvelles philosophies et les nouvelles religions ?

3. Comparer et opposer. En quoi la science de cette époque est-elle différente de l'ancienne science grecque ?

4. Comparer et opposer. Qu'ont en commun le cynisme, le scepticisme, l'épicurisme et le stoïcisme ?

Sociétés	Vie politique	Vie matérielle	Société/Arts/Culture	Économie	Science et techniques
Minoens	• Monarchie	• Cités-palais • Centralisation politique et administrative	• Hiérarchisée mais **égalité relative homme/femme 33, 34** • Religion polythéiste • Écriture : Linéaire A — **Linéaire B (ancêtre du grec) 33** • Vie artistique remarquable : **fresques 33** • **Tauromachie 34**	• Commerce maritime très prospère • Empire maritime (**thalassocratie**) **34**	• Usage du bronze • **Monnaie** • **Utilisation de latrines 33**
Mycéniens	• **Monarchie guerrière centralisée 34**	• Palais imposants	• Société hiérarchisée (esclavage) • Polythéisme	• Commerce terrestre et maritime actif	• **Usage de ponts et de réseaux routiers 35**
Athènes	• 9ᵉ s. av. J.-C. Oligarchie • 5ᵉ - 6ᵉ s. av. J.-C. - **Démocratie directe 41** - Appartenance à la *polis* 36	• **Cité-État** imposante 36	• Société hiérarchisée (esclavage) • **Émergence du principe de citoyenneté 40** • **Égalité des citoyens devant la loi (isonomie)** mais exclusion de près de 90% de la population (femmes, esclaves, étrangers) **40** • Alphabet élégant et fonctionnel • Polythéisme complexe • Vie artistique et culturelle très dynamique • **Théâtre (Eschyle, Sophocle, Euripide) 49** • **Architecture (Phidias) 49** • **Littérature et poésie lyrique (Homère, Pindare, Sapho) 40** • **Sculpture (Praxitèle) 50, 60** • **Histoire (Hérodote, Thucydide) 50**	• Commerce méditerranéen très actif • Ligues commerciales et politiques (*exemple* : Ligue de Délos)	• **Utilisation du fer 39** • **Premières tentatives d'explication du monde hors du recours au magique et au sacré 49** • **Essor de la philosophie et de la science en systèmes codifiés 53** • **Démocrite (théorie atomiste) 48** • **Hippocrate (médecine)** • **Pythagore (mathématiques — géométrie) 48** • **Aristote/Platon/Socrate : logique, botanique, sciences naturelles 53, 54**
Sparte	• Monarchie guerrière	• Capitale unique imposante	• Société hiérarchisée (esclavage)	• Commerce local • Agriculture	• **Art militaire 41** • Héritage socioculturel à peu près inexistant
Monde hellénistique	• Monarchie/Empire	• **Expansion urbaine en Asie Mineure et en Afrique du Nord (Alexandrie) 57**	• **Religion polythéiste à mystères 61** • Société	• Commerce «international»	• **Recul des frontières géographiques 57** • **Expansion de la culture grecque 57** • Essor scientifique - **Euclide (géométrie) 62** - **Aristarque de Samos (héliocentrisme) 62** - **Ératosthène (géographie) 62** - Philosophie (stoïcisme, épicurisme, cynisme, scepticisme) • **Architecture colossale (Musée d'Alexandrie, *Colosse de Rhodes*) 59**

Révision

RÉDIGER UN RÉSUMÉ

En retenant les points essentiels du texte, rédigez un court résumé du chapitre.

RÉVISER LA TERMINOLOGIE

Faites correspondre aux termes suivants la définition qui convient à chacun.

a) maïeutique

b) phalange

c) ligue de Délos

d) style colossal

e) démocratie directe

f) fresques

g) panhellénisme

h) polis

i) ubris

j) rhétorique

1. Cité-État considérée par les Grecs comme indépendante et économiquement autosuffisante.

2. Formation militaire chez les Grecs.

3. Notion d'unité et de coopération chez les Grecs pour contrer la Perse, mise de l'avant par Isocrate.

4. Art de parler en public.

5. Alliance de plusieurs cités-États grecques du bassin égéen, sous la gouverne d'Athènes, qui deviendra par la suite l'Empire athénien.

6. Œuvres peintes directement sur le plâtre des murs.

7. Orgueil ; aller à l'encontre de l'ordre naturel.

8. Système politique à l'intérieur duquel chaque citoyen participe directement aux décisions et où le vote de chacun est égal à celui des autres.

9. Façon d'enseigner qui, utilisant une série de questions, amène le disciple à trouver les réponses par lui-même.

10. Architecture très volumineuse et spectaculaire.

RÉVISER LA CHRONOLOGIE

Dressez la liste des événements suivants en respectant l'ordre chronologique.

1. La péninsule grecque tombe aux mains des Macédoniens.

2. Les Perses sont défaits à la bataille de Marathon.

3. Périclès se sert des fonds de la ligue de Délos pour construire le Parthénon, sur l'Acropole.

4. Philippe II devient roi de Macédoine.

5. Darius devient roi de l'Empire perse.

6. Sparte et ses alliés déclarent la guerre à Athènes.

7. Alexandre édifie le plus grand empire que le monde ait jamais vu.

COMPRENDRE LES IDÉES PRINCIPALES

1. Malgré la rareté des ressources naturelles dans leur région, comment les Minoens parviennent-ils à assurer leur prospérité ?

2. Sur quelles notions se fond le concept de la polis ?

3. Quelles conséquences les guerres médiques entraînent-elles ?

4. Énumérez quelques-unes des causes de la guerre du Péloponnèse.

5. Qui sont les premiers philosophes grecs et quels thèmes abordent-ils ?

6. Comment Philippe II de Macédoine réussit-il à conquérir les cités-États grecques ?

EXERCER SON SENS CRITIQUE

1. **Synthétiser.** Quelle est la relation entre la valorisation des exploits humains par les Grecs et leur conception de la polis ?

2. **Analyser.** De quelles façons l'identité grecque se modifie-t-elle au cours de la période hellénistique ? Comment les nouvelles philosophies, les nouvelles religions et les progrès tant scientifiques que technologiques reflètent-ils l'évolution de cette identité ?

3. **Formuler une hypothèse.** Comment la loyauté des Grecs envers une polis donnée peut-elle être source de problèmes au moment où la civilisation grecque est menacée par des envahisseurs étrangers ?

4. **Évaluer.** Quels éléments font de la démocratie athénienne un système de représentation politique équitable ? Décrivez quelques limites de ce système. En quelles circonstances cette forme de gouvernement peut-elle être inefficace ?

Chapitre 3
Le monde romain

Objectifs d'apprentissage

APRÈS AVOIR LU CE CHAPITRE, VOUS SEREZ CAPABLE :
- D'EXPLIQUER COMMENT LES ROMAINS S'INSPIRENT DES GRECS POUR CONSTRUIRE LEUR EMPIRE ;
- DE DÉMONTRER QUE ROME SE DÉMARQUE RAPIDEMENT DES HÉRITAGES HELLÉNISTIQUES ;
- D'EXPOSER LES ASSISES PRÉCISES QUI PERMETTRONT À L'EUROPE MÉDIÉVALE DE SE DÉVELOPPER APRÈS LE DÉCLIN DU MONDE ROMAIN ;
- DE COMPRENDRE POURQUOI CETTE VILLE ET CET EMPIRE MARQUENT DE MANIÈRE INDÉLÉBILE L'AVENIR DE L'OCCIDENT.

*P*endant que, à l'est, Alexandre jette les fondations de la civilisation hellénistique, à l'ouest, les interactions entre diverses cultures donnent aussi naissance à une nouvelle civilisation. Les cités phéniciennes prospèrent depuis des siècles en Afrique du Nord et en Espagne ; les cités grecques parsèment le sud de l'Italie et l'est de la Sicile ; enfin, les Étrusques ont édifié leurs propres royaumes sur des structures complexes et raffinées, dans le nord de l'Italie. Lorsque tous ces peuples commencent à établir des relations entre eux, on assiste à l'émergence d'une nouvelle civilisation. Au cœur de celle-ci se trouve un groupe de villages latins, situés le long du Tibre, près de la côte occidentale de l'Italie, qui formera une grande capitale impériale, Rome.

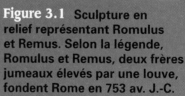

Figure 3.1 **Sculpture en relief représentant Romulus et Remus. Selon la légende, Romulus et Remus, deux frères jumeaux élevés par une louve, fondent Rome en 753 av. J.-C.**

Rome, la Ville éternelle, capitale impériale pendant près de cinq siècles, siège permanent de la papauté, sauf durant l'intermède d'Avignon, entre 1309 et 1376, conserve de nos jours une aura que beaucoup d'autres villes lui envient.

L'Italie

OBJECTIFS D'APPRENTISSAGE

APRÈS AVOIR LU CETTE SECTION, VOUS SEREZ CAPABLE :

• D'EXPLIQUER POURQUOI LA SITUATION GÉOGRAPHIQUE DE ROME EST AVANTAGEUSE ;

• DE DÉCRIRE COMMENT ROME PARVIENT À CONQUÉRIR L'ITALIE ;

• D'ÉNUMÉRER LES CONSÉQUENCES DE LA PREMIÈRE EXPANSION DE ROME DANS LA PÉNINSULE ITALIENNE.

L'Italie deviendra pour presque mille ans le centre du monde. Sa situation particulière au centre de la Méditerranée lui servira de point d'appui à partir duquel Rome pourra étendre ses ramifications aux confins du monde connu.

Figure 3.2 *Le sarcophage des époux*, **sculpture étrusque, vers 500 av. J.-C.**

La géographie de l'Italie

À première vue, la péninsule italienne semble un endroit propice à la naissance d'un empire capable de dominer le bassin méditerranéen (voir la carte 3.1, page 67). Le pays, en forme de botte, fait saillie au sud de l'Europe, s'avance dans la Méditerranée, presque à mi-chemin de l'Afrique, et est à peu près à égale distance des frontières orientales et occidentales du monde méditerranéen.

Au nord, la péninsule est protégée, sans être isolée, par les Alpes ; au sud, à l'est et à l'ouest, la mer offre à la fois un moyen de protection et un moyen de transport rapide. Grâce à son climat assez tempéré et à ses terres en bonne partie riches et cultivables, le pays est en mesure de nourrir une grande population.

Sise au milieu de la péninsule italienne, Rome se développe par le regroupement graduel de petits villages autour d'un marché central, ou *forum*.

La ville bâtit sa prospérité en partie grâce à sa situation géographique sur les rives du Tibre, à environ trente kilomètres de la mer Tyrrhénienne. Enjambant le fleuve, elle en protège l'accès. Cette situation stratégique, au centre de l'Italie, lui permet de contrôler les routes commerciales et de se réserver un accès facile à la mer.

La conquête de l'Italie

Le peuple qui fonde Rome appartient au groupe des populations parlant des langues dites indo-européennes. Ce peuple, connu sous le nom de Latins, immigre dans la péninsule italienne et y subit l'influence des cités-États grecques et celle des Étrusques, déjà établis dans le nord du pays.

Au début, Rome est gouvernée par des rois latins, puis, vers 600 av. J.-C., elle passe aux mains des rois étrusques.

En 509 av. J.-C., emboîtant le pas au grand mouvement de révolte contre la domination étrusque, les aristocrates romains renversent Tarquin le Superbe, le dernier souverain étrusque. Ils font de Rome une *république* où des représentants officiels élus gouvernent l'État. Au début, les chefs d'un nombre limité de familles aristocratiques, les *patriciens*, élisent entre eux ces représentants. Par la suite, les non-aristocrates, ou *plébéiens*, participent, eux aussi, au gouvernement. La section « Les institutions du monde romain », en page 69, aborde le sujet plus en détail.

Par ailleurs, les Romains s'enorgueillissent longtemps — même après l'instauration de la république — de leur lien avec la terre. Avec la croissance constante de la population citadine, le besoin de nouveaux sols à cultiver se fait sentir et Rome finit par installer une partie de ses habitants sur les terres qu'elle acquiert en conquérant ses voisins.

L'armée romaine. Rome doit à son organisation militaire les succès qu'elle remporte dans sa lutte pour étendre son territoire. Les autorités romaines sont convaincues que seuls les citoyens possédant quelque chose à défendre, par exemple leur sol natal ou encore leurs terres, peuvent se battre courageusement. C'est pourquoi tous les citoyens romains âgés de dix-sept à quarante-six ans et propriétaires d'un minimum de biens doivent faire leur service militaire, qui dure au moins dix ans dans la cavalerie et seize ans dans l'infanterie.

Les Romains reprennent dans leurs manœuvres militaires la formation de la phalange grecque, qu'ils remplacent au 4e siècle av. J.-C. par des formations plus petites et plus souples, appelées *manipules*. Ces dernières, mieux adaptées au combat en terrain difficile, sont regroupées en ensembles plus grands, les **cohortes**. Plus tard, les cohortes, par groupe de dix, comptant chacune environ six cents hommes, formeront les *légions*. L'armée romaine est d'abord et avant tout une force d'infanterie extrêmement disciplinée et bien entraînée.

La poursuite de l'expansion. Rome est stoppée dans son expansion en 390 av. J.-C. par une bande de guerriers gaulois qui, descendant du Nord, saccagent et brûlent la ville. Elle s'en remet rapidement et les Romains reprennent leurs conquêtes peu après le raid. Vers 265 av. J.-C., ils ont défait les Étrusques et conquis les cités-États grecques du sud de l'Italie.

En général, les Romains n'imposent que deux conditions, très strictes cependant, à leurs nouveaux sujets : renoncer à toute politique étrangère indépendante de celle de Rome et fournir des troupes à l'armée. À l'exception de ces deux conditions, les Romains s'immiscent rarement dans les affaires internes, les coutumes ou les religions des peuples assujettis.

Rome et Carthage

Une fois l'Italie méridionale sous sa domination, Rome se tourne vers la Sicile, au sud de la péninsule. En acceptant d'aider la cité grecque de Messine dans sa lutte contre Syracuse, Rome entrera en conflit avec Carthage.

Carte 3.1

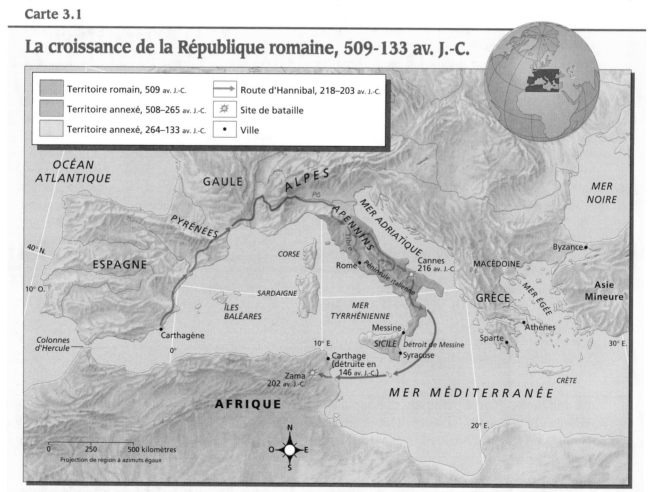

La croissance de la République romaine, 509-133 av. J.-C.

	Territoire romain, 509 av. J.-C.		Route d'Hannibal, 218–203 av. J.-C.
Territoire annexé, 508–265 av. J.-C.		Site de bataille
Territoire annexé, 264–133 av. J.-C.		Ville

Une puissance méditerranéenne. La destruction de Carthage fait de Rome la plus grande puissance du bassin occidental de la Méditerranée.

? *Localiser. Quels territoires Rome annexe-t-elle après 265 av. J.-C. ?*

Carthage. Carthage est un carrefour commercial très important. Au cours du 3ᵉ siècle av. J.-C., ses colonies et ses avant-postes sont dispersés le long des côtes de l'Afrique du Nord et de l'Espagne du Sud. Les Carthaginois sont également maîtres de la Sardaigne, de la Sicile occidentale et de la Corse.

Sa plus grande force résidant dans sa flotte, le puissant empire commercial de Carthage est peu intéressé à conquérir de vastes territoires. Mais plus Rome étend sa domination vers le sud, plus Carthage sent une menace peser sur ses activités commerciales. Bientôt, les deux grandes puissances de la Méditerranée occidentale, Rome sur terre et Carthage sur mer, entreront en conflit, l'une et l'autre cherchant à établir leur suprématie.

La première guerre punique. La première guerre entre Rome et Carthage commence en 264 av. J.-C. Les Carthaginois sont désavantagés dans les combats terrestres, car ils utilisent des mercenaires au lieu de soldats-citoyens, comme le font les Romains. Cependant, la *première guerre punique* (mot latin signifiant « phénicienne ») dépend moins de la force armée terrestre que de la force navale. D'ailleurs, ce n'est que lorsque les Romains se dotent d'une flotte de guerre qu'ils peuvent vraiment se mesurer aux Carthaginois.

Au terme de nombreux affrontements, Rome gagne cette guerre et en tire de nombreux avantages. Dans le traité de paix qu'elle signe, elle exige une compensation monétaire de Carthage et oblige celle-ci à renoncer à la Sicile. Rome crée à cet endroit sa première province impériale outre-mer. Au lieu de traiter la Sicile comme les autres territoires italiens, les Romains y nomment un gouverneur et l'occupent militairement afin d'y prélever régulièrement un tribut. Cette victoire leur donne un aperçu des avantages qu'ils pourraient tirer d'une éventuelle expansion de leur empire. Quelques années plus tard, vers 230 av. J.-C., Rome profite d'une révolte des mercenaires carthaginois en Afrique du Nord pour s'emparer des îles de Sardaigne et de Corse.

La deuxième guerre punique. Lorsque la *deuxième guerre punique* éclate, en 218 av. J.-C., le général carthaginois Hannibal rassemble une armée bien entraînée, soutenue par une troupe d'éléphants de guerre, et envahit l'Italie. Pendant plusieurs années, Hannibal réussit à soumettre les campagnes italiennes et défait les armées romaines les unes après les autres.

L'histoire vue par un témoin de l'époque

Un avertissement contre les visées expansionnistes de Rome

Rome ne vise pas seulement l'Afrique du Nord ; elle rêve aussi d'étendre son empire vers l'est. Aussi, en 73 av. J.-C., les armées romaines attaquent-elles le roi Mithridate VI du Pont. Défait, ce dernier s'enfuit du Pont et se réfugie chez son gendre, le roi Tigrane d'Arménie. Selon l'historien Salluste, contemporain de ces événements, Mithridate écrit, en 69 av. J.-C., une lettre au roi Arsace de Parthie, lui proposant une alliance contre Rome en ces termes : « Du roi Mithridate au roi Arsace, salutations... Les Romains n'ont jamais eu qu'une seule et unique raison de faire la guerre à toutes les nations, à tous les peuples et à tous les rois : leur insatiable soif de pouvoir et de richesses... Je sais que tu possèdes beaucoup d'hommes, d'armes et d'or ; c'est pour cette raison que nous recherchons une alliance, tandis que les Romains veulent ton butin... Que peux-tu attendre d'eux, si ce n'est déception maintenant, et guerre plus tard ? Les Romains ont des armes pour vaincre tous les hommes et réservent leurs plus meurtrières à ceux dont la défaite leur rapportera le plus grand butin ; ils ont bâti leur grandeur à force d'audace, de traîtrise et de guerres incessantes. Et c'est ainsi qu'ils nous détruiront tous ou qu'ils périront. »

En 215 av. J.-C., Rome est au bord du désastre. Elle a perdu quelque 100 000 soldats, tués ou capturés ; ses alliés du Sud l'abandonnent pour se ranger aux côtés d'Hannibal et la Sicile lui retire son appui. Malgré cette situation désespérée, la population de Rome se range derrière ses chefs et ne faiblit pas.

En Italie, Fabius Maximus prend le commandement des armées, avec ordre de procéder à des attaques éclair et d'éviter de s'engager dans une grande bataille contre les Carthaginois. Cette prudente tactique permet d'arrêter les progrès d'Hannibal pour un temps. Vers la fin de la guerre, le général romain Publius Cornelius Scipion fait traverser la Méditerranée à son armée jusqu'en Espagne, où il attaque les routes par lesquelles Hannibal s'approvisionne et les bases militaires ennemies sur ce territoire. Par la suite, Scipion débarque en Afrique et assiège Carthage, forçant Hannibal à retirer ses troupes d'Italie pour venir à la rescousse de la ville. En 202 av. J.-C., Scipion bat l'armée carthaginoise dans la plaine de Zama près de Carthage, prend cette ville et met fin à la deuxième guerre punique.

La conquête du monde méditerranéen

Rome impose à Carthage de dures conditions de paix. Carthage doit remettre presque toute sa flotte aux Romains, ainsi que ses possessions espagnoles, et ne peut plus mener librement sa politique étrangère. La victoire fait donc de Rome la puissance dominante dans la Méditerranée occidentale. Pour de nombreux Romains, cependant, cette victoire ne peut être complète sans que Carthage ne soit rasée. L'homme d'État Caton l'Ancien est de ceux-là. Il termine d'ailleurs tous ses discours en proclamant : « Il faut détruire Carthage (*Delenda Carthago*). » En 149 av. J.-C., Rome décide d'anéantir pour de bon son ennemi et lui déclare la guerre pour la troisième fois. Carthage finit par tomber, après un siège qui dure trois ans.

Les guerres puniques seront aussi l'occasion pour Rome de s'ingérer dans la vie politique des royaumes hellénistiques et de ceux de la Méditerranée orientale. La Macédoine, en s'alliant à Carthage lors de la deuxième guerre punique, s'oppose à Rome. Les Romains, une fois leur victoire contre Carthage assurée, n'ont de cesse de punir cette nouvelle ennemie. Ils lui déclarent donc la guerre et, en 197 av. J.-C., battent Philippe V de Macédoine. Les Romains étendent alors leur pouvoir sur la Grèce et la Syrie, et finissent par devenir maîtres du sud-est du continent européen et de la côte méditerranéenne de la péninsule d'Arabie. En 133 av. J.-C., la République impériale de Rome couvre le bassin méditerranéen, et au-delà.

L'expansion de Rome en Italie amènera les Romains à conquérir Carthage, puis la Macédoine et, enfin, les royaumes hellénistiques situés plus à l'est.

EXERCICES

1. **Définir** les termes suivants :
- *forum*
- *patricien*
- *manipule*
- *Hannibal*
- *Publius Cornelius Scipion*
- *république*
- *plébéien*
- *légion*
- *Fabius Maximus*

2. **Localiser** les lieux suivants et en faire ressortir l'importance :
- *le Tibre*
- *les Alpes*
- *Carthage*
- *la Sardaigne*
- *la péninsule italienne*
- *Rome*
- *la Sicile*

3. **Cerner l'idée principale.** Quels facteurs permettent aux Romains de conquérir l'Italie ?

4. **Cerner l'idée principale.** Quelles sont les conséquences de l'expansion de Rome en Italie ?

5. **Analyser.** Comment la situation géographique de Rome l'aide-t-elle à devenir le foyer d'une nouvelle civilisation ?

6. **Analyser.** Les Romains s'enorgueillissent de leurs origines rurales : comment cela contribue-t-il à solidifier l'empire ?

Les institutions du monde romain (509 av. J.-C. — 476)

OBJECTIFS D'APPRENTISSAGE

APRÈS AVOIR LU CETTE SECTION, VOUS SEREZ CAPABLE :

- D'EXPLIQUER QUELLE EST LA STRUCTURE DU GOUVERNEMENT ROMAIN ;

- DE DÉCRIRE LES FONDATIONS DE LA SOCIÉTÉ ROMAINE ;

- D'ANALYSER LES CONSÉQUENCES DES CONQUÊTES ROMAINES ;

- D'ÉNUMÉRER LES FACTEURS QUI ENTRAÎNENT LA CHUTE DE LA RÉPUBLIQUE.

Par l'annexion répétée de nouveaux territoires, la République de Rome finit par se transformer en empire. Les empereurs, dont le pouvoir est sans cesse grandissant, contrôlent de plus en plus la société. Sous la gouverne des premiers empereurs, l'empire connaît une longue période de paix relative qui permet au commerce et à la culture de se développer. Pourtant, au fil des siècles, invasions et guerres intestines auront raison de lui.

La société romaine et les crises de la république (509 av. J.-C. — 27 av. J.-C.)

> **⚖ CHANGEMENTS & CONTINUITÉ** Tout comme en Grèce, les institutions politiques et sociales des premières cités romaines évoluent sous l'impulsion des citoyens contestant la domination de l'aristocratie.

Des luttes entre citoyens et aristocrates naît la République de Rome, proposant une constitution capable de répondre aux besoins de toutes les classes sociales. Cette première république prend appui sur l'unité de base de la société romaine, la famille patriarcale. Mais, avec l'expansion de l'empire, les Romains se détournent progressivement de ce fondement social traditionnel et, avec le temps, mettent fin à la république.

La République de Rome

Après l'expulsion des derniers rois étrusques, en 509 av. J.-C., la société romaine se divise entre patriciens et plébéiens. Regroupées par clans, les familles patriciennes contrôlent tout : la vie politique, la religion, l'économie et l'armée. Elles assurent leur pouvoir grâce au patronage, donnant leur appui financier, social et juridique à leurs clients. En retour, ces derniers sont loyaux envers ces familles et soutiennent leurs entreprises politiques. Cependant, dès les débuts de la république, les plébéiens s'opposent aux patriciens ; cet affrontement dure plusieurs siècles et modifiera profondément la structure de la société romaine.

Les luttes du patriciat et de la plèbe. Il est vital que les plébéiens fassent partie de l'armée pour que Rome puisse se défendre et étendre son territoire. Comme en Grèce, vers la fin du 6ᵉ siècle et le début du 5ᵉ siècle av. J.-C., l'endettement et le besoin criant de terres aggravent le triste sort des petits propriétaires et des pauvres, et plusieurs en sont réduits à devenir esclaves. Cette situation devient menaçante pour le bien du peuple et celui de l'État : en effet, comme les patriciens croient qu'il faut posséder des biens à défendre pour se battre courageusement, ils ont décrété obligatoire la possession d'un certain nombre de biens pour être apte à faire le service militaire ; or, les plébéiens parviennent de moins en moins à remplir cette condition et le recrutement militaire se met à décliner, affaiblissant ainsi l'armée romaine.

Lorsque des ennemis se trouvent aux portes de la ville, en 494 av. J.-C., les plébéiens quittent Rome et refusent de se battre tant que les lois ne seront pas modifiées. Les patriciens acceptent de mauvaise grâce un décret abolissant l'esclavage pour dettes (voir Solon à Athènes page 40) et les plébéiens reviennent défendre la ville. Ces derniers forment peu après leur assemblée, le *consilium plebis,* ou assemblée de la plèbe, et gèrent leurs propres affaires.

De plus, pour mieux garantir leurs droits, ils obtiennent celui d'élire leurs représentants officiels, ou *tribuns* de la plèbe, qui les protègent des traitements iniques des patriciens. Avec le temps, ces tribuns acquièrent un droit de veto pour empêcher l'adoption de lois injustes. Parallèlement, les plébéiens plus riches ne cessent de réclamer un accès élargi aux fonctions administratives et religieuses de l'État. Vers 450 av. J.-C., ils forcent les patriciens à écrire les lois et à les codifier dans ce qui se nomme la loi des Douze Tables. Désormais, les juges patriciens n'ont plus le loisir de décider en ne se fondant que sur leur opinion. Par contre, une de ces lois, tentative des patriciens pour protéger leur statut privilégié, interdit le mariage entre eux et les plébéiens.

Si les luttes du patriciat et de la plèbe parviennent à susciter des modifications dans le système politique romain, ce ne fut qu'après des siècles de conflit. Par ailleurs, comme les deux parties veulent à tout prix le bien de l'État, les Romains se dotent d'une *constitution*, structure politique pratique et souple dont ils seront par la suite très fiers.

Les luttes du patriciat et de la plèbe se terminent au 3ᵉ siècle av. J.-C., quand l'assemblée de la plèbe fait adopter des lois s'appliquant enfin à tous les citoyens.

Le gouvernement républicain de Rome. Tout en créant de nouvelles fonctions et institutions gouvernementales, les Romains en conservent certaines datant de l'époque monarchique. Le gouvernement repose désormais sur trois piliers :

- le *Sénat*, corps supérieur d'ex-représentants de l'État agissant comme conseillers et gérant les finances publiques et les relations extérieures ;
- les diverses assemblées de la plèbe, où tous les citoyens votent les lois et élisent les représentants de l'État ;

- ces représentants, appelés *magistrats*, qui veillent à l'application des lois et gouvernent au nom du Sénat et du peuple.

Au départ réservées aux patriciens, toutes les charges publiques, y compris celle de sénateur, finissent par être également ouvertes aux plébéiens.

Après l'abolition de la monarchie, les rois sont remplacés par deux *consuls*. Élus pour un an, tous deux sont en même temps chefs de l'État romain. Après les consuls, les magistrats les plus importants sont les *censeurs*, élus tous les cinq ans. Ils recensent les biens et les lieux de résidence de toute la population, maintiennent à trois cents le nombre de sénateurs en nommant des candidats pour combler les postes vacants, veillent à la moralité des citoyens et, enfin, supervisent les offres de service et l'octroi des contrats gouvernementaux.

Au 4e siècle av. J.-C., les Romains commencent à élire des *préteurs*. Remplissant d'abord et avant tout la fonction de juge, ils peuvent aussi agir en tant que consuls quand ceux-ci sont absents. Avec l'expansion de Rome, consuls et préteurs sont placés à la tête des diverses armées ou nommés gouverneurs dans les provinces impériales à la fin de leur mandat. Ces nominations sont souvent synonymes de gloire et de richesse, car les bénéficiaires pillent les régions sous leur autorité et prélèvent les impôts de leurs nouveaux sujets. Au gouvernement, de nombreux autres représentants sont élus pour s'occuper des divers aspects de l'administration.

La société républicaine

Les luttes du patriciat et de la plèbe façonnent non seulement les institutions politiques romaines, mais aussi la société. Seuls les plébéiens fortunés peuvent se permettre de participer à la vie publique sur un pied d'égalité avec les patriciens. Aucune de ces charges n'étant rémunérée, il n'y a que les riches qui sont en mesure d'en être titulaires.

Comme le patronage est monnaie courante chez tous ceux qui ont les moyens de le pratiquer, la vie politique à Rome est largement influencée par les riches, qui forment des groupes politiques et achètent la loyauté de leurs partisans. Les alliances entre familles et les liens du mariage comme ceux de l'amitié sont aussi importants que la défense des intérêts de la classe à laquelle l'individu appartient. De plus, les politiciens se servent souvent de leur adresse à manier l'art oratoire pour influencer les assemblées populaires.

La noblesse. Lorsque les mariages entre patriciens et plébéiens redeviennent légaux, après 445 av. J.-C.,

Figure 3.3 Rassemblement de sénateurs romains (frise en marbre)

des groupes politiques ne tenant pas compte de l'origine sociale de leurs membres commencent à se former. De cette coopération politique entre patriciens et riches plébéiens naît la *nobilitas*, ou noblesse, une nouvelle classe sociale au sein de laquelle les familles ont au moins un ancêtre qui a été consul. Ainsi, malgré que son accès en soit difficile et ses membres peu nombreux, la noblesse ne constitue pas une classe sociale complètement fermée. Bref, pour accéder à la vie politique dans ce système, une personne doit pouvoir compter sur une fortune imposante et savoir se servir efficacement du patronage.

À Rome, le consulat reste l'objectif ultime de tout individu poursuivant une carrière politique. Cette fonction élève l'heureux candidat et toute sa famille au faîte de la société. La corruption électorale et les manœuvres tendancieuses pour s'attirer la faveur du public constituent donc des pratiques courantes pour parvenir au consulat.

Le système républicain des Romains n'est ni une démocratie ni une tyrannie. Les Romains respectent l'autorité et ne contestent pas la position avantageuse de l'élite qui les gouverne. Le patronage renforce le pouvoir de l'élite sur la société et cette domination s'accentue avec la montée de la noblesse.

Figure 3.4 Les artistes romains sculptent souvent des statues à l'effigie de leurs représentants officiels les plus connus, tel ce consul de la république.

Mais, par-dessus tout, le patronage préserve l'unité de base de la société, c'est-à-dire la famille.

La famille romaine. Comme dans bien d'autres populations, la structure familiale chez les Romains est patriarcale. Son chef, le *pater familias*, ou père de la famille, est l'homme le plus âgé du groupe et il possède une autorité absolue sur les membres de sa famille, qui englobe femme, fils, brus, petits-enfants, filles célibataires et esclaves. Dans cette structure familiale, les Romains exaltent les vertus du fermier-soldat : simplicité, dévotion religieuse et obéissance.

Les familles sont regroupées en clans et chacune prétend descendre d'un ancêtre unique, souvent mythique. Les enfants ne sont intégrés à la famille qu'au moment où le *pater familias* les reconnaît.

CONTINUITÉ & CHANGEMENTS Tout comme les Grecs, les premiers Romains laissent souvent mourir les nouveau-nés non désirés. Par contre, l'adoption joue un rôle important dans cette société où des familles privées de fils adoptent un adolescent ou un jeune homme pour qu'il devienne l'héritier du *pater familias*.

Il s'agit d'une des façons d'assurer la transmission du nom aux générations suivantes.

En théorie, la femme romaine doit vivre sous la coupe d'un gardien. En se mariant, elle passe de l'autorité du père à celle de l'époux. Mais, en pratique, cette femme est sans doute plus libre et possède un plus grand pouvoir décisionnel relativement à sa vie que ce que l'idéal culturel romain prescrit. (Voir aussi le tableau 10.1, page 239.)

CONTINUITÉ & CHANGEMENTS Contrairement aux Athéniennes de la classe supérieure, les Romaines de cette condition ne sont pas séparées des hommes dans leur foyer et peuvent sortir sans escorte.

La religion. L'animisme, ou la conviction que des esprits sont présents dans toute chose, est une des caractéristiques des croyances religieuses romaines. Un des devoirs les plus importants du *pater familias* est de s'assurer que les dieux Lares reçoivent l'hommage qui leur est dû, car la prospérité de la famille repose entre les mains de ces esprits ancestraux. Parmi les autres dieux du foyer, il y a les Pénates, ou gardiens de l'intérieur de la maison, et aussi Vesta, déesse gardienne du feu et de la terre, vénérée en privé.

La responsabilité du culte officiel est confiée aux prêtres de l'État, dirigés par le *Pontifex Maximus*, ou grand prêtre. À l'instar des Grecs, les Romains entretiennent avec leurs dieux des relations davantage fondées sur le rituel que sur la conduite morale. Ils sont convaincus qu'en accomplissant à la lettre les cérémonies destinées à chacun des dieux, ceux-ci leur assureront en échange la prospérité.

CONTINUITÉ & CHANGEMENTS Partageant la tradition religieuse commune aux Indo-Européens, les Romains empruntent des éléments à la mythologie grecque et finissent par associer leurs dieux à ceux de l'Olympe tout en romanisant leurs noms.

En outre, ils ajoutent foi aux signes et aux avertissements que les dieux envoient aux hommes par le vol des oiseaux, les auspices, ou par la couleur et la disposition des entrailles dans le ventre des animaux offerts en sacrifice, interprétées par les haruspices. C'est pourquoi les Romains traitent avec un grand respect leurs augures, prêtres spécialistes de l'interprétation des signes divins, et n'entreprennent jamais rien d'important, dans leur vie publique ou privée, sans d'abord les consulter.

Le devoir civique et la dévotion religieuse constituent donc les deux pôles de la société romaine, dont les assises sont la famille patriarcale et la domination d'une riche élite.

Les conséquences des conquêtes. Au milieu du 2ᵉ siècle av. J.-C., Rome est sans rivale dans le monde méditerranéen. Mais le gouvernement du vaste empire républicain est toujours fondé sur les institutions d'une petite ville italienne et la lourde responsabilité impériale finit par dépasser la capacité de ces institutions.

Par ailleurs, la poursuite des conquêtes outre-mer lasse de plus en plus les citoyens engagés dans les légions, pressés de quitter ces terres étrangères. Après de longues années de service militaire, de nombreux légionnaires rentrent au pays et constatent que leurs terres ont été vendues ou sont en si mauvais état qu'ils doivent les abandonner. Ces ex-soldats se retrouvent souvent à Rome, grossissant les rangs des chômeurs de la ville.

Pour ajouter aux pressions exercées sur les institutions, une série de révoltes des esclaves éclate en 135 av. J.-C., dans le sud de l'Italie et en Sicile, et se poursuit pendant plusieurs décennies.

La conquête incessante de nouveaux territoires a pour effet de favoriser le développement de philosophies et de religions étrangères dans la capitale impériale. Au 4ᵉ siècle av. J.-C., l'influence des Grecs a déjà transformé Rome. Les idéaux traditionnels de fidélité, d'honneur et de devoir civique ne correspondent plus aux valeurs de nombreux citoyens romains qui mettent en doute le bien-fondé de l'égoïsme de leur élite dirigeante. Plus les influences hellénistiques grandissent, moins l'individualisme des Romains s'accommode de la vieille notion du devoir envers l'État.

> **CONTINUITÉ / CHANGEMENTS** Les conquêtes exercent donc des pressions sur la société romaine et remettent en question ses valeurs traditionnelles. Bientôt Rome procédera à une refonte complète de sa structure de fonctionnement.

La révolution romaine

Le système étant soumis à de nombreuses tensions, de profonds changements secouent les institutions politiques et sociales au cours des deux derniers siècles avant Jésus-Christ. Tout comme à Athènes, cette révolution naît de la tension de plus en plus grande entre les plébéiens et l'élite romaine.

Les Gracques. En 133 av. J.-C., le tribun Tiberius Gracchus dénonce le sort que les autorités romaines réservent aux fermiers-soldats en les réduisant à la pauvreté.

Tiberius et son jeune frère Caius tentent de soulager la misère des pauvres en redistribuant aux petits fermiers les terres appartenant au domaine public. Les Gracques — comme on les appelle — jouissent de l'appui du public, mais l'élite romaine réagit violemment à leur entreprise. Craignant qu'il ne cherche à diminuer son pouvoir, le Sénat incite subtilement la plèbe à éliminer Tiberius. Il meurt au cours d'une émeute. Pour la première fois dans l'histoire de Rome, le sang de citoyens coule dans le Forum. Son frère poursuit sa politique de redistribution des terres, toujours en butte à l'hostilité du Sénat. Cette politique est interprétée comme une tentative d'instaurer la démocratie dans l'empire et elle rencontre une vive opposition. Caius meurt, avec 3000 de ses partisans, au cours d'une bataille sur l'Aventin, une des sept collines de Rome. En contestant la mainmise de l'élite dirigeante sur les terres publiques, les Gracques viennent d'amorcer la révolution romaine.

Marius. En 107 av. J.-C., la révolution franchit un nouveau pas quand Marius, général célèbre pour ses talents militaires, est élu consul. Désireux d'augmenter le nombre de recrues dans l'armée, il abolit l'exigence de possession de biens et accepte dans ses rangs quiconque veut s'engager. Les pauvres s'enrôlent et s'attachent à un général dans l'espoir de partager le butin et les terres à la fin de la guerre. Les armées deviennent ainsi des forces militaires quasi privées, entièrement dévouées à un général qui détient l'éventuelle fortune de ses soldats entre ses mains. Les successeurs de Marius ne tardent pas à se rendre compte du potentiel de telles armées dans les jeux politiques.

La guerre sociale. Entre-temps, le mécontentement grandit chez les alliés italiens de Rome, ce qui provoquera une transformation radicale de l'identité et de l'État romains. Pendant des décennies, ces alliés tentent d'obtenir la citoyenneté romaine, mais le Sénat, voulant conserver son monopole, la leur refuse. Malgré les avantages dont ils bénéficient grâce à l'expansion de Rome, les membres des oligarchies des autres cités italiennes veulent en obtenir encore plus et désirent avoir accès aux charges publiques, à Rome. En 90 av. J.-C., ils se rebellent contre la capitale.

L'affrontement qui suit (appelé guerre sociale à cause du mot latin *socius*, signifiant « allié ») est un des plus sanglants de l'histoire romaine, car les Italiens ont combattu dans les légions et sont aussi bien entraînés et disciplinés que les Romains. Finalement, les rebelles sont vaincus, mais le Sénat leur accorde tout de même la citoyenneté. Par cette décision, l'État romain s'étend dorénavant à toute l'Italie.

Sylla. Pendant la guerre sociale, le général Lucius Cornelius Sylla brille par son talent militaire et ses victoires, et il devient consul en 88 av. J.-C. Ce consulat terminé, Marius et ses partisans défient la tradition romaine et tentent d'empêcher Sylla de prendre le pouvoir militaire. Il réplique en marchant sur Rome avec ses légions, geste considéré comme une offense aux dieux.

La guerre civile éclate. Sylla l'emporte et devient dictateur. Dans une purge sanglante, il exécute tous ses adversaires et tous ceux qu'il considère dangereux pour l'État. Puis il s'engage dans une série de réformes pour restaurer le pouvoir du Sénat et de l'oligarchie. Ensuite, croyant avoir remis en place le gouvernement traditionnel de l'ancienne république, Sylla se retire de son propre gré. Mais en donnant l'exemple de la dictature, il a involontairement fait franchir un autre pas à la révolution romaine.

César et Octave. À peine une génération après la mort de Sylla, l'ancienne république n'existe pratiquement plus. Trois hommes ambitieux y mettent définitivement fin : Cneius Pompée, Jules César et Licinius Crassus. Ayant conclu une alliance entre eux, ils suivent les traces de Sylla et se servent de la loyauté de leurs légions pour satisfaire leurs ambitions personnelles. En 60 av. J.-C., ils dominent le gouvernement de l'État grâce au premier triumvirat, ou association de trois hommes qui exercent le pouvoir. Après la mort de Crassus, César défait Pompée au cours d'une guerre civile et s'empare du pouvoir. En 44 av. J.-C., le Sénat le proclame dictateur à vie. Cependant, dans une dernière tentative pour sauver la république, un groupe de sénateurs complote contre lui et César est assassiné par Brutus, son fils adoptif, dans une des salles du Sénat, le jour des Ides de mars (le 15 mars 44 av. J.-C.).

Ce meurtre ne change rien à la situation, puisqu'en 43 av. J.-C. l'assemblée confie toutes les affaires de la république au second triumvirat composé d'Octave, héritier et fils adoptif de César, de Marc Antoine, un de ses loyaux officiers, et du grand prêtre Lépide. Ce dernier est rapidement évincé par Marc Antoine et Octave qui s'entendent pour gouverner chacun leur moitié d'empire, Octave à l'ouest et Marc Antoine à l'est. Bientôt une guerre

Figure 3.5 Octave, héritier de César

éclate entre eux et Octave défait Marc Antoine et son alliée Cléopâtre, reine d'Égypte, à la bataille d'Actium, en 31 av. J.-C. L'année suivante, les suicides de Marc Antoine et de Cléopâtre marquent la fin d'une époque. Octave a le contrôle absolu de Rome. La république est bel et bien morte et un nouveau chapitre de l'histoire romaine commence.

> **CONTINUITÉ & CHANGEMENTS** Les guerres intestines et la réorganisation de l'armée en fonction d'ambitions personnelles entraînent la chute de la république et préfigure l'empire.

EXERCICES

1. Définir les termes suivants :

- tribun
- Sénat
- censeur
- pater familias
- Marius
- Jules César
- Cléopâtre
- constitution
- consul
- préteur
- les Gracques
- Sylla
- Marc Antoine

2. Cerner l'idée principale. Quelle est la structure du gouvernement romain sous la république ?

3. Cerner l'idée principale. Quels facteurs entraînent la chute de la république ?

4. Synthétiser. Énumérez les caractéristiques essentielles de la société romaine.

5. Dégager les causes et les effets. Quelles sont les conséquences ultimes de la réorganisation de l'armée entreprise par Marius ? Pourquoi les réformes mises de l'avant par les Gracques et Marius font-elles partie de la révolution romaine ?

La *pax romana* (l'avènement de la Rome impériale)

OBJECTIFS D'APPRENTISSAGE

APRÈS AVOIR LU CETTE SECTION, VOUS SEREZ CAPABLE :

- D'EXPLIQUER POURQUOI AUGUSTE RÉTABLIT L'ORDRE DANS L'EMPIRE ROMAIN ;

- DE DÉCRIRE LA CIVILISATION ROMAINE À L'ÉPOQUE DE LA *PAX ROMANA* ;

- D'ANALYSER COMMENT LES ROMAINS METTENT EN APPLICATION LEURS PROGRÈS SCIENTIFIQUES ET TECHNOLOGIQUES.

*L*a chute de la république marque le début d'une nouvelle étape dans l'évolution romaine. De cité, la république devient un empire. À l'instigation de divers empereurs, le modèle républicain disparaît et est remplacé par une administration impériale centralisée. Grâce à ce gouvernement central, Rome assure la stabilité et la prospérité dans l'ensemble du monde méditerranéen pendant deux cents ans. Cette période est connue sous le nom de *pax romana,* ou paix romaine.

La civilisation de la Rome impériale

La période de la *pax romana* débute sous le règne d'Auguste, en 27 av. J.-C., et se termine à la mort de Marc Aurèle, en 180. Plusieurs caractéristiques essentielles telles que la stabilité du gouvernement, les lois, l'organisation militaire, le commerce et les transports à grande échelle aident les Romains à bâtir leur empire et à y maintenir la paix.

Tableau 3.1

Les empereurs de la *pax romana* 27 av. J.-C. — 180		
27 av. J.-C. — 14		
	Auguste	
14 – 68	**Les Julio-Claudiens**	
	Tibère (14 – 37)*	
	Caligula (37 – 41)	
	Claude (41 – 54)	
	Néron (54 – 68)	
68 – 69	**Les empereurs militaires**	
	Galba, Othon, Vitellius	
	(Choisis par différentes légions durant une crise de succession)	
69 – 96	**Les Flaviens**	
	Vespasien (69 – 79)	
	Titus (79 – 81)	
	Domitien (81 – 96)	
96 – 180	**Les Antonins**	
	Nerva (96 – 98)	
	Trajan (98 – 117)	
	Hadrien (117 – 138)	
	Antonin le Pieux (138 – 161)	
	Marc Aurèle (161 – 180)	

* Indique les années de règne.

Figure 3.6
Marc Aurèle

Le gouvernement. Le gouvernement romain constitue la force d'unification la plus solide de l'empire. Il fait régner l'ordre et respecter les lois, tout en défendant les frontières. Dès le 1er siècle av. J.-C., la position suprême de l'empereur est bien assurée. À Rome, comme dans les provinces, les membres de l'aristocratie s'occupent des affaires du gouvernement, mais l'empereur se réserve les décisions importantes.

L'empire est divisé en provinces placées sous l'autorité de gouverneurs nommés par Rome. L'administration dans ces provinces est à la fois plus efficace et plus juste qu'elle ne l'a été sous la république, en bonne partie parce que le gouvernement central surveille les gouverneurs de beaucoup plus près. En outre, tout citoyen peut en appeler des décisions d'un gouverneur directement auprès de l'empereur.

CONTINUITÉ / CHANGEMENTS Unification politique, juridique et linguistique, tels sont les ingrédients qu'utilise Rome pour consolider sa position, méthode que plusieurs tenteront d'imiter par la suite.

Par le découpage du territoire en provinces, l'empire apporte une certaine uniformité à l'administration des villes du monde méditerranéen. Ces cités sont gouvernées comme l'est Rome elle-même; elles possèdent leur sénat et des magistrats locaux voient à la bonne marche de la justice. Les théâtres, les amphithéâtres, les bains publics et les temples parsèment tout l'empire, de la Bretagne à l'Asie Mineure. La richesse se trouve entre les mains des élites urbaines.

Par contre, le sort de la grande majorité de la population rurale ne s'améliore guère. Même si les autorités romaines maintiennent une paix comme les gens en ont rarement connue auparavant, elles sont incapables d'éliminer le brigandage et les vols dans les campagnes. Les voyages à l'extérieur des

Figure 3.7 L'arc de triomphe et le forum de Caracalla, construits en Algérie par des sujets de l'Empire romain.

grands centres restent dangereux et coûteux. Pour la plupart des Romains, la seule façon de quitter leur village est de s'enrôler dans l'armée.

Les lois. Les lois romaines contribuent aussi à unifier l'empire. Il y a à l'origine deux codes juridiques : le *jus civilis,* le droit civil, s'appliquant à tous les citoyens, et le *jus gentium,* utilisé pour régler les disputes entre citoyens et non-citoyens. À la longue, ces deux codes finissent par se confondre et les lois romaines, unifiées, s'appliquent universellement, même si les coutumes locales persistent. Ce système juridique s'étend au fur et à mesure qu'augmente le nombre de ceux qui deviennent citoyens romains.

> CONTINUITÉ ⟨ CHANGEMENTS En fait, le système juridique romain devient, au fil des siècles, le fondement des lois de la plupart des pays européens ayant jadis fait partie de l'Empire romain.

Le système juridique romain tire sa stabilité des lois, ou statuts, votées par les assemblées de la plèbe ou par le Sénat, ou encore proposées par l'empereur. Ces lois précisent exactement ce qui est permis et ce qui est défendu, ainsi que les peines prévues pour le non-respect de leurs prescriptions. Par contre, elles évoluent avec le temps, car, au cours des audiences de certaines causes, les magistrats, y compris les gouverneurs provinciaux, tiennent compte des nouvelles circonstances sociales et économiques; celles-ci peuvent influencer leurs jugements et, par la suite, entraîner certaines modifications aux lois (principe des circonstances atténuantes).

Le commerce et les transports. Tant que dure la *pax romana,* l'agriculture est la principale activité des peuples de l'empire. Par ailleurs, un nouveau type d'ouvrier agricole remplace peu à peu l'esclave des grands domaines. Il s'agit d'un fermier locataire, appelé *colonus,* qui reçoit une parcelle de terre du propriétaire. En échange, le *colonus* doit exploiter cette terre pendant un certain temps et payer le propriétaire en lui remettant une partie des récoltes. Presque toutes les activités agricoles, cependant, sont exercées par des fermiers indépendants, obligés de nourrir leur famille avant tout et disposant rarement de surplus à vendre.

Entre-temps, la fabrication de biens connaît un essor considérable dans les villes de l'empire, qui ouvre toute grande la porte aux échanges commerciaux de toutes sortes. Rome et Alexandrie deviennent les deux plus grands centres commerciaux de l'empire.

Deux facteurs rendent possible cette florissante activité commerciale : la situation géographique de l'empire, établi autour de la Méditerranée, et l'ampleur de son réseau routier. Ce réseau compte quelque 80 000 km de routes (soit presque deux fois la circonférence de la Terre) reliant tous les points de l'empire entre eux. La plupart des routes ont été construites et entretenues pour les besoins de l'armée, mais les routes locales, elles, ne sont pas pavées et les mauvaises conditions météorologiques rendent souvent impraticable le transport par terre. Il coûte en fait moins cher de transporter les céréales par bateau d'un bout à l'autre de la Méditerranée que de les expédier à 120 km de leur point de départ par terre. C'est pourquoi la majeure partie des biens emprunte la voie maritime. Par ailleurs, le commerce est facilité compte tenu d'une standardisation des poids et mesures.

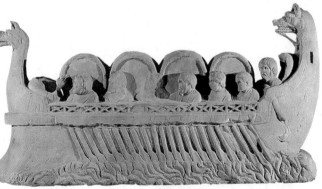

Figure 3.8 Galère marchande romaine transportant des tonneaux de vin (sculpture de pierre).

L'Empire romain à son apogée, en 117

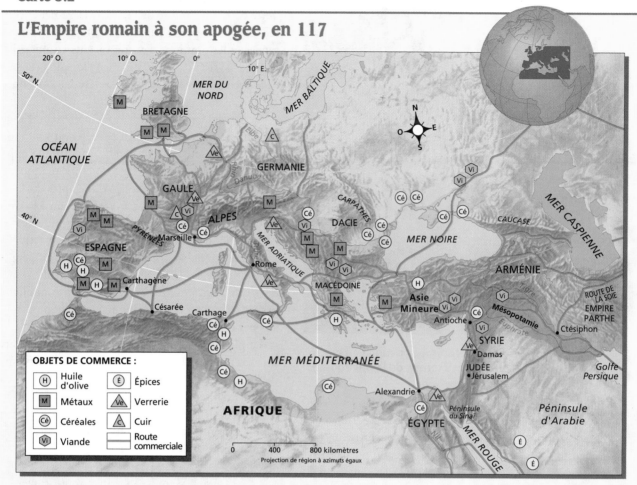

Le commerce à travers un vaste empire. Quand l'empereur Trajan meurt, en 117, l'Empire romain s'étend de la Bretagne, au nord, jusqu'à la Mésopotamie, à l'est. En font aussi partie tous les territoires bordant la Méditerranée.

? *Faire le lien entre la géographie et l'histoire. Quels produits les Romains importent-ils d'Afrique ? De Bretagne ?*

La vie dans l'empire

La *pax romana* apporte la prospérité, mais tous les citoyens n'en jouissent pas également. Les riches ont en général deux maisons, une à la ville et une autre à la campagne, équipées d'eau courante et de bains ; les pauvres, eux, sont soumis à de piètres conditions de vie. Parmi le million d'habitants que compte Rome, nombreux sont ceux qui s'entassent dans les appartements d'édifices de trois ou quatre étages. Les risques d'incendie sont élevés à cause des torches dont les gens se servent pour s'éclairer et du charbon utilisé pour cuisiner. Deux éléments caractérisent la vie urbaine à Rome : la nourriture gratuite et l'entrée libre aux jeux du cirque, ce qui a pour effet, en partie, d'empêcher les plus pauvres de se révolter. Le poète satirique Juvénal note un jour que seules deux choses intéressent les masses romaines : « Du pain et

des jeux ». Il ne faut pas oublier que les occasions de se divertir sont nombreuses car, à Rome, un jour sur deux est férié.

Les Romains aiment le théâtre, en particulier les comédies légères et les satires. Les mimes, les jongleurs, les danseurs, les acrobates et les clowns sont aussi très appréciés, mais rien ne rallie davantage la faveur populaire que les courses de chars. À Rome, elles ont lieu dans le *Circus Maximus*, grand champ de courses pouvant accueillir 250 000 spectateurs. Les Romains sont particulièrement friands des spectaculaires accidents qui ne manquent pas de se produire dans ce genre de course.

Ils aiment aussi beaucoup les spectacles sanglants qui se déroulent dans les amphithéâtres, où sont amenés des animaux sauvages qui se battent entre eux ou contre des combattants professionnels. Des criminels condamnés à mort sont également jetés dans

Figure 3.9 Des foules animées peuplaient cette rue de Ostie, en Italie, au temps de la *pax romana*.

l'arène pour que les bêtes les dévorent. Mais les spectacles les plus populaires sont les combats de gladiateurs, qui opposent en général deux esclaves se battant jusqu'à ce que l'un des deux meure, ou que les deux succombent. À Rome, ces spectacles ont lieu au Colisée, qui compte 50 000 places assises.

En somme, la *pax romana* repose sur un délicat équilibre entre la paix dans les territoires de l'empire et la paix à l'intérieur des cités.

La science, l'ingénierie et l'architecture.

CONTINUITÉ ⚜ CHANGEMENTS Les Romains abordent la réalité de la construction du monde dans une optique radicalement différente de celle des Grecs ; ceux-ci se sont totalement désintéressés de la recherche dite appliquée, alors que les Romains n'ont de cesse d'étonner par leurs réalisations techniques.

Moins passionnés par la recherche scientifique spéculative que les Grecs, les Romains s'intéressent davantage à la cueillette et à l'organisation de l'information. Par exemple, Galien, un médecin grec vivant à Rome au 2ᵉ siècle av. J.-C., écrit plusieurs volumes résumant le savoir médical de son temps. Pendant des siècles, il sera considéré comme une sommité en médecine. Ptolémée, un astronome grec

vivant à Alexandrie, verra sa théorie décrivant la Terre comme le centre de l'univers largement acceptée, en bonne partie parce qu'il intègre les connaissances et les opinions d'autres savants en un seul et unique système. Son ouvrage le plus célèbre *L'Almageste*, demeurera « la référence » jusqu'au Moyen Âge.

Contrairement aux Grecs, qui s'intéressent d'abord et avant tout au savoir en soi et préfèrent les raisonnements abstraits à la recherche scientifique appliquée, les Romains sont dotés d'un esprit pratique. Ils cherchent à appliquer le savoir acquis auprès des Grecs à la planification urbaine, par exemple, ou à la construction des systèmes d'eau et d'égouts, ou encore à l'amélioration des méthodes de culture de la terre. Les ingénieurs romains surpassent tous les autres peuples de l'Antiquité par leur habileté à construire des routes, des ponts, des amphithéâtres, des édifices publics et des *aqueducs*, ces canaux fabriqués par l'homme pour amener l'eau vers les villes.

Le plus grand apport des Romains en ingénierie est sans doute l'invention du béton, qui leur permet d'ériger d'imposantes structures.

Les architectes romains conçoivent également d'autres types d'édifices publics tout aussi grandioses, comme des palais de justice, des temples, des palais royaux et des arcs de triomphe.

CONTINUITÉ ⚜ CHANGEMENTS Même s'ils s'inspirent souvent des modèles grecs pour ériger leurs édifices, les Romains apprennent à se servir de l'arc et de la voûte, ce qui leur permet de construire des bâtiments de plus grandes dimensions que ceux des Grecs.

Figure 3.10 Le dessus de cet aqueduc romain servait de pont pour traverser la vallée.

Grâce à ces outils et à ces techniques, les architectes romains mettent l'accent à la fois sur le volume et sur l'harmonie des proportions.

EXERCICES

1. Définir les termes suivants :

- *Auguste*
- pax romana
- *Galien*
- *les Antonins*
- *colonus*
- *aqueduc*

2. Localiser les lieux suivants et en faire ressortir l'importance :

- *le Danube*
- *la Dacie*
- *la Bretagne*
- *l'Elbe*
- *la péninsule du Sinaï*

3. Cerner l'idée principale. Comment le gouvernement, les lois et le commerce se développent-ils durant la pax romana ?

4. Cerner l'idée principale. Comment les Romains appliquent-ils leurs connaissances scientifiques ?

5. Synthétiser. À l'aide du tableau 3.2, montrez comment les Romains réussissent à maintenir la cohésion de leur empire. Pour chacune des catégories : pouvoir impérial, administration, lois et transports, notez comment elles évoluent au fil du temps et quelles répercussions elles ont sur l'empire.

Tableau 3.2

CATÉGORIES	AMÉLIORATIONS	RÉPERCUSSIONS SUR L'EMPIRE
Pouvoir impérial		
Administration		
Lois		
Transports		

La montée du christianisme

OBJECTIFS D'APPRENTISSAGE

APRÈS AVOIR LU CETTE SECTION, VOUS SEREZ CAPABLE :

- D'EXPLIQUER COMMENT LE CHRISTIANISME NAÎT ;

- DE DÉCRIRE COMMENT IL SE PROPAGE AUTOUR DE LA MÉDITERRANÉE.

Contrairement aux autres peuples conquis par les Romains, celui du royaume de Judée refuse toujours de fondre sa religion monothéiste dans la religion polythéiste de l'État impérial ; de plus, les premiers chrétiens refusent de vénérer l'empereur au même titre qu'une divinité.

Jésus de Nazareth

Au milieu des révoltes armées et des répressions brutales exercées par les Romains en Judée, un chef spirituel nommé Jésus apparaît. Son message n'incite pas à prendre les armes, mais plutôt à demander pardon de ses péchés et à se préparer à la venue de Dieu, le jour du Jugement dernier.

Figure 3.11
Jésus
BIOGRAPHIE

BIOGRAPHIE Jésus, Fils de Dieu
D'après les Évangiles, Jésus est né à Bethléem, vers 6 avant notre ère, et a grandi dans la ville de Nazareth.

Devenu adulte, Jésus prêche un renouveau religieux, accompagné d'avertissements. Au cours de ses pérégrinations dans les villages de Judée, il rassemble un petit groupe de **disciples**, ou fidèles, qui le suivent partout. Le récit biblique souligne qu'il soulève l'enthousiasme par ses guérisons miraculeuses et en se portant à la défense des pauvres et des opprimés de la société juive. Mais Jésus avertit aussi les gens que Dieu jugera bientôt les hommes, qu'il leur faut se repentir de leurs péchés et implorer la miséricorde divine.

Il transmet deux lois fondamentales à ses disciples : aimer Dieu par-dessus tout et son prochain comme soi-même, et il insiste sur la nécessité d'être humble et charitable.

Les autorités religieuses juives s'alarment de tels enseignements et des foules que Jésus attire. Les grands prêtres du temple finissent par le considérer comme une menace à leur autorité. Lorsqu'ils l'entendent se proclamer le Fils de Dieu, ils le condamnent et convainquent les autorités romaines de Judée de le mettre à mort. D'après les Évangiles, Jésus est crucifié sur une croix de bois, supplice romain courant à l'époque, puis enseveli. Mais il ressuscite d'entre les morts, passe quarante jours sur terre à enseigner à ses disciples et monte au ciel. Ses disciples croient que la Résurrection et l'Ascension sont des preuves qu'il est le Messie et le Fils de Dieu.

Les traditions SACRÉES

Le message de Paul (vers 5 à 67)

C'est à l'apôtre Paul qu'on doit le récit le plus détaillé de l'histoire des premières communautés chrétiennes. Né dans la ville de Tarsus, en Asie Mineure, Paul voyage à travers tout le monde méditerranéen. Après sa conversion au christianisme, il visite plusieurs villes et enseigne cette nouvelle religion. Alors qu'il séjourne à Corinthe, en Grèce, il écrit une lettre ouverte aux Romains leur annonçant son arrivée dans la ville et son intention d'y prêcher la Parole de Dieu. Il veut d'abord et avant tout leur apporter le message que tous les chrétiens, gentils ou juifs convertis au christianisme doivent vivre en harmonie. L'épître de Paul aux Romains décrit quelques-uns des grands principes fondamentaux de la foi chrétienne :

« Que votre amour soit sincère ; haïssez le mal et attachez-vous au bien. Aimez-vous les uns les autres comme des frères ; surpassez-vous les uns les autres, en étant des hommes et des femmes d'honneur. Que votre zèle ne fléchisse point, rayonnez de l'Esprit saint et servez Dieu. Réjouissez-vous de votre espoir ; soyez patients dans les tribulations [épreuves] et constants dans la prière. Pourvoyez aux besoins des saints et pratiquez l'hospitalité.

« Bénissez ceux qui vous persécutent ; bénissez-les et ne les persécutez pas. Réjouissez-vous avec ceux qui sont dans la joie et pleurez avec ceux qui versent des larmes. Vivez en harmonie les uns avec les autres ; ne soyez pas arrogants, fréquentez plutôt les humbles ; ne soyez jamais vaniteux. Ne rendez pas le mal pour le mal ; voyez ce qui est noble en chacun. Chaque fois que cela est possible et dépend de vous, vivez en paix avec autrui. Mes bien-aimés, ne vous vengez jamais ; laissez la colère de Dieu agir à votre place, car il est écrit : « La vengeance m'appartient, je vous vengerai, dit le Seigneur. » Au contraire, « si votre ennemi a faim, donnez-lui à manger ; s'il a soif, donnez-lui à boire ; en agissant ainsi, vous rendez le bien pour le mal. » Ne laissez pas le mal triompher de vous ; triomphez du mal par le bien [...].

« Ne devez rien à personne, sauf l'amour, car celui qui aime son prochain obéit à la loi. Les commandements « Tu ne commettras pas l'adultère, Tu ne tueras pas, Tu ne voleras pas, Tu ne convoiteras pas le bien d'autrui » et tous les autres tiennent en ce seul commandement : « Tu aimeras ton prochain comme toi-même. »

Comprendre les traditions sacrées

En quoi consiste le message de Paul aux chrétiens de Rome ?

Figure 3.12
L'apôtre saint Paul et un fragment de ses épîtres aux Galates et aux Philippiens.

Ils croient également qu'il est Dieu lui-même, venu sur terre racheter les péchés des hommes avant le jour du Jugement dernier. Ils l'appellent Jésus-Christ, utilisant le mot grec *christos*, qui signifie « messie ».

......................▲......................

La première doctrine chrétienne. La résurrection devient le message central du christianisme. Les disciples de Jésus enseignent que le Christ est mort pour le rachat de l'humanité et que tous les hommes peuvent dorénavant être absous de leurs péchés et promis à la vie éternelle. Croyant que le Jugement dernier est proche, ils partent donc sans tarder porter cette nouvelle de la rédemption partout où ils le peuvent.

Au début, les disciples visitent surtout les communautés juives de Palestine et sont persécutés par les autorités israélites. Ils sont considérés par les premiers chrétiens comme des **martyrs** parce qu'ils acceptent de mourir pour leur foi, croyant à la promesse d'une vie éternelle. L'attitude des disciples incite les gens à croire à leur enseignement. Comme les martyrs marchent vers la mort avec sérénité, même de très nombreux non-croyants sont impressionnés par leur foi. Pourtant, sans le zèle de Saul, un Juif ayant subi l'influence hellénistique, le christianisme serait peut-être demeuré au rang de variante du judaïsme. Après sa conversion sur le chemin de Damas, Saul prend le nom de Paul et s'emploie à fonder des églises chrétiennes à travers tout le bassin oriental de la Méditerranée, et même à Rome.

L'essor du christianisme. L'essor du christianisme est en partie servi par l'affaiblissement de l'attrait qu'exerce l'hellénisme. Dominée par la raison et l'importance de ne compter que sur soi, la pensée gréco-romaine comble peu les besoins affectifs. Le message d'amour du christianisme et sa promesse d'une vie éternelle après la mort, peu importe la position sociale ou la richesse de l'individu, réconfortent les pauvres, les opprimés et les esclaves, d'autant plus que plusieurs sont attirés par le sentiment d'appartenance à une communauté qu'offre la nouvelle religion.

La tradition romaine de tolérance religieuse ainsi que le climat de paix et de stabilité qui règne durant les premières années de l'empire favorisent aussi l'essor du christianisme. Les *prosélytes*, par exemple, bénéficient des moyens de communication efficaces de l'empire. De plus, au cours des deux premiers siècles qui suivent la mort de Jésus, la persécution romaine officielle est rare, bien que, localement, certains soient très souvent hostiles aux chrétiens. La plupart des empereurs sont indifférents à la nouvelle religion, malgré quelques tentatives de leur part d'utiliser les chrétiens comme boucs émissaires, tel Néron qui, en 64, les accuse d'avoir incendié Rome.

Certains adeptes cherchent à préserver le christianisme de l'influence de la philosophie grecque, alors que d'autres essaient de concilier leur credo et cette philosophie. Ce faisant, ils transforment les enseignements de Jésus en une *théologie*, c'est-à-dire en une formulation systématique des connaissances sur la nature de Dieu, de ses lois et de ses exigences à l'égard des hommes. Cette transformation, souvent nommée hellénisation du christianisme, favorise l'essor et la capacité d'adaptation de la nouvelle foi aux différents environnements sociaux, et ce, de deux façons. Tout d'abord, l'hellénisation rend plus facile l'acceptation du christianisme aux tenants des philosophies platonicienne et stoïcienne. Ensuite, elle permet aux chrétiens de réunir foi religieuse, réconfort spirituel et tradition grecque de pensée rationnelle. Ces courants bien ancrés dans la nouvelle foi lui confèrent un attrait certain auprès de nombreux peuples très différents les uns des autres.

En somme, le travail des disciples et des prosélytes, l'absence de persécutions systématiques de la part des Romains et le déclin de la croyance dans les philosophies hellénistiques contribuent à l'essor du christianisme.

EXERCICES

1. Définir les termes suivants :

- *Jésus de Nazareth*
- *disciple*
- *martyr*
- *Saul de Tarsus*
- *théologie*

2. Localiser les lieux suivants et en faire ressortir l'importance :

- *la Judée*
- *Jérusalem*
- *Nazareth*

3. Cerner l'idée principale. À quelles crises l'empire doit-il faire face après le règne des Antonins ? Quelles en sont les conséquences ?

4. Cerner l'idée principale. Quels facteurs favorisent l'essor du christianisme ?

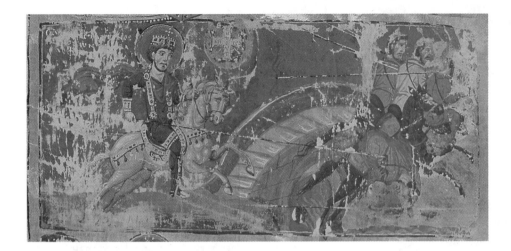

Figure 3.13 D'après son témoignage, l'empereur Constantin voit une croix dans le ciel au moment d'engager la bataille du Pont Milvius en 312. On croit que cette vision est à la base de sa conversion au catholicisme.

L'Empire romain tardif

OBJECTIFS D'APPRENTISSAGE

APRÈS AVOIR LU CETTE SECTION, VOUS SEREZ CAPABLE :

- D'ÉNUMÉRER LES MOYENS MIS EN PLACE PAR DIOCLÉTIEN POUR SAUVER L'EMPIRE ;
- DE DÉCRIRE COMMENT LE CHRISTIANISME SE TRANSFORME APRÈS ÊTRE DEVENU LA RELIGION D'ÉTAT DE ROME ;
- D'EXPLIQUER POURQUOI L'EMPIRE ROMAIN S'EFFONDRE.

Les crises successives du 3ᵉ siècle secouent durement le monde romain. Il faut proposer des réformes énergiques pour assurer la survie de l'empire, but que se fixe Dioclétien en montant sur le trône impérial, en 284. Les réformes de Dioclétien permettront à l'empire de survivre pendant deux autres siècles, mais elles le transforment complètement et, malgré ces transformations, la partie occidentale de l'empire tombe, au 5ᵉ siècle, sous la poussée des envahisseurs étrangers.

Les réformes de Dioclétien

Dans un effort pour endiguer le courant qui mine les fondements de l'empire à la fin du 3ᵉ siècle et au début du 4ᵉ siècle, l'empereur Dioclétien transforme le principat en monarchie absolue. Il se place bien au-dessus de ses sujets et gouverne sans rendre de comptes à personne.

Les réformes politiques. Cherchant à améliorer l'efficacité de l'administration impériale, Dioclétien divise l'empire en deux. Il se réserve la partie orientale et nomme un coempereur pour diriger les provinces occidentales. Chaque empereur choisit un aide, appelé César, qui, en principe, doit le soutenir dans la direction de l'empire et accéder éventuellement au trône, sans luttes ni guerres. Tant que Dioclétien règne, ces arrangements fonctionnent relativement bien. En 305, il se retire pour s'occuper de ses jardins ; le coempereur fait de même pour que les deux Césars puissent partager le trône impérial à leur tour. Peu de temps après leur accession au trône, les deux nouveaux empereurs se querellent et la guerre civile éclate. Il faut attendre jusqu'en 312 avant que Constantin, fils de l'un des deux anciens Césars, sorte victorieux de la guerre et rétablisse la paix.

Constantin poursuit la politique dioclétienne de contrôle strict de la société par l'État. En outre, il prend deux décisions qui changeront profondément le cours de l'histoire de l'empire. En premier lieu, il se convertit au christianisme en 313 lors de la promulgation de l'édit de Milan et, en second lieu, il fonde une deuxième capitale, Constantinople, ou ville de Constantin, qu'il établit dans le petit village de Byzance, sur la rive occidentale du Bosphore, le détroit séparant l'Europe de l'Asie.

Le triomphe du christianisme

De petite minorité religieuse qu'ils sont, les chrétiens en viennent rapidement à former la majorité de la population. En 380, l'empereur Théodose le Grand déclare illégales toutes les religions, sauf le christianisme. Le paganisme, nom par lequel les

Carte 3.3

La progression du christianisme, de 300 à 600

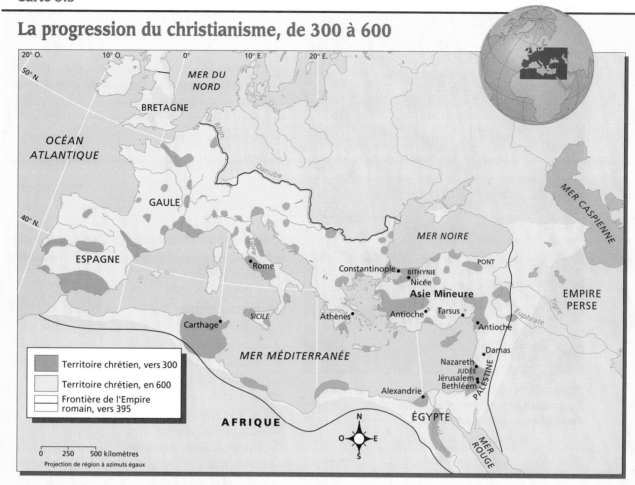

Le christianisme dans l'Empire romain. Depuis ses origines en Judée, le christianisme mit 300 ans à se propager à travers tout l'Empire romain et même au-delà.

? *Faire le lien entre la géographie et l'histoire. Quelles cités romaines, représentées sur cette carte, sont converties au christianisme après 300 ?*

---

chrétiens désignent toutes les religions polythéistes qui ont tenu sous leur emprise le monde gréco-romain, finit par disparaître de l'empire.

Le développement de l'Église. Un des premiers facteurs de réussite de l'Église est l'élaboration de cérémonies et de rituels destinés à vivifier la foi des croyants et à leur inspirer un sentiment de proximité avec le Christ.

Ceux qui organisent et célèbrent ces cérémonies constituent peu à peu une classe à part au sein de la chrétienté. Appelés prêtres, ils tiennent leur autorité des apôtres, ou disciples de Jésus ; ces derniers ont conféré aux prêtres l'autorité que le Christ lui-même leur avait donnée. On distingue bientôt ces chrétiens faisant partie de la *succession apostolique* de la laïcité, c'est-à-dire du reste de la congrégation de l'Église. Afin de préserver cette distinction, plusieurs sont d'avis que les prêtres doivent se consacrer entièrement à Dieu et ne pas se marier.

> **CONTINUITÉ / CHANGEMENTS** L'Église comblera le vide politique provoqué par le déclin de Rome et progressivement se dotera d'une structure qu'elle raffinera durant tout le Moyen Âge.

Avec le temps, une hiérarchie s'établit parmi les prêtres. L'Église grandissant, elle se donne, elle aussi, une structure administrative. La fonction d'*évêque*, ou de représentant officiel unique des prêtres, fait

Figure 3.14 Les études et les écrits de saint Augustin sur les Évangiles influencent les chefs de l'Église pendant des siècles.

son apparition : l'évêque veille aux affaires de l'Église dans la plupart des villes et a autorité sur tous les autres prêtres œuvrant dans sa région. Dans les grandes villes de l'empire, les évêques se donnent le titre de métropolitains et ont juridiction sur le clergé de provinces entières. Au cours du 4e siècle, les chefs des communautés chrétiennes les plus anciennes et les plus importantes de Rome, de Jérusalem, d'Antioche, d'Alexandrie et de Constantinople sont appelés *patriarches* et situés au-dessus des métropolitains dans la hiérarchie cléricale. D'abord et avant tout administrateurs, ces évêques, métropolitains et patriarches prennent la direction de l'élaboration de la doctrine chrétienne.

Au début, les questions de doctrine et d'organisation sont résolues par des conciles généraux, composés de représentants des plus grandes Églises. Ces conciles gardent une place importante dans la direction du monde ecclésiastique, mais les évêques de Rome et de Constantinople, hommes d'église jouant un rôle de premier plan dans les capitales impériales, voient leur influence croître de plus en plus.

En 445, l'empereur Valentinien III décrète que tous les évêques doivent se soumettre à l'autorité de celui de Rome, appelé *pape*, d'après le mot latin *papa*, signifiant « père nourricier ».

Augustin (354-430) consacre une partie de sa vie à défendre et à propager la doctrine du christianisme. Il soutient qu'aucune communauté chrétienne n'est plus importante que les autres. Il enseigne que seule la foi sauve les âmes et que tous les chrétiens appartiennent à la communauté du Christ et de son Église, largement au-dessus de celle de la Rome impériale.

Peu après la chute de Rome aux mains des Wisigoths d'Alaric, en 410, Augustin réunit la somme de ses croyances dans un livre intitulé *La Cité de Dieu*. Il y affirme que Rome peut tomber, mais que cela importe peu puisque le royaume des cieux est éternel.

Le monachisme. Au fur et à mesure que l'Église s'immisce dans les affaires courantes de la société, plusieurs fidèles s'inquiètent de la voir se détourner du message initial de Jésus. Afin de retrouver l'esprit d'humilité démontré par ce dernier, comme le croient certains, ils se tournent vers le *monachisme*, se faisant moines et vivant dans une solitude consacrée à la prière et au sacrifice.

Une fois le christianisme devenu religion officielle de Rome, l'Église établit une hiérarchie dans son clergé et doit faire face à des querelles internes sur des questions de doctrine et de culte.

La chute de l'Empire romain

L'instauration du christianisme comme religion d'État ne parvient pas à régler les graves problèmes de l'empire. Au cours des 4e et 5e siècles, ces problèmes proviennent principalement des pressions exercées aux frontières par des tribus qui cherchent à les forcer. Pendant des siècles, des tribus germaniques ont vécu le long de certaines de ces frontières, faisant de temps à autre des incursions chez les Romains, plus riches qu'eux, pour les piller. Mais la venue d'autres peuplades en provenance d'Asie centrale pousse les tribus germaniques à franchir les frontières de l'empire de façon plus importante qu'auparavant.

À la fin du 4e siècle, une nouvelle peuplade d'Asie centrale, les Huns, arrive de l'Est et met les tribus germaniques en fuite. Les armées impériales réussissent à tenir les Huns en respect sur le front est, mais, sur le front ouest, elles sont rapidement écrasées.

Les multiples héritages de Rome

Les spécialistes fixent à l'année 476 — quand Odoacre, le roi barbare, destitue Romulus Augustule, dernier empereur romain — la chute de l'Empire romain occidental, même si tout ce qui constituait Rome continue d'exister. D'ailleurs, les héritages légués par le Grand Empire sont encore bien perceptibles de nos jours.

Les langues

Les langues romanes, toutes issues du latin, sont un exemple de l'héritage romain. Le français, l'italien, l'espagnol, le roumain et le portugais tirent leurs racines de la langue de Rome. Même si l'anglais provient des langues germaniques, son vocabulaire emprunte de nombreux mots au latin à cause des relations étroites que la France et l'Angleterre ont entretenues dès 1066, au début de l'époque normande. Et cetera, veto, curriculum sont des exemples d'emprunts directs au latin couramment utilisés aujourd'hui.

L'art et l'architecture

L'influence de Rome sur l'art et l'architecture est aussi persistante, et des exemples de structures architecturales romaines parsèment encore les campagnes du sud de l'Europe, de l'Afrique du Nord et du Sud-Ouest asiatique. L'arc arrondi et la voûte, les deux plus grandes inventions romaines en architecture, ont été utilisés pendant des siècles et sont toujours bien visibles dans l'architecture de nombreux pays. Les ponts construits par les Romains continuent d'enjamber certains fleuves ou certaines rivières de France, d'Allemagne et d'Espagne. Les routes reliant Rome à ses provinces sont toujours là. Les Romains dotaient chaque ville conquise d'un système routier, de temples, de bains publics, de théâtres et d'un forum central. Ainsi, plusieurs villes doivent aux ingénieurs romains leur configuration actuelle.

Les ruines d'édifices romains, édifices souvent conçus d'après des modèles grecs, ont inspiré des générations d'architectes. À titre d'exemple, Michel-Ange s'en servit pour ses travaux dans la basilique Saint-Pierre de Rome, en 1547. Thomas Jefferson étudia l'architecture romaine avant de construire sa demeure à Monticello, en 1770.

La littérature et le théâtre

La littérature et le théâtre modernes doivent également beaucoup aux traditions romaines qui, au cours des siècles, ont transmis divers genres, telles la comédie, la tragédie et la satire. Le mot satira, à l'origine du mot français satire, signifie « moquerie, critique pleine d'esprit et d'humour ».

Le droit

Le droit romain a aussi laissé sa marque. Après la chute de l'empire, plusieurs pays d'Europe et d'Asie l'adoptent. Par l'Espagne, il devient le fondement des lois de la Nouvelle-Espagne, qui demeureront en vigueur même quand une partie des territoires espagnols se transformera en États du Texas et du Nouveau-Mexique. En France, le Code Napoléon est aussi fondé sur le droit romain. C'est ce même code que l'ex-province française de la Louisiane continua d'utiliser après qu'elle fut devenue un État américain. Aux États-Unis, le système politique fondé sur l'équilibre des pouvoirs s'inspire, lui aussi, du droit romain. Ce système qui interdit la concentration du pouvoir entre les mains d'un seul individu ou d'une seule entité dirigeante reprend à son compte la tradition romaine qui divisait le pouvoir entre deux consuls, chacun pouvant opposer son veto aux agissements de l'autre.

Figure 3.15 On utilise toujours ce pont construit par les Romains à Cordoue, en Espagne.

Les invasions dans l'Empire romain, 340-481

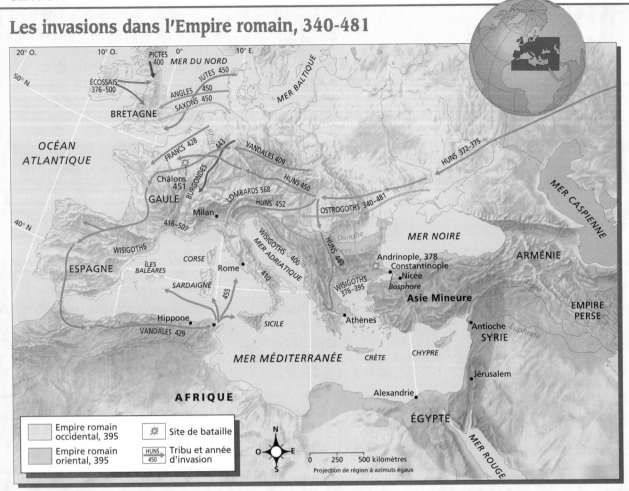

Le chaos provoqué par les invasions. Les attaques d'envahisseurs venant de toutes parts provoquent l'effondrement de l'Empire romain.

 Faire le lien entre la géographie et l'histoire. Quel est le premier groupe d'envahisseurs à pénétrer dans l'empire?

Poussées par les Huns, d'autres tribus attaquent l'Empire romain. Finalement, en 476, Odoacre, le chef des Ostrogoths, renverse Romulus Augustule, dernier empereur régnant de l'Ouest. Ayant obtenu de l'empereur de Constantinople reconnaissance de sa suprématie, Odoacre met définitivement fin à l'Empire romain occidental.

EXERCICES

1. Définir les termes suivants :

- *Dioclétien*
- *Théodose le Grand*
- *évêque*
- *pape*
- *monachisme*
- *Constantin*
- *succession apostolique*
- *patriarche*
- *Augustin*

2. Localiser les lieux suivants et en faire ressortir l'importance :

- *Constantinople*
- *le Bosphore*

3. Cerner l'idée principale. Quelles réformes Dioclétien mène-t-il ?

4. Cerner l'idée principale. Comment le christianisme se transforme-t-il à l'époque de l'Empire romain tardif ?

5. Cerner l'idée principale. Sur quelles bases le monachisme s'établit-il après la chute de l'Empire romain ?

6. Expliquer. Dans un court texte, expliquez le sens de l'énoncé suivant et déterminez-en les limites : « La civilisation romaine disparaît en 476. »

7. Comparer et opposer. En quoi l'Empire romain des 4e et 5e siècles est-il différent de celui qui existait au cours des siècles précédents ?

Sociétés	Vie politique	Vie matérielle	Société/Arts/Culture	Économie	Science et techniques
Rome					
• **Période étrusque** (753-509 av. J.-C.)	• Monarchie	• Création de villes fortifiées	• Religion polythéiste • Rites funéraires raffinés	• Commerce local • Agriculture	(peu de traces)
• **Période républicaine** (509-27 av. J.-C.)	• Pouvoir partagé entre assemblées, sénat et magistrature	• Rome devient la métropole du monde romain et méditerranéen.	• Société hiérarchisée (classes sociales : noblesse — **ordre équestre** — plèbe — esclaves) • Religion polythéiste complexe, romanisation de plusieurs dieux grecs • 3ᵉ s. : influence orientale • Femme reléguée à un rôle traditionnel (autorité paternelle)	• Commerce péninsulaire qui devient méditerranéen. • Rome devient le point central vers lequel convergent toutes les productions des provinces conquises. • **Unité monétaire 75**	• **Architecture monumentale :** - **Circus maximus** (275 000 places) **77** - **Colisée** (550 00 places) bâtiments utilitaires **78** - **aqueducs 78** - **thermes 78** - **réseau routier carrossable** remarquable Utilisation des formes combinant masse et structure. Le **béton armé** rend possible ces réalisations. • Traité d'architecture de Vitruve
• **Période impériale** (27 av. J.-C. - 476)	• Pouvoir centralisé entre les mains de l'empereur qui devient - *Princeps* : chef politique - *Imperator* : chef militaire - *Pontifex-maximus* : chef religieux	• *L'Urbs* atteint son apogée (un million d'habitants) • Métropole impériale, Rome doit affronter des problèmes similaires des villes contemporaines (vols — violence — incendies)	• Vie culturelle très riche LITTÉRATURE - **Tacite** (*Annales*) - **Suétone** (*Vies des douze Césars*) - **Pline l'Ancien** (*Histoire naturelle*) - **Sénèque** (*Médée, Phèdre*) - **Cicéron** (*Catilinaires*) - **Tite-Live** (*Histoire de Rome*) DROIT • Loi des Douze Tables (5ᵉ s. av. J.-C.) **Codification écrite** du droit coutumier **70** • Sous l'empire, le droit romain s'universalise : **unité de langue** et unité de **jurisprudence** grâce aux jurisconsultes **71** • Émergence du droit spécialisé : **commercial, privé, fiscal** • Application du principe des **circonstances atténuantes** (*jus gentium*) **76** • Le droit romain est recensé et enrichi à Byzance (**Code justinien**) **76** • Il devient le fondement du **droit canonique** au Moyen Âge et influence le **Code Napoléon** (19ᵉ s.) **76** LANGUE • Le latin devient la **langue de l'Église jusqu'au 20ᵉ s.** • Il demeure jusqu'au 18ᵉ s. la **langue des communications savantes** à l'échelle européenne **85** • Sur le plan étymologique, le **français actuel** est formé de plusieurs **racines latines.** • Le latin est aussi le **fondement commun de l'espagnol, de l'italien et du portugais.** CHRISTIANISME • Religion **monothéiste** qui se répand après le 2ᵉ s. et jusqu'au 4ᵉ s. (313). Le christianisme est **légalisé** et en 380, il devient **religion d'État.** Le christianisme s'étend dans le **créneau occupé par l'empire** et devient la force **unificatrice** par laquelle la société **médiévale** assurera sa **cohésion. 79, 82, 83**	• À compter du 3ᵉ s., crise économique structurelle (inflation — chômage)	• Prédominance de la technique au détriment de la science spéculative

Révision

RÉDIGER UN RÉSUMÉ

En retenant les points essentiels du texte, rédigez un court résumé du chapitre.

RÉVISER LA TERMINOLOGIE

Faites correspondre aux termes suivants la définition qui convient à chacun.

a) tribun

b) monachisme

c) disciple

d) colonus

e) évêque

f) consuls

g) guerre punique

h) patricien

i) république

j) plébéien

k) forum

1. Vie consacrée à la prière et à la contemplation.

2. À Rome, représentant public élu pour protéger les intérêts des plébéiens.

3. Fermier romain qui travaille la terre et paie un loyer en nature à son riche propriétaire.

4. Homme d'église qui dirige les membres du clergé dans les villes de l'empire.

5. Deux chefs de la Rome républicaine qui dirigent le gouvernement.

6. Ils répandent la parole du Christ.

7. Conflit opposant Rome et Carthage.

8. Première forme de gouvernement à Rome après la chute des rois étrusques.

9. À l'origine, marché central où se regroupent plusieurs villages latins.

10. Membre de la classe inférieure des citoyens romains.

11. Membre de la classe supérieure des citoyens romains.

RÉVISER LA CHRONOLOGIE

Dressez la liste des événements suivants en respectant l'ordre chronologique.

1. Octave défait Marc Antoine et Cléopâtre à la bataille d'Actium.

2. Des peuplades nomades renversent le dernier empereur romain occidental.

3. La plèbe assassine Tiberius Gracchus à Rome.

4. La première guerre punique éclate.

5. Rome devient une république.

6. Fondation légendaire de Rome.

7. Hannibal écume l'Italie.

8. Réforme de l'armée romaine.

9. Odoacre dépose Romulus Augustule.

10. Octave Auguste devient empereur romain.

11. Réformes des Gracques.

12. Promulgation de l'édit de Milan.

COMPRENDRE LES IDÉES PRINCIPALES

1. Quelles sont les causes et les conséquences des guerres puniques?

2. Comment les Romains réussissent-ils à conquérir l'Italie?

3. Quelles sont les répercussions des conquêtes sur l'Empire romain?

4. Comment Auguste transforme-t-il la République de Rome en empire?

5. Comment le christianisme se transforme-t-il au cours des 4e et 5e siècles?

6. Quels facteurs favorisent l'essor du christianisme dans le monde méditerranéen?

EXERCER SON SENS CRITIQUE

1. **Synthétiser.** Expliquez pourquoi la croissance d'un État ou d'un empire entraîne presque inévitablement la guerre avec un autre État.

2. **Analyser.** Quelles sont les étapes principales du développement de Rome? Expliquez comment l'armée romaine devient l'instrument de conquête par excellence.

Chapitre 4
Une nouvelle civilisation en Europe Occidentale (476-1350)

493-526	▶ Théodoric, roi ostrogoth, poursuit la tradition romaine
540-604	▶ Expansion de la chrétienté sous Grégoire Iᵉʳ
751	▶ Sacre de Pépin, roi de France, par le pape
756	▶ Création des États pontificaux
800	▶ Sacre de Charlemagne, empereur des Romains, par le pape
843	▶ Partage de l'empire de Charlemagne entre ses trois fils
v. 872	▶ Invasions des Vikings, des Magyars et des Musulmans en Europe
962	▶ Création du Saint Empire romain germanique
1066	▶ Guillaume le Conquérant conquiert l'Angleterre
1215	▶ La Grande Charte anglaise (*Magna Carta*)
1260	▶ Création du Parlement en Angleterre
1302	▶ Première convocation des États généraux français

Objectifs d'apprentissage

APRÈS AVOIR LU CE CHAPITRE, VOUS SEREZ CAPABLE :
- D'EXPLIQUER COMMENT LA SOCIÉTÉ MÉDIÉVALE SE DÉVELOPPE DANS LE SILLAGE DE L'EMPIRE ROMAIN ;
- DE COMPRENDRE COMMENT L'ÉGLISE CATHOLIQUE PARVIENT À COMBLER LE VIDE CRÉÉ PAR LA DISPARITION DE L'EMPIRE ROMAIN ;
- DE COMPARER LE HAUT ET LE BAS MOYEN ÂGE SUR LES PLANS SOCIAL ET POLITIQUE ;
- DE CARACTÉRISER LA RENAISSANCE ÉCONOMIQUE ET INTELLECTUELLE APRÈS L'AN MIL ;
- D'ANALYSER LES CIRCONSTANCES FAVORISANT L'ÉMERGENCE DE NOUVEAUX ÉTATS NATIONAUX À LA FIN DE LA GUERRE DE CENT ANS.

Les invasions des Germains dans l'Empire romain transforment la société européenne. Dorénavant, les gens ne cherchent plus protection auprès des Romains ; ils se tournent plutôt vers les rois germaniques. Ce déplacement du pouvoir déstabilise la société et lui fait perdre son unité. Ces Européens de l'Ouest développent cependant une nouvelle culture, qui amalgame les traditions romaines, germaniques et chrétiennes.

Figure 4.1   En 800, le sacre de l'empereur Charlemagne, roi franc, par le pape Léon III.

L'apparition des Francs

OBJECTIFS D'APPRENTISSAGE

APRÈS AVOIR LU CETTE SECTION, VOUS SEREZ CAPABLE :

- DE DÉFINIR LES CARACTÉRISTIQUES DE LA SOCIÉTÉ GERMANIQUE ;

- D'EXPLIQUER COMMENT L'ÉGLISE ASSURE L'UNITÉ DE L'EUROPE, UNE FOIS L'AUTORITÉ ROMAINE DISPARUE ;

- D'ANALYSER COMMENT LES FRANCS CONTRIBUENT À LA RÉUNIFICATION DE L'OUEST ;

- D'ÉNUMÉRER LES FACTEURS QUI ENTRAÎNENT LE DÉCLIN DE L'EMPIRE DE CHARLEMAGNE.

Rome est tombée. L'herbe pousse entre les pavés brisés du grand forum. Là où les Césars ont jadis régné, les rois germaniques s'approprient les dépouilles de l'empire, sans pour autant que les peuples cessent de craindre la puissance romaine. Parmi les nouveaux rois germaniques, plusieurs cherchent encore à se faire reconnaître par l'empereur de Constantinople pour asseoir leur légiti-mité. Malgré ces efforts, rien ne peut stopper l'effondrement de la civilisation romaine d'Occident bientôt remplacée par une autre fort originale.

> **CHANGEMENTS** Cette nouvelle civilisation puise sa force dans les traditions germaniques, emprunte sa vision d'un État universel aux traditions romaines et parvient à maintenir une cohésion sociale grâce aux traditions chrétiennes.

Les historiens désignent ce moment de l'histoire européenne par le nom de Moyen Âge, ou époque médiévale, mot qui qualifie l'époque s'étendant de la fin de l'Empire romain à la Renaissance.

Les envahisseurs germaniques

Les Ostrogoths et les Wisigoths, conquérants des provinces romaines occidentales, qui ont longtemps vécu dans l'ombre du monde romain, en conservent les fondements.

> **CHANGEMENTS** Après leurs conquêtes, les rois des peuples germaniques continuent de respecter les lois et les traditions de l'empire tout en les adaptant à leurs us et coutumes.

Ainsi, le roi ostrogoth Théodoric le Grand, qui règne sur l'Italie de 493 à 526, garde en place le sénat et l'ancienne administration impériale. Mais d'autres vagues d'immigration suivent et différents peuples germaniques commencent à s'installer dans les provinces occidentales après l'arrivée des Ostrogoths et des Wisigoths. Connaissant très peu les modes de vie romains, ces nouveaux venus, Francs, Angles, Saxons et autres, qui établissent leurs royaumes dans les anciennes provinces romaines du nord de la Gaule et en Bretagne dans les années 400, conservent leurs croyances païennes et leurs coutumes germaniques.

La famille et les valeurs culturelles. Les Germains qui envahissent le nord de l'Europe forment un peuple migrateur, se déplaçant au besoin pour trouver de la nourriture ou fuir des ennemis. Ils ne sont cependant pas nomades, car ils s'installent dans des régions et y vivent parfois pendant des générations. Ils survivent grâce à la chasse, à la pêche et à l'élevage de bœufs, de moutons et de porcs. Ils habitent des huttes grossières, regroupées en petits

Carte 4.1

Les royaumes germaniques, 526

Les tribus migratrices. Les déplacements des tribus germaniques s'effectuent à travers toute l'Europe et jusqu'en Afrique du Nord.

? *Localiser. Quel peuple s'est rendu maître du nord de l'Italie ?*

villages nichés dans les forêts. De tempérament belliqueux, ils pillent souvent leurs voisins.

Les Germains se regroupent en fonction des liens de parenté. Leur loyauté va d'abord et avant tout à la famille, puis au clan et, parfois, à un regroupement tribal un peu plus vaste. Les tribus, cependant, semblent ne se former qu'en temps de guerre ou pour faire face à d'autres périls. Elles se défont facilement et peuvent se reconstituer à partir d'autres clans.

> **CHANGEMENTS** Les chefs des familles les plus riches, de même que ceux des familles qui se réclament d'ancêtres divins, dirigent les villages en s'appuyant sur un conseil. Ce système est modelé sur celui des Romains.

> **CHANGEMENTS** Les familles bien en vue en patronnent souvent de moins fortunées, leur offrant argent ou protection contre leurs ennemis en échange de leur loyauté politique et militaire (*auxilium* et *consilium*). Ce système deviendra l'assise du développement de la société médiévale et, plus particulièrement, du régime vassalique.

La guerre et la structure sociale. Après avoir envahi l'Empire romain, les chefs de guerre des tribus germaniques se proclament rois et distribuent une bonne partie des terres conquises à leurs guerriers, qui deviennent ainsi des *nobles* terriens. Après le roi et les nobles viennent, dans la hiérarchie sociale, les *hommes libres*, qui peuvent posséder des terres et qui ont certains droits politiques. Suivent plusieurs groupes de paysans à demi libres et généralement attachés au travail de la terre. Au bas de cette hiérarchie se trouvent les individus qui sont capturés au cours de raids et transformés en esclaves, à l'instar des personnes qui doivent se vendre pour payer leurs dettes.

> **CHANGEMENTS** Le fait de se constituer esclave pour payer ses dettes rappelle la réforme introduite par Solon à Athènes, en 594 av. J.-C.

La loi germanique. Au fur et à mesure que la hiérarchisation de la société germanique s'accentue, les rois et les nobles exercent davantage leur pouvoir, même en temps de paix. Malgré l'instauration de

royaumes, les Germains ne conçoivent pas l'État comme une entité où les mêmes lois peuvent être appliquées à tout le monde. Chaque tribu établit donc sa propre liste de crimes et de punitions. Lorsqu'un délit est commis, les parties lésées et leurs familles règlent elles-mêmes l'incident en poursuivant de leur vengeance le coupable et sa parenté. Ainsi, la menace de querelles sanglantes plane sans cesse. Comme ces querelles sont dévastatrices, les Germains, comme bien d'autres peuplades, finissent par leur substituer le paiement de sommes d'argent en réparation du tort subi.

Les Germains ne tentent pas d'imposer leur propre système judiciaire aux peuples qu'ils conquièrent. Au contraire, ils permettent aux ex-citoyens romains de continuer à recourir au droit romain qui, à la longue, s'incorpore aux traditions germaniques.

> **CHANGEMENTS** Comme la majorité de la population n'est pas d'origine germanique, la tradition romaine, plus raffinée et plus souple, demeure partie intégrante de la société européenne, même sous la domination des Germains.

La montée de la chrétienté latine

> **CHANGEMENTS** Les Germains acceptent les influences romaines parce qu'ils y sont poussés, dans une large mesure, par la seule grande institution impériale qui survive, l'Église catholique. Celle-ci est structurée de la même manière que l'ancienne administration impériale romaine : chaque district, ou diocèse, est placé sous l'autorité d'un évêque et chaque province, composée de plusieurs diocèses, est placée sous l'autorité d'un archevêque.

L'évêque de Rome, le pape, est reconnu, règle générale, comme le chef de l'Église. Quand le système impérial romain cesse de fonctionner, l'Église prend la relève et exerce une autorité aussi bien spirituelle que temporelle (politique) dans de nombreuses villes de l'Ancien Empire.

L'influence du monachisme. La Rome impériale s'effondre, mais l'Église est préservée d'une disparition précoce grâce à la foi de ses fidèles. Son message semble particulièrement pertinent dans les années qui suivent la chute de Rome : la sécurité des peuples est de plus en plus précaire et l'Église enseigne que la vie sur terre n'est qu'un passage avant une vie meilleure aux cieux.

Le message de l'Église réconforte les Romains et, aux 5e et 6e siècles, il se répand bien au-delà des frontières du monde romain. Le monachisme contribue largement à cet essor. Le premier responsable de la diffusion du monachisme et, avec lui, du christianisme, en Europe est un riche Romain, saint Benoît de Nursie. Vers 529, Benoît fonde un monastère sur le mont Cassin, près de Rome.

Bien qu'influencé par certaines règles de vie monastique déjà existantes, saint Benoît de Nursie écrit la sienne propre, la *règle bénédictine*, qui devient un modèle suivi par de nombreux monastères catholiques.

Cette règle énonce les vertus que les moines doivent cultiver dont, entre autres, l'humilité et l'obéissance à Dieu, au pape et à l'abbé. Elle établit dans les moindres détails les prières, les lectures saintes et les chants religieux à faire bien avant que le jour ne se lève, et elle répartit rigoureusement les heures de sommeil, de travail manuel et de repas. Dans leur milieu, les moines occupent différentes fonctions : bibliothécaires, copistes, intendants de domaines ou secrétaires du roi. Certains fondent des écoles pour transmettre le savoir. Les bénédictins

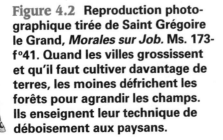

Figure 4.2 Reproduction photographique tirée de Saint Grégoire le Grand, *Morales sur Job.* Ms. 173-f°41. Quand les villes grossissent et qu'il faut cultiver davantage de terres, les moines défrichent les forêts pour agrandir les champs. Ils enseignent leur technique de déboisement aux paysans.

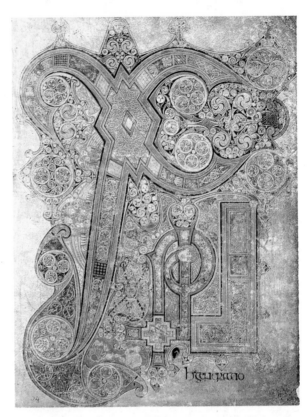

Figure 4.3 Cette magnifique enluminure provenant du *Livre de Kells*, un manuscrit renfermant les quatre Évangiles, est caractéristique du travail des moines qui recopient les œuvres de l'Antiquité.

sont aussi des missionnaires et, s'établissant partout en Europe occidentale, ils prêchent le catholicisme et renforcent l'autorité du pape.

Le pape Grégoire le Grand (540-604). Un des plus grands défenseurs de l'autorité papale et de l'expansion de l'Église est le pape Grégoire Ier, qui deviendra Grégoire le Grand. Ancien bénédictin, il donne tout son appui aux missions des moines, qu'il soutient en prenant une mesure pour encourager les païens à se convertir : il intègre certaines de leurs coutumes au christianisme.

Sous l'influence de chefs comme Grégoire le Grand, les traditions et les institutions romaines et chrétiennes se mêlent à la culture germanique et produisent une nouvelle civilisation : la *chrétienté latine.*

Grâce aux moines qui s'installent un peu partout, l'Église catholique romaine devient la grande force d'unification qui donne naissance à la chrétienté latine.

Les Francs

Un des grands espoirs de l'Église pour assurer l'expansion de la chrétienté latine réside dans la mise en place d'une Église catholique universelle alliée à un État de mêmes dimensions, comme aux derniers temps de l'Empire romain. À cette fin, les chefs religieux font de leur mieux pour convertir les envahisseurs germaniques. Au début, ils ont peu de succès puisque les premières vagues de tribus se sont converties au christianisme arien, doctrine selon laquelle la divinité du Christ n'est pas un absolu, plutôt qu'au catholicisme avant de pénétrer dans l'empire. Par contre, lorsque d'autres tribus païennes arrivent, dans le sillage des Ostrogoths et des Wisigoths, les autorités ecclésiastiques voient là une nouvelle occasion d'atteindre leur but.

Les Mérovingiens. Vers la fin du 5ᵉ siècle, les Francs du nord de la Gaule semblent former le plus puissant royaume germanique et constituer les meilleurs alliés éventuels de l'Église. Menés par leur chef Clovis et ses descendants, ils conquièrent leurs voisins wisigoths et burgondes, et bâtissent un grand empire qui englobe une bonne partie de la Gaule.

Clovis est le premier roi de la dynastie mérovingienne, ainsi nommée d'après Mérovée, son grand-père. La tradition veut que Clovis se convertisse au catholicisme en 496, geste astucieux qui lui vaut le soutien de l'Église et de la vieille aristocratie romaine. Clovis espère se servir de l'Église pour parvenir à gouverner son nouvel empire, car la société germanique n'a jamais mis en place les institutions administratives nécessaires pour diriger un royaume de la taille de celui des Mérovingiens.

> ⚜ CHANGEMENTS L'Église consent avec empressement à fournir administrateurs et conseils à Clovis, nouveau roi germanique. Elle consolide ainsi sa position et remplace, dans son rôle, le défunt empire de Rome.

L'empire de Clovis ne dure cependant pas longtemps, en partie à cause de l'allégeance du roi aux traditions germaniques concernant le partage de l'héritage. Sur son lit de mort, en 511, Clovis divise son royaume entre ses quatre fils, comme le veut la coutume. Aux prises avec la guerre civile, la puissance grandissante de la noblesse franque et la menace des forces byzantines et germaniques qui tentent de pénétrer dans leur territoire par l'est, les héritiers de Clovis sont incapables de garder le contrôle du royaume. Au 8ᵉ siècle, le véritable pouvoir dans l'Empire franc est aux mains du plus important représentant de la maison royale, le maire du palais. Les rois mérovingiens ne sont plus que des hommes de paille.

Les Carolingiens. En 732, Charles Martel, maire d'Austrasie et de Neustrie, gagne la faveur de l'Église en défaisant une bande de pillards musulmans près de Poitiers. Cette bataille est saluée comme une grande victoire des chrétiens et Charles Martel y acquiert toute sa renommée. Par contre, quand le pape lui demande son aide pour combattre les Lombards en Italie, il refuse. Plus tard, Pépin, son fils, répondra favorablement à pareil appel, mais seulement après que le pape aura accepté qu'il dépose (destitue) le dernier roi mérovingien, ce qui lui permettra de monter sur le trône. Le pape se rend en France en 751 pour proclamer Pépin « roi par la grâce de Dieu » et ce couronnement marque le début de la dynastie carolingienne.

En 754 et 756, Pépin vainc les Lombards et remet au pape les territoires qu'il a conquis en Italie centrale, geste connu sous le nom de *donation de Pépin*. Sur ces territoires sont créés les États pontificaux.

> ⚜ CHANGEMENTS La papauté devient une puissance aussi bien temporelle que spirituelle et l'alliance entre les rois carolingiens et l'Église s'en trouve renforcée. Désormais, les rois des Francs et, bientôt, de France, seront sacrés par le pape.

📖 BIOGRAPHIE **Le roi des Francs**
La dynastie carolingienne tire son nom de celui du fils de Pépin le Bref, Carolus Magnus, ou Charlemagne (Charles le Grand). Né en 742, Charlemagne est un homme profondément religieux et intelligent, mais peu instruit. Il devient néanmoins un souverain exceptionnel. Charlemagne veut reconstruire un empire ayant la puissance et la gloire de l'ancien Empire romain. Mais, à la mort de son père, en 768, le royaume est partagé entre lui et son frère, Carloman. Ce n'est que lorsque ce dernier meurt, en 771, que Charlemagne peut assumer seul le pouvoir en tant que roi des Francs et céder à son ambition. Il ne tarde pas à prendre comme devise la phrase latine *Rénovatio imperi romani*, ce qui signifie « restauration de l'Empire romain ».

**Figure 4.4
Charlemagne**
B I O G R A P H I E

L'empire de Charlemagne, 768-814

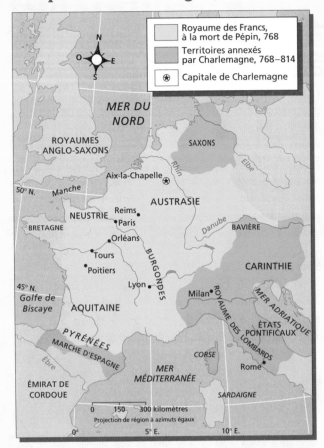

	Royaume des Francs, à la mort de Pépin, 768
	Territoires annexés par Charlemagne, 768–814
✪	Capitale de Charlemagne

Le conquérant de l'Europe. La restauration du Saint Empire romain force Charlemagne à conquérir presque toute l'Europe. Cependant, après sa mort, en 814, cet empire est rapidement morcelé.

❓ *Localiser.* Dans quelle ville Charlemagne établit-il sa capitale impériale?

Charlemagne poursuit l'œuvre de son père, Pépin, mort en 768. Comme bien des rois de son époque, Charlemagne passe la majorité de son temps à la guerre. Il défait les Lombards en Italie, les Saxons dans le nord de la Germanie et les Avars en Europe centrale. Incapable de chasser les Musulmans d'Espagne, il les repousse pourtant au-delà des Pyrénées et crée une zone tampon en Espagne. Bientôt, Charlemagne domine presque toute l'Europe occidentale.

Il divise son royaume en comtés qu'il confie à des «compagnons» (comtes). Il donne aux ducs la responsabilité des régions frontières, ou marches de l'empire. Chacun de ces nobles répond de ses agissements directement à Charlemagne et met à exécution les ordres de ce dernier dans les territoires dont il a la charge. Afin de consolider ce système, le pape Léon III sacre Charlemagne «empereur des Romains» le jour de Noël de l'an 800. L'idéal d'un empire universel allié à une Église universelle semble près d'être atteint.

La renaissance carolingienne. Charlemagne fait de son mieux pour être à la hauteur du rôle d'un empereur romain et est admiré pour ses prouesses de guerrier et sa piété de bon chrétien.

CHANGEMENTS / CONTINUITÉ Charlemagne s'intéresse particulièrement à l'éducation et fonde, à l'intention des jeunes nobles, une école dans son palais où enseignent des érudits venus de toute l'Europe occidentale. Il favorise aussi l'établissement d'écoles dans les monastères et les cathédrales pour donner aux prêtres une instruction de base. De plus, c'est sous son règne que se généralise l'utilisation de l'*écriture caroline*. Cette renaissance du savoir est parfois appelée la *renaissance carolingienne.*

Malgré les efforts de Charlemagne, son empire ne survivra que fort brièvement après sa mort, en 814. Au cours du règne d'un de ses fils, Louis Ier le Pieux, la guerre civile ravage le royaume, car les fils de Louis contestent les arrangements successoraux de leur père. Cette guerre se poursuit bien après la mort de Louis, en 840. Ses fils signent enfin le traité de Verdun, en 843, divisant l'empire en trois royaumes : un à l'ouest (royaume de Charles II le Chauve), un au centre (Lothaire Ier) et l'autre, à l'est (Louis le Germanique). L'empire de Charlemagne commence à s'effondrer.

Bien que de courte durée, les empires francs gardent vivante la notion d'un État universel allié d'une Église tout aussi universelle.

La reprise des invasions

L'empire de Charlemagne vole en éclats non seulement à cause des querelles et des dissensions internes, mais aussi à cause des envahisseurs qui, une fois de plus, et de toutes parts, prennent l'empire d'assaut. Les Vikings, les Magyars et les Musulmans sont ceux qui sont les plus craints.

Les Vikings. À la fin du 8e siècle et au début du 9e siècle, les peuples de Scandinavie font irruption sur la scène européenne occidentale. Alors que les Germains s'abandonnent au christianisme et à l'influence civilisatrice de l'ancien monde romain, les Vikings conservent leur *paganisme* et leur âme guerrière. Dans leurs longs bateaux à fond plat (drakkars), munis de rames et d'une seule voile, ils sillonnent les mers d'Europe. Pendant près de deux cents

Les peuples de l'Europe, 600-1000

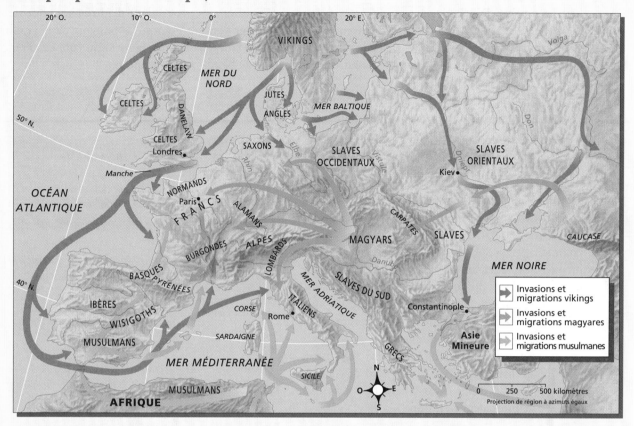

20° O.   10° O.   0°   20° E.

VIKINGS

CELTES

MER DU NORD

CELTES

JUTES

DANELAW

ANGLES

MER BALTIQUE

50° N.

CELTES

Londres

SAXONS

Rhin

Elbe

SLAVES OCCIDENTAUX

Vistule

Volga

Don

SLAVES ORIENTAUX

Kiev

Dniepr

Manche

NORMANDS

Paris

FRANCS

ALAMANS

OCÉAN ATLANTIQUE

BURGONDES

ALPES

LOMBARDS

MAGYARS

CARPATES

SLAVES

CAUCASE

Danube

40° N.

BASQUES

PYRÉNÉES

MER ADRIATIQUE

SLAVES DU SUD

MER NOIRE

IBÈRES

WISIGOTHS

CORSE

ITALIENS

Rome

Constantinople

MUSULMANS

SARDAIGNE

GRECS

Asie Mineure

Invasions et migrations vikings

Invasions et migrations magyares

Invasions et migrations musulmanes

MER MÉDITERRANÉE

SICILE

N O E S

0   250   500 kilomètres

Projection de région à azimuts égaux

MUSULMANS

AFRIQUE

La reprise des invasions. Les envahisseurs vikings, magyars et musulmans pillent les villes européennes et nord-africaines. Au cours de cette période tumultueuse, le centre du pouvoir passe de l'Est à l'Ouest.

Localiser. Quelle mer sépare la terre d'origine des Vikings des Slaves occidentaux ? Quelle mer sépare ces mêmes Vikings des Celtes ?

ans, tous les printemps, les bandes vikings quittent la Scandinavie pour piller différents territoires étrangers. Elles réintègrent leur habitat nordique juste avant l'arrivée des grands vents glacés de l'hiver ou quand leurs bateaux sont remplis de butin et d'esclaves.

À l'est, elles descendent les fleuves de Russie jusqu'à la mer Noire. À l'ouest, elles attaquent non seulement les îles britanniques et le nord de la France, mais aussi l'Irlande et l'Espagne, se rendant même jusqu'en Amérique du Nord. Au sud, elles pillent les côtes méditerranéennes.

Partout, les Vikings inspirent la terreur à cause de leurs attaques rapides et sauvages. Leurs proies favorites sont les moines ; ceux d'Irlande, pour s'en protéger, construisent de hautes tours de pierre garnies de portes placées très haut au-dessus du sol. Dès qu'ils voient un bateau viking, les moines se réfugient dans les tours et remontent les échelles d'accès. Même en temps de paix relative, leurs prières se terminent souvent par la supplication suivante : « Et de la colère des

Vikings, Seigneur, délivre-nous. » Ailleurs en Europe, les seigneurs érigent des châteaux de pierre à l'intérieur desquels les villageois peuvent trouver refuge.

Avec le temps, les Vikings commencent à s'installer sur les terres qu'ils ont l'habitude de piller. Par exemple, de grandes colonies vikings s'établissent dans le nord-est de l'Angleterre délaissant le pillage pour se tourner vers le commerce sur de longues distances. De l'autre côté de la Manche, le chef viking Rollon s'installe en Normandie, dans le nord de la France, à la suite de son mariage avec la fille du roi de France, Charles le Simple, qui lui accorde ce

Figure 4.5 Tête de lion (sculpture viking, 9ᵉ siècle)

duché en échange de sa conversion au catholicisme. Ce faisant, Rollon devient vassal du roi de France. Un de ses descendants, Guillaume le Conquérant, héritier du titre de duc, devient roi d'Angleterre en 1066. Son accession au trône d'Angleterre engendre un problème inédit, puisqu'il possède toujours des terres en sol français, le faisant vassal du roi de France : est-ce que le roi d'Angleterre doit prêter hommage à son *suzerain* français ? Ce problème ne sera résolu que plus tard durant la guerre de Cent Ans (1337 à 1453).

Les Magyars. À la fin du 9ᵉ siècle, une vague d'envahisseurs venus de l'Est terrorisent de nouveau l'Europe. Les tribus magyares traversent le Danube et poursuivent leur route vers l'ouest, attaquant les villages et s'emparant des paysans pour les vendre comme esclaves sur les marchés orientaux. Dès les premières attaques sur des villages isolés, les Magyars tuent tous les habitants ou les font prisonniers. Convaincus qu'une telle brutalité ne peut être que l'œuvre des Huns qui reviennent, les gens appellent ces envahisseurs « Hongrois ». Les Magyars finissent par s'établir dans une région qui deviendra la Hongrie. Au nord de celle-ci, d'autres tribus slaves émigrent aussi de l'Est et s'installent en Europe.

Les Musulmans. La menace la plus sérieuse et qui pèse le plus longtemps sur l'Europe chrétienne est celle qui vient d'outre-Méditerranée. Les Musulmans (voir le chapitre 5) l'attaquent en provenance de l'Afrique du Nord et de l'Espagne, aux 9ᵉ et 10ᵉ siècles. Même si l'Europe offre peu de butin ou de biens à négocier, les Musulmans la pillent pour en ramener des esclaves. De plus, ils considèrent les chrétiens comme leurs plus sérieux rivaux religieux. En 846, les forces musulmanes attaquent Rome et la saccagent avant de se retirer.

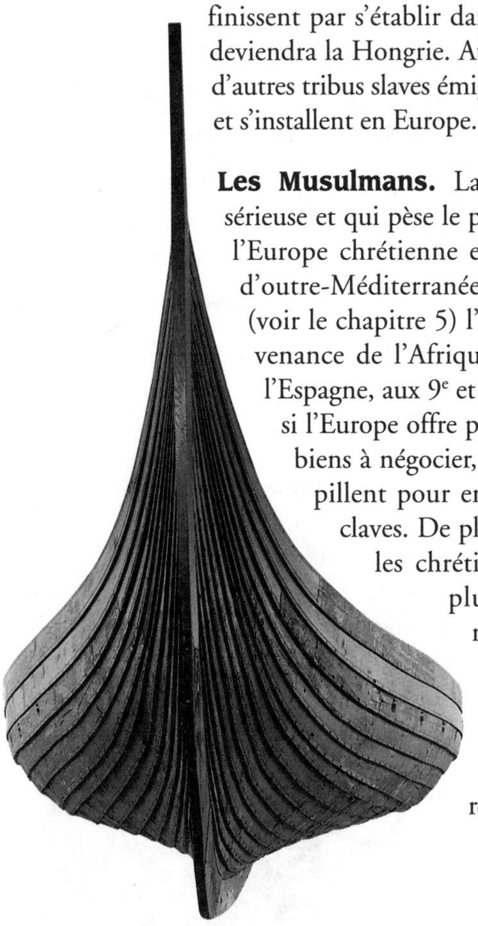

Figure 4.6 Les spécialistes croient que ce bateau, retrouvé dans un site funéraire à Gokstad, en Norvège, a probablement appartenu à un chef viking, au 9ᵉ siècle.

Les flottes musulmanes ayant débarrassé la Méditerranée des bateaux byzantins, l'Italie est brusquement coupée de l'Empire oriental. Privés de ce soutien, les papes n'ont d'autre choix que de se tourner vers les Francs. Le pouvoir dans la chrétienté latine bascule de la sorte du côté des Francs, dans le Nord-Ouest européen.

EXERCICES

1. *Définir* les termes suivants :
- *noble*
- *règle bénédictine*
- *chrétienté latine*
- *Charlemagne*
- *homme libre*
- *Grégoire le Grand*
- *donation de Pépin*
- *renaissance carolingienne*

2. *Cerner l'idée principale.* Comment l'Église assure-t-elle l'unité de l'Europe ?

3. *Cerner l'idée principale.* Comment l'empire de Charlemagne transforme-t-il l'Europe occidentale ?

4. *Expliquer.* Comment la configuration géographique aide-t-elle les envahisseurs à pénétrer en Europe ?

5. *Expliquer.* Expliquez les changements dans la vie des tribus germaniques après la chute de Rome.

6. *Analyser.* Après la chute de Rome, pourquoi les peuples d'Europe souhaitent-ils établir une unité européenne ?

La féodalité, les domaines seigneuriaux et l'Église

OBJECTIFS D'APPRENTISSAGE

APRÈS AVOIR LU CETTE SECTION, VOUS SEREZ CAPABLE :

- DE DÉFINIR LA FÉODALITÉ ;
- DE DÉCRIRE LES DOMAINES SEIGNEURIAUX ;
- D'EXPLIQUER LE RÔLE QUE L'ÉGLISE JOUE DANS LA SOCIÉTÉ.

Affaibli, l'Empire carolingien n'est plus en mesure de protéger ses peuples contre les envahisseurs. Bientôt, en Europe, des royaumes de plus petites dimensions font leur apparition et ils sont, en général, gouvernés par des rois faibles. Ainsi le véritable pouvoir est-il entre les mains des nobles qui, en échange de terres, s'engagent à défendre les rois et à protéger les populations. Une force centralisatrice disparaissant, de nouveaux systèmes politiques et économiques voient le jour ; ils mettent l'accent sur la loyauté des individus, le sens des responsabilités et l'autosuffisance des communautés.

CHANGEMENTS CONTINUITÉ Malgré les coups portés à l'unité européenne, l'Église continue d'unir les peuples entre eux en leur procurant un sentiment d'appartenance à la chrétienté.

L'apparition de la société féodale

Le gouvernement carolingien, comme le faisaient les gouvernements des anciens royaumes germaniques, donne depuis longtemps des terres aux nobles en échange de leur protection militaire. Quand les terres passent aux générations suivantes, l'obligation de protéger le roi accompagne ces héritages. Une fois la dynastie carolingienne effondrée, cette obligation prend une nouvelle importance. Bien que riches en terres, les souverains des royaumes issus de l'empire sont souvent trop faibles pour protéger leur peuple des invasions. Ce fardeau repose de plus en plus sur les épaules des nobles locaux, dont certains sont aussi puissants que le roi qu'ils servent.

Afin d'assurer la protection de la population, il faut entretenir nombre de fantassins et de guerriers à cheval, appelés *chevaliers*. Comme l'entretien des soldats et des chevaliers, avec leurs chevaux et leur équipement, est onéreux, les nobles demandent des terres aux nouveaux rois en échange des troupes qu'ils leur fournissent. En retour, les rois exigent d'eux loyauté, fidélité et soutien en cas de guerre. À leur tour, les nobles donnent une partie de leurs terres à leurs chevaliers, qui leur font les mêmes promesses. Celui qui donne la terre, ou *fief*, devient un *seigneur* et celui qui la reçoit, un *vassal*. Les fiefs étant divisibles, un individu peut être à la fois seigneur et vassal. Pour chaque fief reçu, les vassaux doivent promettre assistance militaire à leur seigneur (*auxilium*), ce qui se traduit souvent par l'entretien d'un nombre déterminé de fantassins et de chevaliers. Cette pratique est connue sous le nom de *féodalité*.

La féodalité. La féodalité est d'abord et avant tout un ensemble d'obligations réciproques entre un seigneur et un vassal. Elle repose sur le serment d'allégeance où, devant témoins, le vassal place ses mains jointes entre celles de son seigneur et jure de lui appartenir (cérémonie de l'hommage). En général, les deux hommes scellent leur nouvelle relation par un baiser cérémoniel. Le vassal prête alors serment de fidélité et le seigneur, de son côté, promet de lui rendre justice, à lui et à sa famille. Si le seigneur manque à cette obligation, le vassal est en droit de considérer que les liens qui l'unissent à son seigneur sont rompus et qu'il ne lui doit plus loyauté. Cette rupture contractuelle est appelée félonie et expose le coupable au bannissement.

CHANGEMENTS CONTINUITÉ La féodalité est un système qui permet aux seigneurs de donner des terres à leurs vassaux en échange de leur assistance militaire et de leur loyauté.

Bien que les éléments fondamentaux de ce qui constitue la féodalité finissent par s'étendre à presque

Figure 4.7 Une nouvelle conception de la selle, qui supporte mieux le corps à l'avant et à l'arrière, et l'invention des étriers rendent possible l'armement à cheval. Ces innovations permettent aux chevaliers de porter de lourdes armures, de bien se maintenir en selle et d'attaquer avec force leurs ennemis, lorsqu'ils les chargent au galop.

toute l'Europe, il ne s'agit pas d'un système unique, uniforme et universel dès le début : il évolue plutôt avec le temps.

La féodalité est partie intégrante d'un système social vaste et diversifié dans lequel les chefs de l'aristocratie établissent divers types de liens avec des « clients ». Certains clients peuvent, par exemple, n'être que des serviteurs attachés à la maison d'un seigneur. En échange du gîte et du couvert, ils guerroient pour lui, au besoin, ou servent peut-être de gardiens ou d'intendants de ferme.

L'octroi de terres contre des services est la forme d'échange la plus raffinée de ce système de patronage, et la moins courante. Un problème se pose cependant : il y a bien plus de clients qu'il n'y a de terres à donner. Le manque de terres joint à la multitude de ceux qui sont à la recherche d'un fief a comme conséquence, entre autres, de propager le système féodal hors de son pays d'origine, au cœur des anciens royaumes francs. Les seigneurs cherchent davantage de terres pour en donner à plus de vassaux qui peuvent leur fournir plus de soldats ; ces derniers permettront aux seigneurs d'acquérir encore davantage de terres, créant ainsi une pression constante sur les besoins en sols.

Cette pression entraîne une extension de la féodalité qui s'étend bientôt du nord de l'Europe jusque dans des régions où elle est totalement inconnue. Les Normands, par exemple, après avoir établi cette pratique en Angleterre, la transplantent dans le pays de Galles et en Irlande, où les peuples celtes ont une conception bien différente de la propriété terrienne. D'autres chevaliers normands et francs du Nord se taillent, quant à eux, des fiefs en conquérant la Sicile et certaines régions de l'Italie du Sud. En Europe orientale, les chevaliers allemands pénètrent dans des territoires occupés par des tribus slaves, encore païennes, afin de s'accaparer de fiefs.

Certains peuples cherchent à établir eux-mêmes le système féodal sur leurs terres et à profiter de ses avantages, surtout quand ils sont menacés par des voisins qui l'utilisent. Les rois écossais, par exemple, craignant la puissance grandissante des chevaliers féodaux et voyant d'un mauvais œil la construction de châteaux de l'autre côté de leurs frontières, invitent quelques nobles anglo-normands à s'installer dans le sud de l'Écosse et à devenir leurs vassaux.

Les domaines seigneuriaux

La féodalité est essentiellement un système politique et militaire. Le système économique fondamental au Moyen Âge, quant à lui, repose sur l'exploitation des domaines seigneuriaux. Les nobles accordent aux paysans le droit de travailler la terre sur leurs grands domaines contre paiement d'une somme déterminée. Alors que les petits fiefs n'ont souvent qu'un seul domaine, les grands fiefs peuvent en compter plusieurs.

Le *domaine seigneurial* comprend habituellement un manoir ou un château, des pâturages, des champs, des forêts et un village. Le seigneur conserve pour son propre usage environ le tiers des terres, appelé réserve. Les paysans cultivent les deux tiers restants et donnent au seigneur une partie de leurs récoltes, lui paient des impôts féodaux et accomplissent divers autres travaux. Un village type dans un domaine seigneurial est situé près d'un étang ou d'un cours d'eau qui lui fournit la puissance hydraulique nécessaire pour actionner un moulin. Les maisons sont souvent très rapprochées les unes des autres, par souci de sécurité, et le village est construit à proximité du manoir ou du château. Les terres du domaine entourent le village et comprennent des potagers, des champs cultivés, des pâturages et des forêts. La période du féodalisme étant marquée par le déclin de la vie urbaine et du commerce, la plupart des domaines seigneuriaux deviennent presque autosuffisants. Seuls quelques biens, comme le fer, le sel et le goudron, doivent être importés.

Presque tous les paysans d'un domaine seigneurial sont des *serfs* qui ne peuvent quitter la terre sans la permission de leur seigneur. Les serfs ne sont pas des esclaves, car le seigneur ne peut les vendre et les expédier ailleurs. Si le domaine change de propriétaire, les serfs deviennent les locataires du nouveau seigneur. Il y a aussi des hommes libres qui louent des terres sur les grands domaines. Parmi eux, certains sont sans doute des travailleurs, meuniers ou forgerons, dont les compétences sont nécessaires à l'économie du village. La plupart des villages ont également un prêtre qui veille aux besoins spirituels des habitants.

Même si les nobles sont plus riches et plus puissants que les serfs, même s'ils vivent dans des châteaux qui servent à défendre le domaine du seigneur et à faire valoir son autorité, ils ne mènent pas nécessairement une vie facile. Maladies et accidents ne leur sont pas étrangers et ils doivent assurer le bien-être de leurs vassaux et de leurs serfs en cas de famine et de guerre. Le seigneur, de son côté, passe sans doute une bonne partie de son temps à régir ses terres, à rendre la justice ou à faire des tournées d'inspection dans son domaine pour s'assurer que serfs et vassaux rendent les services prévus et paient les loyers qui lui sont dus. Tous les ans, il doit vraisemblablement partir à la guerre pour défendre son propre seigneur ou se défendre lui-même.

Figure 4.8 En l'absence des hommes, l'autorité revient aux femmes des familles nobles et elles prennent souvent en charge le manoir.

Dans le système économique fondé sur l'exploitation des domaines seigneuriaux, le seigneur permet donc aux paysans de travailler ses terres contre paiement d'une somme déterminée. Au cours de cette période, le domaine autosuffisant devient l'unité économique fondamentale.

L'Église

CHANGEMENTS / CONTINUITÉ Alors que la féodalité et les grands domaines seigneuriaux fragmentent la société européenne, les croyances chrétiennes que tous partagent assurent toujours la cohésion entre les peuples.

La vie de la plupart des gens est organisée autour de l'église paroissiale. Des cérémonies religieuses marquent chaque grand événement, de la naissance à la mort. De multiples fêtes religieuses offrent à chacun l'occasion de célébrer et de fréquenter ses voisins.

Certains problèmes apparaissent au moment où les monastères, et l'Église dans son ensemble, s'associent plus étroitement au système féodal. Plusieurs églises et communautés monastiques reçoivent leurs terres des nobles, en échange d'argent ou de chevaliers en armes. De plus, avant l'an mil, plusieurs nobles nomment les abbés, souvent recrutés parmi les membres de leurs propres familles. Les rois nomment même des évêques et des archevêques.

En réaction à ce phénomène, le duc Guillaume d'Aquitaine fonde, en 910, l'abbaye de Cluny et exige que le monastère relève directement de l'autorité papale.

Cherchant à étendre à toute la chrétienté la discipline de leur monastère, les moines de Cluny favorisent la création d'un ensemble uniforme de *sacrements*, les cérémonies les plus importantes de l'Église, grâce auxquels les chrétiens croient obtenir leur salut. Au cours du 12e siècle, les chefs de l'Église reconnaissent sept sacrements : le baptême (entrée dans la communauté chrétienne) ; l'Eucharistie (sainte communion) ; la confirmation (réaffirmation de l'appartenance à la communauté chrétienne) ; la pénitence (gestes montrant le repentir de ses péchés) ; l'ordination (entrée en prêtrise) ; le mariage (union d'un homme et d'une femme) ; et l'extrême-onction (onction des malades et des mourants). Tous les sacrements, sauf la confirmation et l'ordination, qui relèvent des évêques, peuvent être administrés par les prêtres.

L'Eucharistie devient le point central de ce culte. L'Église enseigne qu'en célébrant l'Eucharistie, les individus qui cherchent absolution de leurs péchés peuvent partager le corps et le sang du Christ. Même si le pain et le vin sont utilisés dans cette cérémonie, la doctrine de la *transsubstantiation* affirme que Dieu transforme ces éléments en corps et en sang du Christ. En partageant ce repas sacré, les chrétiens espèrent être unis à Dieu.

Figure 4.9 Cet ensemble composé d'un calice et d'une patène, faits d'argent incrusté de pierres précieuses, a été fabriqué en Allemagne, au cours du 13e siècle.

1. Définir les termes suivants :

- chevalier
- seigneur
- féodalité
- serf
- fief
- vassal
- domaine seigneurial
- sacrement

2. Cerner l'idée principale. Quelle est la structure du système féodal dans l'Europe médiévale?

3. Cerner l'idée principale. Quel rôle l'Église catholique romaine et les sacrements jouent-ils dans la société européenne au Moyen Âge?

4. Expliquer. Dans un court paragraphe, expliquez comment le système féodal fragmente la société européenne.

5. Expliquer. Comment la vie quotidienne est-elle organisée dans les grands domaines seigneuriaux?

6. Synthétiser. Décrivez la profonde transformation vécue par l'Église catholique au 10ᵉ siècle.

Les rois, les nobles, les papes et les empereurs

OBJECTIFS D'APPRENTISSAGE

APRÈS AVOIR LU CETTE SECTION, VOUS SEREZ CAPABLE :

- D'ANALYSER LES CONSÉQUENCES DES LUTTES DE POUVOIR ENTRE ROIS ET NOBLES EN ANGLETERRE ;
- D'EXPLIQUER COMMENT LES ROIS FRANÇAIS RENFORCENT LEUR POUVOIR ;
- DE DÉCRIRE LES CONSÉQUENCES DE LA RIVALITÉ ENTRE LES PAPES ET LE SAINT EMPIRE ROMAIN GERMANIQUE.

Au fur et à mesure que s'éteint la descendance de Charlemagne, au début du 10ᵉ siècle, de puissants seigneurs élisent entre eux, dans les diverses régions, de nouveaux rois qui agissent à titre de chefs de guerre locaux. Avec la fin des invasions, ces derniers commencent à consolider et à étendre leur pouvoir. Ce faisant, ils doivent souvent combattre leurs nobles et l'Église, qui, de son côté, veut assujettir à son autorité tous les dirigeants laïcs. Les plus puissants de ces nouveaux royaumes font leur apparition en Angleterre, en France et en Allemagne.

L'Angleterre

L'établissement d'un pouvoir royal puissant en Angleterre résulte principalement de la conquête normande. En 1066, à Hastings, le duc Guillaume le Conquérant envahit le pays et prétend au trône d'Angleterre. Il met cependant beaucoup de temps à réaliser sa conquête, car les nobles saxons résistent farouchement à l'avance des Normands. Comme Guillaume ne peut distribuer des terres à ses nobles qu'au fil de ses conquêtes, la plupart des Normands obtiennent des propriétés éparpillées aux quatre coins du pays. Il devient donc difficile pour un seigneur de réunir une force d'attaque assez puissante pour défier l'autorité du roi.

Guillaume consolide sa position en ordonnant de recenser tous les domaines du royaume. Ces données permettent d'établir le ***Domesday Book***, ou *Livre du jugement dernier*. Ce recensement rappelle celui de Khosrō Iᵉʳ dans l'Empire sassanide au 6ᵉ siècle (voir le chapitre 5, page 116)

CHANGEMENTS Grâce au *Domesday Book*, Guillaume et ses agents savent exactement qui possèdent les domaines et ils connaissent la valeur de chaque propriété. Ce précieux outil permet de lever des impôts, de distribuer les terres équitablement et d'évaluer avec précision combien de chevaliers et de fantassins chaque seigneur doit fournir en assistance militaire. Ce recensement permet donc au roi de mieux diriger son royaume.

Le fils de Guillaume, Henri Iᵉʳ, tire aussi parti du *Domesday Book* en créant une trésorerie centrale pour rassembler tous les impôts du royaume. Henri II, pour sa part, étend davantage le pouvoir royal en mettant sur pied l'administration gouvernementale la plus efficace d'Europe. Il jette également les fondements d'un système judiciaire uniforme : au lieu de laisser entre les mains des cours féodales locales toutes les causes, sauf les plus importantes, Henri II nomme des juges itinérants qui font respecter la loi royale à travers tout le royaume.

CHANGEMENTS Ce système judiciaire deviendra la ***Common Law*** (droit coutumier), ou lois communes à toute l'Angleterre et, beaucoup plus tard, à tout le Commonwealth.

Dans toutes les cours royales, la justice est donc la même, les lois s'appliquant à tous. La justice du roi remplaçant peu à peu celle des seigneurs féodaux, le peuple commence à s'identifier à l'autorité centrale.

Figure 4.10 Dans le *Domesday Book*, recueil cadastral établi par Guillaume le Conquérant, se trouve une liste de toutes les propriétés du Bedfordshire.

confisquer ses biens sans poursuites préalables (principe de l'*habeas corpus*, qui n'aura cependant force de loi qu'à la fin du 17ᵉ siècle) et qu'il lui est interdit de s'approprier des biens sans les payer. La charte esquisse déjà le principe de la monarchie restreinte, où le roi d'Angleterre partage le pouvoir avec ses sujets les plus importants.

Au milieu du 13ᵉ siècle, un groupe de nobles, appelé le Grand Conseil, donne régulièrement son avis au roi. Vers 1260, au cours d'une autre rébellion, le Conseil est élargi pour y intégrer des citadins et des chevaliers.

> **CHANGEMENTS** **CONTINUITÉ** Le Grand Conseil est déjà une première ébauche de ce qui deviendra le *Parlement*, c'est-à-dire une assemblée représentative qui évoluera au cours des siècles pour constituer la Chambre des lords et la Chambre des communes.

Une fois les rois et les sujets habitués à ces institutions, tous s'identifient consciemment à ce qu'ils appellent « la communauté du royaume ».

> **CHANGEMENTS** **CONTINUITÉ** Après la conquête normande, les rois et les nobles d'Angleterre se battent pour obtenir le pouvoir; ils élaborent finalement le concept de la monarchie restreinte et font naître un nouveau sentiment d'unité nationale par le biais d'un système parlementaire embryonnaire.

Seule l'Église échappe à cette autorité. Elle soutient que le clergé doit allégeance au pape et non aux rois et que, par conséquent, seuls les tribunaux ecclésiastiques sont habilités à juger ses membres. Henri II conteste la position de l'Église et se querelle avec l'archevêque de Cantorbéry, Thomas Becket, qu'il a lui-même nommé. Son opposition aux prétentions de l'Église le mène à commander l'assassinat de l'archevêque. Moins de trois ans après sa mort, l'Église sanctifie Becket et le roi Henri II doit s'humilier en public et reconnaître sa faute; il est flagellé de façon symbolique par les moines de Cantorbéry. Il est également contraint de renoncer à subordonner le clergé anglais à la loi royale.

Sous le règne de Jean sans Terre, fils de Henri II, les nobles se rebellent contre le pouvoir grandissant du roi. En 1215, ils forcent Jean à signer la *Magna Carta*, la Grande Charte, laquelle stipule que le roi doit obtenir le consentement des nobles avant de prélever de nouveaux impôts. La charte précise de surcroît que même le roi doit obéir à la loi, qu'il n'a pas le droit d'emprisonner un de ses sujets ou de

La France ou la lente progression vers l'absolutisme

Pendant que les rois anglais se battent avec leurs nobles, les mêmes querelles de pouvoir éclatent en France, mais elles sont résolues bien différemment. Sous le règne du dernier carolingien, la France a été divisée en grandes provinces. Chacune est gouvernée par un comte ou un duc qui la mène à sa guise. En 987, ces nobles élisent comme roi Hugues Capet, le fondateur de la dynastie capétienne.

Au début, les rois capétiens ne sont pas plus puissants que les grands seigneurs; ils sont même parfois plus faibles que certains. Malgré ce handicap, ils règnent pendant plus de trois cents ans et étendent peu à peu le pouvoir de la monarchie française.

Alors que les nobles d'Angleterre finissent par s'identifier à l'ensemble du royaume, en France, seuls les rois perçoivent le leur comme un tout. Cherchant à affirmer leur autorité sur leurs vassaux, ils renforcent le pouvoir du gouvernement central. Se méfiant des seigneurs français, les monarques se tournent vers des fonctionnaires loyaux et bien formés pour assurer le maintien de ce gouvernement central. Ils étendent aussi la juridiction de leurs cours. Entre 1285 et 1314, par exemple, Philippe le Bel tente de placer tout le système judiciaire sous contrôle royal. Il fait du *Parlement de Paris* la cour suprême du royaume et élargit ses fonctions. Il réussit aussi, là où Henri II d'Angleterre a échoué, à assujettir le clergé. Pour obtenir l'appui du peuple dans ce défi lancé à l'Église, Philippe le Bel convoque, en 1302, les *États généraux*, une assemblée composée de représentants des trois ordres, ou états, de la société française : le clergé, la noblesse et le peuple (tiers état).

Grâce aux États généraux, les rois de France sont en mesure, à différents moments, de rallier la population à leurs diverses causes. Même si les rois consultent les trois états, ils ne leur donnent jamais un pouvoir réel, comme celui qu'exerce le Parlement anglais.

CONTINUITÉ et CHANGEMENTS En Angleterre, la noblesse utilise le Parlement pour contenir le pouvoir du roi, tandis qu'en France, les États généraux ont été créés par le roi pour contrôler le clergé et contourner la noblesse.

En dépit de ces réformes, la France conserve sa structure féodale. Les rois perçoivent sans doute le royaume comme une nation unie, mais, à l'échelle locale, cette notion est pratiquement inexistante. Quand le dernier roi capétien meurt, en 1328, le pouvoir de la monarchie commence à décliner.

Le Saint Empire romain germanique

Les anciens territoires de l'empire de Charlemagne ne deviennent pas tous de puissantes monarchies, comme en France ou en Angleterre. En Allemagne et en Italie, où papes et empereurs ont longtemps uni leurs efforts, la situation change et ces deux puissances deviennent des rivales acharnées.

Carte 4.4

Les transformations territoriales de la France, 1035-1328

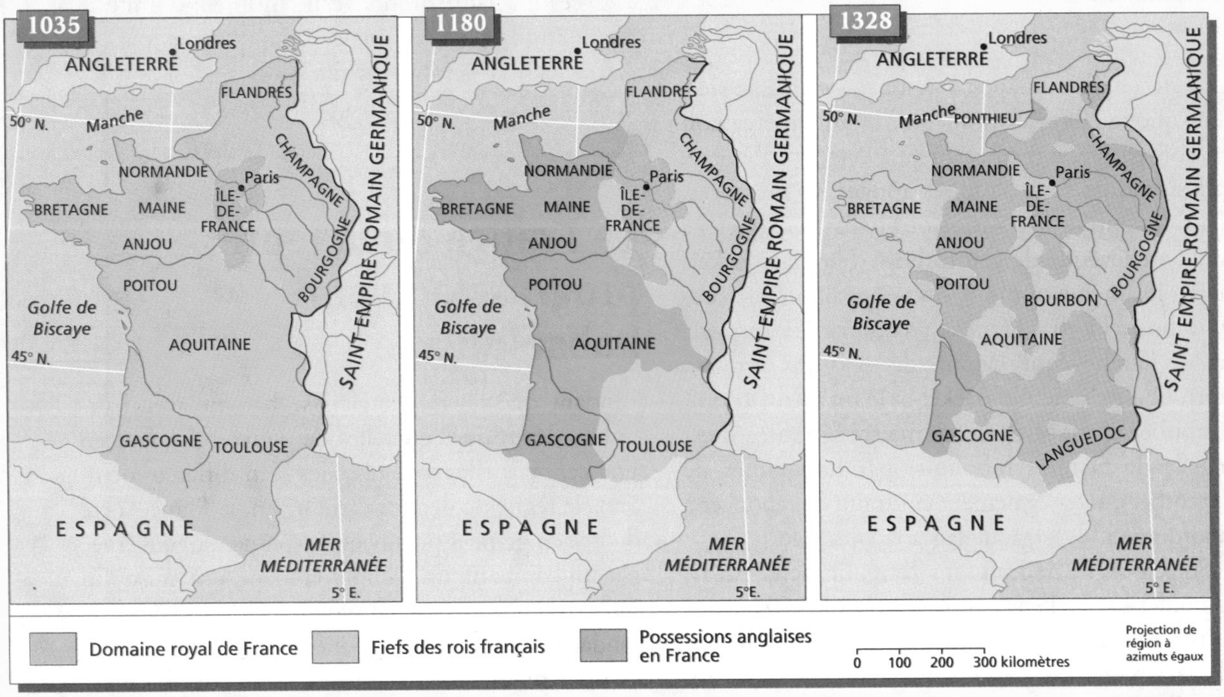

1035 Londres, ANGLETERRE, FLANDRES, 50° N., Manche, CHAMPAGNE, NORMANDIE, Paris, ÎLE-DE-FRANCE, BRETAGNE, MAINE, ANJOU, BOURGOGNE, POITOU, SAINT-EMPIRE ROMAIN GERMANIQUE, Golfe de Biscaye, 45° N., AQUITAINE, GASCOGNE, TOULOUSE, ESPAGNE, MER MÉDITERRANÉE, 5° E.

1180 Londres, ANGLETERRE, FLANDRES, 50° N., Manche, CHAMPAGNE, NORMANDIE, Paris, ÎLE-DE-FRANCE, BRETAGNE, MAINE, ANJOU, BOURGOGNE, POITOU, SAINT-EMPIRE ROMAIN GERMANIQUE, Golfe de Biscaye, 45° N., AQUITAINE, GASCOGNE, TOULOUSE, ESPAGNE, MER MÉDITERRANÉE, 5° E.

1328 Londres, ANGLETERRE, FLANDRES, PONTHIEU, 50° N., Manche, CHAMPAGNE, NORMANDIE, Paris, ÎLE-DE-FRANCE, BRETAGNE, MAINE, ANJOU, BOURGOGNE, POITOU, BOURBON, SAINT-EMPIRE ROMAIN GERMANIQUE, Golfe de Biscaye, 45° N., AQUITAINE, GASCOGNE, LANGUEDOC, ESPAGNE, MER MÉDITERRANÉE, 5° E.

Domaine royal de France   Fiefs des rois français   Possessions anglaises en France   0 100 200 300 kilomètres   Projection de région à azimuts égaux

Le roi capétien Philippe Auguste. Le roi capétien Philippe II, qui règne de 1179 à 1223, reprend possession des terres que les Anglais ont acquises grâce à des mariages avec des femmes de la noblesse française.

? *Faire le lien entre la géographie et l'histoire. Quels territoires les Anglais possèdent-ils toujours en France en 1328 ?*

Les arts et la littérature À TRAVERS LES ÂGES

L'art gothique

Au 12e siècle, l'architecture romane qui, comme son nom l'indique, a été très influencée par les traditions romaines, est peu à peu remplacée par l'architecture gothique. Les grandes églises construites à cette époque constituent des exemples typiques de ce style novateur.

Constituant l'élément cen-

Figure 4.11 Notre-Dame de Paris

tral de cette nouvelle architecture, la lumière entre généreusement par les vitraux sacrés et illumine l'intérieur de l'édifice. Les voûtes qui s'élancent vers le ciel sont aussi une caractéristique des églises gothiques.

Pour obtenir ces effets, les architectes et les ouvriers de l'époque inventent toute une série de nouvelles techniques d'ingénierie. Pour dégager l'intérieur, par exemple, et monter le plafond le plus haut possible, les architectes conçoivent une façon originale de construire les murs de soutènement en les érigeant à l'extérieur de l'édifice. Les arcs-boutants, éléments égale-

Figure 4.12 Intérieur de la Sainte-Chapelle

ment inédits, exercent une pression sur les murs pour les empêcher de s'effondrer. Les ouvriers se servent aussi d'arcs et de montants pour ériger et soutenir les plafonds en voûte. Ainsi, les églises gothiques peuvent-elles s'élever beaucoup plus haut et avoir plus de fenêtres que les églises romanes.

Réfléchir sur l'art

1. *Énumérez quelques-uns des éléments fondamentaux de l'architecture gothique.*
2. *De quelle manière les églises illustrées sont-elles représentatives de l'architecture gothique?*

Othon le Grand. En 936, les seigneurs féodaux d'Allemagne élisent comme roi Othon Ier, connu aussi sous le nom de Othon le Grand. Après que Othon a défendu le pape Jean XII contre des membres de la noblesse romaine en révolte, ce dernier le couronne «empereur des Romains», en 962. Othon porte le même titre que Charlemagne, mais son empire se restreint à l'Allemagne et au nord de l'Italie.

CONTINUITÉ & CHANGEMENTS Le nouveau Saint Empire romain germanique établit une relation privilégiée entre l'Allemagne et l'Italie, relation qui durera plus de huit cents ans.

La puissance des empereurs culmine sous Henri III, qui monte sur le trône en 1046. Durant son règne, trois hommes prétendent être pape légitime. Il les

UNE NOUVELLE CIVILISATION EN EUROPE OCCIDENTALE (476-1350) **103**

dépose tous trois, choisit son propre candidat et réforme la papauté. Il fait également élire les trois papes suivants, mais ses successeurs sont incapables de conserver un tel pouvoir sur l'Église.

Le pape Grégoire VII et la querelle des Investitures.

Le fils de Henri III, Henri IV, n'a que six ans à la mort de son père, en 1056. Alors qu'il est encore enfant, les papes tentent de retrouver leur indépendance. En 1059, le pape déclare que seul le *Sacré Collège* romain, réunissant l'ensemble des cardinaux, est habilité à élire le pape. Une querelle violente oppose bientôt le Saint Empire à la papauté et elle s'envenime lorsque Grégoire VII devient pape.

Le pape Grégoire VII et Henri IV sont en total désaccord sur la question de la nomination des représentants de l'Église par les rois ou les empereurs. Henri IV fait valoir qu'il a le droit de nommer les évêques dans son empire, tout comme Charlemagne et les autres rois germaniques l'ont fait avant lui. Grégoire VII, quant à lui, soutient que la suprématie des questions spirituelles sur les questions temporelles fait du pape le seul dirigeant de l'Église, et que cette suprématie donne aussi au Saint-Père le pouvoir de déposer les rois et les empereurs.

L'empereur convainc les évêques allemands de demander la destitution de Grégoire VII. Le pape réplique en excommuniant et en déposant Henri IV. Il joue astucieusement sur les rivalités qui existent entre les seigneurs allemands, qui craignent qu'un empereur trop puissant limite leurs propres pouvoirs. Les seigneurs se rebellent.

Tout aussi astucieux, Henri IV se rend en Italie au cours de l'hiver de 1077. Pieds nus dans la neige, debout devant le pape, il implore son pardon et demande à être réintégré au sein de l'Église. L'empereur sait que Grégoire VII, en tant que prêtre, ne peut refuser. À contrecœur, le pape lève l'excommunication, mais la querelle se poursuit. Lorsque, de nouveau, il excommunie Henri IV, ce dernier marche sur Rome et oblige Grégoire VII à fuir à Salerne, où il meurt en 1085.

Finalement, en 1122, l'empereur Henri V et le pape Calixte II en arrivent à un compromis, grâce au *concordat* de Worms. L'empereur accepte que le pape investisse les évêques d'Allemagne de leur autorité spirituelle, mais il se réserve le droit de leur accorder les insignes de leur pouvoir temporel et il exige qu'ils remplissent à son égard leurs devoirs de vassaux. Même si l'Angleterre et la France signent des accords semblables, personne n'est vraiment satisfait de ce compromis.

CONTINUITÉ & CHANGEMENTS Les querelles incessantes entre papes et empereurs sont lourdes de conséquences sur d'autres plans : elles empêchent qu'un gouvernement central puissant soit constitué dans le Saint Empire et que l'autorité suprême du pape ait préséance sur celle des souverains, affaiblissant ainsi le pouvoir de l'Église.

EXERCICES

1. Définir les termes suivants :

- conquête normande
- Common Law
- *Parlement*
- *États généraux*
- concordat de Worms
- Domesday Book
- Magna Carta
- *Parlement de Paris*
- *Sacré Collège*
- *tiers état*

2. Localiser les lieux suivants et en faire ressortir l'importance :

- *la Normandie*
- *Paris*
- *le Saint Empire romain germanique*

3. Cerner l'idée principale. À quelles difficultés les rois d'Angleterre, de France et d'Allemagne doivent-ils faire face lorsqu'ils tentent de consolider leur pouvoir ?

4. Cerner l'idée principale. Quelles sont les conséquences des rivalités entre l'Église et les souverains du Saint Empire ?

5. Expliquer. Décrivez comment Guillaume le Conquérant organise son royaume après la victoire de Hastings, en 1066, et expliquez l'impact de ses réformes sur les plans politique et social.

6. Évaluer. De quelle manière l'Église catholique devient-elle progressivement une puissance politique en Europe ?

7. Expliquer. Dans un court texte, expliquez les tactiques que le pape Grégoire VII utilise dans sa lutte contre l'empereur Henri IV.

8. Comparer et opposer. Faites un tableau de deux colonnes, comme celui ci-dessous. Inscrivez-y les différences entre l'Angleterre et la France en ce qui a trait à leur développement politique. En quoi la signature de la Grande Charte et l'institution d'un parlement distinguent-elles l'Angleterre des autres royaumes européens ?

Tableau 4.1

ANGLETERRE	FRANCE

Les croisades

OBJECTIFS D'APPRENTISSAGE

APRÈS AVOIR LU CETTE SECTION, VOUS SEREZ CAPABLE :

- D'ANALYSER LES CAUSES ET LES CONSÉQUENCES DES PRE-MIÈRES CROISADES ;
- D'EXPLIQUER À QUELLES FINS EST UTILISÉ L'ENTHOUSIASME POPULAIRE POUR LES CROISADES EN EUROPE ;
- D'ÉVALUER LES RÉPERCUSSIONS DE CET ENTHOUSIASME SUR L'EUROPE DU NORD ET DE L'EST.

Reprenant leur souffle après les invasions barbares, les Européens tournent de nouveau leurs regards vers l'Est. La puissance grandissante des Turcs seldjoukides constitue une menace sérieuse contre l'Empire byzantin. Quand l'empereur de Byzance demande l'aide du pape Urbain II pour reprendre aux Turcs les provinces qu'il a perdues au cours des années 1090, le pape presse les hommes de toutes conditions de se joindre à une grande guerre, ou croisade, pour délivrer la Terre sainte au nom du Christ. De partout à travers l'Europe, les hommes répondent à son appel. Certains le font, mus par la foi et l'espoir d'être absous de leurs péchés. De nombreux chevaliers cherchent dans la croisade des récompenses plus tangibles, telles des richesses ou l'appropriation de terres prises à l'ennemi ; les marchands voient dans cette guerre l'occasion d'accroître leur commerce déjà florissant avec Byzance ; d'autres, enfin, ne cherchent que l'aventure.

Les premières croisades

Le 27 novembre 1095, le pape Urbain II rassemble une foule à Clermont, en France. Dans un discours passionné, il explique comment les Turcs se sont emparés des terres chrétiennes, comment ils ont «tué

Carte 4.5

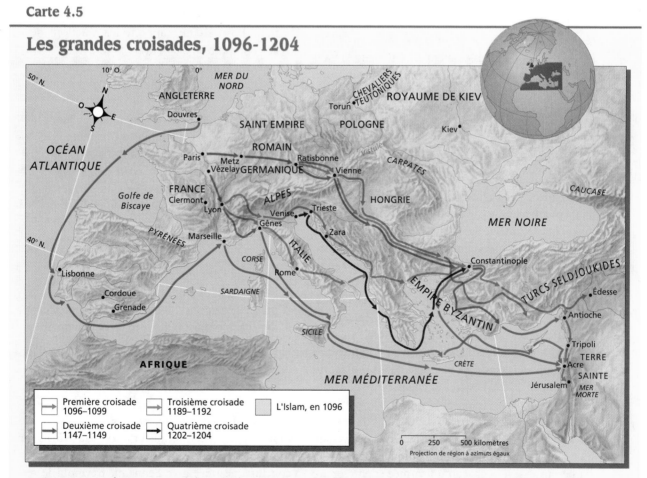

Les grandes croisades, 1096-1204

Les guerres saintes. Les croisés européens traversent terres et mers pour arracher la Terre sainte des mains des Turcs.

 Localiser. De quelles villes les Européens partent-ils au moment de la première croisade?

ou capturé de nombreux fidèles, détruit des églises et dévasté le royaume de Dieu». Les paroles d'Urbain II enflamment ses auditeurs qui répandent la nouvelle à travers toute la France. Tous ceux qui se joignent au mouvement cousent une croix sur leurs vêtements et prennent le nom de *croisés*, du mot latin *cruciata*, qui veut dire «marqué d'une croix».

Les premiers croisés sont des bandes de paysans sans discipline et n'ayant reçu aucun entraînement militaire. Ils partent vers la Terre sainte en 1096. Chemin faisant, ils attaquent tous ceux qu'ils considèrent comme des ennemis du Christ.

Aussi destructeurs soient-ils, ces paysans sont incapables de se mesurer à des soldats entraînés et ils sont nombreux à mourir dans les combats contre les Turcs.

Les armées menées par les seigneurs français et normands rencontrent d'autres types de difficultés. Le voyage est épuisant. Comme ils sont vêtus de laine et de cuir, et qu'ils portent de lourdes armures, les croisés souffrent cruellement de la chaleur; l'eau et la nourriture viennent à manquer.

Malgré leurs souffrances, les croisés prennent la ville d'Antioche en 1098, puis marchent sur Jésuralem, qu'ils conquièrent rapidement en 1099. Les habitants de la ville paient de leur sang la victoire européenne. Un chroniqueur musulman note que les croisés tuent plus de soixante-dix mille hommes, femmes et enfants.

Les vainqueurs partagent la Terre sainte reconquise en quatre petits États : le comté d'Édesse, la principauté d'Antioche, le comté de Tripoli et le royaume de Jérusalem. Ils séparent les terres en fiefs qu'ils donnent à gouverner à des seigneurs et à des vassaux.

La première croisade est un succès pour la simple raison que les musulmans sont désunis. Ces derniers réorganisent rapidement leurs armées, contre-attaquent et reprennent la ville d'Édesse en 1144. Un nouvel appel aux armes est lancé dans toute la chrétienté. En 1147, une première vague de croisés impatients part pour la Terre sainte. Cependant, cette deuxième croisade échoue lamentablement et se termine deux ans à peine après avoir commencé.

L'Europe apprend que les musulmans ont repris Jérusalem en 1187. Les croisés aiguisent de nouveau leurs épées et leurs lances, et astiquent leur cottes de mailles. Le roi d'Angleterre, Richard Cœur de Lion, le roi de France, Philippe Auguste, et le souverain du Saint Empire romain germanique, Frédéric Ier Barberousse, lèvent chacun une armée et entreprennent la troisième croisade. Une fois de plus, les croisés échouent. Barberousse se noie au cours du voyage; les rois anglais et français se querellent et Philippe Auguste ramène son armée en France pour reprendre

L'histoire vue par un témoin de l'époque

Les croisades d'un point de vue islamique

Les chrétiens considèrent les croisades comme des guerres saintes entreprises pour délivrer du joug islamique la terre où le Christ a vécu et la ville sainte de Jérusalem. Les musulmans, quant à eux, considèrent également Jérusalem comme une ville sainte et perçoivent les croisades comme des invasions des Francs.

À la fin du 12e siècle, le sultan musulman Salāh al-Dīn reconquiert presque toute la Terre sainte. Au cours de la troisième croisade, à l'été de 1191, Philippe Auguste, roi de France, et Richard Cœur de Lion, roi d'Angleterre, reprennent la ville d'Acre à l'armée de Salāh al-Dīn. Un témoin musulman, Bahā al-Dīn, rapporte les réactions de ses compatriotes à la prise d'Acre :

«Les Francs exhalèrent une immense clameur de joie, tandis que dans notre camp, tous étaient consternés. Les soldats pleuraient et se lamentaient. Quant au sultan, il ressemblait à une mère qui vient de perdre son enfant. J'allai le voir et fis de mon mieux pour le consoler. Je lui dis que nous devions songer à l'avenir de Jérusalem et des villes côtières, et qu'il fallait faire quelque chose pour le sort des Musulmans capturés à Acre. »

Malgré les efforts de Salāh al-Dīn pour négocier leur libération, Richard ordonne qu'on exécute les deux mille sept cents soldats de la garnison d'Acre avec leurs familles, au nombre desquelles se trouvent trois cents femmes et enfants.

les terres appartenant aux Anglais. Richard Cœur de Lion et son armée continuent à combattre mais sont incapables de reprendre Jérusalem. À la fin, Richard conclut une trève avec l'ennemi, trève qui le rend maître de quelques villes côtières et qui accorde aux Européens le droit de visiter Jérusalem.

Bref, portés par la foi ou par un rêve de richesse et de gloire, les croisés arrachent la Terre sainte des mains des Turcs et y établissent leurs propres royaumes. Mais les forces musulmanes reconquièrent bientôt ces terres.

Les croisades subséquentes

Malgré les échecs des deuxième et troisième croisades, l'enthousiasme pour la guerre sainte met du temps à s'éteindre. En 1202, par exemple, le pape Innocent III persuade des chevaliers français d'entreprendre une quatrième croisade pour reconstituer le royaume de Jérusalem. Mais les croisés n'ont pas d'argent pour payer leur voyage. Des marchands vénitiens les convainquent alors d'attaquer Zara, ville chrétienne et rivale commerciale de Venise. Outré par cette attaque dirigée contre une ville chrétienne, le pape excommunie toute l'armée. Il lève peu après l'excommunication ; les Vénitiens et les croisés lorgnent alors Constantinople. Les Vénitiens espèrent se rendre maîtres de toute la Méditerranée orientale, que les Byzantins dominent toujours. En 1204, les croisés réussissent à percer les grands murs de Constantinople et pillent la ville, s'appropriant son or et ses trésors.

Les croisades subséquentes en Terre sainte sont tout aussi inefficaces. La Croisade des enfants, en 1212, a comme seul résultat de mener à la mort par épuisement des milliers de jeunes chrétiens. En 1291, les musulmans reprennent aux chrétiens leur place forte d'Acre.

Si le désir de chasser les musulmans de la Terre sainte reste le facteur principal générant l'enthousiasme populaire pour les croisades, l'excès de zèle des chrétiens et leur soif de pillage leur font trouver d'autres cibles. L'Espagne devient leur champ de bataille de prédilection : les chevaliers s'y battent pour reconquérir la péninsule et l'enlever aux musulmans espagnols, ou Maures, comme les appellent les chrétiens européens. En 1212, ces derniers réussissent à repousser les Maures, ne leur laissant que le sud de la côte espagnole et la ville de Grenade.

La croisade contre l'hérésie

De la même manière qu'ils ont dirigé et déchaîné la violence refoulée des chevaliers européens contre les « infidèles » musulmans, les papes se servent de cette force contre les infidèles à l'intérieur de l'Église, c'est-à-dire les chrétiens accusés d'hérésie. Parmi ceux qui encourent la colère de l'Église, il y a les Albigeois, ou Cathares, une communauté chrétienne du sud de la France qui croit que l'esprit représente le bien et la matière, le mal. Or, si la matière est mauvaise par essence, disent-ils, Jésus ne peut être l'incarnation de Dieu, comme l'enseigne l'Église catholique romaine.

De telles croyances se heurtent aux interprétations plus orthodoxes de la doctrine chrétienne et sapent l'autorité de l'Église et de l'État. C'est pourquoi le pape Innocent III invoque la nécessité de mener une croisade pour arrêter cette hérésie. En 1208, une armée est constituée pour tuer les hérétiques. Mais les Albigeois jouissent de l'appui de plusieurs seigneurs et des habitants de leurs villes, ce qui fait que les combats durent près de vingt ans, détruisant la population et la prospérité d'une des régions les plus riches de France. Cette guerre donne aussi naissance à l'*Inquisition*, un tribunal officiel de l'Église créé pour enquêter sur les hérétiques et les poursuivre en justice.

Finalement, en Europe, l'enthousiasme pour les croisades se retourne contre les chrétiens hérétiques et les musulmans espagnols.

La croisade du nord de l'Europe

La fin de la croisade contre les Albigeois coïncide avec le début d'un nouveau mouvement qui se dessine dans le nord de l'Europe et se propage vers l'est. À l'intérieur de ce mouvement se mêlent la passion pour les croisades et la colonisation économique de l'est de l'Allemagne et de la Pologne.

En colonisant le nord-est de l'Europe, les seigneurs allemands rencontrent des tribus qui ne connaissent rien du christianisme. Les chevaliers Teutoniques, un ordre de moines-soldats créé durant les croisades, répondent à l'appel du roi André II de Hongrie pour combattre les païens. Mais, une fois ces païens vaincus, André II craint la puissance des chevaliers et les chasse de son royaume.

En 1230, l'ordre des chevaliers Teutoniques accepte de soumettre tous les païens de Prusse au christianisme et de leur faire intégrer la chrétienté. Ils fortifient Toruń, au nord de la Vistule, et, au cours des cinquante années qui suivent, écrasent presque tous les peuples de Prusse, mettant l'ensemble de la région sous la coupe du christianisme. L'ordre de chevaliers finit par gouverner la presque totalité de ce qui constitue aujourd'hui les États baltes, à l'exception de la Lituanie.

Vers 1500, l'ordre religieux transforme ses territoires en duchés séculiers, placés sous l'autorité de la couronne polonaise ou sous celle du Saint Empire romain germanique. Au cours de leur règne, les chevaliers

Teutoniques implantent le système féodal dans les régions de l'est de l'Europe et de la Baltique, y favorisant le développement de villes et du commerce.

Les chevaliers Teutoniques amènent donc au sein de la chrétienté les régions païennes de l'est de l'Europe et implantent le système féodal dans leurs domaines.

EXERCICES

1. Définir les termes suivants :
- *Urbain II*
- *croisé*
- *Richard Cœur de Lion*
- *Inquisition*
- *Hanse*

2. Localiser les lieux suivants et en faire ressortir l'importance :
- *la Terre sainte*
- *Venise*

3. Cerner l'idée principale. Pourquoi les Européens se lancent-ils dans les croisades ?

4. Cerner l'idée principale. Comment l'enthousiasme pour les croisades est-il utilisé contre les chrétiens ?

5. Expliquer. Dans un court texte, expliquez comment certains Européens se servent de l'enthousiasme pour les croisades pour assurer leur prospérité économique.

6. Synthétiser. Comment qualifieriez-vous les réalisations des croisés au Moyen Âge ?

Les débuts de la transformation européenne après l'an mil

OBJECTIFS D'APPRENTISSAGE

APRÈS AVOIR LU CETTE SECTION, VOUS SEREZ CAPABLE :

- D'ÉVALUER LES RÉPERCUSSIONS DES PROGRÈS TECHNOLOGIQUES SUR LA SOCIÉTÉ EUROPÉENNE, APRÈS L'AN MIL ;
- DE DÉCRIRE L'IMPACT D'UNE PROSPÉRITÉ ET D'UNE SÉCURITÉ CROISSANTES SUR LA CULTURE FÉODALE ;
- D'ÉNUMÉRER LES SUJETS AUXQUELS LES EUROPÉENS « INSTRUITS » S'INTÉRESSENT.

Après les dernières invasions, l'Europe redevient florissante. Les progrès technologiques contribuent à raviver les échanges commerciaux. La prospérité grandissante transforme bientôt la culture féodale, les seigneurs commençant peu à peu à délaisser les activités guerrières. L'inquiétude relative à la sécurité et à la survie étant apaisée, le goût d'apprendre et la créativité connaissent un nouvel essor. Les Européens ne tentent plus de perpétuer un passé romain qui tenait lieu, jusque-là, d'idéal, mais entreprennent plutôt de bâtir une nouvelle civilisation, marquée d'un caractère et d'une identité bien à elle.

Une explosion de progrès technologiques

Les dernières grandes invasions cessent au 10e siècle. Les peuples bénéficiant d'une paix relative, une prospérité nouvelle apparaît, portée par une explosion de progrès technologiques.

Une des inventions les plus importantes est sans doute la charrue à deux roues, plus lourde que la charrue romaine, conçue pour le sol méditerranéen, sec et peu profond, et utilisée depuis fort longtemps par les fermiers européens. Le sol du nord de l'Europe étant profond et rocheux, la charrue à deux roues permet aux cultivateurs de le labourer plus en profondeur et d'en faire remonter les éléments nutritifs à la surface. Grâce à un sol mieux exploité, les fermiers obtiennent des récoltes plus abondantes qu'auparavant ; ils augmentent également le rendement de leurs terres en se servant de chevaux au lieu de bœufs, plus lents, pour tirer leurs charrues.

Les cultivateurs développent aussi une nouvelle technique d'exploitation de leurs champs en les divisant en trois parties, pour avoir davantage de terres à cultiver. Traditionnellement, depuis le temps des Romains, les fermiers européens n'ensemençaient que la moitié de leurs champs, laissant l'autre moitié en jachère. En se servant de ce nouveau procédé, l'*assolement triennal*, ils ensemencent les deux tiers de leurs champs, avec des cultures différentes pour chacun des tiers utilisés, et laissent l'autre tiers en jachère ; ils effectuent, l'année suivante, une rotation dans l'utilisation des parties de leurs champs. Ce procédé leur procure de meilleures récoltes sans créer un appauvrissement des sols.

Pour faciliter la transformation de ces récoltes en produits alimentaires, les Européens incorporent des engrenages dans les moulins à eau et les moulins à vent pour mieux activer les meules. Ces moulins servent à moudre le grain, à préparer la pâte à papier et la laine ou à presser les grappes de raisin et les olives pour en tirer le vin et l'huile. Au 12ᵉ siècle, l'augmentation de la production alimentaire favorise la croissance de la population.

La reprise des activités commerciales

La prospérité et la croissance de la population relancent le commerce. Dans le bassin méditerranéen, les villes du nord de l'Italie, et en particulier Venise, tirent avantage de leur situation géographique pour dominer le commerce entre l'Europe et les civilisations orientales. Les marchands juifs sont particulièrement actifs dans le commerce international. Plusieurs d'entre eux qui vivent dans le nord de l'Europe ont conservé des liens avec les communautés juives de la Méditerranée, ce qui leur permet d'avoir des lieux sûrs pour entreposer leurs marchandises dans les villes éloignées et aussi d'apprendre les coutumes des marchands étrangers. De plus, les juifs tirent parti de l'enseignement de l'Église catholique, qui s'oppose à la pratique de l'*usure*, c'est-à-dire au fait de faire payer des intérêts sur un prêt. En réalité, l'Église redoute surtout que l'usure ne conduise les hommes qui ont contracté une dette à délaisser les prescriptions rituelles de la religion en faveur du travail supplémentaire que suppose le remboursement de prêts et d'intérêts. Dans les faits, cependant, l'usure existe et est pratiquée par les banquiers et les marchands juifs, qui deviennent ainsi les plus gros prêteurs d'Europe.

Le commerce international connaît aussi un essor en Europe, au cours des 12ᵉ et 13ᵉ siècles. C'est l'époque des grandes foires commerciales, tenues en Champagne française, où se pressent des personnes venues de partout. Ailleurs, les marchands font des affaires sur les routes commerciales de la Baltique, de la mer du Nord, des vallées du Rhin et du Rhône, et des Alpes, entre l'Allemagne et l'Italie. Ils transportent et vendent des céréales, des métaux, du bois, des huiles, des dattes, des esclaves et des marchandises exotiques venues d'Orient.

La reprise de la vie urbaine

Les échanges commerciaux et les surplus alimentaires favorisent la croissance et l'indépendance des villes. Depuis la mise en place du régime féodal, les villes dépendent des seigneurs, qui ont le droit de

Figure 4.13 En France, au 13ᵉ siècle, les vitraux représentent souvent des patrons séculiers, comme ces marchands de tissus illustrés dans un vitrail de Notre-Dame de Chartres.

faire payer les marchands pour l'utilisation des routes ou l'installation d'un marché. Cette pratique rend le commerce difficile et onéreux. Au 11ᵉ siècle, cependant, les marchands se rendent compte que le roi peut les affranchir du contrôle seigneurial. Pour libérer les villes de leurs suzerains féodaux, les rois et les marchands conçoivent les *chartes d'incorporation*. Ces chartes royales permettent aux marchands de diriger une ville et de la placer sous la protection du roi. La ville paie des impôts à ce dernier, mais les marchands en fixent les montants de manière à ne pas nuire au commerce. Les serfs qui habitent une ville incorporée pendant une année et un jour peuvent réclamer leur affranchissement de toute obligation féodale. Par conséquent, la multiplication de ce type de villes favorise l'essor du commerce et contribue à l'effritement de la féodalité.

La vie politique dans les villes est contrôlée par les marchands, qui élisent le maire et le conseil municipal. Les artisans, comme les cordonniers, les brasseurs, les forgerons, les tanneurs et les tisserands, suivent les marchands dans la hiérarchie sociale. Puis viennent les travailleurs manuels. Au cours du 12ᵉ siècle, les artisans commencent à former des *guildes*, ou associations commerciales. Elles établissent les normes de qualité, restreignent la concurrence, réglementent la formation des nouveaux artisans et aident à fixer les prix des différents services. Les guildes agissent aussi comme associations de secours mutuel entre marchands. Certaines admettent dans leurs rangs autant les femmes que les hommes ; d'autres sont réservées uniquement aux femmes ou aux hommes. La présence féminine est prépondérante dans plusieurs secteurs de l'artisanat, notamment dans l'industrie du vêtement.

L'assurance d'une certaine sécurité physique et les progrès technologiques entraînent donc une reprise du commerce et favorisent la croissance des villes et le développement de nouveaux axes commerciaux.

La naissance de la chevalerie

La culture féodale se transforme peu à peu au cours du 12ᵉ siècle. Au lieu de compter sur les nobles pour constituer leurs armées, les rois exigent d'eux des impôts et se servent de cet argent pour embaucher des mercenaires. Comme les rois leur imposent moins de devoirs militaires, les chevaliers ont davantage de temps pour se battre avec leurs voisins ou s'affronter en combat singulier. L'Église tente d'arrêter ces luttes meurtrières entre chrétiens en interdisant les combats certains jours (Trêve de Dieu et paix de Dieu). Même si ces règlements sont souvent transgressés, ils finissent par donner naissance, à la fin du 12ᵉ siècle, à un code de conduite, les règles de la *chevalerie*. D'après ce code, le chevalier doit être brave, courtois et loyal dans les combats, et il doit protéger les femmes, les enfants et le clergé.

L'évolution du rôle militaire de la noblesse s'accompagne de changements dans la culture de l'aristocratie. Les nobles commencent à s'intéresser à de nouvelles formes de musique et de poésie. Des poètes itinérants divertissent les cours en récitant de longs poèmes qui racontent les exploits accomplis par les chevaliers par amour pour leur dame. Ces poèmes créent une tradition, celle de l'*amour courtois* glorifiant les nobles dames et chantant l'héroïsme et les vertus des chevaliers. Le roman du français Chrétien de Troyes, *Perceval ou le Conte du Graal*, est un bel exemple de cette tradition littéraire.

> **CONTINUITÉ ET CHANGEMENTS** La fonction militaire n'étant plus prépondérante dans la féodalité, la chevalerie et l'amour courtois remplacent la guerre comme loisir de la noblesse.

Figure 4.14 Aliénor d'Aquitaine

Les poètes comme Chrétien de Troyes ont souvent des protecteurs royaux qui assurent leur subsistance. Aliénor d'Aquitaine, une des femmes les plus influentes de son temps, est une grande protectrice des arts et des lettres.

Née vers 1122, Aliénor hérite des provinces d'Aquitaine, du Poitou et de la Gascogne, ce qui représente près du tiers de la France actuelle. Elle épouse le roi français Louis VII, mais elle est répudiée et le mariage est annulé en 1152. Elle prend comme second époux l'héritier du trône d'Angleterre, Henri II. Grâce à ce mariage et à la mise en commun de leurs possessions terriennes, Aliénor et Henri règnent sur toute l'Angleterre et sur près de la moitié de la France.

La reprise de la vie intellectuelle en Europe

L'évolution de la vie féodale entraîne celle de la vie intellectuelle. Vers la fin du 11ᵉ siècle, l'Église est le chef de file de la renaissance culturelle, qui se propage bientôt dans toute l'Europe.

> **CONTINUITÉ ET CHANGEMENTS** Les conflits avec la royauté incitent le clergé à fouiller l'histoire de l'Église dans l'espoir de trouver des assises à l'autorité papale. Au cours de ces recherches, le clergé redécouvre le droit romain et les auteurs classiques de Rome et de Grèce, et s'intéresse tout particulièrement aux ouvrages d'Aristote.

La scolastique. Le regain d'intérêt pour Aristote et la philosophie grecque déclenche une controverse majeure dans l'Église, portant sur la connaissance de l'univers. Aristote soutient dans ses écrits que seule la raison de l'homme lui permet d'accéder à la vérité. Les chrétiens, quant à eux, croient que la vérité est révélée par Dieu et qu'elle ne relève que de la foi. Au cours du 13ᵉ siècle, le moine dominicain Thomas d'Aquin (1227-1274) tente de concilier ces deux visions.

Thomas d'Aquin affirme que raison et foi sont toutes deux nécessaires pour accéder à la vérité. Cette approche, connue sous le nom de *scolastique*, cherche à démontrer qu'il est possible d'apprendre et de prouver par la raison et la logique ce que la révélation chrétienne enseigne. Les tenants de la scolastique croient qu'avec l'aide de la raison, des déductions logiques peuvent être réalisées en fonction des révélations contenues dans la Bible et des connaissances tirées de l'observation. Ainsi, raison et foi conjuguées permettent d'accéder à la vérité. La philosophie de Thomas d'Aquin fait en sorte que, dans la chrétienté latine, la raison demeure un élément essentiel de la découverte de la vérité.

La science. Pendant que Thomas d'Aquin et d'autres essaient de réconcilier philosophie grecque et théologie chrétienne, d'autres érudits se mettent à l'étude des travaux scientifiques de l'Antiquité. Au cours du 13ᵉ siècle, le moine anglais Roger Bacon (1214-1294) devient un pionnier de la science en Europe en préconisant l'observation détaillée et l'expérimentation contrôlée pour comprendre les phénomènes naturels.

Les universités. Roger Bacon et Thomas d'Aquin sont tous deux les produits d'un nouveau système d'éducation. Au cours du 12ᵉ siècle, les écoles épiscopales enseignent la grammaire latine, la rhétorique et la logique. Par la suite, les universités font leur apparition et un *cursus*, ou ensemble de cours, plus large est élaboré. Des maîtres payés, qui sont en général des membres du clergé, enseignent la géométrie, l'arithmétique, l'astronomie et la musique, en plus de la grammaire latine, de la rhétorique et de la logique. Tous ces cours sont rassemblés sous l'appellation d'*arts libéraux*. En étant établies partout en Europe occidentale, les universités contribuent à raviver le goût d'apprendre. Elles créent aussi une nouvelle classe de gens instruits parlant et écrivant le latin, et partageant une culture commune.

Figure 4.15 Les universités jouent un rôle important dans la vie intellectuelle, politique et sociale de l'Europe. Cette sculpture, sur la façade de Notre-Dame, donne un aperçu de la vie étudiante.

La vie intellectuelle renaît donc en Europe. Pendant que les tenants de la scolastique chrétienne tentent de concilier foi et raison, des érudits commencent à explorer le fonctionnement de l'univers.

EXERCICES

1. Définir les termes suivants :

- assolement triennal
- guilde
- amour courtois
- Thomas d'Aquin
- Roger Bacon
- arts libéraux
- charte d'incorporation
- chevalerie
- Aliénor d'Aquitaine
- scolastique
- cursus

2. Cerner l'idée principale. Comment les nouvelles technologies et l'essor du commerce transforment-ils la vie en Europe, après l'an mil ?

3. Cerner l'idée principale. De quelles manières s'effectue la reprise de la vie intellectuelle en Europe, au 12ᵉ siècle ?

4. Synthétiser. Imaginez que vous êtes un apprenti, un compagnon ou un maître d'une guilde médiévale. Décrivez dans un paragraphe votre travail et les expériences qui l'accompagnent, ainsi que votre vie quotidienne.

5. Synthétiser. Comment la redécouverte des cultures de l'Antiquité et l'essor du commerce favorisent-ils la reprise de la vie intellectuelle en Europe ?

HÉRITAGES : QUE NOUS ONT-ILS LÉGUÉ ?

Sociétés	Vie politique	Vie matérielle	Société/Arts/Culture	Économie	Science et techniques
Royaumes germains (5ᵉ-7ᵉ s.)	• Monarchie héréditaire	• Pouvoir fondé sur la propriété terrienne	• Organisation tribale • Progressivement hiérarchisée en fonction de la richesse • Systèmes de lois inspirés de « l'esprit des lois » germanique et du code de lois romain	• Agriculture rustique • Commerce européen et asiatique	• Peu de réalisations significatives. Le fer est toujours utilisé mais sans innovations majeures • Maintien des traditions en orfèvrerie
Royaumes francs (7ᵉ-9ᵉ s.)	• Monarchie héréditaire sous le règne de Charlemagne • Résurgence de la notion d'empire (9ᵉ s.) • Centralisation administrative (*missi dominici*)	• Renforcement de la structure de propriété terrienne • Diminution du rôle des villes	• Essor du **monarchisme 84, 92** • Règle **bénédictine 92** • Développement des **paroisses** et des **diocèses** • Église devient le « ciment social » de la société • Écoles palatines • Conservation du savoir antique grâce aux moines copistes • Société hiérarchisée • Naissance de la **féodalité 97**	• Agriculture rudimentaire • Commerce européen	• **Harnachement** (collier de cou) 8ᵉ-9ᵉ s. • Charrue à deux roues (5ᵉ-6ᵉ s.) • **Assolement triennal** (8ᵉ s.) *108* • **Moulins à eau, moulins à vent 108**
Royaume anglais (11ᵉ-13ᵉ s.)	• Monarchie héréditaire • Administration centralisée jusqu'en 1215 • Parlementarisme embryonnaire	• Propriété terrienne est la base de la richesse.	• Société hiérarchisée • Système juridique centralisé • Relevé cadastral (**Domesday-Book**) **100** • **Magna Carta** (1215) **101** • Création de l'université d'Oxford (1130)	• Agriculture prédominante	• **Roger Bacon** (13ᵉ s.) préconise l'expérience et l'expérimentation et remet en cause le système de Ptolémée. **111**
Royaume de France (13ᵉ-14ᵉ s.)	• Monarchie héréditaire • Centralisation progressive - **Essor du pouvoir royal et unification territoriale** (Louis VII — Philippe Auguste, Philippe le Bel)	• Propriété terrienne devient l'étalon de la richesse et du rang.	• Système seigneurial • Féodalité et vassalité • Société d'ordres • Essor de la chevalerie • Développement de la **scolastique 111** • Création d'**universités 111** • **Littérature courtoise** - *Tristan et Iseult* - *Roman de Renart* - *Roman de Troie*	• Agriculture • Commerce dynamique (guildes/hanses) • Foires commerciales	• Architecture (érection de **cathédrales romanes et gothiques**) **103** • Techniques du **vitrail 111**

Révision

RÉDIGER UN RÉSUMÉ

En retenant les points essentiels du texte, rédigez un court résumé du chapitre.

RÉVISER LA TERMINOLOGIE

Faites correspondre aux termes suivants la définition qui convient à chacun.

a) guilde

b) fief

c) Hanse

d) vassal

e) Parlement

f) Ostrogoths

g) auxilium

h) donation de Pépin

i) paganisme

j) drakkar

1. En Angleterre, institution gouvernementale qui sera plus tard composée de la Chambre des lords et de la Chambre des communes.

2. Terre cédée à un noble par le roi en échange de services militaires.

3. Seigneur qui fournit chevaliers et soldats au roi ou à un seigneur plus puissant que lui.

4. Dans les villes, organisation où les apprentis apprennent leur métier des maîtres artisans.

5. Groupe de villes de l'Europe du Nord qui se réunissent pour se protéger et accroître leurs activités commerciales.

6. Remise au pape de territoires conquis.

7. Envahisseurs germains déferlant sur l'Empire romain.

8. Aide militaire que les seigneurs doivent fournir au souverain.

9. Navire utilisé par les Vikings comme moyen de transport et bateau de guerre.

10. Nom donné à une croyance polythéiste.

RÉVISER LA CHRONOLOGIE

Dressez la liste des événements suivants en respectant l'ordre chronologique.

1. L'appel aux chrétiens du pape Urbain II provoque la première croisade.

2. Le roi d'Angleterre, Jean sans Terre, signe la Magna Carta.

3. Charlemagne est sacré « empereur des Romains ».

4. Guillaume le Conquérant envahit l'Angleterre.

5. Le pape Grégoire Ier élargit le pouvoir de la papauté et de l'Église.

6. Les Vikings envahissent l'Europe.

7. Charles Martel défait une troupe musulmane à Poitiers.

8. Fondation de l'abbaye de Cluny.

9. Querelle des Investitures.

10. Partage de l'empire de Charlemagne.

COMPRENDRE LES IDÉES PRINCIPALES

1. Qu'est-ce qui motive le départ des Européens pour les croisades?

2. Comment les souverains des États européens tentent-ils de consolider leur pouvoir?

3. Quelles sont les répercussions de la croissance du commerce sur la vie en Europe, au 12e siècle?

4. Comment Charlemagne unifie-t-il l'Europe occidentale?

5. Quelle est la structure de la société féodale?

EXERCER SON SENS CRITIQUE

1. **Formuler une hypothèse.** Quels dangers l'Église catholique aurait-elle pu courir à cause des conflits entre les papes et les souverains? Quelles conséquences ces conflits auraient-ils pu avoir sur la capacité de l'Église d'unifier la chrétienté?

2. **Analyser.** Quelle réalité de la vie quotidienne est présentée dans les poèmes épiques? Pourquoi ces derniers sont-ils si populaires à l'époque?

3. **Évaluer les conséquences.** Pourquoi la croissance continue des villes menace-t-elle le régime féodal?

Chapitre 5
Le Moyen Âge en Méditerranée orientale

Objectifs d'apprentissage

APRÈS AVOIR LU CE CHAPITRE, VOUS SEREZ CAPABLE :
- DE COMPRENDRE L'ORIGINE ET L'ESSOR DE LA PUISSANCE ARABE ET MUSULMANE ;
- D'EXPLIQUER SUR QUELS FONDEMENTS CE NOUVEL EMPIRE ÉTABLIT SES BASES ;
- DE COMPARER LES SOCIÉTÉS MÉDIÉVALES EUROPÉENNES ET CELLES DE LA MÉDITERRANÉE MÉRIDIONALE ET ORIENTALE ;
- DE DÉGAGER LES APPORTS ESSENTIELS DE CETTE BRILLANTE CIVILISATION À L'EUROPE OCCIDENTALE ;
- D'OBSERVER L'ÉMERGENCE DE LA PUISSANCE SLAVE.

À une époque où les empires occidentaux sont démantelés et s'effondrent, la Perse et Byzance transforment la notion de civilisation impériale, qui durera encore plusieurs siècles. Avec le temps, elles transmettent leurs valeurs et leur héritage culturel à différents peuples. La lente érosion de ces empires, dans un contexte de rivalités religieuses et de migrations des nomades, marque la fin d'une époque historique et le début d'une autre.

Figure 5.1 Cour intérieure d'une mosquée de Córdoba, en Espagne

La Perse sassanide

OBJECTIFS D'APPRENTISSAGE

APRÈS AVOIR LU CETTE SECTION, VOUS SEREZ CAPABLE :

* D'EXPLIQUER LES CAUSES DU DÉCLIN DE L'EMPIRE SASSANIDE ;

* DE DÉCRIRE LA STRUCTURE DE LA SOCIÉTÉ SASSANIDE.

Au début du 3ᵉ siècle, la dynastie sassanide remplace, en Perse, les souverains parthes. De plusieurs façons, les Sassanides font revivre les traditions de l'ancien empire des Achéménides, s'attachant aux principes de la royauté sacrée et de la centralisation de l'empire, tout en résistant à leurs ennemis. L'agriculture et le commerce sont si florissants que l'époque sassanide est l'une des plus prospères de l'histoire de la Mésopotamie et de la Perse.

La constitution de l'Empire sassanide

À cette époque, la royauté parthe, depuis longtemps affaiblie, affronte une nouvelle menace. Ardachir, le commandant militaire de la province de Perse, soumet depuis vingt ans de nombreux souverains locaux et est maître d'immenses territoires. Devenu assez puissant pour défier l'autorité du roi parthe, il le défait et le tue dans une bataille décisive, vers 226.

Ardachir s'en prend aussitôt aux autres grandes familles de la noblesse et aux souverains locaux, les défait à leur tour et soumet à son autorité tout l'Empire parthe.

> **CHANGEMENTS / CONTINUITÉ** En 226, Ardachir s'empare de la capitale, Ctésiphon, et est sacré shah-an-shah eran, ou roi des rois d'Iran, comme le furent les anciens conquérants mèdes Darios Iᵉʳ et Xerxès Iᵉʳ, et comme le sera, plus tard, le shah d'Iran, au 20ᵉ siècle.

Pour établir son droit de régner, Ardachir prétend qu'il descend des anciens souverains de Perse par son ancêtre Sasan. La dynastie qu'il fonde sera donc connue sous le nom de *dynastie sassanide*; elle régnera sur la Perse pendant plus de quatre cents ans.

Ardachir entreprend rapidement d'étendre son territoire et, à l'est, il rétablit les frontières de l'ancien Empire achéménide.

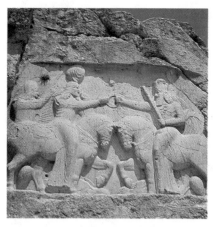

Figure 5.2 Le roi Ardachir reçoit sa couronne.

L'empire menacé

Même s'ils construisent un empire stable et durable, les Sassanides doivent faire face à de nombreuses difficultés.

Les ennemis outre-frontières. À l'ouest, l'Empire romain oriental demeure le plus grand ennemi. Tout mouvement que l'Empire sassanide tente dans cette direction dégénère inévitablement en conflit.

Au 5ᵉ siècle, les luttes entre Romains et Sassanides sont plus rares, car ces derniers doivent parer à d'autres menaces. La plus sérieuse se concrétise avec l'arrivée, aux frontières orientales de l'empire, des Hephtalites, un peuple de nomades également connu sous le nom de Huns blancs. Vainqueurs des armées perses, les Hephtalites obligent le roi des rois à leur payer un tribut. Ils s'immiscent même dans la vie politique sassanide et, par deux fois, prêtent leur concours à Kavādh, un membre de la famille royale qui cherche à monter sur le trône.

Les troubles internes. Sous le règne de Kavādh, une révolte, menée par le moine Mazdak, s'étend à tout l'empire. Mazdak est un défenseur de l'*égalitarisme*, c'est-à-dire de la suppression des inégalités sociales.

Au début, Kavādh donne son appui aux réformes de Mazdak, sans doute afin de mettre un frein au pouvoir des familles de l'aristocratie. À l'opposé, les aristocrates et le clergé orthodoxe zoroastrien sont horrifiés par les idées de Mazdak et y résistent de toutes leurs forces. Ils finissent par contraindre Kavādh à se retourner contre Mazdak, mais, entre-temps, l'empire a plongé dans le chaos.

La reconstruction de l'empire. La tâche de rétablir l'ordre dans l'Empire sassanide revient au fils de Kavādh, Khosrō Iᵉʳ, également appelé Anōcharvān, qui signifie «âme immortelle».

La Perse sassanide, 531-579

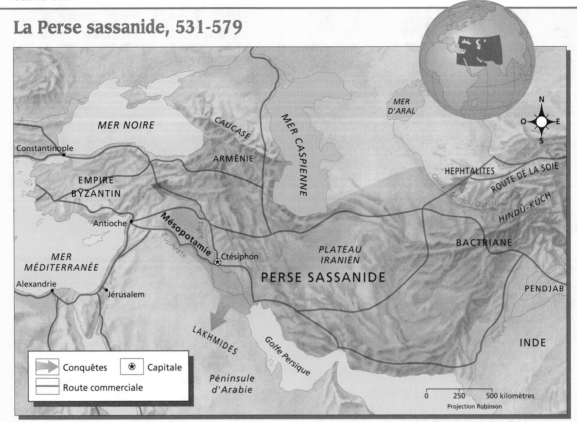

L'élargissement des frontières. Les puissantes armées de Khosrō Ier prennent d'assaut les territoires entourant le plateau iranien. Mais ces conquêtes militaires grugent le trésor public des Perses et finiront par mener à la chute de l'empire.

❖ *Faire le lien entre la géographie et l'histoire. Quels territoires la Perse aurait-elle conquis si elle avait poursuivi son expansion vers le nord-est?*

CONTINUITÉ **CHANGEMENTS** En plus de connaître de grands succès militaires, Khosrō Ier est très habile à diriger les affaires de l'État. Il fait recenser tout le territoire (comme le fera plus tard en Angleterre, et avec les mêmes intentions, Guillaume le Conquérant, qui créera le *Domesday Book*), réforme et uniformise la perception des impôts et, grâce à ces nouveaux revenus stables, finance des travaux publics qui profitent à toute la population.

Ainsi, grâce à leur puissance militaire et aux réformes qu'ils entreprennent, les Sassanides réussissent à bâtir et à maintenir un empire solide qui résiste aux armées romaines et aux guerriers nomades.

La société sassanide

Aux yeux des Sassanides, la société idéale est caractérisée par la stabilité et l'ordre. La leur est divisée en deux classes : la première est formée d'un petit groupe d'aristocrates privilégiés et la seconde, des masses populaires.

CONTINUITÉ **CHANGEMENTS** L'appartenance à une classe sociale est, en général, déterminée par la naissance, même s'il est possible à quelqu'un d'exceptionnel d'accéder à la classe supérieure en vertu de son mérite personnel.

La plupart des Perses sont convaincus que chacun doit s'en tenir à son rang dans la société et ne participer qu'aux activités que ce rang autorise.

Figure 5.3 **Khosrō Ier**

La royauté sacrée. Le roi domine toutes les classes sociales et veille à ce qu'aucune n'outrepasse les limites qui lui sont fixées. Le rôle d'arbitre social dévolu au roi est rendu possible par la glorification de la monarchie et par la croyance faisant de cette monarchie une entité située au-dessus de la société humaine.

CONTINUITÉ & CHANGEMENTS Les Perses considèrent la royauté comme sacrée et croient que Dieu choisit le roi et lui donne le pouvoir de gouverner. Ce concept de *monarchie de droit divin* a déjà inspiré Rome, avec la divinisation d'Auguste. Il inspirera également la monarchie française au 17ᵉ siècle, sous le règne de Louis XIV.

Dans la hiérarchie sociale, les aristocrates viennent après le roi. Comme ils sont très puissants, le roi tente de les dominer, à l'instar des souverains locaux, en leur octroyant des titres et des privilèges, dans l'espoir de les attacher à la cour royale et de les rendre dépendants.

La religion d'État. Les souverains se servent aussi de la religion pour imposer l'autorité royale à leurs sujets. Tous pratiquent le **zoroastrisme**, mais les Sassanides ne tolèrent pas les autres religions, comme le faisaient les Parthes avant eux.

Un des hauts faits de leur politique religieuse est la consignation, par écrit, des versions officielles de tous les hymnes et enseignements du zoroastrisme. Les rois sassanides ordonnent que soit préparé l'*Avesta*, recueil contenant la doctrine fondamentale et les plus vieux écrits de cette religion.

Le manichéisme. Le successeur de Ardachir, Shāhpuhr Iᵉʳ, consolide le statut de cette religion en proclamant le zoroastrisme seule religion officielle de l'État. Au même moment, le prophète Mani déclare qu'il est en mesure de ramener les fidèles à une vérité religieuse originelle grâce au *manichéisme*.

Lorsque Shāhpuhr Iᵉʳ meurt, en 272, Mani perd son protecteur royal et le puissant clergé zoroastrien fait tout pour anéantir l'influence des manichéens. Le fils de Shāhpuhr Iᵉʳ fait exécuter Mani et persécute ses adeptes. Certains d'entre eux, fuyant les persécutions, émigrent dans les territoires de l'Empire romain et en Asie centrale, et répandent leurs croyances. Bien que le manichéisme soit éclipsé par d'autres religions et finisse par disparaître au 15ᵉ siècle, il exercera une grande influence sur certaines religions, comme le christianisme.

CONTINUITÉ & CHANGEMENTS La royauté sacrée est le cœur de l'Empire sassanide. Ce principe chapeautera la structure déjà fortement hiérarchisée de la société perse.

Le déclin et la chute de la Perse sassanide

L'empire connaît son apogée au 7ᵉ siècle, sous le règne de Khosrō II, aussi appelé Parviz, « le victorieux », en grec. Malgré tout ce qu'il réussit à accomplir, le déclin de l'empire s'accélère à la fin de son règne, en 628. Le mécontentement généralisé dans la noblesse militaire est un des facteurs qui contribue à ce déclin.

Les dernières années de la dynastie sont marquées par les dissensions intestines et les changements fréquents de souverains. Ces troubles sont la cause du mauvais entretien des systèmes d'irrigation, pourtant vitaux en Mésopotamie. Les déficiences des systèmes d'irrigation provoquent famines et épidémies.

CONTINUITÉ & CHANGEMENTS Affaibli et divisé, l'empire est incapable de résister aux nouvelles attaques, rapides et dévastatrices, lancées contre lui par les armées arabes unies, à partir de 630.

EXERCICES

1. Définir les termes suivants :
- dynastie sassanide
- égalitarisme
- Avesta
- Khosrō II
- Mazdak
- Khosrō Iᵉʳ
- Mani

2. Synthétiser. Reproduisez un tableau comme celui ci-dessous où vous noterez les grandes réalisations de Ardachir, de Shāhpuhr Iᵉʳ et de Khosrō Iᵉʳ. Quel souverain impose le plus de réformes ? Quels souverains se préoccupent davantage de politique étrangère ?

Tableau 5.1

SOUVERAIN	Ardachir	Shāhpuhr Iᵉʳ	Khosrō Iᵉʳ
RÉFORMES INTERNES			
POLITIQUE ÉTRANGÈRE			
RÉFORMES RELIGIEUSES			

L'Empire byzantin

OBJECTIFS D'APPRENTISSAGE

APRÈS AVOIR LU CETTE SECTION, VOUS SEREZ CAPABLE :

*   D'EXPLIQUER POURQUOI LES EMPEREURS BYZANTINS CESSENT DE CHERCHER À REFAIRE L'UNITÉ DU MONDE ROMAIN ;

*   DE DÉCRIRE LA STRUCTURE ET LE FONCTIONNEMENT DE LA SOCIÉTÉ BYZANTINE.

L'Empire byzantin est constitué peu à peu sur les ruines de ce qui était l'Empire romain oriental et survit pendant près de mille ans après la chute de Rome (jusqu'en 1453). Les Byzantins réussissent à marier les traditions de la Rome impériale au christianisme et à la culture grecque, et bâtissent ainsi une civilisation originale et influente.

> **CHANGEMENTS** Les Byzantins conservent le droit romain, favorisent l'essor du christianisme, protègent les frontières orientales de l'Europe des invasions des nomades et préservent une grande partie des connaissances de la Grèce classique.
> CONTINUITÉ

L'Empire romain d'Orient

L'Empire romain est officiellement divisé en deux à la mort de Théodose, en 395. La partie occidentale déclinant au cours du 5ᵉ siècle, la puissance et la gloire de Rome deviennent l'apanage de la partie orientale de l'empire. Bien que les habitants de cette

Figure 5.4 Représentation de Constantinople, vers 950

région continuent à se donner le nom de Romains, les historiens désignent cette nouvelle civilisation sous l'appellation d'**Empire byzantin**.

Sa capitale est Constantinople, ville que l'empereur Constantin Iᵉʳ construit sur le site de la colonie grecque de Byzance. Même avant la chute de Rome, cette capitale orientale est la ville la plus riche de l'Empire romain.

Justinien. Après la chute de Rome, en 476, les empereurs à l'est n'abandonnent pas leur prétention de régner sur les provinces occidentales de l'empire. Plusieurs souhaitent vivement reconquérir ces provinces perdues et reconstituer l'ancienne unité impériale. L'empereur byzantin Justinien entreprend cette reconquête durant son règne, qui s'étend de 527 à 565. Utilisant les richesses de Byzance, il finance ses guerres contre les peuples germaniques et, vers la fin de son règne, il a repris la plupart des territoires entourant le Méditerranée. Bientôt, cependant, les efforts de Justinien pour réunifier l'Empire romain s'avèrent trop onéreux.

De nouvelles invasions. Justinien, par sa volonté de reconstituer l'empire, le pousse au bord de l'épuisement. Au cours des décennies suivantes, l'anarchie, la pauvreté et la peste sévissent. Les efforts de Byzance pour éviter la Perse dans ses relations commerciales avec la Chine ravivent des conflits avec les Sassanides qui s'éternisent des années. Entretemps, les Avars et les Slaves envahissent les Balkans, et les Lombards saccagent l'Italie. L'Empire byzantin ne peut combattre sur trois fronts à la fois et les provinces occidentales lui échappent de nouveau.

Ces tensions durent jusqu'au règne de Héraclius, qui devient empereur en 610. Il repousse les Perses et, grâce à une astucieuse diplomatie, tient en respect les Avars et les Slaves.

> **CHANGEMENTS** Se servant d'une vieille tactique romaine, Héraclius installe des Croates et des Serbes à l'intérieur des frontières balkaniques pour qu'ils servent de tampon entre les nouveaux envahisseurs et l'empire. Il tente aussi d'utiliser le christianisme pour empêcher ses nouveaux sujets de se rebeller contre l'empire. La propagation du christianisme dans les Balkans instaure dans ces pays une influence byzantine qui se fera sentir pendant des siècles.
> CONTINUITÉ

Avec Héraclius, la puissance de l'empire semble atteindre son apogée. Mais une nouvelle menace, inattendue et bien plus terrible, apparaît. Les

L'Empire byzantin, 526-565

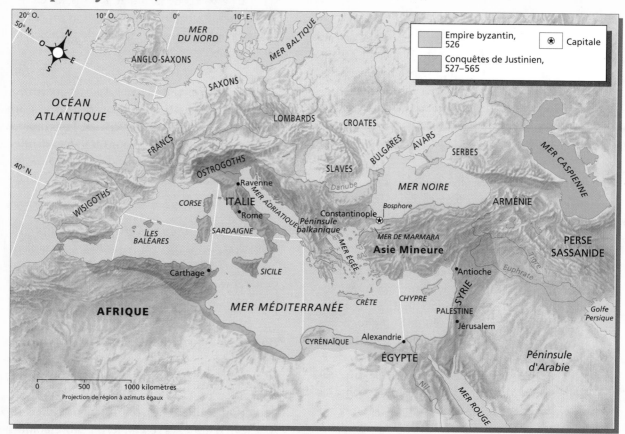

Le règne de Justinien. Au cours du 5ᵉ siècle, les armées de l'empereur Justinien combattent les envahisseurs germaniques et reconquièrent les restes épars de l'Empire romain.

? *Décrire les déplacements et les progressions. Quelles parties de l'ancien Empire romain les armées de Justinien réussissent-elles à reconquérir ?*

Arabes, soutenus par une insatisfaction généralisée des Égyptiens et des Syriens, défont les Byzantins à la bataille de Yarmouk, en 636, et les chassent de presque tous leurs territoires. En quelques années, l'empire est réduit à un espace compris entre l'Adriatique et l'Arménie.

Léon III. Même réduit, l'Empire byzantin est toujours menacé par d'éventuelles invasions. En 712, les Bulgares, autre peuplade nomade, avancent jusqu'aux murs de Constantinople. Mais, en 717, un puissant général nommé Léon l'Isaurien se distingue des autres militaires et devient empereur. En plus de fonder une nouvelle dynastie, Léon III repousse une attaque massive des Arabes dirigée contre Constantinople et bat les Bulgares. Afin de protéger son empire, il met au point un système d'administration et de défense appelé *système de thèmes*.

CONTINUITÉ et CHANGEMENTS Le système de thèmes divise l'empire en provinces, chacune étant placée sous le commandement d'un gouverneur militaire. En échange de leur assistance, les officiers reçoivent des terres. Celles-ci, de même que les obligations militaires qui y sont rattachées, peuvent être cédées aux héritiers. Grâce à ce système, l'empereur dispose d'une milice capable de répondre rapidement à toute invasion reprenant ainsi une tactique romaine qui a déjà porté fruit.

Par contre, l'instauration de ce système signifie que l'administration civile abandonne son autorité dans les provinces aux mains des commandants militaires.

L'État byzantin, sa société et sa culture

La figure centrale de la société et de l'Empire byzantins est l'empereur, qui est considéré comme un prêtre-roi sacré. Cette notion est renforcée par la doctrine chrétienne qui, depuis son apparition, enseigne l'obéissance absolue à l'empereur sans toutefois reconnaître son caractère divin.

L'empereur est, en effet, considéré comme le représentant du Christ sur terre et règne de concert avec lui, selon les croyances populaires.

L'Empire romain d'Occident s'étant effondré, l'Empire romain d'Orient prend la relève et emprunte au défunt royaume plusieurs de ses réalisations, dont, entre autres, le droit romain. Au sein de l'Empire byzantin, il revient à l'empereur de rendre la justice et de faire régner l'ordre dans la société. Certains empereurs perpétuent le droit romain en faisant compiler dans des codes les lois existant déjà dans l'empire et qui ont évolué au cours des siècles.

Figure 5.5 Icône de 1028 illustrant le statut impérial de Constantin IX Monomaque et de Zoé Porphyrogénète. Assis de part et d'autre du Christ, sur des trônes légèrement plus petits, chacun a la tête entourée d'une auréole.

Justinien est le plus grand compilateur de lois. En 528, il ordonne que soit préparé le code justinien, réunissant, en dix tomes, toutes les constitutions ayant été en vigueur depuis le règne de l'empereur Hadrien.

Par la suite, il fait préparer d'autres codes de lois qui, avec le code justinien, constituent le *Corpus juris civilis*, ou code de lois civiles. Les empereurs subséquents le mettent à jour ou l'amendent et le font traduire du latin au grec. Le *Corpus juris civilis* demeure le cadre de référence fondamental du droit byzantin.

Vers le 12ᵉ siècle, le code justinien est redécouvert et il servira de base à différents systèmes juridiques à travers l'Europe occidentale.

Une société aristocratique. Dans son ensemble et par sa nature, la société byzantine est hiérarchisée et dominée par l'aristocratie. Même si les lois doivent en principe s'appliquer à tous, il existe de grandes inégalités entre les différents paliers de la société byzantine. Par exemple, un citoyen ordinaire est pendu pour un crime qui n'est puni que par l'exil s'il est commis par un noble. Le *jus gentium* du droit romain est ignoré dans la société byzantine.

Par contre, les classes sociales ne sont pas complètement imperméables. De manière générale, la « noblesse » d'un individu est définie par ses fonctions politiques. Ces postes ne sont pas héréditaires ; ils sont attribués au mérite et plusieurs aristocrates, y compris certains empereurs, se sont élevés des classes inférieures jusqu'au faîte de la société.

Les femmes dans la société byzantine.

La société byzantine respecte le principe romain affirmant la soumission des femmes à l'autorité masculine, et la pensée chrétienne enseignant que les femmes, filles d'Ève, donc sources de tentation et de trouble, doivent être étroitement surveillées.

Dans cette société, certaines femmes protègent leur vertu en entrant au couvent. La plupart, cependant, se marient et consacrent leur vie à élever les enfants, à entretenir la maison, à filer, à tisser, à coudre ou à faire de la broderie.

Les aristocrates tiennent leurs femmes et leurs filles à l'écart du monde extérieur, en partie pour les protéger. Au palais royal, par exemple, les femmes et les filles de la noblesse vivent dans des appartements qui leur sont réservés, appelés *gynécées*. Malgré cette apparente réclusion, certaines femmes connaissent des destins exceptionnels, telle Théodora, l'épouse de l'empereur Justinien, qu'elle épaule durant la rédaction du *Corpus juris civilis*. (Voir aussi le tableau 10.1, page 239.)

Les arts et l'architecture. Les thèmes religieux dominent l'architecture et les arts byzantins. Dans les églises, les cathédrales et les chambres funéraires, de riches *mosaïques* (dessins formés de petites pièces incrustées) représentent des scènes bibliques à l'aide de symboles connus de tous.

CHANGEMENTS La religion permet à l'architecture de faire des progrès remarquables. Dès le début de l'époque byzantine, les architectes innovent en matière de construction d'églises en coiffant d'un dôme la fondation carrée de ces édifices et en se servant de celle-ci, au lieu des murs, pour supporter la coupole. L'église Sainte-Sophie est le plus spectaculaire exemple de ce style qui influencera plus tard les architectes d'Europe et d'Asie.

Le christianisme byzantin

Avec la monarchie, le christianisme constitue l'autre pilier de la société byzantine. L'Église est aussi hiérarchisée que l'État. Considéré comme le représentant du Christ sur terre, l'empereur a le devoir particulier de faire respecter les lois civile et religieuse.

L'Église orthodoxe. Même si l'empereur veille au respect de la loi religieuse, il ne dirige pas l'Église. Les personnes chargées de le faire sont les évêques des grandes villes, c'est-à-dire le pape à Rome et les patriarches de Constantinople, d'Alexandrie, d'Antioche et de Jérusalem. Ces cinq dirigeants ecclésiastiques forment une *pentarchie*. Au cours du 7e siècle, cependant, l'expansion arabe fait qu'il ne reste plus que le pape et le patriarche de Constantinople pour diriger l'Église.

Les Byzantins accordent au pape une importance particulière, sans pour autant accepter son autorité suprême sur toutes les questions religieuses. Ils reconnaissent plutôt l'autorité des conciles, où les représentants de la pentarchie se rencontrent et règlent les grandes questions en matière de religion.

Figure 5.6 L'église Sainte-Sophie de Constantinople

Comme les relations entre Rome et Byzance s'espacent après 476, le patriarche de Constantinople reste seul à présider aux destinées de l'Église orthodoxe, l'Église chrétienne officielle de l'Empire byzantin.

Le mouvement iconoclaste. Au cours du 8e siècle, une grave controverse religieuse menace tant le pouvoir de l'Église que celui de l'État.

Dans les provinces orientales grandit depuis des années un important mouvement contre l'adoration des icônes, ou images saintes. Certains chrétiens s'opposent à cette pratique, car ils croient qu'une telle adoration est idolâtre et qu'elle s'apparente trop au paganisme. Cette opposition au culte des icônes est appelée *mouvement iconoclaste*.

Pendant un siècle, ce mouvement réapparaît de façon intermittente jusqu'à ce que, en 843, un synode réuni à Constantinople mette fin à la controverse en permettant le culte des icônes. Cependant, toutes ces années de conflit font monter la tension entre Constantinople et Rome.

CHANGEMENTS Avec le temps, ces deux Églises s'éloignent de plus en plus l'une de l'autre. Leur langue, leur culture et leur doctrine sont différentes et, en 1054, l'Église se sépare en deux : à l'ouest, l'Église catholique romaine, à l'est, l'Église orthodoxe.

Cette rupture est désignée sous le nom de *schisme d'Orient*. Elle renforce, au début, l'autorité de l'empereur byzantin sur son territoire. Plus tard, cependant, ce schisme deviendra dangereux pour l'empire, puisque celui-ci ne pourra plus jamais compter sur l'aide occidentale pour faire face à ses envahisseurs.

La période macédonienne

À l'aube du 9e siècle, l'empire de Byzance subit depuis déjà un siècle des guerres dévastatrices et de profondes crises religieuses, et a perdu d'immenses territoires à la suite de pressions exercées sur ses frontières. La controverse des iconoclastes se transforme en une lutte divisant l'ancien Empire romain entre l'Ouest, où les gens parlent latin, et l'Est, où ils parlent grec. Au cours de cette période, la culture byzantine tend à s'uniformiser, dans ses couches supérieures, en adoptant le grec comme langue d'usage.

Les érudits, désireux de retrouver la sécurité du passé, s'intéressent à la cueillette des connaissances traditionnelles plutôt qu'à la création d'œuvres originales.

L'évolution de la société. À cause des guerres et de l'insécurité qu'elles engendrent, de nombreuses villes conservent difficilement un style de vie urbain traditionnel. Vers le 5e siècle, les villes rapetissent ou sont abandonnées, leurs habitants cherchant refuge au sommet de collines fortifiées et délaissant le commerce au profit de l'agriculture pour survivre. Ce phénomène ne fait qu'accentuer l'importance de Constantinople, seule grande ville restante, comme centre de l'empire. Dans leurs efforts pour garder la situation sous contrôle, l'empereur et l'aristocratie de la cour établissent une hiérarchie plus rigide qu'auparavant.

Ces transformations coïncident avec le règne de la dynastie macédonienne, qui s'étend de 867 à 1056. À certains égards, la période macédonienne est l'âge d'or de l'histoire de Byzance. Les empereurs macédoniens améliorent peu à peu les conditions de vie des paysans, accroissent l'autorité impériale sur l'Église et donnent encore plus d'importance à la monarchie en multipliant les rituels de cour et en raffinant l'étiquette.

Les empereurs macédoniens fondent une école de droit pour y former les représentants de l'État dans l'art de gouverner.

L'instabilité de l'empire. Le déclin de la dynastie macédonienne commence vers le 11e siècle.

> **CHANGEMENTS CONTINUITÉ** Une série d'empereurs incompétents se succèdent alors que les envahisseurs menacent d'enfoncer les défenses affaiblies d'un empire déjà diminué. Cette conjoncture rappelle le déclin de Rome et celui de l'Empire sassanide.

Les querelles incessantes entre l'aristocratie militaire et le gouvernement central affaiblissent l'empire et le rendent vulnérable aux attaques de ses ennemis. En 1071, les Turcs défont l'armée byzantine à Manzikiert, en Arménie, et brisent à jamais le pouvoir de Byzance en Asie Mineure.

> **CHANGEMENTS CONTINUITÉ** Une fois passées les menaces du 8e siècle, une rupture se produit durant le règne de la dynastie macédonienne et la culture grecque supplante la culture latine dans l'Empire byzantin.

EXERCICES

1. Définir les termes suivants :
- *Justinien*
- Corpus juris civilis
- *mosaïque*
- *mouvement iconoclaste*
- *système de thèmes*
- *gynécée*
- *pentarchie*
- *schisme*

2. Localiser le lieu suivant et en faire ressortir l'importance :
- *Constantinople*

3. Cerner l'idée principale. Pourquoi les empereurs byzantins renoncent-ils à leur rêve de reconstruire l'ancien Empire romain ?

4. Expliquer. Dans un court texte, expliquez le rôle des femmes de l'aristocratie dans la société byzantine.

5. Comparer et opposer. Décrivez comment l'Église byzantine se démarque de celle de Rome.

La naissance de la Russie

OBJECTIFS D'APPRENTISSAGE

APRÈS AVOIR LU CETTE SECTION, VOUS SEREZ CAPABLE :

- D'EXPLIQUER COMMENT BYZANCE INFLUENCE LA RUSSIE KIÉVIENNE ;
- DE DÉCRIRE LES FACTEURS QUI PROVOQUENT LE DÉCLIN ET LA CHUTE DE L'ÉTAT KIÉVIEN.

Après la chute de la Perse sassanide et l'entrée de Byzance dans son âge d'or, un peuple connu sous le nom de Rus érige un puissant État, dont les fondements se situent dans la ville de Kiev, en Ukraine.

CHANGEMENTS Très influencés par Byzance, surtout en matière religieuse, les chefs kiéviens créent des modèles politiques et culturels qui marqueront profondément l'histoire de la Russie, et ce, jusqu'à la chute du régime tsariste, en 1917.

Les origines des Rus

Qui sont ces Rus qui donneront éventuellement leur nom à la nation russe ? Les spécialistes s'entendent pour dire qu'ils sont de souche scandinave et slave.

La chronique historique de « *L'Analyste de Kiev* » explique, selon la tradition, que les Rus en viennent à gouverner la Russie pour répondre au souhait exprimé par les peuples vivant le long de la Dniepr. Ces peuples désirent que les Rus deviennent leurs souverains et, à cette fin, choisissent parmi eux trois frères qui s'installent chez eux, accompagnés de tous les Rus.

En 862, le plus vieux des trois frères, Riourik, s'empare de l'important centre commercial de Novgorod. Quelques années plus tard, son successeur, Oleg, prend le commandement des Rus, se rend maître de Kiev et entreprend l'unification des tribus slaves en confédération.

La Russie kiévienne

La confédération russe devient rapidement populeuse et puissante. Par la force ou la persuasion, Oleg amène un certain nombre de tribus slaves à reconnaître l'autorité des Rus et, grâce à ces nouveaux appuis, il réussit à remporter quelques batailles

Carte 5.3

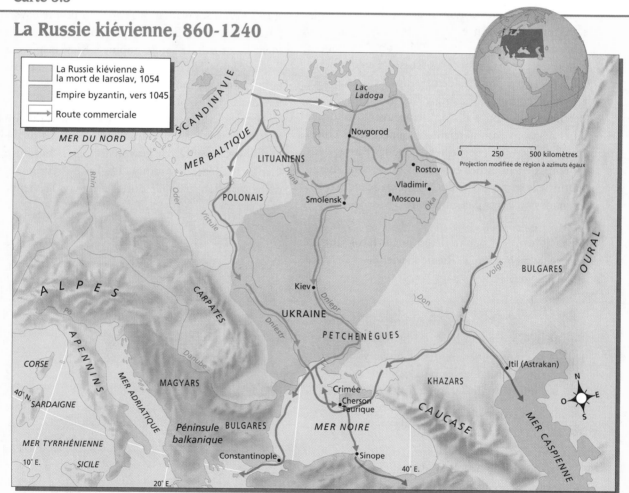

La Russie kiévienne, 860-1240

La Russie kiévienne à la mort de Iaroslav, 1054

Empire byzantin, vers 1045

Route commerciale

Le commerce en Russie. Les routes commerciales serpentent à travers toute la Russie kiévienne, des glaces de la mer Baltique jusqu'aux rives de la mer Noire. Des villes florissantes voient le jour le long de ces routes très fréquentées.

? *Décrire les déplacements et les progressions. Quelles caractéristiques géographiques les routes commerciales kiéviennes épousent-elles ?*

contre Byzance. Ces victoires lui permettent de signer, en 911, un traité commercial très avantageux avec les Byzantins.

Les relations entre la Russie et Byzance.

À compter de 964, Sviatoslav s'affirme comme le premier grand bâtisseur de l'Empire kiévien. Il étend la domination russe de la Volga au Danube, vainquant, à l'est, les Bulgares de la Volga et les terribles Khazars. Puis, après s'être allié aux Byzantins, il attaque les Bulgares du Danube, à l'ouest.

Les choses prennent une tournure différente lorsque Sviatoslav envoie ses armées contre l'Empire byzantin. L'empereur Jean Iᵉʳ Tzimiskès écrase les Russes en 969 et arrache un traité de paix à Sviatoslav en 971, traité qui force ce dernier à abandonner les Balkans et la Crimée. En revenant vers Kiev, Sviatoslav meurt en combattant les Petchenègues.

L'issue des conflits entre la Russie kiévienne et l'Empire byzantin démontre, de façon éclatante, la supériorité de Byzance. Les autorités byzantines se rendent cependant compte qu'elles ont beaucoup à gagner en coopérant avec les Russes. Le commerce est avantageux pour les deux peuples et ils ont des ennemis communs, comme les Bulgares et les Petchenègues. En s'alliant, ils peuvent solidifier leurs relations commerciales et vaincre leurs ennemis. Les Byzantins accueillent donc les Russes dans les rangs de leur armée et certains Russes font même partie de la garde d'élite des Varègues (Scandinaves), les gardes du corps de l'empereur.

La religion.

Le facteur déterminant favorisant un rapprochement entre la Russie kiévienne et Byzance est la religion.

> CONTINUITÉ CHANGEMENTS Même si des commerçants chrétiens ont amené leur foi en Russie dès le 9ᵉ siècle, le christianisme ne prend vraiment racine dans ce pays qu'un siècle plus tard, au moment de la conversion de la reine Olga, mère de Sviatoslav. Une cérémonie à Constantinople marque l'événement.

Mais le christianisme ne devient religion d'État que lors du baptême de Vladimir Iᵉʳ, en 988. Une fois ce dernier converti, les liens entre la Russie kiévienne et l'Église orthodoxe sont solidement établis, sous l'égide du patriarche de Constantinople. Le choix que fait Vladimir d'embrasser la foi orthodoxe plutôt que la foi catholique romaine marquera profondément l'histoire de la Russie.

> CONTINUITÉ CHANGEMENTS Contrairement à l'Église catholique, l'Église orthodoxe russe utilise les *langues vernaculaires*, ce qui rapproche la religion du peuple, favorisant ainsi le développement d'une culture nationale et un raffermissement des liens entre la Russie et l'Empire byzantin.

L'influence byzantine.

Grâce au christianisme orthodoxe, l'influence de Byzance se fait largement sentir dans la culture kiévienne, particulièrement au cours du règne de Iaroslav le Sage, au 11ᵉ siècle. Soucieux d'établir de bonnes relations diplomatiques avec les autres royaumes, Iaroslav marie ses filles à des rois de France, de Hongrie et de Norvège, et accueille en Russie des souverains et des princes exilés de différents pays européens.

Mais l'histoire retient le nom de ce souverain surtout pour ses réalisations dans son propre pays. Il fait construire des églises impressionnantes, notamment la cathédrale Sainte-Sophie à Kiev, inspirée de l'église Sainte-Sophie de Constantinople, et favorise la fondation de monastères, dont le célèbre monastère des Cryptes, près de Kiev.

Iaroslav le Sage veille aussi à l'expansion de l'instruction, tâche facilitée par l'usage de l'alphabet cyrillique, inventé par les missionnaires byzantins Cyrille et Méthode. Comme l'Église est responsable de l'instruction, presque toutes les œuvres kiéviennes

Figure 5.7 **Iaroslav**

ont un caractère religieux et les érudits s'attachent à traduire les textes religieux grecs en slavon, langue liturgique des orthodoxes.

🖋 CHANGEMENTS En Russie, la culture n'évolue pas de la même façon qu'en Europe occidentale, en grande partie à cause de la rupture culturelle entre Byzance et l'Occident.

Le déclin de la Russie kiévienne

Le lent déclin de la Russie kiévienne débute après la mort de Iaroslav, en 1054. Pendant plusieurs années, la guerre civile fait rage presque sans interruption, car les fils de Iaroslav se battent entre eux pour s'emparer du pouvoir.

Certains changements dans le commerce international contribuent aussi au déclin du pays. Les échanges commerciaux entre l'Europe occidentale et Byzance cessent peu à peu d'emprunter la route de Kiev, car les marchands italiens tissent des liens de plus en plus étroits entre l'Europe et l'Asie Mineure.

L'instabilité politique sur le plan régional est un autre facteur qui amène le déclin de la Russie kiévienne. Cet État ne possède pas une structure administrative étendue, mais repose plutôt sur une **confédération** d'États princiers que seule l'habileté des souverains réussit à maintenir ensemble. Cette structure politique peu cohésive entraîne de fréquentes disputes, compliquées de surcroît par les rivalités entre régions, notamment entre les villes de Kiev et de Novgorod. Cette dernière cherche à mener ses affaires de façon autonome, possédant prince, noblesse et assemblée politique. Peu à peu, le centre politique et économique de la Russie se déplace de Kiev, ville du Sud, vers Novgorod et, plus tard, Moscou, villes du Nord.

Au 13e siècle, ces villes tombent sous la domination des Mongols et sont incorporées à leur empire.

EXERCICES

1. Définir les termes suivants :
- *Riourik*
- *Oleg*
- *Olga*
- *Sviatoslav*
- *Vladimir Ier*
- *Iaroslav le Sage*

2. Localiser les lieux suivants et en faire ressortir l'importance :
- *le Dniepr*
- *Kiev*
- *Novgorod*
- *Moscou*

3. Cerner l'idée principale. Comment Byzance se démarque-t-elle de l'héritage de l'Empire romain d'Occident et, ce faisant, comment influe-t-elle sur le développement de la Russie kiévienne ?

Le développement de l'islam

OBJECTIFS D'APPRENTISSAGE

APRÈS AVOIR LU CETTE SECTION, VOUS SEREZ CAPABLE :
- D'ÉVALUER LES PREMIERS MESSAGES QUE PRÊCHE MAHOMET ;
- DE DÉCRIRE LES MÉTHODES UTILISÉES PAR LE PROPHÈTE POUR UNIFIER LES VILLES ET LES TRIBUS DE LA PÉNINSULE D'ARABIE.

Au moment où l'Empire romain d'Occident décline et que Byzance prend son envol, une civilisation nouvelle se développe sur le pourtour sud de la Méditerranée. Bientôt, le monde arabe devient la « courroie de transmission » grâce à laquelle le savoir grec et romain est traduit, bonifié et conservé, pour resurgir quelques siècles plus tard. L'Europe de l'Ouest, quant à elle, entre dans le Moyen Âge.

Figure 5.8 La Kâba, dans la Grande Mosquée de La Mecque, est un sanctuaire pour les musulmans. Elle inspire leur foi et le culte qu'ils vouent à Allah.

Les traditions SACRÉES

Le Coran

Le Coran revêt une signification littéraire et religieuse particulièrement importante pour les Arabes. Il s'agit du premier livre à avoir été écrit en arabe, puisque rien de la tradition orale arabe n'a été conservé par écrit avant le 7e siècle. Les révélations transmises par Mahomet sont d'abord transcrites sur « des pierres lisses, des morceaux de cuir, des os d'épaule de chameau [et] des feuilles de palmier », puis mémorisées par les premiers disciples. Après la mort de Mahomet, ces disciples ordonnent que soient rassemblées les révélations du prophète pour en faire un seul livre. Les musulmans croient que chaque mot et chaque sourate, ou chapitre, du Coran ont été inspirés par Dieu.

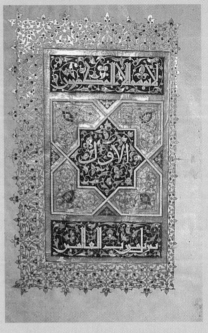

Figure 5.9 Une copie du Coran, datant de 704

Le prophète Mahomet

En 613, Mahomet, membre d'un clan relativement pauvre de la tribu régnante à La Mecque, commence à prêcher une religion inconnue jusque-là.

Dans sa jeunesse, Mahomet respecte sans doute les traditions religieuses de sa ville. Même si quelques saints hommes itinérants prêchent l'existence d'un seul dieu, la plupart des Arabes sont polythéistes. Ils adorent leurs dieux et déesses dans des sanctuaires spéciaux dont un des plus importants est celui de la *Kâba*, à La Mecque, où de nombreux pèlerins viennent tous les ans.

Habitué à se retirer dans les cavernes des collines toutes proches pour prier et méditer, Mahomet y reçoit un jour la visite de l'archange Jibraï (Gabriel, en français). Il croit que Dieu lui parle par l'intermédiaire de cet archange. Mahomet soutient avoir reçu de nombreuses révélations au cours de sa vie et celles-ci constituent le *Coran*, le livre saint de l'islam.

Les premières révélations faites à Mahomet contiennent deux messages, très simples. Le premier message affirme qu'il n'y a qu'un Dieu : « Dis que Dieu est Unique ; Dieu, l'Éternel : il ne procréa pas et ne fut pas procréé, et il n'y a personne qui soit son égal. » Le second message indique que ceux qui acceptent le message de Dieu doivent obéir à sa volonté. En acceptant cette obéissance, les croyants forment une communauté à part où tous sont égaux aux yeux de Dieu. Parce qu'ils sont égaux, ils sont responsables les uns des autres, surtout des pauvres et des faibles.

Pour les Arabes qui adorent plusieurs dieux, le message de Mahomet est radical. Même s'il porte le nom de Allah, d'après celui du dieu arabe le plus important, le Dieu de Mahomet est le même que celui des juifs et des chrétiens. Comme Dieu a déjà choisi des prophètes tels Abraham, Moïse et Jésus pour transmettre son message divin à l'humanité, Mahomet croit que Dieu le choisit, lui, pour apporter de nouvelles révélations aux hommes.

En entendant Mahomet prêcher cette idéologie révolutionnaire qui prône l'égalité sociale et le **monothéisme**, les marchands qui gouvernent La Mecque s'alarment. Ils harcèlent le prophète et son petit groupe de disciples. En 622, ceux-ci quittent La Mecque et se dirigent vers le nord, jusqu'à la ville de Yathrib. L'histoire islamique donne à ce périple le nom d'*hégire*, ou fuite, migration. Désormais, le calendrier musulman considère cette date comme étant l'an zéro, comme le font les chrétiens pour la date de naissance du Christ.

Figure 5.10 Partout dans le monde, cinq fois par jour, les musulmans s'agenouillent sur leur tapis de prière, orienté en direction de La Mecque, et récitent les prières du Coran.

Yathrib, que Mahomet dirige en tant que chef spirituel et politique, prend le nom de Médine, ou ville du prophète.

À Médine, Mahomet a une nouvelle révélation, qui commande aux musulmans de se tourner vers La Mecque et la Kâba, au lieu de se tourner vers la ville sainte de Jérusalem, pour prier.

La conversion de La Mecque. En 630, après plusieurs années de guerres entre les Mecquois et les musulmans de Médine, Mahomet et son armée occupent La Mecque ; les habitants de la ville capitulent et acceptent la religion islamique. Après cette victoire, la plupart des tribus arabes reconnaissent Mahomet et le pouvoir de l'islam. Le prophète meurt en 632, à Médine.

> **CONTINUITÉ & CHANGEMENTS** Depuis Médine, Mahomet convertit les Bédouins et, avec leur aide, unifie La Mecque et toute l'Arabie au sein de l'Islam. Un nouvel empire surgira de cette région et marquera profondément l'histoire de l'Occident.

EXERCICES

1. Définir les termes suivants :
- *Mahomet*
- *Kâba*
- *Coran*
- *hégire*

2. Localiser les lieux suivants et en faire ressortir l'importance :
- *Médine*
- *La Mecque*

3. Cerner l'idée principale. Quels deux grands messages les premières révélations faites à Mahomet contiennent-elles ?

L'expansion de l'Islam

OBJECTIFS D'APPRENTISSAGE

APRÈS AVOIR LU CETTE SECTION, VOUS SEREZ CAPABLE :

- D'ANALYSER LES PROBLÈMES DE SUCCESSION QUI SURGISSENT AU DÉCÈS DE MAHOMET ;

- DE DÉCRIRE COMMENT CES PROBLÈMES INFLUENCENT LE DÉVELOPPEMENT ULTÉRIEUR DE L'ISLAM.

> **CONTINUITÉ & CHANGEMENTS** Unis sous la bannière du prophète, les musulmans quittent leur terre d'Arabie après sa mort et, pendant un siècle, portent leur message de renouveau religieux à Byzance, en Perse et dans certaines parties de l'Afrique, de l'Europe et de l'Inde.

Au début du 8e siècle, l'Empire islamique s'étend de l'océan Atlantique au fleuve Indus, et de l'Asie centrale à la mer d'Arabie.

Le califat

La mort du prophète provoque une crise dans la nouvelle communauté musulmane. Plusieurs tribus du désert se sont converties à l'islam par seule loyauté envers Mahomet et sa mort, croient-elles, les relève de leur promesse.

Il faut donc trouver rapidement un successeur, mais cette entreprise divise les disciples de Mahomet. Certains préfèrent Ali, cousin du prophète et époux de sa fille Fātima ; les chefs choisissent pourtant Abū Bakr, le plus vieil ami de Mahomet et l'un des premiers fidèles qu'il ait converti.

Comme le Coran affirme que Mahomet est le dernier prophète, Abū Bakr et les chefs subséquents ne porteront jamais ce titre.

> **CONTINUITÉ & CHANGEMENTS** Les dirigeants musulmans qui suivent Mahomet sont appelés *califes*, mot signifiant « lieutenants » ou « successeurs du prophète ». Le terme *califat* désigne trois choses différentes : la dignité de calife, le territoire soumis au calife et la durée du règne d'un calife ou d'une dynastie. Les califes exercent leur autorité en suivant les enseignements du Coran et l'exemple de Mahomet. Avec eux, les pouvoirs religieux et politiques ne sont plus tout à fait les mêmes.

Les chefs musulmans règlent donc la crise de succession de Mahomet en choisissant Abū Bakr comme calife. Ce dernier restaure l'unité de l'Arabie sous la bannière du prophète.

L'expansion de l'Islam

CHANGEMENTS **CONTINUITÉ** La faiblesse des empires perse et byzantin, épuisés par des années de guerres, favorise l'expansion musulmane dans tout le bassin méditerranéen.

En 637, les armées musulmanes ont conquis l'Iraq, le sud de la Perse et presque toute la Syrie.

En 634, Abū Bakr choisit comme successeur Oumar, autre proche compagnon de Mahomet. Grâce à lui, le nouvel État musulman continue de s'étendre. Afin de le doter d'une force militaire, Oumar invente une sorte de registre national. Les personnes

qui y sont inscrites ont droit à une part des richesses de la communauté à condition qu'elles-mêmes ou que des membres de leur famille s'enrôlent dans l'armée. Nombre d'Arabes s'enrôlent donc pour bénéficier de ces nouvelles allocations, ce qui a comme effet de renforcer la puissance militaire du pays.

Les politiques de Oumar favorisent l'expansion rapide de l'Empire musulman. En moins d'une décennie, les Arabes créent un immense empire.

Au cours des premières années de l'expansion musulmane, les armées arabes cherchent davantage à remplir les coffres de l'État islamique qu'à convertir les non-Arabes.

Les peuples protégés par le Coran (juifs, chrétiens et autres) doivent payer pour conserver le droit de pratiquer leur religion. Alors que les musulmans versent des aumônes pour les pauvres, les peuples protégés doivent donc payer un tribut substantiel, tout en continuant de verser les anciens impôts byzantins et perses que Oumar affecte tout simplement au trésor public musulman.

Carte 5.4

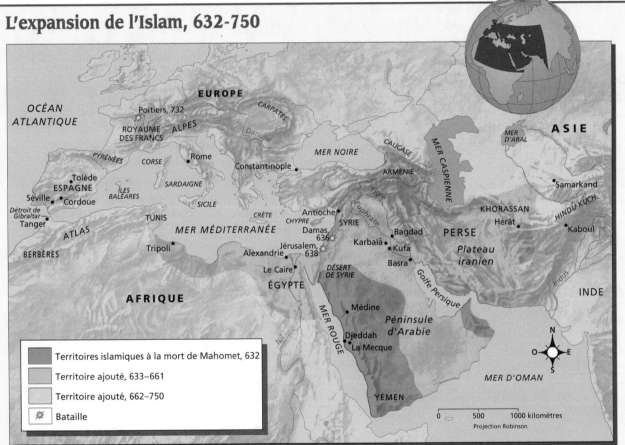

L'expansion de l'Islam, 632-750

Légende:
- Territoires islamiques à la mort de Mahomet, 632
- Territoire ajouté, 633–661
- Territoire ajouté, 662–750
- ✦ Bataille

L'Empire musulman. Les armées musulmanes connaissent peu de défaites alors qu'elles étendent l'Empire islamique.

Localiser. *Où les musulmans perdent-ils une bataille en 732? Sauriez-vous dire contre qui (voir le chapitre 4)?*

Les divisions au sein de l'Islam

Entre 644 et 661, une profonde crise de succession entraîne une violente guerre civile qui culmine avec l'assassinat de Ali par un de ses anciens partisans. Mu'àwiya, adversaire de Ali, assume alors seul le pouvoir.

La plupart des musulmans acceptent Mu'àwiya comme calife et restent *sunnites*, c'est-à-dire fidèles à la *sunna*, l'orthodoxie musulmane. Les partisans de Ali, quant à eux, contestent le pouvoir temporel du calife et deviennent *chiites*, de l'arabe *shi'at Ali*, parti de Ali. Les chiites croient que les descendants de Ali sont bénis par Dieu parce qu'ils sont les vrais héritiers de Mahomet. Ils appellent les successeurs de Ali *imams*, terme que certains musulmans utilisent pour désigner les chefs de prière du vendredi. Aux yeux des chiites, seuls les imams ont le droit d'interpréter le Coran.

CONTINUITÉ **CHANGEMENTS** Les conflits entre le nouvel ordre islamique et les traditions arabes plus anciennes provoquent la division de l'islam en deux grandes sectes : les sunnites et les chiites. Ces distinctions existent toujours aujourd'hui et sont souvent sources de conflits.

La dynastie des Omeyyades, 650-750

Le style de gouvernement des premiers califes omeyyades ressemble plus à celui des chefs des tribus du désert qu'à celui des chefs religieux. Afin de consolider leur pouvoir, ces califes déménagent leur capitale de Médine à Damas, en 661, pour se rapprocher de leurs partisans, membres des tribus arabes de Syrie.

Au début, à Damas, plusieurs regrettent la vie qu'ils ont connue en Arabie. Mais, avec le temps, les Omeyyades s'adaptent à leur nouvel environnement et se laissent influencer par la civilisation byzantine, bien présente en Syrie, surtout lorsqu'ils adoptent le système bureaucratique de Byzance pour gouverner leur empire.

L'expansion omeyyade. Assoiffés de pouvoir et de richesses, animés du désir de conquérir d'autres territoires pour l'Islam, les Omeyyades continuent d'étendre leur empire. À l'est, leurs armées pénètrent profondément en Asie centrale.

CONTINUITÉ **CHANGEMENTS** En partant des côtes syriennes, les Omeyyades sillonnent les mers et se rendent maîtres des routes commerciales de la Méditerranée orientale. Ils envoient aussi leurs armées vers l'ouest pour conquérir les provinces byzantines d'Afrique du Nord, menaçant ainsi les frontières de ce qui reste de l'Empire romain d'Orient.

Vers 700, les forces musulmanes atteignent l'Atlantique. En 711, une armée formée d'Arabes et de Berbères se lance à la conquête de l'Espagne. En 732, les conquérants traversent les Pyrénées et entrent en France, où l'incursion d'une petite troupe musulmane est arrêtée par les forces franques près de Poitiers. Bien que, par la suite, les récits européens célèbrent cette victoire comme une défaite terrible pour les musulmans, ceux-ci la considèrent comme une défaite de peu d'importance. Les forces islamiques demeurent dans le sud de la France plusieurs années. Les musulmans occuperont cependant l'Espagne pendant plusieurs siècles avant d'en être expulsés, en 1492, lors de la dernière phase de la *Reconquista*.

La société des Omeyyades. Au fur et à mesure que la puissance des Omeyyades grandit, plusieurs peuples nouvellement conquis découvrent les avantages de se convertir à l'islam. Selon leur ancienne coutume, les Omeyyades insistent pour que les non-Arabes convertis deviennent les clients des tribus arabes. Deux classes forment bientôt la société islamique : les conquérants arabes et leurs clients, des citoyens de deuxième ordre. Viennent ensuite les chrétiens, les juifs, les hindous et les zoroastriens qui ont décidé de ne pas se convertir.

Le califat des Abbassides

Vers le milieu du 8ᵉ siècle, un conflit oppose les Omeyyades aux Abbassides, une dynastie de califes arabes fondée par un descendant de Abû al'Abbās, oncle de Mahomet. Après leur victoire sur les Omeyyades, les Abbassides construisent une magnifique capitale impériale à Bagdad, sur les rives du Tigre. Le déplacement vers cette ville du pouvoir islamique marque le début du déclin de la domination arabe sur l'Empire musulman et provoque la montée de l'influence perse. Les califes adoptent le style de gouvernement des Perses et règnent comme des souverains quasi divins.

Les Abbassides se servent aussi de l'ancienne bureaucratie perse pour diriger leur empire et ils se fient ainsi de plus en plus à des non-Arabes, voire à des non-musulmans, pour administrer leur pays.

Les services spécialisés du gouvernement sont dirigés par des *vizirs*, fonctionnaires de haut rang du calife, qui veillent aux affaires de l'État.

Avec les Abbassides, les caractéristiques arabes de l'islam s'estompent. Ces califes en appellent au soutien de tous les membres de la communauté. Pendant leur règne, les Abbassides transforment l'islam : de religion convenant d'abord et avant tout à la mentalité arabe, l'islam devient une religion plus universelle, capable d'attirer des fidèles de toutes les cultures.

L'Empire abbasside atteint son apogée entre 786 et 809, sous le règne du calife Hārūn al-Rachīd. Ce dernier pratique une politique qui tente d'unir les peuples arabe, perse et autres de son empire sous une seule identité islamique.

Contrairement aux Omeyyades, qui sont restés attachés à leur identité arabe, les Abbassides subissent l'influence perse et tentent d'édifier un empire musulman multiculturel.

EXERCICES

1. Définir les termes suivants :
- *Abū Bakr*
- *Omeyyades*
- *chiite*
- *Abbassides*
- *calife*
- *sunnite*
- *imam*
- *vizir*

2. Localiser les lieux suivants et en faire ressortir l'importance :
- *la Syrie*
- *le Tigre*
- *Damas*
- *Bagdad*

3. Cerner l'idée principale. Quelles sont les conséquences de la division de l'Islam après la mort de Mahomet ?

Le développement de la civilisation islamique

OBJECTIF D'APPRENTISSAGE

APRÈS AVOIR LU CETTE SECTION, VOUS SEREZ CAPABLE :

- D'EXPLIQUER COMMENT LES RELATIONS INTERCULTURELLES INFLUENCENT LE DÉVELOPPEMENT DE LA CULTURE MUSULMANE SOUS LES ABBASSIDES ET LES OMEYYADES D'ESPAGNE.

Le règne des Abbassides constitue un des sommets de la culture et du savoir musulmans. Les héritages des civilisations hellénistique, perse et romaine, joints aux idées nouvelles des peuples avoisinants de l'Inde, de la Chine et de Byzance, influencent le développement de la philosophie, de la science et des mathématiques chez les musulmans. L'architecture, les arts et la littérature connaissent un formidable essor, inspiré par l'islam et alimenté par les richesses de l'empire. Bien que les Abbassides soient incapables de préserver l'unité politique du monde musulman, la culture de ce monde continue de fleurir et de s'étendre pendant que l'Europe occidentale oublie momentanément l'héritage gréco-romain et se réfugie dans les méandres de la scolastique.

L'évolution de l'islam

Les devoirs les plus importants des musulmans, ceux que le prophète lui-même accomplissait, sont inscrits dans le Coran. Ils sont appelés les cinq piliers de l'islam et ils exigent des musulmans :

1. qu'ils répètent la profession de foi : « J'atteste qu'il n'y a pas d'autre dieu qu'Allah et que Mahomet est son Serviteur et son Messager » ;
2. qu'ils prient cinq fois par jour ;
3. qu'ils apportent leur soutien aux pauvres de la communauté en versant des aumônes ;
4. qu'ils jeûnent durant le saint mois du *ramadan* ;
5. et enfin, qu'ils accomplissent le *hadj*, ou pèlerinage à La Mecque, au moins une fois dans leur vie, si possible.

Une autre obligation importante, parfois appelée le sixième pilier de l'islam, est le *djihad*. Les Européens, menacés par les armées musulmanes, traduiront plus tard ce terme par l'expression « guerre sainte ».

Un groupe d'experts, les *oulémas*, ou docteurs de la loi, élaborent un système de lois entièrement islamique, nommé *sharia*. La *sharia* prescrit à chaque musulman la conduite à suivre en matière d'observances religieuses, de mariage, de divorce, d'affaires ou d'héritages. Cette loi islamique définit aussi, dans leurs grandes lignes, les pratiques à adopter pour gouverner adéquatement.

En créant leur système, les docteurs de la loi musulmans sont confrontés à des questions religieuses problématiques, semblables à celles auxquelles se heurtent les théologiens chrétiens.

Après la mort de Mahomet, les théologiens islamiques s'efforcent donc d'établir un ensemble de lois qui guidera les croyances et les pratiques des musulmans.

La science et le savoir

Les enseignements des Grecs et des Indiens influencent aussi la science et le savoir musulmans. Au 9e siècle, les savants musulmans introduisent dans les mathématiques grecques le système numéral indien comprenant l'utilisation du zéro. Plus tard, ils importent, également de l'Inde, le système décimal. Le mathématicien al-Khwārizmī se sert de ces outils pour écrire un ouvrage sur l'arithmétique et sur ce qu'il appelle *al-jabr*, l'algèbre. En Europe, ce texte devint le livre de base en mathématiques jusqu'en 1500. Les Européens utilisent les termes « chiffres arabes » pour désigner les nouveaux chiffres apparaissant dans ce livre.

> **CHANGEMENTS CONTINUITÉ** Les scientifiques musulmans font d'énormes progrès en astronomie. Ils redécouvrent l'*astrolabe*, instrument inventé par les Grecs qui permet aux observateurs de déterminer la hauteur des astres au-dessus de l'horizon et, par conséquent, de déterminer leur propre position sur terre.

Ayant appris à naviguer en se guidant sur les étoiles, les marchands et les explorateurs musulmans parcourent des distances de plus en plus grandes. Pour les aider, leurs compatriotes géographes leur dessinent de nouvelles cartes et trouvent des façons de calculer les distances avec plus d'exactitude qu'auparavant.

Les musulmans font sans doute leurs percées scientifiques les plus spectaculaires en médecine. Ils fondent la première école de pharmacie, dressent la première liste, accompagnée de descriptions, des médicaments connus et de leurs effets, et construisent le premier hôpital public musulman, à Bagdad. Rāzī, qui en est le médecin-chef, découvre comment diagnostiquer et traiter la variole. Un autre médecin, IbnSinā, connu sous le nom d'Avicenne (980-1037), écrit une encyclopédie médicale qui devient une référence classique à travers toute l'Europe jusqu'au 17e siècle. Les musulmans sont les premiers à accorder aux médecins un statut de neutralité pendant les conflits, ce qui permet aux médecins arabes de soigner un adversaire sans que ce dernier ne subisse un préjudice quelconque.

La littérature et les arts

Au fur et à mesure que croît la richesse du monde islamique, ses souverains deviennent de grands protecteurs des arts et des lettres. Chaque cour tente de surpasser ses rivales. La poésie et les contes extraordinaires foisonnent. Les musulmans importent de Chine des

Figure 5.11 **Le perfectionnement de l'astrolabe par les astronomes arabes permet aux navigateurs du 12e siècle de calculer leur position.**

techniques de fabrication du papier, ce qui leur permet de publier ces chefs-d'œuvre littéraires pour le plus grand plaisir de lecteurs toujours plus nombreux.

Quant au Coran, il est une des grandes sources d'inspiration des artistes musulmans. Pour empêcher le culte des idoles, l'islam déconseille la reproduction d'animaux et interdit la représentation de toute forme humaine. Les artistes se tournent donc vers la *calligraphie*, ou l'art de bien former les caractères d'écriture, et lui font atteindre des sommets de virtuosité artistique.

L'architecture est une des plus importantes formes d'art musulmanes. Les édifices les plus imposants sont d'abord les mosquées. Par la suite, les architectes omeyyades construisent des palais, des marchés et des bibliothèques.

Figure 5.12 **Pierre marocaine, sculptée et peinte. Cette pierre illustre le niveau de virtuosité et de raffinement artistique atteint par les calligraphes arabes.**

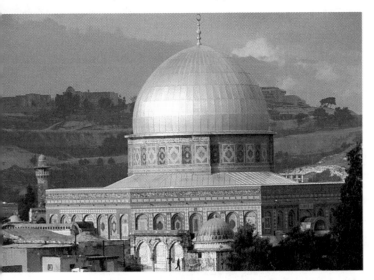

Figure 5.13 Les musulmans érigent le Dôme du Rocher (mosquée d'Omar) en 691, à Jérusalem, sanctuaire construit à l'endroit où aurait eu lieu l'ascension de Mahomet.

L'Andalousie, Espagne des Omeyyades

L'Espagne omeyyade atteint son apogée au 10e siècle, sous le règne de 'Abd al-Rahmān III. Comme l'Espagne est en grande partie unifiée et pacifiée, ce souverain veille à ce que s'épanouisse dans toute sa gloire la culture musulmane.

En Espagne, la civilisation musulmane s'appuie sur une économie florissante. Dans le sud du pays, les Arabes construisent des systèmes d'irrigation et introduisent de nouvelles cultures, comme celles des oranges, du riz, de la canne à sucre et du coton. L'Espagne produit aussi de l'acier fin et de magnifiques tissus de soie, de coton et de laine.

CHANGEMENTS CONTINUITÉ L'Espagne omeyyade devient un des centres de la vie intellectuelle de l'époque et les savants du monde musulman et de l'Europe viennent étudier à l'université de Cordoue. Les érudits musulmans, chrétiens et juifs traduisent les classiques grecs ou encore étudient et traduisent les nouveaux ouvrages de mathématiques, de médecine, d'astronomie, de géographie et d'histoire publiés par les auteurs musulmans, et débattent de leurs contenus. C'est de l'Espagne que ces œuvres seront diffusées partout en Europe.

Sous le règne des Abbassides et des Omeyyades espagnols, les traditions musulmanes sont intégrées à d'autres traditions culturelles, permettant à la culture et à l'art musulman d'atteindre des sommets de beauté et d'érudition.

L'expansion par le commerce

L'Islam a vu le jour au cœur d'un immense réseau de commerce mondial qui relie trois continents.

Bagdad, située au carrefour de plusieurs routes terrestres et maritimes, devient un important lieu de rencontre pour les marchands en provenance de la Chine, de l'Inde, de l'Afrique et de l'Europe. Tandis que les bateaux arabes font voile vers les ports orientaux, les bateaux chinois, arrivant de l'Inde et d'Asie, accostent les quais le long du Tigre pour que soient déchargées leurs cargaisons de soieries, d'épices et de bijoux incrustés de pierres précieuses.

En se rendant dans les pays étrangers, les marchands musulmans doivent résoudre le problème de changer en monnaie courante les différentes monnaies qu'ils reçoivent lors de la vente de leurs produits. Ils conçoivent des « bureaux de change » qui ne tardent pas à se transformer en banques émettant des lettres de crédit aux gens qui y déposent leur argent. Ces lettres de crédit sont échangeables presque partout dans le monde musulman, même au-delà des frontières politiques, comme celles séparant les Abbassides des Omeyyades espagnols. C'est ainsi que naît le premier système de dépôt bancaire.

EXERCICES

1. Définir les termes suivants :
- *les cinq piliers de l'islam*
- hadj
- *ouléma*
- *astrolabe*
- djihad
- sharia

2. Cerner l'idée principale. Comment la loi islamique évolue-t-elle sous le règne des Abbassides ?

Sociétés	Vie politique	Vie matérielle	Société/Arts/Culture	Économie	Science et techniques
Le monde byzantin (5e -12e s.)	• Structure impériale (caractère sacré de l'empereur)	• Capitale impériale brillante — Byzance puis Constantinople	• Hiérarchie fondée sur l'aristocratie • Rang social fondé sur les fonctions politiques (**méritocratie**) *120* • Femmes reléguées à des rôles traditionnels • **Expansion orientale du christianisme** *118* • **Écoles de droit** *120* • Codification remarquable des lois (résumé de la jurisprudence romaine et ajouts significatifs (***corpus juris civilis***) *121* • Art de la **mosaïque** et de l'**icône** *121* • Influence importante sur la Russie de Kiev (architecture) • **Christianisme orthodoxe** *121*	• Très dynamique : échanges multiples avec l'Orient • **Plaque tournante entre l'Orient et l'Occident** grâce à sa position géographique	• Technique de tissage de la soie (emprunt à la Chine) • **Architecture byzantine** (églises) *121*
L'Islam (7e -13e s.)	• Structure politique centralisée (calife) • Empire subdivisé en provinces (califats : Cordoue, Bagdad, Le Caire) • Fonction publique complexe	• Bagdad devient un centre culturel et politique très important.	• Religion polythéiste jusqu'au 7e s. puis monothéiste (**chiite — sunnite**) *126, 129* • Émergence progressive de la **théocratie** *127* • Femmes cantonnées dans les rôles traditionnels • **Architecture** (coupoles, arcs) *132* • **Bibliothèques très riches** (traduction — grec, arabe, latin) *132* • **Littérature raffinée** (*Les Mille et Une Nuits*) *131* • **Calligraphie** *131*	• Très dynamique tant sur le plan terrestre que maritime (bassin méditerranéen — Afrique — Orient) • Contrôle des **épices** (L'Islam devient l'intermédiaire entre l'Asie et l'Occident.) *132*	• Utilisation du **zéro** et du **système décimal** *131* • Développement de l'**algèbre** *131* • Perfectionnement de l'**astrolabe** *131* • Cartes géographiques précises • Médecine remarquable (**pharmacologie/chirurgie**) *131* • **Poudre à canon** • Popularisation du **papier** • **Métallurgie** (Tolède) *132* • Systèmes d'**irrigation** *132* • Système de **comptabilité moderne** *132*

Révision

RÉDIGER UN RÉSUMÉ

En retenant les points essentiels du texte, rédigez un court résumé du chapitre.

RÉVISER LA TERMINOLOGIE

Faites correspondre aux termes suivants la définition qui convient à chacun.

a) pentarchie

b) mouvement iconoclaste

c) schisme d'Orient

d) égalitarisme

e) système de thèmes

f) Corpus juris civilis

g) hadj

h) vizir

i) sharia

j) calife

k) Coran

l) hégire

1. Structure organisationnelle divisant l'Empire byzantin en provinces placées sous le commandement d'un gouverneur militaire.

2. Mouvement faisant la promotion d'une justice sociale, mis de l'avant par un moine et appuyé par le roi sassanide.

3. Code de lois civiles contenant le code justinien et d'autres codes de lois.

4. Autorité ecclésiastique composée du pape et des patriarches de Constantinople, d'Antioche, d'Alexandrie et de Jérusalem.

5. Séparation de l'Église catholique romaine et de l'Église orthodoxe, en 1054.

6. «Adjoint» du calife s'occupant des affaires de l'État abbasside.

7. Pèlerinage à La Mecque.

8. Périple de Mahomet qui le conduit à Médine.

9. Livre présentant les lois et les enseignements de Dieu, tels que Mahomet les révèle aux hommes.

10. Successeur du prophète.

11. Doctrine qui s'oppose à l'adoration des icônes.

12. Code de conduite social et politique musulman.

RÉVISER LA CHRONOLOGIE

Dressez la liste des événements suivants en respectant l'ordre chronologique.

1. Les Mongols attaquent Kiev.

2. L'empereur Justinien ordonne que soient compilées les lois pour en faire le code justinien.

3. Les chefs musulmans choisissent Abū Bakr comme premier calife.

4. L'islam se divise en deux grandes sectes : les sunnites et les chiites.

5. Mahomet s'enfuit de La Mecque et s'installe à Médine.

COMPRENDRE LES IDÉES PRINCIPALES

1. Quels sont les grands fondements de la société byzantine ?

2. Pourquoi les empereurs byzantins renoncent-ils à leur rêve de restaurer l'ancien Empire romain ?

3. Quelle est la structure de la société sassanide ?

4. Pourquoi y a-t-il division au sein de l'islam ? Quelles conséquences cette division entraîne-t-elle ?

5. Évaluez le rôle joué par l'Islam sur les plans scientifique et technique.

EXERCER SON SENS CRITIQUE

1. **Comparer.** Sur quels plans la conception de la royauté de la Russie kiévienne est-elle comparable à celle de la Perse sassanide et à celle de l'Empire byzantin ?

2. **Analyser.** Comment les victoires militaires et le commerce contribuent-ils à l'expansion de l'Islam et de la culture musulmane, entre le 7e siècle et le 13e siècle ? Donnez des exemples à l'appui de votre réponse.

Chapitre 6
Le bas Moyen Âge occidental et le début de la Renaissance en Europe

Objectifs d'apprentissage

APRÈS AVOIR LU CE CHAPITRE, VOUS SEREZ CAPABLE :
- DE CARACTÉRISER LA FIN DU MOYEN ÂGE OCCIDENTAL ;
- D'EXPLIQUER COMMENT ET POURQUOI LA RENAISSANCE A VU LE JOUR EN ITALIE ;
- DE DÉCRIRE LES CONDITIONS NÉCESSAIRES À L'ORGANISATION DES PREMIÈRES GRANDES EXPLORATIONS ;
- D'ÉNUMÉRER LES PRINCIPALES INNOVATIONS AMENÉES PAR LA RENAISSANCE ET DE DÉMONTRER COMMENT CETTE PÉRIODE SE DÉMARQUE DE LA PRÉCÉDENTE ;
- DE DÉCRIRE LES ORIGINES DE LA RÉFORME PROTESTANTE ET D'ÉNUMÉRER LES CONSÉQUENCES DE CELLE-CI SUR L'ÉGLISE CATHOLIQUE.

Au cours du 14e siècle, la civilisation européenne, développée depuis l'an mil, est ébranlée par les famines, les pestes et les guerres. Après cette période tumultueuse, l'essor du commerce, la redécouverte du savoir classique et les nouvelles idées sur l'art et la religion façonnent une nouvelle vision du monde, qui n'est plus centrée sur l'Église mais bien sur l'homme. L'unité du monde chrétien étant remise en question, la guerre et la violence se déchaînent de nouveau.

La Renaissance et la Réforme portent de sérieux coups aux principes tenus pour vrais au Moyen Âge quant à la nature de l'univers et de l'homme. À la fin du 15e et au début du 16e siècle, grâce aux développements technologiques et à l'intérêt renouvelé pour l'expansion économique, les Européens entreprennent d'explorer de nouveaux territoires. À la même époque, les philosophes et les savants commencent à scruter la nature de l'univers.

Figure 6.1 Juifs immolés par le feu pendant l'épidémie de peste noire. Gravure tirée des _Chroniques de Nuremberg_, publiées en 1493.

La transformation de la civilisation européenne

OBJECTIFS D'APPRENTISSAGE

APRÈS AVOIR LU CETTE SECTION, VOUS SEREZ CAPABLE :

- D'EXPLIQUER COMMENT LES CHANGEMENTS CLIMATIQUES ET LA PESTE NOIRE AFFECTENT L'EUROPE ;
- DE DÉCRIRE LES CONSÉQUENCES DE LA GUERRE DE CENT ANS AUX 14ᵉ ET 15ᵉ SIÈCLES ;
- D'ANALYSER LES INCIDENCES DE LA CONSTITUTION DE MONARCHIES NATIONALES SUR L'ÉGLISE.

Au 13ᵉ siècle, la civilisation qui s'est développée en Europe après l'an mil atteint sa maturité. Cependant, après 1300, les Européens affrontent de terribles difficultés. Les changements climatiques, les guerres multiples et la lente érosion de l'autorité de l'Église forcent la civilisation européenne à s'adapter rapidement aux transformations qui affectent le continent, sous peine de s'effondrer.

> **CHANGEMENTS CONTINUITÉ** Alors que l'Empire romain a été incapable de se transformer assez vite pour éviter la ruine, la diversité de la civilisation européenne lui donne une souplesse qui lui permet de relever de nouveaux défis et d'émerger plus forte des épreuves qui l'assaillent.

Les défis posés par la nature au 14ᵉ siècle

À la fin du 13ᵉ siècle, l'Europe atteint les limites de sa capacité d'expansion naturelle. Malgré les nouvelles technologies agricoles, les Européens connaissent mal les engrais et l'importance de permettre au sol de se régénérer. Ils nourrissent la population sans cesse grandissante en cultivant simplement davantage de terres, mais, vers 1300, les terres cultivables ont presque toutes été utilisées. Poussé au-delà de ses capacités, le sol perd de sa fertilité et les récoltes n'augmentent plus. Les fermiers ne sont bientôt plus en mesure de produire suffisamment de nourriture pour assurer la subsistance de tous les habitants de l'Europe.

En outre, la situation empire à cause des changements climatiques. L'Europe devient nettement plus froide et il pleut beaucoup plus qu'auparavant, ce qui a des effets désastreux sur l'agriculture. Les pluies plus abondantes érodent la couche arable du sol et font pourrir les semences dans les champs ; les tempêtes de neige hâtives détruisent les récoltes avant la moisson. Comme les récoltes diminuent de façon importante, la famine et les disettes dévastent l'Europe entre 1315 et 1317.

La peste noire. La pire épreuve survient cependant en 1347. La **peste noire**, ou peste bubonique, apparaît d'abord en Chine, en 1331, portée par les rats noirs, mais transmise par les puces ; elle tue, en général, en quelques jours.

D'Asie, l'épidémie devenue pandémie se propage bientôt en Europe, faisant surtout rage dans les villes surpeuplées. Les gens meurent si vite que les survivants n'arrivent pas toujours à enterrer les morts au rythme des décès. Certains estiment que la peste emporte de 25 % à 50 % de la population européenne. Vers 1450, le pire est passé, mais comme la peste a contaminé les populations de rongeurs dans les campagnes, des épidémies se déclarent périodiquement au cours des cinq cents ans qui suivent. Il faudra attendre jusqu'au 19ᵉ siècle avant que l'homme ne connaisse et ne comprenne la mécanique de la contagion.

Les guerres et les unités nationales

Le régime féodal déclinant peu à peu en Europe occidentale, les peuples doivent chercher protection et sécurité ailleurs qu'auprès de leurs seigneurs locaux. Ils se tournent alors vers les grands rois qui ont su limiter le pouvoir des nobles et acquérir un pouvoir souverain, c'est-à-dire une autorité absolue.

> **CHANGEMENTS CONTINUITÉ** En prêtant allégeance aux rois, nombre d'Européens développent un nouveau sentiment d'identité nationale stimulant la création de nouveaux États nationaux.

La guerre de Cent Ans. La France et l'Angleterre sont les premiers pays où les rois parviennent à établir de solides gouvernements et à inspirer un sentiment d'appartenance nationale. Mais, de 1337 à 1453, une série de conflits, connus sous le nom de **guerre de Cent Ans**, sèment la confusion dans ces deux royaumes. Il y a plusieurs causes à cette guerre,

Carte 6.1

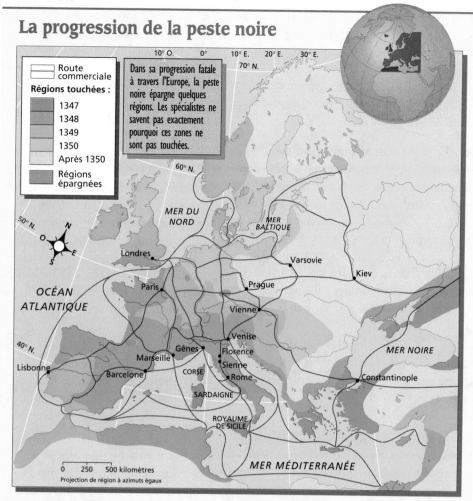

La progression de la peste noire

Route commerciale

Régions touchées :
1347
1348
1349
1350
Après 1350
Régions épargnées

Dans sa progression fatale à travers l'Europe, la peste noire épargne quelques régions. Les spécialistes ne savent pas exactement pourquoi ces zones ne sont pas touchées.

La progression de la peste. Les routes commerciales du 14ᵉ siècle permettent la circulation d'une multitude de biens. Ce sont les mêmes routes que la peste noire emprunte pour pénétrer dans les villes européennes et s'étendre dans tout le continent.

Décrire les déplacements et les progressions. Pourquoi la peste noire atteint-elle Marseille si rapidement?

mais son origine remonte au mariage d'Henri II d'Angleterre avec Aliénor d'Aquitaine, en 1152. Cette union, par les possessions territoriales qu'elle procure aux rois d'Angleterre dans le sud de la France, fait d'eux les vassaux des rois français, ce qui n'est pas sans rappeler le cas de Guillaume le Conquérant, au 11ᵉ siècle, qui était à la fois vassal du roi de France et souverain d'Angleterre.

Quand le dernier descendant mâle de la dynastie capétienne meurt, Édouard III d'Angleterre prétend au trône de France, malgré l'opposition des Français, ce qui déclenche les hostilités.

Durant la première moitié de la guerre, l'Angleterre semble se diriger vers la victoire. Mais, en 1429, une petite paysanne française illettrée sort de l'ombre : **Jeanne d'Arc**, dite la Pucelle d'Orléans, sauvera son pays et aidera le roi à bouter les Anglais hors de France. Sous ses ordres, une petite armée parvient en effet à libérer la ville d'Orléans et à vaincre les Anglais à Patay. Le triomphe de la Pucelle ne dure cependant qu'un temps : tombée aux mains des Anglais, elle meurt brûlée vive en mai 1431. Quelque vingt-cinq ans plus tard, elle est réhabilitée solennellement. Jeanne d'Arc sera béatifiée en 1909 et canonisée en 1920.

La fin tragique de Jeanne d'Arc n'empêche cependant pas les troupes françaises de poursuivre leur marche victorieuse contre l'ennemi anglais : en 1453, il ne reste plus un Anglais sur le sol français, sauf dans le port de Calais, sur la Manche.

La victoire de la France renforce sa propre monarchie et discrédite le monarque anglais. En 1455, la guerre civile éclate en Angleterre, car deux grandes familles de la noblesse se disputent le trône : la famille de York, symbolisée par une rose blanche, et la famille des Lancastre, symbolisée par une rose rouge. Cette guerre civile, baptisée la **guerre des Deux-Roses**, dure jusqu'en 1485, moment où Henri Tudor, l'héritier des Lancastre, remporte la victoire et devient Henri VII. La nouvelle dynastie des Tudor donne à la monarchie anglaise force et puissance centralisatrice.

Le Saint Empire romain germanique. Les empereurs du Saint Empire ont peu à peu abandonné leur pouvoir aux mains des princes et des chevaliers allemands, en échange de leur aide militaire. En 1356, Charles IV de Bohême tente de retrouver l'autorité impériale d'antan en excluant les papes du processus d'élection des empereurs. Par un décret appelé la *Bulle d'or*, il nomme sept électeurs dont la charge sera héréditaire ; il s'agit de trois archevêques et de quatre princes allemands.

> *CONTINUITÉ & CHANGEMENTS* Pour la première fois depuis le couronnement de Charlemagne, en 800, le pape ne joue aucun rôle officiel dans l'élection de l'empereur.

Ironie du sort, le geste de Charles IV ne fait qu'affaiblir davantage le pouvoir réel de l'empereur. Les nouveaux électeurs deviennent presque des souverains indépendants dans leurs propres territoires et, pendant les cent ans qui suivent, le titre impérial n'est à peine plus qu'un titre honorifique.

En 1438, la famille des Habsbourg reprend la couronne impériale, qu'elle a déjà portée au 13e siècle. Certains membres de cette famille quittent leurs royaumes d'Autriche et de Bohême pour accroître leur puissance et leurs richesses. Par leurs conquêtes et leurs mariages, les Habsbourg finissent par devenir la dynastie la plus puissante d'Europe. Même s'ils ne réussissent pas à unifier l'empire, ils contrôleront suffisamment de ressources pour dominer l'Allemagne et l'Italie.

Les divisions au sein de l'Église

À la fin du 13e siècle, l'autorité de l'Église est remise en question. En 1294, le roi de France, Philippe IV le Bel, exige que le clergé paie des impôts au trésor public et le pape Boniface VIII s'y oppose. Dans sa **bulle *Unam sanctam***, il réaffirme l'obligation de soumission des rois à l'autorité papale.

Furieux, Philippe IV fait enlever le pape et l'emprisonne, portant ainsi un coup fatal au pouvoir poli-

tique de la papauté. Après la mort de Boniface VIII, à l'automne 1303, et une fois le Saint-Siège installé à Avignon, les rois français dictent leur conduite aux papes pendant près de soixante-dix ans. Cette période dans l'histoire de la papauté est appelée la *captivité de Babylone*, en mémoire de l'exil des Hébreux à Babylone, au 6e siècle av. J.-C.

Le pape Grégoire XI se rend à Rome en 1377 pour y rétablir la papauté. Mais, dès 1378, l'attitude belliqueuse du pape Urbain VI, successeur de Grégoire XI, soulève la colère des cardinaux et provoque le *grand schisme d'Occident* : les cardinaux annulent l'élection d'Urbain VI, qui continuera pourtant à siéger à Rome, et élisent Clément VII, qui retourne à Avignon. Pendant près de quarante ans, Avignon et Rome auront chacune leur pape. Le conflit prendra fin en 1417 avec l'élection du pape Martin V et la restauration de Rome comme siège unique de la papauté.

> *CONTINUITÉ & CHANGEMENTS* De 1378 à 1417, le grand schisme d'Occident sépare donc en deux la chrétienté latine. Ce sera un coup fatal à l'unité et au prestige de l'Église catholique qui s'apprête d'ailleurs à être exposée aux foudres de Martin Luther.

La crise de l'Église provoquée par la captivité de Babylone et le grand schisme d'Occident attire sur l'institution religieuse de nombreuses et vives critiques. John Wycliffe, par exemple, un érudit attaché à l'université d'Oxford, dénonce la richesse de l'Église, l'immoralité de certains membres du clergé et la prétention du pape à détenir une autorité absolue. Au milieu du 15e siècle, l'Église a largement perdu son pouvoir politique et, plus grave encore, une partie de son autorité spirituelle et morale. Au fur et à mesure que grandit le pouvoir des monarchies de certaines nations, l'autorité de l'Église connaît un déclin irréversible.

EXERCICES

1. Définir les termes suivants :
- *peste noire*
- *guerre de Cent Ans*
- *guerre des Deux-Roses*
- *Unam sanctam*
- *grand schisme d'Occident*
- *pouvoir souverain*
- *Jeanne d'Arc*
- *Bulle d'or*
- *captivité de Babylone*

2. Cerner l'idée principale. Qu'est-ce qui provoque le grand schisme d'Occident ?

3. Formuler une hypothèse. Expliquez comment les monarchies nationales sont influencées par les transformations profondes vécues en Europe aux 14e et 15e siècles.

La Renaissance italienne

OBJECTIFS D'APPRENTISSAGE

APRÈS AVOIR LU CETTE SECTION, VOUS SEREZ CAPABLE :

• D'EXPLIQUER POURQUOI L'ITALIE AMORCE UNE RÉVOLUTION COMMERCIALE AUX 14ᴱ ET 15ᴱ SIÈCLES ;

• DE DÉCRIRE LES IDÉES QUI INFLUENCENT LES HUMANISTES ITALIENS À CETTE ÉPOQUE.

Entre 1300 et 1500, un nouveau mouvement se répand dans toute l'Italie, qui transformera graduellement la civilisation européenne. Au cœur de ce mouvement se trouve la « redécouverte » de la littérature et de la philosophie grecques et latines de l'époque classique, après une éclipse de près de mille ans. En reprenant la fréquentation des œuvres de l'Antiquité et en s'ouvrant à la connaissance de la civilisation islamique, plusieurs Italiens développent une curiosité certaine à l'égard de leur monde. Bientôt, une toute nouvelle conception de la nature humaine voit le jour, plaçant l'homme au centre de l'univers.

La révolution commerciale

Au milieu du 15ᵉ siècle, la civilisation européenne est en bonne voie de se remettre de la peste noire, des famines et des guerres qui l'assaillent depuis 1300. Assez ironiquement, la disparition partielle de la population stimule peut-être le rétablissement de la situation économique européenne.

Les nouvelles techniques agricoles introduites au cours du Moyen Âge avaient favorisé l'accélération du rythme de croissance de la population à un tel point que, même en utilisant ces techniques, les agriculteurs n'avaient plus été capables de produire suffisamment pour nourrir tout le monde. Mais comme la peste noire a emporté une large partie de la population, 33 % au 14ᵉ siècle, la production agricole devient excédentaire, ce qui provoque une chute des prix des denrées de base comme les céréales. Le niveau de vie général s'élève donc, puisque les gens, en dépensant moins pour la nourriture, disposent de plus d'argent pour se procurer d'autres biens.

La spécialisation. Les centres urbains, surtout en Italie, se spécialisent peu à peu. Venise, par exemple,

devient un important centre de fabrication du verre ; Milan, pour sa part, est renommée à travers toute l'Europe pour la qualité de ses armes. Plusieurs villes du nord de l'Italie sont reconnues pour leurs fabriques de soieries et d'autres tissus. Les villes portuaires, comme Venise et Gênes, deviennent les principales importatrices des épices et des objets de luxe de l'Orient.

Dans le nord de l'Europe, la *Hanse* contrôle et développe le commerce sur la mer Baltique et la mer du Nord.

> CONTINUITÉ / CHANGEMENTS Toutes ces activités économiques améliorent les pratiques commerciales et les façons de mener les affaires, déclenchant ce que plusieurs appellent la *révolution commerciale*.

De nouvelles pratiques en affaires. Les nouveaux rapports à la propriété et à l'argent constituent le pivot de la révolution commerciale.

> CONTINUITÉ / CHANGEMENTS Les Européens ont toujours eu coutume de considérer la propriété en fonction de biens tangibles et concrets, comme la possession de terres, d'or, de bijoux ou d'autres objets de valeur. Mais les surplus de richesses s'accroissant, les marchands se mettent à considérer cette notion en termes plus généraux et plus abstraits, c'est-à-dire à percevoir la propriété comme une source de revenus, comme un moyen de faire de l'argent, grâce auquel il est possible d'acheter d'autres biens ; en d'autres mots, comme du *capital*.

L'accumulation de sommes importantes incite les marchands à trouver des moyens efficaces et sûrs de garder un relevé de leur argent à l'étranger et de le transférer d'un endroit à un autre, de sorte qu'il soit disponible pour payer les biens et services qu'ils achètent.

> CONTINUITÉ / CHANGEMENTS Forts de leur expérience acquise au contact du monde musulman, les marchands italiens fondent des banques, des comptoirs grâce auxquels les sommes d'argent peuvent transiter de manière sécuritaire.

Vers le 15ᵉ siècle, les grandes familles de banquiers italiens, comme les Médicis, à Florence, inventent des procédés commerciaux qui facilitent les transactions internationales. Les banquiers utilisent, par exemple, une comptabilité à double entrée leur permettant de consigner avec précision leurs pertes et profits enregistrés dans les différents pays européens. Les transferts de crédits entre banques deviennent des opérations courantes, réduisant ainsi l'obligation de transporter l'argent. Désireux de minimiser les risques de pertes, les marchands pensent aussi à assurer leurs biens et le transport de ces derniers. Ces nouvelles façons de faire se répandent bientôt dans le nord de l'Europe où les familles de banquiers allemands, comme les Fugger, financent non seulement les marchands de la ligue hanséatique mais aussi les princes et les empereurs.

CONTINUITÉ et CHANGEMENTS La croissance des banques influence profondément le développement économique européen. Les marchands conçoivent de nouveaux moyens de trouver du capital en créant les partenariats. Ils mettent sur pied des *sociétés par actions* auxquelles les gens participent en achetant des actions et en recevant une part des bénéfices en fonction du nombre d'actions achetées. Ces arrangements financiers répartissent le risque entre les investisseurs.

Figure 6.2 Les banques, qui au début ne sont que des bureaux de change, se transforment peu à peu lorsque les dépôts d'argent servant aux transactions internationales commencent à y être conservés.

En devenant plus prospères, les Européens exigent davantage de la vie. Au début du 15ᵉ siècle, après la sombre époque de la peste noire, nombreux sont ceux qui cessent de penser à l'inéluctabilité de la mort pour répondre à l'appel de la vie. La révolution commerciale jette les bases dont se serviront les Européens pour transformer leur civilisation et en faire la première société moderne du monde.

CONTINUITÉ et CHANGEMENTS Bref, un niveau de vie plus élevé qu'auparavant, de nouveaux rapports à la propriété, la spécialisation des activités économiques et la croissance d'une économie fondée sur l'argent déclenchent une révolution commerciale en Europe.

Redécouvrir le passé

Vers 1350, l'Italie devient la plaque tournante du commerce entre les Européens et les peuples de la Méditerranée et de l'Asie. De leurs tournées commerciales le long des côtes de la Méditerranée orientale et de l'Afrique du Nord, les marchands italiens rapportent de la soie et des épices de Byzance, de Chine et d'Inde.

Sa richesse grandissante et sa situation géographique entre le reste de l'Europe et le monde islamique font de l'Italie un terrain fertile pour la rencontre des civilisations, d'où jaillira un grand renouveau culturel. Vers 1450, les Ottomans menacent les restes de l'Empire byzantin; ils prennent la ville de Constantinople en 1453. Les bateaux vénitiens transportent alors des savants qui cherchent refuge en Italie pour échapper aux soldats turcs. Ces érudits grecs apportent avec eux les œuvres des Platon, Eschyle, Hérodote, Thucydide et de bien d'autres auteurs de l'Antiquité, que leurs collègues italiens croyaient à jamais perdues.

Soudainement, les portes d'un tout nouveau monde s'ouvrent aux Italiens lettrés. Avides de connaissances, ils entreprennent de fouiller les vieilles bibliothèques de l'Europe et retrouvent de nombreux manuscrits, rouvrant les portes au savoir de l'Antiquité.

CONTINUITÉ et CHANGEMENTS Dans ces manuscrits, les savants redécouvrent les splendeurs de la Grèce et de la Rome classiques. Captivés par autant de savoir et par la beauté des langues, ils se mettent à croire à la renaissance d'une civilisation plus grandiose que toutes celles qui ont déjà existé.

L'humanisme

Ce n'est pas par hasard que l'Italie est le berceau de la *Renaissance*. Entourés par les vestiges d'un passé glorieux, statues de marbre brisées, forums démesurés et vides où paissent les troupeaux, les Italiens ne peuvent oublier que leur pays a été jadis le siège de la Rome impériale.

> **CONTINUITÉ** | **CHANGEMENTS** Même après le déclin de Rome, la tradition impériale de la ville reste vivante, symbolisée par la présence quasi ininterrompue du pape en ses murs.

Pétrarque (1304-1374), illustre poète et érudit italien, est séduit par le principe d'une vertu qui doit diriger tant la vie privée que la vie publique. Les auteurs de l'Antiquité lui fournissent des exemples de moralité qu'il ne retrouve plus dans la conduite du clergé de son temps.

Pétrarque inspire toute une génération de savants. Sous leur influence, l'éducation scolastique de l'Église disparaît au profit d'une éducation, fondée sur les connaissances classiques : la rhétorique, la grammaire, la poésie, l'histoire et, par-dessus tout, le latin et le grec. C'est ainsi que renaît l'*éducation classique*, et ceux qui étudient ces matières, ou humanités, prennent le nom d'humanistes. Ce nouveau mouvement, où le style est aussi important que les connaissances, est baptisé *humanisme*. Le cours classique, au Québec, sera calqué sur ce modèle jusqu'en 1970.

> **CONTINUITÉ** | **CHANGEMENTS** L'humanisme bouleverse la conception de la nature humaine et du rôle de l'homme dans l'univers. Une question nouvelle verra le jour : si l'homme est au centre de l'univers, où est Dieu qui avait été placé au centre de l'Univers ?

Dans son Discours sur la dignité de l'homme, le Florentin Jean Pic de La Mirandole exprime cette nouvelle vision de la nature humaine et de la capacité de l'homme à devenir meilleur. Cette conception est bien différente de celle que l'Église enseigne et qui définit l'homme comme pécheur par nature.

> **CONTINUITÉ** | **CHANGEMENTS** La remise à l'honneur des connaissances des Grecs et des Romains amène les humanistes italiens à insister sur la valeur et le pouvoir de création de chaque individu.

La vie politique à la Renaissance

Le contexte politique italien favorise l'apparition d'une nouvelle élite urbaine. Vers 1300, la plupart des grandes cités ont acquis le statut de républiques indépendantes. Découlant des querelles entre papes et empereurs, les luttes de pouvoir entre familles rivales secouent fréquemment les villes. Empoisonnée par les émeutes, les querelles entre familles et les effusions de sang à tout propos, la vie politique est plongée dans le chaos. Avec le temps, de puissants dirigeants, tels les Médicis à Florence, les Este à Ferrare et les Visconti à Milan, imposent leur loi afin d'assurer une certaine stabilité sociale dans les villes.

Carte 6.2

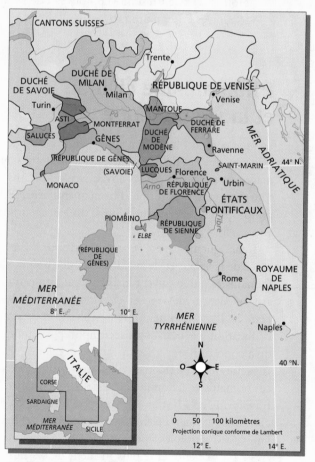

L'Italie de la Renaissance, vers 1500

Le berceau de la Renaissance. Le savoir classique en provenance de l'Est pénètre en Occident en passant d'abord par les riches villes commerciales de l'Italie. C'est donc dans ce pays que débute la période de la Renaissance.

? *Localiser.* Quelle cité, à l'époque très puissante, contrôle plusieurs îles de la mer Adriatique ?

Dans leurs luttes pour s'assurer du pouvoir, de nombreuses familles italiennes de la classe dirigeante et plusieurs cités engagent des soldats professionnels, les *condottieri*, et les font combattre sous leurs drapeaux. Mais comme les Italiens sont de plus en plus dégoûtés de la guerre, les cités choisissent d'utiliser de nouveaux moyens, fondés sur la diplomatie, pour atteindre leurs buts.

En 1454, les États les plus influents signent un traité de paix pour l'ensemble du pays. Au cours des cinquante années qui suivent, ils s'emploient à maintenir la paix. Si un État menace ses voisins, tous les autres États se regroupent et tentent de déjouer ses visées.

CHANGEMENTS CONTINUITÉ Ce système est appelé l'*équilibre des forces*. Un système similaire sera mis en place en Europe à la fin du 19e siècle ; il sera alors question du système d'alliances. La diplomatie devient un moyen nouveau de résoudre les crises politiques.

L'humanisme civique et la vie politique

La guerre rend l'Italie peu sûre. L'Église n'est plus dispensatrice de stabilité et de paix. Confrontés aux massacres perpétrés par les envahisseurs, certains se tournent vers une forme d'humanisme tiré de la philosophie de Pétrarque pour y trouver réconfort et conseils.

L'enseignement de Pétrarque porte sur l'importance de la valeur et de la réalisation de chacun. Les humanistes qui le suivent insistent, eux, sur certains aspects de ce message et en tirent l'*humanisme civique*. Ils soutiennent que la réalisation de soi et l'éducation ne peuvent s'accomplir parfaitement qu'à condition que chacun mette ses talents et ses capacités au service de sa ville. Sous l'influence de ces humanistes, l'homme idéal de la Renaissance se transforme en « homme universel », féru du savoir classique, et aussi en homme d'action, capable de faire face à toutes les situations.

Le plus célèbre et le plus influent de ces humanistes est sans doute Nicolas Machiavel (1469-1527), citoyen de Florence et représentant de son gouvernement jusqu'en 1512. Diplomate au service de sa ville, Machiavel s'intéresse de très près au fonctionnement des gouvernements et aux relations entre États. À l'instar de plusieurs humanistes, il insiste sur le fait qu'il ne faut pas tenter de vivre en fonction d'idéaux impossibles à atteindre, mais qu'il faut plutôt prendre la vie telle qu'elle est et en tirer le meilleur parti possible.

En 1513, il écrit un essai intitulé *Le Prince*, qui est, en sorte, un guide à l'intention des souverains. De l'observation de la réalité politique italienne qui l'entoure, il tire certaines conclusions. Il soutient que pouvoir et caractère impitoyable sont plus utiles à un souverain que toute forme d'idéalisme. « S'il vous faut choisir, écrit-il, il est plus sûr d'être craint que d'être aimé. » Les conseils qu'il donne aux princes sont d'ordre strictement pratique : s'ils veulent réussir, il leur faut prendre les moyens qui s'imposent. Autrement dit, la fin justifie les moyens. D'ailleurs, la doctrine de Machiavel marque si bien ses contemporains qu'ils en perpétuent son nom et que, encore de nos jours, le substantif Machiavel est utilisé pour désigner un homme d'État sans scrupule ni morale.

Influencés par des hommes comme Machiavel, plusieurs souverains européens optent pour des pratiques politiques et diplomatiques axées sur un accroissement de leur pouvoir et de leur prestige personnels plutôt que sur un idéal de préservation de l'unité et de la paix de la chrétienté. Avec cette nouvelle façon de traiter les affaires de l'État, l'Italie, la première, puis le reste de l'Europe abandonnent tout espoir que la chrétienté devienne un jour une seule et unique entité politique et spirituelle.

La vie artistique

Les arts, encore plus que la vie politique, reflètent le nouvel esprit humaniste.

Giotto, un des premiers peintres de la Renaissance, remet à la mode la conviction romaine selon laquelle l'observation est l'essence même de la création artistique.

CHANGEMENTS CONTINUITÉ Alors que les artistes du Moyen Âge se sont servis de représentations idéalisées et symboliques pour donner à leurs personnages une certaine ressemblance avec l'idée qu'ils se faisaient de Dieu, Giotto est convaincu que les artistes doivent peindre avec réalisme ce qu'ils observent dans la nature. La forme humaine prend une importance prépondérante dans ses tableaux. Il tente de la reproduire comme s'il s'agissait d'une sculpture.

Giotto, parce qu'il s'éloigne des traditions artistiques médiévales, est considéré par plusieurs spécialistes comme le père de la peinture occidentale.

Figure 6.3 Sur la voûte de la chapelle Sixtine, Michel-Ange peint sa vision d'une humanité nouvelle et pleine de grandeur. Ce détail, où Dieu étend le doigt vers Adam pour lui donner la vie, fixe à jamais l'instant précis où est posé le geste divin.

La Renaissance florentine. La réapparition de la culture romaine de l'Antiquité fait franchir à l'art des pas encore plus grands, particulièrement à Florence, au milieu du 15ᵉ siècle. La famille Médicis fait de cette ville le cadre d'un renouveau artistique sans précédent. Des concours permettant de choisir les artistes les plus talentueux pour décorer de peintures et de sculptures les édifices publics y sont souvent tenus.

Le *mécénat*. Prenant exemple sur les Médicis, plusieurs familles de la noblesse italienne et plusieurs riches marchands apportent leur soutien financier aux artistes de la Renaissance. Ces derniers comptent d'ailleurs sur leurs riches protecteurs pour assurer leur subsistance. En se servant des arts pour étaler leur gloire et comme outil politique, l'acquisition d'œuvres d'art étant le symbole de leur puissance et de leur richesse, les dirigeants deviennent les plus grands mécènes. Isabelle d'Este, par exemple, qui est régente de la cité de Mantoue, dans le nord de l'Italie, en l'absence de son mari et pendant la minorité de son fils, remplit son palais des œuvres des plus grands artistes de son temps.

Léonard de Vinci (1452-1519) est lui-même un digne représentant de l'homme idéal de la Renaissance. En plus d'être peintre, il est sculpteur, architecte et ingénieur. Fasciné par la nature et la technologie, il produit des croquis de plantes et d'animaux, et dessine des esquisses détaillées d'une machine volante et d'un sous-marin.

Par ailleurs, l'art religieux n'échappe pas à l'influence humaniste. Ainsi, le pape Jules II requiert les services de Michel-Ange (1475-1564) pour peindre le plafond de la chapelle Sixtine. Sculpteur avant tout, Michel-Ange accepte pourtant cet engagement en 1508 et termine ses magnifiques fresques en 1512.

CONTINUITÉ & CHANGEMENTS À l'instar des créateurs grecs et romains, les artistes de la Renaissance italienne placent l'homme au centre de leur art, comme le suggèrent les tableaux de Dürer (figure 6.4) et celui de Michel-Ange (figure 6.5).

Figure 6.4 *Les Quatre Apôtres*, Albrecht Dürer, 1526

Figure 6.5 Le *Jugement dernier*, Michel-Ange, 1534-1541

EXERCICES

1. Définir les termes suivants :

- niveau de vie
- capital
- Renaissance
- éducation classique
- équilibre des forces
- Nicolas Machiavel
- révolution commerciale
- sociétés par actions
- Pétrarque
- humanisme
- humanisme civique
- Léonard de Vinci

2. Localiser les lieux suivants et en faire ressortir l'importance :

- Florence
- Milan

3. Cerner l'idée principale. Quelles incidences le commerce a-t-il sur la vie en Italie ?

4. Cerner l'idée principale. Quel est l'élément central des arts de la Renaissance italienne ?

5. Synthétiser. Quels sont les liens qui unissent humanisme et vie politique dans l'Italie de la Renaissance ?

La Renaissance dans le nord de l'Europe

OBJECTIFS D'APPRENTISSAGE

APRÈS AVOIR LU CETTE SECTION, VOUS SEREZ CAPABLE :

- D'EXPLIQUER COMMENT L'EUROPE EST MISE EN CONTACT AVEC L'HUMANISME ;
- D'ANALYSER LES TRANSFORMATIONS QUE CONNAÎT L'HUMANISME LORS DE SA PROGRESSION VERS L'EUROPE DU NORD.

Les nouvelles idées des humanistes italiens commencent à se propager aux autres pays européens à la fin du 15ᵉ siècle. Les écrivains et les artistes du Nord se mettent à l'étude des humanités et plusieurs d'entre eux impriment une nouvelle direction à la Renaissance.

Les relations diplomatiques

Vers 1500, les idéaux de l'humanisme franchissent les Alpes italiennes et pénètrent dans les pays de l'Europe du Nord, les relations diplomatiques jouant un rôle important dans cette migration d'idées. En effet, les diplomates, mis en contact avec les idées des humanistes italiens, contribuent à répandre ces nouvelles façons de penser à travers l'Europe du Nord.

L'éducation. Les étudiants du Nord descendent en Italie depuis des siècles pour apprendre le droit et la médecine dans les universités de ce pays, réputées et tenues en haute estime.

Les étudiants y viennent aussi pour étudier auprès des humanistes italiens. En rentrant chez eux, ils rapportent et diffusent toutes ces nouvelles idées.

> CHANGEMENTS ET CONTINUITÉ Comme la révolution commerciale en Europe crée plus de richesses et permet à plus de gens de s'offrir une instruction poussée, de nombreuses universités sont fondées en France, dans les Pays-Bas et en Allemagne.

L'imprimerie. Une nouvelle technique d'impression facilite de beaucoup la diffusion de l'humanisme et n'est pas étrangère à l'importance grandissante accordée à l'instruction. Vers 1450, un imprimeur allemand du nom de Johannes Gutenberg commence à utiliser des caractères de métal mobiles pour imprimer les livres.

> CHANGEMENTS ET CONTINUITÉ Sa technique permet de produire rapidement et à un coût moindre qu'auparavant de multiples copies d'un ouvrage. Plus cette technique d'impression se répand, plus les nouvelles idées rejoignent un auditoire sans cesse croissant, ce qui représente une véritable révolution.

L'humanisme chrétien

En remontant vers le nord, le caractère de la Renaissance change. Les humanistes de l'Europe du Nord cherchent souvent à appliquer à la religion plutôt qu'aux sujets temporels les principes de

Figure 6.6 La presse typographique à caractères de métal mobiles, inventée par Gutenberg, permet, de façon rapide et économique, de faire de multiples impressions.

l'humanisme et les enseignements de l'Antiquité. Cette forme d'humanisme est connue sous le nom d'*humanisme chrétien*. Le savant hollandais Érasme (v. 1469-1536), le plus influent des humanistes du Nord, critique sévèrement l'ignorance tout comme les vices du clergé et réclame une réforme de l'Église.

Un autre humaniste influent est l'Anglais Thomas More (1478-1535). Dans son œuvre *L'Utopie*, publiée en 1516, il décrit les individus comme des êtres capables de s'occuper de leurs propres affaires et qui n'ont pas besoin de l'Église pour leur dicter leur conduite.

> **CONTINUITÉ & CHANGEMENTS** Contrairement à l'humanisme italien, l'humanisme du nord de l'Europe est radical et demande des réformes sociales et religieuses. Celles-ci ne tarderont d'ailleurs pas à venir.

La Renaissance anglaise

Les œuvres de More et d'Érasme sont extrêmement populaires en Angleterre. Pourtant, la Renaissance dans ce pays ne connaît son apogée qu'à la fin du 16e siècle, alors qu'elle s'estompe déjà en Italie et dans les autres pays européens. Lorsque la reine Élisabeth Ire, femme lettrée, monte sur le trône en 1558, elle encourage la protection des poètes de cour, des auteurs dramatiques et des acteurs. En partie à cause du rôle de cette protectrice des arts, la Renaissance en Angleterre est aussi connue sous le nom de *période élisabéthaine.*

Le théâtre est sans doute l'art qui saisit le mieux l'esprit caractéristique de cette période. À cette époque, des bandes d'acteurs professionnels parcourent les campagnes et jouent devant le public. À la mort de Shakespeare, en 1616, Londres a son quartier de théâtres, bouillonnant d'activités ; certains peuvent même contenir deux mille spectateurs. Les grands théâtres permettent aux idées de la Renaissance de rejoindre non seulement la classe privilégiée des lettrés, mais aussi les masses populaires. Shakespeare, par exemple, écrit des comédies et des tragédies dont les gens du peuple raffolent. En se servant de thèmes tels que l'histoire, l'amour inconditionnel, les meurtres, la magie et la sorcellerie, Shakespeare sonde les profondeurs de l'âme humaine et nous laisse des chefs-d'œuvre immortels.

> **CONTINUITÉ & CHANGEMENTS** Les auteurs de la Renaissance anglaise allient la tradition humaniste de célébration du potentiel humain à une conviction que la nation anglaise est dotée, en ce monde, de capacités illimitées.

EXERCICES

1. Définir les termes suivants :
* *humanisme chrétien*
* *Thomas More*
* *Érasme*
* *période élisabéthaine*

2. Cerner l'idée principale. Quels facteurs contribuent à la diffusion des idées de la Renaissance à travers l'Europe ?

3. Cerner l'idée principale. Quelles formes l'humanisme prend-il en passant de l'Italie à l'Europe du Nord ?

 # La Réforme

OBJECTIFS D'APPRENTISSAGE

APRÈS AVOIR LU CETTE SECTION, VOUS SEREZ CAPABLE :

* D'ÉNUMÉRER LES GRANDES QUESTIONS À L'ORIGINE DE LA RÉFORME PROTESTANTE EN ALLEMAGNE ;

* DE DÉCRIRE LA RIPOSTE DE L'ÉGLISE CATHOLIQUE.

L'Église n'échappe pas aux problèmes que la Renaissance soulève dans tous les domaines. Certains chrétiens cherchent une foi plus intime et plus profonde comme moyen d'assurer leur salut, alors que d'autres continuent d'accepter les conseils de l'Église et du clergé.

Comme l'Église s'enfonce de plus en plus dans sa quête de puissance et de richesses terrestres, un nouveau cri s'élève, réclamant une réforme de l'institution religieuse. Au cours des 16e et 17e siècles, ce cri déchire l'unité de la chrétienté occidentale.

> **CONTINUITÉ et CHANGEMENTS** Dans la violente querelle qui oppose ceux qui quittent l'Église catholique et ceux qui lui restent fidèles, l'ancien esprit médiéval disparaît complètement. Pour le remplacer, un nouveau sentiment d'identité européenne, beaucoup plus laïque, voit le jour.

La Réforme protestante

Le point de vue d'Érasme et des autres humanistes dénonçant ouvertement la corruption de l'Église est partagé par nombre d'Européens, eux aussi préoccupés par le peu de moralité et d'instruction d'une bonne partie du clergé. Indignés, ils redoutent de plus en plus le pouvoir des papes, qui lèvent des armées, conquièrent des territoires et dirigent l'Église bien plus à la manière de princes qu'à la manière de prêtres. Mais, par-dessus tout, sans doute espèrent-ils être rassurés quant à leurs chances de salut et de vie éternelle.

Les indulgences. Les gens n'apprécient pas non plus l'avidité de l'Église de recueillir de l'argent, notamment par la vente des indulgences. Les *indulgences* sont des rémissions de péchés accordées par le pape que les fidèles peuvent acheter pour diminuer leur temps de purgatoire. Au début du 16e siècle, le pape Léon X approuve la vente d'indulgences en Allemagne afin de recueillir des fonds pour rénover la basilique Saint-Pierre, à Rome.

> **CONTINUITÉ et CHANGEMENTS** Pour Martin Luther (1483-1546), moine dans la ville allemande de Wittenberg, c'est la goutte qui fait déborder le vase. Sa révolte marque le début d'une importante réforme de l'Église catholique.

La révolte de Luther. Le 31 octobre 1517, Luther affiche une liste de quatre-vingt-quinze thèses, ou propositions qu'il tient pour vraies, sur les portes du château de Wittenberg. Il y dénonce la vente d'indulgences et d'autres pratiques de l'Église, tout en exposant ses opinions sur la doctrine religieuse. Son geste déclenche ce qui sera par la suite

appelé la *Réforme protestante*, car les adeptes de ce mouvement protestent en fait contre l'Église catholique.

L'intention première de Luther n'est pas de se séparer de l'Église catholique romaine : il veut seulement y apporter des réformes. Mais son action religieuse à Wittenberg survient à un moment critique.

Figure 6.7
Martin Luther

Plusieurs princes allemands prennent ombrage de la puissance et de la richesse de l'Église, propriétaire de vastes terres comptant parmi les meilleures du pays, réparties dans tous les États allemands et, de surcroît, soustraites aux impôts des seigneurs. Ils appuient donc Luther, à l'instar de nombreux citoyens, lorsqu'ils prennent connaissance de ses critiques à l'endroit de l'autorité religieuse.

La diète de Worms. Le pape Léon X répond à Luther en le déclarant hérétique et en l'excommuniant. Pour mettre à exécution ce jugement, l'empereur Charles V du Saint Empire romain germanique ordonne à Luther de se présenter dans la ville de Worms, en 1521, pour comparaître devant la diète impériale, l'assemblée des dirigeants de l'empire.

La diète refuse de donner suite aux revendications papales, car plusieurs princes soutiennent Luther. Mais l'empereur, s'appuyant sur les autres membres de la diète, le met au ban de l'empire. Rapidement, le Grand Électeur de Saxe, Frédéric le Sage, protecteur de Luther, lui fait quitter la ville et le cache au château de Wartburg, dans le sud-est de l'Allemagne.

Le message de Luther. À Wartburg, Luther traduit le Nouveau Testament en allemand.

> **CONTINUITÉ et CHANGEMENTS** Cette traduction de la Bible en langue courante signifie que les Saintes Écritures, jusque-là réservées à ceux qui connaissent le latin ou le grec, peuvent dorénavant être lues et facilement comprises même par les simples paysans. De plus, l'imprimerie accélère la diffusion de ces textes bibliques et des écrits de Luther.

Luther élabore également une nouvelle doctrine, fondée sur le principe que personne n'a besoin de l'aide d'un prêtre, ou de quiconque, pour être en contact avec Dieu. La doctrine du sacerdoce universel, comme elle est appelée, a de graves implications. En effet, si le clergé est inutile, la hiérarchie ecclésiastique, dotée de ses immenses domaines, l'est aussi.

Cette idée est très séduisante aux yeux de plusieurs princes allemands, qui n'acceptent pas que l'Église prélèvent des impôts et soit une propriétaire terrienne si riche. Ces princes se réjouissaient de tenir un argument qu'ils peuvent opposer à l'empereur.

> **CONTINUITÉ & CHANGEMENTS** L'insatisfaction ressentie à l'égard de l'Église catholique romaine ainsi que les doléances des Allemands sur les plans économique et politique conduisent à la Réforme protestante. Ainsi, le luthéranisme devient la religion d'État de presque toute l'Allemagne du Nord.

L'essor du protestantisme

La Réforme se répand rapidement dans le nord de l'Europe, mais tous les réformateurs ne sont pas d'accord avec la doctrine de Luther. Plusieurs protestants fondent leurs petits groupes religieux, ou sectes, chacun ayant ses propres convictions à propos du salut éternel.

Le calvinisme. En Suisse, un nouveau mouvement protestant tente d'assujettir la Réforme à une discipline stricte. Le pionnier de ce mouvement est un réformateur du nom de Huldrych Zwingli (1484-1531), qui meurt au combat, en 1531, en défendant sa foi. Ses idées seront reprises par le protestant français Jean Calvin (1509-1564). Ce dernier prêche la *prédestination*, doctrine selon laquelle Dieu élit, avant même leur naissance, certaines de ses créatures pour les conduire au salut.

En 1536, Calvin s'installe à Genève où, avec ses adeptes, nommés *calvinistes*, il parvient à s'assurer du contrôle du gouvernement de la ville. Convaincus que l'homme est un pécheur par nature, les calvinistes promulguent des lois réglementant plusieurs aspects de la vie quotidienne des citoyens et interdisant la danse, les jeux de cartes, les vêtements trop voyants et le langage blasphématoire. Les personnes qui violent ces lois sont souvent punies très sévèrement. Malgré tout, les calvinistes ont le sentiment d'être exemplaires et de faire du monde un endroit convenable pour les « élus », c'est-à-dire ceux que Dieu a choisis de sauver.

> **CONTINUITÉ & CHANGEMENTS** En insufflant un nouveau sens de la discipline à leur religion, sens fondé sur leur croyance en la prédestination au salut dès la naissance, les calvinistes favorisent l'essor de la Réforme protestante.

L'Église d'Angleterre. Le roi Henri VIII défend l'Église catholique contre Luther, dont il qualifie les idées de fausses et pernicieuses. Pour ce geste, le pape gratifie Henri du titre de « défenseur de la Foi ». Mais, en 1529, le roi, amoureux de Anne Boleyn mais marié à Catherine d'Aragon, demande à l'Église d'annuler son mariage, ce que le pape Clément VII refuse. Furieux, Henri VIII rejette l'autorité papale, se proclame chef de l'Église d'Angleterre et force l'archevêque anglais à reconnaître son autorité (acte de suprématie, 1534).

Comme sa rupture avec Rome tient plus à des raisons personnelles qu'à des motifs religieux, Henri VIII fait peu d'efforts pour bannir les rituels catholiques de l'Église d'Angleterre. Par contre, il fait fermer des monastères et des couvents catholiques et vend la majorité de ces immenses domaines aux nobles anglais.

> **CONTINUITÉ & CHANGEMENTS** Ce geste force le roi et les membres de la noblesse à persévérer dans leur lutte contre Rome, car une réconciliation pourrait les obliger à restituer leurs nouvelles terres.

Figure 6.8 Henri VIII

La riposte catholique : la Contre-Réforme

Vers le milieu du 16ᵉ siècle, l'Angleterre, l'Écosse, la Suède, le Danemark et certaines régions d'Allemagne, de France, de Pologne, de Suisse et des Pays-Bas comptent de vastes populations protestantes. Se rendant compte qu'il leur faut agir, les chefs catholiques lancent un grand mouvement de réforme appelé *Contre-Réforme*. En 1545, le pape Paul III convoque un concile dans la ville italienne de Trente pour redéfinir les dogmes de la foi catholique.

CONTINUITÉ ⚭ CHANGEMENTS Parmi les réformes approuvées par le *concile de Trente*, on note l'interdiction de vendre des indulgences ou des charges ecclésiastiques et l'adoption de nouvelles règles de conduite pour le clergé. En outre, le concile de Trente rejette la doctrine protestante de l'autodiscipline et de la foi individuelle.

Le concile affirme que l'Église peut aider les fidèles à obtenir leur salut en se servant de riches ornements, de mystères et de magnifiques cérémonies propres à inspirer la foi. Des millions de gens, en fait la majorité des Européens, acquiescent et restent catholiques.

Simultanément, plusieurs croyants convaincus fondent de nouveaux ordres religieux afin de procurer un soutien plus ferme à l'Église. En Italie, en 1535, un groupe de femmes dévotes guidées par Angèle Merici fondent l'ordre de Sainte-Ursule. Les **ursulines** forment une communauté vouée à l'éducation religieuse des femmes et à l'enseignement. Le nouvel ordre religieux le plus influent est sans doute la Compagnie de Jésus, dont les membres sont appelés **jésuites**. La constitution de cet ordre, fondé par Ignace de Loyola, gentilhomme basque et ancien officier de l'armée, est approuvée par le pape en 1540. Loyola, préposé général des jésuites, dirige son ordre comme une organisation militaire et fait de l'obéissance à l'Église, et surtout au pape, une règle absolue.

Les jésuites, comme les ursulines, privilégient l'éducation comme moyen de combattre la Réforme protestante. Ils fondent des missions — dont plusieurs s'établiront plus tard au Canada —, des écoles et des universités. Grâce à ces institutions très efficaces, l'Église catholique regagne une partie du terrain perdu aux mains des protestants. En 1650,

par exemple, il n'y a plus que vingt pour cent de la population européenne qui est d'obédience protestante, contre quarante pour cent en 1570.

Pour raffermir la lutte contre les doctrines protestantes, l'Église catholique rétablit l'Inquisition et l'*Index*, une liste de livres dont la lecture est interdite aux fidèles, sous peine de perdre leur âme. De plus, l'Église tente d'uniformiser la formation des prêtres par la création de séminaires ; elle produit également des ouvrages de référence, comme les missels et les bréviaires. Les protestants prennent des mesures semblables, puisqu'ils tentent, eux aussi, d'imposer à leurs fidèles le respect d'une pratique conforme à leur enseignement théologique. Chacune des Églises cherche donc à établir dans l'esprit de ses fidèles que leur salut réside dans son enseignement et dans le respect de son culte. La rivalité entre les deux Églises provoque une montée de l'intolérance et les dissidents des deux camps sont torturés et mis à mort.

CONTINUITÉ ⚭ CHANGEMENTS L'Église catholique s'oppose donc à la Réforme protestante en mettant en place des réformes internes, en réaffirmant sa doctrine officielle et en fondant de nouveaux ordres religieux pour propager la foi.

Les guerres de religion

Les religions séparant de plus en plus les individus et les nations, l'Europe entre dans une période de guerre qui durera plus de cent ans. Ces guerres quasi incessantes laissent le nord de l'Europe, et surtout l'Allemagne, en ruine et font des centaines de milliers de victimes. Cette période est souvent comparée à celle de la peste noire, entre 1348 et 1450.

L'Allemagne. En 1531, les princes protestants et les cités libres d'Allemagne s'unissent pour se protéger des attaques que les armées du souverain catholique, l'empereur Charles V, mènent contre eux. Malgré sa victoire sur les champs de bataille en 1547, Charles V est incapable de juguler le pouvoir des princes. En 1555, les belligérants signent la paix d'Augsbourg, traité donnant à chaque prince le droit de choisir la religion de son territoire en vertu d'un principe appelé *cujus regio, ejus religio*.

L'Espagne. Ailleurs en Europe, les tensions entre catholiques et protestants dégénèrent aussi en guerres. Les calvinistes des provinces du nord des Pays-Bas, par exemple, se révoltent contre la domination espagnole et, après de nombreuses années de com-

Les religions de l'Europe en 1600

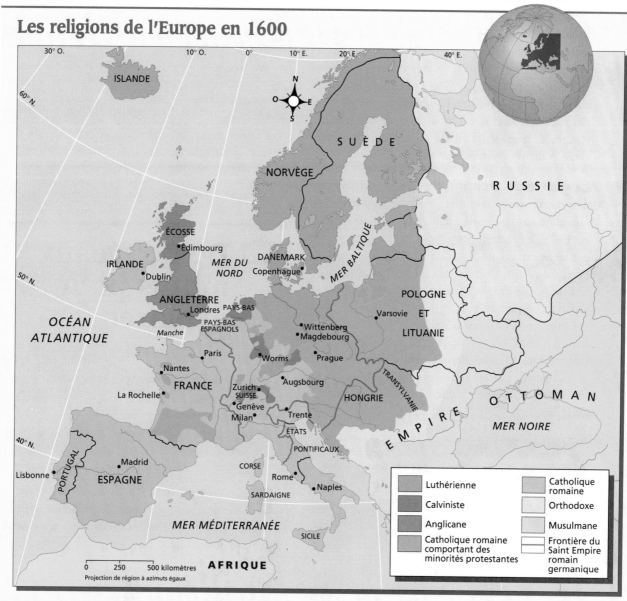

ISLANDE

60° N.

ÉCOSSE
• Édimbourg

IRLANDE
• Dublin

MER DU NORD

DANEMARK
Copenhague •

SUÈDE

NORVÈGE

MER BALTIQUE

RUSSIE

50° N.

ANGLETERRE
Londres • PAYS-BAS

OCÉAN ATLANTIQUE

Manche

PAYS-BAS ESPAGNOLS

POLOGNE ET LITUANIE

Varsovie •

Paris •

• Wittenberg
• Magdebourg

Nantes •

• Worms

• Prague

FRANCE

Zurich • SUISSE

• Augsbourg

La Rochelle •

Genève •

Milan •

• Trente

HONGRIE

TRANSYLVANIE

ÉTATS

EMPIRE

OTTOMAN

MER NOIRE

40° N.

PONTIFICAUX

PORTUGAL

• Madrid

CORSE

Lisbonne •

ESPAGNE

Rome •

• Naples

SARDAIGNE

MER MÉDITERRANÉE

SICILE

AFRIQUE

30° O.   10° O.   0°   10° E.   20° E.   40° E.

0   250   500 kilomètres
Projection de région à azimuts égaux

Légende:
- Luthérienne
- Calviniste
- Anglicane
- Catholique romaine comportant des minorités protestantes
- Catholique romaine
- Orthodoxe
- Musulmane
- Frontière du Saint Empire romain germanique

Un conflit religieux. De 1517 à 1600, la Réforme réussit à convertir au protestantisme de nombreux fidèles dans le nord de l'Europe. Cependant, le sud de l'Europe reste majoritairement catholique.

❓ *Faire le lien entre la géographie et l'histoire. Quelle est la principale religion de l'Angleterre? De la Suède? De l'Italie?*

bats sanglants, réussissent à conclure un traité avec l'Espagne en 1609. Les sept provinces du Nord deviennent indépendantes et forment les Pays-Bas, alors que les provinces du Sud demeurent des possessions espagnoles.

Plus grave encore est le conflit qui oppose l'Espagne et l'Angleterre. En 1588, le roi d'Espagne, Philippe II, tente d'envahir l'Angleterre en mobilisant l'« Invincible Armada », mais celle-ci est repoussée par les Anglais.

La France. Pendant ce temps, la France est aussi déchirée par les guerres de religion. À un certain moment, les calvinistes sont maîtres de près d'un tiers du pays, mais les rois Valois ne veulent pas des protestants, ou *huguenots*, sur le sol français. Cette guerre religieuse divise la France en deux, les huguenots continuant de résister même après le massacre de la Saint-Barthélemy, en 1572, où trois mille des leurs meurent.

Quand Henri III, le dernier des Valois, meurt sans héritier mâle, la guerre de religion se double d'une lutte pour le trône. Les combats cessent en 1598 quand Henri IV, le premier roi de la lignée des Bourbons, signe l'édit de Nantes. Cet édit marque, enfin, une trêve entre catholiques et protestants, et permet aux huguenots de rester maîtres des villes qu'ils occupent. Henri IV a lui-même déjà été un chef calviniste, mais il s'est converti au catholicisme pour accéder au trône. Tout au long de son règne, il tentera de panser les plaies laissées par la guerre civile et de reconstituer l'unité de la France.

La guerre de Trente Ans. En Europe, la pire des guerres de religion, et la plus destructrice, est sans doute la guerre de Trente Ans. Elle commence en 1618, à Prague, lorsque des protestants jettent par les fenêtres d'un château deux conseillers de l'empereur du Saint Empire romain germanique (défenestration de Prague). La nouvelle de l'incident se répand rapidement et la province de Bohême tout entière se rebelle. L'empereur fait appel à ses alliés catholiques d'Allemagne et d'Espagne pour mater cette révolte, mais la guerre s'étend à tout le pays.

La guerre cesse en 1648, au moment où les deux parties, complètement épuisées, signent le traité de Westphalie.

> **CONTINUITÉ & CHANGEMENTS** Après trente ans de luttes sanglantes au cours desquelles près d'un tiers de la population allemande périt, le traité de Westphalie ne fait guère plus que réaffirmer le droit des souverains de choisir la religion de leur territoire.

L'Allemagne n'est plus alors que ruines et qu'un ramassis disparate de quelque trois cent cinquante principautés ne possédant qu'un semblant d'unité, unité que le pays ne retrouvera qu'en 1871 lors de l'unification réalisée sous Bismarck (voir le chapitre 10).

EXERCICES

1. Définir les termes suivants :

- indulgence
- Réforme protestante
- secte
- calviniste
- concile de Trente
- paix d'Augsbourg
- édit de Nantes
- Martin Luther
- Charles V
- prédestination
- Contre-Réforme
- jésuite
- huguenot
- traité de Westphalie

2. Localiser les lieux suivants et en faire ressortir l'importance :

- Wittenberg
- Genève
- Worms
- Prague

3. Cerner l'idée principale. Quelles sont les causes de la Réforme protestante ?

4. Cerner l'idée principale. Quels moyens les catholiques utilisent-ils pour contrer la Réforme ?

5. Évaluer. Comment la division de la chrétienté entre protestants et catholiques dégénère-t-elle en guerre ? À votre avis, pourquoi la religion joue-t-elle un rôle dans la guerre ?

6. Évaluer. En puisant dans l'histoire passée ou contemporaine, quels autres exemples de violence déchaînée par les questions religieuses vous viennent à l'esprit ?

De nouveaux motifs pour explorer

OBJECTIFS D'APPRENTISSAGE

APRÈS AVOIR LU CETTE SECTION, VOUS SEREZ CAPABLE :

- D'EXPLIQUER POURQUOI LES EUROPÉENS ENTREPRENNENT D'EXPLORER LE MONDE ;

- DE DÉCRIRE LES PROGRÈS TECHNOLOGIQUES NÉCESSAIRES POUR AMORCER LES EXPLORATIONS.

Les mouvements de la Renaissance et de la Réforme sont tous deux très influencés par les relations de plus en plus étroites existant entre l'Europe et le reste du monde.

> **CONTINUITÉ & CHANGEMENTS** Depuis l'époque des croisades, les Européens sont habitués à avoir accès aux richesses et aux objets de luxe venus de Chine, d'Inde et des îles des épices du Sud-Est asiatique. Ils se mettent donc à la recherche d'un chemin qui les mènera directement en Orient, sans avoir à négocier avec le monde islamique qui domine toutes les routes commerciales terrestres.

L'attrait de l'Orient

En redécouvrant le classicisme, les Européens apprennent à mieux connaître le monde qui les entoure. La Renaissance est à plusieurs égards le reflet d'un nouvel esprit de découverte et d'exploration qui est apparu en Europe au 14e siècle. Les raisons expliquant cette effervescence sont complexes, mais

Figure 6.9 Marco Polo quitte Venise en 1271 ; des siècles plus tard, ses voyages influenceront penseurs et explorateurs. Aujourd'hui, la véracité de ses relations est mise en doute.

il semble que la chute de l'Empire mongol stimule ce goût de la découverte.

Au faîte de sa gloire, l'Empire mongol assurait un passage sûr et direct entre l'Europe et l'Asie orientale. Sa chute, vers 1340, rompt ce contact et permet aux Turcs de reprendre leurs activités d'expansion de l'islam dans le Sud-Ouest asiatique et en Europe.

CONTINUITÉ ✦ CHANGEMENTS C'est surtout le réveil de la puissance ottomane qui menace l'accès des Européens au commerce avec l'Orient, monopolisé aux 13ᵉ et 14ᵉ siècles par les marchands génois et vénitiens. Même si le commerce le long de la côte orientale de la Méditerranée se poursuit, les quantités de marchandises échangées sont limitées.

Le zèle religieux, la peur des invasions et la simple curiosité stimulent aussi, chacun à sa façon, ce goût de la découverte.

Aussi, des rumeurs à propos d'éventuels alliés contre les Musulmans continuent à circuler en Europe et attirent des explorateurs vers l'Est. Une de ces rumeurs, par exemple, concerne un grand royaume chrétien qui serait situé de l'autre côté du monde islamique et dirigé par le prêtre Jean. Il s'agit peut-être d'une référence aux souverains chrétiens qui gouvernent l'Éthiopie à cette époque.

Les progrès technologiques

Quelles que soient leurs raisons d'explorer, les Européens ne pourront s'aventurer très loin s'ils ne développent pas une technologie appropriée. À la

fin du Moyen Âge et au cours de la Renaissance, ils se montrent particulièrement astucieux pour créer de nouvelles technologies en combinant de façon originale différents concepts et différents outils, et pour trouver de nouvelles applications aux anciennes technologies.

CONTINUITÉ ✦ CHANGEMENTS Cette habileté leur est surtout utile dans la construction de bateaux et l'élaboration de techniques de navigation capables de leur faire traverser les mers. Toutes ces innovations leur ouvrent les portes d'un monde nouveau.

Les outils de navigation. Au cours de la Renaissance, les navigateurs européens apprennent des Musulmans à se servir de l'astrolabe pour calculer les latitudes en mesurant la distance entre le Soleil ou les étoiles et la ligne d'horizon. Au fur et à mesure qu'ils déterminent les latitudes d'endroits bien connus, comme les grands ports ou les îles

Figure 6.10 Un réseau de lignes géométriques couvre ce portulan datant de 1626 ; les navigateurs du Moyen Âge et de la Renaissance se servent de cet outil pour déterminer le cours de leurs traversées en Méditerranée.

importantes, ils les consignent dans des tables de navigation. Au 17e siècle, ils commencent à utiliser le *compas*, outil comportant une aiguille magnétique pointant en direction nord-sud que les Chinois ont inventé. Le compas, l'astrolabe et des tables de navigation précises permettent aux navigateurs européens de décider des trajets à suivre pour se rendre dans des endroits éloignés et en revenir en toute sécurité. Ils se servent aussi des *portulans*, sortes de tableaux où sont inscrits les ports et les endroits où jeter l'ancre. Les marins utilisent les portulans pour déterminer le cours de leurs traversées en mer. Les corsaires se font une guerre féroce afin de mettre la main sur ces précieux documents.

Les navires. Des progrès importants sont aussi accomplis dans la construction des navires. Qu'ils souhaitent augmenter le tonnage de leurs galères à rames, comme les Italiens en Méditerranée, ou qu'ils recherchent des bateaux plus robustes pour affronter la houle des mers d'Europe du Nord, les Européens apprennent à construire des navires capables de voguer en haute mer et de résister aux intempéries de l'océan Atlantique. Dès 800, ils savent déjà se servir de la *voile latine*, une innovation qui vient probablement des marins du golfe Persique et de l'océan Indien.

Grands triangles de toile, les voiles latines sont gréées au mât et peuvent être ajustées pour prendre le vent selon sa direction, donnant ainsi aux bateaux une plus grande manœuvrabilité. Les constructeurs européens ajoutent aussi des mâts supplémentaires pour gréer en même temps les navires de voiles carrées, ce qui les oblige à élargir et à rendre plus profondes les coques. Ainsi, ces nouveaux bateaux peuvent transporter des cargaisons plus grosses que celles transportées par les anciennes galères et sont, de surcroît, mieux adaptés aux voyages en haute mer. Le pilotage est également amélioré par l'installation d'un gouvernail à l'arrière du bateau, en remplacement des rames.

Vers 1420, les constructeurs portugais conçoivent les *caravelles*, de petits navires presque parfaits pour partir en exploration. Ces toutes nouvelles caravelles sont, elles aussi, équipées de voiles latines et de gouvernail, mais elles sont plus petites et plus manœuvrables que les grands navires. Bientôt, les Portugais arment leurs caravelles. Avec leurs coques plus larges et plus profondes que celles des galères, elles sont capables de résister au recul des canons. Lorsque les fabricants d'armes européens entreprennent de fondre des canons plus petits et plus légers, mais tout aussi puissants, les constructeurs de bateaux s'empressent d'équiper leurs navires de ces nouveaux canons.

CHANGEMENTS Au milieu du 15e siècle, grâce à la nouvelle conception de leurs bateaux et à leur armement, les Portugais jouissent d'une nette supériorité technologique sur leurs rivaux en mer.

Les explorations portugaises

En 1415, le prince Henri, troisième fils du roi du Portugal, Jean Ier, inaugure une nouvelle ère d'exploration. Fortement intéressé par les possibilités offertes par l'essor du commerce maritime, le prince Henri, surnommé Henri le Navigateur, consacre sa vie à améliorer la marine du Portugal. Stimulés par leur prince, les explorateurs portugais s'aventurent dans l'Atlantique et le long de la côte africaine dès 1418.

Vers 1460, ils atteignent les côtes de la Guinée, d'où ils envoient au Portugal des cargaisons d'or et d'esclaves africains. Ils poussent plus loin leurs explorations, dans l'espoir de trouver une route vers les Indes.

En 1488, le capitaine portugais Bartolomeu Dias et son équipage, après avoir essuyé une violente tempête, contournent le cap de Bonne-Espérance, au sud de l'Afrique. Bien que ses hommes, épuisés, l'obligent à faire demi-tour, Dias a trouvé un passage vers l'océan Indien. Les Portugais redoublent leurs efforts pour trouver une route vers les Indes et la Chine lorsqu'ils apprennent que l'Espagne a envoyé une flotte vers l'ouest pour traverser l'Atlantique et atteindre la Chine. Finalement, en 1498, Vasco de Gama atteint Calicut, sur la côte occidentale indienne. Une route maritime vers l'Orient vient d'être découverte.

Les explorations espagnoles

En 1492, le marin génois Christophe Colomb arrive à la somptueuse cour de Ferdinand d'Aragon et d'Isabelle de Castille, souverains d'Espagne. Colomb leur propose un plan audacieux : atteindre les riches Indes en faisant voile plein ouest, au lieu d'emprunter la route vers l'est, autour de l'Afrique. Il supplie les monarques espagnols de financer son expédition, leur promettant de fabuleuses richesses, de nouveaux territoires et la conversion des peuples qu'il rencontrera dans ces lointains pays. La reine Isabelle finit par acquiescer à sa demande.

La «découverte de l'Amérique». En août 1492, Christophe Colomb et ses hommes quittent le port espagnol de Palos à bord de trois caravelles, la Niña, la Pinta et la Santa María. Le 12 octobre suivant, Colomb et son équipage, épuisés, accostent une petite île dans les Bahamas que ses habitants appellent Guanahani. Croyant avoir atteint les îles en bordure du Japon, Colomb s'émerveille de tout ce qui lui semble à la fois nouveau et familier dans ce paradis : «Dans toute l'île, l'herbe, les plantes et les arbres sont verts comme au mois d'avril en Andalousie.» Il chante les louanges des habitants qu'il nomme Indiens, pensant qu'ils habitent les Indes. Colomb décrit par la suite leur bonne volonté à échanger tout ce qu'ils possèdent et la facilité avec laquelle il pourrait les conquérir, puisqu'ils n'utilisent pas d'armes de métal. Colomb et ses hommes prennent possession de l'île au nom de l'Espagne et la baptisent San Salvador.

Colomb explore encore quelque temps les Caraïbes et, en 1493, rentre en Espagne, convaincu qu'il a découvert les Indes.

Peu après, d'autres expéditions partent vers ces nouvelles contrées pour faire du commerce et convertir les Indiens. Lorsque la reine Isabelle meurt, en 1504, l'Espagne a déjà commencé à bâtir un immense empire outre-mer.

Différents explorateurs font bientôt route vers l'ouest sur les traces de Colomb. L'Espagne et le Portugal ne tardent pas à se quereller à propos de leurs droits de propriété sur ces pays étrangers.

Figure 6.11 Grâce à l'appui de la reine Isabelle de Castille et du roi Ferdinand, Colomb (sur la photo) est en mesure d'équiper sa petite flotte de caravelles qui le mènera, avec ses hommes, jusqu'aux Amériques.

CONTINUITÉ & CHANGEMENTS En 1493, pour régler le conflit, le pape Alexandre VI trace une ligne imaginaire sur un globe terrestre et divise ainsi le monde en deux. Aux termes du traité de Tordesillas, signé l'année suivante, tous les nouveaux territoires situés à l'est de la ligne appartiennent au Portugal et tous ceux situés à l'ouest appartiennent à l'Espagne. Le traité déplace un peu plus à l'ouest la ligne que le pape a imaginée. C'est ainsi que le Brésil devient portugais et que le reste de l'Amérique du Sud devient espagnol. Ce partage arbitraire du monde sera inapplicable, car d'autres puissances se partageront bientôt le Nouveau-Monde.

Christophe Colomb meurt en ayant la conviction d'avoir découvert les Indes. Cependant, les autres explorateurs n'en sont pas aussi sûrs. Amerigo Vespucci, dont le prénom désignera plus tard ces nouveaux territoires, prétend que les terres découvertes par Colomb ne sont pas les Indes, mais plutôt un «Nouveau Monde». En 1513, l'explorateur espagnol Vasco Núñez de Balboa renforce l'hypothèse de Vespucci en traversant l'isthme de Panamá et en découvrant une immense étendue d'eau qu'il nomme mer du Sud et qui sera appelée plus tard océan Pacifique.

CONTINUITÉ & CHANGEMENTS Fernand de Magellan, navigateur portugais au service de l'Espagne, prouve enfin que les Amériques sont bien séparées de l'Asie. Sa flottille parvient à effectuer une circumnavigation, ce qui signifie une navigation autour du globe, entre 1519 et 1522.

EXERCICES

1. Définir les termes suivants :

- *compas*
- *caravelle*
- *Bartolomeu Dias*
- *Christophe Colomb*
- *Amerigo Vespucci*
- *Fernand de Magellan*
- *circumnavigation*

- *voile latine*
- *le prince Henri*
- *Vasco de Gama*
- *Ferdinand d'Aragon et Isabelle de Castille*
- *Vasco Núñez de Balboa*

2. Localiser les lieux suivants sur la carte 6.4, page 154, et en faire ressortir l'importance :

- *Portugal*
- *océan Indien*
- *océan Pacifique*

- *cap de Bonne-Espérance*
- *Espagne*

3. Cerner l'idée principale. Qu'est-ce que les Espagnols et les Portugais espèrent retirer de leurs explorations ?

4. Cerner l'idée principale. Comment la technologie facilite-t-elle les explorations européennes ?

En route vers l'inconnu

En novembre 1520, trois petits bateaux espagnols sortent du détroit situé à la pointe de l'Amérique du Sud qui porte aujourd'hui le nom du commandant de cette flotte, Fernand de Magellan. Pour la première fois, les Européens voguent sur les eaux inconnues de l'immense océan Pacifique.

Magellan a quitté l'Espagne le 20 septembre 1519, avec cinq bateaux et deux cent trente-sept hommes. Le but de son ambitieux voyage : rejoindre les Moluques (surnommées les îles des épices) d'où les marchands portugais ramènent depuis des années des cargaisons de can-

Carte 6.4

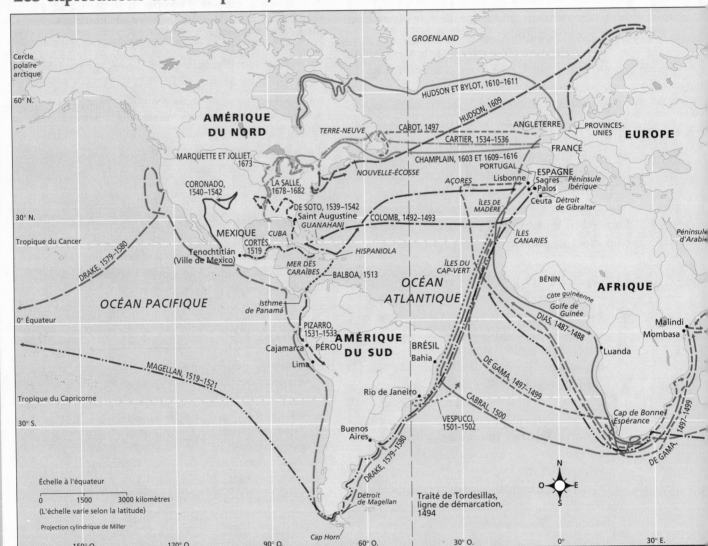

Les explorations des Européens, de 1487 à 1682

La navigation autour de la terre. Après que Bartolomeu Dias a franchi le cap de Bonne-Espérance, en Afrique, en 1488, et que Colomb a atteint les Amériques, en 1492, les Européens rivalisent de vitesse pour découvrir de nouvelles terres et de nouvelles routes pour accéder aux richesses de l'Orient.

nelle, de clous de girofle et de poivre. L'Espagne est impatiente de tirer profit, elle aussi, du très lucratif commerce des épices. Ayant consulté des cartes dessinées d'après la conception *ptoléméenne* de la Terre, Magellan est convaincu que les Amériques sont rattachées à l'Asie et ne sont séparées des Indes orientales que par la petite masse d'eau connue sous le nom de *Magnus Sinus*.

Malheureusement, Magellan ne parviendra jamais à terminer son voyage. Après avoir contourné l'Amérique du Sud et traversé l'océan Pacifique, il est tué dans une bataille avec des indigènes, aux Philippines. Après sa mort, Juan Sebastián de El Cano prend le commandement de la flotte. Le 8 novembre 1521, alors qu'il ne lui reste que deux bateaux, El Cano atteint enfin le but de Magellan en arrivant aux Moluques. Le 6 septembre 1522, il rentre en Espagne avec un seul bateau qui fait eau et dix-huit marins affamés et épuisés.

En réussissant leur circumnavigation, Magellan et El Cano donnent aux Européens le premier aperçu de la véritable géographie du monde. En l'espace de deux cents ans, les navigateurs et les marchands du Portugal, de l'Espagne, de la France, de l'Angleterre et des Pays-Bas feront voile vers l'est et vers l'ouest, et fonderont des comptoirs commerciaux et des colonies outre-mer.

Au nom du roi de France, Jacques Cartier sera l'un d'eux. Il débarquera à Gaspé le 24 juillet 1534. Pour la Nouvelle-France, une première page d'histoire est écrite...

Faire le lien entre la géographie et l'histoire

1. À quels endroits Magellan et son équipage accostent-ils au cours de leur voyage?
2. Combien de temps les bateaux mettent-ils pour rentrer en Espagne, en provenance de la pointe de l'Amérique du Sud?
3. À votre avis, comment les voyages des Espagnols, des Portugais et des explorateurs qui suivent modifient-ils la conception de la plupart des Européens relativement à la géographie de la Terre?

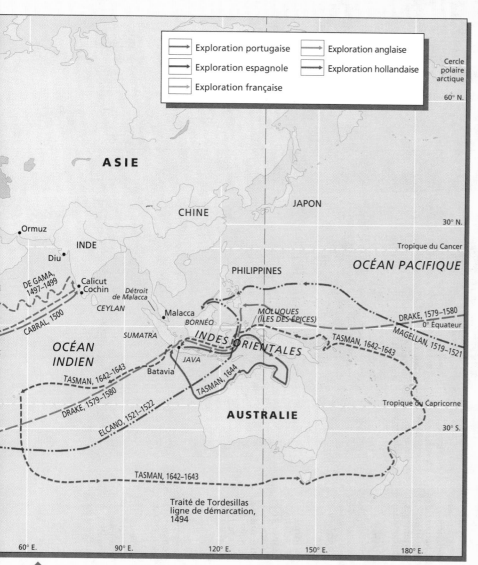

? **Décrire les déplacements et les progressions.** *Quel explorateur au long cours contourne le plus grand nombre de continents pendant son voyage? Quels sont ces continents? Sous un pavillon de quelle nationalité navigue-t-il?*

Sociétés	Vie politique	Vie matérielle	Société/Arts/Culture	Économie	Science et techniques
Europe (14e, 15e et 16e siècles)	• Essor des monarchies nationales (France, Angleterre). **Émergence d'une fonction publique dévouée au monarque (chambre des comptes, parlements, diplomatie)** *144* • Guerre de Cent Ans ruine les protagonistes mais assure **l'unité du royaume français.** *137* • **Réforme de Martin Luther et Contre-Réforme du concile de Trente** *146, 148* • L'Angleterre de Henri VIII adopte **l'anglicanisme comme religion d'État.** *147* • Chute de Constantinople qui devient **Istanbul**	• Épidémies et pandémies destructrices (population réduite de près de 33%) • Société définitivement organisée en ordres (**noblesse, clergé, bourgeoisie naissante, paysannerie**) *136*	• Système éducatif fondé sur l'**étude des classiques (rhétorique, poésie, histoire et langues gréco-latines)** *141* • Femme toujours reléguée aux **rôles traditionnels** ; toutefois, son rôle sera de plus en plus lié à sa **position sociale.** • Après les heures sombres (peste), redécouverte des auteurs de l'Antiquité (**humanisme**) *141, 142, 145* • L'humanisme transformera les arts et la littérature : - **Rabelais** (*Gargantua et Pantagruel*) - **Érasme** (*Éloge de la folie*) - **Shakespeare** (*Hamlet, Macbeth*) *145* - **Machiavel** (*Le Prince*) *142* - **Thomas More** (*L'Utopie*) *145* Sculpture et peinture (cadres théoriques redéfinis) : - **Michel-Ange** *143* - **Raphaël** - **De Vinci** *143* - **Botticelli** - **Brunelleschi** (perspective, point de fuite) - **Mercator** publie un des premiers **atlas**	• Développement des axes nord/sud, nord-ouest, sud • Utilisation progressive **de nouveaux instruments comptables (banques, lettres de change), comptoirs commerciaux, foires** *139* • **Villes portuaires accroissent leurs richesses (Venise, Gênes).** *139*	• **Gutenberg** (imprimerie, vers 1450) *144* • **Révolution copernicienne** (1543 : *De revolutionibus orbium cœlestium*) • **F. Bacon** (méthode expérimentale) • **J. Müller** (*Regiomontanus* — traduction de l'*Almageste* de C. Ptolémée) • **J. Cardan** (résolution d'équations du troisième degré)

Révision

RÉDIGER UN RÉSUMÉ

En retenant les points essentiels du texte, rédigez un court résumé du chapitre.

RÉVISER LA TERMINOLOGIE

Faites correspondre aux termes suivants la définition qui convient à chacun.

a) paix d'Augsbourg

b) niveau de vie

c) indulgences

d) grand schisme d'Occident

e) humanisme

f) pandémie

g) Hanse

h) Invincible Armada

1. Mouvement intellectuel mettant l'accent sur la célébration des capacités humaines et sur le savoir classique.

2. Rémissions des péchés accordées par le pape afin de diminuer le temps qu'il faut passer au purgatoire.

3. Accord passé en 1555 entre l'empereur du Saint Empire romain germanique et les princes protestants, accordant à ces princes le droit de choisir la religion de leur territoire.

4. Situation que les gens atteignent dans une société, selon leur capacité de se procurer les biens et services dont ils ont besoin ou qu'ils désirent.

5. Division au sein de l'Église catholique provoquée par le déménagement de la papauté à Avignon, sur les ordres du roi de France.

6. Extension à grande échelle d'une maladie souvent d'origine inconnue et étrangère.

7. Rassemblement de villes commerciales du nord de l'Europe possédant des ramifications « internationales ».

8. Flotte rassemblée par Philippe II en 1588 ayant pour but la conquête de l'Angleterre.

RÉVISER LA CHRONOLOGIE

Dressez la liste des événements suivants en respectant l'ordre chronologique.

1. Martin Luther affiche ses quatre-vingt-quinze thèses.

2. La guerre de Cent Ans éclate.

3. Le traité de Westphalie est signé.

4. L'armada espagnole est coulée par les Anglais.

5. L'Afrique est contournée par les Portugais.

6. Promulgation de l'édit de Nantes.

7. Exécution de Jeanne d'Arc.

8. Gutenberg invente l'imprimerie.

9. Concile de Trente.

10. Machiavel publie Le Prince.

COMPRENDRE LES IDÉES PRINCIPALES

1. Quelles sont les causes de la Réforme protestante ?

2. Comment la Renaissance s'étend-elle de l'Italie aux autres pays d'Europe ?

3. Comment l'humanisme se transforme-t-il en prenant racine dans le nord de l'Europe ?

4. Énumérez quelques-unes des conséquences de la guerre de Trente Ans.

5. Expliquez le lien existant entre le mouvement de la Renaissance et le début du recul des frontières.

6. Comment évolua l'art occidental au 15e siècle ? Dans votre réponse, tenez compte des conditions de production et des transformations des thèmes abordés par les artistes.

EXERCER SON SENS CRITIQUE

1. Analyser. Comment la religion devient-elle une question hautement politique en Europe, entre 1350 et 1648 ?

Chapitre 7
Absolutisme, révolution scientifique et colonisation

1607	▶ Fondation de Jamestown (Virginie) par la Compagnie de Londres
1608	▶ Fondation de la ville de Québec par Samuel de Champlain
1609	▶ Théorie copernicienne prouvée par Johannes Kepler
1620	▶ Fondation de la ville de Plymouth par les pèlerins du *Mayflower*
1626	▶ Fondation de la ville la Nouvelle-Amsterdam par Peter Minuit (Nouvelle-Hollande)
1628	▶ Découverte de la circulation sanguine par William Harvey
1637	▶ *Discours de la méthode* par René Descartes
1648-53	▶ La Fronde : rébellion contre l'absolutisme en France
1682	▶ Programme de modernisation et d'occidentalisation en Russie sous le règne de Pierre le Grand
1685	▶ Révocation de l'édit de Nantes : protestantisme interdit en France
1687	▶ *Principes mathématiques de philosophie naturelle* par *sir* Isaac Newton
1688	▶ Deuxième Révolution d'Angleterre (*Glorious Revolution*) : triomphe de la monarchie constitutionnelle

Objectifs d'apprentissage

APRÈS AVOIR LU CE CHAPITRE, VOUS SEREZ CAPABLE :
- DE DÉCRIRE LES FONDEMENTS THÉORIQUES ET PRATIQUES DE L'ABSOLUTISME UTILISÉS PAR LES MONARCHIES EUROPÉENNES POUR JUSTIFIER LEUR RAISON D'ÊTRE ;
- D'ÉNUMÉRER LES PRINCIPALES TRANSFORMATIONS POLITIQUES ET SCIENTIFIQUES SURVENUES EN EUROPE À LA FIN DU 16^E SIÈCLE ET AU DÉBUT DU 17^E SIÈCLE ;
- DE COMPARER LES DIFFÉRENTS PROJETS D'EXPLORATION ET DE COLONISATION OUTRE-MER DES NATIONS EUROPÉENNES ;
- D'ÉVALUER L'IMPACT DE L'IMPLANTATION EUROPÉENNE DANS LE NOUVEAU-MONDE.

Aux 15e et 16e siècles, les structures politiques léguées par la féodalité sont modifiées. L'Église catholique romaine, affaiblie par la Réforme, est incapable de combler le vide créé par ces changements comme elle a su le faire auparavant en certaines occasions. Les Européens cherchent dorénavant une autre autorité politique légitime, susceptible de rétablir l'ordre et de leur redonner un sentiment de sécurité. Par ailleurs, les grandes découvertes et le recul des frontières stimulent les esprits, les gens s'interrogent sur la nature, le fonctionnement du monde et, aussi, sur la légitimité du pouvoir politique.

Figure 7.1 *Portrait des ambassadeurs français Jean de Donteville et Georges de Selve* (1533), de Holbein le Jeune (1497-1543). Le centre d'intérêt de ce tableau réside dans l'anamorphose entre les pieds des personnages. Celle-ci représente une boîte crânienne qui devient parfaitement visible si la peinture est examinée sous un angle de 45° en oblique. Devant l'émergence de nations européennes fortes, ce crâne symbolise le rôle des ambassadeurs qui deviendront, à cette époque, des messagers de paix, mais aussi de guerre.

L'absolutisme et les États européens

OBJECTIFS D'APPRENTISSAGE

APRÈS AVOIR LU CETTE SECTION, VOUS SEREZ CAPABLE :

- D'EXPLIQUER COMMENT LES ÉTATS EUROPÉENS JUSTIFIENT L'ABSOLUTISME ;

- DE DÉCRIRE COMMENT LES MONARQUES EUROPÉENS ADAPTENT L'ABSOLUTISME À LEUR ROYAUME RESPECTIF ;

- DE DÉCOUVRIR COMMENT LA FRANCE SE TRANSFORME AU CHAPITRE POLITIQUE AU 17ᴱ SIÈCLE ;

- D'EXPLIQUER LES CIRCONSTANCES QUI ONT MENÉ L'ANGLETERRE VERS LA MONARCHIE PARLEMENTARISTE.

L'unité de la chrétienté s'effondrant sous le poids des guerres engendrées par la Réforme, une nouvelle forme d'organisation politique fait son apparition en Europe pour pallier cette désunion. Les monarchies nationales sont constituées, inspirées des monarchies médiévales mais, par ailleurs, profondément distinctes de ces dernières. Les monarchies médiévales étaient d'abord et avant tout féodales, puisque les rois ne recevaient d'allégeance directe que de leurs nobles les plus importants. Ceux-ci, à leur tour, recevaient l'allégeance de leurs propres vassaux. Dans les monarchies nationales, les rapports entre gouvernants et gouvernés prennent une tout autre forme : le gouvernement royal, ou impérial, devient le centre de l'autorité absolue.

La montée de l'absolutisme monarchique

La croissance des monarchies permet l'éclosion d'idées nouvelles concernant le rôle que doit jouer l'État.

CHANGEMENTS / CONTINUITÉ Désireux de rétablir l'ordre après les guerres de religion du 16ᵉ siècle et du début du 17ᵉ siècle, plusieurs penseurs politiques sont en faveur d'une centralisation du pouvoir entre les mains des monarques de chaque pays. Cette forme de gouvernement devient l'*absolutisme*, car les rois détiennent sur leurs sujets un pouvoir total, ou absolu, dans plusieurs sphères d'activités.

En 1576, l'avocat français Jean Bodin est le premier penseur européen à décrire clairement la notion de *souveraineté*, le pouvoir suprême dévolu aux monarques.

Les justifications de l'absolutisme. Vers la fin du 16ᵉ siècle, les monarques tentent de justifier leur autorité politique, et ils trouvent cette justification en Dieu. La plupart des Européens croient depuis longtemps que l'autorité suprême vient de Dieu. Toutefois, avant la Renaissance et la Réforme, les gens estiment que Dieu limite la puissance des souverains en investissant l'Église universelle d'une autorité globale, prévalant sur celle des rois. Les monarques, pour contrer cette idée, affirment qu'ils tiennent leur autorité suprême en matière politique directement de Dieu, fondant leur prétention sur l'argument suivant : tout ce qui arrive est volonté de Dieu, donc Dieu doit vouloir que les monarques aient un pouvoir absolu.

C'est ainsi que naît la notion de **monarchie de droit divin**. En Angleterre, le roi Jacques Iᵉʳ (1566-1625) déclare même : « La monarchie est ce qu'il y a de plus sacré sur terre, car non seulement les rois sont les lieutenants de Dieu ici-bas et s'assoient sur son trône, mais Dieu lui-même leur donne le nom de dieux. » En France, l'évêque Jacques Bénigne Bossuet (1627-1704) pousse ce raisonnement encore plus loin. Dans son traité à l'intention de l'héritier du trône, *Politique tirée de l'Écriture sainte*, publié en 1709, il écrit : « Ainsi, les princes sont les ministres de Dieu et Ses lieutenants sur terre. C'est par eux qu'Il agit sur Son royaume. »

Tous les tenants de l'absolutisme n'en réfèrent cependant pas à une autorité religieuse. L'Anglais Thomas Hobbes (1588-1679) défend ce style de gouvernement pour des raisons pratiques. Dans son livre, le *Léviathan,* publié en 1651, il insiste sur le fait que tous doivent obéir au souverain coûte que coûte, sinon l'égoïsme naturel des hommes les entraînera à leur perte.

Alors que certains Européens justifient l'émergence du pouvoir absolu des monarques par des raisons religieuses, d'autres lui trouvent des assises plus pragmatiques, telle la nécessité d'éradiquer la violence.

L'absolutisme en France

À la fin du 17ᵉ siècle, la France est la monarchie absolue la plus puissante d'Europe et un modèle à suivre aux yeux des autres souverains. Les souverains français de la lignée des Bourbons et leurs conseillers ont porté le royaume à ce faîte depuis la fin des guerres civiles et religieuses du 16ᵉ siècle en fondant leur pouvoir absolu sur les droits gouvernementaux et l'usage de la force. Ce n'est qu'en donnant au roi le monopole du pouvoir sur toute l'étendue du territoire que l'État peut réellement devenir souverain.

Le cardinal de Richelieu. Les efforts de Henri IV pour contenir le pouvoir de la noblesse et restaurer celui du gouvernement central français sont arrêtés net par le poignard d'un assassin, en 1610. Après lui, l'architecte le plus important de l'absolutisme est le cardinal de Richelieu, premier conseiller de Louis XIII, fils de Henri IV. Richelieu désire faire de la France une puissance redoutable. Bien déterminé à mettre au pas la noblesse, il fait détruire ses châteaux et remplace les nobles du gouvernement par des professionnels bien instruits, généralement des bourgeois. Il tente également de restreindre le pouvoir des huguenots, non parce qu'ils sont protestants, mais parce qu'ils forment «un État dans l'État», réalité qu'il considère menaçante pour l'unité de la France. En 1627, il envoie l'armée attaquer les villes huguenotes et réussit à affaiblir considérablement leur pouvoir.

Les politiques de Richelieu raffermissent la puissance de l'État, mais finissent par entraîner une révolte majeure qui éclate sous le cardinal Mazarin, son successeur, entre 1648 et 1653. Cette rébellion, appelée la Fronde, se répand dans Paris et force le fils de Louis XIII à fuir la ville. La révolte est réprimée, mais elle laissera un souvenir indélébile au jeune Louis XIV.

Figure 7.3 La beauté saisissante de la galerie des Glaces, au château de Versailles, témoigne de la richesse et de la splendeur qui caractérisent le règne de Louis XIV.

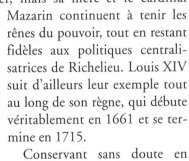 **Le Roi-Soleil**

Né en 1638, Louis XIV devient roi à l'âge de cinq ans, à la mort de son père, en 1643. Dès qu'il atteint ses 13 ans, en 1651, il est déclaré apte à gouverner, mais sa mère et le cardinal Mazarin continuent à tenir les rênes du pouvoir, tout en restant fidèles aux politiques centralisatrices de Richelieu. Louis XIV suit d'ailleurs leur exemple tout au long de son règne, qui débute véritablement en 1661 et se termine en 1715.

Figure 7.2 Louis XIV

BIOGRAPHIE

Conservant sans doute en mémoire toute l'agitation soulevée par la Fronde, il restreint le pouvoir des nobles et, pour neutraliser celui de l'ancienne aristocratie, il invite certains membres de la classe des marchands à venir servir le gouvernement et les anoblit. Il fait construire un somptueux palais à Versailles, à quelques kilomètres de Paris, et exige que les nobles y séjournent régulièrement. Ceux-ci tirent dorénavant leur prestige non plus du combat mais bien de leur état de serviteurs du roi.

Louis XIV choisit le soleil comme emblème personnel, démontrant par là que l'univers tourne autour de lui. C'est pourquoi il est appelé le Roi-Soleil. Son pouvoir est à ce point absolu qu'il peut dire, avec réalisme, «L'État, c'est moi!»

La France sous Louis XIV. Un des moyens employés par Louis XIV pour asseoir son pouvoir est d'éliminer celui des huguenots. Depuis Henri IV, ces derniers sont protégés par l'édit de Nantes, dont le fondement est la liberté de culte. En 1685, Louis XIV révoque l'édit et proscrit le protestantisme. Plus de deux cent mille huguenots fuient la France, emportant avec eux leurs richesses et leur savoir.

Pour renflouer les coffres de l'État, Louis XIV décide de remanier l'ancienne structure fiscale du royaume. Sur les conseils du cardinal Mazarin, il nomme Jean-Baptiste Colbert, homme d'affaires et membre de la classe marchande, ministre des Finances. Colbert parvient à diminuer la dette de l'État et réussit même à simplifier le *régime fiscal*. Il tente aussi, sans grand succès, d'abolir les tarifs douaniers intérieurs qui rendent dispendieux le transport des biens d'une région de France à une autre.

Les guerres de Louis XIV. La plus grande ambition du Roi-Soleil est d'agrandir le territoire français jusqu'aux « frontières naturelles » de la France, c'est-à-dire le Rhin et les Alpes à l'est, la mer, au nord et à l'ouest, et les Pyrénées, au sud. Portant ses effectifs militaires à quatre cent mille soldats disciplinés et bien armés, Louis XIV devient le souverain le plus puissant d'Europe et il entraîne la France dans quatre guerres, entre 1667 et 1714.

En plus de favoriser l'unification de la France, l'absolutisme permet à Louis XIV d'accroître son pouvoir, grâce aux réformes internes entreprises et aux guerres qu'il mène.

L'absolutisme en Russie

Plus à l'est, les souverains russes s'attachent à instaurer un pouvoir absolu depuis le milieu du 15ᵉ siècle. Après avoir été dominée par les Mongols pendant plus de cent ans, la Russie recouvre finalement son indépendance en 1480, sous le commandement des grands ducs de Moscou. Une fois devenus indépendants, ces ducs moscovites prennent le titre de tsar, ou « césar » en russe.

Au 16ᵉ siècle, Ivan IV, dit Ivan le Terrible, consolide le pouvoir et l'autorité absolue des tsars. Quand il meurt en 1584, la guerre civile éclate et ravage l'empire. En 1613, les nobles, épuisés par trente ans de querelle, choisissent pour tsar Michel Romanov, le petit-neveu d'Ivan IV. Les Romanov et leurs successeurs maintiendront pendant trois cents ans le régime absolutiste d'Ivan le Terrible, jusqu'à sa débâcle, en 1917.

En 1682, Pierre Iᵉʳ, également connu sous le nom de Pierre le Grand, monte sur le trône russe. Décidé à faire de la Russie une puissance mondiale grâce à l'introduction des nouvelles techniques et idées de l'Europe occidentale, et convaincu que la meilleure façon d'apprendre est de mettre en pratique les théories, Pierre le Grand part visiter l'Ouest.

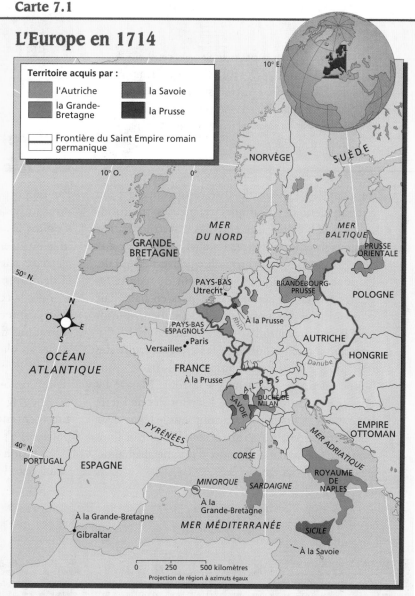

Carte 7.1

L'Europe en 1714

Territoire acquis par :
- l'Autriche
- la Grande-Bretagne
- la Savoie
- la Prusse

▭ Frontière du Saint Empire romain germanique

Un équilibre des forces. Les accords conclus après la guerre de succession d'Espagne distribuent les possessions territoriales en Europe.

❓ *Faire le lien entre la géographie et l'histoire. À quel pays européen ces accords concèdent-ils le plus de territoires, après la guerre?*

Rentrant en Russie accompagné de nombreux artisans et d'experts en différents domaines, Pierre le Grand entreprend un programme de modernisation et d'*occidentalisation*, et copie délibérément la culture et le savoir-faire des Européens.

Il renforce son armée en lui imposant des réformes militaires à l'image de celles dont il a été témoin à l'Ouest. Grâce à ses forces armées fraîchement entraînées, il bat la Suède en 1709. En 1721, le tsar ouvre un chemin jusqu'à la mer Baltique, sur les bords de laquelle il fait construire une nouvelle capitale, qu'il baptise Saint-Pétersbourg et qu'il surnomme sa « fenêtre sur l'Europe ». Entre-temps, il part combattre les Turcs, au sud du pays, et se ménage un accès à la mer Noire.

Pendant quelque deux cents ans, la Russie sera obnubilée par cet aspect de sa politique extérieure qui consiste à défendre et à accroître sa capacité de «sortie» vers l'Occident, que ce soit par le nord (mer Baltique) ou par le sud (mer Noire).

Très tôt, Pierre le Grand s'aliène une partie de son peuple. L'Église orthodoxe russe s'oppose à son remaniement des pratiques religieuses traditionnelles et la noblesse n'accepte pas la restructuration du gouvernement. Il élève les chefs de l'armée aux plus hauts rangs de la hiérarchie gouvernementale. Comme Ivan IV, il tente également de réduire les nobles à l'état de serviteurs du pays en liant leur statut officiel aux postes qu'ils détiennent, plutôt qu'à leurs titres nobiliaires. Comme Louis XIV, il exige aussi que les nobles se fassent construire des résidences à Saint-Pétersbourg et qu'ils passent une bonne partie de leur temps à la cour. Malgré les oppositions de toutes sortes, les réformes de Pierre le Grand se poursuivront, surtout sous le règne de sa fille, l'impératrice Élisabeth, et sous le règne de l'impératrice Catherine la Grande, d'origine allemande, belle-fille d'Élisabeth.

Les tsars se servent donc de l'absolutisme pour contrôler la noblesse, étendre leur empire et, sous Pierre le Grand et ses successeurs, occidentaliser la Russie.

L'absolutisme en Allemagne et en Europe centrale

Par rapport au reste du continent, l'absolutisme revêt un visage bien différent en Europe centrale. Comme le souverain du Saint Empire romain germanique n'exerce pas d'autorité réelle sur les princes électeurs allemands, des dizaines d'États de petites et de moyennes dimensions existent et ne permettent pas la constitution d'un gouvernement central. Pour assurer leur emprise sur leurs territoires, les souverains de ces États recourent aux mêmes pratiques absolutistes que celles utilisées par Louis XIV, comme le prélèvement d'impôts très élevés et la répression brutale des révoltes. Ainsi, l'absolutisme en Allemagne ne conduit pas à la formation d'un État centralisé, mais plutôt au renforcement du pouvoir de plusieurs petits États.

La vision d'un Saint-Empire puissant s'effaçant peu à peu, les Habsbourg concentrent leurs efforts

Figure 7.4 Le palais impérial de Schönbrunn près de Vienne, achevé en 1750, est, à l'époque, la résidence d'été des Habsbourg. La structure de l'édifice est en fait plus petite que celle que l'architecte a initialement prévu construire.

sur la consolidation de leur pouvoir dans leurs propres domaines. Ils règnent sur l'Autriche et la Bohême en monarques absolus. Vers la fin du 17ᵉ siècle, ils réussissent à étendre leurs territoires, vers l'est, jusqu'en Hongrie et dans certaines parties de l'empire du sultan ottoman.

Pourtant, en dépit de leur puissance de plus en plus grande, les Habsbourg sont incapables de restaurer un gouvernement central dans l'empire. De nouvelles puissances, comme la Prusse, font bientôt leur apparition ; tôt ou tard, elles s'attaqueront à l'influence des Habsbourg dans les États allemands du nord et du centre.

CHANGEMENTS CONTINUITÉ Bref, en Allemagne et en Europe centrale, l'absolutisme consolide le pouvoir de petits États et, par conséquent, empêche la constitution d'un empire centralisé et fort.

La riposte anglaise à l'absolutisme

Les nations européennes n'empruntent pas toutes cette voie. L'Angleterre, en particulier, prend un chemin différent. Elle s'était déjà dirigée dans la voie de l'absolutisme, sous Henri VIII, qui s'était proclamé à la fois roi et chef de l'Église d'Angleterre, mais ses successeurs, surtout Élisabeth Iʳᵉ, s'y prennent de façon plus subtile.

L'Angleterre élisabéthaine. Au cours de son long règne (1558-1603), Élisabeth parvient à donner force de loi à la majorité de ses politiques en s'y prenant adroitement avec le Parlement. Fille de Henri VIII et de sa deuxième femme, Anne Boleyn, elle est déclarée illégitime par les catholiques, en 1536. Ainsi, elle ne peut régner qu'en tant que reine protestante. Mais Élisabeth a déjà vu les conséquences qu'entraîne l'instabilité dans le royaume : elle a échappé de justesse à la hache du bourreau au cours du règne de sa demi-sœur, Marie Tudor, qui avait reconverti l'Angleterre au catholicisme pendant une courte période. Rétablie dans ses droits en 1544, Élisabeth monte sur le trône en 1558 et adopte une politique de réconciliation nationale.

Elle réussit à donner l'impression d'obtempérer aux désirs du Parlement et le convoque souvent durant son règne. Même en ne permettant que rarement aux membres du Parlement d'influencer ses décisions, elle en convainc plus d'un qu'ils

le font. Lorsqu'elle meurt sans héritier, le trône d'Angleterre passe aux Stuarts d'Écosse. Il est intéressant de noter que Stuart est la forme française de Stewart qui à l'origine désignait une fonction. Les successeurs d'Élisabeth, Jacques Iᵉʳ et Charles Iᵉʳ, ne sont pas aussi habiles qu'elle pour tenir le Parlement en respect.

Les Stuarts et la guerre civile anglaise. Jacques Iᵉʳ croit fermement dans la monarchie de droit divin. Il rédige plusieurs volumes pour défendre cette doctrine et l'enseigne au Parlement, dont il veut restreindre le pouvoir pour diriger l'Angleterre à sa guise.

Figure 7.5 Le roi Charles Iᵉʳ ouvre une session parlementaire en 1625 et les membres de l'assemblée lui présentent le président de la Chambre des communes.

L'accession au trône, en 1625, de Charles Ier, fils de Jacques Ier, exacerbe les tensions entre la couronne et le Parlement. Incapable de persuader le Parlement de lui donner des crédits, Charles Ier décide de son propre chef de lever davantage d'impôts et d'imposer des amendes au peuple anglais. En réaction aux protestations du Parlement, il le renvoie et espère ne plus jamais être obligé de le convoquer à siéger. Entre 1629 et 1640, le Parlement est dissous. Comme il a besoin d'argent pour combattre les Écossais, Charles doit le rappeler en 1640 (épisode du Parlement Court).

Mais le Parlement ne veut pas souscrire aux requêtes du roi sans d'abord obtenir des concessions majeures. Charles essaie alors de faire mettre aux arrêts cinq de ses adversaires, mais son geste déclenche une guerre civile. Finalement, sous le commandement du *puritain* Oliver Cromwell, les armées du parti parlementaire battent les royalistes et, en 1646, Charles se rend. En 1649, le roi Charles est condamné à mort et décapité sur la place publique. Cromwell abolit la monarchie et dirige l'Angleterre comme une république. Néanmoins, au moment de sa mort, en 1658, le peuple est las de l'emprise puritaine sur le gouvernement et le Parlement restaure la monarchie en installant sur le trône le fils de Charles Ier, Charles II, qui rentre d'exil pour régner.

La deuxième Révolution d'Angleterre. Charles II finit par comprendre ce que son père n'a jamais compris : il doit travailler de concert avec le Parlement, au lieu de s'y opposer. Son frère, Jacques II, qui lui succède, retombe dans le piège qui a perdu son père et a peu recours au Parlement. De plus, il est catholique et marié à une catholique. Plusieurs protestants craignent alors qu'il ne soit le premier d'une longue lignée de souverains catholiques. Cette menace devient réelle quand, en 1688, la reine donne naissance à un fils qui, en principe, sera l'héritier du trône.

Ne désirant pas voir s'installer une dynastie catholique, un groupe de nobles et de leaders parlementaires déposent le roi Jacques en 1688, au cours de ce qui est appelé la **deuxième Révolution d'Angleterre** (*Glorious Revolution*, en anglais). Les vainqueurs offrent la couronne à la fille de Jacques, Marie Stuart, et à son mari, le prince hollandais et protestant Guillaume d'Orange. Avant de monter sur le trône, Guillaume et Marie doivent accepter la *Déclaration des droits*, qui garantit certaines libertés fondamentales, comme celle de ne pas être soumis à des châtiments cruels et extraordinaires pour un crime.

CONTINUITÉ / CHANGEMENTS **La Déclaration des droits marque un tournant dans l'établissement d'une *monarchie constitutionnelle*, car son acceptation par le roi signifie l'admission du principe de la suprématie parlementaire, soit la capacité du Parlement de casser les décisions du monarque. Désormais, le roi règne mais ne gouverne plus sans l'accord du Parlement.**

Dix-sept ans plus tard, les leaders parlementaires cherchent à légitimer leur déposition de Jacques II et, pour ce faire, s'inspirent des idées d'un de leurs partisans, John Locke.

CONTINUITÉ / CHANGEMENTS **Dans son *Traité sur le gouvernement civil*, écrit presque en entier avant la révolution et paru en 1690, Locke affirme que les hommes ont certains droits naturels dont personne, pas même un roi, ne peut les priver. Un tel raisonnement aura bientôt d'énormes répercussions, aussi bien en Angleterre que partout dans le monde, en particulier chez les philosophes du Siècle des lumières.**

En Angleterre, le pouvoir du Parlement empêche donc l'absolutisme de prévaloir, alors qu'ailleurs ce dernier se maintient et est même renforcé.

EXERCICES

1. Définir les termes suivants :

- *absolutisme*
- *monarchie de droit divin*
- *cardinal de Richelieu*
- *Pierre le Grand*
- *Oliver Cromwell*
- *deuxième Révolution d'Angleterre*
- *souveraineté*
- *Thomas Hobbes*
- *Louis XIV*
- *occidentalisation*
- *Déclaration des droits*
- *monarchie constitutionnelle*

2. Cerner l'idée principale. Quelles sont les conséquences de l'absolutisme en France, en Russie et dans le Saint Empire romain germanique ?

3. Cerner l'idée principale. Pourquoi l'Angleterre choisit-elle une voie politique différente de celle d'une bonne partie de l'Europe ?

4. Expliquer. Expliquez pourquoi Louis XIV est un modèle de monarque absolu.

5. Comparer et opposer. Faites un tableau comme celui de la page 165 et inscrivez-y le nom des monarques suivants : Louis XIV, Ivan le Terrible, Pierre le Grand, Jacques Ier et Charles Ier. Dressez une liste des réalisations de chacun et une liste des obstacles dressés contre leur pouvoir. Quelles similitudes et quelles différences êtes-vous en mesure d'observer ?

Tableau 7.1

MONARQUES	RÉALISATIONS	OBSTACLES
Louis XIV		
Ivan le Terrible		
Pierre le Grand		
Jacques 1er		
Charles 1er		

Les débuts de la société moderne en Europe

OBJECTIFS D'APPRENTISSAGE

APRÈS AVOIR LU CETTE SECTION, VOUS SEREZ CAPABLE :

- D'EXPLIQUER LES INCIDENCES DES CHANGEMENTS SOCIAUX ET ÉCONOMIQUES SUR LES MODES DE VIE, AU DÉBUT DE L'ÉPOQUE MODERNE ;

- D'ÉVALUER LES CONSÉQUENCES DE L'ÉLÉVATION DU NIVEAU DE VIE DANS LES VILLES EUROPÉENNES ;

- DE DÉTERMINER POURQUOI LA NOUVELLE EUROPE CONNAÎT UNE FORTE RECRUDESCENCE DES PROCÈS RELATIFS À LA PRATIQUE DE LA SORCELLERIE.

En dépit des répercussions à long terme qu'auront la Renaissance et la Réforme, la vie quotidienne des Européens de modeste condition change peu au cours des 15e et 16e siècles. Aussi débordante de créativité soit-elle, la Renaissance n'en demeure pas moins un mouvement culturel plutôt réservé à la classe supérieure de la société. Cependant, aux 17e et 18e siècles, les bouleversements occasionnés par la Réforme remettent en question de nombreux enseignements de l'Église. En conséquence, une large partie de la société commence à douter des anciennes vérités et à chercher de nouvelles façons d'expliquer l'univers chaotique qui l'entoure.

L'effondrement de l'ordre social médiéval

Au Moyen Âge, la plupart des Européens croient que toutes les créatures de Dieu dans l'univers entretiennent entre elles des relations fondées sur un ordre hiérarchique. Toutes les choses et tous les êtres ont leur place, assignée une fois pour toutes, dans ce que plusieurs spécialistes et théologiens appellent la *grande chaîne de la vie*. Tout au haut de cette chaîne, il y a Dieu, dont la volonté est transmise à chacun des maillons, passant des anges au clergé, puis aux croyants. Les Européens sont convaincus que la société est le reflet de cette hiérarchie naturelle : les monarques sont la tête de ce que les Grecs appelaient le «corps politique» ; les nobles et les chevaliers, qui constituent les forces armées, sont les bras de la société ; les marchands et les artisans, ses mains ; et les paysans et les serfs, ses pieds.

Toutefois, au début du 16e siècle, cette vision médiévale de la société s'estompe peu à peu sous la pression des changements économiques et sociaux. Si la population de l'Europe a considérablement crû, d'autres changements viendront aussi bouleverser la société.

Les transformations économiques. En Angleterre, par exemple, l'apparition des premières industries du textile incite les propriétaires terriens à modifier l'utilisation qu'ils font de leurs terres. Plusieurs parmi eux les clôturent, y compris les lots traditionnellement réservés à l'exploitation commune. Ce phénomène, appelé *enclosure* en anglais, permet aux propriétaires de fermer des espaces auparavant utilisés comme champs communs et de créer d'immenses pâturages pour élever principalement des moutons, dont la laine est utilisée dans les industries. Plus les terres ainsi exploitées sont grandes, meilleures sont les rentes que les propriétaires en retirent. Les petits fermiers habitués à cultiver la terre là où elle est disponible sont soudain réduits à l'état de locataires ou d'ouvriers agricoles travaillant pour les grands propriétaires terriens. Dans les faits, un nombre considérable de paysans sont tout simplement chassés des campagnes.

Ces changements ont des conséquences sérieuses sur la vie en Angleterre. D'une part, la transformation de terres agricoles en pâturages et la diminution du nombre d'agriculteurs créent une raréfaction des denrées alimentaires, qui se traduit par une augmentation du prix des aliments ; d'autre part, les paysans chassés des campagnes émigrent vers les villes où ils travaillent comme manœuvres. Ce surplus d'ouvriers dans les villes provoque une chute des salaires et, conséquemment, l'appauvrissement de la *classe ouvrière*. Par ailleurs, la montée des prix des aliments affecte aussi les propriétaires terriens qui, pour pallier ce phénomène *inflationniste* et augmenter leurs revenus, développent davantage de pâturages, rendant d'autant plus aigu le problème des terres agricoles.

La vie urbaine. Alors que les paysans dans les campagnes se débattent pour s'adapter au changement, les citadins, eux, doivent suivre l'évolution de leur société qui accède à la modernité. Après s'être développée pendant le Moyen Âge, la classe des marchands, composée des membres des guildes et des hanses, se met à croître considérablement. Elle procure à ceux qui en font partie un niveau de vie plus élevé que celui des classes sociales inférieures et amène de nouvelles richesses ainsi qu'un plus grand potentiel commercial dans les villes. Les membres de cette classe ont plus d'argent, occupent des maisons plus confortables et possèdent plus d'objets de luxe que les gens des classes inférieures.

Figure 7.6 Au 16ᵉ siècle, un agent de change et sa femme travaillent ensemble dans leur entreprise bancaire. (*Le changeur et sa femme*, tableau de M. Van Reymerswaele)

Les femmes des marchands participent aussi à cette nouvelle prospérité, puisqu'elles secondent leurs maris dans l'exploitation des entreprises familiales et surveillent les apprentis.

Progressivement, les monarques et les nobles deviennent de plus en plus dépendants de la richesse de cette *classe moyenne* grandissante pour financer leurs armées et faire du commerce. Il arrive souvent que les monarques concluent des alliances avec les marchands ou les artisans des villes afin de contrer l'opposition des nobles.

CONTINUITÉ & CHANGEMENTS Plus les rois se servent de l'argent mis à leur disposition par ces citadins pour faire respecter leur autorité par les nobles, plus la classe moyenne gagne en influence dans la prise de décisions à l'échelle des gouvernements locaux.

Désormais, la classe moyenne — qui deviendra plus tard la bourgeoisie — est un des pôles majeurs dans les structures politique et sociale des gouvernements européens.

La famille et la collectivité

Malgré tous ces changements, l'unité fondamentale de la société demeure la famille. Le père en est le chef et l'épouse dirige les domestiques et les apprentis. La plupart des gens s'identifient aussi à la collectivité dans laquelle ils vivent. En ville, cette collectivité est souvent constituée des membres d'une même profession. Dans les communautés rurales, qui regroupent de vingt à cent familles, le rapport d'identification s'établit avec l'ensemble de la collectivité. Dans les deux cas, des groupes aussi restreints permettent de nouer des relations étroites, puisque tous les gens travaillent et prennent des décisions ensemble. Ces lieux d'identification produisent dans la société post-médiévale une vision du monde caractérisée par une certaine réserve, sinon une certaine méfiance, à l'égard d'un autre individu, d'une autre communauté, d'un autre village ou encore d'une autre cité.

Il n'est pas rare pour une personne d'être interdite de séjour dans un lieu ou d'être refoulée à la périphérie de celui-ci si elle est une étrangère sans sauf-conduit. En réalité, ce sentiment de peur de l'étranger est largement répandu et caractérise les rapports de l'homme au surnaturel. Cette impression d'être assiégé par l'inconnu (au sens propre et au sens figuré) porte le nom de **mentalité obsidionale**. Dans un tel contexte, il est facile de comprendre que tout événement un tant soit peu extraordinaire trouve une explication dans le surnaturel. La recherche d'un bouc émissaire pour expliquer un tel phénomène devient monnaie courante.

À la fin du Moyen Âge, la conception européenne des pouvoirs surnaturels est devenue extrêmement complexe. Les gens croient, entre autres, que les sorciers et les sorcières signent des pactes avec le diable et pratiquent la magie « noire ».

Les guerres de religion secouant de plus en plus l'Europe, le nombre de procès pour sorcellerie augmente au cours des 16ᵉ et 17ᵉ siècles. Les dirigeants des villes, les chefs religieux et les nobles dans les campagnes sont convaincus que les pratiques des sorciers et des sorcières constituent une explication raisonnable aux maux de leur époque. Les chasses aux sorcières menées en ces débuts de la modernité européenne témoignent donc du sentiment d'insécurité grandissant de la population et de l'incapacité de cette dernière à contrôler son destin.

Avec la fin des guerres de religion et le retour d'une certaine tranquillité, les cas de sorcellerie se font de moins en moins nombreux. De plus, remettant davantage en question qu'autrefois les vieilles doctrines de l'Église et apprenant à mieux connaître l'univers qui les entoure grâce au recul des frontières, les élites européennes en viennent à élaborer une vision du monde fondée sur la raison et la science plutôt que sur les préjugés et les croyances. Cette nouvelle vision en porte plusieurs à douter de l'existence même des sorciers et des sorcières, et à demander des preuves plus concrètes de leur culpabilité que celles obtenues par la torture.

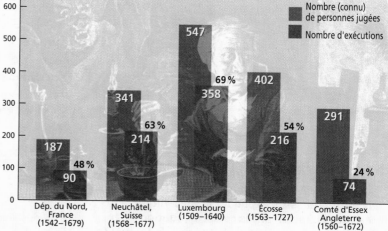

Le pourcentage d'exécutions à la suite de procès de sorcellerie

Nombre (connu) de personnes jugées / Nombre d'exécutions

- Dép. du Nord, France (1542–1679) : 187 / 90 (48 %)
- Neuchâtel, Suisse (1568–1677) : 341 / 214 (63 %)
- Luxembourg (1509–1640) : 547 / 358 (69 %)
- Écosse (1563–1727) : 402 / 216 (54 %)
- Comté d'Essex Angleterre (1560–1672) : 291 / 74 (24 %)

La chasse aux sorcières. Au cours des 16ᵉ et 17ᵉ siècles, des milliers d'Européens soupçonnés de sorcellerie sont jugés et des centaines parmi eux sont exécutés.

? Analyser. À quel endroit le nombre de procès et d'exécutions est-il le plus élevé ? Quels sont les facteurs politiques qui peuvent expliquer le nombre plus élevé de procès et d'exécutions sur le continent européen par rapport à celui relevé en Angleterre ?

Figure 7.7

![icône] **La révolution scientifique**

OBJECTIFS D'APPRENTISSAGE

APRÈS AVOIR LU CETTE SECTION, VOUS SEREZ CAPABLE :

- D'EXPLIQUER COMMENT LA VISION JUDÉO-CHRÉTIENNE DU MONDE EST CRITIQUÉE ET DE DÉCRIRE CE QUI, ÉVENTUELLEMENT, LA REMPLACERA ;

- DE DÉFINIR LA RÉVOLUTION SCIENTIFIQUE ET DE DÉCRIRE LES PRINCIPALES REMISES EN QUESTION QU'ELLE PROVOQUE.

EXERCICES

1. Définir les termes suivants :
- *grande chaîne de la vie*
- *enclosure*
- *classe moyenne*
- *mentalité obsidionale*

2. Cerner l'idée principale. Comment la vie quotidienne se transforme-t-elle en Europe, après 1500 ?

3. Cerner l'idée principale. Quels sont les facteurs qui provoquent les chasses aux sorcières en Europe ?

4. Expliquer. Quelles sont les répercussions de la nouvelle prospérité de l'Europe moderne sur la vie urbaine ?

À la fin du 16ᵉ siècle, les Européens commencent à remettre en question de nombreuses certitudes tenues pour absolues au Moyen Âge. Le doute s'installe dans l'esprit de quelques penseurs relativement à la vision de l'Église de la nature et de la Création. Au fur et à mesure que leurs recherches ébranlent les théories les mieux ancrées portant sur la nature et qu'ils raffinent les mathématiques, les savants et les philosophes européens parviennent à interpréter le monde à travers l'observation et l'expérience scientifique.

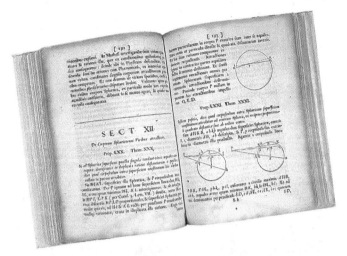

Figure 7.8 Dans l'ouvrage *Principes mathématiques de philosophie naturelle* (1687), *sir* Isaac Newton réussit à expliquer la mécanique céleste en formulant la célèbre équation f = ma, qui deviendra l'assise de la théorie de la gravitation universelle.

La naissance de la science moderne

Avant la Renaissance, les savants et les philosophes européens cherchent des réponses à leurs questions presque exclusivement dans les textes anciens. Tout comme les savants musulmans voient en Mahomet la source de toute sagesse ou comme les Chinois se tournent vers Confucius ou Lao Tseu pour être éclairés, les chrétiens se fient à la Bible et aux philosophes grecs et latins pour accéder à la connaissance. Les *scolastiques* sont convaincus que les enseignements de ces autorités de l'Antiquité ne seront jamais remis en question et qu'ils doivent être acceptés comme des vérités. Ils croient que ces grandes vérités générales peuvent servir à trouver des solutions aux problèmes particuliers. Ce type de raisonnement procédant du général au particulier, connu sous le nom de *logique déductive*, est la base de l'apprentissage chez les Européens, au Moyen Âge.

La vision chrétienne du monde. Aristote est la principale autorité à laquelle les scolastiques empruntent leur vision du monde. Selon ce philosophe, le savoir s'acquiert grâce à l'observation pratiquée au moyen des cinq sens. Aristote est convaincu que toute chose possède des qualités naturelles propres, comme la pesanteur ou la légèreté, et qu'ainsi les objets lourds tombent et les objets légers s'élèvent. Comme ses sens lui démontrent que la Terre ne monte ni ne descend, il conclut, d'une part, qu'elle est à la fois l'objet le plus lourd de l'Univers et le centre de celui-ci et, d'autre part, que les pla-

nètes et les étoiles tournent autour de la Terre parce qu'elles sont plus légères. Ce qui empêche ces dernières de se disperser dans l'espace, décide-t-il, ce sont les « sphères cristallines » qui les maintiennent en place.

À la suite d'observations conduites à Alexandrie entre 127 et 141 av. J.-C., l'astronome grec Ptolémée étaye la conception aristotélicienne de l'Univers. Rejetant des théories plus anciennes selon lesquelles la Terre tournerait sur son axe en faisant le tour du Soleil, il échafaude une explication mathématique complexe pour démontrer le mouvement des étoiles et des planètes en fonction du modèle *géocentrique* d'Aristote, soit un modèle qui fait de la Terre le centre de l'Univers. Selon Ptolémée, les planètes et les étoiles se déplacent en cercles parfaits à l'intérieur de leurs sphères respectives et ces sphères, à leur tour, se déplacent en cercles parfaits autour de la Terre (théorie des épicycles).

Le système géocentrique de l'Univers cadre bien avec les doctrines fondamentales de l'Église chrétienne. Reconnaissant l'« autorité » d'Aristote et de

Figure 7.9 Les bandes de métal ceinturant ce globe géocentrique, fabriqué en 1543, représentent les orbites des planètes et des étoiles autour de la Terre.

Ptolémée, les chefs religieux ajoutent quelques dimensions chrétiennes à ce système. D'après eux, les sphères au-delà de la Lune sont les cieux où se trouve le paradis. Les anges veillent sur le mouvement harmonieux de cet ensemble. En deçà de l'orbite de la Lune, tout est terrestre et entaché du péché que l'humanité a apporté au monde à l'époque d'Adam et Ève. La perfection dans les cieux, où chaque sphère est régie par un ensemble distinct de lois fondamentales, et le péché sur la Terre définissent la vision chrétienne officielle de l'Univers.

Platon et Pythagore. La redécouverte de Platon au cours de la Renaissance jette un doute sur le bienfondé des conceptions aristotéliciennes de l'Église. Contrairement à Aristote, Platon rejette la preuve par les sens pour déterminer la nature de l'Univers. Il s'astreint à voir au-delà des apparences et affirme que derrière toute matière existe une réalité invisible, sorte d'idée parfaite, immuable, rationnelle et simple. Même si les sens ne peuvent percevoir cette réalité, il est possible, selon lui, de la décrire mathématiquement.

À la même époque, les Européens redécouvrent aussi les néoplatoniciens et Pythagore. Les néoplatoniciens soutiennent que tout l'Univers est vivant et que ses parties sont intimement liées les unes aux autres : toute chose et tout être font partie de la grande « âme universelle de la Création ». Ils soutiennent également qu'il n'existe aucune différence entre la sphère des cieux et la sphère terrestre, donc qu'il n'y a qu'un seul et unique ensemble de lois universelles qui régit ces deux sphères. Les pythagoriciens étoffent cette théorie en ajoutant que tout dans l'Univers repose sur les nombres et les proportions entre ceux-ci. En comprenant et en manipulant ces proportions, prétendent-ils, il est possible de comprendre les lois de l'Univers et de les maîtriser pour changer le monde.

L'apport de la magie. Les premiers Européens à chercher ces lois universelles sont sans doute les magiciens, les astrologues et les alchimistes. Contrairement aux scolastiques, qui veulent comprendre la nature de l'Univers sans essayer de changer le monde, les praticiens des « sciences » magiques espèrent, eux, trouver des applications pratiques à leurs découvertes.

Les astrologues se servent de calculs complexes pour déterminer la position et les mouvements des corps célestes qui, d'après eux, influencent le cours des événements sur terre. Quant aux alchimistes, ils recourent à des mélanges de produits chimiques et d'éléments dans l'espoir de trouver la *pierre philo-sophale*, substance mystérieuse qui posséderait des propriétés merveilleuses, entre autres, celle de transmuer les métaux vils en or.

CONTINUITÉ & CHANGEMENTS À force de mélanger et de distiller les produits chimiques, les alchimistes jettent les bases de la chimie moderne. Paracelse (1493-1541), le plus fameux d'entre eux, découvre ainsi plusieurs processus chimiques fondamentaux. Les magiciens et les astrologues contribuent aussi à faire avancer les mathématiques, la physique, l'astronomie et la médecine.

CONTINUITÉ & CHANGEMENTS Inspirés par Platon et poussés par un intérêt séculaire pour la magie, les Européens remettent peu à peu en question les enseignements traditionnels expliquant la nature de l'Univers.

Un nouveau regard posé sur l'Univers

Une fois la valeur de l'enseignement des autorités du passé mise en doute, plus rien ne peut arrêter la reformulation de leurs théories sur le fonctionnement de l'Univers. Au milieu du 16e siècle, l'astronome polonais Nicolas Copernic (1473-1543) conteste la théorie de Ptolémée, pourtant bien acceptée, en affirmant que la Terre et les autres planètes tournent autour du Soleil. C'est le début de ce qui est appelé aujourd'hui la *révolution scientifique*.

Copernic étudie auprès des néoplatoniciens, en Italie, où il trouve de vieux textes grecs suggérant que la Terre tourne sur son axe en faisant le tour du Soleil. Au terme de longues observations, il conclut qu'un tel système est plus exact et moins compliqué que le système géocentrique. Il publie sa théorie en 1543 dans *De revolutionibus orbium cœlestium libri sex.*, où il propose une nouvelle *cosmogonie*.

Kepler. En 1609, un brillant mathématicien allemand du nom de Johannes Kepler, qui est aussi un astronome et un mystique, se sert de nouvelles formules mathématiques pour prouver la théorie copernicienne. Kepler est l'assistant du grand savant danois Tycho Brahe. Celui-ci a investi sa fortune dans la construction d'un des meilleurs observatoires d'Europe d'où, au fil des années, il mène des milliers d'observations sur la position et les

Figure 7.10 Cette illustration de 1708 représente le système copernicien de l'Univers où le Soleil est placé au centre et les planètes, en orbite autour de lui.

mouvements des corps célestes. À sa mort, Brahe laisse cette mine de renseignements à Kepler.

Utilisant les résultats des observations de Brahe et de ses propres observations, Kepler découvre que les orbites des planètes démontrent de façon évidente la fausseté des anciennes théories. Copernic a vu juste, mais il a accepté l'idée que les planètes se meuvent en cercles parfaits autour de la Terre. Kepler découvre qu'elles décrivent plutôt des ellipses et, se basant sur cette découverte, il élabore ses fameuses lois expliquant les mouvements planétaires. Comme personne ne peut voir sa preuve, les seuls à comprendre ses travaux sont ses confrères mathématiciens. Il faut attendre le mathématicien italien Galileo Galilei, dit Galilée, pour que soient enfin reconnus les travaux de Kepler et de Copernic.

Galilée. Galilée est né à Pise en 1564. Sa famille désire qu'il étudie la médecine, mais il est plus attiré par l'étude de l'Univers que par celle des entrailles humaines. Après avoir enseigné à Pise, il devient professeur de mathématiques à l'université de Padoue, où il se passionne pour l'astronomie.

Déjà fervent adepte des théories de Copernic, Galilée veut observer lui-même les planètes. S'inspirant d'une invention hollandaise, la lunette d'approche binoculaire, il transforme celle-ci en *télescope* et le tourne vers le ciel. Il s'en sert d'abord pour scruter la surface de la Lune, qu'il découvre bien différente des descriptions courantes qui en sont faites. En effet, selon Aristote et les enseignements de l'Église, tous les objets célestes doivent, par nature, être ronds et lisses.

Puis, Galilée observe la forme réelle de Saturne, les lunes de Jupiter, les taches du Soleil et une comète. En 1632, à la suite d'un procès qui deviendra célèbre, l'Église condamne Galilée pour ses travaux et les conclusions qu'il en tire, mais ses observations rendent tout véritable astronome incapable d'accepter dorénavant une théorie géocentrique de l'Univers. Le Vatican ne reconnaîtra son erreur qu'en 1992 et réhabilitera Galilée.

> **CONTINUITÉ et CHANGEMENTS** Galilée fait voler en éclats la théorie aristotélicienne de l'Univers qui veut que l'état naturel de toute chose soit le repos et que le mouvement des corps ne soit causé que par l'impulsion d'une force extérieure.

Une nouvelle série d'expériences convainc Galilée de la fausseté d'une telle affirmation. Avec des boules qu'il fait rouler le long de plans inclinés, il démontre que la vitesse des objets qui tombent augmente. En plus de rédiger une description mathématique de l'accélération, il se rend compte que les objets demeurent dans l'état dans lequel ils sont, qu'ils soient stationnaires ou en mouvement, à moins qu'une force extérieure ne leur soit imprimée. Cette découverte de la loi de l'inertie provoque l'écroulement de l'univers aristotélicien.

Un nouveau regard posé sur l'homme

Tandis que des savants comme Copernic et Galilée se tournent vers l'espace pour percer les mystères des étoiles et des planètes, d'autres scientifiques s'attaquent à la tâche de comprendre le fonctionnement du corps humain. Les médecins, à l'instar des astronomes, doivent remettre en question les

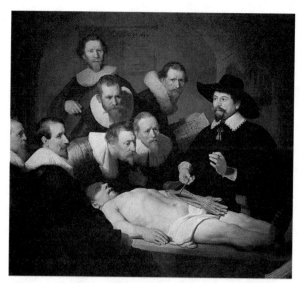

Figure 7.11 En 1631, réunion d'hommes suivant une leçon d'anatomie. Le maître leur montre le fonctionnement des muscles du bras. (Tableau de Rembrandt intitulé *Leçon d'anatomie du docteur Tulp*)

connaissances de l'Antiquité s'ils veulent mieux comprendre ce qui se passe à l'intérieur du corps humain. En médecine, les Européens se réfèrent depuis toujours au médecin grec Galien, dont les descriptions de l'anatomie humaine forment la base du savoir médical reconnu. Cependant, vers le milieu du 16e siècle, le médecin flamand André Vésale s'interroge sur la fiabilité des travaux de Galien.

CHANGEMENTS Professeur de médecine en Italie, Vésale procède lui-même à la dissection de cadavres devant sa classe. Ses expériences le convainquent que Galien n'a pas toujours vu juste et il en tire la conclusion que toutes les descriptions de l'anatomie doivent reposer sur l'observation et l'expérimentation, et non sur la philosophie.

En 1543, il publie son traité *De corporis humani fabrica libri septem* qui révolutionne, chez les Européens, la compréhension de l'anatomie humaine. Suivant l'exemple de Vésale, le médecin anglais William Harvey (1578-1657) découvre la circulation sanguine dans les veines et les artères, et note que le fonctionnement du cœur ressemble à celui d'une pompe mécanique.

Entre-temps, un instrument fonctionnant à partir des mêmes principes optiques que le télescope transforme les idées que les scientifiques se font de l'univers interne de l'homme. Un Hollandais du nom de Antonie Van Leeuwenhoek (1632-1723) se sert d'une nouvelle invention appelée *microscope*,

apparue vers la fin du 16e siècle, pour étudier les bactéries. Tout comme le télescope aide Galilée à voir des objets très éloignés, le microscope, lui, permet à Van Leeuwenhoek de voir de minuscules formes de vie jamais observées auparavant. En se servant de ce nouvel instrument, Robert Hooke (1635-1703), un savant anglais, découvre les cellules, unités fondamentales, morphologiques et fonctionnelles de tout organisme vivant.

Vers une nouvelle vision du monde

Galilée anéantit la conception aristotélicienne de l'Univers principalement en effectuant des observations simples et des calculs que tout mathématicien peut refaire. Les travaux de Vésale, de Harvey et d'autres savants intéressés au fonctionnement du corps humain reposent aussi sur l'expérimentation et l'observation directe. En Angleterre, ces nouveaux procédés intriguent un autre penseur, Francis Bacon.

Bacon (1561-1626). À l'instar de plusieurs, Bacon trouve irritante l'habitude de ses contemporains de s'en remettre constamment aux penseurs de l'Antiquité. Ce n'est pas tant les conclusions auxquelles ces savants arrivent qui le dérangent, mais plutôt leur méthodologie pour parvenir à ces conclusions.

CHANGEMENTS Dans son livre *Novum Organum*, Bacon rejette la logique déductive et soutient qu'il est possible, grâce à la répétition des expériences et à l'observation, d'accumuler une foule de données expérimentales servant à l'élaboration d'une théorie générale.

Ce type de raisonnement procédant du particulier au général, connu sous le nom de *logique inductive*, produit un résultat qui peut par la suite être soumis à diverses vérifications à l'aide d'autres expériences. Cette approche scientifique basée sur des preuves physiquement démontrables est appelée empirisme. Bacon lui-même définit l'objet de cette nouvelle science en ces termes : « Le but véritable et légitime des sciences est de doter la vie humaine de nouvelles inventions et de nouvelles richesses. »

Descartes (1596-1650). Tous les nouveaux penseurs européens ne partagent pourtant pas le mépris de Bacon pour la logique déductive. En 1637, le Français René Descartes publie son propre *Discours de la méthode*. Comme Bacon, Descartes désapprouve

Tableau 7.2

Quelques scientifiques et leurs réalisations, du 16e au 17e siècle

Scientifique	Année de réalisation	Réalisation
Nicolas Copernic (1473-1543)	1543	énonce sa théorie héliocentrique.
René Descartes (1596-1650)	1637	publie son *Discours de la méthode* (*Dioptrique*, *Météores* et *Géométrie*).
Galileo Galilei, dit Galilée (1564-1642)	1609-1610 1610	confirme la thèse de Copernic; découvre, grâce à la lunette qu'il met au point, les quatre satellites de Jupiter (il observe aussi la surface de la Lune, les taches du Soleil et l'anneau de Saturne).
William Harvey (1578-1657)	1628	découvre les mécanismes de la circulation sanguine.
Robert Hooke (1635-1703)		découvre la cellule humaine.
Christiaan Huygens (1629-1695)	1657	établit la théorie du pendule.
Johannes Kepler (1571-1630)	1609-1619	énonce les lois régissant le mouvement des planètes autour du Soleil.
Isaac Newton (1642-1727)	v. 1665 1669 1687	élabore le calcul différentiel et le calcul intégral (**Wilhelm Gottfried Leibniz (1646-1716)** l'élabore aussi à la même époque); propose sa théorie de la composition de la lumière blanche; énonce sa théorie de l'attraction universelle.
Blaise Pascal (1623-1662)	1642 1654 1663	invente la machine à calculer; présente son *Traité du triangle arithmétique*; énonce les principes d'hydrostatique.
André Vésale (1514-1564)	1543	fondateur de l'anatomie moderne, il en révolutionne l'étude en s'attaquant aux théories médicales archaïques.

l'acceptation inconditionnelle de l'enseignement des auteurs anciens comme fondement du savoir. Mais, à ses yeux, la déduction découlant d'une idée fondamentale n'a rien d'inexact, à condition que cette idée soit vraie au-delà de tout doute raisonnable. Pour atteindre cette certitude, Descartes recourt à l'algèbre et à la géométrie, qui énoncent des idées claires, simples et indiscutablement vraies. Même là, croit-il, il faut encore douter avant d'accepter.

CONTINUITÉ et CHANGEMENTS Descartes s'emploie à élaborer une description de l'univers en se fondant sur la seule vérité qu'il considère inattaquable : « Je pense, donc je suis » (*Cogito ergo sum*). Il divise le monde en deux substances : la matière physique et la pensée. Cette conception constitue une profonde transformation de la vision européenne du monde.

Au lieu d'un univers vivant dans lequel tout organisme physique possède sa contrepartie spirituelle, Descartes propose un univers physique composé de matière morte, sans aucune essence spirituelle. Seule la pensée, permettant à un être qui en est doué de réfléchir sur soi et de se connaître, mérite d'être considérée vivante.

CONTINUITÉ et CHANGEMENTS Ainsi, l'univers fonctionne sans conscience, comme une machine fonctionne selon les lois de la physique. C'est sur cette philosophie mécaniste que s'appuie dorénavant, en Europe, la vision moderne de l'univers.

Fervent chrétien, Descartes ne remet jamais en question la doctrine fondamentale du christianisme affirmant que l'esprit, assimilé par Descartes à la pensée, est d'essence divine et a, par conséquent, préséance sur la matière. Il est aussi convaincu que, par leur capacité de penser et de raisonner, les êtres humains participent à la nature et à la créativité de Dieu.

CONTINUITÉ et CHANGEMENTS La matière physique est le matériau avec lequel les humains créent les objets. Ce concept distingue bientôt la science de l'Europe occidentale de la science indienne ou de la science chinoise, qui font peu de distinction entre la pensée et la matière.

En acceptant les idées de Descartes, nombreux sont les Européens qui croient pouvoir manipuler leur environnement physique dans leur propre intérêt.

Bien que Bacon et Descartes semblent prendre des approches contraires dans leur quête de la connaissance, la plupart des savants européens se rendent vite compte que, en combinant ces deux méthodes, ils se dotent d'un outil de recherche très puissant.

> **CONTINUITÉ / CHANGEMENTS** La méthode scientifique s'appuie donc maintenant sur la combinaison de la logique déductive, basée sur des principes évidents, et de la logique inductive, basée sur la collecte et l'observation de données obtenues grâce à la répétition des expériences.

Newton (1642-1727). L'homme qui favorise plus qu'aucun autre l'acceptation générale de la méthode scientifique et de la vision du monde qui en découle est *sir* Isaac Newton, né en Angleterre en 1642. Étudiant, déjà il ne cesse de chercher la réponse à une troublante question : « Si Copernic et Galilée sont dans le vrai, qu'est-ce qui maintient les corps célestes à leur place et qu'est-ce qui les fait bouger ? » Bien au fait des lois de Kepler et des observations de Galilée sur les mouvements des objets sur terre, Newton est convaincu que ces deux types de mouvements apparemment différents sont reliés d'une manière ou d'une autre. En 1687, après plusieurs années de recherche, il publie ses conclusions dans son ouvrage *Principes mathématiques de philosophie naturelle,* qui expose les lois de la gravitation universelle.

Figure 7.12 La publication du livre *Principes mathématiques de philosophie naturelle* apporte la gloire à *sir* Isaac Newton : il obtient un siège au Parlement et le titre de *sir*, et il est nommé directeur de la Monnaie royale et président de l'Académie royale des sciences.

Newton observe que la force qui maintient les planètes sur leur orbite et celle qui cause la chute des objets sur terre ne sont en fait que l'expression d'un seul phénomène. Les lois galiléenne et « képlérienne » constituent deux exemples de la loi de la gravitation universelle. Dans ses travaux qui le mènent à cette découverte, il explique également les lois du mouvement et élabore le calcul différentiel et intégral, moyen mathématique de décrire et de mesurer le mouvement. (À peu près à la même époque, le savant allemand Wilhelm Gottfried Leibniz conçoit, lui aussi, le calcul différentiel et intégral.) Newton, par ses recherches, démontre donc que les mouvements dans les cieux et sur terre appartiennent à un seul et unique système cohérent.

Fait tout aussi important, les travaux de Newton renforcent le concept cartésien d'un univers physique composé de matière qui n'obéit qu'aux lois de la mécanique. Il devient dès lors impossible pour tout Européen cultivé de continuer à concevoir l'univers comme un lieu où le mouvement est créé par Dieu et ses anges ou par quelque force spirituelle obscure et infinie.

La croyance en un Dieu créateur persiste, mais les gens perçoivent dorénavant la Création comme une espèce d'horloge géante qui, une fois remontée par le grand horloger, fonctionne selon les lois universelles du mouvement.

EXERCICES

1. Définir les termes suivants :

- *scolastique*
- *Nicolas Copernic*
- *Johannes Kepler*
- *télescope*
- *William Harvey*
- *Francis Bacon*
- *méthode scientifique*

- *géocentrique*
- *révolution scientifique*
- *Galilée*
- *André Vésale*
- *microscope*
- *René Descartes*
- *sir Isaac Newton*

2. Cerner l'idée principale. Comment les nouvelles observations menées par les astronomes anéantissent-elles la vision du monde qui prévaut jusqu'au 16e siècle ?

3. Cerner l'idée principale. Quels progrès fait-on dans l'étude de l'anatomie humaine ?

4. Cerner l'idée principale. Comment les innovations technologiques permettent-elles aux scientifiques de faire de nouvelles découvertes ?

5. Expliquer. Dans un court texte, expliquez comment les découvertes issues de la révolution scientifique influencent les autres penseurs.

6. Synthétiser. Pourquoi les découvertes faites aux 16e et 17e siècles en astronomie, en physique et en anatomie peuvent-elles être considérées comme une « révolution scientifique » ?

Les empires commerciaux européens

OBJECTIFS D'APPRENTISSAGE

APRÈS AVOIR LU CETTE SECTION, VOUS SEREZ CAPABLE :

- DE DÉCRIRE LES PRINCIPALES MOTIVATIONS DES EXPLORATEURS EUROPÉENS ;

- DE COMPARER LES SYSTÈMES COLONIAUX FRANÇAIS, PORTUGAIS, ESPAGNOL, HOLLANDAIS ET ANGLAIS ;

- D'ÉVALUER LES MULTIPLES CONSÉQUENCES DE L'ARRIVÉE DES NOUVEAUX « COLONISATEURS » FRANÇAIS, ANGLAIS ET HOLLANDAIS ;

- D'EXPLIQUER POURQUOI CERTAINES ENTREPRISES COLONIALES S'AVÈRENT DES SUCCÈS RETENTISSANTS POUR LES MÉTROPOLES ALORS QUE D'AUTRES ÉCHOUENT.

Les peuples que les Européens rencontrent dans les Amériques sont technologiquement moins avancés qu'eux et, par conséquent, faciles à dominer. Par contre, en Asie, les Européens se frottent à des civilisations qui sont à la fois fort populeuses et presque aussi avancées qu'eux sur le plan technologique. C'est pourquoi, même s'ils parviennent à établir leurs empires commerciaux en Orient, ils ne réussissent pas à y conquérir de vastes territoires, comme ils le font sur le continent américain.

Les Portugais et les Hollandais en Asie

L'essor portugais. Premiers Européens à découvrir le passage vers l'océan Indien, les Portugais sont aussi les premiers à s'attaquer à la domination musulmane sur le commerce oriental et à fonder leur propre empire commercial en Asie. Après 1498, et au cours des décennies qui suivent, le Portugal installe ses comptoirs commerciaux le long de la côte africaine, aux embouchures de la mer Rouge et du golfe Persique, et sur les côtes de l'Inde et de l'Asie du Sud-Est.

L'essor spectaculaire de l'empire commercial portugais est suivi d'un déclin aussi rapide. Le Portugal est un petit royaume et n'a ni les ressources humaines ni les ressources financières nécessaires au maintien d'un empire d'une telle ampleur. L'Espagne, qui règne sur le Portugal de 1580 à 1640, contribue en partie à ce déclin en négligeant les colonies et le commerce portugais. Même s'il garde presque tous ses comptoirs commerciaux, le Portugal voit diminuer sa part du marché des épices en Orient au profit de nouveaux concurrents. Au 17e siècle, une grande partie du commerce avec l'Asie passe aux mains des Hollandais et des Anglais.

L'essor hollandais. Le 17e siècle est, à plusieurs égards, remarquablement bénéfique pour les Hollandais. Après avoir conquis son indépendance, la nouvelle république hollandaise devient une des parties les plus riches et les plus progressistes de l'Europe. Les habitants de ce petit pays doivent principalement leurs succès commerciaux à la proximité de la mer. Au fur et à mesure que leur prospérité augmente, les Hollandais se dotent d'institutions capables de supporter une activité commerciale pratiquée sur une aussi grande échelle.

Ils s'installent dans les Indes surtout parce que leurs anciens souverains, les Habsbourg d'Espagne, tentent d'empêcher la circulation des marchandises indiennes dans les ports hollandais. En 1602, un groupe de marchands néerlandais déjoue les manœuvres des Habsbourg en fondant la Compagnie hollandaise des Indes orientales, société privée qui lui donne la liberté de faire du négoce directement avec l'Asie. La Hollande accorde à la compagnie un droit de commerce exclusif entre les Pays-Bas, les Indes orientales et l'Afrique. Plus agressifs que les Portugais, les Hollandais n'hésitent pas à conquérir et à occuper des îles entières, telles les îles de la Sonde, afin de monopoliser le commerce des épices à partir des lieux mêmes de production.

Les Espagnols et les Portugais dans les Amériques

CHANGEMENTS — **CONTINUITÉ** — Contrairement à leur expérience en Asie où les Européens ne font que du commerce et ne parviennent pas à conquérir de vastes territoires, lorsqu'ils arrivent dans les Amériques, les Espagnols et les Portugais s'empressent d'établir d'immenses empires qui tirent leur richesse des plantations, des mines et de l'utilisation des travailleurs autochtones et des esclaves importés d'Afrique. Le métissage des peuples autochtones, africains et européens donnera naissance à une nouvelle culture.

Les Espagnols dans les Caraïbes. Christophe Colomb met sur pied le système de l'*encomienda*, grâce auquel les *colons* reçoivent des terres et ont le droit de faire travailler un certain nombre d'autochtones. Ces autochtones sont contraints de cultiver les champs de leurs maîtres ou d'être les serviteurs de

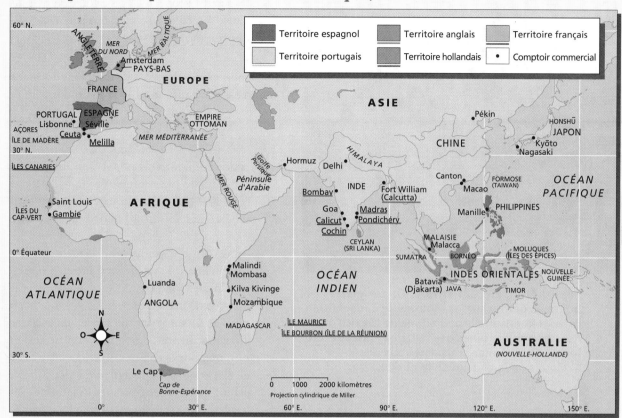

Les empires européens en Asie et en Afrique, en 1700

Les empires commerciaux. La recherche des épices, de l'or, du thé et d'autres produits de luxe attire les Européens en Asie et en Afrique. Ils contrôlent des territoires le long des côtes de ces deux continents, ainsi que dans les océans Indien et Pacifique.

? *Faire le lien entre la géographie et l'histoire. Quel pays asiatique compte le plus de comptoirs commerciaux européens?*

---

ces derniers. En retour, les colons doivent enseigner le christianisme à leurs ouvriers. Ce modèle de base est ensuite adopté par toutes les *colonies* espagnoles qui s'installent dans les Caraïbes et sur le continent.

CHANGEMENTS Le système de l'*encomienda* est une catastrophe pour les autochtones, car les structures traditionnelles de la société précolombienne sont complètement bouleversées. À titre d'exemple, les colons font souvent travailler les autochtones jusqu'à épuisement, les maltraitent et les empêchent de produire leur propre nourriture. Ces derniers se révoltent donc à plusieurs reprises contre les Espagnols. Par ailleurs, les maladies (petite vérole, peste) que les Européens ont apportées avec eux les déciment, emportant des colonies entières et anéantissant presque les populations aborigènes.

Les Espagnols sur le continent. La recherche de l'or et d'autres richesses pousse les Espagnols à s'aventurer au-delà des Caraïbes, jusque sur le continent. En 1519, l'ambitieux *conquistador*, ou conquérant, Hernán Cortés, débarque sur les côtes du Mexique avec une armée de six cents hommes et seize chevaux.

L'empire des Aztèques est conquis en moins de trois ans. Une fois maîtres du territoire, les conquistadors pillent systématiquement l'empire déchu pour s'approprier de ses ressources (or et argent).

Après la conquête de 1521, les Espagnols détruisent presque entièrement Tenochtitlán et construisent sur ses ruines leur propre capitale, Mexico.

De cette nouvelle base, ils partent explorer le nord du continent et revendiquent, au nom du roi d'Espagne, la propriété d'une bonne partie du territoire qui constitue aujourd'hui les États-Unis. Puis ils descendent vers le sud, jusqu'en Amérique centrale. Comme ils ont entendu des rumeurs concernant

Figure 7.13 En 1521 et 1522, Cortés et ses hommes détruisent les temples de Tenochtitlán. Ils érigent ensuite la cathédrale de Mexico (ci-dessus) sur les ruines des temples jumeaux, en forme de pyramide, consacrés aux dieux aztèques de la pluie et de la guerre.

l'existence d'une civilisation fabuleusement riche (légende de l'Eldorado), quelque part dans la haute chaîne de montagnes des Andes, ils dépêchent des expéditions en Amérique du Sud. Amorcée par Pizarro, la conquête de l'Empire inca s'étend de 1532 à 1572.

À l'exemple des Espagnols, les Portugais se taillent aussi un empire dans les Amériques. En 1500, le navigateur portugais Pedro Cabral est détourné de son cap vers les Indes par des vents violents. Apercevant la côte du Brésil, il revendique ce territoire au nom du Portugal. Cependant, ce n'est qu'en 1532 que le Portugal commence à coloniser ce pays.

L'économie et la société coloniales. Pour gouverner ses territoires, présentant des configurations géographiques diversifiées et s'étendant des plaines de l'Amérique du Nord aux Andes sud-américaines, la couronne espagnole envoie une armée de bureaucrates ayant pour mission de transformer les conquistadors et les peuples conquis en une société relativement stable.

Les mines et les immenses domaines où est pratiquée l'agriculture sont les deux principales sources de la richesse coloniale. Les domaines agricoles, vastes et autarciques, s'appellent *haciendas* en Amérique espagnole et *fazendas* au Brésil.

CONTINUITÉ et CHANGEMENTS C'est dans ces domaines que sont introduits en Amérique les cultures et le bétail européens, les colons ayant tendance à recréer sur leurs terres la vie qu'ils ont connue en Europe.

Le plus grand obstacle que les colons doivent surmonter est l'insuffisance de la main-d'œuvre pour les mines et les domaines.

CONTINUITÉ et CHANGEMENTS Vers 1560, à cause des maladies et du travail forcé, la population aborigène a diminué de plus de quatre-vingt-dix pour cent dans certains endroits. Suivant les conseils de Las Casas (1474-1566), un prêtre espagnol qui défend les autochtones, les souverains d'Espagne promulguent des lois réglementant la façon de traiter la population locale (1542). Par contre, pour pallier le manque de main-d'œuvre, Las Casas et quelques autres suggèrent d'utiliser des esclaves africains. Bientôt, des milliers d'Africains seront transportés dans les Amériques et réduits en esclavage. Il s'agit là d'un développement économique assez funeste qui aura des répercussions sur quatre continents et sur le destin de millions de personnes.

La cœxistence parfois tendue des Africains, des Européens et des Amérindiens façonne par ailleurs l'ordre social des Amériques.

CONTINUITÉ et CHANGEMENTS En Espagne et au Portugal, la société est divisée en classes, les mêmes qui existent ailleurs en Europe, comprenant les nobles, le clergé et le peuple. En Amérique, c'est la richesse, plutôt que le rang, qui détermine le statut social.

Un petit groupe de péninsulaires, ou Espagnols et Portugais nés en Europe, et de créoles, ou Européens nés dans les colonies, dirige la société coloniale.

Les missionnaires catholiques fondent des écoles, des couvents et des universités pour les colons et voient à l'organisation des colonies d'autochtones.

Le mercantilisme et ses conséquences. Les Espagnols comme les Portugais tentent de réglementer l'économie de leurs colonies en fonction des intérêts de leur pays en pratiquant une politique économique qui sera plus tard appelée le ***mercantilisme***. Entre 1500 et 1800, le mercantilisme devient

Les empires européens dans les Amériques, en 1700

Légende :
- Territoire espagnol
- Territoire portugais
- Territoire anglais
- Territoire hollandais
- Territoire français

Les empires territoriaux. Les Européens se sont taillé de vastes empires territoriaux dans les Amériques.

❓ *Faire le lien entre la géographie et l'histoire.* Quelle puissance coloniale européenne ne possède aucun territoire en Amérique du Sud, en 1700 ?

Ainsi, tous les ans, les flottes espagnoles transportent du vin, de l'huile d'olive, des meubles et des tissus vers les Amériques, où ils sont échangés contre de l'or, de l'argent, du sucre, des teintures et d'autres produits. La couronne espagnole permet cependant aux marchands mexicains d'échanger de l'argent contre les porcelaines et les précieuses soies de Chine, et contre les épices en provenance des Philippines espagnoles.

Les riches filons d'argent du Pérou et du Mexique remplissent les coffres de l'Espagne pendant des siècles. Bien qu'au début ce trésor contribue à faire de l'Espagne le pays le plus riche d'Europe, il finit, à la longue, par affaiblir l'économie du pays, phénomène perceptible au 16ᵉ siècle. Au lieu d'améliorer et de faire croître leur agriculture et leur industrie manufacturière, par exemple, les Espagnols se contentent simplement d'acheter à d'autres pays ce qu'ils veulent ou ce dont ils ont besoin. Les conséquences de cette négligence deviennent évidentes lorsque la rentrée continuelle de l'argent américain, jointe à une croissance de la population qui stimule la demande, provoque une inflation du prix des biens à la grandeur de l'Europe.

Les Hollandais, les Français et les Anglais en Amérique du Nord

Au moment où l'Espagne et le Portugal consolident leurs empires dans les Amériques, les Hollandais, les Anglais et les Français viennent les concurrencer et s'approprier, eux aussi, leurs parts du territoire. Le type de colonisation reflète les priorités et les buts propres à chacun de ces nouveaux venus. Les Hollandais et les Français sont principalement intéressés à faire du commerce dans un esprit mercantiliste, alors que la colonisation anglaise vise d'autres objectifs.

> **CHANGEMENTS** Comme cela a été le cas lors de l'arrivée des Espagnols et des Portugais, la vie des Amérindiens est bouleversée par cette seconde vague de colonisation et elle ne se remettra pas de sitôt de ce choc.

---

la principale politique économique de l'Europe. Il est fondé sur la croyance voulant que la puissance d'un pays dépende de sa richesse en or et en argent. Comme il n'existe qu'une quantité limitée de ces métaux précieux, les Européens pensent qu'un pays ne peut s'enrichir et devenir puissant qu'aux dépens des autres. C'est pourquoi ils font de leurs colonies des fournisseurs de matières premières et des marchés pour écouler les biens européens, leur interdisant, par ailleurs, de commercer avec les autres nations. À cause de cet interdit, les colonies espagnoles, par exemple, dépendent de la mère patrie pour leur approvisionnement en produits fabriqués sur le continent européen.

L'exploration des territoires du nord. La rentabilité des colonies espagnoles et portugaises outremer incite les autres pays européens à chercher fortune par l'exploration de nouvelles contrées. Financés par leur roi, les explorateurs français et anglais traversent l'Atlantique à la fin du 15ᵉ siècle et au début du 16ᵉ siècle. Comme leurs voisins du Sud, la France et l'Angleterre sont d'abord et avant tout intéressées à trouver une route qui les mènera vers les trésors de l'Asie. Pour les atteindre, ces deux pays se mettent à la recherche d'un *passage vers le nord-ouest*, une voie maritime contournant ou traversant l'Amérique du Nord, car les routes du sud sont étroitement surveillées par l'Espagne et le Portugal.

Ainsi, en 1497, Jean Cabot, un navigateur italien à la solde du roi d'Angleterre Henri VII, vogue vers l'ouest et atteint les côtes de Terre-Neuve et de la Nouvelle-Écosse.

En 1534, Jacques Cartier quitte la France avec une double mission : trouver le fameux passage et découvrir de nouvelles terres. Même s'il ne réussit pas la première partie de sa mission, Cartier remonte néanmoins le fleuve Saint-Laurent jusqu'à l'île où s'élève aujourd'hui Montréal. Il prend possession de l'est du Canada au nom de son roi et l'appelle Nouvelle-France.

Incapables de trouver le passage vers le nord-ouest, la France, l'Angleterre et les Pays-Bas se résolvent à coloniser leurs nouveaux territoires pour en tirer profit. Au cours du 17ᵉ siècle, ces trois pays s'emparent dans les Caraïbes de quelques riches îles productrices de canne à sucre, îles qui appartiennent à l'Espagne et au Portugal. Mais leurs véritables efforts de colonisation portent surtout sur l'Amérique du Nord. Les premières tentatives de colonisation des Anglais ont lieu en 1585 et 1587, avec *sir* Walter Raleigh. Il installe une petite colonie, qui ne durera guère, sur l'île Roanoke, au large de la côte de l'actuelle Caroline du Nord. Cependant, les Français, les Anglais et les Hollandais ne réussiront vraiment à établir leurs colonies en Amérique du Nord qu'au début du 17ᵉ siècle.

Les colonisations française et hollandaise.

En plus d'être animés d'un esprit mercantiliste, les Français espèrent faire partager aux Amérindiens leur culture catholique. La colonisation est d'abord soutenue par un clergé cherchant à évangéliser les peuples de ces terres inconnues. Mais bientôt, le roi prend l'affaire en main, s'assurant que seuls de bons et loyaux catholiques s'établissent en Nouvelle-France. Il tente également d'exclure des colonies

Figure 7.14 Esquisse de la ville de Québec montrant la localisation, vers 1700, de plusieurs sites importants de la ville, sans oublier le fleuve Saint-Laurent.

d'éventuels fauteurs de troubles, comme les huguenots. Quant aux dirigeants hollandais, ils préfèrent encourager les compagnies privées à établir des colonies en leur accordant des monopoles sur le commerce de leur choix.

La traite des fourrures éveille la convoitise des Français et des Hollandais. En 1603, Samuel de Champlain débarque en Nouvelle-France, désireux de se procurer des fourrures, surtout des peaux de castor. Il explore la région des Grands Lacs et conclut des ententes avec les tribus locales afin d'obtenir leurs fourrures en échange de produits européens. Ces transactions ont lieu dans une série de comptoirs commerciaux que Champlain fait installer. En 1608, il fonde une colonie permanente à Québec pour centraliser ces opérations commerciales. Les colons français s'établissent aussi à Ville-Marie (Montréal) et en Acadie (Nouvelle-Écosse). Puis, d'autres Français viennent en Amérique du Nord et partent explorer le sud du continent. Entre 1679 et 1683, René Robert Cavelier de La Salle descend le Mississippi jusqu'au golfe du Mexique. Il prend possession du cœur de l'Amérique du Nord au nom de la France et baptise cette région Louisiane, en l'honneur du roi Louis XIV.

Pendant ce temps, naviguant pour le compte d'une compagnie hollandaise, l'Anglais Henry Hudson accoste l'île qui porte aujourd'hui le nom de Manhattan. En 1624, la toute nouvelle Compagnie hollandaise des Indes occidentales envoie une trentaine de familles fonder la colonie de Nouvelle-Hollande dans la vallée de la rivière Hudson. En 1626, Peter Minuit, le premier gouverneur de la colonie, achète l'île de Manhattan à une tribu amérindienne et y érige la ville de Nouvelle Amsterdam, qui deviendra plus tard New York. Vers 1650, la Nouvelle-Hollande compte quelque 5000 colons venus de tous les pays d'Europe. La propriété des terres provoque cependant des affrontements entre les colons et les tribus amérindiennes, qui sont dépossédées de leurs territoires. La compagnie décide alors de limiter l'*immigration* et de s'en tenir à la traite des fourrures.

Pour les coloniaux français, le commerce reste la priorité. Les représentants officiels des colonies encouragent les commerçants à vivre parmi les Amérindiens et à apprendre leurs coutumes tout en leur enseignant celles des Français. Plusieurs négociants épousent des Amérindiennes et les missionnaires font de leur mieux pour répandre la culture catholique française. De leur côté, les prêtres et les religieuses apprennent les langues et les coutumes des Amérindiens.

La colonisation anglaise.

La colonisation anglaise est davantage laissée au hasard que ne l'est celle des Français et des Hollandais. La couronne anglaise, comme celle des Pays-Bas, préfère ne pas risquer son argent dans une telle aventure et accorde plutôt des chartes royales à des compagnies privées pour qu'elles fondent les colonies. De plus, contrairement aux autorités françaises, le gouvernement anglais est heureux de voir ses adversaires politiques quitter le pays. Il encourage même souvent cette *émigration* pour débarrasser l'Angleterre d'éléments qu'il considère perturbateurs. Devant un contrôle royal aussi lâche, les compagnies privées ne tardent pas à établir les premières colonies anglaises le long des côtes nord-américaines.

La **première colonie permanente** est établie à Jamestown, en Virginie, en 1607, par la Compagnie de Londres, qui cherche de l'or et d'autres métaux précieux. Comme elle n'en trouve pas, malgré toutes ses recherches, la Compagnie se tourne vers le tabac pour amortir ses frais, ce produit étant devenu très populaire en Europe. Malgré le jugement du roi Jacques Ier qui décrit le fait de fumer comme «une habitude haïssable pour les yeux, répugnante pour le nez, nuisible pour l'esprit et dangereuse pour les poumons», l'Angleterre importe trois millions de livres de cette «herbe nocive» dans la seule année 1683. Grâce aux énormes profits qu'elle tire du tabac, la colonie virginienne connaît une bonne croissance.

La Compagnie de Londres a donc besoin de main-d'œuvre et elle offre aux Anglais une traversée gratuite vers Jamestown en échange de leur travail dans la colonie pendant un nombre d'années fixé à l'avance. La compagnie incite aussi les femmes à venir s'installer en Amérique : les travailleurs des plantations, en fondant une famille, s'attacheront à leur travail et feront ainsi prospérer les exploitations agricoles. Parmi les premiers ouvriers sous contrat se trouvent des Africains libres, mais, comme il faut bientôt de la main-d'œuvre supplémentaire, les colons recourent à l'importation d'esclaves.

En 1732, inspirés par une telle réussite, les Anglais établissent trois nouvelles colonies, la Caroline du Nord, la Caroline du Sud et la Géorgie, qui fonctionnent sur le modèle de Jamestown. Le long des côtes et dans les terres, les colons exploitent de grandes plantations et de petites fermes. En plus du tabac, ils cultivent le riz et l'*indigotier*, dont ils tirent une teinture bleue. Les forêts leur fournissent, entre autres, le bois et le goudron.

Outre la richesse, une autre motivation pousse les Européens vers la colonisation. La Réforme et la

Figure 7.15 Une des plus vieilles illustrations connues d'une manufacture de tabac : des esclaves africains travaillent dans une fabrique de tabac, vers 1670.

Contre-Réforme continuant de bouleverser leur vie, plusieurs considèrent les Amériques comme un lieu où ils pourront enfin pratiquer en paix la religion de leur choix. Les premiers **colons religieux** sont les *pèlerins* du *Mayflower* (*Mayflower's Pilgrims*), qui fondent la ville de Plymouth, en 1620. La Compagnie de la Baie du Massachusetts installe une colonie plus grande, en 1630, dans les environs de l'actuelle ville de Boston. Cette compagnie a été créée par des puritains anglais dans le cadre de leur *Grande Migration*, qui amène en Amérique quelque soixante mille puritains fuyant la « corruption » de la cour de Charles Ier.

Certains espèrent revenir en Angleterre un jour mais, pour l'instant, le premier gouverneur de cette colonie du Massachusetts, John Winthrop, décide que leur ville du Nouveau-Monde servira d'exemple à tous. Seuls les membres de l'Église ont le droit de participer au gouvernement et la soumission aux règles religieuses est rigoureusement exigée de chaque citoyen.

Au fur et à mesure que de nouveaux colons arrivent, le besoin de terres supplémentaires et les dissensions internes poussent certains puritains à s'établir ailleurs. C'est ainsi que sont créés le Connecticut, le Rhode Island, le Maryland et la Pennsylvanie.

L'affrontement des cultures. Ni les Français ni les Hollandais ne se montrent désireux de conquérir les tribus amérindiennes. La présence de ces étran-gers bouleverse le mode de vie traditionnel des Amérindiens. Certains chefs de tribus devinent les con-séquences d'un tel brassage culturel et s'en inquiètent.

Des transformations se produisent, en effet, surtout avec la participation des Amérindiens à la traite des fourrures.

La plupart des tribus installées entre la baie d'Hudson et les Grands Lacs et le Saint-Laurent participent à ce commerce avec les Français. Au début du 16e siècle, les Hurons du nord du lac Ontario montent un empire commercial avec les tribus Ottawa et Nipissing du lac Huron. Les Hurons échangent leurs produits agricoles contre des fourrures que les trappeurs d'autres tribus se procurent plus au nord et à l'ouest. Les Hurons viennent vendre ces fourrures à Montréal et à Québec, et ils achètent des couteaux, des haches, du tissu et d'autres biens venus d'Europe. Rentrés chez eux, ils cèdent certains de ces produits à leurs four-nisseurs amérindiens contre d'autres fourrures. Plus au sud, la ligue des Cinq-Nations, un regroupement de tribus iroquoïennes, fait la même chose avec les commerçants hollandais.

Stimulées par l'augmentation de la demande, cer-taines tribus chassent le castor à outrance sur leurs territoires, ce qui provoque la disparition de la ressource et l'émergence de conflits entre les tribus. En 1640, par exemple, après avoir tué presque tous les animaux sur leur territoire, les Iroquois décident de s'emparer de celui des Hurons. Le conflit qui

Figure 7.16 Un commerçant européen présente sa collection d'armes à un Amérindien pour les lui échanger contre des fourrures.

Figure 7.17 En 1724, un artiste français a dessiné ce croquis d'une tribu iroquoïenne en train de semer (à l'arrière-plan) et de récolter la sève des érables pour en faire du sirop (au premier plan).

éclate alors vient près d'anéantir plusieurs tribus installées autour du lac Érié. Ces guerres deviennent de plus en plus fréquentes, d'autant plus que les différentes tribus, par le jeu des alliances, sont engagées dans les luttes que se livrent les Européens dans leur quête de terres et de marchés.

Cependant, les pires conflits surviennent entre les Amérindiens et les Européens. Le plus souvent, ils éclatent lorsque les Amérindiens contestent la présence sur leurs territoires de colons anglais à la recherche de terres inoccupées.

Comme le nombre de colons européens augmente sans cesse en Amérique du Nord, leur population finit par dépasser celle des Amérindiens, déjà sérieusement réduite à cause de l'incapacité des autochtones à résister aux maladies apportées par les colons.

S'opposant sur la façon d'utiliser les terres, colons anglais et Amérindiens vivent séparément et conservent leur mode de vie. La supériorité de la technologie européenne et le nombre accru des colons finissent par avoir raison des Amérindiens. Malgré leur résistance acharnée, ils sont chassés de leurs terres et souvent exterminés. Même les tribus qui pratiquent l'agriculture dans le Sud-Est et qui tentent de s'adapter aux méthodes européennes sont aussi évincées par les nouveaux arrivants.

CONTINUITÉ ℰᵗ CHANGEMENTS Cultivant de plus en plus de terres, les colons européens, en particulier ceux des colonies du Sud, manquent bientôt de main-d'œuvre. Comme l'ont fait les Espagnols et les Portugais en pareilles circonstances en Amérique centrale et en Amérique du Sud, les colons d'Amérique du Nord se tournent à leur tour vers l'Afrique pour s'approvisionner en esclaves.

EXERCICES

*1. **Définir** les termes suivants :*

- encomienda
- *Hernán Cortés*
- *passage vers le nord-ouest*
- *Jacques Cartier*
- *René Robert Cavelier de La Salle*
- *Henry Hudson*
- *Grande Migration*

- *conquistador*
- *mercantilisme*
- *Jean Cabot*
- *Samuel de Champlain*
- *Compagnie hollandaise des Indes occidentales*
- *Peter Minuit*

*2. **Localiser** les lieux suivants et en faire ressortir l'importance :*

- *Québec*
- *Jamestown*

- *Louisiane*
- *Plymouth*

3. *Cerner l'idée principale.* Quelles sont les conséquences de la conquête européenne sur la population des Caraïbes?

4. *Cerner l'idée principale.* Quelle politique les Espagnols et les Portugais mettent-ils en œuvre pour contrôler l'économie de leurs colonies?

5. *Cerner l'idée principale.* Comment la recherche d'un passage vers le nord-ouest favorise-t-elle la colonisation de l'Amérique du Nord?

6. *Cerner l'idée principale.* Pour quelles raisons les Français, les Hollandais et les Anglais fondent-ils des colonies?

7. *Évaluer.* Comment la colonisation européenne de l'Amérique du Nord affecte-t-elle les populations amérindiennes? Tenez compte dans votre réponse des contextes particuliers en Nouvelle-France, en Nouvelle-Hollande et en Amérique anglaise.

8. *Évaluer.* Quels facteurs géographiques favorisent l'exploration et la colonisation de la Nouvelle-Angleterre?

Commerce et empire en Afrique

OBJECTIFS D'APPRENTISSAGE

APRÈS AVOIR LU CETTE SECTION, VOUS SEREZ CAPABLE :

- D'ANALYSER LES CONSÉQUENCES DE L'ESSOR DU COMMERCE DES ESCLAVES EN AMÉRIQUE ;

- D'ÉVALUER L'IMPACT SOCIOCULTUREL DE CETTE MAIN-D'ŒUVRE BON MARCHÉ SUR LES SOCIÉTÉS AMÉRICAINES.

En Afrique, les Européens rencontrent d'abord des États puissants et bien organisés avec lesquels ils établissent des relations principalement basées sur le commerce de l'or, de l'ivoire et d'autres objets de luxe. Cependant, comme les Européens développent de plus en plus des économies américaines fondées sur l'exploitation de plantations nécessitant une importante main-d'œuvre bon marché, ils pillent bientôt les ressources humaines des côtes et de l'intérieur des terres africaines, créant ainsi un véritable phénomène de déracinement des populations d'Afrique.

Commerce et empire en Afrique de l'Ouest

L'exploration progressive des Amériques et l'exploitation de plantations toujours plus nombreuses font croître rapidement le marché des esclaves africains. Le commerce des esclaves finit d'ailleurs par devenir plus important que celui de l'or. La concurrence entre l'Angleterre, la France, les Pays-Bas et le Danemark, qui établissent tous leurs comptoirs commerciaux le long des côtes, fait augmenter de façon spectaculaire le nombre d'Africains qui traversent l'Atlantique enchaînés au fond des cales. Le *commerce transatlantique des esclaves* prend bientôt toute la place dans les relations entre l'Europe et l'Afrique occidentale.

Le commerce des esclaves

Le commerce transatlantique des esclaves est un important maillon de la chaîne commerciale reliant l'Afrique, les Amériques et l'Europe. Les marchands européens expédient par bateau du coton, des armes et de l'alcool en Afrique, où ces produits sont échangés contre des esclaves ou de l'or. Les esclaves africains sont alors embarqués sur les bateaux et transportés vers les Amériques où, sur les plantations et dans les mines, ils deviennent les premiers producteurs de biens vendus à travers le monde. Les marchands brésiliens expédient en Afrique du tabac que des esclaves ont cultivé afin d'acheter d'autres esclaves. Ailleurs, d'autres marchands expédient en Europe du tabac, du sucre, du rhum et du coton, obtenus grâce au labeur des esclaves, et achètent des produits manufacturés qu'ils revendent ensuite en Amérique.

Bien que les estimations varient, des études récentes révèlent qu'environ dix millions d'Africains ont été embarqués de force sur les bateaux et ont traversé l'Atlantique entre 1451 et 1870.

Dans les villes de l'Amérique espagnole, les Africains s'adaptent à la culture de leurs maîtres, sans pour autant oublier les royaumes africains auxquels ils ont jadis appartenu. Ils mettent sur pied des groupes d'entraide, des sociétés religieuses et des associations de voisins à la tête desquelles ils élisent un « souverain » local.

Dans les Caraïbes, la population africaine dépasse largement celle des colons européens. Les conditions de vie dans les plantations de canne à

Le commerce outre-Atlantique, 1451-1870

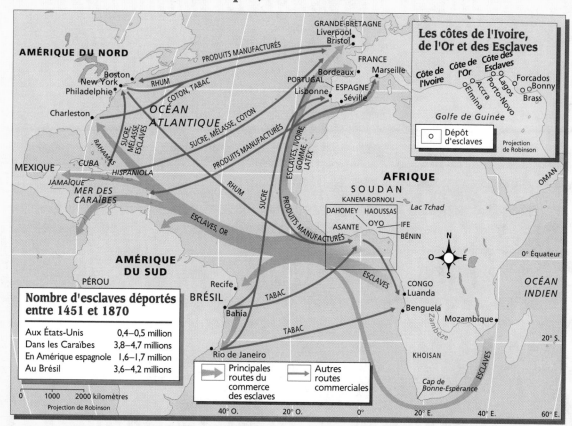

Les cargaisons d'esclaves. Tout comme le sucre, le coton ou le tabac, les esclaves sont aussi une marchandise, appelée ***bois d'ébène***, qui peut être vendue ou échangée contre d'autres biens.

❓ *Localiser. Identifiez quelques-uns des dépôts d'esclaves africains où les négociants échangent des biens contre des esclaves qu'ils expédient par bateau vers les Amériques.*

sucre sont souvent très dures. Les maladies, la surpopulation, la discipline cruelle et l'alimentation insuffisante entraînent des taux de mortalité élevés. Les Africains se révoltent parfois contre ces traitements iniques. En Jamaïque, par exemple, le chef d'une bande de fugitifs, Cudjoe, pille les plantations anglaises jusqu'à ce les autorités accordent à son petit groupe son propre territoire, en 1739.

En Amérique du Nord, les Africains influencent aussi, dans une certaine mesure, la société coloniale naissante. S'ils ont tendance, dans les colonies du Nord, à s'adapter à la culture anglaise, ceux qui échouent dans les plantations du Sud conservent plusieurs de leurs traditions. Ils apportent, entre autres, avec eux leurs techniques de culture du riz, de l'indigotier et du coton.

🎵 CHANGEMENTS La contribution africaine sera aussi notable sur le plan musical. Une riche tradition de contes et de chants folkloriques engendrera un héritage musical important (blues du delta, gospel), qui se développera à la fin du 19e et au début du 20e siècle.

EXERCICES

1. Définir le terme suivant :
- *commerce transatlantique des esclaves*

2. Cerner l'idée principale. Expliquer les répercussions politiques et économiques de l'arrivée des esclaves en Amérique.

Sociétés	Vie politique	Vie matérielle	Société/Arts/Culture	Économie	Science et techniques
France (18e s.)	• Institutionnalisation de l'absolutisme	• Vie fastueuse à la cour, servant de modèle à l'Europe entière	• L'Europe est essentiellement composée d'un ensemble de structures sociales où les ordres et les rangs déterminent la place et le rôle dans la société LITTÉRATURE - **P. Corneille (1606-1684**, *Le Cid, Horace*) - J. **Racine (1639-1699** *Andromaque, Phèdre*) - Molière (**1622-1673**, *Les Précieuses ridicules, L'Avare, Tartuffe*, entre autres) - **C. de Bergerac (1619-1655**, *Histoire comique des États et Empires de la Lune*) - Cervantes (**1547-1616**, *Don Quichotte*) - **T. Hobbes (1588-1679**, *Le Léviathan*) - J. **Locke (1632-1704**, *Essai sur l'entendement humain*) - J. **Bossuet (1627-1704**, *Discours sur l'histoire universelle*) ARCHITECTURE • Prédominance du *baroque* caractérisée par la décoration et l'ornementation surabondantes PEINTURE - D. Vélasquez (1599-1660) - H. Rembrandt (1606-1669)	• **Concentration graduelle de la richesse entre les mains d'une bourgeoisie commerçante et bientôt industrielle** *166* • Prédominance de l'agriculture *165* • Système colonial fondé sur le **mercantilisme** *176*	BIOLOGIE ET ANATOMIE - **W. Harvey** (circulation sanguine) - **R. Hooke** (cellules humaines) ASTRONOMIE, PHYSIQUE ET MATHÉMATIQUES - **J. Kepler** (lois de Kepler) - **G. Galilée** (satellites de Jupiter, soutien à la révolution copernicienne et lunette d'observation) - **I. Newton** (loi de l'attraction universelle, calcul des fluxions) - **R. Descartes** (*Discours de la méthode, Dioptrique*) - **B. Pascal** (*Traité du triangle arithmétique*, principe d'hydrostatique, machine à calculer) TECHNIQUES - A. Van Leeuwenhoek (microscope) - C. Huygens (pendules) - L'abbé Mersenne (1558-1648) inaugure l'ère des **journaux savants avec la publication du** *Journal des savants* **187** - W.G. Leibniz (calcul infinitésimal : calcul différentiel et intégral) Voir aussi le tableau 7.2 *172*
Russie (17e s.)	• Consolidation du **pouvoir autocratique (tsarisme)** *161*	• Importation du modèle européen (commerce, industrie, techniques) mais réservé aux centres urbains			
Espagne et Portugal (17e s.)	• Monarchies centralisées	• Déclin notable de l'influence de ces nations à la suite de la décroissance des richesses tirées du Nouveau-Monde.			
Angleterre (17e s.)	• Monarchie centralisée sous les Stuarts • Guerre civile (1653-1659) • **Victoire du parlementarisme (1689)** *164*	• **Transformation de la structure agraire, prélude à la révolution industrielle du siècle suivant** *165*			

Révision

RÉDIGER UN RÉSUMÉ

En retenant les points essentiels du texte, rédigez un court résumé du chapitre.

RÉVISER LA TERMINOLOGIE

Faites correspondre aux termes suivants la définition appropriée.

a) absolutisme

b) huguenot

c) Fronde

d) «fenêtre sur l'Europe»

e) John Locke

f) héliocentrisme

g) Galien

h) Novum Organum

i) philosophie mécaniste

1. Œuvre maîtresse de Francis Bacon.

2. Doctrine selon laquelle le monarque ou le souverain détient un pouvoir total sur ses sujets.

3. Nouveau courant de pensée qui considère l'Univers comme une machine.

4. Mouvement de révolte de la noblesse.

5. Philosophe anglais faisant la promotion des droits naturels.

6. Épithète attribuée à la ville de Saint-Pétersbourg.

7. Système où la Terre gravite autour du Soleil.

8. Partisan du protestantisme établi en France.

9. Médecin grec du 2e siècle qui demeure la référence principale en médecine jusqu'au 17e siècle.

RÉVISER LA CHRONOLOGIE

Dressez la liste des événements suivants en respectant l'ordre chronologique.

1. Les conquistadors espagnols soumettent les Aztèques.

2. Les colons anglais fondent une colonie à Jamestown.

3. Les Français s'installent en Nouvelle-France.

4. L'Amérique du Sud est conquise par les conquistadors.

5. L'Afrique devient un bassin de main-d'œuvre bon marché.

6. William Harvey découvre la circulation sanguine.

7. Isaac Newton repousse les limites de l'Univers.

8. Deuxième Révolution d'Angleterre.

9. Construction de la ville de Saint-Pétersbourg.

10. L'absolutisme se répand en Europe.

COMPRENDRE LES IDÉES PRINCIPALES

1. Comment les Espagnols et les Portugais organisent-ils leurs colonies du Nouveau-Monde?

2. Pourquoi les Anglais et les Français s'installent-ils dans le nord de l'Amérique?

3. Analysez les répercussions du commerce des esclaves sur les Amériques.

4. Expliquez comment la révolution scientifique se développe et énumérez les principaux domaines touchés par cette nouvelle approche.

5. Décrivez les fondements philosophiques de l'absolutisme.

EXERCER SON SENS CRITIQUE

1. **Synthétiser.** Comment le commerce se mondialise-t-il aux 17e et 18e siècles? Vous devez tenir compte dans votre réponse des aspects politiques, économiques et sociologiques qui provoquent cette transformation majeure de l'activité commerciale.

2. **Synthétiser.** Comparez la nouvelle science du 17e siècle à celle des siècles précédents. N'hésitez pas à consulter les chapitres 2 et 3 à cette fin.

Chapitre 8
Le 18ᵉ siècle : « lumières » et révolutions

Objectifs d'apprentissage

APRÈS AVOIR LU CE CHAPITRE, VOUS SEREZ CAPABLE :

- DE DÉFINIR LES FONDEMENTS ESSENTIELS DES IDÉES PROPAGÉES PAR LES LUMIÈRES ;
- D'EXPLIQUER COMMENT CES NOUVELLES IDÉES SE DÉVELOPPENT ET SE PROPAGENT EN EUROPE ;
- D'ANALYSER L'IMPACT DES COURANTS INTELLECTUELS ISSUS DES LUMIÈRES SUR LES ÉVÉNEMENTS POLITIQUES ET SOCIAUX AU 18ᵉ SIÈCLE.

À la fin du 17ᵉ siècle, la France de Louis XIV domine l'Europe. Cette suprématie contraint les autres États à devenir plus forts et à former des alliances pour contrebalancer l'influence française sur le continent. Au cours du 18ᵉ siècle, ces alliances affaiblissent la France. Certains pays, en particulier la Grande-Bretagne et la Prusse, veulent la déloger de sa position dominante. Cette lutte de pouvoir et la recherche de sécurité à la grandeur de l'Europe transformeront l'équilibre des forces dans le monde. Sur cet arrière-plan d'intenses activités politiques se superpose une « révolution » d'ordre intellectuel tout aussi intense.

À mesure que, au Siècle des lumières, sont diffusées les découvertes de la révolution scientifique, les élites intellectuelles adoptent une vision du monde moins empreinte de surnaturel qu'auparavant. Les germes de la Renaissance commencent à porter fruit. Ces nouvelles idées poussent les peuples à la révolution. En Amérique du Nord, dans certaines régions, les colons s'affranchissent de la Grande-Bretagne et déclarent leur indépendance. En France, le peuple,

Figure 8.1 Exécution de Louis XVI, en 1793

guidé par la bourgeoisie, renverse l'Ancien Régime (1789). La Révolution française ouvre le chemin à Napoléon Bonaparte, qui bouleverse profondément la carte géopolitique de l'Europe.

Les lumières

Au cours du 18ᵉ siècle, une révolution intellectuelle d'envergure modifie progressivement certaines visions sociales européennes.

CONTINUITÉ et CHANGEMENTS En s'attachant au monde temporel plutôt qu'au monde spirituel, les Européens remettent en question les fondements traditionnels de la vie politique et sociale de leurs pays. L'appellation « lumières » définit par la suite cette évolution des idées et des attitudes.

La vulgarisation des « lumières »

Les progrès issus de la révolution scientifique du 17ᵉ siècle et l'utilisation de méthodes scientifiques rigoureuses permettent aux savants d'accumuler une foule de connaissances sur la nature. Au siècle suivant, ces connaissances atteignent un public de plus en plus vaste grâce aux progrès dans les communications : les revues et les journaux savants comme le *Journal des Savants* (1665) et les *Philosophical transactions* (1666) sont maintenant largement diffusés. Les gens « cultivés » se mettent à l'étude de la nature qui les entoure et finissent par croire que tout phénomène naturel a à la fois une cause et un effet.

Les penseurs du Siècle des lumières portent désormais le titre de *philosophes*. Ils popularisent l'application des méthodes scientifiques à l'étude de la condition humaine. Ils croient que seule l'utilisation de la raison et de la connaissance naturelle permet d'accéder à la vérité, philosophie qui est connue sous le nom de *rationalisme*.

Une nouvelle vision du monde. Ces philosophes « modernes » fondent leurs idées sur quelques grandes hypothèses. La première, découlant des découvertes de chercheurs scientifiques comme Newton (1642-1727), suppose que la nature obéit à un système uniforme, à une **loi naturelle**. La seconde hypothèse soutient que cette loi naturelle permet aussi de comprendre le comportement humain. Et, enfin, les philosophes croient que l'individu peut se servir de cette connaissance pour s'améliorer lui-même et améliorer la société.

Tableau 8.1

Quelques scientifiques et leurs réalisations, au 18ᵉ siècle

Scientifique	Année de réalisation	Réalisation
Jacques Bernoulli (1654-1705)	1701	invente le calcul des probabilités.
James Bradley (1693-1762)	1728	découvre l'aberration chromatique de la lumière.
Comte de Buffon (1707-1783)	1749	paléontologie
Edmund Cartwright (1743-1823)	1785	invente le métier à tisser mécanique.
Henry Cavendish (1731-1810)	1766	isole l'hydrogène.
Anders Celsius (1701-1744)	1742	crée l'échelle thermométrique centésimale.
Daniel Gabriel Farenheit (1686-1736)	1718	invente le thermomètre à mercure.
Luigi Galvani (1737-1798)	1790	découvre « l'électricité animale ».
James Hargreaves (1710-1778)	1768	construit la première machine à filer pratique.
Antoine Laurent de Lavoisier (1743-1794)	1783	créateur de la chimie moderne, découvre la composition de l'eau, étudie la respiration animale.
Carl von Linné (1707-1778)	1735	formule une classification des espèces.
Joseph et Étienne de Montgolfier (1740-1810/1745-1799)	1783	inventent le ballon à air chaud.
Joseph Priestley (1733-1804)	1775	découvre le rôle de l'oxygène dans la respiration des végétaux.
Antonie Van Leeuwenhoek (1632-1723)	1715-1722	découvre les bactéries à l'aide de microscopes qu'il construit lui-même.
James Watt (1736-1819)	1775	vend sa première machine munie d'un moteur à vapeur.

Le Siècle des lumières favorise ainsi l'essor de l'individualisme; il est aussi le siècle où éclosent les concepts de la liberté individuelle, de la liberté d'expression et de l'égalité fondamentale entre tous les hommes.

Le progrès. La notion de progrès est un des legs les plus importants des lumières. Comme les scientifiques font sans cesse de nouvelles découvertes, les philosophes en viennent à croire que l'amélioration constante des hommes est possible. Les progrès de l'homme, perçus comme des transformations graduelles du moins bien au mieux, seraient mesurés par ses découvertes; ces découvertes, par l'application de la loi naturelle, le rendraient davantage conscient de son rôle dans l'univers.

Les philosophes espèrent ainsi voir progresser non seulement les individus, mais aussi, par association, la société.

L'Église catholique est une des cibles préférées des philosophes. Certains la considèrent comme un obstacle au progrès puisqu'elle enseigne aux fidèles à accorder plus d'importance à la vie éternelle qu'à l'amélioration des conditions de vie sur terre. Voltaire, par exemple, est un critique virulent de l'Église. Il lui reproche de prêcher la croyance aux miracles, phénomènes en parfaite contradiction avec les lois naturelles, et il dénonce la doctrine catholique faisant du mal le fondement de la nature humaine.

Conséquents avec leur croyance dans la raison et la loi naturelle, plusieurs philosophes préconisent une nouvelle attitude par rapport à la religion. Leur position, appelée *déisme*, fait de Dieu le Créateur d'un univers rationnel dont le fonctionnement ordonné obéit à la loi naturelle. Une fois créé, l'univers poursuit sa marche sans intervention divine. Les hommes ont donc la responsabilité morale de se servir des lois de la nature pour améliorer la condition humaine. Le déisme rejette ainsi tout dogmatisme religieux.

Le partage du savoir. Convaincus que la connaissance est la clé du progrès, les philosophes font de grands efforts pour partager leur savoir avec le public cultivé. Le philosophe Denis Diderot (1713-1784) publie son *Encyclopédie*, ouvrage en plusieurs volumes auquel ont collaboré plus de deux cents auteurs différents et qui, en principe, contient la somme de tout le savoir. D'autres philosophes présentent leurs idées dans les journaux destinés au grand public et dans les journaux spécialisés — dont nous avons déjà fait mention — ou en font part dans les réunions de clubs scientifiques et culturels.

Les *salons*, à cette époque, sont d'importants lieux d'échange où se rassemblent les élites sociale, politique et culturelle. Les femmes de l'aristocratie, qui tiennent ces salons dans leur demeure, jouent un rôle capital dans la diffusion des lumières en permettant la rencontre des esprits les plus fins. Les salons donnent à ces femmes l'occasion de participer aux débats intellectuels de l'heure. Lieux de conversations brillantes et de divertissements raffinés et somptueux, ils permettent aux philosophes de toute l'Europe, hommes ou femmes, de se rencontrer et d'échanger leurs idées. Bien que la plupart des philosophes soient des hommes, les femmes ont tout de même leur mot à dire durant le Siècle des lumières.

Animés d'un nouvel esprit de recherche fondé sur la raison et la connaissance de la nature, les lumières visent à élever la condition humaine et tentent de faire accéder le genre humain à un « bonheur » généralisé.

Les femmes et les lumières. Le salon de la marquise de Lambert (1647-1733) est très populaire au début du 18e siècle. Femme à l'esprit résolument moderne, la marquise écrit un ouvrage, *Nouvelles réflexions sur les femmes*, publié à titre posthume en 1739, dans lequel elle affirme que l'éducation proposée aux femmes, différente de celle offerte aux hommes, est le fléau qui les réduit à un état d'infériorité. Un autre salon très prisé par les esprits « éclairés » de l'Europe est sans nul doute celui tenu par la marquise de Tencin (1682-1749). Personnalité originale, cette femme connaît un destin hors du commun; ancienne religieuse, mère célibataire de d'Alembert, un des auteurs, avec Diderot, de l'*Encyclopédie*, elle tire ses revenus, semble-t-il, d'intenses activités d'espionnage. Il y a aussi le salon fort couru de Mme Geoffrin (1699-1777), qui finance une partie des coûts de publication de l'*Encyclopédie*. La femme de lettres Olympe de Gouges (1748 ou 1755-1793) milite, quant à elle, pour l'extension aux femmes de la Déclaration des droits de l'homme. Ailleurs, d'autres femmes s'inquiètent aussi du sort qui leur est réservé. En Angleterre, par exemple, l'auteure Mary Wollstonecraft soutient que les changements proposés par les lumières doivent s'appliquer aux femmes comme aux hommes.

Par contre, la majorité des penseurs sont d'avis que les femmes doivent s'en tenir à leurs rôles tradi-

Figure 8.2 Première de couverture de l'*Encyclopédie* de Denis Diderot, ouvrage publié en 1751

tionnels d'épouse et de mère. Les articles sur les femmes dans l'*Encyclopédie*, par exemple, reprennent nombre d'idées préconçues, telles la faiblesse physique et la sensibilité trop vive des femmes (voir aussi le tableau 10.1, page 239).

Mary Wollstonecraft, première féministe anglaise

Mary Wollstonecraft (1759-1797) s'intéresse très jeune aux choses de l'esprit. Contrairement à la plupart des femmes de son époque, elle est en quête de liberté personnelle et d'indépendance financière. Autodidacte, elle ouvre une école avec sa sœur. Elle est vite consternée par la légèreté des notions inculquées aux jeunes femmes de l'élite. Elle prend conscience que les femmes ont besoin d'une éducation plus poussée afin de devenir sérieuses, charitables et solides moralement.

Figure 8.3
Mary Wollstonecraft
BIOGRAPHIE

Son essai *Défense des droits de la femme*, publié en 1792, est une première source de controverse. Mary Wollstonecraft y expose sa croyance en l'égalité fondamentale des femmes et des hommes, tout en précisant que les femmes reçoivent une éducation moins bonne que celle des hommes.

Même si son ouvrage est bien accueilli par certains philosophes français, la réaction des conservateurs anglais est très dure.

Mary Wollstonecraft meurt peu de temps après la naissance de sa fille, également prénommée Mary. Tout comme sa mère, Mary se rendra célèbre par ses écrits. Épouse du poète Shelley, la jeune femme est notamment l'auteure du roman noir *Frankenstein ou le Prométhée moderne*.

La critique sociale. Les philosophes utilisent leur raisonnement sur la nature de l'homme pour remettre en question plusieurs préjugés bien ancrés dans la société européenne. La nouvelle conception de la nature humaine mise de l'avant par John Locke au 17e siècle influence l'attitude que les philosophes adoptent par rapport à la société. Locke affirmait que les hommes naissent avec un esprit vierge, sans que n'y préexistent d'idées ou de principes. Ce n'est que par la suite que l'environnement, l'éducation et la société impriment leur marque sur cette *tabula rasa*, ou table rase, qu'est l'esprit. Tout à fait d'ac-

cord avec la pensée de Locke, les philosophes du 18e siècle insistent sur l'importance de l'éducation et de l'environnement comme facteurs capables de donner aux hommes les outils dont ils ont besoin pour rendre la société meilleure.

La réforme judiciaire. Bien des philosophes sont convaincus que les systèmes judiciaires européens sont injustes et sans fondements rationnels. Au 18e siècle, la torture fait encore partie des châtiments infligés aux détenus, comme au Moyen Âge, époque où les gens croyaient que le fait de condamner les accusés à une mort atroce les incitait à avouer leur faute, geste qui leur garantissait le salut éternel. Les philosophes du Siècle des lumières, par contre, sont d'avis que les accusés soumis à la torture avouent dans le seul but de faire cesser le supplice, qu'ils soient coupables ou innocents.

L'utilisation de la torture dans les procès révolte Cesare Beccaria (1738-1794), économiste et juriste italien. Il dénonce ce procédé, inutile et sinistre à ses yeux, « un moyen infaillible d'acquitter les criminels robustes et de condamner les innocents à la constitution plus faible ».

> **CHANGEMENTS** Dans son livre *Traité des délits et des peines*, publié en 1764, Beccaria soutient que les châtiments, au lieu d'être des actes de vengeance, doivent servir à prévenir les crimes et que leur sévérité doit être proportionnelle à la gravité de la faute (adaptation d'un des legs importants du droit romain : le principe du *jus gentium*). Il est aussi convaincu qu'il ne faut punir les accusés qu'une fois leur culpabilité établie.

Figure 8.4 La publication du *Traité des délits et des peines* apporte la célébrité à son auteur, Cesare Beccaria, alors âgé de vingt-six ans.

Les arts et la littérature À TRAVERS LES ÂGES

Une oreille sur le monde

Les convulsions politiques et la remise en cause de multiples « réalités », provoquées par les percées scientifiques, ne sont pas les seules caractéristiques de ce siècle agité. La musique, dans sa forme comme dans son exécution, connaît, elle aussi, de profondes mutations. Par un curieux effet du hasard, plusieurs grands musiciens du monde occidental évoluent presque simultanément. Johann Sebastian Bach (1685-1750) redéfinit la cantate et la fugue dans l'*Art de la fugue*. Prodigieux instrumentiste, il laisse à sa mort une œuvre immense et toujours actuelle, qui ne cesse d'interpeller les amants de la musique, même aujourd'hui. Georg Friedrich

Haendel (1685-1759) connaît une renommée enviable ; ses oratorios, dont *Le Messie*, sont toujours au répertoire contemporain. Phénomène nouveau, il est un des rares musiciens à vivre de son œuvre et réussit, de son vivant, à accumuler une fortune respectable. Antonio Vivaldi (1678-1741) innove au chapitre de la division rythmique avec l'adoption de la division ternaire des tempi (allegro, andante, allegro) ; malheureusement, l'œuvre de Vivaldi, comprenant la célèbre suite des *Quatre Saisons*, est plus ou moins ignorée de son vivant ; elle sera redécouverte au milieu du 19e siècle, tout comme celle de Bach. Tomaso Albinoni (1671-1750), qui influencera Bach, lègue à la postérité, entre autres, son magnifique *Adagio*.

Figure 8.5 Johann Sebastian Bach

Wolfgang Amadeus Mozart (1756-1791) connaît un destin hors du commun ; malgré une courte existence marquée d'infortunes et de déceptions multiples, il laisse une œuvre immortelle. Enfant prodige, compositeur inégalable, synthétisant tous les courants européens de la fin du 18e siècle, il remodèle tout l'édifice musical de l'Europe.

La musique, qui a été l'apanage du monde monastique à l'époque médiévale et qui est progressivement devenue la chasse gardée des princes et des puissants, franchit une étape fondamentale. L'art de la composition, l'amélioration technique des instruments (pianos-forte, violons), l'avènement des Mozart et autres compositeurs, transforment à jamais l'univers de la musique. Dorénavant, celle-ci devient l'expression de la sensibilité de l'âme humaine, traduite par les virtuoses, entendue et écoutée par une part de plus en plus grande de la population.

Comprendre la musique
Découvrez, au cours d'une brève recherche, les influences que ces compositeurs exercent encore de nos jours en nommant quelques musiciens actuels qui s'inspirent de ces classiques.

L'éducation. Les philosophes considèrent l'éducation comme un outil essentiel, capable d'améliorer les conditions de vie de chacun et la société dans son ensemble. Influencés par les lumières, plusieurs monarques en viennent à croire que le fait d'éduquer leurs sujets renforcera l'État.

En 1774, l'impératrice autrichienne Marie-Thérèse rend l'instruction primaire accessible à tous les enfants de son royaume. En Allemagne, l'accès à l'éducation de base est élargi et des écoles techniques et professionnelles sont ouvertes à l'intention des fonctionnaires, des travailleurs et des artisans. Mais dans les pays dirigés par des monarques absolus, l'accès à l'éducation est rigoureusement contrôlé. La libre pensée est découragée, et l'enseignement donné aux élèves a pour but d'en faire de meilleurs sujets et exalte les vertus de l'absolutisme. De plus, l'instruction n'étant pas obligatoire sous ces régimes, le taux d'alphabétisation y est peu élevé.

La critique politique et économique

Bientôt, les philosophes affirment que, pour en arriver à une société rationnelle fonctionnant d'après la loi naturelle, il faut que les institutions politiques et économiques deviennent elles-mêmes plus « naturelles ». Ils sont convaincus, tout comme Locke, que les hommes ont des droits naturels auxquels ils ne doivent renoncer sous aucun prétexte. Les philosophes vont jusqu'à affirmer qu'un souverain qui viole ces droits brise le contrat social et que le peuple est alors en droit de le remplacer.

Montesquieu (1689-1755). Tous les philosophes ne tirent pas les mêmes conclusions de leur foi en la loi naturelle. Le baron de Montesquieu est d'avis qu'un gouvernement doit convenir aux circonstances et aux besoins d'un peuple. En 1748, il publie *De l'esprit des lois*, ouvrage qui définit sa conception d'un gouvernement parfait.

Figure 8.6 En soutenant que les émotions sont aussi importantes que l'intelligence, Jean-Jacques Rousseau se démarque de ses contemporains.

CHANGEMENTS *CONTINUITÉ* Après en avoir étudié de multiples formes, Montesquieu conclut que le meilleur gouvernement pour les Européens en est un fondé sur la séparation des pouvoirs, c'est-à-dire dans lequel aucun pouvoir (*législatif*, *exécutif* ou *judiciaire*) n'est assez puissant pour dominer les autres. Montesquieu croit qu'un tel équilibre empêche la formation d'un gouvernement tyrannique ou despotique ; c'est de cette proposition que s'inspire le système politique américain.

CHANGEMENTS *CONTINUITÉ* Dans son œuvre *Le Contrat social*, il décrit sa conception d'une société parfaite : elle serait composée de citoyens libres qui formeraient le gouvernement. Ces citoyens détermineraient la nature du bien commun, et la volonté du peuple aurait force de loi. Cette notion de *souveraineté populaire*, impliquant la formation d'un gouvernement créé par le peuple et soumis à sa volonté, influencera plus tard les penseurs de la révolution américaine et, principalement, ceux de la Révolution française.

Rousseau (1712-1778). Jean-Jacques Rousseau se démarque des autres philosophes par sa conviction qu'il ne faut pas développer l'intelligence au détriment des émotions, sous peine de corrompre les hommes. Rousseau soutient que les hommes naissent innocents et nobles, mais que la société détruit leur bonté naturelle. Il souhaite une réforme de la société de manière à ce que la conscience et les émotions, plutôt que la seule intelligence, guident les actions humaines.

Smith (1723-1790). En plus de se pencher sur les problèmes sociaux et politiques, les philosophes s'intéressent aussi aux questions économiques. Ils croient que l'économie, comme le reste de l'univers, fonctionne selon un ensemble de lois naturelles. Par conséquent, toute tentative de manipuler les lois économiques mène à coup sûr à la catastrophe. En 1776, l'économiste écossais Adam Smith expose ce

Figure 8.7 Au milieu du 18ᵉ siècle, les théories économiques d'Adam Smith lui valent d'être reconnu internationalement.

point de vue dans son livre *Recherches sur la nature et les causes de la richesse des nations*.

Smith affirme que toute activité économique ou commerciale repose sur deux lois naturelles : la *loi de l'offre et de la demande* et celle de la concurrence. Ainsi, les prix sont fixés en fonction de la quantité d'un produit sur le marché par rapport à la demande existante pour ce produit sur le même marché. Si un produit est rare et très en demande, les gens acceptent de le payer au prix fort. Alors les profits découlant de la vente de ce produit augmentent, ce qui incite certaines personnes à fabriquer ce produit pour en tirer un profit. La quantité disponible du produit finit donc par excéder la demande, ce qui fait chuter son prix, d'autant plus que la concurrence entre les producteurs, qui cherchent à écouler leur marchandise, a aussi un effet négatif sur le prix demandé.

CONTINUITÉ & CHANGEMENTS Smith est un adepte de ce qui sera appelé par la suite la *libre entreprise*, soit un système économique où chacun est libre de démarrer son entreprise et de la faire fonctionner pour en tirer le maximum de profits.

Selon l'économiste, tous bénéficient de ce système : les ouvriers ont du travail, les investisseurs et les propriétaires récoltent des bénéfices et les acheteurs se procurent des biens de bonne qualité à des prix intéressants.

Bien des points de la théorie de Smith sont en contradiction flagrante avec les fondements du mercantilisme. En effet, d'après les mercantilistes, tous les pays sont en concurrence pour se partager une quantité limitée de richesses. Il faut donc un ensemble de lois et de règlements pour éviter qu'un seul pays s'accapare une part indue de la richesse universelle. Adam Smith prône au contraire l'autorégulation et le fonctionnement le plus libre possible de l'économie mondiale. Cette liberté laissée au déroulement des affaires reçoit le nom de *laisser-faire*, ou encore de libéralisme économique.

Le despotisme éclairé

L'objectif ultime des philosophes est de restructurer les monarchies européennes en fonction des principes des lumières afin de rendre conformes à la loi naturelle la société, la vie politique et l'économie. Plusieurs philosophes s'adressent directement aux monarques, cherchant à leur faire pratiquer un *despotisme éclairé*, c'est-à-dire une façon de gouverner qui allie absolutisme et principes des lumières.

Plusieurs monarques européens acceptent ces principes, du moins ceux qui servent leurs intérêts. Catherine la Grande, par exemple, lit les œuvres de Montesquieu et de Beccaria, correspond avec Voltaire et persuade Diderot de venir séjourner à sa cour. En 1767, elle institue une commission législative dont le mandat est de codifier les lois de la Russie. Les représentants de toutes les classes, sauf ceux des serfs et du clergé séculier, sont invités à présenter leur opinion devant la commission. Pour la première fois, les sujets russes peuvent conseiller le gouvernement central, occasion qui ne se représentera qu'au 20ᵉ siècle.

Le monarque le plus éclairé est sans doute Joseph II d'Autriche (1741-1790). Il affirme que l'État a le devoir de donner l'exemple à ses sujets. Il abolit donc le servage et donne à l'État la responsabilité de prendre soin des pauvres et des malades. Il institue la tolérance religieuse pour tous les chrétiens, juifs et musulmans de l'Empire autrichien, permettant ainsi à tous les fidèles de pratiquer librement la religion de leur choix ; il leur concède aussi le droit d'être propriétaires, de se faire instruire et d'accéder à toutes les professions.

Figure 8.8 Malgré sa connaissance des « lumières » et son amitié pour les philosophes, Catherine la Grande (1729-1796) accroît la misère des paysans russes.

Cependant, à l'instar de tous les autres pouvoirs despotiques, le gouvernement éclairé de Joseph II a également ses limites. Les révoltes qui éclatent dans le royaume l'amènent à abroger plusieurs de ses réformes ; par ailleurs, les bureaucrates autrichiens, mal payés, ne veillent pas de façon très rigoureuse au respect des réformes en vigueur.

Bref, plusieurs souverains européens ne sont pas insensibles aux idéaux des lumières, mais ils sont incapables de les concilier avec l'absolutisme qui est, en soi, presque l'antithèse de l'esprit des lumières.

EXERCICES

*1. **Définir** les termes suivants :*
- *Voltaire*
- *rationalisme*
- *salon*
- *Jean-Jacques Rousseau*
- *Adam Smith*
- *laisser-faire*
- *despotisme éclairé*
- *philosophe*
- *loi naturelle*
- *Montesquieu*
- *souveraineté populaire*
- *libre entreprise*
- *Mary Wollstonecraft*

*2. **Cerner l'idée principale.** Que signifie le terme « lumières » ?*

*3. **Expliquer.** Quelles répercussions les idées des lumières ont-elles sur les monarques absolus ?*

*4. **Synthétiser.** Comment les lumières influencent-elles les attitudes des Européens par rapport à la société et à la vie politique ? Dans votre réponse, tenez compte des éléments suivants : (a) la critique de la société et de ses institutions que font les philosophes ; (b) la réforme des structures politiques et économiques souhaitée par les philosophes ; et (c) la quantité de réformes, inspirées des lumières, entreprises par les monarques européens.*

Une époque de guerre généralisée

OBJECTIFS D'APPRENTISSAGE

APRÈS AVOIR LU CETTE SECTION, VOUS SEREZ CAPABLE :

- D'ANALYSER COMMENT CERTAINS ÉTATS ACCÈDENT AU RANG DE GRANDE PUISSANCE ;

- D'EXPLIQUER QUELLES SONT LES CONSÉQUENCES DE LA GUERRE DE SEPT ANS.

Malgré toute l'effervescence intellectuelle des lumières, les vieilles oppositions politiques sont toujours vives en Europe. La recherche de l'hégémonie tant continentale que maritime va entraîner les puissances européennes dans des affrontements aux conséquences alors insoupçonnées.

Les rivalités franco-anglaises

En 1702, à la mort de Guillaume d'Orange, l'ennemi juré de Louis XIV, le problème de la succession au trône anglais ravive les anciennes rivalités entre la France et l'Angleterre. Ces rivalités sont amplifiées par l'union politique de l'Écosse et de l'Angleterre en 1707, que les lords anglais souhaitent, essentiellement parce qu'ils craignent que les catholiques du nord de l'Écosse, de concert avec les Français, n'essaient d'asseoir un ou une catholique sur le trône d'Angleterre. En unissant l'Écosse et l'Angleterre, les Anglais espèrent conjurer la menace écossaise. C'est ainsi que naît le Royaume-Uni de Grande-Bretagne.

Au cours du 18ᵉ siècle, la France et l'Angleterre trouvent également d'autres motifs pour rivaliser entre elles. Chacun des deux pays cherche à influencer de façon prépondérante les autres États européens de manière à dominer tout le continent, et chacun veut se rendre maître des routes commerciales et des colonies outre-mer. En 1750, la France et l'Angleterre sont en concurrence directe dans les Caraïbes, en Amérique du Nord et dans les Indes.

La Prusse : une grande puissance

Tandis que la France et l'Angleterre s'affrontent pour s'assurer du contrôle du commerce et des territoires outre-mer, une nation, jeune et puissante, croît en Europe. Jadis petit État faible, la Prusse entre dorénavant dans une phase d'expansion territoriale et de consolidation de sa force militaire. Au début du 18ᵉ siècle, la France est encore l'État européen le plus puissant, mais l'essor de la Prusse provoque un rééquilibrage des forces en Europe.

Frédéric-Guillaume Iᵉʳ, couronné en 1713, consacre sa vie à faire de la Prusse une grande puissance européenne. Il dote le gouvernement d'une bureaucratie efficace, crée un système autarcique et, plus important encore, constitue une armée redoutable.

En effet, Frédéric-Guillaume restructure l'armée et, à la fin de son règne, en 1740, la Prusse possède la quatrième plus grande armée d'Europe. Cependant, l'homme qui mettra tout en œuvre pour accroître le pouvoir prussien sera le fils et l'héritier de Frédéric-Guillaume, Frédéric II, surnommé Frédéric le Grand.

Frédéric II est fort différent de son père, s'intéressant à la philosophie et à l'art français, et ayant même, dans sa jeunesse, très peu de goût pour les questions militaires. Malgré sa résistance initiale, Frédéric finit par épouser le rêve de son père d'assurer le rayonnement de la puissance prussienne.

Figure 8.9 Marie-Thérèse est la première femme de la lignée des Habsbourg à régner.

Quelques mois après être monté sur le trône, à l'âge de vingt-huit ans, Frédéric II déclare la guerre à l'Autriche. Rapidement, la Bavière, l'Espagne, la Saxe et la France s'allient à la Prusse et entrent en guerre à ses côtés dans l'espoir d'agrandir leur territoire respectif aux dépens de l'Autriche. Devant cette alliance écrasante, l'Autriche demande la paix.

En 1748, l'impératrice autrichienne Marie-Thérèse signe un traité de paix qui l'oblige à céder la Silésie à Frédéric II.

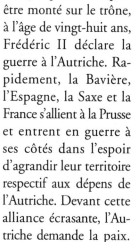 **CHANGEMENTS** La Prusse devient ainsi une puissance européenne d'importance, capable de rivaliser avec ses voisines. L'équilibre qui règne jusqu'alors en Europe est définitivement rompu.

La première guerre à l'échelle « mondiale »

La victoire de la Prusse sur l'Autriche amplifie cependant les rivalités entre pays européens. Ces rivalités provoquent la **guerre de Sept Ans**, qui débute en 1756, et amène les belligérants à se battre sur tous les continents. Cette guerre ravive le conflit austro-prussien et entraîne dans son tourbillon toutes les grandes puissances européennes, la Grande-Bretagne s'alliant à la Prusse alors que la France et la Russie donnent leur appui à l'Autriche.

La majorité des affrontements ont lieu en Europe, mais la guerre éclate aussi en Amérique du Nord, où s'affrontent les forces françaises et britanniques. En 1759, le général britannique James Wolfe vainc l'armée française à Québec. Cette victoire des Anglais met un terme à l'empire français en Amérique du Nord. Désormais, l'aventure de la Nouvelle-France est terminée, la présence française se résumant à un territoire radicalement diminué et soumis à un gouvernement de culture, de traditions et de langue différente.

Les Anglais s'en prennent aussi à l'empire colonial français dans les Indes, où ils s'emparent du Bengale, ce qui fait d'eux la plus grande puissance navale du monde.

En 1759, la Grande-Bretagne est sans conteste la plus grande puissance maritime du monde, et celui qui l'a conduite à cette suprématie est William Pitt, un politicien anglais profondément nationaliste qui conçoit la grandeur de son pays davantage dans le développement de ses forces navales et de ses colonies que dans son engagement dans les affaires continentales.

Le contrecoup de la guerre en Europe

Aux termes des divers traités de paix, la Prusse conserve la Silésie, la France perd la presque totalité de ses territoires coloniaux nord-américains et l'Angleterre assure son emprise sur le Canada et la partie de la Louisiane située à l'est du Mississippi, tout en demeurant la puissance européenne dominante en Inde.

La Prusse et la Russie ont vidé leur trésor public durant la guerre et les Prussiens ont laissé de nombreux morts sur les champs de bataille. Les belligérants, exsangues et endettés, se résignent à stopper les combats et l'Europe connaît alors une période de paix.

Les possessions européennes en 1763

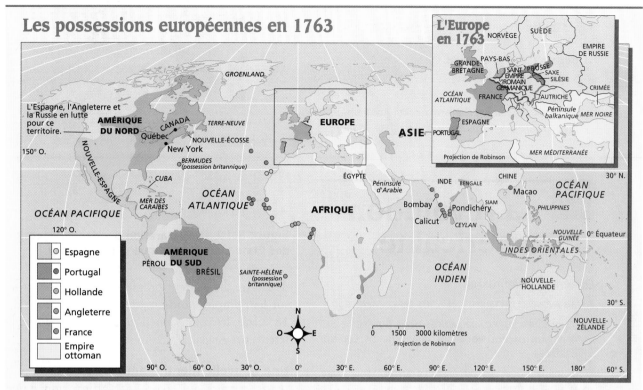

Une guerre coloniale. La guerre de Sept Ans que se livrent les Européens touche trois continents. Lorsqu'elle se termine en 1763, par la signature du traité de Paris, la Grande-Bretagne accapare la plus grande partie des territoires, surtout en Amérique du Nord et en Inde.

❓ *Faire le lien entre la géographie et l'histoire.* Quel est le pays dont les colonies sont le mieux situées pour contrôler le commerce des épices des Indes orientales ?

Néanmoins, les monarques cherchent toujours à repousser les frontières de leur pays. La Pologne constitue une cible invitante pour ses voisins, beaucoup plus puissants qu'elle. En 1772, la Prusse et la Russie procèdent à un premier partage de la Pologne, chacune s'appropriant une partie du territoire polonais. Pour préserver l'**équilibre européen**, les deux pays offrent la province polonaise de Galicie à l'Autriche.

> **CONTINUITÉ ⚖ CHANGEMENTS** Le concept d'équilibre européen est important. Il sera repris par Metternich en 1815, après l'épisode napoléonien ; plus tard, la Grande-Bretagne le fera sien en l'adaptant aux circonstances : équilibre et balance du pouvoir en Europe entre 1860 et 1904.

En 1793, de concert avec la Prusse, la Russie partage une seconde fois la Pologne, la réduisant à une petite bande de terre prise entre la Prusse, la Russie et l'Autriche. En 1795, ce qui reste du pays disparaît au moment du troisième partage de la Pologne.

Alors même qu'est découpé le territoire polonais, la Russie et l'Autriche tournent leurs regards vers l'Empire ottoman, en quête de nouvelles possibilités d'expansion. Catherine la Grande, impératrice de Russie, et Joseph II d'Autriche, empereur d'Allemagne, s'allient dans l'intention de se partager les Balkans, dominés par les Turcs. La Russie assure son emprise sur la mer Noire et la Crimée tandis que l'Autriche repousse ses frontières vers l'est, aux dépens des forces ottomanes.

La guerre de Sept Ans fait donc de la Prusse une grande puissance européenne, et de l'Angleterre la plus grande puissance maritime du monde, tout en permettant à la Russie et à l'Autriche d'étendre leur territoire en Europe orientale.

EXERCICES

1. **Définir** *les termes suivants :*
- *Frédéric le Grand*
- *guerre de Sept Ans*
- *équilibre européen*
- *Marie-Thérèse*
- *William Pitt*
- *Catherine la Grande*

2. *Localiser* les lieux suivants et en faire ressortir l'importance :
- la Prusse
- la Galicie
- la Pologne
- les Balkans

3. *Cerner l'idée principale.* Quelles sont les répercussions de l'accession de la Prusse au rang de grande puissance ?

4. *Expliquer.* Comment la guerre de Sept Ans transforme-t-elle l'équilibre des forces en Europe et en Amérique ?

Figure 8.10 La Déclaration d'indépendance des États-Unis d'Amérique (4 juillet 1776)

La révolution américaine

OBJECTIFS D'APPRENTISSAGE

APRÈS AVOIR LU CETTE SECTION, VOUS SEREZ CAPABLE :

- D'EXPLIQUER LES CONSÉQUENCES DE LA GUERRE DE SEPT ANS SUR LA POLITIQUE COLONIALE DE LA GRANDE-BRETAGNE ;

- DE DISTINGUER LES DIFFÉRENCES ENTRE LE NOUVEAU MODÈLE DE GOUVERNEMENT EN AMÉRIQUE ET LES MODÈLES DES AUTRES ÉTATS EXISTANTS.

Alors qu'en Europe la philosophie des lumières est d'abord et avant tout le fait de l'élite, les colons anglais de l'Amérique du Nord, eux, donnent à leurs visions politiques, elles aussi inspirées des lumières, une portée beaucoup plus étendue.

CHANGEMENTS CONTINUITÉ Très influencés par la pensée de Locke et par celle de Rousseau, partie prenante de surcroît de la grande bataille que se livrent la France et l'Angleterre, les colons nord-américains forgent peu à peu leur propre identité nationale. Ce sentiment d'une identité liée à leur statut d'habitants du territoire américain incitera les colons à se libérer du joug métropolitain et permettra la fondation d'une nouvelle nation.

Les transformations de l'Amérique du Nord britannique

Les répercussions de la guerre de Sept Ans vont bien au-delà du simple rééquilibrage des forces européennes. D'un côté, les Britanniques assurent leur emprise sur un nouvel empire, celui des Indes, mais, de l'autre, ils perdent progressivement le contrôle sur leur empire nord-américain. Dès le début du 18e siècle, les colons américains se sentent déjà différents des Anglais.

Une nouvelle identité américaine. Il y a plusieurs facteurs qui favorisent l'affirmation d'une nouvelle identité américaine dans les colonies. Chose certaine, l'environnement dans lequel évoluent les colons est très différent de celui de la Grande-Bretagne. Les terres étant vastes et abondantes, les colons peuvent s'enrichir rapidement et accroître leur prestige social, alors que, en Angleterre, richesse et rang dans la société dépendent de la naissance ou des privilèges. De plus, la mère patrie s'étant peu préoccupée de ses colonies au cours de leurs premières années d'existence, celles-ci ont appris à être autonomes.

Habitués à se prononcer sur la marche de leurs affaires, les colons nord-américains en viennent à croire que la notion « représentation » auprès du gouvernement signifie qu'un groupe donné est apte à élire directement ses représentants. Ce fonctionnement, tel que le conçoivent les colons, est bien différent de celui qui est encore pratiqué en Grande-Bretagne et qui permet à n'importe qui de représenter les intérêts d'un groupe particulier sans avoir été élu par ce dernier.

La politique impériale britannique. Il faut des années pour que l'écart se creuse entre Anglais et Américains mais, à partir de 1763, la politique impériale britannique cristallisera les divergences entre les colonies et la métropole. La guerre de Sept Ans a sérieusement endetté le gouvernement anglais et, comme ses troupes se sont battues pour protéger les colons en Amérique, il lui apparaît justifié d'exiger que ces derniers paient en partie les dépenses militaires occasionnées par la guerre. De plus, après le conflit, l'Angleterre entreprend de réunir ses intérêts commerciaux et ses territoires coloniaux en un vaste empire. Elle tente donc d'exercer un contrôle économique plus serré sur ses colonies en leur imposant des règlements mercantilistes, connus sous le nom d'Actes de navigation. Habitués depuis leur implantation en sol américain à un contrôle beaucoup plus lâche, de nombreux colons ressentent cette imposition de nouvelles taxes et de nouvelles restrictions comme une atteinte à leurs libertés. Comme ils s'opposent aux politiques britanniques, le roi George III n'en est que plus fermement résolu à les forcer à s'y plier.

La réponse des colonies

La taxation est un des moyens dont se servent les Anglais pour raffermir leur mainmise sur leurs colonies. En 1765, le Parlement britannique adopte le *Stamp Act* (Loi sur le timbre) qui impose aux colons une taxe, sous forme de timbres fiscaux, qui doit être payée, entre autres, sur les journaux, les testaments, les hypothèques, les contrats et les cartes à jouer. Les colons font front commun et s'opposent à cette taxe, en grande partie parce qu'ils n'ont pas été consultés avant sa mise en vigueur. Ils boycottent un certain nombre de produits anglais et le Parlement retire sa loi.

Néanmoins, les crises se succèdent dans les colonies. En 1770, des soldats britanniques, craignant pour leur vie, tirent sur une foule en colère manifestant devant les douanes et tuent plusieurs personnes. La nouvelle de l'incident, baptisé le massacre de Boston, se répand et il décuple le ressentiment des colons envers la Grande-Bretagne. La tension monte d'un cran en 1773 lorsque l'Angleterre tente de sauver de la faillite la Compagnie anglaise des Indes orientales en lui octroyant le monopole du commerce du thé dans les colonies britanniques. Devant la réaction des colons furieux, qui jettent à la mer une cargaison de thé dans le port de Boston, événement que l'histoire retiendra sous le nom de **Boston Tea Party**, les Britanniques ferment le port à toute navigation.

La lutte pour l'indépendance

Malgré ces affrontements violents, les colons espèrent toujours trouver une solution pacifique à leurs différends avec la mère patrie et ne cherchent pas encore à proclamer leur indépendance. Pourtant, l'idée d'émancipation politique s'ancre peu à

Figure 8.11 Le pamphlet de Thomas Paine, *Le Sens commun,* favorise une prise de conscience chez les colons américains, qui se révolteront par la suite contre la domination britannique.

peu dans les esprits. Le 10 janvier 1776, un immigrant installé depuis peu en Amérique, Thomas Paine (1737-1809), publie un pamphlet intitulé *Le Sens commun,* dans lequel il affirme que les colonies sont aptes à se gouverner elles-mêmes. En outre, il ajoute qu'il est ridicule qu'une île puisse dominer un continent et que, selon lui, la seule façon d'échapper à la tyrannie d'un monarque européen est de réclamer l'indépendance.

En trois mois, cent vingt mille exemplaires de ce pamphlet sont vendus, ce qui contribue à transformer une révolte plus ou moins organisée en une lutte pour l'indépendance.

Dans les colonies, les opinions divergent sur la question de l'émancipation politique. Près du tiers des délégués au Congrès continental de 1776 s'opposent à l'indépendance : ce sont les loyalistes, ou *tories*. Les patriotes, qui forment un autre tiers de l'assemblée, en sont de chauds partisans. Le dernier tiers est constitué d'indécis. Mais l'enthousiasme s'accroît et, le 4 juillet, les délégués adoptent la *Déclaration d'indépendance* des États-Unis d'Amérique.

La Déclaration d'indépendance. Écrite par Thomas Jefferson, la Déclaration d'indépendance laisse clairement transparaître l'influence des lumières.

CHANGEMENTS S'inspirant largement des idées de John Locke, Jefferson affirme dans la Déclaration que «tous les hommes naissent égaux et que le Créateur les a dotés de certains droits inaliénables — parmi lesquels la vie, la liberté et la recherche du bonheur». Le texte rappelle aussi qu'aucun gouvernement ne saurait exister sans le consentement de ses citoyens, car ce sont eux qui le créent pour protéger les droits individuels. Si un gouvernement faillit à son devoir, alors le peuple a le droit de le modifier ou de l'abolir.

Cependant, cet idéal de liberté individuelle est appliqué de façon restrictive, car le texte de la Déclaration d'indépendance ne fait aucune mention des femmes ou des esclaves.

La guerre d'indépendance. La plupart des batailles de la révolution ont lieu entre 1776 et 1781. George Washington prend le commandement des troupes américaines. Après sept années de combats, les Américains, soutenus quelque temps par la France, l'emportent sur l'Angleterre.

En 1783, la signature du **traité de Versailles** met fin à la guerre. Les Américains obtiennent non seulement leur indépendance, mais aussi un territoire bien plus vaste que celui des treize premières co-

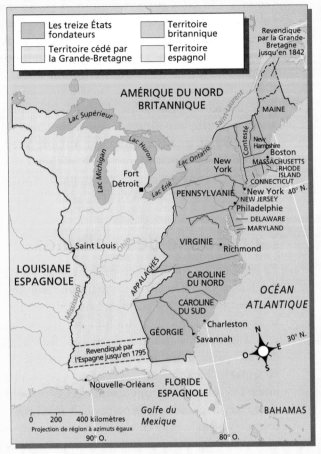

Les États-Unis en 1783

Les treize États fondateurs

Territoire cédé par la Grande-Bretagne

Territoire britannique

Territoire espagnol

AMÉRIQUE DU NORD BRITANNIQUE

Une nouvelle nation. Grâce au traité de Versailles, les États-Unis obtiennent le territoire situé à l'ouest des treize colonies fondatrices du pays.

❓ *Localiser. Qu'est-ce qui délimite la frontière occidentale de la nouvelle nation?*

lonies, car il s'étend, à l'est, jusqu'au Mississippi et, au nord, jusqu'au trente et unième parallèle, qui traverse les Grands Lacs.

La naissance d'une nation

En 1783, les États américains créent un gouvernement d'après le modèle proposé dans les articles de la confédération que le Congrès continental a adoptés en 1777. Peu de force est donné au gouvernement central, dans le but d'éviter tout abus de pouvoir et de permettre aux États d'être autonomes dans la gestion de leurs affaires. Mais ce gouvernement ne dure que jusqu'en 1789.

En 1787, il était devenu clair que les articles de la confédération ne donnent pas suffisamment de

Figure 8.12 Après avoir été officier de l'armée pendant de nombreuses années, George Washington sera élu président à deux reprises.

pouvoir au gouvernement central, ce qui menace son existence. Des délégués de tous les États, sauf du Rhode Island, se rencontrent alors à Philadelphie pour élaborer la Constitution américaine, qui jette les bases d'un gouvernement plus fort et plus efficace.

> **CHANGEMENTS** Les délégués conçoivent un *système fédéral* où les pouvoirs sont répartis entre le gouvernement central et celui des États. Le pouvoir au sein du gouvernement fédéral est divisé en trois parties distinctes : le pouvoir exécutif, le pouvoir judiciaire et le pouvoir législatif, modèle qui reprend une idée déjà proposée par Montesquieu.

Certains États hésitent à ratifier la Constitution, car elle ne protège pas suffisamment les individus. En 1789, le premier Congrès des États-Unis présente la *Charte des droits*, dont l'adoption se traduira par l'ajout des dix premiers amendements à la Constitution. Ratifiée en 1791, la Charte garantit les droits fondamentaux de chaque citoyen.

Malgré son apparente adhésion aux idéaux des lumières, la démocratie à laquelle accèdent les Américains en 1789 est bien différente de celle connue aujourd'hui. Dans leur constitution respective, les États restreignent le droit de vote aux hommes adultes, libres et possédant, en général, des terres. Les femmes ne sont pas habilitées à voter et l'immense population des esclaves n'a absolument aucun droit politique. Mais, même si elle reste imparfaite, l'expérience américaine stimule bien des idéaux révolutionnaires, en France tout particulièrement.

EXERCICES

1. Définir les termes suivants :
- *Stamp Act (Loi sur le timbre)*
- *Déclaration d'indépendance*
- *traité de Versailles*
- *Charte des droits*
- *Boston Tea Party*
- *George Washington*
- *système fédéral*

2. Cerner l'idée principale. Pourquoi les colons décident-ils de se séparer de la Grande-Bretagne?

3. Cerner l'idée principale. Qu'est-ce qui rend unique le gouvernement créé par la Constitution américaine?

4. Synthétiser. « La création des États-Unis s'inspire largement des principes philosophiques des lumières. » Donnez trois exemples démontrant la véracité de cet énoncé, et deux exemples qui font ressortir les limites de l'application de ces principes dans la vie politique américaine.

La France révolutionnaire

OBJECTIFS D'APPRENTISSAGE

APRÈS AVOIR LU CETTE SECTION, VOUS SEREZ CAPABLE :

- DE DÉMONTRER COMMENT LE MOUVEMENT RÉVOLUTIONNAIRE FRANÇAIS S'INSPIRE DES IDÉAUX PROPAGÉS PAR LES LUMIÈRES ;

- DE DÉMONTRER QUE L'EUROPE ABSOLUTISTE N'EST PAS PRÊTE À ABSORBER LE RESSAC RÉVOLUTIONNAIRE ENGENDRÉ PAR LE TOURBILLON D'IDÉES NOUVELLES.

Pour plusieurs Européens, la révolution américaine démontre clairement que les principes philosophiques des lumières peuvent être mis en pratique et donner de nouvelles formes de gouvernement.

> **CHANGEMENTS** Motivés par l'exemple américain, dont la réussite est incontestable, et familiarisés avec les idées des lumières, que les philosophes ont largement popularisées, les Français cherchent à transformer les conditions sociales et politiques prévalant dans leur pays. La révolution de 1789 est le fruit de cette recherche.

Par contre, ailleurs en Europe, les souverains réagissent violemment, craignant que les bouleversements sociopolitiques causés par la Révolution française ne s'étendent à leur propre pays.

L'Ancien Régime

Pendant plus de cent ans, la France a été la nation la plus grande et la plus puissante d'Europe. Mais sous une apparente stabilité dort le ferment de la révolution. En 1789, Louis XVI perd en quelques mois son pouvoir en vertu de lois qu'il a lui-même promulguées, et les représentants élus par le peuple finissent par voter sa condamnation à mort. Les nouveaux dirigeants de la France élaborent ensuite une constitution et apportent de nombreuses réformes législatives. Un changement aussi radical du système politique fait croire à nombre de citoyens qu'ils entrent dans une nouvelle ère. C'est pourquoi ils désignent du nom d'*Ancien Régime* le gouvernement d'avant 1789.

Les trois états. Les causes de la Révolution sont complexes. Depuis le Moyen Âge, la société française est divisée en trois ordres distincts, appelés les trois états. Dès le milieu du 18ᵉ siècle, le mécontentement gronde dans toute la société, chaque ordre ayant des raisons particulières d'être insatisfait. L'Église catholique et son clergé constituent le premier état; les privilèges accordés au clergé et le fait qu'il soit exempté d'impôts irritent la population et aussi l'aristocratie. Celle-ci, qui forme le second état, n'est guère plus appréciée des gens, car elle jouit, elle aussi, d'énormes privilèges, dont celui d'imposer les paysans et de les soumettre à certaines obligations. Les aristocrates détiennent de surcroît les plus hauts postes au gouvernement et dans l'armée, qu'ils partagent cependant de plus en plus avec les membres de la haute bourgeoisie. Par leur position sociale dominante et l'ensemble des privilèges qu'ils détiennent, les membres des premier et second états réunissent donc en leurs mains presque tout le pouvoir et toute la richesse de la France.

Le reste des citoyens, l'immense majorité de la population en fait (96 %), forme le tiers état. Celui-ci est structuré selon une hiérarchie informelle, au haut de laquelle se trouve la classe moyenne, soit les bourgeois exerçant des professions comme celles de marchand, de manufacturier, de médecin ou d'avocat. Après eux viennent les ouvriers et les artisans. Les paysans qui travaillent la terre sont relégués au bas de l'échelle sociale française. Certains paysans, en achetant d'immenses terrains, deviennent très riches, mais la plupart des gens de cette classe vivent dans la misère. Accablés d'impôts, ils sont quand même tenus de payer des redevances à leurs seigneurs et aussi la *taille royale*, un impôt au profit du trésor du roi. Ils doivent en outre verser la *dîme*, qui représente le dixième de leurs revenus, à l'Église catholique.

Vers 1760, une situation économique difficile amplifie le mécontentement général. Les paysans, déjà écrasés par le fardeau des impôts, souffrent encore davantage lorsque le prix du pain monte en flèche à cause des mauvaises récoltes de blé. La famine se répand dans le pays. Les bourgeois, quant à eux, veulent obtenir un pouvoir politique égal à leur force économique et convoitent les prestigieux postes gouvernementaux et militaires réservés aux nobles. Enfin, la noblesse et le clergé, qui ont réussi à reprendre le pouvoir et l'influence que Louis XIV leur avait enlevés, cherchent à empêcher Louis XVI de les leur retirer de nouveau.

La crise financière. La cause immédiate qui déclenche la Révolution française est la crise financière qui secoue le pays, déjà très endetté depuis les guerres de Louis XIV. La guerre de Sept Ans et le soutien que la France a apporté à la révolution américaine ont fait augmenter la dette de l'État. Louis XVI emprunte sans compter aux banques pour faire fonctionner le gouvernement.

En 1787, les banquiers refusent de continuer à prêter au gouvernement. La catastrophe financière est imminente. À contrecœur, Louis XVI décide de convoquer à Versailles, en mai 1789, les **États généraux**, qui regroupent des représentants des trois états. Le roi espère obtenir l'approbation des États généraux à une hausse des impôts qu'il entend décréter.

Chacun des trois états veut évidemment se tailler une meilleure place sur l'échiquier politique en dépossédant la monarchie d'une partie de ses pouvoirs. Cette situation dégénère inévitablement en un affrontement dont l'issue est on ne peut plus incertaine.

Figure 8.13
En 1789, les membres des États généraux se pressent devant le roi Louis XVI.

La révolution

Fondant de grands espoirs dans cette convocation, le tiers état est d'abord déçu par la rencontre des États généraux, car ses principales demandes contenues dans les *cahiers de doléances* (cahiers contenant les demandes de réformes des intervenants) restent lettre morte. Le tiers état réclame, entre autres, la suppression des ordres à l'Assemblée et le doublement des députés du tiers état, alors que l'aristocratie soutient le vote par ordre. Désireux de conserver leurs privilèges, le premier et le second états tentent de faire échec aux prétentions du tiers état. L'Assemblée se retrouve donc dans une impasse durant un certain temps. Mais, bientôt, grâce à l'appui de quelques membres du premier état, les délégués du tiers état se déclarent *Assemblée nationale* et jurent d'écrire une constitution pour la France. Ils sont suivis dans cette voie par une majorité du clergé et la minorité libérale de la noblesse.

Indigné, Louis XVI procède à la clôture immédiate de la séance. Les délégués s'enfuient dans un édifice voisin abritant un jeu de paume (ancêtre du tennis). Là, ils prêtent le *serment du Jeu de paume*, jurant de ne pas se séparer tant qu'ils n'auront pas écrit la constitution. Force est au roi de reconnaître l'Assemblée nationale qui, soutenue par le peuple, assume le pouvoir, substituant ainsi une monarchie constitutionnelle à un régime absolutiste. Quelques semaines plus tard, le 14 juillet 1789, craignant que les troupes royales n'écrasent l'Assemblée nationale et cherchant des armes pour la défendre, le peuple de Paris s'empare de la *Bastille*, ancienne forteresse militaire devenue prison d'État, symbole de l'arbitraire de la monarchie absolue.

Les troubles dans Paris aggravent la crise qui s'étend jusque dans les campagnes. Au cours de l'été de 1789, les paysans de la France entière vivent la **Grande Peur**. Au fur et à mesure qu'ils se répandent, les récits des soulèvements populaires dans Paris et dans les autres villes s'amplifient. Les faits sont exagérés et, partout, les gens finissent par croire à une conspiration de l'aristocratie et à une réaction des nobles contre le tiers état. La nourriture manquant cruellement dans les campagnes, la colère des paysans grandit. Excités par les rumeurs et talonnés par la peur, plusieurs d'entre eux se révoltent contre leurs seigneurs ; ils pénètrent dans les demeures somptueuses, terrorisent les aristocrates, détruisent les biens et brûlent les registres pour faire disparaître les documents relatifs à leurs dettes. Toute la France est en révolution.

CHANGEMENTS Plusieurs membres de l'Assemblée nationale sont convaincus que le seul moyen d'enrayer cette violence est de supprimer l'injustice et l'oppression qui l'ont causée. Le 4 août 1789, ils abolissent donc la féodalité, mettant ainsi fin aux privilèges du premier et du second états. L'Assemblée adopte ensuite la *Déclaration des droits de l'homme et du citoyen*, le 26 août. Fortement influencé par la charte anglaise des droits, par la pensée «rousseauiste» et par la Déclaration d'indépendance américaine, ce document sauvegarde les trois principes de la Révolution française, soit «Liberté, Égalité, Fraternité» (devise de la France). En 1791, l'Assemblée nationale adopte la première constitution, qui restreint les pouvoirs du roi et institue l'Assemblée législative.

La nouvelle constitution ne concrétise pourtant pas tous les idéaux énoncés dans la Déclaration des droits de l'homme. En 1791, la révolutionnaire et auteure dramatique Olympe de Gouges écrit une *Déclaration des droits de la femme et de la citoyenne* dans laquelle elle demande à l'Assemblée de reconnaître aux femmes les mêmes droits qu'elle reconnaît aux hommes. Mais l'Assemblée refuse de laisser participer les femmes à la vie politique et interdit également aux juifs l'accès aux charges publiques. En donnant le droit de vote aux seuls Français mâles âgés de plus de vingt-cinq ans et payant des impôts selon un certain seuil, l'Assemblée replace les rênes de la vie politique entre les mains des riches. Le nouveau gouvernement entre en fonction en octobre 1791, mais se maintient moins d'un an.

La France en guerre. Les autres monarques européens sont bouleversés par les événements qui se déroulent en France. L'empereur Léopold II d'Autriche, le frère de Marie-Antoinette, épouse du roi de France, et le roi Frédéric-Guillaume II de Prusse en appellent à la restauration de Louis XVI sur le trône.

En avril 1792, l'Assemblée législative vote presque à l'unanimité une déclaration de guerre à l'Autriche. Aussitôt, les troupes autrichiennes et prussiennes envahissent la France et se dirigent vers Paris, déclenchant des soulèvements populaires dans la ville. Un groupe de radicaux s'empare alors du gouvernement municipal (Commune légale, instaurée en 1789, après la prise de la Bastille) et met sur pied la Commune insurrectionnelle.

La France républicaine

Vers la fin de 1792, la Convention nationale, qui remplace l'Assemblée législative, présente une nouvelle constitution comportant, cette fois, le *suffrage restreint*, c'est-à-dire le droit de vote réservé à certains citoyens mâles. La Convention nationale gouverne la France pendant trois ans, au cours desquels elle proclame la fin de la monarchie et le début de la Première République. Elle trouve Louis XVI coupable de complot contre la nation et le fait guillotiner en 1793.

Entre-temps, l'armée française a non seulement arrêté les Autrichiens et les Prussiens, mais elle a aussi réussi à envahir les Pays-Bas autrichiens. C'est à ce moment que la Convention nationale déclare que les armées françaises porteront la révolution partout et libéreront tous les peuples d'Europe. En 1793, toute la France est sur le pied de guerre.

CHANGEMENTS CONTINUITÉ Cette volonté d'exporter la révolution alarme tous les monarques européens. La Grande-Bretagne, la Russie, l'Espagne, la Sardaigne et les Deux-Siciles s'allient pour former la première coalition contre la France. Elles chassent les troupes françaises des Pays-Bas autrichiens et envahissent la France une fois de plus.

La Terreur (1792-1794). Les adversaires du mouvement révolutionnaire ne sont pas tous à l'extérieur du pays. Plusieurs membres de la noblesse et du clergé supportent encore l'Ancien Régime. En 1792, pour conjurer le danger de révoltes intestines, la Convention nationale déclare l'état d'urgence et confie au Comité de salut public la défense du nouveau régime. Ce comité met rapidement en place un programme de répression brutale pour faire taire tous les critiques de la République. Durant cette période, la guillotine est fréquemment utilisée, souvent de façon arbitraire.

Un tribunal révolutionnaire arrête, juge et exécute sans discontinuer les citoyens, souvent sur la base d'un simple soupçon. Marie-Antoinette est une de ses premières victimes, mais le tribunal se saisit aussi de toute personne, quel que soit son rang social, qu'il croit être déloyale envers la Révolution. Georges Jacques Danton et Maximilien Robespierre, deux radicaux de la Convention nationale et du Comité de salut public, envoient plusieurs de leurs adversaires politiques à la guillotine.

Robespierre fait supprimer tant de monde que même ses alliés le craignent. Ces derniers réussissent

Figure 8.14 Cette gravure montre Robespierre se débattant au moment où le bourreau lui pousse la tête dans la lunette de la guillotine.

bientôt à le discréditer : Robespierre est arrêté et guillotiné, le 28 juillet 1794. La **Terreur** prend fin avec sa mort. La Révolution française, sous l'impulsion du Tribunal criminel extraordinaire, s'est donc vite transformée en une répression brutale et sans discernement.

Le Directoire (1793-1799). La Terreur amène le gouvernement à prendre des dispositions pour redonner à la France sa stabilité politique. En 1795, la Convention nationale ratifie une autre constitution qui met en place, entre autres, un pouvoir exécutif confié à cinq directeurs. Le nom de Directoire est donné à ce gouvernement.

Même s'il dirige le pays pendant quatre ans, le Directoire déplaît à la très grande majorité des Français. Les directeurs se querellent et ne s'entendent guère sur les réformes à entreprendre. Devant leur incapacité à redresser la situation économique de la France, les foules manifestent leur mécontentement. Le Directoire devient rapidement aussi impopulaire que l'Ancien Régime et tombe en discrédit.

En 1799, les directeurs sont destitués. Des soldats entourent le siège du gouvernement et forcent presque tous ceux qui s'y trouvent à sortir (*coup d'État* du 9 novembre 1799, ou le 18 Brumaire, selon le calendrier républicain). Ceux qui restent remettent le pouvoir à trois consuls, dont un est jeune général : Napoléon Bonaparte. Il a trente ans.

1. Définir *les termes suivants :*

- *Louis XVI*
- *États généraux*
- *Assemblée nationale*
- *Grande Peur*
- *Georges Jacques Danton*
- *Terreur*
- *Ancien Régime*
- *cahiers de doléances*
- *serment du Jeu de paume*
- *suffrage restreint*
- *Maximilien Robespierre*
- *Napoléon Bonaparte*

2. Cerner l'idée principale. *Quelles sont les origines et les causes de la Révolution française ?*

3. Analyser. *Par quels moyens les révolutionnaires français tentent-ils de réformer le gouvernement ?*

4. Synthétiser. *Comment la Révolution française transforme-t-elle la société française ? Dans votre réponse, tenez compte des groupes sociaux suivants : (a) l'aristocratie et le clergé ; (b) la classe moyenne ; et (c) les paysans.*

Figure 8.15 *Le Sacre* (1805-1807), œuvre de Jacques Louis David, illustre le couronnement de Napoléon Ier et de Joséphine.

L'ère napoléonienne

OBJECTIFS D'APPRENTISSAGE

APRÈS AVOIR LU CETTE SECTION, VOUS SEREZ CAPABLE :

- DE DÉCRIRE COMMENT NAPOLÉON RÉTABLIT LA STABILITÉ EN FRANCE ;
- D'EXPLIQUER LA RÉACTION EUROPÉENNE À L'EXPANSION CONTINENTALE DE LA FRANCE.

Après le radicalisme de la Terreur, la France aspire à une plus grande stabilité. Elle se tourne alors vers un jeune général, Napoléon Bonaparte. En quelques années seulement, Napoléon donne à la France un empire, se fait proclamer empereur et réforme de fond en comble la société et le gouvernement français. Grâce à son génie militaire et politique, il recule les frontières occidentales de l'empire français. Napoléon parvient à mener à bien les réformes de la Révolution française à travers tout le continent, mais est incapable de redonner une unité politique à l'Europe.

Les stratégies de Napoléon

Dominateur et dévoré d'ambition, Napoléon Bonaparte est un des plus grands généraux de tous les temps. Né en 1769 en Corse, il étudie dans les écoles militaires françaises. Sa tactique sur les champs de bataille, qui témoigne de son génie en la matière, consiste à déplacer rapidement ses troupes et à les masser aux endroits critiques. Cette stratégie lui donne un net avantage sur ses adversaires.

Bonaparte acquiert de l'expérience et une renommée certaine durant la guerre contre l'Autriche. Dès 1797, il a réussi à étendre le territoire français en reprenant aux Autrichiens une partie du nord de l'Italie. L'année suivante, il lance une expédition militaire contre l'Égypte, mais l'amiral Horatio Nelson, commandant en chef de la marine anglaise, coule la flotte française, coupant ainsi toute retraite à Napoléon et à son armée. Après une année de combats acharnés, Bonaparte laisse finalement son armée, coincée en Égypte, et rentre en France.

Le pays est en état de crise. La Grande-Bretagne, l'Autriche et la Russie, appuyées par la Turquie et les Deux-Siciles, ont formé une deuxième coalition contre la République française, et le mécontentement populaire est à son comble. Lorsque le Directoire tombe, en 1799, Bonaparte rétablit l'ordre dans le pays et prend les rênes du gouvernement. Remettant à l'honneur les titres de l'ancienne république romaine, il institue le **Consulat** et est nommé premier consul.

En 1804, l'ambition du premier consul a encore grandi. Il fait tenir un référendum au cours duquel le peuple « vote » pour que la France soit désormais considérée comme un empire et il prend le titre d'empereur sous le nom de Napoléon Ier.

Figure 8.16 **Napoléon Bonaparte**

Nombreux sont les gens qui accueillent favorablement sa dictature, car elle est prometteuse de stabilité. Napoléon entreprend bientôt de restructurer et de centraliser l'administration française de façon à se donner un pouvoir illimité. À l'instigation de l'empereur, les spécialistes révisent toutes les lois et les fondent en un nouveau code, le

Code Napoléon, en vigueur au Québec, dans une version modifiée, jusqu'en 1990. Napoléon crée une institution financière centrale, la Banque de France, et son gouvernement met sur pied un système scolaire public comprenant des écoles primaires, secondaires et techniques, ainsi que des universités. De plus, il institue au sein du gouvernement une *méritocratie*, qui permet à chacun de gravir les échelons de l'administration grâce à son mérite personnel et non à cause de sa fortune ou de privilèges héréditaires.

Napoléon parvient aussi à atténuer les tensions existant entre le gouvernement et l'Église catholique depuis la Révolution. En 1801, il signe une entente avec le pape, appelée **Concordat**, qui reconnaît le catholicisme comme religion de la majorité des citoyens français sans pour autant abolir la tolérance religieuse garantie par la Déclaration des droits de l'homme. En contrepartie, l'Église renonce à ses droits de propriété en France.

Sur les champs de bataille, Bonaparte écrase la deuxième coalition contre la France et conquiert d'autres territoires en Italie et le long du Rhin. Lorsqu'il est sacré empereur, il semble avoir tenu ses promesses de rétablir la paix, grâce à ses victoires militaires, de stabiliser le gouvernement et de redonner à la France sa prospérité économique.

L'empire napoléonien (1804-1815). Le pouvoir grandissant de Napoléon constitue une menace pour les autres pays européens. Lorsque les Britanniques comprennent que ses ambitions mettent en péril leur commerce, ils deviennent ses pires ennemis. En 1805, la Grande-Bretagne part de nouveau en guerre contre la France et, avec l'Autriche et la Russie, forme la troisième coalition.

En décembre de la même année, l'empereur des Français écrase les armées russe et autrichienne à Austerlitz, au nord de Vienne. La troisième coalition s'effondre peu après. Ses victoires militaires permettent à Napoléon de bâtir un immense empire en Europe.

En 1808, il est maître de l'Europe. L'empire français englobe la Belgique, les Pays-Bas et certaines parties de l'Italie. Dès 1806, Napoléon a démantelé le Saint Empire romain germanique pour le remplacer par la *Confédération du Rhin*, une ligue d'États allemands dont il se fait le protecteur. Le dernier Habsbourg à la tête du Saint Empire, Frédéric II, doit renoncer à son titre d'empereur d'Allemagne et prendre celui d'empereur d'Autriche. Partout où l'armée française passe, elle met en vigueur le Code Napoléon.

CONTINUITÉ & CHANGEMENTS À leur insu, les Français exportent hors de leurs frontières les fondements de la révolution. Bouleversant l'ordre politique de la Confédération germanique, qui succède à la Confédération du Rhin en 1815, l'impact social de cette réforme provoquera l'éclosion des révolutions libérales de 1830 et de 1848 dans différents États (France, Allemagne, Autriche, Italie, Hongrie et Pologne) ce qui mettra un terme au règne de la vieille aristocratie européenne.

Même si Napoléon règne sur presque toute l'Europe, le temps finit par jouer en faveur de ses ennemis. Déjà une quatrième coalition s'est formée en 1806 (Russie, Angleterre, Prusse) et les armées des adversaires de l'empereur deviennent plus coriaces. Les généraux qui s'opposent à lui sur les champs de bataille imitent ses tactiques de déplacements et de regroupements rapides des troupes.

La chute de Napoléon. Avec la plus grande armée que Napoléon ait jamais rassemblée (un demi-million d'hommes), les Français envahissent la Russie en 1812. Au début, l'armée française va de succès en succès, atteignant Moscou le 14 septembre et l'occupant jusqu'au 19 octobre. Mais le rude hiver qui arrive et la hargne des soldats russes ont tôt fait d'anéantir la fière armée napoléonienne. Elle se retire de Russie, poursuivie par l'armée ennemie, dans des conditions épouvantables. Seuls quelque cent mille hommes survivent à la campagne de Russie.

Cette défaite catastrophique annonce la fin de l'empire napoléonien. En 1814, les forces alliées de Grande-Bretagne, d'Autriche, de Russie, de Prusse et de Suède (sixième coalition) écrasent l'arrivée de Napoléon et, en avril, il abdique.

Après vingt-cinq ans de guerre et de changements constants de gouvernement, la France est épuisée. L'ancien ministre des affaires étrangères de Napoléon, Charles Maurice de Talleyrand, se charge de rétablir les Bourbons sur le trône. Louis XVIII, un des frères de Louis XVI, signe la Charte constitutionnelle, qui instaure une monarchie constitutionnelle, dans le seul but de plaire aux Français. Mais il reprend rapidement les manières autoritaires de sa famille et le mécontentement gronde dans la population. Une opposition bonapartiste s'organise alors contre le roi. Au début de mars 1815, Napoléon réussit à s'échapper de l'île d'Elbe, où il est exilé, et, avec une petite troupe, marche sur Paris. Son entrée triom-

L'empire napoléonien, 1805-1815

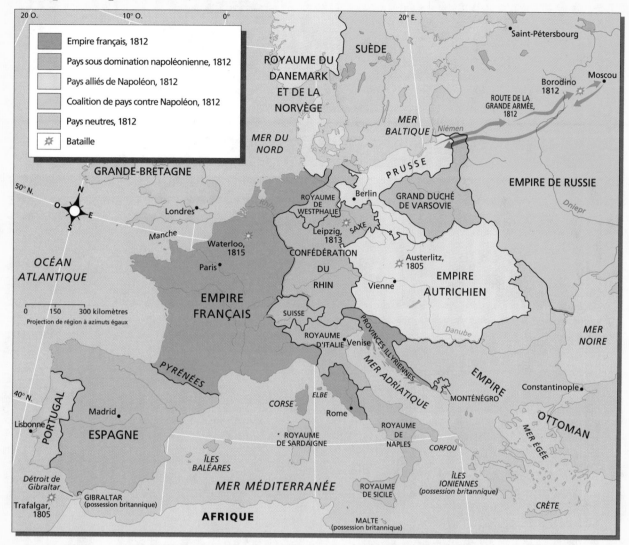

Les conquêtes napoléoniennes. Grâce à ses conquêtes militaires et à ses alliances diplomatiques, Napoléon assure sa domination sur la presque totalité de l'Europe occidentale.

? *Décrire les déplacements et les progressions. Quel pays arrête la progression de Napoléon vers l'est?*

---

phale dans la ville fait fuir Louis XVIII, qui s'exile à son tour. Ainsi commence la dernière tentative de Napoléon pour restaurer l'empire. C'est cette courte période qui est appelée les **Cent-Jours.**

Les alliés qui ont défait l'empereur en 1814 s'empressent de rassembler leurs troupes. À Waterloo, le 18 juin 1815, le duc de Wellington, un commandant britannique, écrase, grâce à l'aide de l'armée prussienne, les forces napoléoniennes et met fin aux Cent-Jours. Louis XVIII revient au pouvoir et les Anglais exilent Napoléon à Sainte-Hélène, petite île de l'Atlantique Sud, où il vit jusqu'à sa mort, en 1821.

EXERCICES

1. Définir les termes suivants :
- *Consulat*
- *méritocratie*
- *nationalisme*
- *duc de Wellington*
- *Code Napoléon*
- *Concordat*
- *Cent-Jours*

2. Cerner l'idée principale. Comment Napoléon raffermit-il la France?

3. Synthétiser. Comment Napoléon réforme-t-il la société française? Dans votre réponse, tenez compte des éléments suivants : (a) le Code Napoléon; (b) le Concordat; et (c) la création d'une méritocratie.

HÉRITAGES : QUE NOUS ONT-ILS LÉGUÉ ?

Sociétés	Vie politique	Vie matérielle	Société/Arts/Culture	Économie	Science et techniques
Europe	• Naissance d'une nouvelle nation **Déclaration d'indépendance des États-Unis d'Amérique** (1776) *197* • **La Nouvelle-France** devient possession britannique. *194* • Apparition du principe de **despotisme éclairé** *192* • France - Révolution française (1789) - Rédaction d'une **constitution** couplée à des réformes législatives *201* • Avènement de Napoléon Bonaparte *203* • Essor de la **Prusse** *193* • Naissance de la Grande-Bretagne **(Royaume-Uni)** *193*	• Les femmes prennent de plus en plus d'importance dans la diffusion des lumières en tenant des **salons**. *188*	• Malgré leur influence grandissante grâce à l'esprit de réformes, les femmes voient leur cause stagner. Le **Code Napoléon** (1804) est une véritable régression au chapitre du statut et des droits des femmes. *204* • **Mary Wollstonecraft** revendique l'égalité des droits entre hommes et femmes. *189* • Les **lumières** proposent une nouvelle vision du monde. *187-188* • L'**Encyclopédie** diffuse dans toute l'Europe la somme des connaissances de l'époque. *188* LITTÉRATURE • **Montesquieu, Voltaire, Beccaria, Diderot, Rousseau** bouleversent le monde des idées. *188, 191* MUSIQUE • **Haendel, Vivaldi, Bach et Mozart** redéfinissent l'univers musical *190*	• **Propagation de la notion de libre entreprise. Adam Smith** élabore une théorie selon laquelle toute activité économique repose sur l'offre et la demande et sur la concurrence. *192*	• Le 18ᵉ siècle est une période d'effervescence. Progressivement, technique et science se rapprochent, la première puisant abondamment dans la seconde. Voir le tableau 8.1 pour un rappel des progrès scientifiques et techniques de cette période. *187*

Révision

RÉDIGER UN RÉSUMÉ

En retenant les points essentiels du texte, rédigez un court résumé du chapitre.

RÉVISER LA TERMINOLOGIE

Faites correspondre aux termes suivants la définition qui convient à chacun.

a) philosophe

b) Assemblée nationale

c) Déclaration d'indépendance

d) loi naturelle

e) déisme

f) L'Encyclopédie

g) Olympe de Gouges

h) Confédération du Rhin

i) Cesare Beccaria

1. Groupe composé de représentants du tiers état et de quelques représentants du premier état.

2. Penseur du Siècle des lumières.

3. Concept expliquant qu'un système de lois régit l'univers.

4. Document marquant la fin de l'appartenance coloniale d'un État.

5. Juriste italien prônant l'adoption d'un droit préventif plutôt que prescriptif.

6. Auteure d'origine française préconisant l'adoption de droits égalitaires entre l'homme et la femme.

7. Recueil de tout le savoir humain publié au milieu du 18e siècle.

8. Rassemblement d'États allemands constitué par Napoléon Ier.

9. Croyance selon laquelle Dieu serait le Créateur d'un univers rationnel.

RÉVISER LA CHRONOLOGIE

Dressez la liste des événements suivants en respectant l'ordre chronologique.

1. Les citoyens de Paris s'emparent de la Bastille.

2. La guerre de Sept Ans éclate.

3. La signature du traité de Versailles met fin à la guerre d'indépendance américaine.

4. Des colons en colère jettent dans le port de Boston une cargaison de thé.

5. L'armée napoléonienne est défaite à Waterloo.

6. Parution du Journal des Savants.

7. Marie-Thérèse rend l'instruction primaire accessible à tous.

8. Johann Sebastian Bach redéfinit l'art de la fugue.

COMPRENDRE LES IDÉES PRINCIPALES

1. Comment Napoléon transforme-t-il la société européenne?

2. Que signifie le terme «lumières»?

3. Quels facteurs permettent aux colonies britanniques d'Amérique du Nord de devenir indépendantes?

4. Comment les lumières influencent-elles les révolutions américaine et française?

5. Quelles sont les causes de la Révolution française?

EXERCER SON SENS CRITIQUE

Comparer et opposer. Quelles similitudes existe-t-il entre la Révolution française et la révolution américaine? Pourquoi leur aboutissement est-il différent? Quels sont les facteurs responsables de cette différence?

Chapitre 9
La révolution industrielle : un monde en mutation

Objectifs d'apprentissage

APRÈS AVOIR LU CE CHAPITRE, VOUS SEREZ CAPABLE :
- D'EXPLIQUER POURQUOI LA GRANDE-BRETAGNE EST LE BERCEAU DE L'INDUSTRIALISATION ;
- D'ÉVALUER LES CONSÉQUENCES POLITIQUES, SOCIALES ET ÉCONOMIQUES DE CE MOUVEMENT ;
- DE COMPARER LA PREMIÈRE ET LA SECONDE PHASE DE LA RÉVOLUTION INDUSTRIELLE.

$\mathcal{L}$e 18e siècle n'est pas seulement une époque de révolutions politiques et sociales, mais il marque aussi le début d'une révolution économique. La Grande-Bretagne, puis l'Europe, l'Amérique du Nord et, enfin, d'autres régions, passent d'une économie essentiellement fondée sur la production agricole à une économie dont la base est en grande partie la production industrielle. Cette évolution est échelonnée sur plusieurs années et porte le nom de révolution industrielle. Elle est le produit de plusieurs facteurs, notamment la croissance de la population, des méthodes de production agricoles plus efficaces, une augmentation de la demande de biens manufacturés, des attitudes différentes par rapport à la prospérité et à la création de la richesse, et les nouvelles technologies.

Figure 9.1 En Angleterre, les curieux se pressent pour voir arriver le train.

Les origines de la révolution industrielle

OBJECTIFS D'APPRENTISSAGE

APRÈS AVOIR LU CETTE SECTION, VOUS SEREZ CAPABLE :

- D'EXPLIQUER POURQUOI LA GRANDE-BRETAGNE EST LE BERCEAU DE LA RÉVOLUTION INDUSTRIELLE ;

- D'ÉVALUER L'IMPACT DE LA RÉVOLUTION AGRICOLE ;

- DE DÉCRIRE LES MUTATIONS PROFONDES QUI BOULEVERSENT L'INDUSTRIE TEXTILE ET D'ÉVALUER LES PROFONDES TRANS-FORMATIONS SOCIALES ET ÉCONOMIQUES VÉCUES PAR LES TRAVAILLEURS DE CE SECTEUR ;

- D'ÉNUMÉRER LES COMPOSANTES FONDAMENTALES DE LA RÉVOLUTION INDUSTRIELLE.

Jusqu'en 1700, les principales sources d'énergie motrice résident dans la force de l'homme et des animaux, et dans celle de l'eau et du vent. Mais, à l'aube du 18ᵉ siècle, les hommes commencent à changer les conditions fondamentales de leur existence en apprenant à maîtriser de nouvelles sources d'énergie, la vapeur par exemple, qui permettent d'actionner les machines. Cette intense période de développements technologiques, appelée *révolution industrielle*, prend naissance en Grande-Bretagne ; celle-ci est favorisée par une conjonction unique de facteurs géographiques et historiques.

Les avantages géographiques. L'eau est un des grands atouts de la Grande-Bretagne, protégeant l'île de ses ennemis alors que la guerre fait rage sur le continent européen. À l'intérieur du pays, les cours d'eau navigables facilitent le transport des matières premières et des produits usinés. Dès 1760, quelques entrepreneurs innovent en construisant un réseau de canaux reliant les fabricants à leurs marchés de consommateurs. Les cours d'eau constituent aussi une source d'énergie capable de transformer les roues hydrauliques en moulins à grain et, par la suite, de faire fonctionner des machines à filer le coton.

Une autre caractéristique importante du territoire anglais est sa richesse en charbon et en fer. Le peu de profondeur des gisements de charbon offre d'excellentes conditions d'extraction du combustible. De plus, les cours d'eau à proximité des bassins *houillers* constituent un moyen tout désigné pour le transporter, sans compter que l'adjonction de canaux navigables permet de ravitailler aussi l'intérieur du pays. De riches gisements de fer avoisinent souvent les mines de charbon ; le minerai est transporté de la même façon que le charbon, empruntant le réseau des cours d'eau et des canaux.

Les autres avantages. En plus de ses richesses naturelles, la Grande-Bretagne jouit aussi de l'avantage que procure la stabilité politique. Après la guerre civile des années 1640 et la révolution de 1688 (*Glorious Revolution*), la loi anglaise protège mieux les individus et leur droit à la propriété. Les *entrepreneurs*, qui risquent leur fortune en investissant dans les nouvelles technologies ou les nouvelles entreprises commerciales, ont dorénavant la certitude qu'aucun pouvoir ne les privera illégalement de leurs profits. Sur le plan sociologique, l'éthique protestante favorise l'éclosion d'une nouvelle vision du travail et des rapports que l'homme entretient avec celui-ci ; désormais, le travail et l'effort deviendront des vertus (grâce auxquelles il est possible d'accumuler du capital) vers lesquelles tous tendront ; cette nouvelle relation entre l'homme et le travail atteindra son apogée au 19ᵉ siècle, lors de l'éclosion du puritanisme.

De plus, l'Angleterre possède un immense empire commercial outre-mer, dont elle protège les voies d'accès. Elle développe également un important réseau commercial dans divers autres pays, qui lui fournissent à la fois des matières premières et des marchés pour écouler ses marchandises. La marine marchande britannique fait fonctionner le commerce du pays, sous la protection de la marine militaire de Sa Majesté. Par ailleurs, les marchands anglais pratiquent depuis longtemps le *capitalisme*, c'est-à-dire l'investissement de capitaux ou de biens privés dans le but d'en retirer plus d'argent ou de biens et ainsi, d'encaisser un profit.

> **CHANGEMENTS** La Grande-Bretagne met aussi sur pied un système bancaire qui permet le réinvestissement, dans de nouvelles entreprises, des profits tirés du commerce ou de l'agriculture, contrairement à la situation dans d'autres pays européens où les gens *thésaurisent* leurs richesses plutôt que de les réinvestir dans des secteurs qui favoriseraient l'essor des économies nationales.

La croissance de la demande. Si tous ces facteurs entraînent l'Angleterre dans une phase de développement industriel, le déclencheur proprement dit de la révolution industrielle est la demande de plus en plus grande de produits manufacturés. Depuis que les Européens se sont aventurés outremer, aux 15ᵉ et 16ᵉ siècles, la demande de vêtements, d'outils agricoles et d'armes, entre autres, n'a cessé de croître.

Sur le territoire anglais même, ces nouveaux produits sont de plus en plus en demande en raison de la croissance de la population et d'une production agricole abondante qui provoque une diminution du coût des aliments.

> **CONTINUITÉ & CHANGEMENTS** L'augmentation de la population anglaise se traduit par une demande accrue de biens, et la diminution du coût des aliments procure aux gens des surplus d'argent permettant d'acheter des vêtements ou d'autres produits manufacturés. Devant cette augmentation de la demande, de nombreux entrepreneurs comprennent qu'ils peuvent empocher d'énormes profits s'ils arrivent à inventer des moyens de production plus efficaces.

Disponibilité des matières premières, stabilité politique, accès aux marchés et demande croissante de produits manufacturés font donc de la Grande-Bretagne le berceau idéal de la révolution industrielle.

L'industrialisation de l'agriculture

Au début du 18ᵉ siècle, la *révolution agricole* contribue à l'éclosion de la révolution industrielle et, à l'instar de cette dernière, elle découle en grande partie de l'expansion européenne à l'extérieur du continent. L'importation de cultures américaines, comme la pomme de terre et le maïs, fait augmenter les stocks alimentaires de l'Europe et amène les individus à inventer de nouvelles façons de cultiver la terre.

Les nouveaux procédés agricoles. Jusqu'en 1700, l'*agriculture à champs ouverts* est pratiquée : les terres non clôturées sont divisées en lopins que les paysans cultivent. Environ le tiers de la terre est laissé en jachère, pour conserver la fertilité du sol, tandis qu'une autre partie des champs sert de vaine pâture où chacun peut, à son gré, faire paître son bétail.

Au 17ᵉ siècle, plusieurs fermiers hollandais entreprennent de changer ces procédés traditionnels. Pendant des siècles, la population de la Hollande s'est accommodée d'un espace relativement restreint. Mais à cause de l'essor du commerce et de la créa-

tion, au 17ᵉ siècle, d'un vaste empire commercial, les gens ont afflué vers les villes. Ce déplacement de population provoque une pénurie de vivres : les fermiers hollandais doivent alors apprendre à tirer davantage de leurs terres. Ils drainent les régions marécageuses et construisent des digues pour arracher des terres à la mer. Ils apprennent également à se servir du fumier et de la culture du navet et du trèfle pour redonner sa fertilité au sol.

Une approche plus scientifique. Les Anglais copient bientôt les procédés agricoles de la Hollande. Au début du 18ᵉ siècle, par exemple, Charles Townshend (1674-1738), ex-ambassadeur aux Pays-Bas, emploie sur ses terres la technique de *rotation des cultures*, semant en alternance céréales et plantes à racine comestible, comme la pomme de terre et le navet. Mieux nourris grâce à ces légumes, les animaux de la ferme sont en meilleure santé.

Impressionnés par la réussite de Townshend, d'autres fermiers anglais adoptent une approche plus scientifique qu'auparavant de l'agriculture. Jethro Tull, par exemple, invente le **semoir mécanique** en 1701. Grâce à ce semoir, il est en mesure d'utiliser les graines de façon plus efficace, car il les plante dans des sillons bien alignés et creusés à la bonne profondeur, au lieu de les jeter à la volée sur une grande surface. Tull se rend également compte que les cultures poussent mieux si les rangées entre les sillons sont débarrassées des mauvaises herbes. Pour extirper ses légumes des champs, Tull invente la charrue à biner tirée par des chevaux.

Les *enclosures*. Tous ces nouveaux procédés sont fort profitables aux agriculteurs. Par contre, plus ils s'en servent, plus ils constatent que le système des champs ouverts comporte des inconvénients. Depuis

Figure 9.2 Illustration du mode d'emploi du semoir mécanique inventé par Jethro Tull, en 1701

le 16ᵉ siècle, certains propriétaires terriens anglais ont rassemblé de grandes terres qu'ils ont entourées de haies. Au début, ces clos, ou *enclosures*, servent à augmenter le nombre de pâturages où il est possible d'élever les moutons pour leur laine. Désireux de tirer profit des nouveaux procédés agricoles, les propriétaires clôturent alors encore plus de terres. Vers 1830, presque toute la campagne anglaise est compartimentée en lots séparés par des haies ou des clôtures.

Dès qu'un fermier élève une clôture, il lui faut payer des droits et planter des haies pour séparer sa propriété de celle de son voisin. Ces dépenses sont souvent trop lourdes pour les petits cultivateurs : ils deviennent alors des ouvriers agricoles dépossédés de leurs terres ou bien ils abandonnent leur patrimoine et quittent les campagnes pour les villes. Ces paysans sont remplacés par une classe prospère de fermiers-locataires qui louent de vastes étendues cultivables aux propriétaires terriens. Dorénavant, ces nouveaux fermiers-locataires et les ouvriers agricoles doivent travailler pour obtenir un salaire au lieu de simplement produire pour nourrir leur famille. Même si le phénomène des *enclosures* réduit le nombre de propriétaires, il contribue à accroître l'efficacité et la productivité des agriculteurs anglais. Tout comme le commerce, l'agriculture devient une entreprise industrielle. L'amélioration des exploitations agricoles a un effet positif sur la quantité de denrées produites, ce qui permet aux familles d'être plus nombreuses et mieux nourries. L'espérance de vie augmente, entraînant une croissance continue de la population.

L'industrie textile

L'industrie textile est la première à ressentir les effets de la révolution industrielle. Depuis le Moyen Âge, les gens fabriquent les étoffes à domicile. Ce système de *production artisanale* fonctionne assez simplement. Les marchands achètent de la laine chez les éleveurs de mouton, la distribuent aux villageois et aux citadins qui, durant les mois d'hiver, la nettoient, la filent ou la tissent. Puis les marchands recueillent les tissus pour les vendre à profit. Ce

Carte 9.1

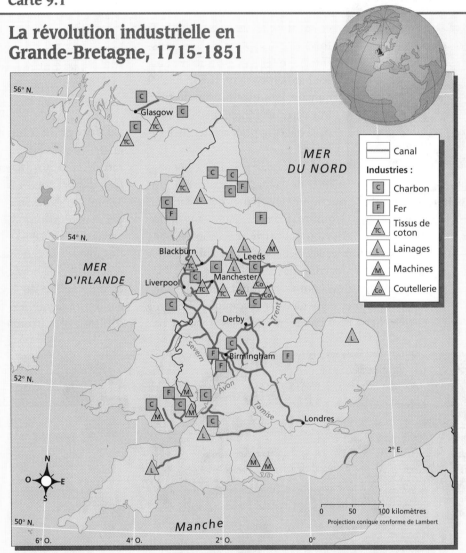

La révolution industrielle en Grande-Bretagne, 1715-1851

La répartition géographique de l'industrialisation. Les régions les plus industrialisées de Grande-Bretagne se développent près des riches gisements de charbon et à proximité des cours d'eau navigables. Dans les régions où il n'y a ni fleuve ni rivière, les entreprises privées creusent des canaux pour relier leurs usines aux grands marchés.

? *Localiser. Quelle région de l'Angleterre est la plus grande productrice de tissus de coton aux 18ᵉ et 19ᵉ siècles ?*

système rapporte bien, car les coûts de production sont faibles, la plupart des familles possédant déjà un rouet et la majorité des villages, un métier à tisser. Mais la production artisanale est bientôt complètement dépassée par une demande trop grande d'étoffes. La situation empire vers la fin du 18ᵉ siècle. C'est à ce moment que les cotonnades, fabriquées à partir du coton produit en quantité et à un coût presque nul par les esclaves des plantations américaines, connaissent une très grande popularité.

En 1768, le tisserand James Hargreaves, établi dans la ville anglaise de Blackburn, invente la **machine à filer le coton**, faite de bois, mue par la force musculaire et capable de tisser huit fils à la fois. Elle remplace presque aussitôt le rouet. À la même époque, Richard Arkwright (1732-1792) conçoit un autre moyen de filer, une sorte de grande machine mue par l'eau et appelée **métier hydraulique**.

Figure 9.3
Richard Arkwright

Ces nouvelles machines font augmenter de façon spectaculaire la production et les salaires des tisserands. Nombre d'investisseurs dans la florissante industrie du coton pensent alors à transformer les métiers et les machines à filer afin de réduire les coûts de main-d'œuvre. En 1785, un prédicateur du nom de Edmund Cartwright invente le premier métier à tisser mécanique. Très gros et très chers, ces métiers mécaniques finissent par éliminer les emplois des tisserands. Tout comme les métiers hydrauliques, ces nouvelles machines n'ont de place que dans les grandes usines.

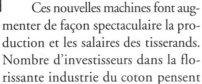

CHANGEMENTS Pressée par une demande de plus en plus grande, l'industrie textile a donc recours aux nouvelles technologies et devient la première industrie à produire en usine.

L'âge du fer et de la vapeur

Malgré l'ampleur des améliorations techniques dans l'industrie textile, la révolution industrielle conduira bientôt à des progrès encore plus spectaculaires. Alors que sont mécanisés le filage et le tissage, la machine à vapeur, dont l'utilisation changera le monde, fait son apparition dans l'industrie minière.

Le fer et le charbon. Dès 1700, les forêts anglaises sont largement déboisées, puisque le bois sert de combustible et est utilisé dans la construction des bateaux. La foresterie n'est donc plus apte à combler les besoins des industriels anglais, ce qui a des répercussions sur l'industrie du fer, en pleine expansion au 18ᵉ siècle. Pour fondre le minerai, les travailleurs de cette industrie se sont toujours servis du charbon de bois, obtenu par la combustion lente et incomplète du bois; lorsque la pénurie de ce combustible survient, les industriels cherchent une solution et la trouvent dans le charbon minéral.

En 1709, le métallurgiste Abraham Darby découvre que le remplacement du charbon de bois par le coke (résidu purifié de la houille) rend l'opération de fonte plus efficace et plus économique. En 1760, les hauts fourneaux fonctionnant au coke sont en usage partout en Grande-Bretagne.

La machine à vapeur. La demande de charbon ne cessant de croître, il faut en trouver davantage, donc creuser de plus en plus profondément pour l'extraire du sol. Mais, à une certaine profondeur, les mines se remplissent d'eau, qui doit être retirée à l'aide de seaux

Figure 9.4 Travailleurs entretenant les métiers à tisser mécaniques d'une grande usine textile anglaise, au début du 19ᵉ siècle

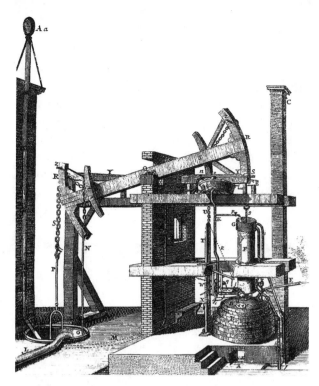

Figure 9.5 Schéma de 1727 illustrant la machine à vapeur perfectionnée par Thomas Newcomen

remontés à la surface par des hommes ou des animaux. Une pompe actionnée à la vapeur est inventée pour alléger et accélérer ce travail. Dès 1698, un officier de l'armée nommé Thomas Savery en conçoit une, puis il s'associe au mécanicien Thomas Newcomen et, ensemble, ils perfectionnent cette machine, qui devient d'usage courant en 1720. En 1769, le mécanicien écossais James Watt raffine le travail de Savery et de Newcomen, et fait breveter une machine à vapeur fonctionnant efficacement tout en étant beaucoup moins gourmande en combustible.

Autres progrès techniques. Les nouvelles machines à vapeur deviennent la principale source d'énergie dans plusieurs industries, notamment dans celles du textile, des brasseries, des raffineries de sucre et de la porcelaine. Mais, fait plus important encore, ces machines transforment l'industrie du fer. Grâce aux souffleries à vapeur, l'affinage de ce métal est de bien meilleure qualité après 1770. Vers 1780, le maître fondeur Henry Cort se sert aussi de la vapeur pour améliorer la fabrication du fer et faire fonctionner les laminoirs, capables de donner au métal affiné à peu près n'importe quelle forme.

Plus les différentes industries utilisent la vapeur comme source énergétique, plus les progrès techniques sont nombreux et ont des répercussions dans d'autres domaines. Par exemple, lorsque la vapeur

est utilisée pour faire fonctionner les métiers à tisser mécaniques, vers 1780, la demande de coton brut monte aussitôt en flèche. Même si les plantations du Sud américain réussissent à en produire en très grande quantité pour approvisionner les filatures anglaises, la récolte du coton et la séparation à la main des filaments soyeux des graines demeurent des tâches difficiles qui exigent beaucoup de temps et ralentissent la production. En 1793, l'Américain Eli Whitney invente l'**égreneuse de coton**, capable de séparer les filaments des graines de façon efficace et rapide.

Cette égreneuse contribue à améliorer la rentabilité de la production de coton dans le Sud américain. Les importations anglaises de coton des États-Unis et d'ailleurs passent de neuf millions de kilos, en 1761, à deux cent vingt millions de kilos, en 1815.

> **CHANGEMENTS** Au début du 19ᵉ siècle, la Grande-Bretagne est surnommée « l'atelier du monde » à cause de son industrie du coton extrêmement florissante et de sa capacité à fabriquer des produits en fer résistants et peu coûteux.

Bref, il est indéniable que le fer et la vapeur constituent les composantes fondamentales et essentielles de la révolution industrielle.

Figure 9.6 Ayant grandi à la ferme, Eli Whitney connaît bien les outils et les différents usages des machines. Il invente l'égreneuse de coton en 1793.

1. Définir les termes suivants :

- *révolution industrielle*
- *capitalisme*
- *agriculture à champs ouverts*
- *production artisanale*
- *métier hydraulique*
- *entrepreneur*
- *révolution agricole*
- *rotation des cultures*
- *semoir mécanique*
- *machine à filer le coton*
- *égreneuse de coton*

2. Cerner l'idée principale. Qu'est-ce qui rend possible la révolution industrielle ?

3. Cerner l'idée principale. Quelles répercussions la révolution agricole a-t-elle sur la Grande-Bretagne ?

3. Évaluer. Pourquoi la Grande-Bretagne est-elle un endroit propice à l'industrialisation ?

4. Formuler une hypothèse. D'après vous, comment l'industrialisation de l'Angleterre influence-t-elle les autres régions du monde ?

Les conséquences de l'industrialisation

OBJECTIFS D'APPRENTISSAGE

APRÈS AVOIR LU CETTE SECTION, VOUS SEREZ CAPABLE :

- D'ÉNUMÉRER QUELQUES-UNES DES CONSÉQUENCES SOCIALES DE L'INDUSTRIALISATION ;

- DE DÉCRIRE LES THÉORIES POLITIQUES QUI APPARAISSENT AUX 18ᴱ ET 19ᴱ SIÈCLES, ET D'EXPLIQUER LEURS PRINCIPALES THÈSES.

*U*ne fois bien implanté en Grande-Bretagne, à la fin du 18ᵉ siècle, le développement industriel transforme peu à peu la société. L'industrialisation enrichit plusieurs personnes et élève leur niveau de vie, mais elle n'a à offrir à la grande majorité de la population, surtout aux ouvriers en usine, que des conditions de vie très dures. Certains regrettent un passé où l'existence était plus simple que celle qu'ils vivent dorénavant. D'autres, convaincus que toute cette nouvelle technologie ne disparaîtra pas, tentent d'en adoucir les répercussions en proposant une nouvelle organisation sociale.

Les conséquences sociales de l'industrialisation

CONTINUITÉ **& CHANGEMENTS** L'introduction d'équipements fonctionnant à la vapeur transforme la façon de travailler. Pour la première fois, un grand nombre d'ouvriers se retrouvent tous ensemble à l'usine, au lieu de travailler à la maison.

Pour des salaires souvent ridicules, hommes, femmes et enfants doivent fournir quatorze heures de travail par jour, six jours par semaine. Au contraire de la situation qui prévalait à l'époque de la production artisanale, ou de celle existant toujours à la ferme, le rythme de travail n'est plus ajusté aux saisons. Il est désormais réglé par les machines, qui n'ont besoin d'aucun repos...

L'industrialisation modifie aussi la structure de la société. Les procédés agricoles améliorés et la production en masse d'outils pour cultiver la terre accroissent la production alimentaire qui, elle, favorise la croissance de la population. Au début du 19ᵉ siècle, par exemple, la Grande-Bretagne connaît une explosion démographique : en 1801, elle compte environ dix millions et demi d'habitants et, en 1851, elle en compte près du double. À la même

Figure 9.7 **Pollution de l'air à Leeds, en Angleterre, en 1885**

époque, l'*urbanisation* gagne aussi rapidement du terrain aux dépens de la vie rurale. Les villes des régions manufacturières grossissent plus vite que les autres. En 1851, la ville industrielle de Leeds compte treize fois plus d'habitants en 1801 et la population de Londres double presque durant la même période.

Les habitants du pays affluent vers les villes et, au début, les conditions de vie des ouvriers sont souvent très pénibles. Les nouveaux venus joignent les populations pauvres des villes et s'entassent dans des immeubles mal entretenus, construits si près les uns des autres qu'ils ne laissent pénétrer que peu de lumière et n'offrent aucune réelle ventilation. Dans les quartiers pauvres, les égouts à ciel ouvert charrient toutes sortes d'ordures et parfois même des carcasses d'animaux. À Londres, l'insalubrité est telle que les risques de maladies infectieuses sont incroyablement élevés.

Cependant, les travailleurs ne peinent pas tous dans les usines. L'équilibre des forces économiques reposant moins sur l'agriculture et davantage sur les industries, de nouveaux emplois apparaissent pour la classe moyenne. Les mouvements d'argent, l'écoulement des marchandises, la production manufacturière, les contentieux administratifs et commerciaux, l'accroissement des populations urbaines, la construction d'usines, entre autres, nécessitent la formation de banquiers, de commerçants, de fabricants, d'avocats, de médecins, d'ingénieurs, etc. Ces travailleurs procurent à leur tour d'autres emplois, comme ceux de domestiques, aux ouvriers non spécialisés.

Malgré l'âpreté des conditions, bien des gens préfèrent vivre en ville, où ils espèrent trouver du travail, plutôt qu'à la campagne, où la situation est souvent pire, le chômage dans les villages étant synonyme de pauvreté extrême. Ceux et celles qui ont un emploi en ville peuvent espérer améliorer leur niveau de vie puisqu'ils sont capables d'acheter à faible coût des produits manufacturés. Les villes sont aussi des lieux de divertissement dont les travailleurs spécialisés ont les moyens de jouir. La vie y est plus agréable, grâce aux parcs, aux matchs de football, aux concerts gratuits et aux petites balades en train. De tels avantages en amènent certains à croire que les citadins jouissent du point de vue de la santé et du confort d'une situation bien plus

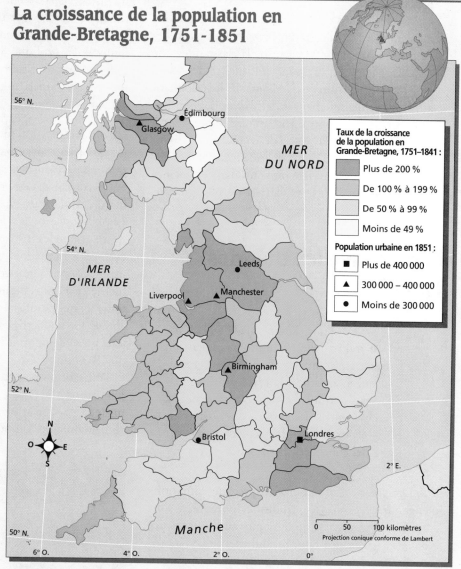

Carte 9.2

La croissance de la population en Grande-Bretagne, 1751-1851

Taux de la croissance de la population en Grande-Bretagne, 1751–1841 :
- Plus de 200 %
- De 100 % à 199 %
- De 50 % à 99 %
- Moins de 49 %

Population urbaine en 1851 :
- ■ Plus de 400 000
- ▲ 300 000 – 400 000
- ● Moins de 300 000

Une explosion démographique. La croissance phénoménale de la population de la Grande-Bretagne après 1751 produit un miracle économique dans ce pays en lui fournissant à la fois main-d'œuvre et consommateurs.

Localiser. *Combien de comtés britanniques connaissent une croissance démographique de plus de 200 % ?*

enviable que celle de la plupart des gens des campagnes.

Les conditions de vie de la classe moyenne sont meilleures et s'améliorent plus rapidement que celles de la classe ouvrière. Les gens de la classe moyenne ont l'argent nécessaire pour embaucher des serviteurs et faire instruire leurs enfants. Ils leur donnent ainsi de meilleures chances de trouver des emplois qui leur permettront, à leur tour, de continuer à évoluer dans leur classe sociale. Toutefois, les bienfaits de la révolution industrielle demeurent inaccessibles à la masse ouvrière œuvrant dans des usines et des fabriques où le travail est de plus en plus exigeant.

Les nouvelles théories politiques

CONTINUITÉ et CHANGEMENTS D'une certaine manière, la révolution industrielle est le prolongement de l'intérêt croissant accordé à l'univers matériel, qui a conduit à la révolution scientifique et aux lumières. Mais, contrairement à ces mouvements réservés à l'élite, la révolution industrielle a des répercussions sur toutes les couches de la société.

Dans leur effort pour s'adapter aux situations engendrées par cette révolution, nombreux sont ceux qui regardent d'un œil nouveau les structures de la société et de l'État. Ils souhaitent que l'industrialisation permette une répartition équitable de la richesse dans l'ensemble de la population.

Le libéralisme. Inspiré des lumières et de la Révolution française, le *libéralisme* devient la grande philosophie politique de la nouvelle classe moyenne. Les libéraux de l'ère industrielle mettent l'accent sur la primauté des libertés individuelles dans tous les secteurs : liberté de conscience, liberté de pensée et de parole, et liberté de favoriser ses intérêts personnels, grâce au libre-échange et à la concurrence. Les libéraux sont convaincus que le gouvernement doit assurer un traitement égal à tous les citoyens, sans distinction de fortune ou de statut social.

Afin d'obtenir et de protéger ces libertés, ils veulent un gouvernement qui soit représentatif et constitutionnel. Mais la plupart des libéraux ne sont pas adeptes d'une démocratie pleine et entière. Ils sont d'avis que seuls les possédants mâles ont le droit de

participer à la vie politique. Défenseurs de l'individualisme, ils épousent aussi la théorie économique du laisser-faire, mise de l'avant par Adam Smith, qu'ils baptisent « économie politique classique ». Comme l'a expliqué Smith, la société fonctionne bien mieux si chacun a le loisir de veiller à ses intérêts personnels et que l'État est absent de toute activité économique.

L'utilitarisme. Au fur et à mesure que s'amplifient les problèmes sociaux engendrés par l'industrialisation, en particulier la situation critique des pauvres et des travailleurs en usine, plusieurs croient qu'une intervention gouvernementale devient nécessaire. Le philosophe anglais Jeremy Bentham (1748-1832) soutient que les institutions et les lois doivent être évaluées en fonction de leur utilité. Il définit cette utilité comme étant ce qui apporte « le plus grand bien-être au plus grand nombre » et il affirme que toute loi qui ne satisfait pas à cette exigence doit être abolie. Cette doctrine est appelée *utilitarisme*. Elle joue un rôle important dans la vie politique anglaise du 19e siècle.

Poussant un peu plus loin les idées de Bentham, John Stuart Mill (1806-1873), un philosophe et économiste anglais, en arrive à la conclusion que si le gouvernement doit s'immiscer le moins possible dans la

Figure 9.8 Au cours du 19e siècle, John Stuart Mill est un défenseur ardent de l'émancipation et du droit de vote des femmes.

vie des citoyens, il a tout de même l'obligation de favoriser leur éducation. Se fondant sur le principe de l'utilité, Mill en appelle à la démocratie pleine et entière et à l'égalité absolue entre hommes et femmes, sur tous les plans. Parallèlement, il met en garde ses concitoyens contre la tyrannie que peut éventuellement exercer la majorité et insiste sur le fait que le pouvoir du gouvernement doit être circonscrit.

Le socialisme. Ces courants réformateurs, qui mettent en évidence les droits et les responsabilités des individus, ne suscitent pas l'acquiescement de tous. Contrairement aux libéraux, les tenants du *socialisme* sont convaincus que les intérêts individuels doivent s'effacer devant les intérêts collectifs de la société. En réaction à la Révolution française et à la révolution industrielle, les socialistes soutiennent que l'égalité politique ne signifie rien si elle n'est pas accompagnée de l'égalité économique. C'est pourquoi ils demandent à l'État de prendre en charge les *moyens de production*, soit le capital et les équipements nécessaires pour produire et échanger les biens, et de les mettre au service du bien public. Ironie du sort, il y a davantage d'aristocrates et de membres de la classe moyenne parmi les premiers socialistes que d'ouvriers.

> **CHANGEMENTS / CONTINUITÉ** En réalité, cette situation n'est pas surprenante. Qui parmi les ouvriers travaillant plus de douze heures par jour a l'énergie nécessaire pour théoriser sur les notions de capital et de travail ? À cet égard, le monde grec n'était guère différent. Les philosophes avaient beaucoup de temps à consacrer à la réflexion et à la spéculation alors que c'étaient les « objets animés », pour reprendre l'expression d'Aristote, qui s'adonnaient aux travaux manuels.

Charles Fourier (1772-1837), un socialiste de la première heure, veut créer des communautés idéales à l'image de celles décrites par Thomas More dans son œuvre *L'Utopie*, où la vie et le travail de tous se déroulent dans une parfaite harmonie. L'idéal de Fourier est appelé **socialisme** *utopique*. L'industriel anglais Robert Owen, un des plus célèbres socialistes utopiques, réussit à mettre sur pied plusieurs de ces communautés modèles, dont une qui voit le jour sous le nom de New Harmony, dans l'État de l'Indiana, aux États-Unis, en 1825. Le projet est un échec, se heurtant à de nombreuses difficultés d'ordre financier.

Les mouvements ouvriers

Alors que les socialistes appartenant aux classes supérieures élaborent leurs théories sur les problèmes de la classe ouvrière, les ouvriers, eux, passent à l'action. L'industrialisation menace les guildes et autres associations d'artisans qui, au cours de l'ère préindustrielle, ont regroupé les différents corps de métier. Au début de l'ère industrielle, certains ouvriers déçus et en colère protestent en détruisant les machines qui remplacent les artisans spécialisés. Cependant, s'accoutumant peu à peu à l'idée que l'industrialisation ne disparaîtra pas, les travailleurs s'organisent en fonction de leur appartenance aux divers métiers et forment des groupes connus sous le nom de *syndicats*.

À la différence des anciennes guildes qui exerçaient leurs activités dans le cadre d'une seule ville, les syndicats recrutent leurs membres dans l'ensemble du pays. L'arme la plus efficace dont ils disposent pour obtenir des salaires plus élevés ou de meilleures conditions de travail est la **grève**, ou la cessation volontaire et collective du travail, décidée par vote démocratique des membres de leurs associations. Plus les syndiqués sont nombreux à faire la grève, plus la pression exercée sur l'employeur est forte.

Mettre un syndicat sur pied n'est pas chose facile. Au début du 19e siècle, les gouvernements anglais, français et allemand considèrent les associations de travailleurs comme des bandes de conspirateurs et les déclarent illégales. Ces gouvernements sont souvent dirigés par des conservateurs ou des libéraux défendant les intérêts des employeurs. Les lois sur le droit d'association, par exemple, votées en 1799 et en 1800 par la Grande-Bretagne, interdisent aux travailleurs de former une coalition, même si ce droit est reconnu aux employeurs. Néanmoins, les ouvriers ne désarment pas et, en 1824, le Parlement britannique abroge les lois sur le droit d'association et concède aux ouvriers le droit à la coalition pacifique et à la négociation de salaires et d'horaires de travail. La France accorde ce droit aux travailleurs en 1864 ; l'Allemagne fait de même en 1869. Les États-Unis emboîtent le pas en 1886, alors que, au Québec, il faudra attendre jusqu'au milieu du 20e siècle.

> **CHANGEMENTS / CONTINUITÉ** Même si les gouvernements répriment fréquemment les grèves, la force des syndicats grandit et procure aux ouvriers un nouveau sentiment d'appartenance et de sécurité.

1. **Définir** *les termes suivants :*
- *urbanisation*
- *utilitarisme*
- *socialisme*
- *socialisme utopique*
- *grève*
- *libéralisme*
- *John Stuart Mill*
- *moyen de production*
- *syndicat*

2. **Cerner l'idée principale.** *Comment l'industrialisation transforme-t-elle la société ?*

3. **Cerner l'idée principale.** *Quelles théories sociopolitiques font leur apparition au cours de l'ère industrielle et qu'est-ce qui les différencie les unes des autres ?*

4. **Décrire les déplacements et les progressions.** *Quelles répercussions l'exode rural a-t-il sur la qualité de la vie urbaine ?*

5. **Persuader.** *Imaginez que vous êtes un ouvrier dans une usine textile et que vous voulez fonder un syndicat. Écrivez un discours qui saura convaincre vos collègues de se joindre à vous.*

6. **Évaluer les conséquences.** *Les conditions de vie des travailleurs qui quittent la campagne pour s'installer dans les villes industrielles s'améliorent-elles ? Justifiez votre réponse.*

La seconde phase de l'industrialisation

OBJECTIFS D'APPRENTISSAGE

APRÈS AVOIR LU CETTE SECTION, VOUS SEREZ CAPABLE :

- D'EXPLIQUER LE RÔLE JOUÉ PAR LA MACHINE À VAPEUR DANS LES TRANSPORTS ;

- D'ANALYSER LES CAUSES ET LES CONSÉQUENCES DE LA SECONDE RÉVOLUTION INDUSTRIELLE ;

- DE COMPRENDRE COMMENT ÉVOLUENT LES NOUVELLES PRATIQUES EN AFFAIRES ADOPTÉES À LA FIN DU 19E SIÈCLE ;

- DE COMPARER LES EFFORTS D'INDUSTRIALISATION ACCOMPLIS EN FRANCE, EN ALLEMAGNE ET EN RUSSIE À CEUX ACCOMPLIS EN ANGLETERRE.

Vers 1850 les changements technologiques se produisent à un rythme stupéfiant et la collaboration de plus en plus étroite entre scientifiques, inventeurs et ingénieurs contribue à soutenir ce rythme. Les historiens considèrent ce regain de créativité technologique de la seconde moitié du 19e siè-

cle comme la seconde révolution industrielle. Cette seconde révolution trouve ses origines, elle aussi, dans l'émergence de progrès techniques de plus en plus nombreux. Mais alors que le charbon, le fer et la vapeur ont nourri la première révolution industrielle, ce seront surtout l'électricité, l'acier et le pétrole qui donneront naissance à la seconde.

La révolution dans les transports. En 1807, l'inventeur et entrepreneur américain Robert Fulton équipe son bateau, le *Clermont*, d'une machine à vapeur et navigue sans peine sur la rivière Hudson. L'invention de Fulton révolutionne le transport maritime. Grâce à la vapeur, les bateaux sont moins tributaires des vents, des marées et des courants. Des bateaux à vapeur apparaissent alors un peu partout sur les fleuves et les rivières d'Europe et d'Amérique du Nord, quelques-uns se rendant même jusqu'en Asie.

En 1870, les bateaux à vapeur ont en grande partie remplacé les bateaux à voiles pour la traversée des océans.

La machine à vapeur révolutionne aussi le transport terrestre. Au début du 19e siècle, des inventeurs britanniques tentent de faire fonctionner à la vapeur des voitures habituellement tirées par des chevaux. Ces toutes premières versions de l'automobile incitent deux Écossais,

Figure 9.9 Le *Clermont*, bateau de Robert Fulton

John McAdam (d'où le mot *macadam*) et Thomas Telford, à trouver des moyens pour améliorer la construction des routes. Mais, au cours des années 1810, une invention encore plus marquante verra le jour : la locomotive.

Pendant des années, les mineurs se sont servis de charrettes tirées manuellement sur des rails de bois ou de métal pour sortir le charbon des mines. En 1814, l'ingénieur George Stephenson, après avoir travaillé avec des machines à vapeur dans les bassins houillers, construit une **locomotive** à vapeur, baptisée *Rocket*. Elle tire sur des rails de métal un train de wagons à la vitesse incroyable, à l'époque, de cinquante kilomètres à l'heure. Devant ce succès, des chemins de fer sont rapidement construits partout en Grande-Bretagne, dans le reste de l'Europe et aux États-Unis pour transporter passagers et marchandises.

L'électricité. La première **dynamo**, ou machine transformant l'énergie mécanique en énergie électrique, apparaît en 1831 et ne tarde pas à faire pour les communications ce que la vapeur a fait pour les transports. En 1837, deux Anglais, *sir* William Cooke et *sir* Charles Wheatstone, réussissent à envoyer des signaux électriques le long de fils et inventent ainsi le **télégraphe**. L'Américain Samuel Morse, qui est le premier à avoir imaginé la télégraphie, améliore cet appareil et élabore un code de transmission de l'information utilisant des combinaisons de points et de traits. Le monde entier est rapidement relié par des fils télégraphiques et des câbles sous-marins. Les progrès accomplis en télégraphie conduisent à l'invention du premier **téléphone**, en 1876, par Alexander Graham Bell. En 1901, l'Italien Guglielmo Marconi réussit la première **transmission radio** au-dessus de l'Atlantique.

Alexander Graham Bell au Canada

BIOGRAPHIE Né à Édimbourg en 1847, le jeune Alexander Graham Bell suit les traces de son père, maître de diction, qui a inventé un « langage visible » permettant aux sourds-muets de mieux communiquer. Bell débarque avec ses parents à Brantford, en Ontario, en 1870, au moment même où la tuberculose menace de l'emporter. Une fois rétabli, il se rend à Boston pour y enseigner et ouvre, en 1872, une classe spécialisée en physiologie vocale. Ses recherches dans le but d'aider les sourds-muets à communiquer (il désire inventer une oreille artificielle) le mènent, en 1876, à une invention de

Figure 9.10
Alexander Graham Bell
BIOGRAPHIE

taille qui révolutionnera le domaine des communications : le téléphone.

Il tente une première communication à distance entre les deux villes ontariennes de Paris et de Brantford, où ses parents habitent encore. C'est un succès !

Naturalisé Américain, Bell achète pourtant une propriété à Baddeck, sur l'île du Cap-Breton, en Nouvelle-Écosse, où il passe une importante partie des trente-cinq dernières années de sa vie. Il y fonde d'ailleurs une association en aéronautique, la Silver Dart, qui organise en 1909 le premier vol au Canada, au-dessus de la baie de Baddeck. Physicien reconnu, Alexander Graham Bell meurt dans cette région canadienne en 1922. Sa demeure est classée lieu historique national et il est possible de la visiter.

Durant les années 1870, le moteur électrique remplace la machine à vapeur dans le monde industriel. Plus propres, plus petits et moins chers que les machines à vapeur, les moteurs électriques gagnent tout le secteur manufacturier durant la seconde révolution industrielle. Les nouveaux moteurs servent à alimenter plusieurs sortes d'équipements : machines à coudre, éventails et même les nouvelles lampes à incandescence inventées par Thomas Edison en 1878.

L'acier et le pétrole. L'électricité remplace peu à peu la vapeur comme facteur de développement industriel et l'acier est substitué au fer. Les maîtres fondeurs élaborent de nouvelles techniques, dont celles de Bessemer et de Thomas, pour purifier le minerai de fer de moindre qualité et le transformer en acier. La production d'acier monte en flèche et les prix chutent. Peu coûteux et très abondant, ce matériau permet un développement accéléré des chemins de fer.

Par ailleurs, le pétrole prend peu à peu la place du charbon dans les industries. En 1876, l'inventeur allemand Nikolaus Otto conçoit un **moteur à combustion interne** qui, à l'intérieur même de sa structure, brûle de l'essence, un produit obtenu par la distillation du pétrole. En 1885, Gottlieb Daimler et Carl Benz se servent du moteur de Otto pour construire la première automobile, que Daimler baptise Mercedes, en l'honneur de sa fille. En 1903, aux États-Unis, des pionniers de l'aviation, les frères Wilbur et Orville Wright, utilisent un moteur à essence pour faire voler le premier objet plus lourd que l'air, un aéroplane qui prendra bientôt le nom d'avion.

Figure 9.11 Gottlieb Daimler fait une promenade dans sa Mercedes, conduite par son chauffeur.

L'essor des grandes entreprises

Les besoins en financement pour soutenir l'activité et la croissance engendrées par la seconde révolution industrielle favorisent la création de nouvelles pratiques en affaires. La nécessité de recueillir des fonds pour construire des chemins de fer, par exemple, conduit à l'établissement de grandes *sociétés de capitaux*, soit des entreprises auxquelles le public peut participer en achetant des actions ou des certificats de propriété partielle. Ces sociétés sont en mesure de constituer un capital substantiel et de l'investir. Plus elles attirent d'investisseurs, plus elles traitent leurs affaires sur une grande échelle.

En 1901, par exemple, le banquier américain John Pierpont Morgan et ses associés fondent la United States Steel Corporation, la première d'une série de sociétés dont la valeur sera bientôt évaluée en milliards de dollars. À titre de fournisseurs de capitaux, les banques et les maisons d'investissement jouent un rôle fort important dans la création et la gestion de ces grandes sociétés. Les hommes d'affaires comme Morgan ne sont plus des industriels, mais des *financiers*, achetant des compagnies et traitant ces achats comme des investissements.

La concurrence entre entreprises est souvent féroce. Certaines grandes sociétés, comme la Standard Oil of the United States, achètent un si grand nombre de petites compagnies qu'elles finissent par créer des *monopoles*, parvenant à contrôler la production et la vente de certains produits ou services afin de

Les autres industries. La seconde phase de l'industrialisation est aussi caractérisée par le développement et la croissance d'industries largement tributaires de la science. La plus importante parmi celles-ci est sans doute l'industrie chimique, dont les débuts coïncident avec la recherche de nouvelles teintures et de nouvelles techniques pour colorer les tissus. À la fin du 19ᵉ siècle, les chimistes conjuguent leurs efforts à ceux des industriels pour élaborer d'autres produits, tels les médicaments et les engrais.

Le 19ᵉ siècle est également une époque où le génie civil accomplit d'énormes progrès. (Il est à noter que les premiers ingénieurs canadiens-français seront promus en 1877, lors de la première collation de grades de l'École polytechnique.) Les innovations dans ce domaine permettent de concevoir et de construire différents types de structures, comme des routes et des ponts. Les pionniers du génie civil sont en effet souvent des constructeurs de ponts, comme le Français Gustave Eiffel et l'Anglais Thomas Telford. Les grands projets d'ingénierie de l'époque vont de la construction d'un pont suspendu au-dessus du détroit de Menai pour relier la Grande-Bretagne et l'île d'Anglesey, réalisé par Telford en 1826, à la construction de la tour Eiffel, à Paris, entre 1887 et 1889.

CONTINUITÉ & CHANGEMENTS La seconde révolution industrielle, alimentée par l'électricité, l'acier et le pétrole, accélère donc le rythme du développement industriel et en étend la portée.

Figure 9.12 La construction de la tour Eiffel (1887-1889), pour l'exposition universelle de Paris

dominer des marchés donnés. Les compagnies créent également des *trusts*, entités qui, par la concentration financière, réunissent plusieurs entreprises sous une direction unique. La présence de monopoles et de trusts réduit la concurrence et permet aux entreprises de stabiliser les prix et d'encaisser de substantiels bénéfices. Désireuses d'augmenter leurs profits, les grandes sociétés acculent souvent des plus petites entreprises à la faillite, restreignant ainsi le choix des consommateurs.

L'industrialisation des autres pays européens

Avant 1850, seule la Grande-Bretagne est vraiment industrialisée. Conscients de cette réalité, les Anglais tentent pendant plusieurs années de garder pour eux leur savoir-faire et leurs techniques. Ainsi, jusqu'en 1843, l'Angleterre interdit à ses artisans spécialisés et à ses ingénieurs de sortir du pays ou d'exporter de l'équipement industriel. Après la levée de cet interdit, l'industrialisation gagne l'Europe continentale. La Belgique est le premier pays, après l'Angleterre, à s'industrialiser, suivie des autres nations européennes et américaines.

> **☙ CHANGEMENTS** En France, par contre, les incessantes difficultés politiques, la croissance très faible de la population et une industrie artisanale conservatrice et très bien établie freinent l'industrialisation. Néanmoins, la production du coton et de la laine est mécanisée, ainsi que celle du charbon et du fer qui augmente entre 1820 et 1870.
> — *CONTINUITÉ*

L'Allemagne et les États-Unis, pour leur part, s'industrialisent rapidement dans la seconde moitié du 19e siècle. L'Allemagne, pour y parvenir, compte sur de riches gisements de minerai de fer. Les États-Unis, eux, s'appuyant sur une forte croissance démographique et sur d'abondantes ressources en charbon et en minerai de fer, dépassent bientôt tous les autres pays industrialisés, y compris la Grande-Bretagne, au plan de la production.

Le pays européen qui est le plus lent à s'industrialiser est la Russie. Jusqu'au milieu du 19e siècle, à cause d'un gouvernement *autocratique*, aucune classe

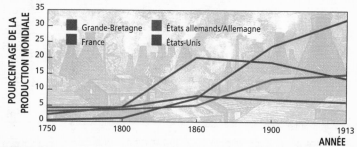

La production manufacturière : 1750-1913

POURCENTAGE DE LA PRODUCTION MONDIALE — Grande-Bretagne · France · États allemands/Allemagne · États-Unis

ANNÉE : 1750 · 1800 · 1860 · 1900 · 1913

Production. L'industrialisation a une influence énorme sur la quantité de biens manufacturés par les pays.

? *Analyser. Quel pays connaît une augmentation spectaculaire de sa production manufacturière entre 1750 et 1913? Quels facteurs permettent à ce pays de dépasser la Grande-Bretagne?*

Figure 9.13

d'entrepreneurs ne réussit à s'imposer dans ce pays, d'autant plus que, jusqu'en 1861, la plupart des Russes sont encore des serfs «attachés» à la terre. L'abolition du servage marque cependant le début d'une nouvelle politique économique : le tsar Alexandre II, soucieux de combler le retard de la Russie par rapport au reste du monde occidental, encourage alors la création d'entreprises et voit au développement de chemins de fer. En 1890, le ministre des Finances, Serghëi Witte, met en place une véritable politique d'industrialisation. Grâce aux investissements étrangers, les chemins de fer russes doublent leur réseau entre 1895 et 1905.

EXERCICES

*1. **Définir** les termes suivants :*
- *Robert Fulton*
- *dynamo*
- *Thomas Edison*
- *société de capitaux*
- *monopole*
- *locomotive*
- *Guglielmo Marconi*
- *moteur à combustion interne*
- *financier*
- *trust*

*2. **Cerner l'idée principale.** Quels sont les facteurs qui provoquent la seconde révolution industrielle?*

*3. **Cerner l'idée principale.** Pourquoi les entreprises constituent-elles des monopoles et des trusts?*

*4. **Cerner l'idée principale.** Comment la création et le perfectionnement de la machine à vapeur transforment-ils la société au cours du 19e siècle?*

*5. **Persuader.** Imaginez que vous êtes un observateur français, puis allemand et, enfin, russe. Vous vivez dans les années 1870. Décrivez dans une lettre en quoi l'industrialisation de ces pays est différente de celle de l'Angleterre.*

L'évolution de la culture et de la société européennes

Jamais auparavant dans l'histoire de l'humanité le rythme du changement n'a été aussi soutenu que durant l'ère industrielle.

CONTINUITÉ & CHANGEMENTS La société occidentale se transforme dû au fait que les gens disposent des ressources financières nécessaires pour profiter de loisirs et pour se procurer des biens. Simultanément, les progrès de la science permettent d'améliorer les conditions de vie et modifient les perspectives traditionnelles. Les répercussions de la révolution industrielle trouvent un écho dans les arts et la littérature qui, au début, rejettent puis, par la suite, célèbrent l'ère industrielle.

L'évolution de la société

Après 1850, les Européens sont nombreux à jouir de la prospérité engendrée par l'ère industrielle.

CONTINUITÉ & CHANGEMENTS La croissance de la classe moyenne et l'aisance grandissante de la classe ouvrière font naître une nouvelle époque : celle de la consommation.

En 1900, par exemple, un des premiers grands magasins, le Bon Marché, ouvre ses portes à Paris. Sous un même toit, la clientèle trouve tous les articles imaginables, des meubles jusqu'aux vêtements.

Vers la fin du 19e siècle, les classes moyenne et ouvrière disposent aussi de temps à consacrer aux loisirs. Selon leurs goûts et leur appartenance aux diverses couches sociales, les gens fréquentent le théâtre ou l'opéra, ou se rendent à des événements sportifs, tels les matchs de football ou les combats de boxe. Le vaudeville et le music-hall attirent également les foules.

La révolution industrielle transforme aussi la vie domestique de la classe moyenne. Avec la disparition de la production artisanale, le lieu de travail est déplacé hors de la maison.

CONTINUITÉ & CHANGEMENTS Vers 1850, la classe moyenne a adopté la notion de *sphères distinctes*, qui donne une place aux hommes dans la vie publique mais confine celle des femmes à la maison. D'ailleurs, le foyer est désormais perçu comme un refuge protégeant des tensions et des rigueurs du monde extérieur.

Les femmes de la classe moyenne assument donc la responsabilité de créer un environnement paisible et attrayant pour la famille, tout en élevant de beaux enfants bien éduqués. Elles mettent tous leurs efforts à être agréables, charmantes et toujours prêtes à épauler leur mari. À la fin du 19e siècle, lorsque ces femmes entreprennent de chercher du travail à l'extérieur du foyer, elles trouvent des emplois en tant qu'infirmières ou maîtresses d'école, généralement considérés par la population comme des prolongements de leurs rôles d'épouse et de mère. Il s'agit là des principaux métiers que les femmes exerceront au Québec jusqu'en 1960.

Le plus puissant de tous les symboles de ce nouveau statut de la femme et de la famille de la classe moyenne est sans doute la reine Victoria d'Angleterre. Très attachée à son mari, le prince Albert de Saxe-Cobourg-Gotha, Victoria démontre publiquement combien elle aime ses rôles d'épouse dévouée et de mère. Aux yeux de plusieurs, tant en Grande-Bretagne que dans le reste du monde occidental, elle est la parfaite incarnation des vertus et des valeurs de la classe moyenne.

Les nouvelles théories scientifiques

Tout comme ils l'ont fait dans le secteur industriel, les Européens accomplissent des pas de géant dans le domaine scientifique au cours du 19e siècle. Plusieurs voient dans les acquis de la révolution industrielle la confirmation de la capacité de l'homme de trouver des solutions à ses problèmes. Cette conviction est fondée sur l'acceptation, répandue chez presque tous les Européens cultivés, d'une évidence assez simple : l'évolution est un état normal tant dans la nature que dans la société.

Le darwinisme. Un de ceux qui apporte le plus à la pensée scientifique est le naturaliste anglais Charles Darwin. Inscrit en médecine à l'université de Cambridge, il délaisse ce champ d'étude et s'intéresse à la géologie, à l'entomologie et à la botanique. En 1831, il s'embarque sur le *Beagle* et fait le tour du monde. Il recueille des données sur les plantes, les animaux et la géologie des pays qu'il visite et consacre plus de vingt ans de sa vie à étudier la nature. En 1859, il publie la synthèse de ses recherches dans son livre *De l'origine des espèces au moyen de la sélection naturelle*.

Le livre de Darwin transforme la vision du monde de plusieurs personnes. Le naturaliste affirme que toutes les espèces vivantes sont engagées dans un combat perpétuel pour assurer leur survie. Celles qui sont le mieux adaptées à leur environnement survivent assez longtemps pour se reproduire et transmettre leur capacité d'adaptation aux générations subséquentes. Darwin nomme ce processus la *sélection naturelle*, soutenant qu'elle permet à une espèce d'évoluer vers des formes d'adaptation supérieures. Lorsqu'il perçoit les implications philosophiques et morales que ses travaux comportent, Darwin fait de son mieux pour rassurer ses contemporains. Il leur explique que la théorie de l'évolution ne remet pas nécessairement en cause l'existence de Dieu, ce qui n'empêche pas plusieurs chefs religieux de le dénoncer, car ils sont convaincus qu'il contredit le récit biblique de la Création. Encore aujourd'hui, le *darwinisme* se heurte aux tenants du *créationnisme* aux États-Unis.

Les sciences physiques. Au 19ᵉ siècle, le domaine des sciences physiques connaît, lui aussi, de profonds bouleversements. En 1804, le chimiste anglais John Dalton découvre que la matière est composée d'atomes. Le moine et botaniste Gregori Mendel, pour sa part, découvre les lois de l'hérédité, alors que les physiciens Michael Faraday et James Clerk Maxwell formulent les lois du magnétisme et de l'électricité, vers 1860. En 1869, Dimitri Mendeleïev établit la classification périodique des éléments. En médecine, les causes de plusieurs maladies sont découvertes et des traitements sont développés (bacille de la tuberculose, 1883 ; bacille du choléra, 1883 ; microbe de la peste, 1894). L'utilisation de l'éther et du chloroforme en chirurgie se répand, ce qui diminue le danger inhérent aux inter-

Figure 9.14 **La théorie de la sélection naturelle de Charles Darwin soulève la controverse.**

ventions chirurgicales et atténue la douleur des patients. Louis Pasteur (1822-1895), un chimiste et biologiste français, propose plusieurs procédés qui révolutionnent le monde médical, dont la pasteurisation et l'asepsie, et, surtout, il développe le premier vaccin contre la rage, en 1885. Enfin, en 1896, Henri Becquerel découvre la radioactivité. Ce siècle est donc caractérisé par un essor scientifique spectaculaire, notamment en médecine, où d'énormes progrès dans la prévention et le traitement des maladies sont réalisés.

 Deux prix Nobel pour Marie Curie

BIOGRAPHIE

Les travaux de Marie Curie sur la radioactivité comptent parmi les plus brillants de ceux accomplis dans le domaine des sciences physiques. Née Marya Sklodowska en Pologne en 1867, elle s'installe à Paris en 1891 pour étudier la physique à la Sorbonne. En 1895, elle épouse Pierre Curie, qui partage sa passion pour la recherche scientifique. Marie et Pierre étudient le phénomène de la radioactivité et découvrent deux nouveaux éléments radioactifs, le polonium et le radium. En 1903, les Curie sont lauréats du prix Nobel de physique.

Figure 9.15 Marie Curie

BIOGRAPHIE

Pierre meurt dans un accident de la route trois ans plus tard et Marie se consacre alors essentiellement à la recherche. En 1906, elle est la première femme professeure à la Sorbonne et, en 1911, elle reçoit le prix Nobel de chimie. Elle poursuit ensuite des recherches sur l'application des rayons X aux diagnostics médicaux. Elle sera directrice de la recherche à l'Institut du radium de 1918 jusqu'à sa mort, en 1934. Une exposition prolongée à des doses massives de radioactivité aura eu raison de sa santé.

Irène, l'aînée des filles de Marie, connaît, elle aussi, une carrière scientifique couronnée d'un prix Nobel (avec son mari, le physicien français Frédéric Joliot, en 1935). Tout comme sa mère, Irène s'intéresse à la radioactivité, plus particulièrement à la radioactivité artificielle. Elle est nommée sous-secrétaire d'État à la recherche scientifique en 1936 (ce qui fait d'elle la première femme ministre en France) et directrice de l'Institut du radium en 1946. Elle meurt en 1956.

Les nouvelles conceptions sociales

Stimulés par les percées que les méthodes scientifiques permettent de faire dans la connaissance du monde physique, certains chercheurs décident d'appliquer ces méthodes à l'étude de la société. À la fin du 19ᵉ siècle, le domaine des sciences sociales est en pleine expansion et regroupe déjà la sociologie, l'histoire, l'économie, l'anthropologie et l'archéologie. D'autres savants utilisent les méthodes scientifiques pour étudier le comportement humain. En 1879, le psychologue allemand Wilhelm Wundt (1832-1920) met sur pied le premier laboratoire de psychologie expérimentale à Leipzig. Se fondant sur ses expérimentations, Wundt en arrive à la conclusion que la psychologie humaine repose sur l'accumulation de l'expérience et sur l'aperception de la réalité. Par ailleurs, grâce à ses expériences, aujourd'hui célèbres, sur les réflexes conditionnés chez les chiens, le physiologiste russe Ivan Pavlov démontre que le comportement peut être conditionné par des facteurs externes. Pour sa part, Sigmund Freud, un neurologue et psychiatre autrichien, pose les fondements de la psychanalyse en publiant, en 1895, *Études sur l'hystérie*, ouvrage qui explore l'inconscient humain.

Ces nouvelles sciences et, en particulier, l'étude de l'hérédité, servent parfois à renforcer les attitudes sexistes et racistes. Ainsi, *sir* Francis Galton, un cousin de Charles Darwin, se fait le défenseur de l'eugénisme, une soi-disant science mettant en œuvre des techniques de reproduction sélective, susceptibles d'« améliorer » les populations humaines.

L'eugénisme, qui se fonde sur des recherches anthropologiques peu rigoureuses menées sur des sociétés moins avancées sur le plan technique, est employé pour ancrer encore davantage dans les esprits les préjugés concernant la hiérarchie des races et des classes. Influencé par ce courant, l'Anglais Herbert Spencer tente d'appliquer la théorie darwinienne à la société.

CHANGEMENTS ET CONTINUITÉ Cette doctrine du *darwinisme social* soutient que les individus et les races sont engagés dans une lutte pour la survie identique à celle des autres espèces terrestres. Selon cette théorie, les riches sont mieux adaptés et, d'une certaine façon, « plus forts » que les pauvres. Maintenant, il n'y a qu'un pas à franchir pour affirmer que les Européens sont supérieurs aux non-Européens.

Le marxisme. Dans le domaine politique, les théoriciens et les révolutionnaires sont aussi influencés par le courant scientifique. Friedrich Engels et Karl Marx, deux célèbres socialistes qui exerceront une influence marquante après 1850, développent la doctrine du socialisme scientifique. Dans leur œuvre commune, le *Manifeste du parti communiste*, ils notent que l'« histoire de toutes les sociétés qui ont existé jusqu'à maintenant est l'histoire de la lutte des classes sociales ». Au lieu d'en appeler au combat contre les problèmes sociaux engendrés par la révolution industrielle, Marx soutient qu'ils font partie d'un développement historique inévitable.

Il démontre que le capitalisme industriel a créé une nouvelle classe ouvrière, le *prolétariat*, exploitée par les capitalistes dans le but de faire des profits. Mais l'antagonisme entre les classes amènera le prolétariat à se mobiliser contre l'exploitation dont il est l'objet, à se révolter et à renverser les capitalistes. Une fois au pouvoir, les prolétaires formeront une dictature du prolétariat temporaire qui abolira la propriété privée, s'appropriera des moyens de production et instaurera le *communisme*. Marx conclut que l'avènement de ce nouveau gouvernement entraînera naturellement le déclin de l'État.

Les mouvements littéraires et artistiques

Les arts et la littérature du 19ᵉ siècle témoignent des bouleversements et de l'insécurité engendrés par la révolution industrielle, et des efforts de la société pour s'y adapter. Certains membres de la communauté artistique rejettent en bloc le rationalisme des lumières et la déshumanisation de l'ère industrielle. Cependant, vers 1860, artistes et écrivains se mettent à vivre à l'unisson de l'univers autour d'eux et en traduisent les aspects positifs et négatifs dans leurs œuvres.

Le romantisme. Dès la fin du 18e siècle, de nombreux artistes et écrivains s'élèvent contre la froideur et l'impersonnalité du rationalisme des lumières et de la société industrielle. Affirmant la primauté des émotions et des sentiments sur l'intelligence et la raison, leur mouvement est bientôt connu sous le nom de *romantisme*.

Figure 9.16 En 1847, Karl Marx se joint à La Ligue des justes pour laquelle il écrit un programme politique.

Figure 9.17 Friedrich Engels suit Marx et se joint, lui aussi, à la Ligue et, ensemble, ils rédigent le *Manifeste du parti communiste.*

CONTINUITÉ **CHANGEMENTS** Comme elle l'a fait dans le cas des philosophes du siècle précédent, la nature fascine les romantiques. Mais ces derniers entendent jouir de la beauté et du mystère de la nature plutôt que d'essayer de l'étudier et de la comprendre. Ainsi, les romantiques utilisent-ils souvent dans leurs œuvres les thèmes du rêve et de l'imaginaire.

Le romantisme chante d'abord la gloire de celui ou de celle qui ose exprimer «le débordement spontané de ses émotions», comme l'écrit le poète anglais William Wordsworth. Le même élan conduit peintres et architectes à vouloir éveiller, à leur tour, les sentiments des spectateurs.

Le roman. Au cours du 19e siècle le roman devient une des formes littéraires les plus populaires. Le roman noir, ou gothique, dont l'intrigue se déroule souvent au Moyen Âge, tente de plonger les lecteurs dans le suspense et même, parfois, dans l'horreur (Mary Shelley, *Frankenstein ou le Prométhée moderne*, 1817). Quelques écrivains romantiques, comme *sir* Walter Scott, un Écossais, remettent la chevalerie à la mode. En France, Hugo, Lamartine, Musset et Vigny deviennent les chefs de file de l'école romantique.

Le roman se prête également bien à la critique de la société. Les conditions de travail pénibles, la perpétuelle pauvreté et les déchirements familiaux sont des thèmes romanesques courants. Charles Dickens,

entre autres, décrit de façon détaillée les malheurs des pauvres dans l'Angleterre industrielle de son époque. D'autres écrivains utilisent la littérature pour critiquer les coutumes sociales. Aurore Dupin et Mary Ann Evans publient leurs œuvres sous des noms de plume masculins. La première adopte le pseudonyme de George Sand, la seconde, celui de George Eliot. Elles illustrent ainsi les contraintes qu'impose aux femmes une société dominée par les hommes.

Le réalisme. Au cours de la seconde moitié du 19e siècle, les gens ont davantage intégré le phénomène de l'industrialisation et le *réalisme* remplace le romantisme comme courant artistique.

CONTINUITÉ **CHANGEMENTS** Les auteurs réalistes dénoncent aussi la cruauté de l'ère industrielle, mais bannissent de leurs œuvres toute sentimentalité excessive, s'attachant à décrire fidèlement la vie des gens ordinaires.

Figure 9.18 Dans son tableau *Un enterrement à Ornans*, peint en 1849, Gustave Courbet invite le spectateur à s'intégrer à la scène.

Le romancier français Gustave Flaubert, par exemple, critique les mœurs de la classe moyenne. Les romans des Russes Léon Tolstoï et Fedor Dostoïevski décrivent des moments de violence, d'amour et de déchirements familiaux vécus par des gens de différentes conditions sociales. La monumentale œuvre d'Émile Zola met en scène, en vingt volumes, les multiples avatars d'une famille française dans la seconde moitié du 19ᵉ siècle (*Les Rougon-Macquart* ou l'*Histoire naturelle et sociale d'une famille sous le second Empire*).

À la fin du siècle, la photographie, capable de restituer une image « réelle » et « vraie » des êtres et des choses, influence profondément l'expression artistique. L'art réaliste tente alors de faire participer le spectateur de façon active, au lieu de le confiner au simple rôle d'observateur. Dès le début, les artistes français sont les meneurs du mouvement réaliste.

Figure 9.19 Claude Monet peint à l'extérieur pour saisir directement la nature sur sa toile. Ici, dans l'*Essai de figure en plein air*, le soleil baigne de sa lumière éclatante la femme au parasol.

L'impressionnisme. Au cours des années 1860 et 1870, quelques peintres, français d'abord puis de différentes nationalités, abandonnent le réalisme et créent un nouveau style : l'*impressionnisme*. Les peintres impressionnistes réagissent à l'art photographique. Ils considèrent que la couleur et le mouvement, essence même de l'expérience réelle, sont absents de la photographie. C'est pourquoi ils cherchent à rendre dans leurs tableaux ce que l'appareil photographique est incapable de saisir. Ils peignent en pleine nature et reproduisent sur leurs toiles des images baignées de lumière. Comme le note un jour l'impressionniste Paul Signac : « Toute la surface du tableau est imprégnée de soleil ; l'air circule ; la lumière embrasse, caresse et illumine les formes ; elle pénètre partout, même les ombres qu'elle colore. »

Manet, Monet, Sisley, Pissarro et Renoir, entre autres, deviennent les symboles de cette nouvelle tendance picturale révolutionnaire qui rompt avec l'*académisme pompier* du siècle précédent.

EXERCICES

1. Définir les termes suivants :
- sphère distincte
- sélection naturelle
- darwinisme social
- Karl Marx
- communisme
- réalisme
- Charles Darwin
- Marie Curie
- Friedrich Engels
- prolétariat
- romantisme

2. Cerner l'idée principale. Comment les conditions de vie de la classe moyenne sont-elles transformées après la révolution industrielle ?

3. Cerner l'idée principale. Énumérez quelques-uns des effets des progrès scientifiques du 19ᵉ siècle.

4. Observer l'interaction entre les humains et leur environnement. Pourquoi les premiers grands magasins sont-ils établis dans les villes les plus importantes ?

5. Expliquer. Imaginez que vous êtes directeur d'un journal littéraire, au cours du 19ᵉ siècle. Expliquez dans un court article ce qui différencie le romantisme du réalisme. Donnez un exemple pour chacun de ces mouvements.

6. Analyser. Pourquoi la théorie darwinienne soulève-t-elle la controverse ? Pourquoi certains savants se servent-ils de cette théorie pour justifier leurs propres doctrines ? Comment les théories scientifiques, de nos jours, soulèvent-elles parfois la controverse ?

7. Analyser. Peut-on affirmer que Karl Marx avait prévu la chute de l'URSS en 1990 ? Explicitez votre réponse.

Sociétés	Vie politique	Vie matérielle	Société/Arts/Culture	Économie	Science et techniques
Europe	• Grande-Bretagne : « l'atelier du monde » **Stabilité politique** en Grande-Bretagne fondée sur un système parlementaire efficace permettant la succession au pouvoir de partis politiques concurrents mais souvent complémentaires qui assure une certaine continuité idéologique. **209**	• **Essor urbain** remarquable. Les villes deviennent des pôles d'attraction vers lesquels convergent des populations rurales. • Les gens sont en quête d'emplois souvent précaires et sont soumis à des conditions de travail très difficiles. **214** • **Développement de nouveaux axes commerciaux 209** • **Création d'un système bancaire** permettant le **réinvestissement 209** • Familles plus nombreuses et mieux nourries ; l'**espérance de vie augmente. 211**	• La femme est reléguée dans des rôles de plus en plus secondaires. La bourgeoisie masculine est prépondérante. • Les difficiles conditions de vie des ouvriers entraînent l'éclosion de mouvements politiques nouveaux. - **Utilitarisme** (J. Bentham) **216** - **Socialisme** scientifique et utopique **217** - **Syndicalisme 217** - **Marxisme 224** LITTÉRATURE • Le roman devient la forme littéraire la plus populaire (**mouvements romantique et naturaliste**) **Hugo, de Vigny, Musset, Zola, Lamartine 225** PEINTURE • **Impressionnisme** (Manet, Monet, Sisley, Renoir, Pissarro) **226**	• **Triomphe du libéralisme économique** (A. Smith en vertu duquel l'État n'a aucun rôle à jouer dans la mécanique capitaliste. **216** • Apparition des sociétés de **capitaux et des trusts 220** • **Demande croissante de produits manufacturés** (vêtements, outils agricoles, armes) **210**	• Technique de la rotation des cultures 210 • **Semoir mécanique 210** • **Machine à filer le coton et métier hydraulique 212** • **Machine à vapeur 212** • **Locomotive à vapeur 218** • Apparition de la dynamo 219 • **Téléphone 219** • Substitution du fer par l'acier 213 • **Lampes à incandescence 214** • **Moteur à combustion interne 219** • Essor de l'industrie chimique 220 • Découverte de l'atome 223 • **Lois de l'hérédité 223** • **Radioactivité 223** • **Darwinisme 223** • **Magnétisme et électricité 223** • **Microbiologie 223**

Révision

RÉDIGER UN RÉSUMÉ

En retenant les points essentiels du texte, rédigez un court résumé du chapitre.

RÉVISER LA TERMINOLOGIE

Faites correspondre aux termes suivants la définition qui convient à chacun.

a) sélection naturelle

b) rotation des cultures

c) sphère distincte

d) égreneuse de coton

e) société de capitaux

f) trust

g) enclosures

h) coke

i) utilitarisme

j) grève

1. Société qui vend des actions à des investisseurs pour constituer le capital nécessaire au fonctionnement de l'entreprise.

2. Première machine à produire du fil de coton.

3. Théorie darwinienne de la survie des espèces les mieux adaptées.

4. Conception généralement acceptée au cours du 19e siècle selon laquelle les hommes peuvent être actifs dans le monde des affaires et dans la vie politique, alors que les femmes doivent rester au foyer.

5. Alternance de différents types de cultures sur une même terre dans le but de conserver la fertilité du sol.

6. Regroupement de plusieurs entreprises sous une direction unique.

7. Cessation volontaire et collective de travail.

8. Résidu purifié de la houille.

9. Doctrine selon laquelle tout progrès doit viser le bien-être du plus grand nombre.

10. Grands terrains clôturés par les propriétaires de terres agricoles au 16e siècle.

RÉVISER LA CHRONOLOGIE

Dressez la liste des événements suivants en respectant l'ordre chronologique.

1. Marie et Pierre Curie reçoivent le prix Nobel de physique.

2. La tour Eiffel est construite à Paris.

3. George Stephenson fait l'essai de sa locomotive, la Rocket.

4. James Watt perfectionne la machine à vapeur.

5. Alexander Graham Bell invente le téléphone.

6. Le Clermont navigue sur l'Hudson.

7. Les frères Wright réussissent à faire voler un objet plus lourd que l'air.

COMPRENDRE LES IDÉES PRINCIPALES

1. Comment la machine à vapeur fait-elle évoluer les transports au cours du 19e siècle?

2. Comment la révolution industrielle transforme-t-elle l'industrie textile en Angleterre?

3. Quelles conséquences la révolution industrielle entraîne-t-elle pour la classe moyenne et la classe ouvrière?

4. Quels facteurs amènent la seconde révolution industrielle?

5. Pourquoi la Grande-Bretagne est-elle le berceau de la révolution industrielle?

6. Comment les écrivains et les artistes réagissent-ils à la révolution industrielle?

7. Quels sont les principaux courants politiques et philosophiques issus du bouleversement industriel de ce siècle?

EXERCER SON SENS CRITIQUE

1. **Évaluer.** La révolution industrielle améliore-t-elle la qualité de vie des peuples de l'Europe et des États-Unis? Justifiez votre réponse.

2. **Formuler une hypothèse.** De quelle façon les entreprises et les collectivités auraient-elles crû s'il n'y avait pas eu de révolution dans les transports?

Chapitre 10
Libéralisme, nationalisme et impérialisme

1814-1815 ▶	**Congrès de Vienne**
1830 ▶	**Programme de russification implanté par Nicolas Ier**
1833 ▶	**Loi anglaise sur le travail des femmes et des enfants dans les industries**
1837-1838 ▶	**Rébellion des Patriotes du Bas-Canada**
1861 ▶	**Guerre de Sécession américaine**
1863 ▶	**Proclamation de l'émancipation des Noirs par le président Lincoln**
1867 ▶	**Acte de l'Amérique du Nord britannique**
1870 ▶	**Unification de l'Italie**
1884 ▶	**Légalisation des syndicats en France**
1884-1885 ▶	**Conférence de Berlin**
1893 ▶	**Droit de vote accordé aux femmes de la Nouvelle-Zélande (premier pays à accorder ce droit)**
1900 ▶	**Révolte des Boxers**

Objectifs d'apprentissage

APRÈS AVOIR LU CE CHAPITRE, VOUS SEREZ CAPABLE :
- D'EXPLIQUER COMMENT LA RÉVOLUTION INDUSTRIELLE ENTRAÎNE UNE VAGUE DE RÉFORMES POLITIQUES ET ÉCONOMIQUES ;
- DE DÉCRIRE LES IMPACTS DE CES RÉFORMES HORS DE L'EUROPE ;
- D'ANALYSER LA PROFONDE TRANSFORMATION SURVENUE EN EUROPE AU LENDEMAIN DES GUERRES NAPOLÉONIENNES ;
- D'ÉVALUER POURQUOI LA RESTAURATION MONARCHISTE POSTRÉVOLUTIONNAIRE EST UN ÉCHEC ;
- DE DÉFINIR L'IMPÉRIALISME EUROPÉEN À LA FIN DU 19^E SIÈCLE ;
- DE COMPRENDRE COMMENT CE PHÉNOMÈNE EST INTIMEMENT LIÉ À LA RÉVOLUTION INDUSTRIELLE.

Vers la fin du 18e siècle, une vague de réformes déferle sur l'Europe, sur les États-Unis et sur les autres régions nouvellement industrialisées du globe. Inspirés par les idéaux des lumières et alarmés par les problèmes sociaux engendrés par la révolution industrielle, les réformistes réclament des changements politiques et économiques. En Amérique latine, les idéaux véhiculés par les grands courants philosophiques qui bouleversent l'Espagne et le Portugal poussent les colons à se détacher de leurs métropoles et à proclamer leur indépendance.

Une fois passés les bouleversements provoqués par les guerres napoléoniennes, les Européens aspirent à une accalmie et les partisans des anciens régimes rêvent de restaurer l'ordre ancien. Mais les armées françaises ont déjà répandu l'esprit républicain de la Révolution française à travers tout le continent, préparant ainsi le terrain aux flam-

Figure 10.1 Le second traité de Paris est ratifié au congrès de Vienne, le 20 novembre 1815.

bées révolutionnaires qui ne manqueront pas d'éclater en différents endroits. Au cours du 19e siècle, le libéralisme et la nationalisme ébranlent les fondements politiques et sociaux de l'Europe.

Pendant que se développent le libéralisme et le nationalisme, entre 1750 et 1910, les grandes puissances de l'Europe érigent de fabuleux empires en Asie et en Afrique.

Les mouvements réformistes en Grande-Bretagne

OBJECTIFS D'APPRENTISSAGE

APRÈS AVOIR LU CETTE SECTION, VOUS SEREZ CAPABLE :

- D'ÉNUMÉRER LES FACTEURS QUI CONTRIBUENT À L'ESSOR DU MOUVEMENT RÉFORMISTE ;

- D'EXPLIQUER COMMENT L'INDUSTRIALISATION INFLUENCE LES REVENDICATIONS PORTANT SUR LA RÉFORME DE LA POLITIQUE ET DE L'ÉCONOMIE ;

- D'ANALYSER COMMENT LA DEMANDE DE RÉFORMES SOCIALES MODIFIE CERTAINES CONCEPTIONS CONCERNANT LE RÔLE DU GOUVERNEMENT.

Malgré la prospérité et la puissance apportées à la Grande-Bretagne par la révolution industrielle, de nombreux problèmes économiques et sociaux sont aussi engendrés par cette révolution. Pour les contrer, toute une série de mouvements destinés à promouvoir des réformes est lancée. Influencés par la philosophie des lumières et habités d'un nouveau zèle politico-religieux, les réformistes tentent de régler les problèmes de la société. Modèle d'industrialisation aux yeux de plusieurs nations, la Grande-Bretagne devient aussi un modèle de pays capable de mener à terme un tel train de réformes.

Le mouvement antiesclavagiste

Après avoir été un des pays les plus actifs dans le domaine de la traite des esclaves, la Grande-Bretagne rompt avec cette pratique en 1833 et se fait l'ardent défenseur du mouvement prônant l'abolition de l'esclavagisme. Elle est la première à prêcher l'*abolitionnisme* afin que cesse la traite des esclaves et que soit éventuellement aboli l'esclavage partout dans le monde. Les antiesclavagistes s'emploient à libérer les esclaves notamment aux États-Unis.

CHANGEMENTS La philosophie des lumières joue un rôle important dans l'élaboration de la doctrine abolitionniste. La déclaration des droits de l'homme et du citoyen d'août 1789 modifie les mentalités. Selon ce nouveau contrat social, les hommes naissent égaux et ont tous les mêmes privilèges et droits. Le mouvement abolitionniste puise à même ce creuset d'idées nouvelles les justifications essentielles de sa rhétorique.

Les réformes économiques et politiques

Au fur et à mesure que la révolution industrielle transforme la société, d'autres mouvements sont formés et réclament des réformes. La classe ouvrière et les classes moyennes en milieu urbain, dont les rangs ne cessent de grossir, exigent une réglementation des industries et des réformes politiques.

Les débuts de la réglementation industrielle. L'industrialisation et l'urbanisation sensibilisent peu à peu le public aux conditions de vie auxquelles sont astreints les ouvriers anglais et leurs familles. Bien qu'accusant un léger retard sur la Grande-Bretagne en matière d'industrialisation, la France fait office de pionnière au chapitre des réformes du code du travail en interdisant, et ce, dès 1813, le travail des femmes et des enfants dans les mines, mesure qui sera appliquée avec plus ou moins de succès, comme le montre le *Germinal* d'Émile Zola. En 1819, emboîtant le pas aux Français, le Parlement britannique dote l'Angleterre d'une législation industrielle interdisant l'emploi d'enfants de moins de neuf ans dans les usines et fixant à un maximum de douze heures la journée de travail exigée des enfants de neuf à douze ans.

En 1833, le Parlement adopte une autre série de lois réglementant l'embauche et les heures de travail des femmes et des enfants dans les usines. En 1842, une loi interdit complètement à ces groupes de travailler sous terre dans les mines. Au début, cette nouvelle réglementation n'a pas que des effets heureux, car si elle améliore les conditions de travail des femmes et des enfants, elle limite cependant leur apport aux revenus familiaux.

Figure 10.2 Illustration de 1871 montrant deux fillettes en train de tamiser de la terre dans une briqueterie anglaise. Le tamisage permet de fabriquer des briques de meilleure qualité, mais les enfants chargés de cette opération inhalent continuellement de la poussière.

Le Parlement met sur pied un service d'inspecteurs gouvernementaux chargés de veiller au respect des lois et de faire des rapports sur les conditions de travail dans les usines. Mais comme il y a peu d'inspecteurs et peu d'argent pour financer ce système de contrôle, les abus persistent en plusieurs endroits. Après 1850, le niveau de vie global des ouvriers, de même que celui des autres classes sociales, s'améliore, sans qu'il devienne pour autant enviable. En fait, la réduction du nombre d'heures travaillées et l'amélioration des conditions de travail se traduisent par une plus grande efficacité des travailleurs, ce qui entraîne une hausse de la productivité et des salaires. Les familles ouvrières sont ainsi plus nombreuses à pouvoir se procurer des biens que la génération précédente n'a pu acquérir. Phénomène heureux et inespéré, le taux de mortalité se met à décliner de façon perceptible.

Les lois de réforme parlementaire de 1832.

Vers 1830, les revendications portant sur une réforme en profondeur de l'appareil politique deviennent si pressantes qu'il est impossible de les ignorer. En Grande-Bretagne, comme dans le reste de l'Europe, le libéralisme menace les vieilles aristocraties et les régimes conservateurs. L'agitation européenne se propage en Angleterre, où le peuple réclame une participation accrue à la vie politique ; le Parlement finit par accepter de modifier les lois électorales.

Les lois de réforme parlementaire de 1832 accordent pour la première fois aux villes industrielles un droit de représentation au Parlement et donnent le droit de vote aux hommes de la classe moyenne. Mais les dirigeants politiques continuent tout de même de considérer que seuls les hommes instruits possédant des biens ont suffisamment le sens des responsabilités pour voter. Cette restriction est donc inscrite dans la loi, ce qui empêche les hommes de la classe ouvrière d'exercer leur droit de vote. Quant aux femmes, elles demeurent complètement exclues du processus (voir aussi le tableau 10.1, page 239).

Le chartisme. En 1836, mécontent de voir la classe ouvrière laissée pour compte, le boutiquier William Lovett (1800-1877) prépare son propre plan de réformes, appelé la Charte du Peuple (*People's Charter*). Dans cette charte, il revendique le suffrage universel pour les hommes et l'établissement de circonscriptions électorales égales afin d'assurer une représentation équitable de tous les citoyens. Lovett souhaite aussi que les membres du Parlement paient leur droit d'y siéger, de sorte que même les ouvriers puissent entrer dans la vie politique. Les *chartistes*, comme sont nommés les partisans de Lovett, considèrent le vote comme un moyen d'améliorer leur sort, car il permet d'apporter les correctifs politiques nécessaires pour transformer leurs conditions de vie quotidiennes. Ils n'ont pas les succès qu'ils espèrent, mais certaines de leurs idées seront reprises plus tard.

L'Anti-Corn-Laws Association. (Ligue contre la législation sur le blé). En 1836, des membres de la classe moyenne forment l'*Anti-Corn-Laws Association*. Une série de lois sur le blé ont été imposées en 1815 par de riches propriétaires terriens qui veulent restreindre l'importation de céréales à bon marché pour préserver leurs profits. Comme ces lois maintiennent le prix des aliments à un niveau élevé, la classe moyenne et la classe ouvrière s'allient pour les contester. Avec le temps, la ligue devient aussi un lieu où sont discutées d'autres propositions de réformes, comme le suffrage universel pour les hommes et le libre-échange.

Entre 1839 et 1845, le Parlement fait la sourde oreille à ces revendications. Mais, en 1845, l'Irlande perd ses récoltes de pommes de terre et la famine menace toute la population. Le prix des aliments monte en flèche en Irlande et en Angleterre, et le Parlement réplique en abrogeant les lois sur le blé en 1846. Cette famine a des conséquences démographiques désastreuses en Irlande : la population chute de près de deux millions d'individus (près du quart de la population totale) entre 1845 et 1847. Plusieurs Irlandais émigrent alors aux États-Unis et au Canada. À ce sujet, l'histoire de Grosse-Île, sur le fleuve Saint-Laurent, où sont mis en quarantaine ces nouveaux arrivants, est poignante.

Les réformes politiques subséquentes.
En 1867, les conservateurs, ayant à leur tête Benjamin Disraeli, procèdent à une seconde réforme parlementaire. Grâce à elle, la plupart des chefs de famille de sexe masculin, y compris la majorité des ouvriers d'usines en milieu urbain, obtiennent le droit de vote. Cette mesure double presque le nombre de personnes habilitées à voter. Pour ne pas être en reste, les libéraux, dirigés par William Gladstone, adoptent à leur tour des réformes majeures. En 1872, ils instituent le vote secret, qui permet à chacun de voter à sa guise, sans crainte d'être l'objet de manœuvres d'intimidation. En 1884, ils proposent une troisième réforme parlementaire qui accorde le droit de vote à presque tous les citoyens mâles.

> **CONTINUITÉ / CHANGEMENTS** Même si les femmes sont toujours exclues du vote pour élire les représentants au Parlement, la progression vers la démocratie pleine et entière est amorcée.

Le suffrage des femmes.
Tout au long du 19e siècle, les femmes acquièrent une solide expérience politique en travaillant dans les divers mouvements de réforme. Elles contribuent largement, par exemple, au succès du mouvement abolitionniste. Mais il devient vite évident qu'il leur faut défendre elles-mêmes leur propre cause si elles veulent obtenir les mêmes droits que les hommes. Appuyées par d'autres partisans de réformes, tel John Stuart Mill, les femmes se battent pour obtenir le droit de détenir et

Figure 10.3 En mai 1914, les suffragettes se rassemblent pour protester devant Buckingham Palace, à Londres. À l'instar de cette femme, plusieurs autres seront arrêtées par la police.

de gérer leurs biens, le droit de demander le divorce ou la garde des enfants et le droit d'accéder à une éducation supérieure. Tous ces droits seront reconnus entre 1870 et 1893.

Les réformistes signent des pétitions, font pression sur les politiciens et publient des journaux faisant la promotion du suffrage des femmes. Vers la fin du 19e siècle, les femmes obtiennent le droit de voter à la plupart des élections locales. Elles peuvent même se présenter comme candidates dans le cadre de certaines élections, mais le parlement en tant que tel leur demeure fermé. Il restera inaccessible aux femmes jusqu'en 1918, année où est instauré un suffrage restreint pour les femmes âgées de trente ans et plus ; en 1928, finalement, elles obtiendront le droit de vote plein et entier. Au Canada, le droit de vote leur sera accordé en 1917, alors que, au Québec, elles devront attendre jusqu'en 1940 pour exercer ce droit fondamental (voir aussi le tableau 10.1, page 239).

Pour le droit de vote des femmes

Née en 1858, Emmeline Goulden Pankhurst remplit plusieurs fonctions au sein du gouvernement municipal avant de s'intéresser au droit de vote des femmes. Activiste énergique vivant à Manchester, elle prend la direction de l'aile radicale du mouvement des suffragettes. Avec l'aide de ses filles Christabel, Sylvia et Adela, elle fonde la *Women's Social and Political Union* (WSPU) en 1903 pour faire campagne en faveur du suffrage universel.

Dès le début, pour sensibiliser l'opinion publique la WSPU organise des manifestations et des marches, où il y a parfois jusqu'à près d'un demi-million de

**Figure 10.4
Emmeline Goulden
Pankhurst**

BIOGRAPHIE

participantes. Comme le gouvernement continue de rester sourd à leur revendication, les membres du WSPU durcissent leur militantisme et n'hésitent pas à briser des vitres, à sectionner des fils télégraphiques et même à tailler les mots « Un vote pour les femmes » sur les pelouses des terrains de golf. Bien des suffragettes doivent payer d'un emprisonnement ces atteintes à la propriété privée et publique.

Emmeline Pankhurst est elle-même arrêtée et relâchée douze fois en 1913. Elle et ses consœurs emprisonnées font des grèves de la faim et les autorités doivent nourrir toutes ces femmes de force. Les prisonnières considèrent ces épreuves comme un martyre servant leur cause.

Ce militantisme galvanise le mouvement des suffragettes, mais convainc aussi une partie de l'opinion publique que les femmes n'ont pas assez le sens des responsabilités pour obtenir le droit de vote. Pendant ce temps, des suffragettes plus modérées utilisent des tactiques moins perturbatrices pour défendre leur point de vue. Finalement, en 1918, le Parlement accorde le droit de vote aux femmes de plus de trente ans. Ce n'est qu'en 1928, quelques semaines à peine avant la mort de Emmeline Pankhurst, que les femmes peuvent enfin jouir du même droit de vote que les hommes.

En Grande-Bretagne, la prospérité tout autant que les problèmes découlant de l'industrialisation conduisent donc à l'adoption de réformes pour réglementer le monde du travail et à l'élargissement de la participation des citoyens à la vie politique.

Les réformes sociales

Après l'adoption de réformes politiques, la Grande-Bretagne s'engage graduellement sur le chemin des réformes sociales. Les victoires remportées par le mouvement antiesclavagiste convainquent plusieurs réformistes que le gouvernement peut et doit jouer un rôle plus actif en ce qui a trait à l'amélioration des conditions de vie de la population. S'appuyant sur les lois réglementant le travail des femmes et des enfants dans les usines, ces réformateurs estiment que l'intervention gouvernementale peut être mise à profit pour soulager les maux de la société.

Les premiers efforts en ce sens sont faits à peu près en même temps que sont promulguées les premières lois sur le travail en usine. En 1834, le Parlement vote une nouvelle loi sur l'assistance publique pour remplacer celle qui est en vigueur depuis plus de deux siècles. Cette loi est conçue de manière à ce que les pauvres ne se tournent vers l'assistance publique qu'en tout dernier recours et les force, à ce moment-là, à vivre dans des hospices. Mais elle a au moins le mérite d'insister sur la nécessité de donner une meilleure instruction aux enfants pauvres et, tout en les améliorant, d'augmenter la quantité de soins prodigués aux personnes âgées et aux malades.

La situation critique des pauvres sensibilise l'opinion publique aux conditions insalubres dans lesquelles vit la grande majorité des citadins en Grande-Bretagne. *Sir* Edwin Chadwick, un de ceux qui sont chargés de veiller à l'application de la loi sur l'assistance publique, se rend compte que la maladie contribue à la pauvreté, puisque les ouvriers trop malades pour travailler ne sont pas payés, ce qui crée un cercle vicieux que les ouvriers ont toutes les peines du monde à briser.

CHANGEMENTS **CONTINUITÉ** Afin de diminuer l'incidence et la récurrence des maladies tels le typhus et le choléra, Chadwick suggère d'installer des systèmes d'égouts modernes et efficaces, d'établir le ramassage systématique des ordures et de fournir de l'eau courante potable à toutes les villes, petites et grandes. En 1848, le Parlement institue un conseil national de la santé pour surveiller tous ces travaux.

Cet intérêt pour la santé publique se répand bien-tôt à travers toute l'Europe et gagne les États-Unis, alors en pleine expansion. Le Québec ne demeure pas en reste; toutefois, il faudra attendre après 1920 pour qu'un semblant de réformes ne soit mené; Montréal, vers 1922, n'est pas un exemple en matière de sa-lubrité publique.

En cherchant des solutions aux problèmes so-ciaux, plusieurs réformistes en viennent à croire que le gouvernement doit veiller à accroître le bien-être des citoyens en intervenant directement dans le do-maine socioéconomique. La crise économique de 1929 sera le catalyseur qui propulsera les gouverne-ments occidentaux vers l'*interventionnisme*.

EXERCICES

1. Définir les termes suivants :
* *abolitionnisme*
* *chartistes*
* Anti-Corn-Laws Association
* *Emmeline Pankhurst*

2. Cerner l'idée principale. Pourquoi la Grande-Bretagne se transforme-t-elle du tout au tout au 19ᵉ siècle, passant d'un pays champion du libéralisme à un pays où naîtront d'importantes réformes sociales et politiques?

3. Cerner l'idée principale. Expliquez comment l'in-dustrialisation provoque des réformes majeures dans les secteurs industriel, politique et social.

4. Expliquer. À quels résultats les mouvements réfor-mistes aboutissent-ils en Grande-Bretagne?

5. Persuader. Imaginez que vous appartenez à la classe moyenne anglaise et que vous vivez à Manchester, en 1830. Vous avez un bon emploi et des économies. Cepen-dant, vous n'avez pas le droit de vote. Écrivez à un mem-bre du Parlement et persuadez-le du bien-fondé de chan-ger les lois électorales.

6. Dégager les causes et les effets. Établissez un bilan où apparaîtront les conséquences négatives et positives de l'industrialisation.

L'expansion territoriale et les réformes dans les *dominions* britanniques

OBJECTIFS D'APPRENTISSAGE

APRÈS AVOIR LU CETTE SECTION, VOUS SEREZ CAPABLE :

* DE RETRACER LES PRINCIPALES ÉTAPES DE L'ÉMIGRATION BRI-TANNIQUE AU 19ᴱ SIÈCLE ;

* DE DÉCRIRE L'ÉVOLUTION DES RELATIONS ENTRE LES COLO-NIES ET LA MÉTROPOLE.

Au cours du 18ᵉ et du 19ᵉ siècle, nombre de Britanniques émigrent dans de nouveaux terri-toires outre-mer. Au Canada, en Australie et en Nouvelle-Zélande, ils trouvent des terres bien adap-tées à leurs techniques d'agriculture et d'élevage. La population de colons anglais devient rapidement majoritaire dans ces trois pays. S'enracinant peu à peu dans ces territoires, ils en viennent à exiger du gouvernement britannique une autonomie politique de plus en plus grande.

Vers de nouveaux mondes

Les révolutions agricole et industrielle élèvent le niveau de vie des populations européennes et provoquent une explosion démographique. Aux 18ᵉ et 19ᵉ siècles, pour échapper à ce trop-plein de population et pour fuir tous les bouleversements politiques qui secouent le continent, les émigrants quittent l'Europe par vagues successives et font voile vers les nouveaux mondes qui ne cessent d'être découverts. De condition économique souvent modeste et précaire, ces émigrants emportent avec eux leurs espoirs, leurs mœurs et leurs coutumes.

Le Canada. Les colons anglais du Canada sont les premiers à réclamer des réformes politiques. Vers 1830, plusieurs d'entre eux ressentent un mécontentement grandissant envers les gouvernements coloniaux, sur lesquels les assemblées élues par le peuple ont peu d'influence. Des querelles opposent fréquemment les membres des assemblées et les gouverneurs. Les colons veulent un *gouvernement responsable*, dont les chefs répondent de leurs actes devant leurs électeurs dans chaque colonie.

Carte 10.1

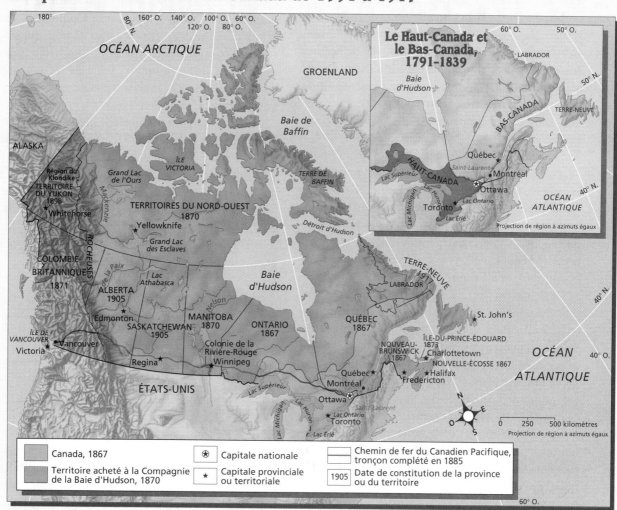

L'expansion territoriale du Canada de 1791 à 1917

L'expansion coloniale. En 1867, le Canada anglais possède des territoires le long de l'océan Atlantique et de l'océan Pacifique. Deux ans plus tard, le *dominion* du Canada est maître de la presque totalité du territoire s'étendant d'un océan à l'autre et des États-Unis à l'océan Arctique.

❓ *Décrire les déplacements et les progressions.* Comment le Canada acquiert-il la presque totalité de son territoire ?

En 1837, les révoltes qui éclatent dans le Haut-Canada et le Bas-Canada convainquent les Britanniques de la nécessité d'instaurer des réformes politiques. La guerre d'indépendance des États-Unis leur a donné une dure leçon et ils ne sont pas prêts à perdre d'autres colonies de la même manière.

L'histoire de la province de Québec est marquée de façon indélébile par tous ces événements. Le mouvement de soulèvement des Patriotes, en 1837 et 1838, est durement réprimé après de sanglants affrontements à Saint-Eustache et à Saint-Denis. Vaincus, les chefs de cette rébellion sont arrêtés et traduits devant les tribunaux; douze sont pendus alors que cinquante-huit autres sont contraints à s'exiler en Australie. En 1838, le gouvernement britannique dépêche *lord* Durham au Canada, à titre de gouverneur général. L'année suivante, Durham soumet un rapport au Parlement de Londres, lui conseillant de donner aux colonies une autonomie dans le secteur des affaires internes. La Grande-Bretagne continuerait de diriger les affaires extérieures, les politiques commerciales et les domaines publics (*principe du dominion*).

Les Britanniques acceptent les recommandations de Durham et accordent l'autonomie aux colons canadiens. Ce faisant, le gouvernement britannique s'assure que le Canada évoluera selon l'esprit parlementaire anglais et ne sera pas tenté de suivre l'exemple américain. Simultanément, le Parlement anglais unifie le Haut-Canada et le Bas-Canada en une seule province (**Acte d'Union**).

Cette unification ne va pas sans problèmes. Au sein du nouveau territoire, la plupart des bonnes terres cultivables sont déjà exploitées et plusieurs colons souhaitent s'installer plus à l'ouest, sur les terres de la Compagnie de la Baie d'Hudson. Vers 1850, nombreux sont ceux qui voient dans une **confédération** de l'Amérique du Nord britannique une source de prospérité et de sécurité pour les colonies. Mais avant de réaliser cette union, les colons et les hommes politiques doivent oublier leur **particularisme local**, ou leur attachement à leur région. De plus, la création de la confédération est rendue difficile par les rivalités incessantes entre francophones et anglophones.

Pour la Grande-Bretagne, les avantages de la confédération l'emportent sur les désavantages qu'elle comporte. En 1867, le Parlement anglais adopte l'Acte de l'Amérique du Nord britannique, faisant du Canada le premier *dominion* britannique, ou colonie autonome. Le *dominion* du Canada est créé en réunissant les colonies de la Nouvelle-Écosse, du Nouveau-Brunswick, du Québec et de l'Ontario.

Aux yeux des autres colonies, le Canada devient un modèle d'autonomie à suivre. Dès 1850, par exemple, la Nouvelle-Galles du Sud, Victoria, l'Australie-Méridionale et la Tasmanie entreprennent de revendiquer l'établissement d'un gouvernement responsable sur leur territoire, à l'instar du Canada.

L'Australie et la Nouvelle-Zélande. En 1787, quelque mille cent personnes, parmi lesquelles se trouvent sept cent cinquante prisonniers, quittent la Grande-Bretagne et débarquent, l'année suivante, sur la côte orientale de l'Australie. Elles y établissent une colonie pénitentiaire près d'un port qu'elles baptisent Sydney.

Après s'être dotée d'une nouvelle constitution, l'Australie accède officiellement au statut de *dominion* en 1901, sous l'appellation Commonwealth d'Australie. Un des premiers gestes du nouveau gouvernement est d'accorder le droit de vote aux femmes. Une fois autonome, l'Australie devient une démocratie libérale, mais adopte en même temps une politique d'exclusion raciale.

Pour sa part, la Nouvelle-Zélande obtient le statut de *dominion* en 1907, ne devenant pleinement autonome qu'en 1931. État libéral, modèle du socialisme à l'anglaise, la Nouvelle-Zélande devient le premier pays à accorder le droit de vote aux femmes, en 1893. Le gouvernement néo-zélandais du 19e siècle verse également des pensions aux personnes âgées, adopte des lois protégeant les ouvriers et encourage la formation de syndicats.

EXERCICES

1. Définir les termes suivants :
- *gouvernement responsable*
- *principe du* dominion
- *confédération*
- *dominion*
- lord *Durham*
- *Acte d'Union*
- *particularisme local*

2. Localiser les lieux suivants et en faire ressortir l'importance :
- *Bas-Canada*
- *Nouvelle-Zélande*
- *Australie*

3. Cerner l'idée principale. Quel espoir la Grande-Bretagne nourrit-elle en accordant l'autonomie à ses sujets canadiens ?

4. Évaluer. Comment la mise sur pied des dominions transforme-t-elle la structure de l'Empire britannique ?

L'expansion territoriale et les réformes aux États-Unis

OBJECTIFS D'APPRENTISSAGE

APRÈS AVOIR LU CETTE SECTION, VOUS SEREZ CAPABLE :

• DE DÉCRIRE LES PRINCIPALES ÉTAPES DU DÉVELOPPEMENT TERRITORIAL DES ÉTATS-UNIS ;

• D'ANALYSER LES LIENS EXISTANT ENTRE CETTE CROISSANCE TERRITORIALE ET L'INSTAURATION DES RÉFORMES POLITIQUES ET SOCIALES AU 19E SIÈCLE.

Au moment de la ratification de leur constitution, en 1788, les États-Unis sont constitués de treize États situés le long de l'Atlantique et de territoires s'étendant à l'ouest jusqu'au fleuve Mississippi. Jaloux de leur indépendance nouvellement acquise, la plupart des Américains souhaitent se tenir à l'écart des affaires européennes et développer en paix leur pays. Ils y parviennent si bien que, en un siècle, les États-Unis quadruplent presque leur superficie originale. Bien que loin de l'agitation qui secoue l'Europe, les Américains doivent, eux aussi, faire face aux crises qui ébranlent leur propre pays.

Carte 10.2

L'expansion territoriale des États-Unis de 1785 à 1898

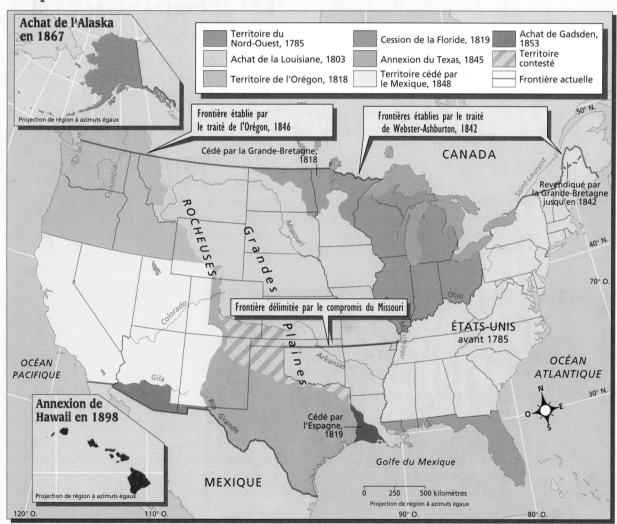

L'expansion territoriale rapide des États-Unis. La rapide expansion territoriale des États-Unis vers l'ouest alimente leur croissance économique, mais elle engendre aussi de violents conflits avec le Mexique et les tribus amérindiennes installées sur ces territoires.

❓ *Décrire les déplacements et les progressions. Comment les États-Unis acquièrent-ils les territoires formant l'actuelle partie sud-ouest du pays ?*

Territoire et démocratie

L'expansion territoriale ouvre de nouveaux horizons aux Américains, mais engendre en même temps de nombreux problèmes inédits. Le gouvernement, cherchant à donner des terres aux colons blancs, force les Amérindiens à quitter leurs domaines ancestraux et à s'établir dans les Grandes Plaines de l'Ouest. Vers 1850, les Blancs réclament toujours des terres et empiètent de plus en plus sur le territoire des autochtones. Ce mouvement provoque un conflit qui durera cinquante ans et au cours duquel les Amérindiens et l'armée américaine se battront pour affirmer leur droit de propriété sur ces terres.

L'expansion géographique du pays exacerbe également les tensions issues des particularismes régionaux. Au début du 19ᵉ siècle, trois grandes régions se dessinent : le Nord-Est, urbain et industriel, le Sud, agricole, et la région-frontière de l'Ouest. Marqués par de nettes différences culturelles, les habitants de ces trois régions ne peuvent manquer d'avoir des points de vue divergents sur les questions d'intérêt national. Le désaccord le plus profond se manifeste autour de la question de l'esclavage, problème qui ne trouve solution que dans un terrible conflit fratricide, la guerre de Sécession, qui oppose, entre 1861 et 1865, les États du Nord (antiesclavagistes) et les États confédérés du Sud (esclavagistes).

En 1863, avant la fin de la guerre, le président Lincoln rédige la *Proclamation d'émancipation*, document libérant les esclaves des régions du Sud encore «en rébellion contre les États-Unis». Après la guerre, le Congrès vote des amendements constitutionnels abolissant l'esclavage, accordant la citoyenneté et une protection égale devant la loi aux anciens esclaves, sans distinction de sexe, et accordant le droit de vote aux Afro-Américains de sexe mâle.

La guerre de Sécession ne règle pas tous les problèmes des anciens esclaves. La période pendant laquelle le Sud est reconstruit après la guerre permet aux Afro-Américains de découvrir de nouvelles libertés qui leur ouvrent de nouveaux horizons. Mais, malgré cette émancipation légale, plusieurs États du Sud adoptent, à compter de 1877, des lois racistes destinées à renforcer la ségrégation raciale. En 1896, la Cour suprême des États-Unis déclare constitutionnelle la doctrine « *seperate but equal* », remettant ainsi aux États le pouvoir de légiférer dans le domaine des relations entre Blancs et Noirs.

Les réformes sociales et politiques

Le suffrage des femmes. En 1848, Elizabeth Stanton et Lucretia Mott organisent la *Convention de Seneca Falls*, la première rencontre de femmes aux États-Unis où celles-ci revendiquent leurs droits. Le droit de vote est celui qu'elles réclament avec le plus d'insistance.

Fortes de leur expérience acquise dans le mouvement abolitionniste et au sein de l'organisation militant pour la tempérance (*Anti-Saloon League*), les femmes américaines décident de s'occuper de leur propre combat pour l'égalité. Après soixante-dix ans de luttes, pacifiques ou violentes selon les circonstances, les femmes américaines obtiennent enfin le droit de vote en 1920 avec la ratification du dix-neuvième amendement à la Constitution.

Le tableau 10.1 résume l'évolution du rôle de la femme à travers les époques.

Figure 10.6 Rencontre de femmes aux quartiers généraux de la *Women's Trade Union League*, à New York, en 1910

Tableau 10.1

Évolution du rôle de la femme (2000 av. J.-C. à nos jours)

ANTIQUITÉ

- **Babylone** : Première codification écrite des obligations réciproques des époux. Le code de Hammourabi tente de baliser la condition matrimoniale de la femme, qui peut avoir la garde de ses enfants et recevoir une pension de son mari en cas de divorce. Si elle est veuve, la femme peut gérer ses biens. Toutefois, durant la période assyrienne, la femme connaît une lente régression de son statut.
- **Monde hébreu** : La femme possède peu de droits. Elle demeure sous l'autorité absolue du mari et de la famille de ce dernier. Le père peut vendre ou prostituer sa fille. En matière légale, la femme a le droit de gérer ses biens, mais son statut en cour est égal à celui des mineurs, des aliénés, des esclaves ainsi que des sourds-muets.
- **Égypte** : Société matriarcale où la femme joue un rôle prépondérant dans la sphère religieuse. Son statut légal varie en fonction de sa position sociale. Vers le 6e siècle av. J.-C., elle obtient un statut légal semblable à celui de l'homme.
- **Crète** : Il est difficile d'établir le rôle de la femme en raison de l'absence de sources écrites complètes. Néanmoins, il est possible, avec une certaine prudence, toutefois, de déduire des fresques et céramiques crétoises que le rôle de la femme est important dans cette société, car elle apparaît dans les reproductions de scènes politiques, religieuses et sportives (tauromachie).
- **Grèce (5e siècle av. J.-C.)** : La femme n'a que peu, voire aucune importance en dehors de la sphère religieuse. Aucun statut légal ne lui est reconnu. Au 3e siècle av. J.-C., la femme peut toutefois tester et hériter. D'après Aristote, son rôle peut se comparer à celui des métèques et des esclaves.
- **Rome (5e siècle av. J.-C.)** : Structure patriarcale où le père et le mari détiennent une autorité absolue. Au 1er siècle av. J.-C., le droit romain ayant évolué, l'émancipation légale est accordée à la femme : la tutelle du père et de l'époux disparaît. Cependant, aucun droit politique ne lui est encore reconnu.
- **Monde celte** : Vieux bassin de lois celtes où la femme dispose d'une égalité quasi totale avec l'homme. Elle peut exercer presque tous les métiers ; en effet, seule sa force physique lui impose une certaine limite dans ses choix (par exemple, forgeron ou chef de tribu choisi à l'issue de combat singulier). Elle peut embrasser une carrière religieuse ou marchande.

MOYEN ÂGE

- **L'Europe féodale** : Dans le monde franc, la femme voit son statut régresser. Les droits tribaux très variés ne permettent cependant pas d'obtenir une vision unique de ce statut. La femme semble pouvoir exercer un rôle politique considérable. À compter du 11e siècle, deux tendances se dégagent :
  - dans le nord de l'Europe, il y a persistance du droit coutumier (tutelle paternelle) ;
  - dans le sud de l'Europe, le droit écrit domine (double tutelle, paternelle et maritale).

  La femme majeure possède une existence légale relative (droit de gestion des biens sous certaines conditions). À la fin du 13e et au 14e siècle, il y a dégradation de son rôle et de son statut, ceux-ci étant de plus en plus régis par une bourgeoisie marchande masculine émergente.

LA RENAISSANCE (15e ET 16e SIÈCLE)

Situation complexe et paradoxale : la femme de haut rang social s'émancipe mais participe peu à l'émergence d'une société nouvelle, redéfinie essentiellement par les hommes. La Réforme (1530) freine l'avancée de la femme : le rigorisme luthérien et surtout calviniste la relègue à des rôles traditionnels.

17e SIÈCLE

Peu de progrès sont accomplis à cette époque. Les femmes de la noblesse ont cependant accès à une instruction plus poussée. Certaines s'adonnent à des carrières littéraires fructueuses (par exemple, Mme de Maintenon). Les abbesses jouent un certain rôle dans la promotion d'une éducation de qualité pour les femmes (Angélique Arnaud de Port-Royal et Marguerite de Quibly, notamment).

18e SIÈCLE

Au cours du Siècle des lumières, les salons sont les centres où les nouvelles idées sont discutées, réfutées ou reformulées. Jean-Jacques Rousseau popularise cependant une pensée conservatrice plutôt néfaste pour la femme, qui se trouve reléguée à un rôle secondaire. « La femme est faite pour obéir, elle doit apprendre de bonne heure à souffrir l'injustice et à supporter les torts d'un mari sans se plaindre. » (*Émile*, 1762). La Révolution française ne lègue que quelques allègements sur le plan juridique, soit l'abaissement de la majorité à vingt et un ans, l'égalité successorale entre les enfants et la loi du divorce.

19e SIÈCLE

Les droits des femmes régressent considérablement. Le Code Napoléon (1804) relègue la femme à un statut très précaire. En vertu de ce code, la femme devient mineure à vie. Elle ne peut ni témoigner en justice ni intenter une poursuite. Lorsqu'elle travaille, la femme doit remettre son salaire à son époux. Ce dernier possède le droit de consulter la correspondance de son épouse et de la détruire. Le code a aussi des répercussions considérables dans le monde anglo-saxon, où l'idéologie puritaine s'abreuve abondamment. Le travail féminin en usine devient préjudiciable au travail masculin, ce qui entraîne l'apparition de syndicats féminins séparés. Les socialistes reprennent les principales revendications des femmes et en font un de leurs principaux chevaux de bataille. En 1892, le travail de nuit est interdit aux femmes, comme il l'est aux Français d'âge mineur depuis 1874. L'éducation supérieure est progressivement accessible aux femmes (première université mixte : Zurich, 1840. Au Québec, l'université McGill acceptera les femmes à la faculté de médecine à partir de 1918 ; l'Université de Montréal ne le fera que dans les années trente). Le droit de vote est accordé aux femmes dans l'État du Wyoming en 1869.

20e SIÈCLE

Le discours féministe prend de plus en plus de force. La femme revendique notamment le droit de vote, l'accès à une éducation supérieure et un statut légal adapté à la vie moderne. Partout dans le monde occidental, elle doit se battre pour y parvenir. L'industrialisation, l'exode rural et les deux grands conflits mondiaux lui permettent d'accéder à des professions moins traditionnelles (textile, travail de bureau, commerce, usine, etc.). À compter de 1917, le droit de vote lui est progressivement accordé, et ce, jusqu'en 1970 (voir le tableau 10.2). La politique leur étant dorénavant accessible, quelques femmes deviennent chefs d'État. Au Québec, le Conseil du statut de la femme est créé en 1973. Enfin, les féministes élargissent leurs revendications au droit à la contraception et à l'avortement, entre autres.

Tableau 10.2

Année de l'obtention du droit de vote par les femmes dans divers pays

Pays	Année
Nouvelle-Zélande	1893
Canada, URSS	1917
Autriche, Allemagne, Pologne	1919
Afrique du Sud	1930
Italie, Japon	1946
Chine, Argentine	1947
Népal	1951
Éthiopie, Pérou	1955
Haïti, Liban	1957
Algérie	1962
Iran	1963
Suisse (pas tous les cantons)	1970

Malgré le fait que dans la plupart des pays les femmes aient acquis le droit de vote, ce droit demeure fragile dans quelques États. Il faut garder à l'esprit que les conditions politiques actuelles, en 1997, ne permettent pas de prévoir, dans certains cas, la pérennité d'un droit obtenu de haute lutte.

Immigration massive. Les États-Unis connaissent une période de très forte croissance entre 1865 et 1900. Les villes doublent et même triplent leur superficie et les réseaux de chemins de fer sillonnent le pays pour relier les villes entre elles.

Cette croissance est alimentée en grande partie par l'arrivée de millions de nouveaux immigrants de toutes origines. La plupart d'entre eux viennent en Amérique dans l'espoir d'y faire fortune et ne trouvent souvent que misère et mauvais traitements. Leur sort précaire est un des facteurs qui contribue à l'élaboration d'une foule de réformes sociales et politiques mises en place aux États-Unis à la fin du 19ᵉ siècle et au début du 20ᵉ siècle.

La réforme de l'éducation. Certains réformistes font campagne pour que des écoles publiques qui assureraient une éducation convenable à tous les enfants soient ouvertes. Quelques progrès dans l'établissement d'un système public d'éducation sont faits, mais l'accès à ce système n'est pas garanti à tous les enfants. Peu de villes permettent aux enfants

noirs de fréquenter l'école publique. Ainsi, les Noirs doivent mettre sur pied des écoles privées, sans avoir droit au financement gouvernemental. Comme les femmes ne jouissent pas non plus d'une accessibilité au système d'éducation égale à celle des hommes, les réformistes tentent de remédier à cette situation en ouvrant des écoles secondaires et des collèges.

Les réformes économiques et industrielles

La croissance fulgurante du secteur industriel aux États-Unis pousse bientôt la population à réclamer des réformes dans ce domaine. Au cours des dernières décennies du 19ᵉ siècle, quelques hommes d'affaires accumulent des fortunes colossales. Les Morgan, Vanderbilt, Carnegie et Du Pont deviennent les nouveaux chantres du capitalisme triomphant. Constatant les manœuvres financières peu orthodoxes de ces nouveaux chevaliers de l'industrie, le Congrès américain adopte une première loi antitrust (*Sherman Act*, 1890) interdisant aux compagnies de créer des monopoles dans le but d'assurer leur mainmise sur tout un secteur industriel.

Parallèlement, les réformistes populistes cherchent à améliorer les conditions de travail en usine, et surtout à faire mettre en place des mesures de sécurité dans les milieux de travail. C'est ainsi que, par exemple, les législateurs de la ville de New York adoptent les mesures de sécurité contre les incendies les plus strictes du pays.

Même si, en général, les membres de la classe moyenne sont ceux qui dirigent les mouvements réformistes, les travailleurs, eux aussi, se battent pour améliorer leur condition en se servant de leurs syndicats.

 CHANGEMENTS / **CONTINUITÉ** Au début du siècle, la plus importante fédération de travailleurs américains est l'*American Federation of Labor* ou AFL. Fondée en 1886, cette fédération devient très puissante et s'oppose au recours au socialisme et à l'activisme politique comme moyens de défendre les droits des travailleurs.

EXERCICES

1. Définir les termes suivants :
- *Proclamation d'émancipation*
- *Elizabeth Stanton*
- *Lucretia Mott*
- *Convention de Seneca Falls*
- Sherman Act *(loi antitrust)*

L'indépendance de l'Amérique latine

Objectifs d'apprentissage

Après avoir lu cette section, vous serez capable :

- d'expliquer l'attitude des États-Unis lors de l'accession à l'indépendance des pays d'Amérique latine ;
- d'analyser les causes ayant incité les pays d'Amérique latine à réclamer leur indépendance.

Les guerres napoléoniennes en Espagne et au Portugal ont des répercussions en Amérique. En 1810, sous la poussée des *créoles* (Européens nés dans les Caraïbes) qui veulent prendre le pouvoir, la révolution se répand à travers presque toute l'Amérique espagnole.

CONTINUITÉ ET CHANGEMENTS Au début du 19e siècle, les tensions grandissantes entre les divers groupes sociaux et ethniques de l'Amérique latine ainsi que les réformes imposées par les autorités coloniales européennes poussent la population à vouloir changer l'ordre des choses. Les lumières et la révolution américaine incitent aussi certains Latino-Américains à rechercher une plus grande liberté. Cette idée de liberté gagne encore en popularité lorsque la Révolution française et les guerres napoléoniennes contribuent à renverser les anciens régimes aristocratiques de l'Europe. De nouvelles nations parviennent à voir le jour en Amérique latine en brisant le joug de la domination coloniale.

Le premier territoire latino-américain à rompre ses liens avec l'Europe est la colonie française de Saint-Domingue, sur l'île d'Hispaniola. En 1804, après une révolte sanglante, et malgré l'intervention de l'armée française, les révolutionnaires de l'île déclarent leur pays indépendant et lui redonnent son ancien nom de Haïti.

Le Vénézuélien Simón Bolívar est l'âme dirigeante du mouvement d'indépendance sud-américain. Il rêve d'une Amérique latine indépendante et unifiée. En 1822, il s'allie à d'autres chefs révolutionnaires pour mettre fin à la domination espagnole en Amérique du Sud et en Amérique centrale. Très tôt, Bolívar devient un symbole de la lutte pour l'indépendance et est, encore aujourd'hui, considéré comme le père de l'émancipation de l'Amérique du Sud (*El libertador*).

Figure 10.7
Simón Bolívar

Quant aux Portugais, ils n'échappent pas à cette vague de décolonisation. En 1822, le Brésil proclame

Carte 10.3

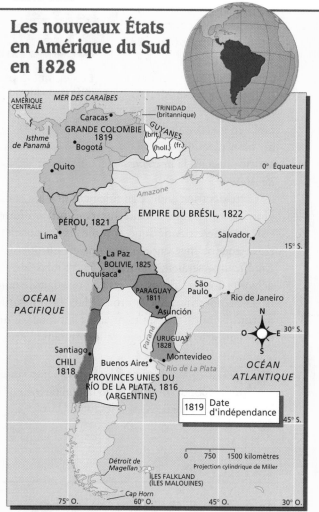

Liberté et union. Après leur indépendance, les anciennes vice-royautés espagnoles ont beaucoup de mal à s'unifier, alors que l'ancienne colonie portugaise du Brésil conserve intacte son intégrité territoriale.

? *Localiser. Quel pays sud-américain est le dernier à obtenir son indépendance ?*

son indépendance et, dès 1823, les Brésiliens se débarrassent de toute forme de domination portugaise.

Enfin, le Mexique, dernière colonie espagnole sur le continent américain, devient une république en 1823.

Les États-Unis sont favorables à l'idée d'une Amérique latine indépendante, puisque cela signifie la fin de la domination européenne en Amérique centrale et en Amérique du Sud et, partant, l'ouverture de nouveaux marchés pour les produits américains. C'est pourquoi les États-Unis s'alarment des rumeurs d'une éventuelle tentative de l'Espagne pour reprendre ses anciennes colonies. Le président James Monroe réplique à ces rumeurs en 1823 en mettant de l'avant un plan d'action qui sera appelé plus tard la *doctrine de Monroe.*

Cette doctrine énonce simplement que les États-Unis ne toléreront aucune intervention militaire européenne en Amérique comme ils ne permettront aucune ingérence américaine en Europe. Les Américains seraient pourtant incapables de se défendre contre l'Europe si celle-ci décidait de faire fi de la doctrine de Monroe. Mais la puissante marine britannique soutient alors les États-Unis dans leur lutte pour protéger leur commerce.

CHANGEMENTS La doctrine de Monroe jouera un rôle prépondérant dans l'élaboration ultérieure de la politique extérieure des États-Unis. **CONTINUITÉ**

EXERCICES

*1. **Définir** les termes suivants :*
• *Simón Bolívar*   • *doctrine de Monroe*

*2. **Localiser** les lieux suivants et en faire ressortir l'importance :*
• *Saint-Domingue*   • *Brésil*

*3. **Analyser**. Pourquoi les États-Unis veulent-ils exclure l'Angleterre de leurs actions politiques en Amérique latine ?*

Carte 10.4

Le Mexique, l'Amérique centrale et les Caraïbes en 1828

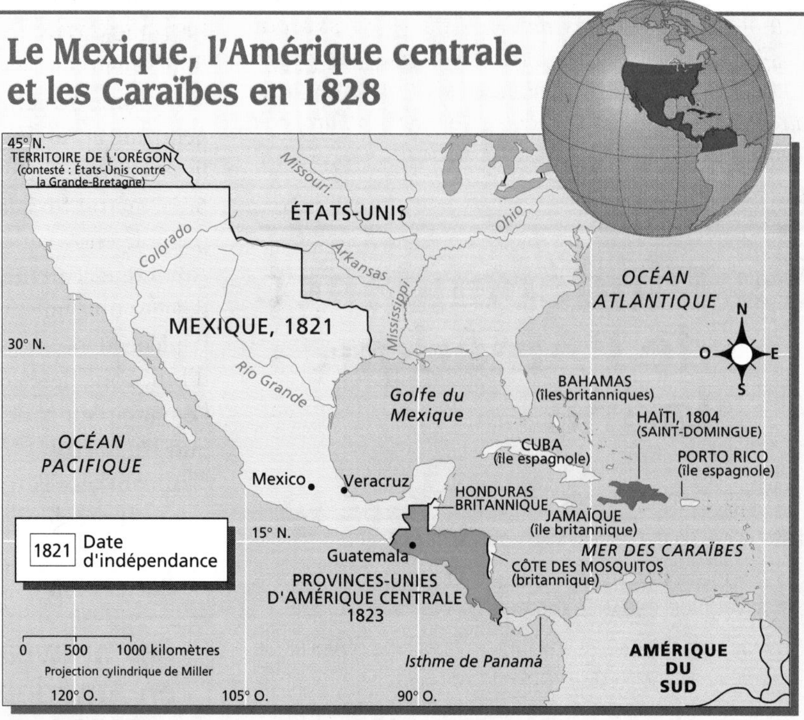

45° N.
TERRITOIRE DE L'ORÉGON
(contesté : États-Unis contre la Grande-Bretagne)
ÉTATS-UNIS
Missouri
Colorado
Ohio
Arkansas
30° N.
MEXIQUE, 1821
Mississippi
Rio Grande
OCÉAN PACIFIQUE
OCÉAN ATLANTIQUE
Golfe du Mexique
BAHAMAS (îles britanniques)
HAÏTI, 1804 (SAINT-DOMINGUE)
CUBA (île espagnole)
PORTO RICO (île espagnole)
Mexico
Veracruz
HONDURAS BRITANNIQUE
JAMAÏQUE (île britannique)
15° N.
Guatemala
PROVINCES-UNIES D'AMÉRIQUE CENTRALE 1823
CÔTE DES MOSQUITOS (britannique)
MER DES CARAÏBES
1821 Date d'indépendance
0   500   1000 kilomètres
Projection cylindrique de Miller
120° O.   105° O.   90° O.
Isthme de Panamá
AMÉRIQUE DU SUD

Les combats pour l'indépendance. Au début du 19e siècle, les patriotes d'Haïti, du Mexique et d'Amérique centrale luttent de toutes leurs forces pour obtenir leur indépendance.

? *Localiser. Quels territoires demeurent colonies européennes en 1828 ?*

La restructuration de l'Europe

OBJECTIFS D'APPRENTISSAGE

APRÈS AVOIR LU CETTE SECTION, VOUS SEREZ CAPABLE :

• D'EXPLIQUER LES RÉSULTATS DU CONGRÈS DE VIENNE ;

• D'ANALYSER LES GRANDS OBJECTIFS DU CONCERT EUROPÉEN ;

• DE DÉCRIRE LES RÉPERCUSSIONS DES RÉVOLUTIONS LIBÉRALES SUR L'EUROPE.

L'écrasement définitif de Napoléon en 1815 constitue un événement décisif dans l'histoire de l'Europe. Pendant plus de vingt-cinq ans, la Révolution française n'a cessé de bouleverser et d'influencer profondément la vie politique dans tout le continent. Même si Napoléon n'a pas toujours respecté les idéaux de la Révolution, il en a au moins porté l'esprit partout dans le monde. Après sa défaite, les grandes puissances européennes tentent de restaurer l'ordre ancien et de redonner la paix à l'Europe en rétablissant sur leur trône les monarques conservateurs. Mais, déchaînée, la force révolutionnaire est bien trop puissante pour être étouffée.

Le congrès de Vienne

Le **congrès de Vienne**, où est négociée la paix de l'Europe avant la chute de Napoléon, se tient en 1814 et 1815. Il regroupe les représentants de la Grande-Bretagne, de la France, de l'Autriche, de la Russie et de la Prusse. Metternich, le représentant de l'Autriche,

est un farouche adversaire des idéaux de la Révolution française. Sous son influence, le congrès subordonne les décisions prises aux trois principes suivants :

- indemnités de guerre imposées au vaincu ;
- restauration de l'équilibre des forces afin de maintenir la paix ;
- **légitimité.**

Cela signifie pour Metternich la restauration des monarques qui ont gouverné l'Europe avant Napoléon et la Révolution française.

En mai 1814, les vainqueurs dépossèdent la France de ses conquêtes et la circonscrivent aux frontières

Carte 10.5

L'Europe après le congrès de Vienne, 1815

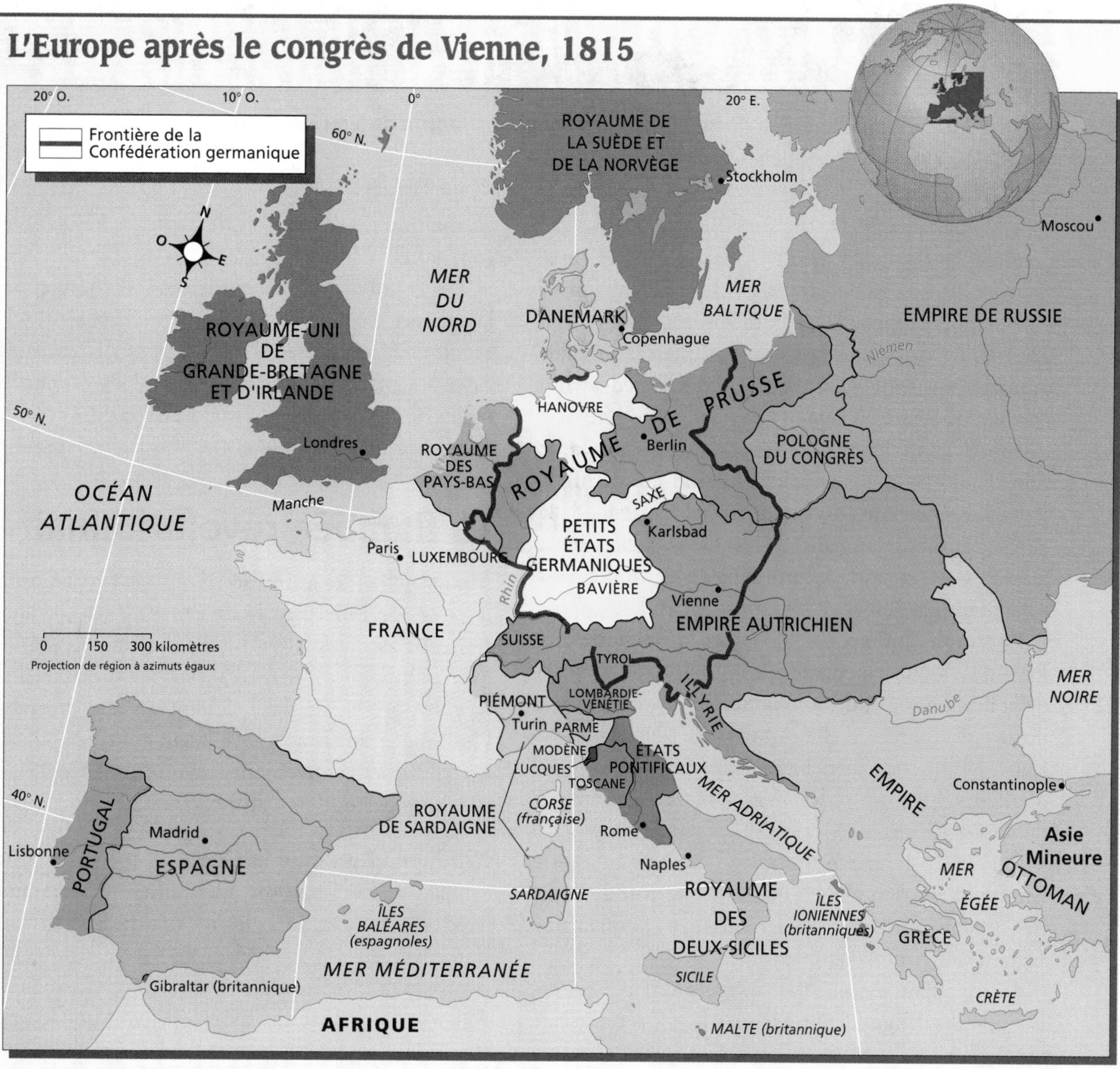

La reconfiguration des frontières. Les chefs d'État présents au congrès de Vienne redessinent les frontières de l'Europe afin de rétablir dans la paix l'équilibre des forces.

? *Faire le lien entre la géographie et l'histoire. Quels pays et quels États sont englobés dans la Confédération germanique ?*

Figure 10.8 Rencontre des dirigeants européens au congrès de Vienne, 1814-1815

qu'elle avait vers 1792. Les Pays-Bas reçoivent l'ancien territoire autrichien de la Belgique. La Prusse recule sa frontière occidentale jusqu'au Rhin pour empêcher la France de s'étendre au-delà de ce fleuve. Par mesure de précaution supplémentaire, les États germaniques sont regroupés en une Confédération germanique assez souple. La Suisse recouvre son statut de confédération indépendante et proclame pour toujours sa neutralité dans tout conflit ultérieur. Les souverains du Portugal, de l'Espagne, de la Sardaigne et du royaume des Deux-Siciles sont rétablis sur leur trône. Le principe de légitimité n'est cependant pas respecté dans tous les cas. L'Autriche, par exemple, qui accepte de céder la Belgique aux Pays-Bas, reçoit en échange les provinces italiennes de la Lombardie et de la Vénétie, l'Illyrie et le Tyrol, territoires qui font d'elle la puissance dominante en Italie. L'influence autrichienne en Italie provoquera d'ailleurs l'éclosion de l'*irrédentisme* italien du début du 20ᵉ siècle.

En 1815, le tsar Alexandre demande aux souverains d'Autriche et de Prusse de se joindre à la Russie pour former la *Sainte-Alliance* et gouverner en tant que princes chrétiens.

Cette alliance doit servir à maintenir la paix en Europe et oblige les monarques à se prêter assistance dans le cas où il leur faudrait mater révoltes et révolutions dans leur pays respectif. Quelques mois plus tard, les membres de la Sainte-Alliance et la Grande-Bretagne, qui s'étaient unis par le pacte de Chaumont, en 1814, pour combattre la France, forment la *Quadruple-Alliance* dans le but de veiller au maintien de la paix et de protéger leurs intérêts communs.

Les grands objectifs de cette coopération, appelée le **concert européen**, sont définis par son principal architecte, le prince de Metternich. Ils consistent essentiellement à empêcher les idées révolutionnaires de se répandre et à maintenir la paix grâce aux relations diplomatiques entre pays.

La flambée révolutionnaire

Metternich et les autres souverains essaient d'arrêter le cours de l'histoire et de ramener l'Europe aux temps d'avant la Révolution française. Mais les esprits libéraux, inspirés par les idéaux de la Révolution et de la Déclaration des droits de l'homme et du citoyen, réagissent contre ce courant. En 1820, les mouvements révolutionnaires se sont propagés partout en Europe.

L'indépendance de la Grèce. En 1821, la Grèce est la première nation à ébranler le système de Metternich. Portés par les idéaux du libéralisme et de la Révolution française, les Grecs se révoltent contre la domination du sultan ottoman. La Sainte-Alliance leur refuse son aide, alléguant que le sultan turc est un souverain légitime. Mais l'appui enthousiaste de nombreux Européens à la cause grecque influence les gouvernements : la Grande-Bretagne, la France et même la Russie finissent par intervenir militairement et, en 1830, la Grèce devient un pays indépendant.

Les révolutions de 1830 à 1833. L'accession de la Grèce à l'indépendance déclenche une série de révolutions en Europe. En 1830, elles éclatent en France, une fois de plus, puis à Bruxelles, dans la Confédération germanique, dans les territoires italiens et en Pologne. À l'exception du cas de la Belgique, qui obtient son indépendance en 1830, et de celui de la France, toutes les autres révolutions sont écrasées par les forces armées.

Les révolutions de 1830 font ressortir les différences séparant l'Europe occidentale de l'Europe orientale. En France, par exemple, la révolte est couronnée d'un certain succès en grande partie à cause de l'influence grandissante de la classe moyenne, influence qui découle de l'industrialisation de plus en plus poussée du pays. L'Europe orientale, par contre, est très peu industrialisée et les monarchies conservatrices réussissent à mater les insurrections relativement mineures des intellectuels libéraux et des étudiants.

Les révolutions de 1848. En 1848, de nouvelles révolutions éclatent à travers tout le continent.

> **CHANGEMENTS** En Europe centrale et en Europe orientale, le *nationalisme* est le principal moteur de l'agitation. En Europe occidentale, où la progression de l'industrialisation a permis à la classe moyenne et aux ouvriers de participer à la vie politique, la lutte porte surtout sur une démocratisation des institutions. Par ailleurs, après une phase de développement, les économies industrielles connaissent une baisse de leur croissance dont souffrent durement les ouvriers et leurs familles. Les socialistes se rallient alors aux libéraux pour réclamer des changements.

Les Français sont les premiers à se révolter. La hausse généralisée des prix et l'augmentation du chômage incitent les mouvements libéraux à exiger des réformes et contribuent à la montée du *socialisme*. Des réformistes un peu plus radicaux réclament l'abolition de la monarchie et la création d'une nouvelle république. Le roi Louis-Philippe fait alors appel à l'armée pour maintenir l'ordre, mais la violence se déchaîne. Louis-Philippe finit par abdiquer, la France redevient brièvement une république, jusqu'en 1852, et la révolution gagne le reste de l'Europe. Même le prince de Metternich est forcé de démissionner devant les revendications de libéraux en colère qui veulent assouplir le gouvernement autocratique de l'Autriche.

Comme les révolutions de 1830, celles de 1848 sont réprimées. Bientôt, cependant, un curieux mariage de raison a lieu : les libéraux, qui nourrissent peu de sympathie envers les socialistes, préfèrent s'allier aux conservateurs plutôt qu'accepter encore d'autres changements radicaux. Pour leur part, les gouvernements conservateurs choisissent d'acquiescer à certaines revendications des libéraux au lieu de faire face aux soulèvements violents que leur promettent les révolutionnaires socialistes. C'est ainsi que, en dépit de l'échec des révolutions de 1848, l'esprit réformateur libéral continue à gagner du terrain dans presque toute l'Europe.

EXERCICES

1. Définir les termes suivants :
- congrès de Vienne
- Metternich
- légitimité
- Sainte-Alliance
- Quadruple-Alliance
- concert européen
- socialisme

2. Localiser le lieu suivant et en faire ressortir l'importance :
- Vienne

3. Cerner l'idée principale. Quelles sont les grandes réalisations du congrès de Vienne ?

4. Cerner l'idée principale. De quels moyens le concert européen se munit-il pour maintenir la paix en Europe ?

5. Évaluer les conséquences. Quelles sont les conséquences des révolutions de 1830 et de 1848 ?

L'unification de l'Italie et de l'Allemagne

OBJECTIFS D'APPRENTISSAGE

APRÈS AVOIR LU CETTE SECTION, VOUS SEREZ CAPABLE :

- DE DÉCRIRE LES PRINCIPALES ÉTAPES MENANT À L'UNIFICATION DE L'ITALIE ;

- D'EXPLIQUER COMMENT BISMARCK RÉUSSIT À UNIFIER L'ALLEMAGNE.

À peine quinze ans après le congrès de Vienne, un Metternich fatigué et désabusé constate que « la vieille Europe approche de sa fin ». Malgré tous ses efforts pour arrêter l'évolution, les anciens régimes sont détruits. Les Européens de toutes conditions deviennent de plus en plus nationalistes. Le libéralisme, qui prône les droits individuels, devient trop fort pour être désormais ignoré ou étouffé. Plusieurs Européens, en particulier les Italiens et les Allemands, commencent à considérer que l'État-nation est le meilleur rempart pour protéger les libertés individuelles et la prospérité nationale.

La montée du nationalisme italien

Napoléon et ses armées ont unifié plusieurs États italiens et constitué le royaume d'Italie. Le congrès de Vienne, par contre, morcelle de nouveau ce territoire. Une fois l'Autriche maîtresse de la Lombardie et de la Vénétie, le nationalisme italien grandit, en réaction à la domination autrichienne.

Le nom de *risorgimento*, ou résurrection, est bientôt donné au mouvement nationaliste. Ses partisans forment des sociétés secrètes et terroristes pour défendre leur cause. Les *carbonari*, ou brûleurs de charbon, par exemple, trament un complot pour renverser les Autrichiens. Constituant un groupe napolitain initialement monarchiste, les *carbonari* luttent pour l'établissement de régimes démocratiques sur le territoire italien.

Un mouvement nationaliste ayant une portée beaucoup plus considérable, le *mouvement Jeune Italie*, est lancé en 1831 par Giuseppe Mazzini. Il devient si menaçant aux yeux des autorités que les Autrichiens font savoir que tout partisan du mouvement peut être condamné à mort s'il est arrêté.

La révolution en Italie. Plusieurs États italiens s'opposent à l'unification, car ils craignent de perdre leur pouvoir au profit d'un gouvernement central. Quand les révolutions de 1848 ébranlent l'Europe, les nationalistes italiens en profitent pour organiser leurs propres rébellions. Ainsi, lorsque les troupes autrichiennes se retirent de Lombardie et se rendent à Vienne pour écraser une révolte, des émeutes éclatent dans la ville lombarde de Milan.

D'autres révoltes forcent les souverains de la Sardaigne, du royaume des Deux-Siciles et de la Toscane à adopter des constitutions. Les révolutionnaires prennent Rome en 1849 et créent une république que Mazzini et deux autres chefs dirigent. Tous ces mouvements révolutionnaires sont cependant vite écrasés. Les troupes autrichiennes reprennent la Lombardie et les troupes françaises aident le pape à se rendre de nouveau maître de Rome.

L'unification de l'Italie

Malgré l'échec des révoltes de 1848 et de 1849, les patriotes italiens continuent de travailler à l'unification de leur pays, sans pour autant s'entendre sur la façon d'y parvenir. Certains souhaitent la création d'une fédération d'États ayant le pape à sa tête; la plupart des libéraux veulent une république et une autre faction désire une monarchie constitutionnelle dont le roi serait Victor-Emmanuel II de Sardaigne.

Cavour et la Sardaigne. Un des principaux architectes de l'unification de l'Italie est le premier ministre de Sardaigne, Camillo Benso, comte de Cavour. Il rêve d'une Sardaigne assez puissante pour débarrasser le pays des Autrichiens.

Carte 10.6

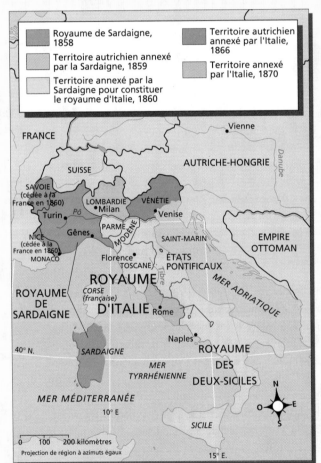

L'unification de l'Italie, 1858-1870

- Royaume de Sardaigne, 1858
- Territoire autrichien annexé par la Sardaigne, 1859
- Territoire annexé par la Sardaigne pour constituer le royaume d'Italie, 1860
- Territoire autrichien annexé par l'Italie, 1866
- Territoire annexé par l'Italie, 1870

L'unification des royaumes. La Sardaigne joue un rôle de premier plan dans l'unification de l'Italie.

? Localiser. *Quel territoire l'Italie annexe-t-elle en 1866?*

Cavour s'emploie à redresser l'économie en finançant la construction de chemins de fer, en encourageant l'industrialisation et en négociant des accords de libre-échange. Il réorganise et renforce l'armée sarde. En 1859, il s'allie à la France, qui accepte de se battre aux côtés de la Sardaigne contre l'Autriche. En retour, la France reçoit les provinces de Savoie et de Nice, en 1860.

Garibaldi et les Chemises rouges. Les Italiens voient en Cavour le « cerveau » de l'unification italienne, en Mazzini, son « cœur », et ils surnomment Giuseppe Garibaldi, personnage tout aussi important, le « glaive » de l'Italie.

Les troupes de Garibaldi contribuent, d'une manière décisive, à l'unification du pays. Après quelques mois d'âpres combats, les Autrichiens cèdent la Lombardie, mais conservent la Vénétie.

En juillet 1860, Garibaldi et les Chemises rouges, troupes militaires composées de volontaires internationaux, se rendent maîtres de la Sicile, puis reviennent sur le continent. Entre-temps, Cavour a annexé les petits royaumes d'Italie centrale. En septembre, les troupes sardes font route vers le sud et permettent à Garibaldi de conquérir Naples.

Le royaume d'Italie. Des élections ont lieu dans les territoires nouvellement rassemblés, en 1861, et les gens de toutes les régions votent en faveur de l'unification de l'Italie.

Les seuls territoires qui ne participent pas au scrutin sont la Vénétie, appartenant toujours à l'Autriche, et les États pontificaux, où les troupes françaises soutiennent le pape. Lorsque la guerre éclate entre l'Autriche et la Prusse, en 1866, les Italiens se rangent du côté des Prussiens. L'Autriche perd la guerre et la Prusse récompense ses alliés italiens en leur donnant la Vénétie. En 1870, la guerre franco-allemande force les Français à retirer leurs troupes de Rome. En septembre de la même année, l'armée italienne entre dans la ville et complète ainsi l'unification d'une Italie sur laquelle règne Victor-Emmanuel II.

L'appel à l'unité allemande

Tout comme l'Italie avant son unification, l'Allemagne, au début du 19e siècle, est une mosaïque d'États indépendants. Contrairement à la situation prévalant en Italie, cependant, l'esprit nationaliste germanique existe bien avant le congrès de Vienne. Napoléon a nourri ce nationalisme en regroupant les États germaniques dans la Confédération du Rhin. Après la défaite napoléo-

Figure 10.9 Giuseppe Garibaldi est reconnu comme un des principaux acteurs de l'unification italienne.

nienne, les participants au congrès de Vienne décident de conserver cette confédération, mais la rebaptisent *Confédération germanique*. De plus, les décisions prises à ce congrès prévoient l'agrandissement du territoire de la Prusse, ce qui ne tardera pas à faire de cette dernière une puissance dominante au sein de la confédération.

Le *Zollverein*. Le premier grand pas vers l'unité allemande après le congrès de Vienne est accompli grâce à un geste posé dans le secteur économique. Les tarifs douaniers imposés par chaque État rendent très difficile la circulation des biens d'un État germanique à l'autre. La Prusse, suivie par quelques autres régions, élimine ces tarifs douaniers en créant un *Zollverein*, ou union douanière. Cette union incite les gens d'affaires à appuyer l'unification de l'Allemagne et, en 1844, le *Zollverein* inclut presque tous les États germaniques.

Le libéralisme germanique. Les appels les plus pressants à l'unification politique du pays viennent des libéraux. Même s'ils sont divisés sur la question du régime politique à instituer, une république ou une monarchie constitutionnelle, ils s'entendent pour affirmer que l'unité du pays favorisera les droits individuels et les réformes libérales.

En 1848, dans la foulée des révolutions qui secouent l'Europe, les libéraux allemands, eux aussi, se révoltent. Le roi Frédéric-Guillaume IV de Prusse cède aux revendications nationalistes, mais s'empresse

L'unification de l'Allemagne, 1865-1871

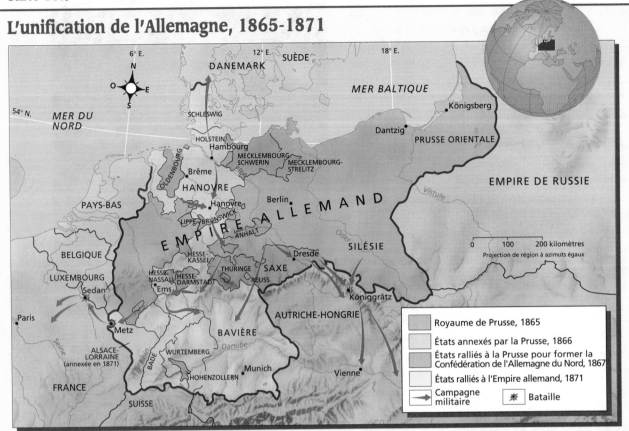

Royaume de Prusse, 1865

États annexés par la Prusse, 1866

États ralliés à la Prusse pour former la Confédération de l'Allemagne du Nord, 1867

États ralliés à l'Empire allemand, 1871

→ Campagne militaire

✳ Bataille

0   100   200 kilomètres
Projection de région à azimuts égaux

L'Empire allemand. Ayant recours tant à la guerre qu'à la diplomatie, Bismarck crée le puissant Empire allemand en réunissant la Prusse et les petits États germaniques.

❓ *Localiser.* Quelle région la Prusse annexe-t-elle en 1866?

de réaffirmer aussitôt son autorité. L'instrument de l'unification allemande ne sera pas la révolution, mais bien les politiques d'un roi et de son très puissant chancelier.

En 1862, Guillaume Ier, le nouveau roi de Prusse, nomme Otto von Bismarck chef du cabinet prussien. Bismarck croit que le destin de la Prusse est de conduire le peuple allemand à l'unité nationale. Il met à l'honneur la *Realpolitik*, ou politique pragmatique, et procède aux réformes qu'il juge capables de favoriser les intérêts prussiens, plutôt que d'en adopter de plus conformes aux idéaux libéraux.

Bismarck doit surmonter deux obstacles de taille pour agrandir le territoire de la Prusse et accroître sa puissance. Il doit tout d'abord déloger l'Autriche

Figure 10.10
Otto von Bismarck

de sa position de chef de file de la Confédération germanique. Ensuite, il doit combattre l'influence autrichienne dans les États germaniques du Sud, qui s'opposent à la prédominance de la Prusse. Il atteint ces deux objectifs en gagnant deux guerres : la guerre austro-prussienne et la guerre franco-allemande.

L'Autriche est battue à Sadowa, en 1866. La Confédération germanique est alors dissoute et la Prusse force l'Autriche à lui rendre le Holstein. Lorsque plusieurs États du Nord s'unissent à la Prusse, l'année suivante, il ne reste plus que trois États du Sud qui échappent encore au contrôle prussien.

Bismarck croit qu'il pourrait annexer ces États en provoquant une guerre contre la France qui, il n'y a pas si longtemps, était l'alliée des Prussiens. Quand la France déclare la guerre à la Prusse, en 1870, Bismarck convainc les États germaniques du Sud de se joindre à la Prusse pour combattre les Français. La France est battue en 1871. En vertu du traité de Francfort, signé la même année, elle perd l'Alsace et une partie de la Lorraine, et doit verser d'énormes indemnités de guerre au vainqueur. Le 18 janvier 1871, avant la fin du conflit franco-allemand, les représentants des États germaniques alliés se rencontrent à Versailles et proclament le roi Guillaume Ier de Prusse *kaiser*, ou empereur, de l'Empire allemand. Guillaume nomme Bismarck chancelier; celui-ci devient bientôt le maître de la diplomatie européenne.

EXERCICES

1. Définir les termes suivants :

- risorgimento
- *mouvement
  Jeune Italie*
- *Giuseppe Garibaldi*
- *Otto von Bismarck*
- *kaiser*
- carbonari
- *Camillo Benso,
  comte de Cavour*
- Zollverein
- Realpolitik

2. Localiser les lieux suivants et en faire ressortir l'importance :

- *Lombardie*
- *États pontificaux*
- *Holstein*
- *Vénétie*
- *Sardaigne*
- *Alsace et Lorraine*

3. Expliquer. Comment la Prusse réussit-elle à unifier l'Allemagne ?

4. Comparer et opposer. Faites un tableau comme celui ci-dessous. Comparez l'unification de la péninsule italienne à l'unification de l'Allemagne. Quelles autres similitudes relevez-vous dans l'unification de ces deux pays ?

Tableau 10.3

CARACTÉRISTIQUES	ITALIE	ALLEMAGNE
Causes du nationalisme		
Mouvements nationalistes	*Jeune Italie*	
Personnages marquants		Otto von Bismarck
Date de l'unification		

Les empires vieillissants de l'Europe orientale

OBJECTIF D'APPRENTISSAGE

APRÈS AVOIR LU CETTE SECTION, VOUS SEREZ CAPABLE :

- D'ANALYSER LA MANIÈRE DONT L'EMPIRE RUSSE RÉAGIT DEVANT LA MARÉE DE RÉFORMES LIBÉRALES QUI DÉFERLENT SUR L'EUROPE.

Tandis que le nationalisme triomphe en Italie et en Allemagne, à l'est, les dirigeants des empires autrichien, russe et ottoman s'entêtent dans leur autoritarisme. Pourtant, même dans ces empires, des voix s'élèvent dans différentes régions pour réclamer l'indépendance des peuples et des réformes sociopolitiques. Obligés d'éteindre les feux de la révolution, les empereurs recourent à des mesures draconiennes et procèdent à des réformes qui modernisent en surface leurs États et consolident leur pouvoir.

L'Empire austro-hongrois

Même si elles n'ont pas tout le succès escompté, les révolutions qui agitent l'Europe en 1848 ont de profondes répercussions sur les empires vieillissants de l'Europe centrale et de l'Europe orientale, surtout sur l'Empire autrichien des Habsbourg.

Au cours de son long règne, François-Joseph préside en fait à la destinée d'un empire instable. En 1848, les Magyars, en Hongrie, se rebellent contre la domination autrichienne et, à un certain moment, viennent près d'accéder à l'indépendance. Mais le tsar Nicolas Ier dépêche l'armée russe pour aider l'Autriche à réprimer cette révolte. François-Joseph s'empresse alors d'annuler les réformes adoptées en 1848, mais ne réussit pas à juguler le nationalisme présent partout dans son empire, où cohabitent de multiples ethnies.

Après la défaite autrichienne de 1866 contre les Prussiens, François-Joseph réorganise l'empire. En 1867, il accepte d'accorder une constitution à la Hongrie et de partager le pouvoir avec elle dans ce qui est nommé la **double monarchie** de l'Autriche-Hongrie.

L'Empire russe

Tout comme les Habsbourg en Autriche, les Romanov en Russie doivent affronter les revendications des libéraux.

La Russie est un vaste empire comprenant une multitude de groupes ethniques, dont les Polonais, les Ukrainiens, les Finlandais, les Juifs, les Ouzbeks, les Tchétchènes et les Tadjiks, entre autres.

La répression de Nicolas Ier. Le tsar dirige son empire comme un autocrate. Pourtant, la Russie, comme le reste de l'Europe, n'est pas sans subir l'influence de l'esprit révolutionnaire qui a fleuri durant l'ère napoléonienne. Les officiers de l'armée, qui ont momentanément quitté la Russie pour combattre les Français, sont particulièrement sensibles aux idéaux libéraux. En 1825, par exemple, des milliers de soldats se rassemblent pour exiger que soit abolie l'autocratie.

Les groupes ethniques de l'Autriche-Hongrie, 1867

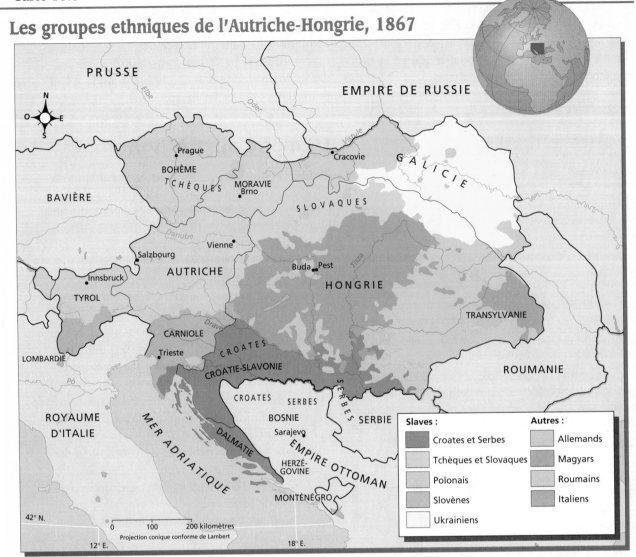

PRUSSE

EMPIRE DE RUSSIE

Elbe

Oder

Vistule

GALICIE

Prague

Cracovie

BOHÊME

TCHÈQUES

MORAVIE

Brno

SLOVAQUES

BAVIÈRE

Danube

Vienne

Salzbourg

AUTRICHE

Buda Pest

Tisza

HONGRIE

Innsbruck

TYROL

TRANSYLVANIE

CARNIOLE

Drave

Trieste

CROATES

CROATIE-SLAVONIE

LOMBARDIE

Pô

ROYAUME D'ITALIE

MER ADRIATIQUE

DALMATIE

CROATES

SERBES

BOSNIE

Sarajevo

SERBES

SERBIE

EMPIRE OTTOMAN

HERZÉ-GOVINE

MONTÉNÉGRO

42° N.

Slaves :	Autres :
Croates et Serbes	Allemands
Tchèques et Slovaques	Magyars
Polonais	Roumains
Slovènes	Italiens
Ukrainiens	

0   100   200 kilomètres
Projection conique conforme de Lambert

12° E.   18° E.

ROUMANIE

Un empire multiculturel. La richesse de sa diversité ethnique fait de l'Autriche-Hongrie un empire multiculturel. Mais les tensions entre ces différents groupes favoriseront un jour l'éclatement de l'empire.

❓ *Faire le lien entre la géographie et l'histoire. Quels peuples d'origine non slave vivent en Autriche-Hongrie ?*

Nicolas Ier écrase cette révolte et prend des mesures très sévères pour empêcher qu'un tel phénomène ne se reproduise. Il impose une censure rigoureuse et crée une police secrète chargée d'espionner les groupes qu'il soupçonne d'activisme révolutionnaire.

Nicolas Ier poursuit par ailleurs l'expansion de son empire. Au cours des années 1830, il entreprend un programme de *russification* destiné à imposer à ses divers sujets l'usage de la langue russe, la pratique de la religion orthodoxe et l'adoption des mœurs russes.

Les réformes d'Alexandre II.
Après la mort de Nicolas Ier, en 1855, son fils, Alexandre II, lui suc-

cède sur le trône. Il est considéré comme un être plutôt faible, mais le nouveau tsar déroute ces critiques. En 1861, il proclame l'*oukase*, ou édit, d'émancipation, qui libère les serfs. En 1864, il réorganise les gouvernements locaux : il permet aux districts ruraux d'élire des *zemstvos*, ou conseils locaux, responsables de l'éducation, de la santé publique et de l'assistance aux pauvres.

Les radicaux et la réaction du gouvernement.
En dépit de ces réformes, une série de mouvements radicaux agitent la Russie à la fin des années 1860, tous dirigés contre le tsar. Plusieurs intellectuels des classes moyenne et supérieure poussent le radicalisme jusqu'à en devenir *nihilistes*, prônant la

L'Empire russe en 1900

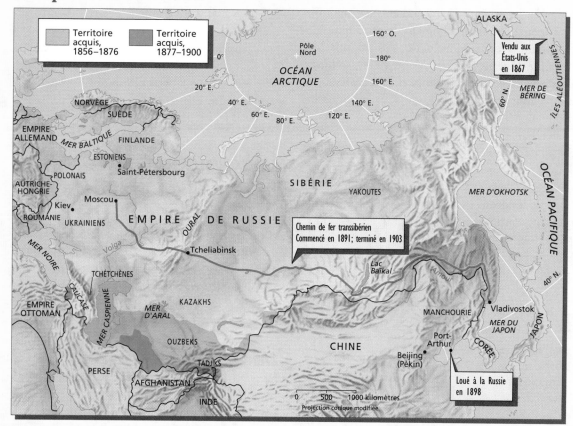

| Territoire acquis, 1856–1876 | Territoire acquis, 1877–1900 |

Une puissance continentale. L'armée impériale traverse tout un continent pour conquérir les territoires situés à l'extrémité orientale de la Russie, mais c'est la diplomatie qui rend l'empire maître de quelques ports asiatiques.

? *Localiser. Qu'est-ce qui relie le centre de la Russie à la Sibérie et à l'océan Pacifique?*

---

destruction des institutions sociales et économiques traditionnelles afin de construire une nouvelle Russie. Un autre groupe révolutionnaire, les *populistes*, veut rebâtir la société sur le modèle des communes paysannes ou villageoises. Nihilistes et populistes recourent parfois au terrorisme et, le 1er mars 1881, un populiste assassine Alexandre II en faisant exploser une bombe dans le carrosse du tsar.

L'assassinat d'Alexandre convainc son fils, le tsar Alexandre III, qu'il ne faut décréter aucune autre réforme, quelle qu'elle soit. Alexandre III et son successeur, Nicolas II, intensifient la russification, accordent plus de pouvoir à la police secrète et persécutent les sujets non russes de l'empire.

La révolution de 1905. Au début du 20ᵉ siècle, les troubles secouent le pays tout entier. Des révoltes de paysans éclatent dans les campagnes et les étudiants manifestent dans les villes.

CONTINUITÉ ∂ CHANGEMENTS En 1905, la guerre opposant le Japon et la Russie, et portant sur la possession des territoires situés en Asie orientale (question de Port-Arthur), se termine par une victoire nippone. La défaite de leur armée convainc bien des Russes que le gouvernement est inefficace, irresponsable et trop corrompu. La légendaire invincibilité de l'Occident était désormais chose du passé.

Le 9 janvier 1905, à Saint-Pétersbourg, une immense foule d'ouvriers non armés, accompagnés de femmes et d'enfants, se dirigent vers le palais d'Hiver pour présenter au tsar une pétition dans laquelle ils réclament des réformes. Les troupes impériales tirent sur la foule (évaluée, selon certains, à 150 000 personnes) et tuent quelques centaines de personnes. Ce massacre du Dimanche rouge déclenche la révolution de 1905. Une grève générale est organisée à Moscou, regroupant près d'un million d'ouvriers. Dans les campagnes, les paysans se révoltent ; ils pillent et incendient les manoirs seigneuriaux. Le point culminant de cette agitation est atteint avec la mutinerie des marins du *Potemkine*. Durant l'été, grèves ouvrières, soulèvements paysans et révoltes militaires se succèdent. En octobre, une grève politique de deux millions de personnes paralyse le pays.

Cherchant à endiguer cette vague révolutionnaire, le tsar Nicolas II publie le *manifeste d'octobre* et institue une monarchie constitutionnelle. Mais, en moins de deux ans, Nicolas II retire petit à petit au peuple les droits qu'il lui a accordés. Le mécontentement continue de grandir en Russie.

Bref, bien que les tsars tentent d'apporter quelques réformes au système politique, l'empire russe demeure essentiellement autocratique.

EXERCICES

1. Définir les termes suivants :
- *double monarchie*
- *russification*
- *zemstvos*
- *nihilistes*
- *manifeste d'octobre*

2. Cerner l'idée principale. À quels résultats les réformes libérales aboutissent-elles en Russie ?

Les « nouveaux » régimes en Europe occidentale

OBJECTIFS D'APPRENTISSAGE

APRÈS AVOIR LU CETTE SECTION, VOUS SEREZ CAPABLE :

- D'ANALYSER LA FAÇON DONT LE GOUVERNEMENT FRANÇAIS DE LA TROISIÈME RÉPUBLIQUE RÉAGIT AUX DEMANDES DE RÉFORMES ;
- D'EXPLIQUER POURQUOI BISMARCK PROCÈDE À DES RÉFORMES SOCIALES EN ALLEMAGNE.

Dès le début du 19ᵉ siècle, les diplomates tentent d'imposer la stabilité à une Europe bouleversée par les guerres napoléoniennes. Mais les Européens ne peuvent échapper aux conséquences politiques des rapides transformations sociales et économiques que subissent leurs pays.

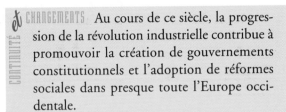 **CHANGEMENTS** Au cours de ce siècle, la progression de la révolution industrielle contribue à promouvoir la création de gouvernements constitutionnels et l'adoption de réformes sociales dans presque toute l'Europe occidentale.

La révolution et les réformes en France

CHANGEMENTS Après l'abdication de Louis-Philippe, en 1848, la France se dote d'une nouvelle constitution libérale, créant ainsi la **Deuxième République française**. Le droit de vote est accordé à tous les citoyens mâles.

Convoqués aux urnes, les électeurs choisissent Louis-Napoléon Bonaparte, le neveu de Napoléon Iᵉʳ, pour diriger le nouveau gouvernement. Louis-Napoléon, désormais Napoléon III, prend le pouvoir avec le titre de « prince-président », révélateur de ses ambitions.

CHANGEMENTS Napoléon III, devenu empereur à la suite du plébiscite du 2 décembre 1852, un an après le coup d'État qui abolissait la constitution de 1848, apporte d'importants changements dans plusieurs domaines. Il confie presque entièrement l'éducation à l'Église, encourage l'industrialisation et planifie la construction d'usines et de chemins de fer. Il modernise aussi Paris par l'aménagement de grands boulevards, l'ajout de parcs et l'installation d'un nouveau système de distribution des eaux. L'empereur voit à l'ouverture de banques de crédit pour faciliter le financement des secteurs industriel et agricole, fait construire un réseau national de chemins de fer et diminue les tarifs douaniers pour aider l'industrie française.

Napoléon III s'attache, par contre, à restreindre le pouvoir de l'Assemblée législative, censure la presse et interdit les assemblées publiques. Il déclenche souvent des élections, de sorte que la plupart des candidats finissent par donner directement leur appui à son gouvernement.

La Troisième République. La guerre franco-allemande de 1870 a raison de l'empereur, qui est battu et fait prisonnier par les Prussiens. Jurant de continuer la lutte, l'Assemblée française renverse Napoléon III et proclame la **Troisième République**. La toute jeune république doit immédiatement faire face à une crise, car les Prussiens envahissent la France et assiègent Paris.

CONTINUITÉ / CHANGEMENTS Malgré des débuts tumultueux, la Troisième République réussit à accomplir d'importantes réformes. Elle légalise les syndicats en 1884 et, vers 1900, elle réduit la journée de travail à dix heures. De plus, une loi de 1906 oblige les employeurs à accorder une journée de congé par semaine à leurs employés.

Les réformes en Allemagne

À l'époque où Napoléon III met en œuvre son programme de développement économique et d'industrialisation, l'Allemagne, elle aussi, vit une période de profondes transformations. La question des relations entre l'État et l'Église catholique est une des plus épineuses que le nouveau gouvernement impérial allemand a à traiter. Elle dégénère d'ailleurs en crise en 1873.

Les libéraux et la constitution. D'après la constitution de 1871, chacun des vingt-cinq États allemands conserve son souverain et est responsable de la bonne marche de ses affaires internes. Le gouvernement fédéral, quant à lui, s'occupe des questions d'intérêt national, comme la défense militaire, les affaires extérieures et le commerce. Le corps législatif est composé du *Bundesrat*, ou chambre haute, et du *Reichstag*, ou chambre basse.

Bismarck s'allie aux libéraux nationaux, qui détiennent la majorité au *Reichstag* et partagent ses visées centralisatrices. Décidés à restreindre le pouvoir de l'Église catholique, qui s'est opposée à l'unification allemande, Bismarck et les libéraux nationaux expulsent les jésuites de l'empire en 1872. Dans le *Kulturkampf* (combat pour la civilisation) anticatholique qui s'ensuit, l'Allemagne adopte des lois pour encadrer de très près le clergé catholique et ses écoles. Cependant, le parti centriste catholique allemand, opposé aux politiques anticatholiques de Bismarck, peut compter sur un appui assez solide de plusieurs protestants qui s'opposent au *Kulturkampf* ; lorsqu'il réussit à faire élire

un certain nombre de ses représentants au *Reichstag*, en 1877, Bismarck délaisse son « combat pour la civilisation » afin de conserver son influence sur la chambre basse. En 1883, il n'est plus question de *Kulturkampf*.

L'économie et les réformes sociales. En plus de mener son combat contre l'Église catholique, Bismarck met en place des mesures susceptibles de consolider la position de l'empire dans les secteurs économique et industriel. Grâce à son réseau de transport et à ses riches gisements de charbon et de fer, l'Allemagne réussit à développer l'industrie métallurgique et sidérurgique la plus puissante d'Europe.

CONTINUITÉ / CHANGEMENTS Les réformes de Bismarck aident considérablement l'industrie allemande. Il uniformise les lois bancaires du pays et rend plus efficaces les services de poste et de télégraphie. De plus, le gouvernement pratique une politique de tarifs douaniers très élevés et protège ainsi les industries allemandes de la concurrence étrangère.

Dans ce pays comme ailleurs, les voix ne manquent pas pour critiquer l'industrialisation. Les socialistes allemands protestent contre les dures conditions de travail imposées aux ouvriers dans les usines et réclament une réglementation d'État pour toutes les industries. Les opposants au régime en place unissent leurs efforts et forment le parti social-démocrate en 1875. Aux yeux de Bismarck, les socialistes sont l'équivalent « d'une armée ennemie vivant au sein de notre société ». Vers la fin des années 1870, Bismarck accuse les socialistes des deux tentatives d'assassinat perpétrées contre l'empereur. Il persuade également le gouvernement libéral d'adopter une série de lois antisocialistes qui rendent le parti social-démocrate illégal, qui interdisent ses assemblées et ses journaux, et qui exilent ses membres de certaines villes.

Tout en cherchant à détruire le socialisme, Bismarck tente de diminuer l'attrait qu'il exerce sur le peuple allemand en mettant en place des réformes de son cru. À partir du début des années 1880, il fait voter des lois sur la santé, les accidents de travail, les pensions de vieillesse et les pensions d'invalidité. Ces réformes améliorent les conditions de vie des classes moyenne et ouvrière, mais elles ne peuvent maintenir Bismarck au pouvoir. En 1890, à la suite de divergences de vues sur la politique sociale et internationale entre Guillaume II, le nouvel empereur, et Bismarck, ce dernier est congédié. Les ambitions de Guillaume II d'étendre son empire éclipsent bientôt ses préoccupations domestiques.

L'industrialisation de l'Europe occidentale

Contrastant avec les pays de l'Europe du Sud tels l'Espagne et le Portugal, péniblement engagés dans une lente industrialisation, les États les plus petits de l'Europe occidentale assistent au triomphe du libéralisme et voient leur industrialisation s'accomplir rapidement. La Belgique, les Pays-Bas et la Suisse instaurent graduellement de nombreuses et importantes réformes démocratiques. Dans les pays scandinaves, industrialisation et démocratie libérale vont également de pair.

CONTINUITÉ & CHANGEMENTS Comme partout ailleurs, l'évolution vers le libéralisme et la démocratie accompagne la croissance industrielle dans les pays scandinaves.

Au nord du Danemark, la Suède et la Norvège ont été réunies de force par le congrès de Vienne. Après de nombreuses années de tensions entre les deux pays, la Norvège proclame son indépendance en 1905. Elle instaure une monarchie constitutionnelle, assortie d'un droit de vote consenti à une large proportion de la population. Les Norvégiennes obtiennent tous leurs droits politiques en 1913. En Suède, même si une certaine catégorie de citoyens mâles a le droit de voter depuis le 17ᵉ siècle, le suffrage universel, incluant hommes et femmes, ne devient réalité qu'en 1921.

EXERCICES

1. Définir les termes suivants :
- *Deuxième République française*
- *Troisième République*
- *Napoléon III*
- *Kulturkampf*
- *Guillaume II*

2. Cerner l'idée principale. À quel résultat les revendications de réformes aboutissent-elles en France ?

3. Expliquer. Comment Bismarck espère-t-il battre les sociaux-démocrates ?

L'essor de l'impérialisme moderne

OBJECTIFS D'APPRENTISSAGE

APRÈS AVOIR LU CETTE SECTION, VOUS SEREZ CAPABLE :
- DE DÉCRIRE LES FACTEURS QUI FAVORISENT L'EXPANSION IMPÉRIALISTE DE L'EUROPE APRÈS 1870 ;
- D'ANALYSER L'IMPACT DE LA TECHNOLOGIE SUR LE NOUVEL IMPÉRIALISME.

L'essor du nationalisme et la progression de la révolution industrielle incitent plusieurs nations européennes à étendre leur puissance impériale.

CONTINUITÉ & CHANGEMENTS Au cours de l'histoire, de nombreux peuples ont développé une politique impérialiste, dominant d'autres peuples en les incorporant dans de grands empires. Cependant, les puissances industrielles du 19ᵉ siècle possèdent un net avantage d'ordre technologique sur les puissances antérieures pour mener à bien une telle politique.

Les Européens, à la fin du 19ᵉ siècle et au début du 20ᵉ siècle, en viennent donc à constituer de vastes empires dont les ramifications recouvrent la surface entière du globe.

L'édification de nouveaux empires

Entre 1870 et 1914, les grands pays industriels s'affairent à édifier leurs empires. La France, la Grande-Bretagne, l'Allemagne, l'Italie, le Japon et les États-Unis s'approprient d'immenses parties de la planète. En 1914, ces empires coloniaux contrôlent presque le monde entier.

En certains endroits, comme en Australie, en Algérie et en Afrique du Sud, les puissances européennes exercent leur pouvoir par l'intermédiaire de *colonies de peuplement*, conçues pour qu'un grand nombre d'Européens occupent le territoire. Ailleurs, et surtout dans les régions tropicales, elles établissent des *colonies d'exploitation*, où un petit groupe de représentants impériaux règnent sur les populations locales non européennes. Quant au reste du monde, les Européens y assurent leur mainmise en délimitant leurs *sphères d'influence*, c'est-à-dire qu'ils imposent, dans certaines régions, la préséance de leurs intérêts nationaux sur ceux des autres puissances impérialistes.

Le « nouvel » impérialisme.

Cette extension du pouvoir métropolitain transforme l'impérialisme mais, en fait, il n'est pas très différent de l'impérialisme que l'Europe pratique depuis la fin du 15e siècle. En effet, les motivations sont sensiblement les mêmes : économiques, politiques, stratégiques, religieuses ou humanitaires. Au 19e siècle, cependant, deux autres facteurs interviennent pour intensifier les ambitions impérialistes : la montée du nationalisme et la progression de la révolution industrielle.

La concurrence entre nations et l'impérialisme.

CONTINUITÉ / CHANGEMENTS L'émergence de nouveaux États nationaux, comme l'Allemagne et l'Italie, oblige à redéfinir l'équilibre des forces en Europe, car les tensions grandissantes entre les États-nations peuvent facilement avoir des répercussions ailleurs dans le monde. Il devient donc impérieux pour chaque puissance européenne de tenter d'assurer sa supériorité sur les autres puissances qui lui font concurrence.

La victoire éclair de l'Allemagne dans la guerre franco-allemande de 1870-1871 démontre clairement que la guerre moderne ne se gagnera plus grâce au seul nombre de soldats engagés et à leur héroïsme. L'entreprise guerrière exige dorénavant des chemins de fer, des fusils à répétition et une artillerie perfectionnée. La technologie pour fabriquer ces éléments coûte cher et seule l'industrialisation peut y donner accès. C'est pourquoi les dirigeants sont obligés de garantir une capacité de production industrielle et une solidité économique à leur pays respectif s'ils veulent en assurer la défense. L'atteinte de ces deux objectifs dépend de l'accès aux matières premières et aux marchés où il est possible d'écouler des produits finis. L'édification d'empires est la solution pour accéder à ces matières premières et à ces marchés. Après 1870, c'est à quel pays européen réussira à se bâtir le plus vite possible l'empire le plus puissant.

Après la Grande-Bretagne, la révolution industrielle gagne d'autres pays et crée une nouvelle demande de matières premières. Les entreprises européennes et américaines se mettent en quête de nouveaux matériaux, comme le cuivre, le man-

ganèse et le caoutchouc. En Amérique du Sud, par exemple, certains pays (Pérou, Bolivie) se battent entre eux pour conserver le contrôle des régions riches en guano (déjections d'oiseaux marins), matière qui sert à fabriquer de l'engrais et qui produit du nitrate, utilisé dans la fabrication d'explosifs. Dans bien des cas, il n'est possible de trouver ces nouveaux matériaux qu'en Asie, en Afrique ou en Amérique latine. Par ailleurs, une fois les ressources trouvées, les nations industrielles tentent de s'assurer qu'elles y auront accès.

Libre-échange et empire.

Depuis les années 1840, la Grande-Bretagne, la plus grande nation industrielle d'Europe, pratique une politique de *libre-échange*, c'est-à-dire qu'elle n'impose pas de tarifs douaniers qui pourraient restreindre son activité commerciale avec d'autres pays tels que l'Irlande et l'Écosse. L'Angleterre utilise donc cette politique pour obtenir un avantage concurrentiel sur les autres nations.

Cependant, au début des années 1880, la situation évolue. Les pays nouvellement industrialisés se rendent compte des avantages que tire la Grande-Bretagne du libre-échange. Ils ferment donc leurs marchés et leurs sources d'approvisionnement afin de protéger leurs propres industries en plein développement. Cette pratique est appelée *protectionnisme*.

CONTINUITÉ / CHANGEMENTS La montée du protectionnisme et le nouvel impérialisme qui en découle constituent en quelque sorte un retour aux anciennes pratiques mercantilistes adoptées au 15e siècle par les premiers empires européens.

Technologie et empire

Ce sont la technologie et les armes modernes qui rendent possible l'impérialisme européen.

CONTINUITÉ / CHANGEMENTS Vers 1850, les progrès accomplis dans la technologie des transports, en particulier dans la construction des bateaux, permettent aux Européens d'aller n'importe où dans le monde en toute sécurité. La nouvelle technologie navale favorise de façon indirecte l'expansion impériale.

Vers 1880, les bateaux à vapeur ont presque entièrement remplacé les voiliers. Mais ces nouveaux bateaux ne peuvent emporter à leur bord qu'une provision de charbon suffisante pour quatorze jours. Garder une flotte en mer exige donc de chaque pays qu'il possède des endroits où s'approvisionner en charbon et des ports pour défendre ces points de ravitaillement. La seule façon de posséder ces points de ravitaillement et de les protéger est d'annexer et de coloniser les territoires où ils se trouvent.

À ces raisons d'ordre technique s'ajoutent des raisons d'ordre moral pour justifier la colonisation. En effet, plusieurs parmi les impérialistes occidentaux sont convaincus de leur supériorité et se font un devoir moral d'apporter la civilisation occidentale au reste du monde. Il s'agit là d'un argument commode et fallacieux pour dissimuler les véritables enjeux de l'entreprise coloniale : la recherche et l'exploitation de nouveaux territoires au moindre coût.

EXERCICES

1. **Définir** les termes suivants :
- *colonie de peuplement*
- *colonie d'exploitation*
- *sphère d'influence*
- *« nouvel » impérialisme*
- *protectionnisme*

2. **Cerner l'idée principale.** *Pourquoi les pays occidentaux s'intéressent-ils à l'expansion impériale après 1870 ?*

3. **Cerner l'idée principale.** *Quel lien existe-t-il entre la technologie moderne et l'essor de l'impérialisme ?*

L'impérialisme en Afrique

OBJECTIF D'APPRENTISSAGE

APRÈS AVOIR LU CETTE SECTION, VOUS SEREZ CAPABLE :

- D'ANALYSER LA FAÇON DONT LES EUROPÉENS SE PARTAGENT L'AFRIQUE APRÈS LA CONFÉRENCE DE BERLIN, EN 1884-1885.

Au cours du 18ᵉ et du 19ᵉ siècle, l'impérialisme est largement développé en Afrique. Certains peuples africains édifient leurs empires à l'intérieur du continent alors que, pendant des années, les Européens sont confinés aux régions côtières. Cependant, après 1870, les impérialistes s'aventurent à l'intérieur des terres et entreprennent de conquérir les pays qui s'y trouvent. En 1900, la presque totalité de l'Afrique est sous domination européenne.

La ruée vers l'Afrique

En 1882, l'occupation de l'Égypte par la Grande-Bretagne, à la suite du scandale financier entourant le percement du canal de Suez et surtout suite au soulèvement nationaliste de Arabi Pacha en 1881, provoque des réactions dans les autres pays occidentaux, notamment en France. Cette crise dégénère presque en conflit ouvert entre

Carte 10.10

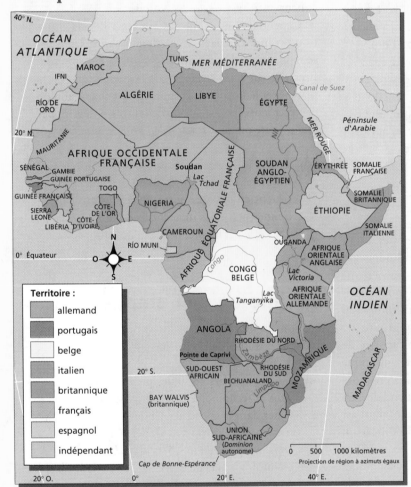

Le morcellement de l'Afrique. En 1914, presque toute l'Afrique a été découpée par les puissances européennes qui se sont approprié ces territoires.

Localiser. *Quel lac est situé à l'équateur ? Par quels territoires européens est-il entouré ?*

la France et la Grande-Bretagne. La concurrence pour s'approprier les territoires coloniaux se développant et les rivalités s'intensifiant, les tensions entre pays européens augmentent en matière de politique extérieure laissant présager les sombres événements de 1914.

La conférence de Berlin. Afin de préparer une solution aux conflits qui ne manqueront pas de surgir relativement aux colonies, les grandes puissances européennes se rencontrent à la *conférence de Berlin*, en 1884 et 1885. Elles y fixent les grandes règles qui doivent prévaloir dans le partage du monde. Elles se mettent d'accord sur le principe suivant : aucune colonie européenne ne sera reconnue à moins d'être occupée par ses colonisateurs.

En fonction des règles adoptées à la conférence de Berlin, les impérialistes établissent, entre 1885 et 1900, leur domination sur toute l'Afrique, à l'exception du Libéria et de l'Éthiopie.

L'impérialisme stratégique de la Grande-Bretagne. Soucieuse de défendre le Haut-Nil, la Grande-Bretagne place sous protectorat la partie de l'Afrique orientale formant aujourd'hui le Kenya. Elle prend aussi possession des royaumes africains qui sont devenus l'actuel Ouganda et, partant de sa colonie du Cap, elle pénètre plus avant dans le continent. Sous la direction de la British South Africa Company, propriété de Cecil Rhodes, grand apologiste de l'impérialisme anglais, les Britanniques s'approprient également l'Afrique centrale.

Figure 10.11
Cecil Rhodes

EXERCICES

1. Définir les termes suivants :
- *conférence de Berlin*   • *Cecil Rhodes*

2. Localiser le lieu suivant et en faire ressortir l'importance :
- *colonie du Cap*

3. Cerner l'idée principale. Quelles sont les répercussions de la conférence de Berlin sur l'Afrique ?

L'impérialisme en Asie

OBJECTIF D'APPRENTISSAGE

APRÈS AVOIR LU CETTE SECTION, VOUS SEREZ CAPABLE :

• DE DÉCRIRE LES ENJEUX IMPÉRIALISTES EN ASIE ET D'ANALYSER COMMENT LES POLITIQUES EUROPÉENNES EN ASIE DIFFÈRENT DE CELLES PRATIQUÉES AILLEURS DANS LE MONDE.

En Asie, l'impérialisme européen revêt une forme bien différente de celle qu'il a en Afrique. Sur le continent asiatique, les Européens trouvent des États complexes, des armées puissantes et des villes qui surpassent les leurs en taille et en splendeur ; ils y sont aussi entourés de civilisations raffinées.

L'Inde britannique

Tout comme en Afrique et en Asie du Sud-Ouest, la Grande-Bretagne donne le ton à cette forme inédite d'impérialisme qui apparaît en Asie. Parmi les empires qui naissent dans cette région, la plus importante possession européenne est l'Inde britannique. Les Anglais utilisent leurs propres fonctionnaires pour administrer le pays tout en créant une nouvelle classe d'Indiens, qu'ils éduquent à l'occidentale, pour les aider à le diriger.

Les interactions entre les Britanniques et les Indiens contribuent à transformer la culture et la société de ces derniers. Dans son ensemble, le peuple indien tolère assez bien la domination britannique, sauf les princes et autres grands qui sont écartés du pouvoir. Plus les Anglais étendent leur pouvoir aux dépens de ces dirigeants traditionnels, plus il y a de conflits générés par la présence britannique. Les leaders indiens utilisent la peur des gens de voir le colonisateur éliminer le système des castes et convertir l'Inde au christianisme pour les inciter à résister aux visées impérialistes des Anglais. Ainsi, l'armée indienne se révolte en 1857 (Révolte des Cipayes).

En 1858, les Britanniques rétablissent l'ordre. Le nouveau gouvernement colonial anglais qui s'installe à la tête du pays tourne le dos à l'élite indienne, formée à l'école britannique, et cherche plutôt des appuis auprès des figures traditionnelles de l'autorité en Inde.

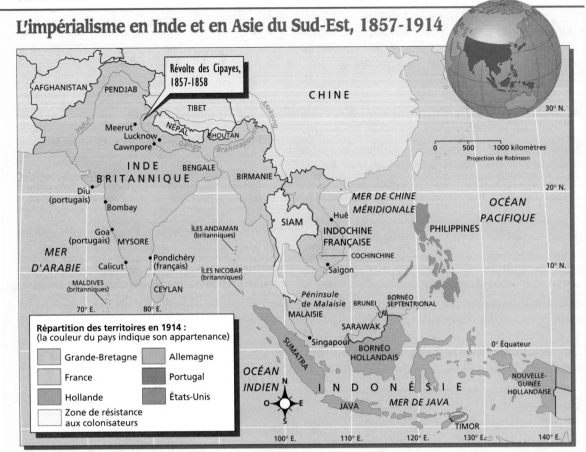

L'impérialisme en Inde et en Asie du Sud-Est, 1857-1914

Révolte des Cipayes, 1857-1858

AFGHANISTAN — PENDJAB — TIBET — CHINE

Meerut — Lucknow — Cawnpore — NÉPAL — BHOUTAN

INDE BRITANNIQUE — BENGALE — BIRMANIE

Diu (portugais) — Bombay

MER DE CHINE MÉRIDIONALE — OCÉAN PACIFIQUE

Goa (portugais) — MYSORE — ÎLES ANDAMAN (britanniques) — SIAM — Huê — INDOCHINE FRANÇAISE — PHILIPPINES

MER D'ARABIE — Calicut — Pondichéry (français) — ÎLES NICOBAR (britanniques) — COCHINCHINE — Saigon

MALDIVES (britanniques) — CEYLAN

70° E. — 80° E.

Péninsule de Malaisie — BRUNEI — BORNÉO SEPTENTRIONAL

MALAISIE — SARAWAK

Singapour — SUMATRA — BORNÉO HOLLANDAIS

0° Équateur

OCÉAN INDIEN — INDONÉSIE — NOUVELLE-GUINÉE HOLLANDAISE

JAVA — MER DE JAVA — TIMOR

100° E. — 110° E. — 120° E. — 130° E. — 140° E.

30° N. — 20° N. — 10° N.

0   500   1000 kilomètres
Projection de Robinson

Répartition des territoires en 1914 :
(la couleur du pays indique son appartenance)

- Grande-Bretagne
- France
- Hollande
- Zone de résistance aux colonisateurs
- Allemagne
- Portugal
- États-Unis

Défi aux autorités coloniales. Bien que la Grande-Bretagne et d'autres pays revendiquent des territoires en Asie du Sud-Est, les peuples autochtones combattent avec détermination cette domination étrangère.

 Localiser. Quel territoire du sud de l'océan Pacifique les États-Unis revendiquent-ils ?

L'Indochine française

Dès le 18ᵉ siècle, la présence française commence à se faire sentir au Viêt Nam. Les marchands et les missionnaires préparent déjà le terrain pour les futures conquêtes de la France.

En 1859, les Français s'emparent de la ville de Saigon et, en 1867, ils se rendent maîtres des provinces du sud du Viêt Nam, qu'ils appellent Cochinchine. Utilisant cette nouvelle colonie, ils tentent d'étendre leur influence sur d'autres territoires, notamment le Cambodge et le Laos. Devenus protectorats, ces trois États forment l'Indochine française.

La Chine et le Japon

Britanniques, Français et Hollandais sont tous occupés à accroître leur influence en Asie du Sud-

Est, mais ce que les marchands européens convoitent le plus, c'est le commerce avec la Chine. Au début du 19ᵉ siècle, tant les Américains que les Européens cherchent à forcer l'empire Qing à s'ouvrir au commerce avec le monde extérieur. Vers 1850, le Japon est aussi pressé de traiter avec les étrangers. Les relations avec les Occidentaux transforment alors la Chine et le Japon. Mais, contrairement à l'entreprise européenne impérialiste en Afrique, l'Empire chinois demeure réfractaire à toute pénétration systématique. Les puissances européennes sont confinées dans des concessions où seulement les lois occidentales s'appliquent. Ainsi, l'influence de la culture occidentale en Chine favorise l'éclatement d'une révolte nationaliste, qui se termine dans un véritable bain de sang lors de l'intervention d'une force internationale (guerre des Boxers, 1900).

L'impérialisme en Asie orientale, 1839-1912

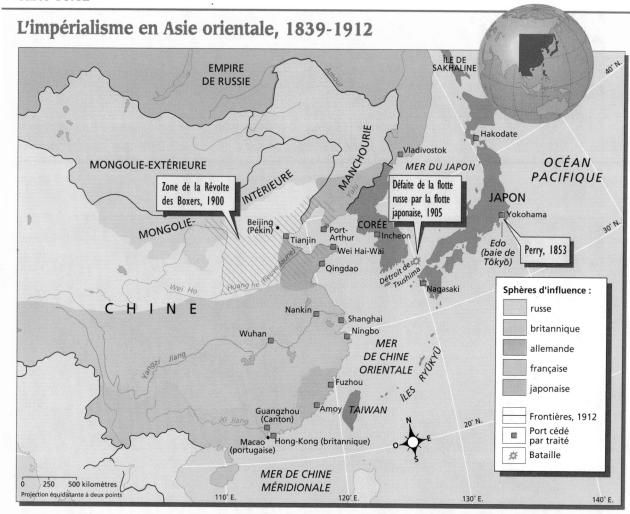

EMPIRE DE RUSSIE

ÎLE DE SAKHALINE

40° N.

MONGOLIE-EXTÉRIEURE

Amour

Hakodate

Vladivostok

MER DU JAPON

OCÉAN PACIFIQUE

Zone de la Révolte des Boxers, 1900

INTÉRIEURE

MANCHOURIE

JAPON

Défaite de la flotte russe par la flotte japonaise, 1905

30° N.

MONGOLIE-

Beijing (Pékin)

Yalu

Yokohama

Tianjin

Port-Arthur

CORÉE

Incheon

Wei Hai-Wai

Edo (baie de Tōkyō)

Perry, 1853

Qingdao

Détroit de Tsushima

Wei Ho

Huang he (fleuve Jaune)

Nagasaki

C H I N E

Sphères d'influence :

Nankin

Shanghai

russe

Wuhan

Ningbo

britannique

MER DE CHINE ORIENTALE

allemande

Yangzi Jiang

ÎLES RYŪKYŪ

française

Fuzhou

japonaise

Guangzhou (Canton)

Amoy

TAIWAN

Frontières, 1912

Xi Jiang

Port cédé par traité

Macao (portugaise)

Hong-Kong (britannique)

N

O E

S

20° N.

Bataille

0   250   500 kilomètres

Projection équidistante à deux points

MER DE CHINE MÉRIDIONALE

110° E.

120° E.

130° E.

140° E.

Les maîtres des mers. Les puissances européennes et le Japon entretiennent de larges sphères d'influence en Asie orientale.

? Localiser. *Quelle sphère d'influence est la moins susceptible d'être directement touchée par la Révolte des Boxers ?*

À la fin de cet affrontement, les dirigeants de l'empire Qing proposent quelques réformes à l'occidentale qui ne provoquent que mouvements réactionnaires et révoltes. La Chine se trouve alors à la merci des puissances européennes. Le régime impérial tombe et la république est instaurée sous la direction de Sun Yat-Tsen, en 1911. Le Japon connaît un sort différent.

CHANGEMENTS Progressivement ouvert à l'étranger depuis 1853, l'archipel nippon entreprend un vaste programme de modernisation (ère Meiji, 1868) qui extirpe le Japon du féodalisme et le propulse sur la scène internationale.

Le Japon réplique à l'impérialisme occidental en adoptant les façons de gouverner des Occidentaux et en s'ouvrant à l'industrialisation, pour devenir à son tour une grande puissance. En 1905, lors du conflit russo-japonais, le monde se rend compte des pas de géant accomplis par le Japon.

EXERCICES

1. Localiser les lieux suivants et en faire ressortir l'importance :

• Saigon
• Indochine française

2. Comprendre l'idée principale. Comparez les efforts des Occidentaux dans leurs tentatives de colonisation de l'Inde, de la Chine et du Japon. Évaluez-en les impacts sur chacune de ces nations.

HÉRITAGES : QUE NOUS ONT-ILS LÉGUÉ ?

Voir le tableau du chapitre 9, page 227, pour le contenu de ces catégories.

Sociétés	Vie politique	Vie matérielle	Société/Arts/Culture	Économie	Science et techniques
Europe	• Retour temporaire au **conservatisme pré-révolutionnaire (congrès de Vienne) 243** • **Révolutions libérales de 1830 et de 1848** • Développement de l'**irrédentisme** italien **244** • **Unification de l'Italie et de l'Allemagne 245** • **Double monarchie austro-hongroise 249**	• Adoption de mesures **législatives à portée sociale** visant à diminuer l'impact de la révolution industrielle sur les masses laborieuses **230, 240** • Mouvement des suffragettes (**obtention progressive du droit de vote**) **240** • **Construction d'infrastructures** destinées à améliorer la salubrité des villes **233** • **Abolition de l'esclavage 238**			
Asie et Afrique	• **Ruée** vers l'Afrique • **Partage** de la Chine				
Amérique latine	• **Indépendance** progressive des anciennes colonies espagnoles et portugaises **241, 242**				

Révision

RÉDIGER UN RÉSUMÉ

En retenant les points essentiels du texte, rédigez un court résumé du chapitre.

RÉVISER LA TERMINOLOGIE

Faites correspondre aux termes suivants la définition qui convient à chacun.

a) doctrine de Monroe
b) Convention de Seneca Falls
c) particularisme local
d) Kulturkampf
e) Realpolitik
f) concert européen
g) Zollverein
h) dominion
i) chartisme
j) Acte d'Union

1. Politique énonçant que les États-Unis ne toléreront aucune intervention militaire européenne en Amérique.

2. Colonie établie par des immigrants britanniques auxquels le Parlement anglais accorde l'autonomie.

3. Attachement envers une région donnée d'un pays.

4. Première convention américaine des droits de la femme, organisée par Elizabeth Stanton et Lucretia Mott.

5. Union douanière allemande éliminant les tarifs douaniers entre les États et encourageant les hommes d'affaires à appuyer l'unification de l'Allemagne.

6. Politique fondée sur le pragmatisme et non sur les idéaux libéraux.

7. « Combat pour la civilisation » conçu par Bismarck pour restreindre le pouvoir de l'Église catholique.

8. Réseau de relations diplomatiques destiné à maintenir la paix entre pays européens.

9. Loi adoptée par le Parlement britannique en vue d'unir le Haut-Canada et le Bas-Canada pour qu'ils ne forment plus qu'une seule colonie.

10. Mouvement revendiquant le suffrage universel pour les hommes.

RÉVISER LA CHRONOLOGIE

Dressez la liste des événements suivants en respectant l'ordre chronologique.

1. Le roi Guillaume Ier fait entrer Bismarck dans le cabinet prussien.

2. Louis-Napoléon devient président de la Deuxième République française.

3. L'Allemagne défait la France dans la guerre franco-allemande.

4. Les délégués des principales puissances européennes se rencontrent au congrès de Vienne.

5. La Cour suprême des États-Unis adopte une loi institutionnalisant la ségrégation raciale.

6. Promulgation de la doctrine de Monroe.

COMPRENDRE LES IDÉES PRINCIPALES

1. Quel est l'objectif du congrès de Vienne ?

2. Comment la Prusse parvient-elle à unifier les états allemands ?

3. Pourquoi les dirigeants de la France et de l'Allemagne font-ils des réformes ?

4. Quelle est la réponse d'Alexandre II de Russie aux demandes de réformes politiques ?

EXERCER SON SENS CRITIQUE

1. **Comparer.** Quelles répercussions l'industrialisation a-t-elle sur l'évolution politique de l'Europe occidentale et sur celle de l'Europe du Sud ?

2. **Comparer.** Quelles sont les ressemblances et les dissemblances entre les mouvements d'unification italien et allemand ?

Chapitre 11
La guerre des mondes

Objectifs d'apprentissage

APRÈS AVOIR LU CE CHAPITRE, VOUS SEREZ CAPABLE :
- D'EXPLIQUER LES CAUSES DE LA PREMIÈRE ET DE LA DEUXIÈME GUERRE MONDIALE ;
- DE PRÉCISER LES LIENS QUI UNISSENT CES DEUX CONFLITS ;
- D'ANALYSER LES FONDEMENTS DE LA GUERRE FROIDE ;
- DE COMPRENDRE LES PRINCIPALES TRANSFORMATIONS ALTÉRANT LE MONDE CONTEMPORAIN ;
- D'ÉVALUER LES ENJEUX MONDIAUX À L'AUBE DU 21E SIÈCLE.

La révolution industrielle du 19e siècle se poursuit jusqu'au début du 20e siècle. Les frontières de la connaissance de la matière sont abattues. Sur un autre plan, nul n'est en mesure de prévoir que 1914 sera le point de départ d'une série de conflits d'une ampleur inédite. « De la guerre chaude (1914-1918) à la guerre froide (1948-1990) », cette boutade résume bien l'état des relations internationales au 20e siècle. Des acteurs jusqu'alors ignorés (colonies) se manifestent tantôt timidement, tantôt bruyamment. Cette fébrilité politique s'accompagne d'une profonde révolution technique dans les communications, réduisant les distances qui séparent les différents foyers d'activités internationales. L'effondrement progressif du bloc communiste et sa chute spectaculaire laissent, par ailleurs, un vide qui n'est pas encore comblé. L'ouverture de nouveaux marchés et une accélération des échanges commerciaux laissent présager que des changements majeurs sont encore à venir.

Figure 11.1 Soldats canadiens au front, à Passchendaele, en novembre 1917

La Première Guerre mondiale : origines et conséquences

OBJECTIFS D'APPRENTISSAGE

APRÈS AVOIR LU CETTE SECTION, VOUS SEREZ CAPABLE :

• D'EXPLIQUER POURQUOI LA PREMIÈRE GUERRE MONDIALE EST QUALIFIÉE DE TOTALE ;

• DE DÉCRIRE LA FAÇON DONT LES DIRIGEANTS POLITIQUES ENTREVOIENT LE MONDE APRÈS LE CONFLIT.

Par rapport au 18e siècle, le 19e siècle est une époque de relative stabilité au plan des relations internationales en Europe, à l'exception de quelques conflits qui laissent présager les événements à venir (guerre de Crimée, 1854-1856, guerre franco-allemande de 1870-1871).

Toutefois, à la fin du siècle, cette stabilité commence à s'effriter sous la pression de nouvelles tensions politiques et sociales qui accompagnent un changement dans l'équilibre des forces sur le continent. Une crise dans les Balkans fait définitivement voler en éclats cette stabilité en 1914 et les rivalités entre nations et empires européens dégénèrent en guerre mondiale.

Les forces sous-jacentes

En 1914, les pays de l'Europe dominent le monde. L'Empire britannique, à lui seul, contrôle près du cinquième de la planète. La France, l'Allemagne et l'Italie ont aussi établi leur autorité sur d'immenses territoires habités par une multitude de populations très différentes les unes des autres. Sur le continent, les tensions politiques et sociales grandissantes inquiètent beaucoup d'Européens. Cette tension croissante est en partie causée par les rivalités qui apparaissent entre pays et empires européens. La naissance de nouveaux États, comme l'Italie (1871) et, surtout, l'Allemagne (1871), modifie l'équilibre des forces et les autres pays cherchent des moyens de contenir les ambitions de plus en plus grandes de l'Allemagne.

CONTINUITÉ ET CHANGEMENTS Les mouvements nationalistes dans les vastes empires multiethniques de Russie et d'Autriche-Hongrie exacerbent les conflits en Europe orientale, tandis que les luttes de pouvoir entre les grands pays européens occidentaux se manifestent par une série d'alliances militaires et par une concurrence accrue dans la possession d'empires coloniaux.

Ces rivalités favorisent la montée du *militarisme* et une course aux armements effrénée en Europe. Cette prépondérance accordée à l'élément militaire influence profondément les sociétés européennes, dont le nouvel Empire allemand. De plus, ce goût de la guerre est souvent soutenu par une opinion publique favorable aux politiques belliqueuses des dirigeants. C'est ainsi que, un peu partout en Europe, les gens en viennent à considérer la guerre comme une occasion pour chaque pays de démontrer sa force et son habileté à s'enrichir.

La montée du nationalisme, de l'impérialisme et du militarisme conduit donc les grandes nations européennes à considérer la guerre comme une solution à leurs crises diplomatiques en apparence insolubles.

À la suite d'un ensemble de crises préliminaires, la poudrière, que sont devenus les États balkaniques, éclate. Le 28 juin 1914, l'archiduc François-Ferdinand, héritier présomptif de la couronne d'Autriche-Hongrie, est assassiné à Sarajevo. Ce meurtre sert de prétexte à un grand « règlement de comptes » entre les nations rivales d'Europe. La guerre austro-serbe de juillet 1914 dégénère en un conflit européen, puis mondial, connu sous le nom de guerre de 1914-1918 ou Grande Guerre.

Les prémisses de la Grande Guerre

1898	▶ Fachoda
1905	▶ 1re crise marocaine
1911	▶ 2e crise marocaine
1912-1913	▶ Guerres des Balkans
1914	▶ Assassinat de l'archiduc François-Ferdinand, à Sarajevo (28 juin 1914)
	▶ Déclaration de la Première Guerre mondiale

L'Europe à la veille de la Première Guerre mondiale, 1914

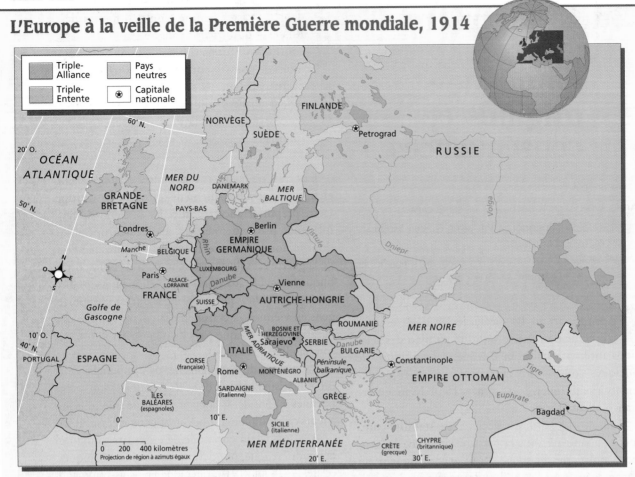

Les alliances. Des alliances défensives divisent déjà l'Europe en deux camps armés avant même que n'éclate la Première Guerre mondiale.

❓ *Faire le lien entre la géographie et l'histoire. Quels pays font partie de la Triple-Entente?*

Le monde en guerre

La Première Guerre mondiale n'épargne presque aucun coin de la planète. Même si l'essentiel des combats est concentré en Europe, les soldats se battent aussi sur d'autres continents. Les armées britanniques et allemandes s'affrontent en Afrique de l'Ouest, de l'Est et du Sud-Ouest. Avec l'entrée en guerre de l'Empire ottoman, le Moyen-Orient devient à son tour le théâtre de nombreuses batailles. Quant à la guerre navale, elle fait rage dans l'Atlantique Nord, dans la Mer du Nord et même près des îles Malouines, dans l'Atlantique Sud.

Pour la première fois, toutes les grandes puissances mondiales participent à la guerre. Le Japon, allié de la Grande-Bretagne, déclare la guerre à l'Allemagne en août 1914. Les dirigeants japonais voient dans ce conflit l'occasion de promouvoir leurs intérêts dans l'est de l'Asie et dans le Pacifique. Les

Figure 11.2 L'équipage d'un sous-marin allemand observe une de leurs torpilles qui touche un navire allié.

troupes japonaises s'emparent rapidement de la base navale allemande de Qingdao, en Chine, et se rendent maîtres de la riche péninsule de Shandong. La marine japonaise escorte les navires alliés dans l'océan Indien et en Méditerranée.

Les Alliés recrutent leurs soldats un peu partout dans le monde. L'Empire britannique fournit, pour sa part, trois millions et demi d'hommes, dont six cent mille Canadiens, quatre cent mille Australiens, cent trente mille Sud-Africains et cent vingt mille Néo-Zélandais. Près d'un million et demi d'Indiens s'engagent volontairement dans l'armée britannique. Plusieurs milliers d'entre eux se battent et meurent en Europe, tandis que d'autres combattent au Moyen-Orient, donnant ainsi aux troupes britanniques un point d'appui dans le golfe Persique. Recrutés en Afrique coloniale française, les Algériens, les Marocains et les Sénégalais se battent aussi aux côtés des Alliés, sur le front ouest.

Figure 11.3 **À travers le monde, les femmes participent à l'effort de guerre de leur pays, comme ces Anglaises travaillant dans une usine d'armement.**

La guerre totale. La Première Guerre mondiale oppose toutes les grandes puissances de la terre, regroupées en deux camps, et se déroule à l'échelle internationale. De toutes les guerres, jusqu'à ce jour, elle est la plus meurtrière. Les armes utilisées sont de purs produits de l'ère industrielle (gaz, chars, avions, artillerie lourde).

> **CHANGEMENTS** **CONTINUITÉ** L'effort de guerre n'épargne à peu près aucun pays et exige des nations belligérantes un investissement massif en ressources humaines, financières et matérielles. La situation force les gouvernements à devenir de plus en plus interventionnistes dans des secteurs où ils étaient auparavant absents. Cette tendance sera renforcée après la crise économique de 1929.

La Grande Guerre dure plus de quatre ans. Durant les deux premières années du conflit, chaque camp perd des centaines de milliers de soldats, sans pour autant s'approcher de la victoire. Sur le front ouest, en France, en Belgique et en Italie, c'est rapidement l'impasse. Sur le front est, en Russie et au Moyen-Orient, les combats sont moins statiques, mais coûtent cher en vies humaines. Le cours de la guerre change en 1917. L'ampleur des pertes humaines de part et d'autre, les mutineries au sein de régiments, la reprise du contrôle des mers par les Alliés, la défection russe à la suite de la signature du traité de Brest-Litovsk et l'entrée en guerre des Américains en 1917, décision qui remonte le moral des troupes alliées, tous ces facteurs rendent inévitable la défaite de l'Allemagne.

Le 11 novembre 1918, à onze heures (au méridien de Greenwich), deux jours après l'abdication du kaiser Guillaume II, les nouveaux dirigeants de la république allemande acquiescent aux conditions des Alliés, qui leur imposent un *armistice*, c'est-à-dire un arrêt des hostilités jusqu'à ce qu'un traité de paix officiel soit rédigé. Les termes de l'armistice équivalent en fait à une reddition sans condition. Dans un wagon de train, à Rethondes, au milieu de la forêt de Compiègne, en France, les représentants du nouveau gouvernement allemand signent l'armistice, sous le regard attentif des Alliés. Ainsi prend fin la Première Guerre mondiale. Une époque se termine, un monde nouveau naît.

Les objectifs du nouvel ordre mondial

La fin de la Grande Guerre sonne le glas de plusieurs empires : la Russie, l'Empire ottoman, déjà moribond depuis la fin du 19e siècle, la monarchie

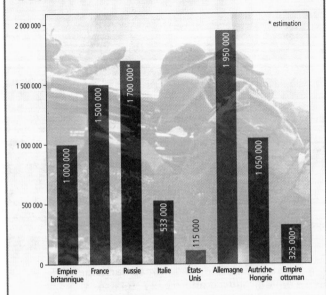

Pertes de vies humaines sur les champs de bataille durant la Première Guerre mondiale

* estimation

2 000 000

1 500 000

1 000 000

500 000

0

1 000 000 — Empire britannique
1 500 000 — France
1 700 000* — Russie
533 000 — Italie
115 000 — États-Unis
1 950 000 — Allemagne
1 050 000 — Autriche-Hongrie
325 000* — Empire ottoman

La Première Guerre mondiale. Le nombre de vies humaines perdues sur les champs de bataille au cours de la Première Guerre mondiale s'élève à quelque dix millions. De plus, le nombre de blessés au combat est estimé à vingt millions.

Analyser. *Combien de soldats les principales forces alliées ont-elles perdus ? Combien de soldats les puissances centrales ont-elles perdus ? Pourquoi les pertes des États-Unis sont-elles si minimes comparativement à celles des autres pays ?*

Figure 11.4

bicéphale d'Autriche-Hongrie et l'Allemagne connaissent de profondes transformations. Les armes s'étant tues, la carte du monde doit être redessinée. La convergence des intérêts alliés durant la guerre ne résistera pas à la paix : des divergences ne tarderont pas à poindre.

Les « quatorze points » de Wilson. Dans le discours qu'il prononce devant le Congrès américain en janvier 1918, Woodrow Wilson, président des États-Unis, propose un plan en *quatorze points* destiné à jeter les bases d'une paix mondiale durable. Huit des quatorze points (points six à treize) concernent des pays ou des régions en particulier, dont la Russie, la Belgique, l'Alsace-Lorraine et les Balkans. Les six autres points (un à cinq et quatorze) contiennent des mesures plus générales. Ils portent sur l'interdiction de conclure des traités secrets, sur la liberté d'accès aux mers et aux océans pour tous les

pays, sur la levée de toutes les barrières économiques et de tous les tarifs douaniers, sur le règlement juste et équitable des doléances des colonies en tenant compte aussi bien des intérêts des puissances coloniales que de ceux des peuples vivant sous leur domination, et sur la formation d'une « association des nations » qui garantirait la sécurité des « grands comme des petits États ».

Dans son discours, Wilson insiste sur deux points en particulier. Tout d'abord, il soutient le droit des peuples à disposer d'eux-mêmes, soit le droit pour chaque peuple de choisir son gouvernement (principe d'*autodétermination*). En théorie, ce droit est reconnu à tout groupe d'individus ayant en commun certaines caractéristiques, comme la langue et la culture. Le président espère tout particulièrement faire appliquer ce principe dans les territoires de l'empire des Habsbourg (la défunte Autriche-Hongrie) et dans ceux de l'Empire ottoman, sans pour autant croire à son application universelle. Wilson considère que certains peuples n'ont tout simplement pas la capacité de se gouverner eux-mêmes de façon efficace.

Le second point que défend Wilson, et le plus important parmi les quatorze proposés, est celui concernant la *sécurité collective*. Wilson pense que seul un pacte d'aide mutuelle en cas d'agression militaire, signé par tous les pays, est susceptible d'assurer la sécurité des nations. Il souhaite que ce pacte remplace le système d'avant-guerre qui reposait sur des alliances. La logique de Wilson est que tout État qui en attaque un autre doit affronter la riposte de l'ensemble de la communauté internationale. Comme dans son esprit la sécurité collective est le fondement de la paix dans le monde, le président en fait une priorité. Des quatorze points de Wilson, seul celui concernant la sécurité collective sera retenu par les Alliés. Le projet dans son ensemble ne franchira même pas le cap de l'approbation par le Sénat américain.

Le traité de Versailles

En janvier 1919 se tient à Paris une conférence réunissant les vainqueurs de la guerre. Ces derniers veulent élaborer les conditions d'une paix durable.

Les Alliés acceptent de signer séparément des traités de paix avec chacune des puissances centrales défaites. Le traité avec l'Allemagne est connu sous le nom de **traité de Versailles**. Sa rédaction est terminée en mai 1919 et son texte intègre certains éléments des diverses visions du monde mises de l'avant par les dirigeants alliés.

Figure 11.5 Le 28 juin 1919, les dirigeants des principales nations impliquées dans le conflit se réunissent dans la galerie des Glaces du château de Versailles pour y signer le traité de paix.

La Société des Nations. La première question abordée à la conférence de Paris est celle de la sécurité collective. Les délégués approuvent rapidement le quatorzième point de Wilson, qui en appelle à la formation d'une « association des nations » capable de régler de façon pacifique les conflits entre pays. Les délégués prennent l'engagement de fonder un tel organisme, qu'ils baptisent *Société des Nations* (SDN), et l'incluent dans la version finale du traité. L'organisme sera officiellement créé en 1920.

La SDN poursuit deux grands objectifs : la promotion de la coopération internationale, d'une part, et le maintien de la paix par le règlement des conflits et par la réduction du matériel de guerre, d'autre part. Le but ultime de la Société est d'accueillir tous les États indépendants. Trois grandes agences, une assemblée, un conseil et un secrétariat veillent à sa bonne marche. Sise à Genève, la SDN collabore avec un organisme frère, mais indépendant, la Cour internationale de justice, établie dans la ville de La Haye, aux Pays-Bas.

Les membres de la SDN s'entendent pour ne pas recourir à la guerre comme moyen de règlement d'un contentieux et pour soumettre tout litige à la Cour internationale de justice ou à des commissions spéciales habilitées à trancher les questions de politique internationale. Dans le cas où une nation membre brise cet accord, la SDN a le pouvoir d'imposer des sanctions, telles la rupture des relations diplomatiques ou l'imposition d'embargos commerciaux, et peut utiliser la force des armes, mais en tout dernier recours.

Les garanties de sécurité pour la France. Le président français Clemenceau tient absolument à ce que son pays soit protégé d'une nouvelle attaque allemande. Le traité de Versailles lui accorde presque tout ce qu'il désire, notamment la *démilitarisation* (retrait des troupes) de la Rhénanie par l'Allemagne et l'occupation de la rive gauche du Rhin par les forces alliées.

La reconnaissance de la culpabilité de l'Allemagne. Le traité de Versailles impose à l'Allemagne de lourdes indemnités de guerre. Ces **réparations**, échelonnées sur plusieurs années et remboursables aux vainqueurs, totalisent quelque trente-trois milliards de dollars. L'Allemagne doit encore subir une humiliation supplémentaire en étant forcée de reconnaître sa culpabilité dans le déclenchement de la guerre. Elle doit assumer l'entière responsabilité de « toutes les pertes » des Alliés et de « tous les torts » qui leur ont été causés durant la guerre.

Les conséquences de la guerre

La Grande Guerre, qui, croit-on, sera la dernière, ébranle la planète entière. Une Europe reconfigurée émerge des cendres fumantes du conflit. En voulant régler les contentieux entre les États, les vainqueurs créent une situation explosive en culpabilisant les vaincus. Par ailleurs, le bilan humain catastrophique de la guerre a un impact considérable sur les mentalités. Enfin, la Russie fait place à un futur géant : l'URSS.

La révolution russe. Peu d'événements ont eu autant d'influence sur l'histoire moderne que la révolution russe. À partir de 1905, l'Empire russe est secoué par une forte agitation. La lente érosion du pouvoir de Nicolas II, son incapacité à transformer le pays pour l'adapter aux réalités du 20e siècle, les demandes soutenues de réformes par les masses paysannes pour améliorer leur sort, les grèves et mutineries spontanées font que tout est en place pour une véritable révolution. En février 1917, les travailleurs se révoltent contre le tsar Nicolas II et le forcent à abdiquer. La Révolution de février renverse l'autocratie, qui est remplacée par un gouvernement provisoire composé de bourgeois modérés sous la direction de Kerenski, un avocat socialiste. En octobre 1917, un groupe de révolutionnaires encore plus radicaux, les *bolcheviks*, s'emparent du pouvoir et soumettent la nation à leur autoritarisme.

Les événements de février et d'octobre 1917 surviennent dans le contexte bien particulier de la Première Guerre mondiale, qui amplifie les très vieilles doléances du peuple qui supporte de moins en moins l'autorité du tsar dans un conflit qui ne cesse d'engloutir les forces vives de la nation.

Figure 11.7 **Dans une ferme collective russe, les travailleurs occupés à moissonner les champs s'arrêtent pour partager un repas communautaire.**

La promesse de Lénine

BIOGRAPHIE   Quand la révolution éclate en Russie, en 1917, Lénine cherche par tous les moyens à quitter la Suisse, où il s'est réfugié, pour rentrer dans son pays.

De retour en Russie, il prend aussitôt la direction des **bolcheviks**, groupe communiste révolutionnaire qui considère que la révolution doit être menée par une petite élite de réformateurs guidant le reste de la population. Lénine est convaincu que les masses paysannes ont besoin de chefs révolutionnaires. Les bolcheviks s'opposent aux mencheviks qui veulent se servir du Parlement

Figure 11.6
Lénine

BIOGRAPHIE

pour mener à bien leurs réformes. Les bolcheviks contestent le gouvernement provisoire mis en place après la révolution de février 1917 et Lénine promet au peuple « la paix, des terres et du pain ».

En novembre 1917 (en octobre, selon le calendrier russe), les bolcheviks frappent un grand coup en déclenchant la *Révolution d'octobre*. Sous l'habile direction de Léon Trotski, bras droit de Lénine, les troupes armées des bolcheviks, au nombre desquelles se trouve la Garde rouge, formée d'ouvriers armés, prennent d'assaut les bureaux gouvernementaux à Petrograd et à Moscou.

De 1917 à 1921, la guerre civile oppose les partisans de l'ancien régime (les blancs) et ceux des bolcheviks (les rouges). Les armées blanches sont supportées par la Grande-Bretagne, la France et les États-Unis. Cet appui laisse un goût amer aux dirigeants bolcheviks et ajoute un soupçon de méfiance dans les relations de la Russie avec l'Ouest. En 1921, l'Armée rouge sort victorieuse de ces années de guerre.

En 1922, les dirigeants communistes donnent un nouveau nom à la Russie et aux territoires qu'elle contrôle : l'Union des républiques socialistes soviétiques (URSS). Entre 1917 et 1921, le pays est doté d'un plan économique, appelé communisme de guerre, qui prévoit la nationalisation, ou la mise sous contrôle gouvernemental, de toutes les industries. Cependant, en 1921, Lénine instaure sa *Nouvelle Politique économique* (NEP), qui permet aux individus d'acheter et de vendre certains produits et qui encourage les investissements de capitaux étrangers, retardant ainsi, pour quelque temps, la mise en place du communisme.

La nouvelle configuration géographique de l'Europe de l'Est. Le traité de paix change la géographie politique du globe. La chute des vieux empires se traduit par une reconfiguration des frontières et l'émergence de nouvelles nations. L'Europe de l'Est est la partie du continent qui est la plus

altérée. Le démantèlement de l'Empire russe permet à quatre nouveaux États de voir le jour : la Finlande, l'Estonie, la Lettonie et la Lituanie. L'effondrement de la Russie joint à la défaite allemande ouvrent la voie à la restauration de la Pologne. La disparition de l'empire des Habsbourg a aussi comme conséquence la création de nouveaux États qui se débarrassent ainsi de la domination de l'Autriche : la Hongrie accède à l'indépendance, la Tchécoslovaquie est créée en Europe centrale et, dans les Balkans, la Serbie se joint à d'autres régions, auparavant placées sous contrôle autrichien, pour former la Yougoslavie.

Carte 11.2

L'Europe après le traité de Versailles, 1919-1920

La reconfiguration de l'Europe. Après la Première Guerre mondiale, nombre de nouveaux pays apparaissent sur le continent européen.

❓ *Faire le lien entre la géographie et l'histoire. Quels sont les pays situés entre l'Allemagne et la Russie?*

CHANGEMENTS La création de ces pays relève de l'application du principe du droit des peuples à disposer d'eux-mêmes, puisque chaque nationalité obtient son propre gouvernement. Pour louable qu'il soit, cet effort n'est pas toujours couronné de succès. Quelque trois millions de germanophones, les Sudètes, par exemple, se retrouvent en territoire tchécoslovaque. Ailleurs, la Pologne a enfin accès à la mer Baltique, mais elle doit contrôler un corridor traversant une région habitée par des Allemands (Prusse orientale). À l'époque, certains observateurs signalent le danger de cette situation. S'appuyant sur un pressentiment d'une remarquable justesse, le maréchal français Foch souligne que, dans le corridor polonais, désormais appelé *couloir de Dantzig*, se trouve déjà « l'embryon de la prochaine guerre ».

Le traité de paix redessine donc la carte de l'Europe de l'Est. Il porte également en lui les germes de futurs conflits. D'une part, il crée de nouvelles frontières, de nouveaux pays ; d'autre part, il mécontente et nourrit la colère de certaines grandes puissances, et en rabaisse d'autres à un état de soumission.

Les répercussions sociales de la guerre.

La guerre de 1914-1918 a de profondes répercussions sur la société occidentale. Avec dix millions de soldats tués et vingt millions de blessés, avec un coût estimé à plus de trois cents milliards de dollars et des pertes matérielles de toutes sortes, cette guerre amène une bonne partie de l'opinion publique à considérer d'un œil plus critique qu'auparavant les fondements et les valeurs de la société occidentale.

Les arts et la littérature traduisent les sentiments de désillusion et d'insécurité qui hantent la société occidentale après la Première Guerre mondiale. Otto Dix, par exemple, bouleversé par les horreurs de la guerre, dépeint les atrocités commises au moyen d'eaux-fortes. L'auteur américain Dalton Trumbo, pour sa part, publie *Johnny Got His Gun* (*Johnny s'en va-t-en guerre*), longtemps censuré.

La guerre a aussi de graves répercussions sur l'économie des pays européens. Les gouvernements de la force alliée sortent très endettés de la guerre, ayant emprunté, surtout des banques américaines, d'énormes sommes tout au long du conflit. La dette de la France est sept fois plus élevée qu'avant la guerre et celle de la Grande-Bretagne, dix fois plus élevée. Quant à l'Allemagne, les réparations de guerre qui lui sont imposées sont si lourdes qu'elles dépassent

Figure 11.8 La valeur de la devise allemande s'écroule vers 1924. La monnaie ne valant plus rien, ces jeunes enfants s'amusent avec des liasses d'argent.

sa capacité de les payer. La combinaison des dettes nationales et des réparations crée un cercle vicieux dans la vie économique de l'Europe. Comme la France et la Grande-Bretagne ont besoin que leur soient versées les indemnités de guerre pour payer leurs dettes, elles sont peu disposées à alléger le fardeau financier de l'Allemagne, dont la situation économique ne fait qu'empirer. Dans les faits, la question des réparations constitue un problème dont l'ampleur est à la mesure des sommes réclamées. L'Allemagne doit emprunter aux États-Unis pour rembourser les sommes dues à l'Angleterre et à la France, et celles-ci utilisent cet argent pour rembourser les États-Unis. Le problème ne sera jamais complètement résolu malgré que différentes solutions aux remboursements soient proposées (gages en nature, plan Dawes de 1924 et le plan Young de 1930, qui va jusqu'à proposer le rééchelonnement de la dette jusqu'en 1988). Cet étranglement financier irrite l'Allemagne, qui ne peut se sortir de ce bourbier. En 1923 et 1924, le mark ne vaut rien, ou presque : un dollar américain est échangé contre quelque quatre milliards de marks. À ces problèmes économiques s'ajoutent les séquelles de la guerre dans les secteurs industriel et agricole, gravement perturbés partout en Europe.

1. Définir les termes suivants :

- militarisme
- armistice
- quatorze points
- sécurité collective
- Société des Nations
- réparations
- Révolution d'octobre
- couloir de Dantzig
- guerre totale
- Woodrow Wilson
- autodétermination
- traité de Versailles
- démilitarisation
- bolcheviks
- Nouvelle Politique économique

2. Cerner l'idée principale. Pourquoi la Première Guerre mondiale éclate-t-elle ?

3. Cerner l'idée principale. Quelles sont les répercussions politiques et économiques de ce conflit en Europe ?

4. Expliquer. Que veut dire l'affirmation suivante : La fin de la guerre n'est qu'un intermède avant la catastrophe de 1939 ?

5. Opposer et comparer. L'Europe de 1914 et celle de 1919 sont fondamentalement différentes ; expliquez les différences qui les caractérisent.

L'entre-deux-guerres et le déclenchement de la Deuxième Guerre mondiale

OBJECTIFS D'APPRENTISSAGE

APRÈS AVOIR LU CETTE SECTION, VOUS SEREZ CAPABLE :

- DE DÉCRIRE COMMENT LES SOCIÉTÉS OCCIDENTALES SE TRANSFORMENT APRÈS LA GUERRE ;

- D'EXPLIQUER POURQUOI L'ÉCONOMIE DU MONDE INDUSTRIALISÉ S'ÉCROULE DURANT LA CRISE ÉCONOMIQUE QUI SUIT LE KRACH DE 1929 ;

- D'EXPLIQUER LES CAUSES DE LA DEUXIÈME GUERRE MONDIALE.

Au sortir de la guerre de 1914-1918, la victoire des Alliés semble ouvrir une nouvelle ère où fleuriront les idéaux de la démocratie. Dans les nouveaux pays de l'Europe de l'Est, des constitutions démocratiques remplacent les autocraties déchues. Au Japon, le triomphe des Alliés en autorise plus d'un à voir dans la démocratie la forme de gouvernement la mieux adaptée au monde moderne. Par contre, plusieurs pays s'engagent dans des voies qui les feront dévier de l'idéal démocratique.

Les démocraties occidentales

Le prix réel de la guerre est mieux mesuré quand les économies des démocraties occidentales commencent à subir le contrecoup du retour à un rythme de production normal. Au début des années vingt, toutes les grandes puissances occidentales connaissent des situations économiques difficiles et voient leur taux de chômage augmenter. Les États-Unis sont les moins touchés, mais, là aussi, la production industrielle d'après-guerre accuse un ralentissement. Ce déclin économique entraîne une baisse des salaires et même des mises à pied. Les syndicats américains déclenchent des grèves majeures dans les industries lourdes. La France et la Grande-Bretagne sont aux prises avec des problèmes similaires.

Une reprise lente. Parmi les vainqueurs, la France est le pays le plus dévasté par la guerre. Les champs de bataille défigurent encore les paysages parsemés de métal tordu et de villes ou de villages brûlés. Les mines et les obus non éclatés continuent de faire des morts et des blessés. (Encore aujourd'hui, à Douaumont, dans la région de Verdun en France, le sol ravagé témoigne d'un affrontement parmi les plus violents de la guerre, où ont péri plus de sept cent mille soldats en l'espace de quelques mois. Les vignes et les champs de blé sont toujours improductifs.) Moins ravagée que la France, la Grande-Bretagne a aussi de la difficulté à se remettre de la guerre. Elle n'est plus en mesure d'entrer efficacement dans le jeu de la concurrence avec ses anciens alliés. Le volume de ses exportations décline et le chômage prend des proportions alarmantes. En 1921, près de deux millions de Britanniques n'ont pas de travail. Les grandes puissances du 19e siècle s'essoufflent, alors qu'un nouvel empire économique et industriel naît : le 20e siècle sera celui des États-Unis, qui connaîtront une croissance exceptionnelle et deviendront la première puissance mondiale.

Les changements politiques et sociaux. Alors qu'elles s'attellent à la tâche de reconstruire leur pays, la Grande-Bretagne et la France, tout comme les États-Unis, vivent d'importants changements politiques et sociaux. Par exemple, après la guerre, les femmes obtiennent le droit de vote en Grande-Bretagne et aux États-Unis.

Une bonne partie de l'opinion publique américaine accuse les influences «étrangères» de tous les maux inhérents à la reconversion industrielle de leur pays, qui passe d'une économie de guerre à une économie de paix. La révolution russe soulève un vent de panique : les gens ont peur que le communisme s'empare de la planète. Au début des années vingt, la «*peur des rouges*» provoque l'arrestation de milliers de personnes soupçonnées d'être communistes. C'est d'ailleurs un phénomène qui se reproduira plus tard, dans les années cinquante, avec la «chasse aux sorcières» du sénateur McCarthy (mccarthysme).

De leur côté, les Allemands instaurent une démocratie fragile, la *république de Weimar*, constamment confrontée à des problèmes d'ordre économique et sociopolitique, et qui ne bénéficie que d'un faible soutien populaire, ses dirigeants ayant été les signataires du traité de Versailles. Les mouvements extrémistes naissants tirent profit de cette situation avec beaucoup d'habileté.

En Europe de l'Est et au Japon, la tendance est au retour des anciens régimes autoritaires, pour protéger les pays des bouleversements politiques et sociaux.

La société de l'entre-deux-guerres

> **CONTINUITÉ** **CHANGEMENTS** La Première Guerre mondiale modifie la perception que l'homme a de la société. Depuis le début de l'ère industrielle, l'avenir a toujours semblé porteur de progrès, mais les ravages de la guerre ont détruit cette conception optimiste du devenir humain. À cause de la guerre, les populations pensent moins à l'avenir et davantage au présent. Cette manière d'aborder la vie façonne la culture qui se développe au cours des années vingt et trente.

La guerre ayant détruit bien des illusions, la société entre dans une période où prévalent le ludisme, le sentiment de la précarité de l'existence et le besoin d'exprimer différemment le rapport de l'homme à son univers. Ce sont les années folles.

Sur le plan social, la production en série, la présence de plus en plus évidente de la publicité et les achats à crédit caractérisent la société de consommation naissante.

Pour leur part, les femmes, qui ont participé de façon importante à l'effort de guerre, abandonnent le corset et raccourcissent l'ourlet de leur robe. Elles se coiffent à la garçonne et certaines audacieuses fument cigare et cigarette. La valse est abandonnée au profit des rythmes endiablés du charleston. Désormais, tout est possible pour les femmes : le droit de vote et le libre accès aux études supérieures deviennent des chevaux de bataille pour lesquels elles militeront avec ardeur.

La crise économique de 1929

Malgré le fait que la guerre ait ébranlé la confiance que les gens ont dans la civilisation occidentale, au cours des années vingt, plusieurs croient que cette civilisation peut encore reprendre le chemin du progrès. Le jeudi 24 octobre 1929, cependant, jour du krach boursier de Wall Street, ces espoirs se brisent une fois de plus lorsque l'économie mondiale s'effondre. Les bas prix des produits agricoles, le maintien artificiel de faibles taux d'intérêt et la spéculation sur les marchés boursiers sont certains des facteurs qui provoquent la grave *crise économique* qui gagne l'Europe en 1930, entraînant la faillite de grandes banques.

Figure 11.9 Au cours de la crise économique qui suit le krach boursier de 1929, nombreux sont ceux qui comptent sur les soupes populaires et les distributions de pain pour se nourrir.

Les arts et la littérature À TRAVERS LES ÂGES

Les années folles

La radio, le cinéma muet (Buster Keaton, Harold Lloyd et Charlie Chaplin) et les sports (football, baseball et tennis) sont les divertissements les plus en vogue au cours de ces années.

Après la guerre, artistes et écrivains rejettent les traditions et explorent de nouveaux modes d'expression capables de traduire la réalité des années de l'entre-deux-guerres. Le **dadaïsme**, mouvement fondé par Tristan Tzara en 1916, constitue le point de départ d'une importante révolution dans le domaine des arts. Rejetant les dogmes esthétiques, moraux, philosophiques et religieux traditionnels, et désirant « déconstruire » le monde, il est le précurseur de la vague expressionniste qui caractérisera le cinéma européen. Murnau (1899-1931) laisse son angoissant *Nosferatu le Vampire*; Fritz Lang (1890-1976) tourne *Le Docteur Mabuse*; Luis Buñuel (1900-1983) surprend avec *Un chien andalou*. En Amérique, le septième art est de plus en plus prospère, alors que Hollywood en devient la capitale dès 1923. De

la tragédie à la comédie, le public est conquis par les Greta Garbo, Clark Gable, Fred Astaire ou la toute jeune Shirley Temple.

La peinture, elle, sera bientôt dominée par Salvador Dalí (1904-1989), qui transpose sur ses toiles ses visions iconoclastes et fantasmatiques (*Le Christ de saint Jean de la Croix*, *Vestiges ataviques après la pluie*). Pablo Picasso (1881-1973) devient de son vivant une véritable légende en reculant les frontières du figuratif. La littérature est aussi traversée par ce courant novateur. André Breton (1896-1966, *Premier Manifeste du surréalisme*), Francis Picabia (1879-1953), Guillaume Apollinaire (1880-1918, *Alcools*) et Louis Aragon (1897-1982) traduiront les inquiétudes et les désillusions de cette période.

La musique sera l'écho de ces nouvelles tendances. Arnold Schoenberg (1874-1951) a introduit, dès 1905, les principes de la composition atonale, préfigurant la notation dodécaphonique et la musique sérielle. Igor Stravinski (1882-1971) provoque les auditoires lors des premières représentations du *Sacre du printemps* en 1913. Par ailleurs, le charleston devient rapidement le symbole des années vingt. Présentée pour la première fois dans une revue musicale en 1923, cette danse tire son nom de la ville où elle est née, en Caroline du Sud.

Réfléchir sur l'art
Quelles sont les principales caractéristiques du monde artistique de cette époque? Pourquoi parle-t-on « d'années folles »?

Figure 11.10 Chanteur et meneur d'un orchestre de jazz, Louis « Satchmo » Armstrong (1901-1971) est l'un des plus grands trompettistes. Dès le début des années trente, il atteint une renommée mondiale.

Tout en cherchant à survivre durant cette crise, plusieurs personnes commencent à envisager de nouvelles formes d'organisation économique et politique. Aux États-Unis, Franklin Delano Roosevelt propose un train de mesures destinées à remettre l'Amérique au travail. Persuadé que le gouvernement doit jouer un rôle directif dans l'économie, le président met sur pied le *New Deal*, immense programme de reconstruction nationale. D'autres gouvernements (France, Grande-Bretagne) réagissent en fermant leurs marchés au commerce extérieur dans l'espoir de redonner un peu de richesse à leurs citoyens.

Bref, les démocraties occidentales réagissent de différentes façons aux tensions politiques et sociales engendrées par la crise, mais toutes multiplient les interventions gouvernementales dans le secteur économique.

La montée du totalitarisme

CONTINUITÉ / CHANGEMENTS La crise économique alimente une crise politique qui s'étend peu à peu à tous les pays. Cette dernière crise nourrit à son tour la peur que les gens ont de voir la démocratie ne plus être la forme de gouvernement la plus efficace pour affronter l'ère industrielle moderne.

De plus, les forces du militarisme et du nationalisme qui ont jeté le monde dans la Première Guerre mondiale refont surface, en ces années vingt et trente, sous des formes nouvelles mais toujours menaçantes pour la paix mondiale. Bref, tous les ingrédients sont réunis pour créer de nouveaux pouvoirs politiques autoritaires.

La montée du fascisme en Italie. Le premier grand coup porté à la démocratie en Europe de l'Ouest vient de l'Italie, mécontente de certaines dispositions du traité de Saint-Germain-en-Laye (traité, signé en 1919, entre les Alliés et l'Autriche). Elle se sent flouée parce qu'elle n'a pas obtenu tous les territoires qu'elle convoite autour de la mer Adriatique. À la conférence de Londres, en 1915, les dirigeants alliés ont assuré l'Italie que si elle se joignait aux forces de l'Entente elle récupérerait à la fin du conflit les « terres irrédentes » (Trentin, Trieste, l'Istrie et la Dalmatie). Mais une fois la paix revenue, la Dalmatie échappe toujours à l'Italie. Par ailleurs, après la guerre, le Parlement italien n'est guère efficace. Dès que le pays sent les premiers

Figure 11.11 Benito Mussolini, entouré de Chemises noires, lève le poing pour bien montrer la puissance de son nouveau régime fasciste.

effets de la crise économique, le gouvernement est incapable de prendre la situation en main. Le sentiment qu'il faut un dirigeant plus solide pour gouverner la nation inquiète commence à se répandre dans la population.

Un nouveau chef, Benito Mussolini, se propose pour rétablir l'ordre. Au début de sa carrière politique, dans la décennie qui précède la Grande Guerre, Mussolini est socialiste. Dès que la guerre est déclarée, il devient un nationaliste acharné. Rentré du front et constatant les effets du traité de paix, il est déçu des maigres gains territoriaux de l'Italie. Il est convaincu que seule la force pourra donner à son pays ce qui lui revient de droit. En 1919, Mussolini fonde le Parti fasciste, nom qui provient de l'ancien symbole du pouvoir du peuple chez les Romains, le *fascis* (assemblage de verges liées autour d'une hache). Le nouveau parti est nationaliste, anticommuniste, antidémocratique et expansionniste. La doctrine du parti est bientôt connue sous le nom de *fascisme*.

En 1922, à la suite de la « marche sur Rome » (qui n'est qu'une habile mise en scène), le roi Victor-Emmanuel III nomme Mussolini au poste de premier ministre.

Mussolini et les fascistes, dans le but de légitimer leur gouvernement et d'obtenir un appui à ses politiques, tentent de donner au peuple italien un nouveau sentiment d'appartenance et de nouveaux objectifs. Mussolini résume ainsi la doctrine de son parti : « Tout est dans l'État, rien en dehors de l'État, rien contre l'État [...] l'État [est] un absolu en comparaison duquel tous les individus et tous les groupes sont relatifs. »

> **CHANGEMENTS CONTINUITÉ** Cette forme d'organisation politique se nomme *totalitarisme*. Les États totalitaires prônent un contrôle absolu du gouvernement sur tous les aspects de la société, que ce soit la vie politique, l'économie, la culture ou même la vie privée des citoyens.

Le national-socialisme en Allemagne

En 1919, Adolf Hitler (1889-1945) se joint au Parti ouvrier allemand, parti nationaliste et extrémiste. Il en devient rapidement le chef et lui donne le nouveau nom de Parti national-socialiste des ouvriers allemands (NSDAP), ou *Parti nazi*, d'après son abréviation en allemand (1920).

Emprisonné en 1923 parce qu'il a organisé le **putsch** (coup d'État) de Munich, qui échoue, Hitler met à profit son séjour en prison pour dresser ses plans d'avenir, qu'il décrit dans *Mein Kampf* (*Mon combat*). Bien que rédigé dans un style décousu, *Mein Kampf* présente les éléments fondamentaux du programme de Hitler.

L'idéologie nazie. Comme Mussolini qu'il admire, Hitler est farouchement nationaliste, anticommuniste, antidémocratique et expansionniste. Il voit l'État tout entier représenté dans son chef, ou führer, et, à ses yeux, ce führer est l'incarnation du peuple. Le fondement de son nationalisme est une juxtaposition d'éléments hétéroclites proposant un ensemble soi-disant cohérent. Puisant à même le courant antisémitique européen, s'inspirant des thèses de Gobineau, de Nietzsche et de Spengler, Alfred Rosenberg devient le théoricien

du parti national-socialiste allemand. Hitler prône la supériorité de la race allemande, ou aryenne comme il l'appelle de façon erronée, et affirme que le destin historique de cette race est de diriger le monde. Pour que ce destin se réalise, il insiste pour que soit préparé un programme de purification raciale et culturelle afin de transformer les Allemands en une race supérieure. Mais, surtout, il affirme que les Juifs sont les pires ennemis des Allemands, tant sur le plan racial que culturel. Les Juifs deviennent ainsi les boucs émissaires de tous les maux qui affligent l'Allemagne.

Hitler est convaincu que l'Allemagne n'a pas vraiment perdu la guerre de 1914-1918, mais qu'« elle [a] été lâchement trahie » par une conspiration de financiers juifs communistes. Par ailleurs, selon lui, le traité de Versailles a été un coup de poignard dans le dos de la nation allemande. Enfin, il considère que le communisme, qui fonde l'identité sur les classes internationales, représente une menace pour sa doctrine raciale.

Comme Mussolini, Hitler glorifie la guerre et l'expansion impérialiste. Dans *Mein Kampf*, il expose dans leurs grandes lignes les plans nazis d'expansion territoriale vers l'est, à travers les plaines de la Pologne et de la Russie. Là, les Allemands détruiraient ou réduiraient en esclavage les populations slaves et

Figure 11.12 Dans le cadre d'une campagne de boycottage, les soldats des troupes spéciales de Hitler collent des affiches dans les vitrines des commerçants juifs. Sur celle-ci, il est écrit : « Allemands, protégez-vous ! N'achetez pas chez les Juifs ! »

jouiraient enfin de l'espace nécessaire à leur croissance (doctrine de l'espace vital, ou *Lebensraum*).

«Ce n'est pas dans une orientation tantôt à
l'Ouest ou tantôt à l'Est que se trouve l'avenir
de notre politique extérieure, mais bien dans
une politique de l'Est, dans le sens de l'acquisition de la terre nécessaire à notre peuple allemand [...].»

(*Mein Kampf*, 1923)

À partir de 1930, les ravages de la crise économique
permettent aux idées nazies de progresser dans l'opinion publique allemande. Au terme des élections de
1932, le président Hindenburg recueille une majorité
de six millions de voix sur Hitler mais, un an plus tard,
après de multiples intrigues et tractations politiques,
ce dernier est nommé chancelier. C'en est fait de la
démocratie en Allemagne. En 1933 et 1934, les nazis
s'approprient tous les leviers de l'État, dissolvent le
Parlement et éliminent leurs adversaires politiques,
pour finalement mettre en place leur dictature. Entre
1933 et 1939, Hitler s'attache à redresser l'économie
allemande, sérieusement touchée par la crise économique, en mettant sur pied un intense programme
de réarmement. En 1939, l'Allemagne atteint l'objectif du plein emploi. Parallèlement, un train de lois de
plus en plus restrictives, visant l'étouffement pro-

gressif de la communauté juive allemande (lois de
Nuremberg, 1935), est adopté.

Le totalitarisme stalinien

Alors que Mussolini et Hitler fondent leurs visions
nationalistes sur un État totalitaire, en Union soviétique, un autre type de totalitarisme voit le jour,
reposant sur des bases tout à fait différentes. Ayant
succédé à Lénine à la tête du pays, Joseph Staline
(1879-1953) adapte la théorie marxiste-léniniste
à sa propre conception d'un régime totalitaire. Là
où le fascisme et le national-socialisme considèrent
l'État comme l'entité la plus importante de la
nation, le *marxisme-léninisme*, lui, affirme que l'autorité suprême doit émaner du prolétariat international, dirigé par le Parti communiste. C'est
pourquoi les communistes abolissent le droit à la
propriété privée. L'objectif ultime du parti est l'abolition de toutes les classes sociales et l'établissement
d'une société, à l'échelle planétaire, qui serait dirigée
par la classe ouvrière et dans laquelle l'État lui-même
cesserait d'exister.

Après la mort de Lénine, Staline se montre plus
habile que Léon Trotski, son puissant rival, et s'assure
le contrôle du Parti communiste et de l'État soviétique. Renonçant à déclencher dans l'immédiat une
révolution mondiale, Staline met de l'avant la doctrine
de la poursuite de la «révolution dans un seul pays».

Staline réussit à imposer son autorité absolue au
Parti communiste et à l'Armée rouge. Au cours du
processus de collectivisation, il voit bien que tous
n'approuvent pas ses méthodes brutales. Conscient
de la résistance qui est opposée à ses plans, il instaure un système de terreur à la grandeur de l'État
afin d'éliminer toute dissidence. Le NKVD (Com-
missariat du peuple aux Affaires intérieures), ancêtre
du KGB, la police secrète de l'État, est chargé de
purger la société et d'organiser le système de goulags
et d'exil intérieur. Les spécialistes de l'histoire soviétique estiment à environ dix millions le nombre de
personnes victimes des mesures staliniennes.

Staline fonde donc son totalitarisme sur le concept
communiste d'une société prolétarienne, au lieu de le
fonder sur le nationalisme et la propriété privée.

La progression du fascisme

Au fur et à mesure que la crise économique cause
des ravages en Europe, plusieurs pays, en particulier

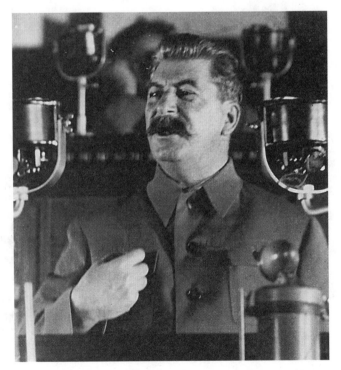

Figure 11.13 Le 25 novembre 1936, Joseph
Staline présente l'ébauche d'une nouvelle constitution soviétique.

ceux nouvellement créés en Europe de l'Est, suivent l'exemple fasciste. Aux yeux de nombreux Européens, Mussolini semble avoir accompli un miracle de taille en Italie. Comme le fait remarquer un contemporain, « [il] a rétabli la ponctualité des trains » dans un pays où ils sont notoirement en retard. La Yougoslavie, la Roumanie, la Pologne, la Hongrie, la Bulgarie et la Grèce passent toutes aux mains de régimes militaires autoritaires. Au Portugal, le dictateur Antonio Salazar met en place un gouvernement fasciste en 1932. En 1936, le général espagnol Francisco Franco, le *caudillo*, renverse le gouvernement constitutionnel de l'Espagne et entraîne le pays dans une guerre civile sanglante pour imposer sa propre vision d'un État fasciste. L'Allemagne et l'Italie prêtent main-forte au général Franco en expédiant des troupes pour seconder l'effort des troupes nationalistes. Ces troupes affrontent les forces républicaines, elles-mêmes appuyées par les Brigades internationales, formées de volontaires étrangers, socialistes ou communistes pour la plupart, dont certains du Québec.

La dégradation de la sécurité collective dans les années trente

Au cours des années trente, trois puissances, le Japon, l'Italie et l'Allemagne, deviennent de plus en plus agressives. Chacune cherche à étendre son influence et agrandit son territoire par les armes. Désireuses d'éviter la guerre, les démocraties occidentales adoptent une attitude passive et cèdent chaque fois du terrain aux agresseurs. Cette décennie de guerres d'agression et de crises se termine avec le déclenchement de la Deuxième Guerre mondiale, en 1939.

L'échec de la sécurité collective. Le système garantissant la sécurité collective mis sur pied à Versailles en 1919 s'avère inefficace pour arrêter les guerres d'agression des années trente. Les agresseurs ne font tout simplement aucun cas de l'opinion internationale. En fait, aucun membre de la Société des Nations n'est prêt à engager ses forces armées pour arrêter une violation de territoire quand ses propres intérêts ne sont pas en jeu.

La conquête de la Manchourie par le Japon (1931), l'invasion et la conquête de l'Éthiopie par l'Italie (1935), la remilitarisation de la Rhénanie (1936) et la guerre civile en Espagne (1936-1939) constituent autant d'atteintes à la paix.

En dépit des timides objections des dirigeants occidentaux, Hitler entreprend de refaire de l'Allemagne une puissance militaire ayant des visées expansionnistes, mettant ainsi la paix de l'Europe en danger.

Les coups de force de Hitler, à partir de 1936, mènent l'Europe au bord du gouffre. L'*Anschluss*, ou l'annexion de l'Autriche à l'Allemagne (1938), la crise des Sudètes et le premier démembrement de la Tchécoslovaquie (1938) ainsi que l'invasion de la Pologne (1939) sont les trois crises européennes majeures à l'origine de la Deuxième Guerre mondiale. L'Asie, elle, est déjà à feu et à sang à la suite de l'invasion de la Manchourie par les forces japonaises en 1931. Le 3 septembre 1939, la France et l'Angleterre déclarent donc la guerre à l'Allemagne. Le 9 septembre, le Canada s'engage aussi aux côtés des Alliés pour lutter contre l'armée allemande.

Les prémisses de la Deuxième Guerre mondiale

1931	▶ Le Japon s'empare de la Manchourie.
1933	▶ Hitler devient chancelier ; création de la Gestapo.
1935	▶ L'Italie attaque l'Éthiopie.
	▶ Lois de Nuremberg (antisémites)
1936	▶ Remilitarisation de la Rhénanie par Hitler
	▶ Guerre civile en Espagne (l'Italie et l'Allemagne soutiennent Franco).
1938	▶ Annexion de l'Autriche à l'Allemagne (*Anschluss*)
	▶ Crise des Sudètes
	▶ Démembrement de la Tchécoslovaquie
1939	▶ Victoire de Franco en Espagne
	▶ L'Allemagne attaque la Pologne, sans déclaration de guerre.
	▶ La France et l'Angleterre déclarent la guerre à l'Allemagne.
	▶ Les États-Unis fournissent de l'armement aux Alliés mais ne participent pas encore activement au conflit (loi *Cash and Carry*).

La Deuxième Guerre mondiale

En trois ans seulement, une guerre commencée en Pologne en 1939 est devenue mondiale. En 1940, l'orage éclate sous la forme d'une nouvelle stratégie militaire : le *Blitzkrieg* (offensive éclair combinant aviation, blindés et infanterie). L'Allemagne occupe la Scandinavie, le Luxembourg, les Pays-Bas, la Belgique et la France. Une fois la France occupée, en 1940, la Grande-Bretagne se retrouve seule contre Hitler. Lorsqu'il est maître de la presque totalité de l'Europe occidentale, Hitler décide, en juin 1941, de s'attaquer à son objectif ultime : la conquête de l'Union soviétique.

L'attaque de la flotte américaine par les Japonais à Pearl Harbor, le 6 décembre 1941, fait partie du plan que les Japonais ont conçu pour dominer l'Asie de l'Est. Cette attaque provoque l'entrée en guerre des États-Unis. En 1942, toutes les grandes puissances de la terre sont donc en guerre, partagées en deux camps. D'un côté, l'Italie et le Japon s'allient à l'Allemagne et forment les puissances de l'Axe. De l'autre, l'Union soviétique, les États-Unis et la Chine s'allient à la Grande-Bretagne et à la France, et forment les puissances alliées.

La Deuxième Guerre mondiale est le théâtre d'atrocités sans précédent. La guerre sert de prétexte aux dirigeants des régimes totalitaires pour éliminer tous ceux qu'ils considèrent comme des ennemis de l'État. Hitler décide d'exterminer tout le peuple juif en appliquant la « solution finale » et en mettant sur pied un réseau d'usines d'extermination (Auschwitz, Birkenau, Buchenwald, Dachau). Des unités spéciales (*Einzatsgruppen*) sont chargées de l'épuration directe dans les territoires conquis. L'*Holocauste* (la *Shoah*) marque l'humanité à jamais.

Figure 11.15 Alors qu'une bonne partie du quartier londonien entourant la cathédrale Saint-Paul s'écroule sous les bombardements aériens ennemis, la cathédrale, elle, reste debout.

Figure 11.14 Un navire américain basé à Pearl Harbor explose sous l'impact d'une bombe japonaise, le 7 décembre 1941.

Figure 11.16 Jeune détenu dans le camp de concentration de Buchenwald

Tableau 11.1

Participation des troupes canadiennes à la Deuxième Guerre mondiale	
Nombre de soldats enrôlés	1 070 000
Nombre de soldats envoyés outre-mer	700 000
Nombre de morts	41 000
Nombre de soldats blessés, portés disparus ou non rapatriés	53 000

Figure 11.17 Le tri des prisonniers sur la rampe de débarquement à Auschwitz

En janvier 1943, le premier ministre anglais, Winston Churchill, et le président américain, Franklin Delano Roosevelt, se rencontrent à Casablanca, au Maroc. Ils s'entendent pour exiger une reddition sans condition de chacune des trois puissances de l'Axe. Deux mois avant cette rencontre, les troupes alliées ont débarqué au Maroc et ont repris le pays. Grâce à cette opération militaire réussie, le vent commence à tourner en faveur des Alliés.

Anglais et Américains débarquent en Sicile durant l'été 1943 et provoquent la chute de Mussolini. L'Italie capitule le 3 septembre et, le 8 septembre, engage la lutte contre l'Allemagne nazie. Par ailleurs, le 6 juin 1944, les troupes alliées, dont le Royal 22e Régiment canadien, débarquent sur les côtes de la Normandie afin de libérer la France. L'opération est un succès. Sur le front est, l'offensive russe repousse les armées allemandes hors des frontières soviétiques. Inexorablement, les Russes se dirigent vers Berlin ; ils entrent dans la ville le 22 avril 1945.

À l'ouest, les forces américaines ont pénétré en Allemagne, qui est prise en étau. Le 25 avril, Américains et Russes se rencontrent sur l'Elbe, l'Allemagne est entièrement occupée. Le 30 avril, Hitler se suicide. Le 7 mai, à Reims, et le 8 mai, à Berlin, les armées allemandes capitulent. C'est la fin de la guerre en Europe.

Dans le Pacifique, les Alliés reprennent peu à peu des mains des Japonais le contrôle des routes maritimes et des bases militaires. En janvier 1945, les Américains débarquent aux Philippines, puis envisagent une invasion de l'archipel nippon. Mais, devant la résistance acharnée des soldats japonais, et confrontés à des projections de pertes très élevées, les États-Unis décident d'utiliser l'arme ultime, la bombe atomique. Le 6 août 1945, Hiroshima est bombardée ; Nagasaki

Pertes de vies humaines dans les principaux pays qui se sont affrontés durant la Deuxième Guerre mondiale, 1939-1945

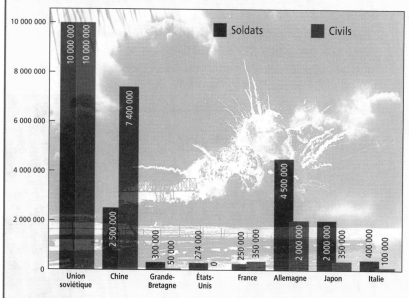

Légende : Soldats, Civils

Pays	Soldats	Civils
Union soviétique	10 000 000	10 000 000
Chine	2 500 000	7 400 000
Grande-Bretagne	300 000	50 000
États-Unis	274 000	0
France	250 000	350 000
Allemagne	4 500 000	2 000 000
Japon	2 000 000	350 000
Italie	400 000	100 000

Le monde en guerre. Plus de cinquante millions d'hommes, de femmes et d'enfants sont tués durant la Deuxième Guerre mondiale. Les morts parmi la population civile sont plus nombreux que parmi les soldats.

Analyser. Quels sont les trois pays où la population civile est le plus durement touchée ? Selon vous, quels facteurs expliquent le nombre élevé de ces pertes ?

Figure 11.18

connaît le même sort le 9 août. Ces deux attaques décisives font cent quatre-vingt mille morts. L'empereur Hiro-Hito ordonne à ses troupes d'arrêter les combats le 15 août et capitule le 2 septembre.

La guerre de 1939-1945 est la guerre la plus destructrice de l'histoire de l'humanité. Elle fait environ cinquante millions de victimes et laisse des millions de personnes sans abri. Lorsque les armes se taisent, le monde ne peut que constater l'ampleur de l'hécatombe ; l'Europe en ruine est l'hôte d'une humanité incrédule devant sa propre folie. Le procès de Nuremberg, de novembre 1945 à octobre 1946, est l'occasion de traduire en justice et de condamner les dirigeants nazis. Faute de jurisprudence, ils sont inculpés sous un nouveau chef d'accusation : crime contre l'humanité.

EXERCICES

1. Définir les termes suivants :
- *peur des rouges*
- *fascisme*
- *totalitarisme*
- *Parti nazi*
- Mein Kampf
- *crise économique*
- *Adolf Hitler*
- *putsch*
- *Joseph Staline*

2. Cerner l'idée principale. Comment caractériseriez-vous l'entre-deux-guerres sur les plans social et économique ?

3. Cerner l'idée principale. Expliquez comment évolue le rôle joué par les gouvernements durant la crise économique de 1929.

4. Persuader. En personnifiant un diplomate, tentez de convaincre un opposant de la futilité de la guerre.

5. Analyser. Quels sont les principaux événements qui mènent à la Deuxième Guerre mondiale ?

De l'après-guerre à la guerre froide

OBJECTIFS D'APPRENTISSAGE

APRÈS AVOIR LU CETTE SECTION, VOUS SEREZ CAPABLE :

- DE DÉCRIRE LE MOUVEMENT DE DÉCOLONISATION ET LA NAISSANCE DES ÉTATS DU TIERS-MONDE APRÈS LA DEUXIÈME GUERRE MONDIALE ;

- D'EXPLIQUER COMMENT LE MONDE SE DIVISE EN DEUX CAMPS OPPOSÉS APRÈS 1945 ;

- D'ANALYSER LES CAUSES DU MOUVEMENT DE CONTESTATION DES ANNÉES SOIXANTE.

Après la défaite des puissances de l'Axe, le monde espère que la victoire des Alliés apportera une paix durable. Mais des désaccords entre ces derniers portant sur le sort à réserver à l'Allemagne et sur la façon de gouverner l'Europe de l'Est réduisent bientôt ces espoirs à néant. Déjà, à Yalta, en février 1945, et à Potsdam, en juillet 1945, des vues différentes sur ces questions étaient apparues chez les vainqueurs. Moins de cinq ans après la fin de la guerre, l'Europe et une bonne partie de la planète sont divisées en camps adverses, alignés sur l'une ou l'autre des deux superpuissances, les États-Unis et l'Union soviétique.

Les Nations unies

Le sort de l'Allemagne n'est qu'un élément d'une question plus vaste portant sur la façon d'éviter une autre guerre mondiale. Devant une situation identique à celle prévalant au terme de la guerre de 1914-1918, les Alliés, encore une fois, sont loin d'être d'accord sur la façon d'assurer la paix dans le monde. Staline et Churchill sont partisans d'une division du monde en plusieurs sphères d'influence sous l'égide des différents vainqueurs, mais le président Roosevelt et son successeur, Harry Truman, préfèrent une solution internationaliste, comme celle qui a été à l'origine de la création de la SDN. Les partisans de l'internationalisme veulent donc remplacer la SDN par un autre organisme qui maintiendrait la paix et punirait les agresseurs.

Figure 11.19 Joseph Staline, Franklin D. Roosevelt et Winston Churchill à Yalta

Les discussions sur la manière d'aménager le monde permettent aux puissances en présence d'en arriver à un compromis. Lors d'une conférence tenue à San Francisco du mois d'avril au mois de juin 1945, cinquante et un pays, dont la Grande-Bretagne, les États-Unis et l'Union soviétique, s'entendent pour créer l'*Organisation des Nations unies* (ONU).

La division de l'Europe

La fin de l'union entre les Alliés provoque une division claire de l'Europe : à l'ouest, la Grande-Bretagne, la France et d'autres pays proaméricains ; à l'est, l'Union soviétique et les pays occupés par l'Armée rouge. L'affrontement entre ces deux blocs est connu sous le nom de *guerre froide*. En 1946, lors d'une conférence donnée à l'université Fulton, Winston Churchill déclare : « De Stettin sur la Baltique à Trieste sur l'Adriatique, un rideau de fer est tombé. » À l'Europe dévastée de l'après-guerre, les Américains proposent un vaste plan de reconstruction assorti d'une aide financière appréciable — le plan Marshall (1948-1952) — auquel souscrivent la majorité des pays non assujettis par l'URSS. Le président des États-Unis, Harry Truman, élabore la doctrine selon laquelle il faut contenir et endiguer l'expansion du communisme. Pour ce faire, les États-Unis prêtent main-forte à tout gouvernement s'opposant aux visées communistes. Ainsi, les États-Unis investissent près de quatre cents millions de dollars en Grèce et en Turquie pour soutenir la démocratie.

> CONTINUITÉ CHANGEMENTS La création de deux Allemagnes et la division de plus en plus marquée de l'Europe aggravent les tensions provoquées par la guerre froide.

La création de l'*Organisation du traité de l'Atlantique Nord* (OTAN) en 1949 et de son pendant à l'Est, le pacte de Varsovie, en 1955, achève de diviser l'Europe en deux camps armés.

Créée pour assurer la défense et la promotion des libertés démocratiques, par un pacte militaire liant les pays membres et une collaboration politique et économique entre ceux-ci, l'OTAN permet à l'Europe de l'Ouest de se sentir à l'abri d'un communisme qui pourrait devenir envahissant. La reprise économique et le retour à une vie normale

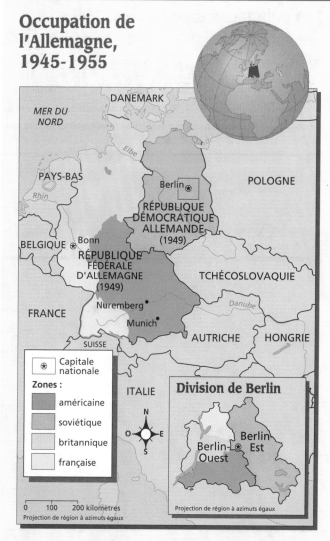

Carte 11.3

Occupation de l'Allemagne, 1945-1955

Les alliés en Allemagne. Prise dans le jeu des rivalités entre les États-Unis et l'Union soviétique, l'Allemagne est divisée en zones d'occupation après la guerre.

❓ *Localiser.* À quelle zone d'occupation Berlin appartient-elle ?

consolident le sentiment de sécurité qui prévaut alors en Occident. Par ailleurs, les puissances européennes abordent peu à peu la question de la décolonisation, ce qui leur permet de s'occuper davantage de leurs affaires internes et de s'attacher à reconstruire leur réseau de relations commerciales « intracontinentales ».

Dans la période de l'après-guerre, les pays de l'Europe de l'Ouest doivent affronter des situations économiques difficiles et des changements politiques importants. Espérant redonner du dynamisme à leur économie respective et éviter le plus

Les alliances européennes, 1955

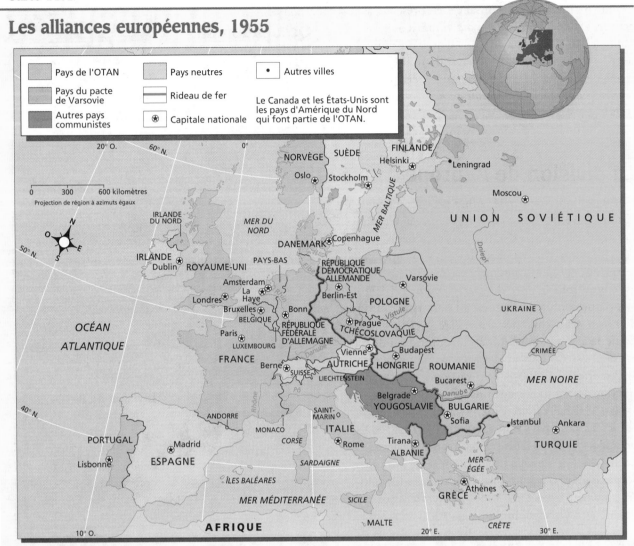

▢ Pays de l'OTAN	▢ Pays neutres	• Autres villes
▢ Pays du pacte de Varsovie	▬ Rideau de fer	
▢ Autres pays communistes	⊛ Capitale nationale	Le Canada et les États-Unis sont les pays d'Amérique du Nord qui font partie de l'OTAN.

Les pactes de la guerre froide. Une fois le rideau de fer tombé sur l'Europe, l'OTAN et le pacte de Varsovie renforcent la division du continent.

❓ *Localiser.* Selon vous, où se trouvent les plus grandes concentrations de troupes militaires ?

possible d'autres guerres, ces pays décident de former une communauté économique et créent la Communauté européenne du charbon et de l'acier (CECA), en 1951, qui donnera le jour à la Communauté économique européenne (CEE) en 1957.

Les États-Unis, par leur action politique et économique dans les années d'après-guerre, prennent donc les devants pour promouvoir la prospérité internationale et, avec le Canada, jouent un rôle important dans la défense militaire de l'Occident.

Au cours des deux décennies qui suivent la Deuxième Guerre mondiale, l'Union soviétique étend sa domination sur presque toute l'Europe de

l'Est. Bien que les pays gravitant dans la sphère d'influence soviétique soient indépendants, ils sont satellisés par leur puissant protecteur et leurs gouvernements obéissent aux directives de Moscou et sont soutenus par l'Armée rouge. Derrière le rideau de fer, les Soviétiques annihilent toute résistance à leur autorité. Les peuples de l'Europe de l'Est deviennent en fait les sujets du nouvel empire soviétique.

Après la guerre, en Union soviétique, la politique de répression se poursuit jusqu'à la mort de Staline, en 1953. Khrouchtchev, qui succède à Staline au poste de premier secrétaire du Parti communiste,

Figure 11.20 Le maréchal Tito de Yougoslavie prend la parole au cours d'une réunion mixte de l'Assemblée nationale, en 1952.

Figure 11.21 Sans autres armes que des cailloux, ces deux jeunes hommes s'attaquent à un des tanks russes envoyés à Berlin-Est pour écraser la révolte contre le régime communiste.

dénonce le stalinisme et ses exactions, et adoucit la politique intérieure.

Sur le plan extérieur, l'hégémonie soviétique sur l'Europe de l'Est n'est pas totale. La Yougoslavie, sous la gouverne du maréchal Tito, garde ses distances et réaffirme son indépendance (élaboration du titisme). L'Albanie, pour sa part, durcissant sa politique intérieure, désavoue la *déstalinisation*, rompt avec l'URSS en 1961, puis quitte le pacte de Varsovie en 1968.

La période allant de 1945 à 1965 est caractérisée par la prospérité et la peur. La prospérité découle d'une croissance économique s'étendant à l'échelle de l'Occident ; la peur provient de la menace incessante et de plus en plus réelle d'une guerre nucléaire susceptible de tout détruire. Après avoir largué deux bombes atomiques sur le Japon en 1945, les États-Unis se munissent d'une arme encore plus puissante, la bombe à hydrogène, mille fois plus destructrice que les bombes utilisées à Hiroshima et Nagasaki. La sécurité collective est à quelques reprises sérieusement compromise. L'érection du mur de Berlin, en août 1961, stigmatise l'opposition Est-Ouest. La crise des missiles de Cuba, en 1962, amène le monde au bord du gouffre nucléaire. Vers le milieu des années soixante, certaines personnes, et en particulier les jeunes, commencent à remettre en question le type de société et les valeurs de la génération précédente. Ce questionnement provoque de l'agitation dans plusieurs pays occidentaux.

L'ère de l'abondance

CONTINUITÉ et CHANGEMENTS Dans les années cinquante et soixante, le niveau de vie en Amérique du Nord et en Europe de l'Ouest est porté à des sommets jamais atteints auparavant dans l'histoire de l'humanité. Les Américains deviennent les porte-étendards d'un nouveau mode de vie : *the american way of life*. Ils exportent ce modèle partout dans le monde occidental.

La classe moyenne américaine devient le symbole par excellence de la réussite matérielle : téléviseurs, puissantes voitures, boom démographique, fréquentation scolaire en hausse grâce aux programmes de bourses d'études destinées aux soldats américains réformés, banlieues tentaculaires, voilà le nouveau visage de l'Amérique. Les gens croient à une

Les décennies cinquante à quatre-vingt-dix

L'invention de la télévision a un impact considérable sur la société occidentale. Le monde des arts n'échappe pas à l'influence de ce média. Alors qu'un auditoire de plus en plus vaste accède à un nouveau type d'information — tant par le contenu que par la forme —, les artistes de tous les domaines proposent de nombreuses formes inédites d'expression.

Jack Kerouac en est un bon exemple. L'émergence du mouvement beatnik donne le ton à une nouvelle thématique littéraire. Les jeunes auditoires sont captivés par l'appel de cet auteur au rejet de la société, dite parfaite, de l'après-guerre et par sa glorification de l'« errance irresponsable ».

De plus, à la fin des années cinquante apparaît une forme musicale nouvelle dont le succès est sans précédent : le rock and roll. Le chanteur Elvis Presley devient l'incarnation d'une Amérique jeune et rebelle. Bien que ses déhanchements en choquent plus d'un, Presley change à tout jamais le paysage de la musique populaire. Le disque de vinyle est le vecteur par lequel la musique fortement rythmée atteint un auditoire de plus en plus large. Entre 1960 et 1970, la musique pop est l'un des moyens d'expression les plus forts de la génération des « baby-boomers ». Propageant un idéal situé hors des structures traditionnelles, la littérature et la musique deviennent des symboles auxquels s'identifient les adolescents et les jeunes adultes de cette décennie.

Au cours de cette période, d'autres phénomènes viennent perturber la jeunesse occidentale. Ainsi, la guerre du Viêt Nam déclenche une profonde remise en question des valeurs véhiculées par les élites traditionnelles. Bombardés par des images diffusées en direct des champs de bataille à mille kilomètres de leur résidence, les artistes interpellent plus directement la société et colorent leurs œuvres de messages politiques. Le *flower power* de 1967 se transforme alors en mouvement radical et la musique est un miroir de cette nouvelle réalité, laissant entrevoir la montée des groupes punk qui proclameront que le futur n'existe pas (1973).

Le choc pétrolier de 1973 et le ressac de la guerre du Viêt Nam sonnent le glas des illusions idéalistes des années soixante. Les thèmes abordés par les écrivains et les cinéastes rendent compte de l'éclosion d'une nouvelle mentalité. Le « climat culturel » en est bouleversé.

L'importante récession économique de 1981-1982, quant à elle, a des échos dans la musique populaire qui se traduit par un retour à l'individualisme et un discours social sombre. Le recours à la technologie et le développement d'une musique industrielle caractérisent aussi cette période.

Les années cinquante à quatre-vingt-dix sont donc artistiquement très intenses et marquées par l'expérimentation et l'exploitation de divers modes d'expression. Sous différentes formes, l'art atteint plus de gens qui, à leur tour, influent sur la création de tendances et de courants nouveaux. Désormais, il n'y a plus une seule culture mais bien un ensemble de cultures qui coexistent et parfois, s'entrechoquent.

Comprendre les arts

Faites une brève recherche afin d'identifier les principaux protagonistes de la scène artistique et culturelle des décennies cinquante à quatre-vingt-dix. Reproduisez un tableau semblable au tableau 11.2 et inscrivez-y les noms que vous aurez trouvés, en les regroupant sous les thèmes proposés. Expliquez comment ces artistes et leurs œuvres se rattachent à leur époque.

Figure 11.22 John Lennon, Paul McCartney, George Harrison et Ringo Starr, les quatre membres des Beatles, provoquent une véritable commotion à leur arrivée sur la scène musicale internationale dans les années soixante. C'est la *beatlemania* !

Tableau 11.2

THÈMES	1950	1960	1970	1980	1990
Cinéma/télévision					
Littérature					
Musique					
Peinture/sculpture					

croissance économique sans fin. Les pays du bloc soviétique ont un certain retard sur ce plan par rapport aux nations occidentales, mais l'accent que les dirigeants des régimes poststaliniens mettent sur la production de biens de consommation démontre qu'ils se soucient dorénavant davantage du bien-être de la population.

Le conflit des générations

La caractéristique la plus évidente de la génération d'après-guerre en Occident est l'ampleur de sa taille. À cause de la crise économique et de la guerre, des millions de couples ont retardé le moment de mettre des enfants au monde au cours des années trente et quarante. À la fin de la guerre, il y a un nombre incroyable de gens prêts à fonder leur famille. (La situation est cependant différente en Union soviétique, où plus de vingt millions de personnes ont perdu la vie durant la guerre.) Une multitude d'enfants naissent donc entre la fin des années quarante et le début des années soixante. Ils constituent la génération du *baby-boom*.

L'identification sociale des gens de cette génération est bien différente de celle que leurs parents ont vécue. Ces derniers, ayant connu bien des difficultés matérielles, apprécient ce qu'ils possèdent maintenant. La jeune génération, qui n'a connu que la prospérité, considère que tout lui est dû. Il est facile pour les parents de voir ce qui va bien dans leur vie, alors que les jeunes s'attardent davantage à ce qui va mal dans la leur. En Occident, ces divergences d'attitudes sont appelées *conflits des générations.*

Une culture distincte se développe chez les jeunes, mettant l'accent sur leurs goûts en matière de mode, de musique et de style de vie. Les jeunes recherchent des vêtements et des accessoires qui les distinguent de leurs parents, comme les jeans, les mini-jupes, les t-shirts et les bijoux artisanaux. Ils écoutent aussi une musique bien différente de celle qu'aime la génération de leurs aînés. C'est l'heure de gloire des Elvis Presley, des Beatles, des Rolling Stones et des Jimi Hendrix. L'écart se creuse entre les générations et les jeunes commencent à se méfier des parents.

C'est la prospérité qui permet à cette culture de se développer. Plus de jeunes qu'auparavant disposent de l'argent nécessaire pour acheter des vêtements, des disques ou s'offrir d'autres divertissements. La possibilité de poursuivre des études supérieures permet aussi à cette génération de retarder son entrée sur le marché du travail.

Figure 11.23 Manifestation, à Washington, de jeunes citoyens réclamant que le gouvernement mette fin à la guerre du Viêt Nam.

L'époque de la contestation

Dans son discours inaugural, en 1961, le président J.F. Kennedy presse les jeunes Américains de passer à l'action et de préparer leur avenir. Kennedy, dans une phrase désormais célèbre, déclare : « *Ne vous demandez pas ce que votre pays doit faire pour vous. Demandez-vous ce que vous pouvez faire pour votre pays.* » Mais l'enthousiasme suscité par ce discours est de courte durée ; pour plusieurs, il s'éteint avec l'assassinat du président en 1963. Au cours des années soixante, un mouvement de contestation naît chez les jeunes. Ces derniers contestent les gestes du gouvernement et l'attitude, qu'ils jugent conformiste, de leurs parents. Ils désirent avoir la liberté de parole et être écoutés (*Free Speech Movement*). Cette époque correspond également à la révolution féministe, au cours de laquelle les revendications des femmes s'étendent notamment au droit à la contraception et à l'avortement.

Parallèlement, d'autres groupes revendiquent une plus grande équité sociale. La communauté noire américaine a investi beaucoup d'espoir dans le programme de Kennedy. Lyndon Johnson, successeur de Kennedy, malgré une volonté marquée de mieux partager la richesse entre les citoyens (*Great Society*), ne sait rallier les leaders noirs. Bientôt, la frustration mêlée à la désillusion plongent les ghettos noirs dans la guérilla urbaine (Black Panthers, Black Muslims). Le mouvement de contestation étudiante qui se développe alors n'est pas limité aux États-Unis. L'Europe entre en ébullition ; la France connaît une très sérieuse crise sociale qui culmine en mai 1968. Les années soixante-dix, particulièrement aux États-Unis, sont une période de désenchantement politique et social. La crise du Watergate (1973-1974) ébranle la conscience des Américains et remet en question la légitimité du pouvoir, entraînant une lente érosion du vote lors des élections présidentielles ultérieures.

Le Québec n'échappe pas à cette période de contestation. De nombreuses réformes politiques, institutionnelles et sociales sont adoptées au cours des années soixante et soixante-dix. C'est l'époque de la *Révolution tranquille* (nationalisation de l'électricité, construction du métro de Montréal, Expo 67, barrage de Manic-5, Crise d'octobre de 1970, etc.).

Au cours de cette période, les manifestations se multiplient, suscitées par le conflit des générations, la lutte pour obtenir une plus grande équité sociale et l'insatisfaction par rapport à la société en général. Ces manifestations débouchent sur la mise en place de réformes, dans les pays de l'Ouest, et sur la répression armée, dans les pays de l'Est.

Le Tiers-Monde à partir de 1945

L'Asie. Pendant des siècles, les peuples d'Asie et d'Afrique ont été assujettis aux régimes politiques et aux systèmes économiques des Européens. Au cours des années qui suivent la Deuxième Guerre mondiale, ces peuples recouvrent peu à peu leur indépendance et affirment leur identité nationale. Un des premiers et des plus importants exemples de ce passage de la domination coloniale à l'indépendance est celui de l'Asie du Sud.

> CHANGEMENTS CONTINUITÉ Cinq nouveaux pays, l'Inde (1947), le Pakistan (1947), la Birmanie (1948), le Sri Lanka (1948) et, un peu plus tard, le Bangladesh (1971), émergent de ce qui était l'Empire britannique indien. Pour de nombreux autres pays en quête de leur indépendance, ils deviennent des modèles à suivre.

La *décolonisation* de l'Asie influence les événements qui se déroulent en Chine à cette époque, tout comme elle est influencée par eux. Même si la Chine n'a jamais été officiellement colonisée, elle subit depuis longtemps la domination des puissances étrangères (voir le chapitre précédent). Cette période se termine après 1945, au moment où révolution et guerre civile bouleversent le pays. La *Longue Marche* des communistes de Mao Tsétoung, entre 1934 et 1936, et la guerre civile qui s'intensifie en 1946 entre nationalistes et communistes mènent à la proclamation de la république de Chine, en octobre 1949. Le pays est libéré du joug étranger et les communistes triomphent.

La guerre de 1939-1945 laisse le Japon démoralisé et ruiné. Le pays est mis au rang de paria des nations. Au début, l'avenir du pays semble très sombre. Mais, au grand étonnement de tous, les décennies qui suivent permettent au Japon d'afficher des résultats spectaculaires dans de nombreux domaines, et ces années comptent parmi les plus glorieuses de son histoire. Sous l'occupation américaine, entre 1946 et 1964, le Japon devient une des grandes puissances économiques du monde.

Les mouvements nationalistes qui naissent en Asie après la guerre s'épanouissent dans un monde dominé par la guerre froide. Dans ce contexte, les conflits coréen et vietnamien reflètent les tensions internationales. La guerre de Corée (1950-1953) fait rage pendant trois ans dans la péninsule coréenne. Elle oppose les forces communistes du Nord, soutenues par la Chine, et l'armée sud-coréenne, appuyée par l'ONU mais, dans les faits, principalement par les Américains. Cette guerre ne réglera rien, et surtout pas le problème de l'unification des deux pays. La première guerre d'Indochine (1946-1954), quant à elle, laisse présager un avenir difficile pour la région. À la conférence de Genève de 1954, l'Indochine est divisée en trois États indépendants : le Laos, le Cambodge et le Viêt Nam, lui-même divisé en deux zones séparées par le 17e parallèle. Ce découpage ne résout pas les problèmes régionaux. Les forces nationalistes et communistes (Viêt-minh) du Viêt Nam du Nord, soutenues par l'URSS et la Chine, tentent d'apporter leur soutien aux éléments communistes (Viêt-cong) du Viêt Nam du Sud qui combattent la dictature instaurée dans leur pays, appuyée par les États-Unis, et qui cherchent à réunir le Nord et le Sud. L'intervention américaine croissante à compter de 1959 dégénère en un conflit ouvert qui culmine en 1968 et 1969, alors que près de cinq cent cinquante mille soldats américains combattent les forces du Viêt-minh et du Viêt-cong. L'aspect « nouveau » de ce conflit est qu'il est télévisé en direct aux bulletins d'information, ce qui contribue à faire prendre conscience aux Américains du rôle et des actions plus qu'ambigus de leur gouvernement dans cette guerre. La fin des hostilités, en 1973, et le départ cahotique des troupes américaines, en avril 1975, permettent de ressouder le pays en une seule entité, mais au prix d'un nombre incalculable de victimes et de très lourdes pertes matérielles.

La fin de la guerre du Viêt Nam coïncide avec une période de croissance économique rapide dans plusieurs pays asiatiques. Cette croissance est étroitement surveillée par les pouvoirs politiques, contrairement à celle qui a accompagné l'industrialisation en Occident. Une telle effervescence de l'activité économique finit par être qualifiée de « développement à l'asiatique ».

Le Moyen-Orient. Le problème le plus épineux auquel doivent faire face les puissances coloniales et les nouveaux pays en voie de développement du Moyen-Orient, est sans doute le statut de la Palestine. Promise depuis 1917 par la déclaration Balfour, la création d'un Foyer national juif sur le territoire palestinien est constamment remise à cause de la spirale des événements internationaux. La *Ligue Arabe*, formée en 1945, est fortement opposée à la partition de la Palestine. L'ONU, en 1947, propose un plan de partage de la zone qui est rejeté par la Ligue. En 1948, les dirigeants britanniques, qui n'ont toujours pas trouvé de solution à ce problème, abandonnent leur mandat et leur projet d'installer ce foyer national juif. Aussitôt, les dirigeants *sionistes* installés en Palestine proclament la création de l'État d'Israël, ce qui déclenche immédiatement une guerre entre les Juifs et les Arabes.

> **CONTINUITÉ & CHANGEMENTS** Même si Israël survit à cette guerre et à plusieurs autres, la longue histoire de mésentente et de rancœur entre ces deux peuples assombrit cette région où violence et incertitude règnent depuis 1948.

Le conflit israélo-arabe, par les perturbations qu'il provoque dans les régions du Moyen-Orient et de l'Afrique du Nord, est suivi avec attention par les puissances occidentales, sur fond de guerre froide jusqu'au début des années quatre-vingt-dix. Ces régions revêtent en effet une importance stratégique capitale à cause de leurs énormes réserves de pétrole. Certains des nouveaux pays arabes indépendants deviennent fabuleusement riches grâce à leurs gisements pétroliers. Comme ces pays se servent de leur richesse pour financer des programmes de modernisation, la société et la culture de cette partie du monde subissent de profondes transformations.

> **CONTINUITÉ & CHANGEMENTS** Alors que les peuples du Moyen-Orient découvrent le monde moderne et sont parfois bousculés par lui, nombre de musulmans réagissent à l'occidentalisation en revalorisant leur religion et leur culture traditionnelles.

Pour certains, cela signifie le rejet du matérialisme moderne. Pour d'autres, il s'agit plutôt de se réapproprier les valeurs islamiques traditionnelles sans pour autant renoncer aux avantages de la technologie moderne. L'Iran est le pays où cette réapparition de l'islam prend les proportions les plus spectaculaires avec le retour de l'ayatollah Khomeiny après la chute du shāh d'Iran en 1979. De nombreux mouvements islamiques *fondamentalistes* s'inscrivent de nos jours dans cette tendance, notamment en Algérie, au Liban, en Égypte et dans plusieurs autres pays arabes.

L'Afrique. Une fois leur indépendance acquise, à la fin des années cinquante et au début des années soixante, les nations africaines doivent affronter plusieurs problèmes et tirer parti des promesses qui accompagnent forcément leur nouveau statut. Bien que la plupart aient obtenu leur indépendance de façon pacifique, le maintien de la paix par la suite est un processus dont le succès varie selon les pays. Une tâche immense attend les dirigeants nationalistes éduqués à l'occidentale : ils doivent tenter de créer pour leurs peuples de véritables identités nationales, capables de remplacer les loyautés qui attachent traditionnellement les Africains à leur ethnie et à leur culture, souvent charcutées par un découpage arbitraire du territoire par les Européens.

Le problème est d'autant plus difficile à résoudre que les nouveaux dirigeants se heurtent à des intérêts détenus par des firmes ou des individus redoutant des nationalisations tous azimuts. Les États nouvellement indépendants doivent donc se libérer de ces tutelles, mais le processus dégénère en luttes sanglantes, où s'affrontent les grandes puissances par conflits régionaux interposés. Les cas du Ghana (1957), de la Guinée (1958), du Congo (1960) et de l'intervention de l'ONU au Katanga (1963) constituent des exemples de la transposition des tensions Est-Ouest en Afrique. En effet, les États-Unis et l'URSS appuient de façon indirecte de nombreux soulèvements et coups d'État visant à installer des gouvernements sympathiques à leurs idéologies. Les tentatives des superpuissances de créer des zones d'influence sur le continent africain transforment donc la guerre froide du Nord en des conflits ouverts dans les nouveaux États africains. À la même époque, d'autres convulsions secouent l'Afrique. L'attention du monde se porte sur l'Algérie, où une « sale guerre » oppose les mouvements nationalistes (FLN) aux forces françaises (1956-1962). L'Algérie devient indépendante à la suite des accords d'Évian, en 1962. Dans la partie australe du continent, l'Afrique du Sud resserre son étau sur la communauté noire majoritaire ; elle renforce les mécanismes de l'*apartheid* et réprime brutalement toute contestation de son régime inique.

L'Amérique latine. À l'instar des nouvelles nations qui voient le jour en Asie et en Afrique après la Deuxième Guerre mondiale, les pays d'Amérique latine doivent aussi relever de nouveaux défis. Ils désirent se moderniser et s'affranchir de leur dépendance envers les économies plus développées des puissances industrielles occidentales. Sur le chemin qui les mène vers le modernisme, ces pays doivent assumer les coûts sociaux et environnementaux associés à l'indépendance.

Après la guerre, la lutte de ces pays pour assurer leur développement économique et leur indépendance entraîne une instabilité politique qui favorise l'émergence de trois grands mouvements idéologiques : celui des libéraux réformistes, celui des marxistes révolutionnaires et celui des conservateurs de tendance autoritaire.

Les réformistes, les révolutionnaires et les conservateurs ne sont pas seuls à débattre de l'avenir de l'Amérique latine. Avant la guerre de 1939-1945, les entreprises américaines ont investi et fait prospérer leurs affaires dans ce continent. Dans le cadre de sa politique de « bon voisinage », le gouvernement américain a fourni une aide financière aux pays latino-américains et les a aidés à mettre sur pied leurs armées. Après la guerre, ce même gouvernement s'immisce dans la vie politique de ces pays afin de protéger les investissements américains et d'empêcher la progression du communisme (Guatemala 1954, République Dominicaine 1965, Chili 1973).

La guerre froide jette une ombre sur les relations entre les États-Unis et l'Amérique latine, et dresse la gauche latino-américaine contre la droite, laissant peu de place à de possibles compromis. La violence politique qui en résulte provoque de nombreuses violations des droits fondamentaux dans ces pays.

> **CHANGEMENTS** Conscients de la situation, des artistes tels Gabriel García Márquez, Isabel Allende et Diego Rivera n'ont cessé depuis ce temps d'utiliser leurs œuvres pour sensibiliser le monde aux problèmes de leurs pays.

1. *Définir* les termes suivants :
- *Organisation des Nations unies*
- *OTAN*
- *guerre froide*
- baby-boom
- *conflit des générations*

2. *Cerner l'idée principale.* Quels sont les fondements de la guerre froide ?

3. *Cerner l'idée principale.* Décrivez comment se manifeste l'opposition Est-Ouest dans la période d'après-guerre.

Vers un nouvel ordre mondial

OBJECTIFS D'APPRENTISSAGE

APRÈS AVOIR LU CETTE SECTION, VOUS SEREZ CAPABLE :

- D'ANALYSER LES PROGRÈS QUI TRANSFORMENT LE MONDE SCIENTIFIQUE APRÈS 1950 ;

- D'EXPLIQUER POURQUOI L'URSS DISPARAÎT AU PROFIT D'UNE PROFONDE RÉORGANISATION SOCIOPOLITIQUE DE CET ÉTAT ;

- D'ÉNUMÉRER LES PRINCIPAUX ENJEUX POSÉS PAR LES TRANSFORMATIONS DE L'ÉCOSYSTÈME EN CETTE FIN DE SIÈCLE.

À la fin des années soixante, la division de l'Europe en deux sphères d'influence, celle des États-Unis à l'Ouest et celle de l'Union soviétique à l'Est, semble être une donnée permanente de la situation politique européenne. La pérennité et la stabilité d'une telle division permettent d'ailleurs de diminuer les tensions entre les deux superpuissances. Pourtant, après quarante ans, la situation évolue, le système vacille, la rivalité Est-Ouest s'estompe à la faveur des transformations qui affectent la politique intérieure des régimes communistes. Au début des années quatre-vingt-dix, l'URSS s'effondre. Dès lors, les leaders mondiaux doivent relever de nouveaux défis.

La détente

Vers la fin des années soixante, les États-Unis et l'Union soviétique cherchent à mettre un frein à la guerre froide. Les deux pays ont des problèmes à régler. L'opposition à la guerre du Viêt Nam fait monter la tension en Amérique et les Soviétiques veulent éviter une autre crise comme celle qui a conduit au printemps de Prague. L'URSS a dû réagir au courant de libéralisation qui traversait la

Figure 11.24 **La foule se presse pour assister, à minuit, à la destruction du mur de Berlin, le 9 novembre 1989.**

Tchécoslovaquie en l'envahissant avec ses blindés en août 1968. Par ailleurs, aussi bien en URSS qu'aux États-Unis, les dirigeants tentent de ralentir la course aux armements, qu'ils considèrent dangereuse et qui leur coûte très cher. De plus, les deux superpuissances regardent de plus en plus du côté de la Chine. Les États-Unis désirent normaliser leurs relations avec le pays de Mao Tsé-toung alors que l'URSS entretient des rapports tendus avec les Chinois à la suite de conflits frontaliers et idéologiques.

Adoptant une politique de coexistence pacifique et de détente, les États-Unis et l'Union soviétique s'entendent pour diminuer la tension internationale et le nombre d'armes nucléaires. Cette période de détente prend fin en 1979 au moment où les Soviétiques envahissent l'Afghānistān en vertu d'un traité d'assistance et de coopération signé avec le gouvernement marxiste de Kaboul.

En 1985, Mikhaïl Gorbatchev devient secrétaire général du Parti communiste de l'URSS et lance aussitôt un train de réformes qu'il appelle *perestroïka*, ou réorganisation, et *glasnost*, ou transparence. La *perestroïka* est un plan de restructuration du système socioéconomique soviétique qui vise à réduire le rôle de l'État dans la vie des citoyens et à intégrer certains éléments des régimes démocratique et capitaliste de l'Ouest. Quant à la *glasnost*, elle permet au peuple de dénoncer les échecs du système soviétique et de proposer des solutions pour y remédier. Les réformes de Gorbatchev transforment radicalement la vie des Soviétiques.

Voyant les citoyens soviétiques jouir de tant de droits, les peuples de l'Europe de l'Est se mettent à revendiquer pareilles réformes dans leurs pays.

La révolution de 1989. En 1989, la révolution éclate en Europe de l'Est. Solidarité, le syndicat polonais à la tête duquel se trouve Lech Walesa, voit un de ses dirigeants, Tadeusz Mazowiecki, devenir chef du gouvernement de coalition issu des élections libres qui chassent les communistes du pouvoir. L'année suivante, Lech Walesa est élu président de la République de Pologne. En Tchécoslovaquie, d'immenses manifestations obligent les dirigeants communistes à démissionner. La transition vers un régime pluraliste se fait pacifiquement avec l'accession à la présidence du dramaturge dissident Vacláv Havel. En Roumanie, par contre, certaines unités de l'armée se joignent à l'opposition. Elles s'emparent du dictateur Ceausescu et de sa femme, et les exécutent le jour de Noël 1989, après un procès sommaire, pour leurs crimes contre le peuple roumain.

C'est sans doute en Allemagne de l'Est que les événements les plus spectaculaires se produisent. Des milliers d'Allemands de l'Est se rassemblent pour demander au gouvernement d'adopter des réformes et de leur accorder, entre autres, le droit de voyager sans visa. En novembre 1989, le gouvernement est-allemand acquiesce à ces demandes et ouvre les portes du mur de Berlin. Les habitants de Berlin-Est et de Berlin-Ouest grimpent sur le mur qui a divisé leur ville pendant vingt-huit ans et se mettent à chanter, à danser et à pleurer de joie, tandis que le monde entier, rivé au petit écran, observe un spectacle inconcevable il n'y a pas si longtemps encore.

Suivant l'exemple des pays de l'Europe de l'Est, plusieurs républiques de l'URSS s'affranchissent, non sans heurts parfois, d'un gouvernement central affaibli. L'Union soviétique s'effondre, ce qui met un terme à la guerre froide. Pendant quarante-cinq ans, les États-Unis et l'Union soviétique ont dominé les affaires internationales et, brusquement, l'URSS n'existe plus. Certains observateurs prédisent une ère de paix après la guerre froide ; d'autres craignent de voir s'ouvrir une ère d'instabilité croissante à l'échelle internationale.

Une nouvelle révolution technologique

Après la Deuxième Guerre mondiale, les découvertes de la médecine permettent de sauver des millions de vies et les progrès accomplis en agriculture favorisent une croissance rapide de la population.

> **CHANGEMENTS / CONTINUITÉ** Simultanément, les inventions techniques dans le domaine des transports et dans celui des communications relient les peuples de la terre comme jamais auparavant il n'a été possible de le faire. Pour la première fois, la science et la technologie sont délibérément réunies.

Cette alliance aide à résoudre bien des problèmes, mais soulève de nouvelles interrogations.

La recherche technologique. La guerre de 1939-1945 et ses conséquences démontrent en partie la puissance qu'il est possible d'obtenir en combinant science et technologie. Les scientifiques parviennent, par exemple, à une nouvelle compréhension de l'univers physique grâce aux recherches sur les particules atomiques et subatomiques que des savants comme Albert Einstein et James Franck ont menées au début du siècle. Pendant et après la guerre, les gouvernements financent des programmes de recherche sur les moyens de combiner théories et techniques modernes d'ingénierie afin de donner à l'homme la capacité de changer le monde, comme il en rêve depuis toujours.

L'énergie nucléaire. L'union de la science et de la technologie pour créer de nouvelles sources d'énergie produit d'abord l'énergie atomique, puis l'énergie nucléaire. Les militaires se servent de l'énergie atomique pendant la guerre pour fabriquer les bombes qui seront larguées sur Hiroshima et Nagasaki. Mais, après la guerre, les scientifiques et les dirigeants politiques espèrent utiliser ces sources d'énergie à des fins pacifiques. Au début, l'utilisa-tion de l'énergie nucléaire semble prometteuse dans la production d'électricité à faible coût et sans pollution atmosphérique importante. Toutefois, cette forme de production d'énergie n'est pas sans causer des problèmes : Three Miles Island et Tchernobyl rappellent au monde les dangers intrinsèques de l'utilisation du nucléaire.

Les moyens de transport. Après la guerre, les améliorations techniques apportées aux avions militaires sont adaptées aux avions destinés au transport civil. Le transport aérien gagne rapidement en popularité et, au cours des années soixante et soixante-dix, les avions à réaction remplacent les petits avions à hélices. À plus de six cents kilomètres à l'heure, les nouveaux appareils transportent, en quelques heures seulement, leurs passagers n'importe où dans le monde, à des prix relativement abordables. Vers la fin des années soixante, la France et la Grande-Bretagne construisent le Concorde, un avion supersonique capable de voler à plus de mille six cents kilomètres à l'heure.

De semblables percées technologiques révolutionnent aussi les transports terrestres. Grâce à leurs formes aérodynamiques, les trains à grande vitesse sillonnent le Japon et l'Europe à des vitesses dépassant les deux cent cinquante kilomètres à l'heure. De plus, l'essence à bon marché et la construction d'automobiles plus petites et moins chères contribuent à démocratiser l'utilisation de ce moyen de transport partout dans le monde.

Malgré des progrès considérables dans ce domaine, le choc de l'embargo pétrolier de 1973, où le prix du pétrole brut quadruple en l'espace de quatre mois, a des répercussions profondes sur les rapports que l'Occidental entretient avec la consommation d'énergie. Désormais, l'or noir devient, pour l'*Organisation des pays exportateurs de pétrole* (OPEP), un outil de négociation fort utile. Ce nouvel état de fait transforme radicalement les habitudes de consommation énergétique des Occidentaux. Le second choc pétrolier, en 1977, permet l'éclosion d'une nouvelle perception des rapports entre l'homme et son environnement. La recherche de combustibles moins polluants et renouvelables devient le cheval de bataille des environnementalistes, qui se transforment en gardiens de l'intégrité d'un écosystème menacé.

La course à la conquête de l'espace. La réussite la plus extraordinaire du mariage science-technologie est sans aucun doute l'exploration spatiale, stimulée par la guerre froide. Les États-Unis et l'Union sovié-

Figure 11.25 Après leurs confrères américains Armstrong et Aldrin, qui ont foulé le sol lunaire en 1969, les astronautes Scott et Irwin participent à une mission scientifique à bord d'Apollo 15, en juillet 1971. La photo montre le *Lunar Rover* (véhicule tout-terrain propulsé par un moteur électrique), qui permet aux deux hommes de se déplacer sur la Lune à la vitesse de huit kilomètres à l'heure.

tique se lancent, au cours des années cinquante, à la conquête de l'espace. Cette course vers l'inconnu offre des résultats spectaculaires, dont le vol de Gagarine, en 1961, et les premiers pas d'Armstrong sur la Lune, en 1969. Si des visées militaires animent cette aventure, tel le projet de «guerre des étoiles» du président Ronald Reagan, la complexité technique de leur réalisation et les coûts qu'elles supposent en rendent improbable la matérialisation.

La fin de la guerre froide amène plutôt une collaboration entre Américains et Russes dans ce domaine. En 1995, la navette spatiale américaine *Atlantis* est arrimée à la station orbitale russe *Mir* pendant cinq jours. Des plans sont dès lors élaborés pour construire une station orbitale plus grande, qui resterait plus longtemps dans l'espace, et dont les deux pays pourraient se servir conjointement.

L'ère de l'information

Comme composant électronique, le transistor révolutionne les communications. À la fin des années cinquante et durant les années soixante, la radio transistor jouit d'une popularité universelle qui ne sera surpassée que par celle de la télévision. Même si cette dernière a été inventée plus tôt que la radio, ce n'est qu'après la Deuxième Guerre mondiale que des progrès techniques permettent de fabriquer des téléviseurs dont le prix de vente est suffisamment bas pour que le public puisse en acheter. Il faut néanmoins attendre les années quatre-vingt-dix pour que la télévision soit disponible dans tous les pays du monde.

La miniaturisation. La miniaturisation contribue largement à rendre accessibles à la majorité des consommateurs les appareils de radio et de télévision. Grâce à cette technique, les composants électriques des appareils, volumineux et chers, sont remplacés par des composants électroniques plus petits et moins coûteux. La miniaturisation permet aussi de fabriquer une foule d'autres produits, comme les calculatrices de poche, les montres à affichage numérique, les magnétophones compacts, etc.

Les ingénieurs se servent des techniques de miniaturisation pour fabriquer les **lasers**, qui sont des amplificateurs de radiations lumineuses permettant d'obtenir des faisceaux lumineux très directifs et de grande puissance. Les industries utilisent les lasers pour couper, avec une extrême précision, les métaux et d'autres types de matériaux. Les lasers révolutionnent les communications, car ils relaient les signaux à la vitesse de la lumière ; en médecine, ils rendent possibles de nouvelles chirurgies, plus efficaces et pratiquées avec moins de risques.

L'informatisation. Parmi les plus importants et les plus remarquables produits de la nouvelle technologie, l'ordinateur occupe une place unique. Au cours des années cinquante, les techniques de miniaturisation se perfectionnent et il est bientôt possible de fabriquer des puces électroniques qui supportent des **circuits intégrés** contenant des centaines puis des milliers de transistors.

La réduction de la taille des ordinateurs et l'augmentation de leur puissance de travail permettent de les intégrer dans d'autres machines ou appareils.

Les ordinateurs peuvent aussi bien guider et repérer les engins spatiaux et les avions que déceler les défaillances d'un moteur d'automobile. À partir des années quatre-vingt, les ordinateurs, au bureau comme à la maison, peuvent être reliés les uns aux autres par *Internet*. En 1996, quelque quarante millions d'« internautes » utilisent ce vaste réseau à travers le monde.

La lutte contre la maladie

En plus des progrès réalisés grâce à la physique et à l'électronique, des découvertes capitales sont aussi faites dans le domaine des sciences biologiques. Il suffit de penser aux **antibiotiques**, ces médicaments, comme la pénicilline ou la streptomycine, qui enrayent ou circonscrivent les infections bactériennes, ou encore aux vaccins contre la polio ou la variole.

Les nouvelles maladies. Alors que la médecine parvient presque à éradiquer certaines maladies, d'autres surgissent, souvent mortelles parce que sans cure efficace connue. Au cours des années quatre-vingt, les experts en santé mondiale sont alarmés par la propagation extrêmement rapide du syndrome d'immunodéficience acquise, ou sida. À cette époque, aucun remède n'est disponible pour traiter cette maladie causée par le VIH, ou virus de l'immunodéficience humaine. En 1995, le sida affecte près de vingt millions d'individus, inégalement répartis sur la surface du globe. Alors qu'au début des années quatre-vingt il était question d'épidémie puis de pendémie pour décrire la situation, le terme d'endémie (juxtaposition de pendémies) est dorénavant plus approprié. L'Afrique demeure le continent le plus touché ; soixante-six pour cent des cas diagnostiqués s'y retrouvent. Alors que la recherche d'un remède efficace se poursuit, certaines thérapies permettent aux malades atteints du sida d'espérer guérir un jour. Toutefois, ces procédés médicaux demeurent inaccessibles aux pays les plus pauvres.

La recherche en génétique. En médecine, la découverte la plus prometteuse, et en même temps la plus inquiétante, est effectuée en génétique. En 1962, le prix Nobel de médecine est décerné à trois scientifiques, l'Américain James Watson et les Britanniques Francis Crick et Maurice Wilkins, pour la découverte, en 1953, de la structure de l'ADN, ou acide désoxyribonucléique. L'ADN est un constituant essentiel de tous les **gènes**, qui sont des unités définies, localisées sur les chromosomes et responsables de la production des caractères héréditaires, comme la couleur des yeux et des cheveux.

Au cours des années quatre-vingt, les biologistes commencent à se servir du génie génétique pour modifier des gènes en laboratoire et produire de nouvelles variétés de plantes et même de nouvelles races d'animaux. Aux yeux de plusieurs membres de la profession médicale, la recherche en génétique est la voie à suivre pour rendre possibles la correction de déficiences héréditaires et le traitement de certaines maladies. Ces recherches soulèvent cependant la controverse et le débat au plan de l'éthique dure toujours sur ces manipulations qui donnent à l'humanité la capacité d'agir sur les processus vitaux (clones, caractères individuels programmés).

Les défis posés par l'environnement

Les nombreux avantages procurés par les nouvelles technologies et la modernisation s'accompagnent de lourds désavantages. La croissance de la population mondiale, les progrès technologiques et l'industrialisation ne cessent de transformer l'environnement. Les scientifiques et les environnementalistes mettent l'humanité en garde contre les effets potentiellement nocifs de la pollution et de la destruction de la biodiversité.

Figure 11.26 Le Dr Ian Wilmut et Dolly, la petite brebis écossaise issue d'un clonage en février 1997. Grâce à cette stupéfiante réussite, le Dr Wilmut a relancé le débat concernant la réglementation des manipulations génétiques.

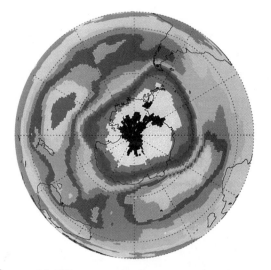

Figure 11.27 Photo satellite montrant l'état de la couche d'ozone au-dessus de l'hémisphère sud, en 1994. La tache noire au centre illustre la grandeur du trou dans la couche d'ozone.

La pollution. Croissance exponentielle de la population, industrialisation massive et urbanisation de plus en plus poussée finissent par faire prendre conscience aux gens que ces phénomènes combinés peuvent avoir des répercussions sérieuses sur l'environnement. Comme les banlieues élargissent sans cesse le périmètre des villes et que les usines sont construites au milieu de terres jadis cultivées, la pollution envahit des régions entières. Au début des années quatre-vingt-dix, les pires cas de pollution sont relevés dans l'ex-Union soviétique, où des décennies de laxisme ou d'absence de réglementation en matière de pollution industrielle ont conduit à un désastre environnemental. Partout dans le monde, les gens doivent affronter des problèmes semblables.

De nombreux scientifiques lancent des cris d'alarme et affirment que les conséquences de l'industrialisation, tels la pollution, les pluies acides, la diminution de la couche d'ozone et le réchauffement de la planète, sont dommageables à l'environnement.

Les pesticides. Vers la fin du 19ᵉ siècle, les chercheurs ont inventé de nouveaux produits chimiques, comme les engrais et les pesticides, afin d'augmenter la production agricole et d'éliminer les insectes nuisibles aux récoltes. Dans les années cinquante, le pesticide le plus utilisé est le DDT. Ce produit organique est pourtant toxique pour les animaux à sang chaud et son utilisation est maintenant interdite.

Nombre d'environnementalistes se battent donc contre la production et l'utilisation de certains produits qui peuvent être nocifs pour les êtres vivants (furanes et BPC, entre autres).

La biodiversité. En plus de tous les autres problèmes, la croissance de la population en plusieurs endroits force les pays à convertir leurs forêts, leurs prairies et leurs marécages en régions urbaines. La destruction d'habitats naturels met en danger ou même provoque l'extinction d'espèces animales et végétales dont l'existence peut être nécessaire à la survie de l'homme. D'après les scientifiques, la destruction de la biodiversité pourrait avoir de lourdes conséquences, qu'il est impossible d'évaluer avec précision pour l'instant, sur l'équilibre écologique de la planète.

Démocratie et libre-échange

La fin de la guerre froide et le démembrement de l'Union soviétique marquent une pause dans les conflits qui ont bouleversé le monde pendant une bonne partie du 20ᵉ siècle. Le communisme, en tant que régime politique, s'efface au profit de la démocratie libérale, et le socialisme, en tant que système économique, laisse toute la place au capitalisme.

La vague démocratique. Le rejet du communisme n'est qu'un aspect d'une tendance politique plus vaste qui voit le jour au cours des années quatre-vingt et qui s'amplifie dans les années quatre-vingt-dix. Au fur et à mesure que tombent les régimes autoritaires, la démocratie fait des pas de géant. Des élections ont lieu, par exemple, dans tout l'ancien bloc soviétique, à la grande joie des électeurs, enfin libres d'exprimer leur opinion.

La démocratie remporte aussi d'importantes victoires en Asie et en Amérique latine. En 1980, le Pérou passe d'un régime militaire à un gouvernement civil, tout comme l'Argentine, en 1983, et le Brésil, en 1985. Les Philippins, en évinçant Ferdinand Marcos, renouent avec la démocratie en 1986, après vingt ans de régime autoritaire. En 1990, le Nicaragua déclenche des élections et le peuple rejette les *sandinistes*. La même année, au Chili, Augusto Pinochet permet que soient tenues des élections libres et il est battu. Au début des années quatre-vingt-dix, la Corée du Sud élit son premier président civil depuis 1961 et les dirigeants taiwanais permettent au peuple de participer davantage à la vie politique du pays.

Les alliances et les organisations commerciales, 1997

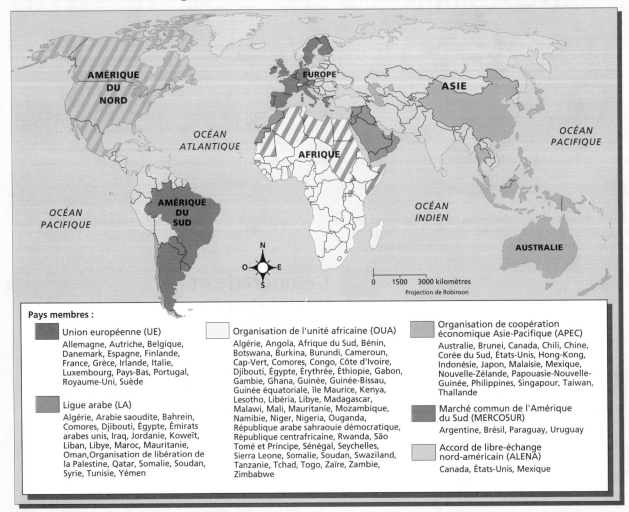

Pays membres :

Union européenne (UE)
Allemagne, Autriche, Belgique, Danemark, Espagne, Finlande, France, Grèce, Irlande, Italie, Luxembourg, Pays-Bas, Portugal, Royaume-Uni, Suède

Ligue arabe (LA)
Algérie, Arabie saoudite, Bahrein, Comores, Djibouti, Égypte, Émirats arabes unis, Iraq, Jordanie, Koweït, Liban, Libye, Maroc, Mauritanie, Oman, Organisation de libération de la Palestine, Qatar, Somalie, Soudan, Syrie, Tunisie, Yémen

Organisation de l'unité africaine (OUA)
Algérie, Angola, Afrique du Sud, Bénin, Botswana, Burkina, Burundi, Cameroun, Cap-Vert, Comores, Congo, Côte d'Ivoire, Djibouti, Égypte, Érythrée, Éthiopie, Gabon, Gambie, Ghana, Guinée, Guinée-Bissau, Guinée équatoriale, île Maurice, Kenya, Lesotho, Libéria, Libye, Madagascar, Malawi, Mali, Mauritanie, Mozambique, Namibie, Niger, Nigeria, Ouganda, République arabe sahraouie démocratique, République centrafricaine, Rwanda, São Tomé et Príncipe, Sénégal, Seychelles, Sierra Leone, Somalie, Soudan, Swaziland, Tanzanie, Tchad, Togo, Zaïre, Zambie, Zimbabwe

Organisation de coopération économique Asie-Pacifique (APEC)
Australie, Brunei, Canada, Chili, Chine, Corée du Sud, États-Unis, Hong-Kong, Indonésie, Japon, Malaisie, Mexique, Nouvelle-Zélande, Papouasie-Nouvelle-Guinée, Philippines, Singapour, Taiwan, Thaïlande

Marché commun de l'Amérique du Sud (MERCOSUR)
Argentine, Brésil, Paraguay, Uruguay

Accord de libre-échange nord-américain (ALENA)
Canada, États-Unis, Mexique

Libre-échange et coopération. Malgré les conflits qui persistent, l'intégration de certaines grandes régions du monde se fait grâce aux accords de libre-échange et aux alliances diplomatiques.

Région. *Quelle alliance réunit certains pays d'Afrique et le Moyen-Orient ? Quelle organisation lie des pays asiatiques ?*

Figure 11.28 Nelson Mandela, défenseur des droits humains en Afrique du Sud

L'Afrique du Sud est peut-être la région du monde où la tendance démocratique se concrétise avec le plus d'éclat. En 1991, après vingt-huit ans d'emprisonnement, Nelson Mandela, à la tête de la majorité noire victime de l'apartheid depuis 1913, réussit à faire reconnaître les droits politiques de ses concitoyens.

Un des exemples marquants de la progression de la démocratie dans le monde est très certainement le cas de l'Afrique du Sud. Soumis depuis 1913, et plus particulièrement depuis 1948, à un régime politique honni par l'ensemble de la communauté internationale, cet État africain adopte en 1990 une politique d'ouverture vers la communauté noire et libère le chef historique de l'ANC (Congrès national africain),

Figure 11.29 Dirigeants mexicains, américains et canadiens signant l'Accord de libre-échange nord-américain. À l'arrière sur la photo, MM. Salinas, Bush et Mulroney.

Nelson Mandela. En 1991, ce dernier parvient à faire reconnaître les droits de ses concitoyens. Le 9 mai 1994, lors des premières élections multiraciales de l'histoire de ce pays, Mandela est élu président.

Le libre-échange. La démocratisation de plusieurs pays permet de libéraliser le commerce mondial. En 1947, les grandes puissances économiques ont déjà signé l'*Accord général sur les tarifs douaniers et le*

Tableau 11.3

Sigles de quelques organismes internationaux

Sigle	Appellation officielle	Année de création
SDN	Société des nations	1920
ONU	Organisation des Nations unies	1945
GATT	Accord général sur les tarifs douaniers et le commerce (deviendra l'OMC)	1947
OTAN	Organisation du traité de l'Atlantique Nord	1949
CEE	Communauté économique européenne (deviendra l'Union européenne)	1957
OPEP	Organisation des pays exportateurs de pétrole	1960
ALENA	Accord de libre-échange nord-américain	1994
OMC	Organisation mondiale du commerce	1995

commerce (GATT) afin de promouvoir le développement et la croissance économique à l'échelle planétaire. Avec le temps, d'autres arrangements sont négociés pour élargir la portée de cet accord, portant sur la diminution des tarifs douaniers et sur l'augmentation de la protection des divers droits (brevets, marques déposées, droits d'auteur, etc.). Depuis le 1er janvier 1995, le GATT se nomme dorénavant l'*Organisation mondiale du commerce* (OMC). Ce nouvel organisme poursuit les mêmes visées que son prédécesseur et met l'accent sur les moyens d'accélérer la libéralisation des échanges et de réduire les barrières non tarifaires dont certains pays abusent.

Sur le plan régional, les mêmes efforts sont faits pour faciliter le libre-échange. Au début des années quatre-vingt-dix, la Communauté économique européenne (CEE) se transforme en *Union européenne*. En 1993, ses douze membres ratifient le traité de Maastricht par lequel ils consentent à élaborer une politique commune en matière de défense et d'affaires étrangères, à supprimer les tarifs douaniers et à se doter d'une monnaie commune. Certains pays, notamment la Grande-Bretagne, sont encore hésitants devant un tel resserrement des liens politiques en Europe.

Le Canada, les États-Unis et le Mexique signent l'*Accord de libre-échange nord-américain* (ALENA) qui entre en vigueur en 1994. Des ententes en ce sens sont conclues entre le Canada et le Chili en 1996. Tout n'est cependant pas réglé en matière de libre-échange. Par exemple, en 1995, devant les pratiques du Japon consistant à limiter l'accès à son marché à certains produits américains, les États-Unis menacent d'imposer de lourds tarifs douaniers sur les importations de voitures japonaises en Amérique. Le Japon finit alors par accepter d'ouvrir un peu plus ses marchés à l'importation d'automobiles et de pièces d'automobiles américaines et étrangères.

Bref, les accords commerciaux, qu'ils soient mondiaux ou régionaux, permettent de lever certaines barrières commerciales et de protéger les droits de propriété. Cependant, la Chine, Cuba, la Corée du Nord et plusieurs autres pays résistent encore à la tendance mondiale d'ouverture à la démocratie.

EXERCICES

1. Définir les termes suivants :
- perestroïka
- GATT
- OPEP
- libre-échange

2. Cerner l'idée principale. Évaluez l'impact de la dissolution de l'URSS au plan des relations internationales.

3. Cerner l'idée principale. Expliquez les profondes transformations économiques qui surviennent après 1973.

Périodes	Vie politique	Vie matérielle	Société/Arts/Culture	Économie	Science et techniques
Première Guerre mondiale (1914-1918)	•Disparition de l'Empire ottoman 265 •Disparition de l'Empire russe 265 •Révolution russe 268 •Reconfiguration de l'Europe 267 •Traité de Versailles 266	•Émancipation féminine (travail en usines de guerre) 265 •Obtention du droit de vote 264	•1910-1930 : Arts et littérature Mouvements "engagés" et dénonçant le militarisme 270, 273 •Émergence d'une littérature sud-américaine revendicatrice 258	•États européens aux prises avec de sérieux problèmes d'endettement 270 •Problème des réparations de guerre 267 •Graves problèmes de reconversion économique 270 •Effondrement des cours boursiers (crise de 1929) 272 •Création de la NEP en URSS 269	•Les conflits militaires ont un impact immense sur l'essor de certains secteurs de pointe, dont : - gaz, masques à gaz, ballistique, avionnerie, aéronautique 265 - Génétique, médecine, antibiotique 290 - Transport civil 290 - Exploration spatiale 291 - Informatique, miniaturisation, laser 291
Entre-deux-guerres (1918-1939)	•Essor du nationalisme "agressif" 274, 275 •Totalitarisme stalinien 276	•Société de consommation effrénée 272 •Modification radicale des moeurs 272			
Deuxième Guerre mondiale (1939-1945)		•Arbre démographique tronqué à cause du nombre de victimes de la guerre 279			
Après-guerre, guerre froide (1948-1990) et détente (fin des années 1960-1979)	•Création de l'ONU 280 •Polarisation OTAN/Pacte de Varsovie 281, 282 •Décolonisation en Asie et essor de mouvements nationalistes (Viêt Nam) 286 •Création de l'État d'Israël au Moyen-Orient 287 •Question de l'apartheid en Afrique 287, 294 •Distance diplomatique entre les États-Unis et les États sud-américains 288 •Climat de détente entre les deux grandes puissances (États-Unis et URSS) 288 •Implosion de l'URSS et chute du régime communiste 289	•Psychose de l'holocauste nucléaire •Désenchantement socio-politique •Revalorisation des valeurs traditionnelles •Nouvelles maladies •Croissance démographique	•Contre-culture et manifestations pour la paix 285	•Création de la CECA prélude à la création de la CEE 282	

Révision

RÉDIGER UN RÉSUMÉ

En retenant les points essentiels du texte, rédigez un court résumé du chapitre.

RÉVISER LA TERMINOLOGIE

a) militarisme

b) armistice

c) autodétermination

d) SDN

e) fascisme

f) solution finale

g) OTAN

h) baby-boom

i) laser

j) Viêt-minh

1. Arrêt temporaire des hostilités entre belligérants.

2. Course effrénée aux armements.

3. Doctrine politique selon laquelle un État repose sur le peuple, la force, l'anticommunisme et l'expansionnisme.

4. Organisme voué à la sauvegarde de la paix internationale.

5. Principe de droit garantissant à chaque peuple le droit de choisir son gouvernement.

6. Décision prise par les autorités nazies pour résoudre le «problème juif».

7. Regroupement d'États devant assurer la défense des démocraties libérales.

8. Vaste progression démographique après 1945.

9. Amplificateur de radiations lumineuses de grande puissance.

10. Mouvement révolutionnaire du nord du Viêt Nam prônant l'indépendance nationale.

RÉVISER LA CHRONOLOGIE

Dressez la liste des événements suivants en respectant l'ordre chronologique.

1. Signature du traité de Versailles

2. Découverte de la structure de l'ADN

3. Guerre de Corée

4. Fin de la guerre du Viêt Nam

5. Crise économique

6. Création de l'OTAN

7. Formation de l'Union européenne

8. Crise du Watergate

9. Embargo pétrolier

10. Procès de Nuremberg

COMPRENDRE LES IDÉES PRINCIPALES

1. Pourquoi ce chapitre porte-t-il le titre «La guerre des mondes»?

2. Comment évoluent les relations américano-soviétiques entre 1922 et 1990?

3. Expliquez pourquoi il est possible d'affirmer que l'avenir de la planète repose sur une meilleure coopération internationale sur les plans politique, économique et écologique.

EXERCER SON SENS CRITIQUE

Comparer. Peut-on comparer la période allant de 1919 à 1929 à celle s'étendant de 1973 à 1991? Vous devez justifier votre réponse.

Conclusion

En guise d'épilogue : un monde nouveau ?

Une profonde réorganisation politique et économique marque la décennie 1980-1990. D'une part, l'implosion de l'URSS (1989-1991) constitue un événement majeur qui laisse un vide géopolitique qui n'est pas encore comblé. D'autre part, le réalignement des États de l'ex-bloc de l'Est sur le modèle de production capitaliste ne s'effectue pas sans heurts. Le cas albanais en est un bon exemple. Greffés à cette ébullition politique internationale, les États industrialisés réévaluent leur gestion comptable des affaires publiques. La croissance spectaculaire des années 1945-1973 est maintenant chose du passé. La notion d'État-providence, concept hérité en partie de l'interventionnisme américain appliqué comme solution à la crise économique de 1929, est remise en question par de nombreux économistes. Les tenants du néolibéralisme proposent le désengagement progressif de l'État dans des secteurs entiers de l'activité socioéconomique. Ils prônent également la privatisation d'entreprises traditionnellement gérées par l'État. La Grande-Bretagne et les États-Unis d'Amérique sont les précurseurs de ce mouvement qui touche bientôt tous les pays industrialisés. Le Canada, lui aussi, emboîte le pas à cette restructuration.

La croissance presque exponentielle du déficit canadien exige une véritable médecine de cheval. Les cas de l'Alberta et de l'Ontario illustrent bien cette volonté d'assainissement des finances publiques. Le Québec réagit, lui aussi, à ce problème et oriente ses efforts vers la réduction du déficit.

Néolibéralisme et réduction de déficits ont des effets directs sur le plan sociopolitique. Les grandes firmes doivent gérer de plus en plus de cas d'épuisement professionnel reliés aux rendements accrus exigés par une concurrence souvent féroce, et ce, à l'échelle planétaire. Il n'est plus question de marchés locaux mais bien de mondialisation des échanges, ce qui n'est pas sans effet pervers sur les travailleurs, qui voient le chômage devenir un mal chronique.

La scène mondiale est aujourd'hui une mosaïque complexe où s'affrontent de nombreux courants, souvent divergents, ce qui, malheureusement, provoque de violents conflits. L'Afrique est une zone chaude depuis la décolonisation et reste la scène d'événements tragiques. La crise somalienne de 1993, la guerre civile rwandaise et le terrorisme presque institutionnel en Algérie alertent l'opinion publique et suscitent des interventions internationales qui ne sont pas toujours bien orchestrées.

Le Moyen-Orient demeure une zone de tensions très vives. D'une part, une résurgence de l'intégrisme religieux fragilise les acquis des sociétés modernes. L'émancipation des femmes en Algérie, en Égypte et en Iran accuse un recul certain et ne conserve une relative réalité qu'au prix d'une lutte presque quotidienne. D'autre part, les relations entre Israël et le monde arabe demeurent tendues et focalisent l'attention internationale sur leur caractère conflictuel.

Le tableau des enjeux mondiaux ne serait pas complet s'il n'était fait mention de l'état critique de l'environnement. Le recul des forêts tropicales, causé par un déboisement sauvage, et la disparition de nombreuses espèces animales interpellent la communauté internationale. La conférence de Rio de Janeiro de 1991 sur la biodiversité a cependant posé un regard lucide sur ces questions.

Malgré ces tensions et problèmes, la société occidentale peut envisager l'avenir avec sérénité et confiance. L'Europe demeure un champ d'expériences intéressantes. L'abolition des frontières, la libre circulation des biens et services, et la frappe d'une monnaie unique (l'écu), préfigurent, peut-être, une intégration progressive des différents pays et la formation de grandes entités socioéconomiques : le bloc européen, le bloc américain, le bloc asiatique et le bloc africain. Les risques de conflits majeurs sont disparus et la diminution des arsenaux nucléaires permet d'écarter la menace de tragédies mondiales. De plus, les percées de la recherche médicale laissent espérer l'éradication de maladies pour lesquelles il n'existe pas de cures connues actuellement (sida, cancer, etc.).

Les défis à relever sont à la mesure des problèmes à résoudre. Cependant, si le passé peut être une source d'inspiration et d'enseignement, nous pouvons être rassurés sur notre propre avenir, car l'histoire de la civilisation occidentale est une preuve tangible de la faculté de l'humain de persévérer, de vaincre les obstacles et de traverser les épreuves.

Activité d'intégration

Nous vous proposons ici une activité qui fait appel à diverses compétences et habiletés, et qui vous permettra d'intégrer les connaissances acquises durant le cours. Vous pourrez ainsi mettre à l'épreuve vos connaissances sur les héritages que nous ont légués les civilisations qui ont précédé la nôtre.

Préparation

Pour assurer la réussite de cette activité, vous devez respecter les consignes préparatoires qui suivent.

- Reprenez les résumés que vous avez rédigés lors de la révision de chacun des chapitres. Assurez-vous que les points essentiels y figurent. Pour vous aider, utilisez la méthode historique proposée dans les sections « Guide pour parcourir l'histoire » et « La pensée critique et l'étude de l'histoire », pages XII à XXIV.

- Une fois la lecture de vos résumés terminée, vérifiez la concordance entre vos idées principales et les objectifs d'apprentissage décrits dans la présentation de chacun des chapitres.

- Relisez les encadrés « Continuité et changements » afin de bien saisir les points qui unissent les événements et les époques. Bien entendu, des zones de rupture — où une caractéristique n'est attribuable qu'à une seule civilisation, à un seul peuple ou à une seule nation — sont également observables.

À titre d'exemple, voici comment mettre en relation les encadrés « Continuité et changements ».

CONTINUITÉ et CHANGEMENTS Les Assyriens assurent une étroite communication entre les provinces grâce à un système de messagers à cheval qui se relaient à différentes étapes sur tout le territoire. Ils construisent un réseau routier qui quadrille l'empire pour accélérer les déplacements des coursiers et faciliter le mouvement des troupes. Ces nouvelles routes offrent également l'avantage de favoriser les échanges commerciaux.

CONTINUITÉ et CHANGEMENTS Au cours de l'Ancien Empire et du Moyen Empire, les Égyptiens développent un commerce outre-mer, construisent des monuments, créent une bureaucratie et se dotent d'un système complexe de croyances religieuses.

CONTINUITÉ et CHANGEMENTS Tout comme en Mésopotamie et en Égypte, la première civilisation en Inde voit le jour et se développe près d'un grand fleuve. Le monde indien évolue très tôt vers une culture urbaine complexe.

CONTINUITÉ et CHANGEMENTS L'utilisation de mesures de poids et de distance communes à la région ainsi que l'emploi par les habitants du même type d'outils suggèrent l'existence d'une relative unité politique dans l'ensemble de la région d'Harappā. Ce sera également le cas pour les Romains plus tard.

CONTINUITÉ et CHANGEMENTS La construction d'un très bon réseau routier pour relier les vastes contrées de l'empire et rendre plus rapides les déplacements des armées perses accentue le contrôle du pouvoir central.

CONTINUITÉ et CHANGEMENTS Des sociétés égéennes naissent de puissantes civilisations, mais, à l'exemple de la Mésopotamie, elles sont victimes des migrations des nomades. Aucune civilisation ne peut prétendre être à l'abri des attaques d'envahisseurs étrangers.

CONTINUITÉ et CHANGEMENTS Pour remédier à cette situation et rendre le système plus démocratique, les Athéniens paient bientôt leurs représentants officiels à même les fonds publics. De la sorte, le pouvoir législatif et le pouvoir exécutif restent entre les mains des citoyens.

CHANGEMENTS Unification politique, juridique et linguistique, tels sont les ingrédients qu'utilise Rome pour consolider sa position, méthode que plusieurs tenteront d'imiter par la suite.

CHANGEMENTS Ce système judiciaire deviendra la *Common Law* (droit coutumier), ou lois communes à toute l'Angleterre et, beaucoup plus tard, à tout le Commonwealth.

Après la relecture de ces encadrés, il vous est possible de constater que plusieurs traits communs unissent les civilisations évoquées : réseau routier, lois, religion, mesures, etc.

Réalisation

Cette activité finale ne vise pas simplement à vous faire répéter les contenus abordés au cours de votre démarche d'apprentissage. Vous devez maintenant tirer des conclusions en comparant les différentes périodes et civilisations étudiées. Il y a deux façons de réaliser votre travail d'intégration :

a) *soit en complétant un tableau comme celui illustré ci-dessous;*

b) *soit en rédigeant un texte de quelques pages (au moins 500 mots).*

Quelle que soit la forme que vous choisirez de donner à votre travail, le but demeure toutefois le même : opposer et comparer les événements et les époques afin de distinguer les liens qui unissent ces différents éléments à travers le temps et l'espace.

Caractéristiques ou héritages de...

ASPECTS DE SOCIÉTÉ	NOM D'UNE SOCIÉTÉ A :	NOM D'UNE SOCIÉTÉ* B :	POINTS COMMUNS
Politique			Exemples : A et B A et C etc.
Matériel			
Social			
Culturel			
Économique			
Sciences et techniques			

* Selon les directives de votre enseignant, insérez le nombre de cases nécessaires (C, D, etc.). Votre enseignant peut vous laisser choisir les sociétés ou vous en proposer une liste. Par ailleurs, il peut diriger votre travail en vous demandant de comparer les sociétés selon certains aspects qui ne figurent pas nécessairement dans ce tableau.

A

Abolitionnisme Mouvement initié par la Grande-Bretagne en 1833 pour faire cesser la traite des esclaves et abolir l'esclavagisme. *230*

Absolutisme Forme de gouvernement caractérisée par la centralisation du pouvoir entre les mains d'un monarque. *159*

Académisme pompier Courant artistique qui traite des sujets artificiels et grandioses, au 19ᵉ siècle. *226*

Accord de libre-échange nord-américain (ALENA) Traité de 1994 qui favorise le libre-échange entre les États-Unis, le Canada et le Mexique. *295*

Accord général sur les tarifs douaniers et le commerce (GATT) Accord signé en 1946 par les grandes puissances économiques afin de promouvoir le développement et la croissance économique dans le monde. *295*

Acropole Fortification défensive au centre de la *polis*. *36*

Agora Place publique dans la *polis*. *37*

Agriculture à champs ouverts Système d'exploitation agricole où les terres non clôturées sont divisées en lopins que les paysans cultivent; un tiers des terres est laissé en jachère pour conserver la fertilité du sol; une partie des champs est communale et sert à faire paître le bétail. *210*

Amour courtois Tradition poétique du Moyen Âge glorifiant les nobles dames et chantant l'héroïsme et les vertus des chevaliers. *110*

Ancien Régime Système politique français qui précède la révolution de 1789. *199*

Anthropomorphisme Tendance à attribuer aux êtres et aux choses des caractéristiques humaines. *48*

Apartheid Politique d'Afrique du Sud qui exige la séparation des lieux pour les Afrikaners, les Bantu, les Asiatiques et les métisses, et qui ne permet qu'aux Blancs de voter ou d'occuper une fonction politique.

Aqueduc Canal qui conduit l'eau vers les villes romaines. *78*

Armistice Arrêt des hostilités jusqu'à ce qu'un traité de paix officiel soit rédigé. *265*

Arts libéraux Matières enseignées dans les universités européennes au Moyen Âge : la géométrie, l'arithmétique, l'astronomie, la musique, la grammaire latine, la rhétorique et la logique. *111*

Assemblée nationale Regroupement des délégués du tiers état qui ont juré d'écrire une constitution pour la France durant les États généraux de 1789. *201*

Assolement triennal Procédé agricole de rotation des cultures qui consiste à cultiver les deux tiers d'un champ et à laisser en jachère (repos) le dernier tiers, dans le but de conserver la fertilité du sol. *108*

Astrolabe Instrument inventé par les Grecs qui permet de déterminer la hauteur des astres au-dessus de l'horizon et, par conséquent, de déterminer sa position sur terre. *131*

Autocratique Relatif à un régime politique où le souverain règne de façon absolue. *221*

Autodétermination Droit de chaque peuple de disposer de lui-même, c'est-à-dire de choisir son gouvernement. *266*

Avesta Recueil de textes religieux datant de la dynastie sassanide qui contient la doctrine fondamentale et les plus vieux écrits du zoroastrisme. *117*

B

Baby-boom Forte croissance démographique entre 1945 (fin de la Deuxième Guerre mondiale) et le début des années soixante. *285*

Bastille Prison d'État perçue comme le symbole de la monarchie absolue et prise d'assaut par le peuple de Paris durant la Révolution française. *201*

Bois d'ébène Esclaves africains considérés comme une marchandise qu'il est possible d'acheter et de vendre, ou d'échanger contre d'autres biens. *183*

Bolcheviks Révolutionnaires russes radicaux qui, en octobre 1917, s'emparent du pouvoir et soumettent la nation à leur autoritarisme. *268*

Bulle d'or Décret de l'empereur Charles IV de Bohême, en 1356, qui exclue les papes du processus d'élection des empereurs. *138*

Bulle Unam sanctam Décret émis en 1302 par le pape Boniface VIII qui réaffirme l'obligation de soumission des rois à l'autorité papale. *138*

Bundesrat En Allemagne, chambre haute du corps législatif. *253*

Bureaucratie Structure gouvernementale complexe dans laquelle les fonctionnaires accomplissent plusieurs tâches spécialisées. *13*

C

Cahier de doléances Cahiers contenant les demandes de réformes du tiers état lors de la convocation des États généraux par Louis XVI en 1789. *201*

Calife Dirigeant musulman qui suit les enseignements de Mahomet. Le mot *calife* signifie « lieutenant » ou « successeur du prophète ». *127*

Calligraphie Art de bien former les caractères d'écriture. *131*

Calvinistes Adeptes de la religion de Jean Calvin, protestant français (voir *Huguenot*). *147*

Capital Argent ou biens perçus comme une source de revenus; argent qui fructifie, permettant ainsi d'acquérir d'autres biens. *139*

Capitalisme Investissement de capitaux ou de biens privés dans le but d'en retirer plus d'argent ou de biens et ainsi d'encaisser un profit. *209*

Captivité de Babylone 1) Déportation des Hébreux à Babylone en 587 av. J.-C. 2) Période de soixante-huit ans (1309-1377) durant laquelle les rois de France dominent la papauté. *21, 138*

Caravelle Petit navire de conception portugaise équipé de voiles latines et d'un gouvernail; sa coque, plus large et plus profonde que celle de la galère, est adaptée pour l'installation de canons. *152*

Censeur Magistrat romain qui recense les biens et les lieux de résidence des citoyens, et qui nomme les sénateurs. *71*

Charte des droits Les dix premiers amendements à la constitution américaine, qui garantissent les droits fondamentaux de chaque citoyen. *199*

Charte d'incorporation Charte royale créée au 11ᵉ siècle qui permet aux marchands de diriger une ville et de la placer sous la protection du roi en échange d'impôts raisonnables. *109*

Chartistes Nom donné aux partisans de William Lovett qui, dans sa Charte du Peuple de 1838, revendique le suffrage universel pour les hommes et la représentation équitable de tous les citoyens. *231*

Chevalerie Code de conduite selon lequel le chevalier doit être brave, courtois et loyal, et doit protéger les femmes, les enfants et le clergé. *110*

Chevalier Guerrier à cheval du Moyen Âge. *97*

Chiite Membre d'une secte religieuse musulmane créée par les partisans d'Ali, qui conteste le pouvoir temporel du calife Mu'āwiyya. *129*

Chrétienté latine Nouvelle civilisation qui apparaît en Europe au 6ᵉ siècle, résultant du mélange des traditions et des institutions romaines, chrétiennes et germaniques. *92*

Cité-État Ville indépendante possédant son gouvernement, ses vergers et ses champs. *5*

Civilisation Ensemble d'individus vivant dans des sociétés complexes caractérisées par la production excédentaire de nourriture, le développement de capitales et de villes, et la division du travail. *4*

Classe moyenne Développée au Moyen Âge, classe des marchands dont la richesse grandissante permet de financer les armées royales et de faire du commerce. *166*

Classe ouvrière Classe des manœuvres qui vendent leur force de travail dans les manufactures en échange d'un salaire. *165*

Code de Dracon Ensemble des lois coutumières et des règles de la cité compilées par écrit à l'instigation du législateur athénien Dracon. *39*

Code de Hammourabi Ensemble des règlements juridiques promulgués par le roi Hammourabi de Babylone. La base du code repose sur la loi du talion, qui prévoit pour un criminel un châtiment comparable au traitement infligé à sa victime : œil pour œil, dent pour dent. *9*

Code Napoléon Ensemble des lois de France révisé et restructuré permettant à Napoléon de centraliser l'administration du pays et de se donner un pouvoir illimité. *204*

Colon Personne qui peuple une colonie. *174*

Colonie Territoire peu développé dominé par un pays conquérant qui s'en sert comme lieu d'établissement pour ses habitants, comme réservoir de matières premières pour son économie et comme lieu d'exportation pour ses produits finis. *175*

Colonie de peuplement Colonie conçue pour qu'un grand nombre d'Européens occupent le territoire. *254*

Colonie d'exploitation Colonie où un petit groupe de représentants impériaux règnent sur les populations locales non européennes. *254*

Colonus Fermier romain qui cultive une terre louée à un riche propriétaire en échange d'une partie des récoltes. *76*

Commerce transatlantique des esclaves Traversée atlantique des esclaves africains envoyés en Amérique. *182*

Common Law Système judiciaire créé par Henri II dans lequel des juges itinérants font respecter la loi royale dans toute l'Angleterre. *100*

Communisme Système économique instauré grâce à la dictature du prolétariat qui vise l'abolition de la propriété privée et l'appropriation par le peuple des moyens de production. *224*

Compas Instrument d'origine chinoise comportant une aiguille magnétique pointant en direction nord. *152*

Concile de Trente Réunion des chefs de l'Église catholique pour redéfinir les dogmes de la foi catholique et pour apporter des réformes dans le but de contrer les progrès du protestantisme. *148*

Concordat Accord écrit par lequel les parties en arrivent à un compromis. *104*

Confédération Association de plusieurs États qui conservent toutefois leur souveraineté. *125*

Confédération du Rhin Ligue d'États allemands dont Napoléon se fait le protecteur. *204*

Confédération germanique Nouveau nom donné à la Confédération du Rhin durant le congrès de Vienne. *247*

Conférence de Berlin (1884-1885) Rencontre des grandes puissances européennes pour fixer les règles du partage des colonies en Afrique. *257*

Conflit des générations Expression qui désigne un conflit entre deux générations successives, où la première met l'accent sur les aspects positifs de son époque alors que la seconde en critique les aspects négatifs. *285*

Conquistador Conquérant espagnol. *175*

Constitution Structure politique qui donne naissance à la république romaine. *70*

Consuls Les deux chefs de la république romaine, élus pour un an. *71*

Contre-Réforme Mouvement de l'Église pour redéfinir les doctrines et les dogmes de la foi catholique à la suite de la Réforme protestante. *148*

Convention de Seneca Falls (1848) Première rencontre des femmes américaines pour la revendication de leurs droits. *238*

Coran Livre saint de l'islam, datant du 7ᵉ siècle, qui contient les révélations de Mahomet relatives aux lois et aux enseignements de Dieu. *126*

Corpus juris civilis Code des lois civiles de l'Empire byzantin, dont fait partie le code Justinien. *120*

Cosmogonie Théorie expliquant la création de l'Univers. *169*

Couloir de Dantzig Corridor de la Pologne débouchant sur la Baltique, mais traversant une région habitée par des Allemands de la Prusse orientale. *270*

Coup d'État Conquête du pouvoir par des moyens illégaux, souvent avec l'appui de l'armée. *202*

Créationnisme Théorie selon laquelle toutes les espèces ont été créées sous leurs formes actuelles, en accord avec le récit de la Bible. *223*

Crise économique Effondrement économique qui, en 1929, est provoqué par les bas prix des produits agricoles, le maintien artificiel de faibles taux d'intérêt et la spéculation des marchés boursiers. *272*

Croisé Chrétien qui participe aux croisades pour délivrer les territoires byzantins conquis par les Turcs. *106*

Culture Ensemble des coutumes, des arts et des croyances religieuses qui forment l'identité d'un peuple. *3*

Cursus Ensemble des cours enseignés dans une université. *111*

D

Dadaïsme Mouvement artistique fondé par Tristan Tzara en 1916, qui expose souvent des objets et des idées qui semblent dénués de liens entre eux. *273*

Darique Monnaie en or utilisée dans l'Empire perse. *29*

Darwinisme Théorie développée par Darwin selon laquelle les espèces ont évolué et survécu depuis les origines grâce au processus de la sélection naturelle (voir cette expression). *223*

Darwinisme social Application de la théorie de Darwin à la société, où les individus et les nations, tout comme les autres espèces, doivent lutter pour leur survie. *224*

Déclaration des droits Charte anglaise du 17ᵉ siècle qui garantit certaines libertés fondamentales individuelles et la capacité du Parlement de casser les décisions du monarque. *164*

Déclaration des droits de l'homme et du citoyen Charte française adoptée par l'Assemblée nationale dans laquelle les trois principes de la Révolution — Liberté, Égalité, Fraternité — sont contenus. *201*

Déclaration d'indépendance Proclamation de l'indépendance des États-Unis d'Amérique, le 4 juillet 1776, par le Congrès continental. *197*

Décolonisation Processus qui fait passer un pays colonisé au statut de pays indépendant. *286*

Déisme Philosophie selon laquelle Dieu est le créateur d'un univers rationnel qui obéit aux lois de la nature. Les hommes ont la responsabilité morale de se servir des lois de la nature pour améliorer la condition humaine. *188*

Démagogue Personne qui se sert de son habileté oratoire pour influencer les foules. *52*

Dème Circonscription électorale de la *polis*. *41*

Démilitarisation Retrait des troupes d'un pays ou d'une région. *267*

Démocratie directe Système politique dans lequel le pouvoir législatif et électoral demeure la prérogative de l'ecclésia, composée de tous les citoyens ayant droit de vote. *41*

Despotisme éclairé Façon de gouverner qui allie absolutisme et principes des lumières. *192*

Déstalinisation Condamnation par Nikita Khrouchtchev, au milieu des années cinquante, des politiques gouvernementales et économiques menées en URSS par Staline. *283*

Diaspora Déportation des Juifs en Assyrie vers 722 av. J.-C. Terme utilisé aujourd'hui pour parler de la dispersion des Juifs à travers le monde. *20*

Dîme Impôt versé à l'Église catholique, dont le montant représente le dixième du revenu d'une personne. *200*

Dix commandements Lois morales révélées à Moïse par Yahvé, le dieu des Hébreux, sur le mont Sinaï. *17*

Doctrine de Monroe (1823) Politique selon laquelle les États-Unis ne tolèrent aucune intervention militaire européenne en Amérique. *242*

Domaine seigneurial Ensemble des terres du seigneur, dont une partie est exploitée par les paysans. Le domaine seigneurial constitue l'unité de base du système économique du Moyen Âge. *98*

Domesday-Book Aussi appelé *Livre du jugement dernier*. Recensement, sur l'ordre du duc Guillaume le Conquérant, de tous les domaines du royaume anglais afin d'en connaître les propriétaires et d'en estimer la valeur. *100*

Domestication Apprivoisement des espèces animales sauvages par l'homme pour son usage personnel. *3*

Dominion Colonie autonome au plan de ses affaires intérieures. *236*

Donation de Pépin Territoires d'Italie centrale donnés au pape en 756 par le roi Pépin le Bref, sur lesquels les États pontificaux sont fondés. *93*

Douze tribus d'Israël Descendants d'Abraham par son petit-fils Jacob, dont les douze fils fondent autant de tribus. *17*

Dynastie Famille de souverains au sein de laquelle le pouvoir se transmet du père au fils ou à la fille. *11*

Dynastie sassanide Fondée par Ardachir, dynastie qui règne sur la Perse pendant plus de quatre cents ans. *115*

E

Écriture caroline Formation des caractères minuscules et majuscules calligraphiques développée sous le règne de Charlemagne, dont est dérivée notre écriture. *94*

Écriture cunéiforme Écriture sumérienne dont les signes représentent des sons. *6*

Éducation classique Éducation fondée sur les connaissances classiques : la rhétorique, la grammaire, la poésie, l'histoire et, par-dessus tout, le latin et le grec. *141*

Égalitarisme Suppression des inégalités sociales. *115*

Émigration Action de quitter un pays en vue de s'établir dans un autre. *179*

Enclosure En Angleterre, procédé par lequel les propriétaires clôturent les terres pour en faire des pâturages à moutons, dont la laine est utilisée dans l'industrie textile. *165*

Encomienda Système grâce auquel les colons espagnols reçoivent des terres et des esclaves autochtones qu'ils doivent christianiser. *174*

Entrepreneur Personne qui risque sa fortune en investissant dans les nouvelles technologies ou les nouvelles entreprises commerciales. *209*

Équilibre des forces Système d'alliances politiques visant à maintenir la paix en empêchant un pays d'attaquer ses voisins. *142*

États généraux Créée par le roi Philippe le Bel, assemblée composée de représentants des trois ordres, ou états, de la société française : le clergé, la noblesse et le peuple (tiers état). *102*

Évêque Représentant officiel du pape qui veille aux affaires de l'Église dans les villes et qui a autorité sur tous les prêtres œuvrant dans sa région. *83*

Exécutif Qui a trait à l'exécution des lois. *191*

Exode Fuite des Hébreux hors d'Égypte, sous le commandement de Moïse, vers la «terre promise». *17*

F

Fascisme Philosophie politique qui place la nation au-dessus de l'individu et qui favorise l'idéologie nationaliste, anticommuniste, antidémocratique et expansionniste. *274*

Féodalité Système politique et militaire qui permet aux seigneurs de donner des terres (fiefs) à leurs vassaux en échange de leur assistance militaire et de leur loyauté. *97*

Fief Dans le système féodal, terre donnée par le seigneur à son vassal en échange de son assistance militaire et de sa loyauté. *97*

Financier Homme d'affaires qui achète des compagnies et traite ces achats comme des investissements. *220*

Fondamentaliste Personne en faveur de l'observation et de l'application intégrales des lois religieuses. *287*

Forum Place du marché central de la Rome antique. *66*

Fresque Composition de dessins peints directement sur des murs de plâtre. *33*

G

Géocentrique Qui a trait à la Terre comme centre de l'Univers. *168*

Glasnost Signifie «publicité». Politique de transparence établie par Mikhaïl Gorbatchev, en 1985, qui propose aux citoyens soviétiques de dénoncer les échecs du système. *289*

Gouvernement responsable Gouvernement colonial dont les chefs répondent de leurs actes devant leurs électeurs. *235*

Grand schisme d'Occident Période durant laquelle l'Église catholique a deux papes, l'un à Avignon, l'autre à Rome (1378-1417). *138*

Grande chaîne de la vie Conception médiévale selon laquelle toutes les créatures de Dieu dans le monde entretiennent entre elles des relations fondées sur un ordre hiérarchique. *165*

Grande Migration Émigration de quelque soixante mille puritains anglais fuyant la «corruption» de la cour de Charles Ier. *180*

Guerre froide Après la Deuxième Guerre mondiale, lutte non armée entre les États-Unis et l'URSS pour le partage du monde. *281*

Guerres puniques Conflits opposant Rome et Carthage. *68*

Guilde Association d'artisans, créée en Europe au 12ᵉ siècle, pour fixer les normes de qualité, pour restreindre la concurrence et pour réglementer la formation des apprentis. *109*

Gynécée Appartement du palais royal réservé aux femmes et aux filles de la noblesse dans l'Antiquité. *121*

H

Hadj Pèlerinage à La Mecque que doit accomplir au moins une fois dans sa vie tout musulman. *130*

Hanse Association des villes de l'Europe du Nord, qui contrôle le commerce entre l'Europe, la mer Baltique et la Russie, sous la protection des chevaliers teutoniques. *108*

Hégire Fuite de Mahomet en 622. Cette date est considérée comme l'an zéro de l'ère musulmane. *126*

Héliocentrique Qui est mesuré, considéré par rapport au centre du Soleil. *62*

Hellénistique Relatif à la période de diffusion à travers l'Orient de la culture grecque après la mort d'Alexandre le Grand. *57*

Hiérarchie Organisation sociale dans laquelle des groupes d'individus sont classés en ordre ascendant. *6*

Hiéroglyphe Système d'écriture composé de plus de six cents signes, idéogrammes ou symboles représentant des mots ou des sons, qui est utilisé par les peuples de la vallée du Nil dès l'an 3000 av. J.-C. *12*

Holocauste Génocide organisé des Juifs d'Europe par les nazis durant la Deuxième Guerre mondiale. *278*

Homme libre Durant la conquête germanique de l'Empire romain, guerrier qui possède des terres et des droits politiques. *91*

Homo sapiens Signifie «homme pensant» et désigne l'homme moderne qui est apparu en Afrique environ 200 000 ans av. J.-C. *2*

Hoplite Fantassin de l'armée grecque. *39*

Houiller Relatif à la houille, un charbon naturel fossile. *209*

Huguenot Protestant calviniste français. *149*

Humanisme Mouvement intellectuel de la Renaissance qui met l'accent sur l'éducation classique et l'étude de la nature humaine. *141*

Humanisme chrétien Humanisme des pays de l'Europe du Nord, qui cherche à appliquer à la religion les principes de l'humanisme et les enseignements de l'Antiquité. *145*

Humanisme civique Humanisme italien selon lequel la réalisation de soi et l'éducation ne peuvent s'accomplir parfaitement qu'à la condition que chacun mette ses talents et ses capacités au service de sa ville. *142*

Hypothèse Supposition concernant l'explication ou la possibilité d'un événement. *22*

I

Imam Dans la secte chiite musulmane, chef de prière du vendredi. *129*

Immigration Politique démographique favorisant l'établissement de personnes originaires d'autres pays. *179*

Impressionnisme Courant développé par les peintres qui, en réaction à la photographie, veulent donner à leurs peintures de la couleur et du mouvement. *226*

Index Liste de livres dont la lecture est interdite aux catholiques, sous peine de perdre leur âme. *148*

Indigotier Arbrisseau tropical dont est extrait l'indigo (substance colorante dans les feuilles). *179*

Indulgence Rémission des péchés accordée par le pape que les fidèles peuvent acheter pour diminuer la durée de leur purgatoire. *146*

Inflationniste Qui a trait à la hausse généralisée et continue des prix. *165*

Inquisition Tribunal officiel de l'Église catholique créé au 13ᵉ siècle pour enquêter sur les hérétiques et les poursuivre en justice. *107*

Internet Réseau mondial qui relie des millions d'ordinateurs. *292*

Interventionnisme Politique gouvernementale consistant à intervenir directement dans le domaine socioéconomique afin de veiller à accroître le bien-être des citoyens. *234*

Irrédentisme Doctrine politique des nationalistes italiens qui, après l'unification de l'Italie, réclament l'annexion des États de langue italienne toujours sous domination étrangère. *244*

J

Judiciaire Qui a trait à la justice et à son administration. *191*

Jus civilis Droit civil. Code juridique romain qui s'applique à tous les citoyens. *76*

Jus gentium Droit du peuple. Code juridique romain utilisé pour régler les disputes entre citoyens et non-citoyens. *76*

K

Kâba Sanctuaire musulman situé à La Mecque, lieu de pèlerinage de l'islam. *126*

Kaiser Empereur allemand. *249*

Kulturkampf (1872) Mouvement anticatholique en Allemagne. *253*

L

Laisser-faire Liberté laissée au déroulement des affaires. Synonyme de libéralisme économique. *192*

Langue vernaculaire Langue du pays ou d'une communauté (dialecte). *124*

Légion Division de l'armée romaine formée de dix cohortes, comptant chacune environ six cents hommes. *67*

Législatif Qui a trait à la création des lois. *191*

Libéralisme Philosophie politique qui défend les libertés individuelles et qui affirme que le gouvernement doit assurer un traitement égal à tous les citoyens. *216*

Libre-échange Absence de tarifs douaniers sur les produits importés et exportés. *255*

Libre entreprise Système économique à l'intérieur duquel chacun est libre de fonder une entreprise et de la faire fonctionner pour en tirer le maximum de profits. *192*

Ligue arabe Groupe, constitué en 1945 et formé de sept nouveaux États arabes indépendants, qui s'oppose à la création d'un État juif en Palestine. *287*

Ligue de Délos Regroupement de cent quarante cités grecques pour se protéger des Perses. *43*

Limon Mélange fertilisant de boue et de sable déposé sur les terres par la crue d'un fleuve. *5*

Linéaire A Première forme d'écriture de la civilisation minoenne. *33*

Linéaire B Nouvelle forme d'écriture née des échanges entre la civilisation minoenne et les peuples indo-européens de la péninsule grecque. Cette écriture représente, en fait, l'écriture grecque dans sa forme primitive. *33*

Logique déductive Type de raisonnement procédant du général au particulier. *168*

Logique formelle Concept philosophique selon lequel toute affirmation doit être fondée sur des preuves raisonnées. *48*

Logique inductive Type de raisonnement procédant du particulier au général. *171*

Loi de l'offre et de la demande Loi économique selon laquelle les prix du marché sont fixés en fonction de la quantité d'un produit par rapport à la demande existante pour ce produit. *192*

Longue Marche (1934-1935) Périple de quelque cent mille Chinois communistes qui quittent la province Jiangxi pour le nord de la Chine sous le commandement de Mao Tsé-toung. *286*

M

Magistrat Dans la Rome antique, représentant de l'État élu par les diverses assemblées de la plèbe; il veille à l'application des lois et gouverne au nom du sénat et du peuple. *71*

Magna Carta Charte que le roi d'Angleterre Jean sans Terre signe en 1215 et qui limite les droits de la monarchie au plan des impôts, de la justice arbitraire et de l'acquisition gratuite de biens personnels. *101*

Maïeutique Méthode d'enseignement développée par Socrate qui consiste à poser des questions dans le but d'approfondir l'examen d'un problème particulier. *53*

Manichéisme Religion du Perse Mani qui affirme que le bien et le mal représentent deux principes fondamentaux, égaux et antagonistes. *117*

Manifeste d'octobre (1905) Proclamation d'une monarchie constitutionnelle par le tsar Nicolas II. *252*

Manipule Unité de combat romaine plus petite et plus souple que la phalange grecque et mieux adaptée au combat en terrain difficile. *67*

Marxisme-léninisme Idéologie politique qui affirme que l'autorité suprême doit émaner du prolétariat international dirigé par le Parti communiste. *276*

Mécénat Soutien financier que les nobles et les marchands italiens apportent aux artistes de la Renaissance. *143*

Mercantilisme Politique économique fondée sur la croyance que la puissance d'un pays dépend de sa richesse en or et en argent. *176*

Méritocratie Système de promotion, institué par Napoléon, qui permet à chacun de gravir les échelons de l'administration grâce à son mérite personnel. *204*

Microscope Instrument d'observation des objets invisibles à l'œil nu, inventé à la fin du 16e siècle. *171*

Militarisme Glorification de la puissance militaire. *263*

Momification Procédé funéraire, inventé par les Égyptiens de l'Antiquité, qui consiste à dessécher et à embaumer un cadavre à l'aide de produits chimiques, pour qu'il se conserve durant des siècles. *13*

Monachisme Mode de vie solitaire d'une personne qui consacre son existence à la prière et au sacrifice. *84*

Monarchie absolue Système au sein duquel l'autorité politique est détenue par un seul monarque, ou roi. *28*

Monarchie constitutionnelle Régime politique dans lequel le roi règne mais ne gouverne plus sans l'accord d'un parlement. *164*

Monarchie de droit divin Idée selon laquelle l'autorité politique du monarque vient directement de Dieu. *117*

Monopole Contrôle de la production des biens et des services afin de dominer un marché particulier. *220*

Monothéisme Croyance en un seul dieu. *17*

Mosaïque Dessin formé par l'assemblage de petites pièces incrustées. *121*

Mousson Vent tropical saisonnier accompagné de pluie. *21*

Mouvement iconoclaste Opposition au culte des icônes dans l'Empire byzantin. *121*

Mouvement Jeune-Italie Mouvement nationaliste créé par Giuseppe Mazzini en 1831. *246*

Moyens de production Capital et équipements nécessaires à la production et à l'échange de biens. *217*

N

Nationalisme Mouvement politique qui réclame pour un groupe de gens de même nationalité le droit de former une nation. *245*

Nihiliste Intellectuel russe de la fin des années 1860 qui prône la destruction des institutions sociales et économiques traditionnelles afin de construire une nouvelle Russie. *250*

Noble Durant la conquête de l'Empire romain par les peuples germaniques, guerrier à qui le roi donne des terres en récompense de ses loyaux services. *91*

Nomadisme Mode de vie migratoire imposé par la recherche constante de ressources alimentaires. *3*

Nouvelle Politique économique Politique instaurée par Lénine, en 1921, qui permet aux individus d'acheter et de vendre certains produits et qui encourage les investissements de capitaux étrangers. *269*

O

Oasis Endroit du désert où pousse de la végétation due à la présence d'un point d'eau. *24*

Occidentalisation Adoption de comportements empruntés à la culture et au savoir-faire de l'Occident. *161*

Oligarchie Autorité politique exercée par un groupe d'individus privilégiés. *53*

Organisation des Nations unies (ONU) Organisme international créé en 1945 ayant pour but de maintenir la paix mondiale et de punir les agresseurs. Il remplace la Société des Nations. *281*

Organisation des pays exportateurs de pétrole (OPEP) Groupe qui tente de contrôler l'industrie pétrolière mondiale en fixant les quotas de production et les prix. *290*

Organisation du traité de l'Atlantique Nord (OTAN) Pacte militaire, politique et économique signé en 1949 par les pays d'Amérique du Nord et de l'Europe de l'Ouest pour assurer la promotion des libertés démocratiques et leur défense contre le communisme. *281*

Organisation mondiale du commerce (OMC) Nouvelle appellation du GATT depuis 1995. Met l'accent sur les moyens d'accélérer la libéralisation des échanges et de réduire les barrières tarifaires. *295*

Oukase Édit d'émancipation des serfs par le tsar Alexandre II en 1861. *250*

Ouléma Docteur de la loi islamique. *130*

P

Paganisme Nom donné par les chrétiens aux cultes polythéistes. *94*

Panhellénisme Idée politique d'Isocrate prônant l'union des Grecs contre les Perses. *52*

Patriarcal Relatif à l'autorité absolue du père sur sa famille. *22*

Pape Évêque de Rome auquel doivent se soumettre tous les évêques de l'Église catholique. *84*

Papyrus Matériau qui provient d'une plante du même nom et sur lequel les Égyptiens de l'Antiquité écrivent. *12*

Parlement Assemblée représentative créée en Angleterre au milieu du 13e siècle, de laquelle naîtront la Chambre des Lords et la Chambre des Communes. *101*

Parlement de Paris Cour suprême du royaume de France sous Philippe le Bel, qui désire placer tout le système judiciaire sous contrôle royal. *102*

Parti nazi Parti national-socialiste des ouvriers allemands dirigé par Adolf Hitler, prônant l'idéologie nationaliste, anticommuniste, antidémocratique et expansionniste. *275*

Passage vers le nord-ouest Voie maritime contournant ou traversant l'Amérique du Nord et menant aux trésors de l'Asie. *178*

Pastoralisme Mode de vie basé sur l'élevage d'animaux dont le lait et la viande fournissent la base de l'alimentation. *3*

Pater familias Signifie «père de la famille». Chef de la famille romaine, sur laquelle il exerce une autorité absolue. *72*

Patriarche Titre que se sont donné, au 4e siècle, les chefs des communautés chrétiennes les plus anciennes et les plus importantes de l'époque (Rome, Jérusalem, Antioche, Alexandrie et Constantinople). Ils surpassent dans la hiérarchie cléricale les évêques (métropolitains). *84*

Patricien Membre de l'aristocratie romaine. *66*

Pax romana Période de paix romaine favorisée par une administration impériale qui assure stabilité et prospérité à l'ensemble du monde méditerranéen pendant deux cents ans (-27 à 180). *75*

Pèlerin Colon puritain venu en Amérique du Nord sur le *Mayflower* et qui fonde la ville de Plymouth en 1620. *180*

Pentarchie Autorité ecclésiastique composée du pape et des patriarches de Constantinople, d'Antioche, d'Alexandrie et de Jérusalem. *121*

Perestroïka Plan de restructuration du système politique et économique de l'URSS visant à intégrer certains éléments des régimes démocratiques et capitalistes, déclenché par Mikhaïl Gorbatchev en 1985. *289*

Période élisabéthaine Renaissance littéraire et artistique en Angleterre sous le règne d'Élisabeth Ire. *145*

Peur des rouges Aux États-Unis, au début des années vingt, le gouvernement craint l'expansion d'un mouvement communiste international, ce qui mène à l'arrestation de milliers de personnes soupçonnées d'être communistes. *272*

Phalange Manœuvre militaire par laquelle les fantassins se regroupent en une masse compacte derrière leurs boucliers et pointent leurs lances vers l'avant, donnant ainsi à leur formation l'aspect d'un porc-épic. *39*

Pharaon Titre donné au roi égyptien, considéré d'origine divine. *11*

Philosophe Nom donné aux penseurs du Siècle des lumières qui popularisent l'application des méthodes scientifiques à l'étude de la condition humaine. *187*

Pictogramme Dessin figuratif gravé sur une tablette d'argile et destiné à communiquer un message. Premier système d'écriture. *6*

Pierre philosophale Substance mystérieuse qui, selon les alchimistes, posséderait la propriété de transformer les métaux vils en or. *169*

Plébéien Citoyen romain de la classe inférieure. *66*

Poésie lyrique Forme de littérature populaire de la Grèce antique qui décrit les émotions et les sentiments. *39*

Polis Structure fondamentale de l'organisation politique et sociale de la civilisation grecque. Synonyme de cité-État. *36*

Polythéiste Se dit d'une religion qui vénère plusieurs dieux. *6*

Populistes Révolutionnaires russes du 19ᵉ siècle qui veulent rebâtir la société sur le modèle des communes paysannes ou villageoises. *251*

Portulan Carte marine des premiers navigateurs, sur laquelle sont indiqués les ports et les côtes. *152*

Prédestination Doctrine protestante selon laquelle Dieu élit, avant même leur naissance, certaines de ses créatures pour les conduire au salut. *147*

Préteur Juge romain qui peut agir au nom du consul en son absence. Par la suite, nom donné aux gouverneurs des provinces impériales. *71*

Principes du dominion Politique qui accorde aux colonies britanniques leur autonomie dans les affaires internes, mais qui laisse à la Grande-Bretagne la direction des affaires extérieures, les politiques commerciales et les domaines publics. *236*

Proclamation d'émancipation (1863) Déclaration d'Abraham Lincoln qui proclame la liberté de tous les esclaves des régions du Sud encore en guerre contre les États-Unis. *238*

Production artisanale Système de fabrication à domicile dans lequel les marchands achètent la matière première, la distribuent aux villageois qui, durant l'hiver, la transforment en produits semi-finis. Ensuite, les marchands font la cueillette de ces produits et les revendent à profit. *211*

Prolétariat Nouvelle classe ouvrière créée et exploitée par le capitalisme industriel dans le but de faire des profits. *224*

Prosélyte Nouveau chrétien qui s'emploie à répandre sa foi et à recruter des adeptes. *81*

Protectionnisme Pratique commerciale d'un pays visant à fermer ses marchés et ses sources d'approvisionnement afin de protéger ses industries en développement. *255*

Ptoléméen(ne) Qui se rapporte à Ptolémée (v. 90 - v. 168), astronome, mathématicien et géographe grec, et à son système du monde géocentrique, dit système de Ptolémée. *155*

Puritain Membre d'une secte presbytérienne qui pratique un christianisme épuré. *164*

Q

Qanat Système de canaux souterrains inventé par les Indo-Iraniens vers 1500 av. J.-C. *24*

Quadruple-Alliance (1815) Alliance des souverains d'Autriche, de Grande-Bretagne, de Prusse et de Russie ayant pour but de veiller au maintien de la paix et de protéger leurs intérêts communs. *244*

Quatorze points Plan destiné à jeter les bases d'une paix mondiale durable, que le président Wilson propose dans un discours devant le Congrès américain en janvier 1918. *266*

R

Ramadan Mois durant lequel les musulmans doivent faire abstinence du lever jusqu'au coucher du soleil. *130*

Rationalisme Philosophie selon laquelle seule l'utilisation de la raison et de la connaissance naturelle permet d'accéder à la vérité. *187*

Réalisme Courant artistique, né durant la seconde moitié du 19ᵉ siècle, qui s'attache à décrire fidèlement la vie des gens ordinaires. *225*

Realpolitik Politique pragmatique de Bismarck fondée sur les intérêts de la Prusse plutôt que sur les idéaux libéraux. *248*

Réforme protestante Mouvement de protestation contre l'Église catholique, déclenché par Luther au 16ᵉ siècle. *146*

Régime fiscal Ensemble des lois et des mesures qui régissent l'impôt. *160*

Règle bénédictine Ensemble de règles de vie monastique qui sert de modèle à de nombreux monastères catholiques, rédigé par saint Benoît de Nursie au 6ᵉ siècle. *92*

Reichstag En Allemagne, chambre basse du corps législatif. *253*

Religion à mystères Culte hellénistique dont les adeptes sont initiés à des mystères ou à des enseignements secrets sur la vie après la mort et sur l'immortalité. *61*

Renaissance Période qui débute en Italie, au 13ᵉ siècle, et qui est caractérisée par la redécouverte des lettres et des arts gréco-romains, par la pensée individualiste et par l'éducation classique et scientifique. *141*

Renaissance carolingienne Retour à l'éducation scolaire sous le règne de Charlemagne, caractérisé par la création d'écoles et l'utilisation de l'écriture caroline. *94*

République Régime politique d'un État gouverné par des représentants officiels élus. *66*

République de Weimar Assemblée nationale allemande qui crée et adopte une nouvelle constitution dans la ville de Weimar, en juillet 1919. *272*

Révolution agricole 1) Passage de la cueillette à l'agriculture, vers 8000 av. J.-C. 2) Introduction de nouvelles méthodes agricoles en Grande-Bretagne au début du 18ᵉ siècle. *3, 210*

Révolution commerciale Développement économique européen au 15ᵉ siècle, qui améliore les pratiques commerciales et les façons de traiter les affaires. *139*

Révolution d'octobre 1917 Phase radicale de la révolution russe durant laquelle les troupes armées bolcheviks obtiennent le pouvoir en prenant d'assaut les bureaux du gouvernement. *268*

Révolution industrielle Période qui débute en Grande-Bretagne au début du 18ᵉ siècle et durant laquelle apparaissent de nombreux développements technologiques. *209*

Révolution scientifique Phénomène du 17ᵉ siècle qui trouve son origine dans la théorie copernicienne de l'Univers, développée au 16ᵉ siècle, qui soutient que la Terre et les planètes tournent autour du Soleil. *169*

Révolution tranquille Période de réformes politiques, institutionnelles et sociales dans le Québec du début des années soixante, après l'ère duplessiste. *286*

Rhétorique Art de faire des discours. *52*

Romantisme Courant artistique, né à la fin du 18ᵉ siècle, qui affirme la primauté des émotions et des sentiments sur l'intelligence et la raison. *225*

Rotation des cultures Méthode qui consiste à semer en alternance céréales et plantes à racine comestible, comme la pomme de terre et le navet. *210*

Russification Programme créé par Nicolas Iᵉʳ destiné à imposer dans son empire l'usage de la langue russe, la pratique de la religion orthodoxe et l'adoption des mœurs russes. *250*

S

Sacré Collège Assemblée des cardinaux habilitée à élire le pape. *104*

Sacrements Au nombre de sept, cérémonies les plus importantes de l'Église catholique romaine grâce auxquelles les chrétiens peuvent obtenir leur salut. *99*

Sainte-Alliance (1815) Union des souverains d'Autriche, de Prusse et de Russie ayant pour but de maintenir la paix en Europe et d'obliger les monarques à se prêter assistance en cas de révoltes et de révolutions dans leurs empires. *244*

Salon Lieu d'échanges où se rencontrent les élites sociales, politiques et culturelles au Siècle des lumières. *188*

Sandiniste Révolutionnaire extrémiste du Nicaragua durant les années soixante-dix. *293*

Satrapie Province sous l'empire de Darius Iᵉʳ. *28*

Schisme d'Orient Division, en 1054, de l'Église chrétienne qui devient, à l'Ouest, l'Église catholique romaine et, à l'Est, l'Église orthodoxe. *121*

Scolastique 1) Approche philosophique et théologique créée par Thomas d'Aquin qui affirme que la raison et la foi sont toutes deux nécessaires pour accéder à la vérité. 2) Adeptes de cette approche. *111, 168*

Sécurité collective Système d'aide mutuelle en cas d'agression militaire afin d'assurer la sécurité des nations. *266*

Sédentarité Caractéristique des populations qui vivent dans un lieu fixe. *4*

Seigneur Dans le système féodal, noble qui donne une terre à son vassal en échange de son assistance militaire et de sa loyauté. *97*

Seisakhtheia Signifie « le rejet du fardeau ». Cette loi promulguée à Athènes par le législateur Solon efface les dettes et abolit l'esclavage pour motif d'endettement. *40*

Sélection naturelle Concept de Darwin selon lequel toutes les espèces vivantes doivent lutter pour assurer leur survie. Celles qui sont le mieux adaptées à leur environnement survivent assez longtemps pour se reproduire et transmettre leur capacité d'adaptation aux générations suivantes. *223*

Sénat Dans la république romaine, corps supérieur d'anciens magistrats qui agissent comme conseillers, gèrent les finances publiques et s'occupent des relations extérieures. *70*

Serf Paysan d'un domaine seigneurial. *98*

Serment du Jeu de paume Serment par lequel les délégués du tiers état jurent de ne pas se séparer avant d'avoir écrit une constitution pour la France durant les États généraux de 1789. *201*

Sharia Système de lois islamique élaboré par les oulémas. *130*

Shekel Monnaie en argent utilisée dans l'Empire perse. *29*

Sherman Act (1890) Première loi antitrust votée par le Congrès américain pour interdire la création des monopoles. *240*

Sioniste Personne en faveur de la création d'un État juif en Palestine. *287*

Socialisme Philosophie sociale soutenant que les intérêts individuels doivent s'effacer devant les intérêts collectifs de la société et que l'égalité politique ne signifie rien sans l'égalité économique. *217*

Société des Nations (SDN) Organisme créé en 1920 qui se veut une « association des nations » capable de régler de façon pacifique les conflits entre pays. *267*

Société par actions Société commerciale à laquelle les gens participent en achetant des actions et en recevant une part des bénéfices en fonction du nombre d'actions achetées. *140*

Sociétés de capitaux Entreprises auxquelles le public peut participer en achetant des actions ou des certificats de propriété partielle. *220*

Sophiste Philosophe grec, en 400 av. J.-C., qui affirme que toute vérité est relative, qu'elle dépend des époques et des circonstances. *52*

Souveraineté Pouvoir suprême dévolu à un monarque. *159*

Souveraineté populaire Gouvernement créé par le peuple et soumis à sa volonté. *191*

Sphères d'influence Régions du monde où les Européens assurent la préséance de leurs intérêts nationaux sur ceux des autres puissances impérialistes. *255*

Sphères distinctes Notion selon laquelle une place est réservée aux hommes dans la vie publique, mais non aux femmes, qui doivent demeurer à la maison. *222*

Stamp Act Loi britannique de 1765 qui impose aux colons américains une taxe sur les journaux, les contrats et les testaments, entre autres. *197*

Style colossal Architecture hellénistique plus volumineuse et plus spectaculaire que l'architecture classique. Le terme colossal est dérivé du colosse de Rhodes, gigantesque statue érigée à l'entrée de l'île de Rhodes. *59*

Succession apostolique Transmission aux prêtres de l'autorité du Christ, par ses disciples. *83*

Suffrage restreint Droit de vote réservé à certains citoyens de sexe masculin. *202*

Sunnite Musulman resté fidèle au calife Mu'āwiyya et à la *sunna*, l'orthodoxie musulmane. *129*

Suzerain Dans le système féodal, seigneur qui domine tous les autres seigneurs (vassaux). *96*

Syncrétisme Ensemble cohérent d'éléments provenant de plusieurs doctrines, religions ou cultures. *28*

Syndicat Groupe de travailleurs qui se sont formés par catégories de métiers au début de l'ère industrielle. *217*

Système de thèmes Dans l'Empire byzantin, système d'administration et de défense développé par le roi Léon III qui divise l'empire en provinces, chacune étant placée sous le commandement d'un gouverneur militaire. *119*

Système fédéral Système de gouvernement créé par la constitution américaine, qui partage les pouvoirs entre le gouvernement fédéral et le gouvernement des États. *199*

T

Taille royale En France, impôt au profit du trésor du roi. *200*

Télescope Instrument d'observation des planètes développé par Galilée. *170*

Thalassocratie Domination maritime commerciale. *34*

Théologie Formulation systématique des connaissances sur la nature de Dieu, de ses lois et de ses exigences à l'égard des hommes. *81*

Théorie des formes Théorie développée par Platon qui affirme que toute chose visible est la représentation d'une « forme » parfaite ou d'une idée universelle qu'il est possible de connaître. *54*

Thésauriser Accumuler des valeurs pour les garder, sans les placer pour les faire fructifier. *209*

Torah Les cinq premiers livres de la Bible hébraïque, qui contient les écrits religieux et les lois des premiers Hébreux. *20*

Tories Colons américains opposés à l'indépendance et loyaux à l'Angleterre. Au singulier, *tory*. *197*

Totalitarisme Forme de gouvernement dirigé par un dictateur qui détient une mainmise absolue sur tous les aspects de la société, dont la vie politique, l'économie, la culture et la vie privée des citoyens. *275*

Transsubstantiation (dogme de la) Croyance catholique selon laquelle le pain et le vin bénis durant le sacrement de l'Eucharistie sont transformés dans leur substance en corps et en sang du Christ. *99*

Tribun Représentant élu par les plébéiens pour défendre leurs droits et les protéger des abus des patriciens. *70*

Trust Concentration d'entreprises semblables sous une direction unique. *221*

Tyran Personne qui exerce le pouvoir politique au mépris de toutes les lois, mais avec l'appui populaire. *40*

U

Union européenne Organisme qui remplace la Communauté économique européenne (CEE). En 1993, ses douze membres consentent à élaborer une politique commune en matière de défense et d'affaires étrangères, à supprimer les tarifs douaniers et à se doter d'une monnaie commune. *295*

Urbanisation Augmentation et concentration de la population dans les villes. *215*

Usure Pratique financière qui consiste à faire payer des intérêts sur un prêt. *109*

Utilitarisme Philosophie sociale soutenant que les institutions et les lois doivent être évaluées en fonction de leur capacité à apporter « le plus grand bien-être au plus grand nombre ». *216*

Utopique Relatif à l'œuvre de Thomas More, intitulée *L'Utopie*, qui décrit la parfaite harmonie dans laquelle se déroulent la vie et le travail. *217*

V

Vassal Dans le système féodal, seigneur qui fournit des chevaliers et des soldats à un seigneur plus puissant que lui et qui reçoit en échange une terre (fief). *97*

Vizir Fonctionnaire de haut rang qui s'occupe des affaires importantes de l'État sous le califat des Abbassides. *130*

Voile latine Grand triangle de toile qui est gréé au mât et qui peut être ajusté pour prendre le vent selon la direction du navire, offrant ainsi une plus grande manœuvrabilité. *152*

Z

Zemstvos Conseils locaux responsables de l'éducation, de la santé publique et de l'assistance aux pauvres sous le règne du tsar Alexandre II. *250*

Ziggourat Vaste temple qui est à la fois un centre religieux et un centre administratif, et qui sert aussi de poste d'observation chez les Sumériens. *5*

Zollverein Union douanière créée en 1818 qui incite les gens d'affaires à appuyer l'unification de l'Allemagne. *247*

Zoroastrisme Mouvement de réforme religieuse en faveur du monothéisme créé par Zoroastre (ou Zarathoustra, en persan) vers 600 av. J.-C. Le zoroastrisme repose sur le principe d'une vie morale entièrement consacrée à la vérité. *25*

BIBLIOGRAPHIE THÉMATIQUE

L'HÉRITAGE DE LA GRÈCE ANTIQUE (HUMANISME)

BERTRAND, Jean-Marie. *Cités et royaumes du monde grec*, Paris, Hachette, 1992.

CHALIAND, G., J.P. RAGEAU. *Atlas historique du monde méditerranéen*, Paris, Payot, 1995.

CHAMOUX, François. *La civilisation grecque*, Paris, Arthaud, 1983.

DURAND, Matthieu de. *Précis d'histoire grecque*, Paris, Cerf, 1991.

VEYNE, Paul. *Les Grecs ont-ils cru à leurs mythes?*, Paris, Seuil, 1983.

L'HÉRITAGE DE ROME

ANDRÉ, J. *Être médecin à Rome*, Paris, Payot, 1995.

BORDET, Marcel. *Précis d'histoire romaine*, Paris, Armand Colin, 1991.

GIARDINA, Andrea. *L'homme romain*, Paris, Seuil (coll. L'univers historique), 1992.

GRIMAL, Pierre. *La civilisation romaine*, Paris, Arthaud, 1984.

MONTANELLI, Indro. *Histoire de Rome*, Paris, Pocket, 1996.

ROBERT, J.N. *Les plaisirs à Rome*, Paris, Payot, 1994.

ROUGÉ, Jean. *Les institutions romaines*, Paris, Armand Colin, coll. U2, 1991.

ROULAND, Norbert. *Rome, démocratie impossible?*, Giraudon, Babel, 1994.

L'HÉRITAGE DE L'OCCIDENT MÉDIÉVAL

BALLARD, M. *et al. Le Moyen Âge en Occident*, Paris, Hachette, 1995.

BERLIOZ, Jacques, prés. *Moines et religieux au Moyen Âge*, Paris, Seuil, 1994.

BLOCH, Marc. *La société féodale*, Paris, Albin Michel, 1994.

BLUCHE, François. *L'ancien régime. Institutions et sociétés*, Paris, Fallois, 1993.

CHALIAND, G., J.P. RAGEAU. *Atlas historique du monde méditerranéen*, Paris, Payot, 1995.

DUBY, Georges. *Le Moyen Âge (987-1460)*, Paris, Hachette (coll. Pluriel), 1987.

DUBY, Georges. *Mâle Moyen Âge*, Paris, Flammarion, 1988.

HEERS, Jacques. *Précis d'histoire du Moyen Âge*, Paris, PUF, 1990.

LEBECQ, Stéphane *et al. Nouvelle Histoire de la France médiévale*, Paris, Seuil, 1990, 6 vol.

LE GOFF, Jacques. *La civilisation de l'Occident médiéval*, Paris, Arthaud, 1984.

PERNOUD, Régine. *La femme au temps des cathédrales*, Paris, Stock, 1980.

RILEY-SMITH, Jonathan. *Les croisades*, Paris, Pygmalion, 1990.

VAUCHEZ, André. *La spiritualité du Moyen Âge occidental*, Paris, Livre de poche, 1995.

VINCENT, Catherine. *Introduction à l'histoire de l'Occident médiéval*, Paris, Livre de poche, 1995.

WOLFRAM, Herwig. *Histoire des Goths*, Paris, Albin Michel, 1992.

ÉVOLUTION DE LA CIVILISATION OCCIDENTALE

BRAUDEL, Fernand. *La Méditerranée. L'Espace et l'Histoire* et *Les hommes et l'Héritage*, Paris, Flammarion, 1977, 2 volumes.

CHALIAND, G., J.P. RAGEAU. *Atlas historique du monde méditerranéen*, Paris, Payot, 1995.

CHAUNU, Pierre. *La civilisation de l'Europe classique*, Paris, Arthaud, 1984.

CHAUNU, Pierre. *La civilisation de l'Europe des Lumières*, Paris, Arthaud, 1993.

CROCE, Benedetto. *Histoire de l'Europe au 19ᵉ siècle*, Paris, Gallimard, 1991.

DELUMEAU, J. *Une histoire du paradis*, Paris, Fayard, 1993.

DELUMEAU, Jean. *La civilisation de la Renaissance*, Paris, Arthaud, 1984.

HERMET, Guy. *Histoire des nations et du nationalisme en Europe*, Paris, Seuil, 1996.

MOUNIER, Roland et E. LABROUSSE. *L'époque des Lumières*, Paris, Quadrige/PUF, 1985.

POMEAU, René. *L'Europe des Lumières*, Paris, Stock, 1991.

RIOUX, Jean-Pierre. *La révolution industrielle (1780-1880)*, Paris, Seuil, 1989.

ROSANVALLON, Pierre. *Le libéralisme économique*, Paris, Seuil, 1989.

WINOCK, Michel. *Le socialisme en France et en Europe*, Paris, Seuil, 1992.

LA CIVILISATION OCCIDENTALE EN MUTATION

BACHARAN, Nicole. *Histoire des Noirs américains au XXᵉ siècle*, Paris, Ed. Complexe, 1994.

BERSTEIN, Serge et Pierre MILZA. *Histoire du 20ᵉ siècle*, 2 tomes. I : *La guerre et la reconstruction*. II. *La croissance et la crise*, Paris, Hatier, 1984.

BERSTEIN, Serge et Pierre MILZA. *Le monde actuel*, Paris, Hatier, 1989.

BESSET, Frédéric *et al. Les grands événements de l'histoire des femmes*, Paris, Larousse, 1993, 320 p.

BULLOCK, A. *Hitler et Staline*, Paris, Albin Michel, 1994.

CARRÈRE, d'Encausse. *La gloire des nations ou la fin de l'Empire soviétique*, Paris, Fayard, 1991.

CHALIAND, G., J.P. RAGEAU. *Atlas historique du monde méditerranéen*, Paris, Payot, 1995.

CHAUNU, Pierre. *L'Axe du temps*, Paris, Julliard, 1994.

DERIENNEC, Jean-Pierre. *Le Moyen-Orient au XXᵉ siècle*, Paris, Armand Colin, Collection U, 1980.

DUMONT, Micheline *et al. L'histoire des femmes au Québec depuis quatre siècles*, Montréal, Quinze, 1982, 526 p.

DUREAU, Élisabeth. *L'idée d'Europe au 20ᵉ siècle*, Bruxelles, Complexe, 1996.

DUROSELLE, J.B. *Tout empire périra*, Paris, A. Colin, 1990.

FEJTO, F. *Requiem pour un empire défunt*, Paris, Fayard, 1992.

FONTAINE, André. *L'un sans l'autre*, Paris, Fayard, 1991.

GRIMAL, Henri. *La Décolonisation, 1919-1963*, Bruxelles, Complexes, 1985.

Histoire des femmes, 5 volumes, Paris, Plon, 1992.

KENNEDY, Paul. *Naissance et déclin des grandes puissances*, Paris, Payot, 1991.

LELLOUCHE, Pierre. *Le nouveau monde. De l'ordre de Yalta au désordre des nations*, Paris, Grasset, 1992.

MAZENOD, Lucienne et Ghislaine SCHOELLER. *Dictionnaire des femmes célèbres*, Paris, Robert Laffont, 1992, 933 p.

MIQUEL, Pierre. *Histoire du monde contemporain 1945-1991*, Paris, Fayard, 1991.

MONET-CHARTRAND, Simone. *Pionnières québécoises et regroupements de femmes d'hier à aujourd'hui*, Montréal, Éditions du remue-ménage, 1990, 470 p.

PAILLARD, Y.G. *Expansion occidentale et dépendance mondiale*, Paris, A. Colin, 1994.

RONCAYOLO, Marcel et Louis BERGERON. *Le Monde et son histoire*, Bordas et Robert Laffont, Paris, 1985. Tome III et tome IV.

SEDILLOT, René. *La chute des Empires, 1945-1991*, Paris, Perrin, 1992.

INDEX